사전이
필요없는

상공회의소

고급기본서 2급

사전이 필요없는
상공회의소 한자시험 고급기본서 2급

1판 1쇄 발행 | 2014년 1월 일

지은이 | 강유경
펴낸이 | 안동명, 정연미
펴낸곳 | 에듀멘토르

기획 | 교육교재팀
편집디자인 | 디자인 통
표지디자인 | D_box
마케팅 | 이운섭, 나길훈
경영지원 | 박은정

내용문의 | mentorbook@naver.com

등록 | 2011년 3월 16일 제2009-16호
주소 | 서울시 광진구 중곡1동 647-21 3층
전화 | 02-711-0911
팩스 | 02-711-0920

ISBN | 978-89-94127-63-7 13710

가격 | 19800원

ⓒ 에듀멘토르출판사

사전이
필요없는
상공회의소

고급기본서 2급

머리말

우리말의 70%가 한자어로 되어 있다는 말을 많이 들어봤을 것입니다. 한자에 대한 기본적인 지식이 없을 경우 우리말의 적절한 사용이 힘든 경우도 왕왕 있습니다. 특히 공식 용어나 전문 용어의 경우 대부분이 한자어로 되어 있어, 한자에 대한 지식이 부족할 경우, 관공서나 직장의 업무 수행에 많은 문제가 생길 수도 있습니다. 그래서 요즘 여러 기업체에서는 신입 사원에 대한 한자 실력을 중요한 판단 기준으로 생각할 뿐만 아니라, 직원들에 대한 한자 사용 능력을 향상시키기 위한 많은 노력을 기울이고 있습니다.

특히 중국이 국제 사회의 주요 국가로 부상하면서 그 이웃한 우리 나라에서는 중국어 능력이 경제 사회 면에서 많이 필요하게 되었습니다. 더불어 그 기본 능력인 한자 습득 능력이 더욱 절실하게 되었습니다. 중국어와 우리말의 한자어의 연관성은 매우 높아서 한자어에 대한 적정한 지식으로도 의사 소통이 가능하기 때문입니다.

이러한 상황에서 국내에서 여러 한자 검정 시험이 등장하여 한자 학습에 많은 열기를 띠게 된 것은 매우 고무적인 일이라고 할 수 있습니다. 그러나 기존의 한자 검정 시험이 전통적인 한자 학습 방법에서 탈피하지 못하여 비즈니스 현장에서 실무적으로 한자를 필요로 하는 사람들에게는 다소 부담이 된 것이 사실입니다.

그 와중에 한자 읽기 능력에 집중하는 상공회의소의 검정 시험이 등장한 것은 매우 다행한 일이라고 할 수 있습니다. 실제 업무에서 필요한 것은 한자의 뜻과 음을 정확하게 알고 읽는 것이 대부분이기 때문입니다. 특히 한자어를 읽고 그 뜻에 맞는 적절한 사용 능력을 기르는 것이 무엇보다 필요한 부분이라고 할 수 있습니다.

따라서 이 책은 한자를 익혀서 문장 속의 한자어를 정확히 읽고 사용할 수 있는 능력을 기르는 데 중점을 두고 편찬되었습니다.

기존의 다른 학습서는 앞에 나왔던 한자라든가, 알지 못하는 한자가 나왔을 경우 자전을 찾아보는 불편함이 있었습니다. 본 책은 그러한 불편함을 해결할 수 있도록 각 한자의 훈·음은 물론 한자어를 이룬 한자의 훈·음도 모두 보여주어, 자전이 필요하지 않도록 구성하였습니다. 그러므로 한자와 한자어를 충실히 쓰고 익히면 상공회의소 급수 시험을 완벽하게 대비할 수 있습니다.

한자어 학습은 단순 한자어의 훈·음 이외에 문장에서의 활용 능력이 매우 중요합니다. 또한 상공회의소 한자 능력 시험에서도 문장에서의 한자어 활용 능력에 대한 문항이 다수를 차지하고 있습니다. 본 책은 그러한 의미에서 하단의 문장에서 한자어를 활용하며 학습한 바를 확인할 수 있도록 꾸며서 학습의 효과를 더욱 높게 하였습니다.

본 책은 급수 자격증에만 국한되는 왜곡된 한자 학습을 지양하고, 실제 생활에서 사용가능한 실생활 한자어 중심으로 꾸며, 시험뿐만 아니라 언어생활에도 많은 도움이 될 것입니다.

수험생 여러분의 좋은 결과가 있기를 기대합니다.

편저자 씀

시험에 대해서

1. 검정 기준

'상공회의소 한자' 시험은 한자어 및 한자의 이해와 활용 능력을 평가한다. 이러한 능력을 평가하기 위한 검정 과목은 '한자', '어휘', '독해'의 세 과목으로 구성된다. 또한 각 과목마다 등급별 대상한자의 수와 수준의 정도에 따라 1, 2, 3, 4, 5급으로 구분한다. 그리고 각 과목의 평가는 객관식 5지 택일형의 필기시험으로 이루어진다.

2. 검정 과목

급수	시험 시간	시험 과목	문항 수	과목별 총점	과목별 합격 점수	전체 총점	합격 점수
1급 배정한자 1,607 누적한자 4,908	80분	한자	50	200	120	900	810
		어휘	50	300	180		
		독해	50	400	240		
2급 배정한자 1,501 누적한자 3,301	80분	한자	50	200	120	760	608
		어휘	40	240	144		
		독해	40	320	192		
3급	60분	한자	40	160	96	720	576
		어휘	40	240	144		
		독해	40	320	192		

* 전 급수 객관식 5지 선다형임.

3. 검정 방안

1) 한자 영역

한자 영역의 평가는 한자의 부수, 획수, 필순과 한자의 짜임 등 한자에 대한 기초적인 이해로부터 각 급수별 배정 한자를 바르게 읽고 쓰며 사용할 수 있는가에 중점을 둔다.

출제 범위	세부 내용	등급별 출제 문항 수				
		1급	2급	3급	4급	5급
漢字의 필순, 획수, 부수	1. 漢字의 필순					2
	2. 漢字의 획수					2
	3. 漢字의 부수					2
漢字의 짜임	1. 漢字의 짜임					2
漢字의 음과 뜻	1. 漢字의 음		11			6
	2. 음에 맞는 漢字		7			5
	3. 음이 같은 漢字		7			5
	4. 漢字의 뜻		11			6
	5. 뜻에 맞는 漢字		7			5
	6. 뜻이 비슷한 漢字		7			5
합 계		0	50	0	0	40

2) 어휘 영역

어휘 영역의 평가는 각 급수별 배정 한자를 기준으로 한자어의 짜임, 한자어의 음과 뜻, 성어 등을 이해하여 바르게 읽고 쓰며 사용할 수 있는가에 중점을 둔다.

출제 범위	세부 내용	등급별 출제 문항 수				
		1급	2급	3급	4급	5급
1. 漢字語의 짜임	1. 漢字語의 짜임	1	2			
2. 漢字語의 음과 뜻	1. 漢字語의 음	1	2			
	2. 음에 맞는 漢字語	1	2			
	3. 음이 같은 漢字語	2	3	1	1	3
	4. 여러 개의 음을 가진 漢字	1	1	1	1	
	5. 漢字語의 뜻	1	2			
	6. 뜻에 맞는 漢字語	1	2			
	7. 3개 어휘에 공통되는 漢字	2	6	1	1	8
	8. 반의어·상대어		5	2	2	4
3. 성어	1. 성어의 빠진 글자 채워 넣기		5			5
	2. 성어의 뜻		5			5
	3. 뜻에 맞는 성어		5			5
합 계		10	40	5	5	30

3) 독해 영역

독해 영역의 평가는 각 급수별 배정한자를 기준으로 짧은 문장에 사용된 한자어의 음과 뜻을 이해하여 바르게 읽고 쓰며 사용할 수 있는가, 그리고 여러 개의 문장 또는 문단으로 이루어진 글을 한자, 어휘, 독해의 제 영역 및 세부 내용과 관련 종합적으로 이해할 수 있는가에 중점을 둔다.

출제 범위	세부 내용	등급별 출제 문항 수				
		1급	2급	3급	4급	5급
1. 문장에 사용된 漢字語의 음과 뜻	1. 문장 속 漢字語의 음	3	7			6
	2. 문장 속 漢字語의 뜻		5			6
	3. 문장 속 漢字語의 채워넣기		5			3
	4. 문장 속 틀린 漢字語 고르기		5			3
	5. 문장 속 단어의 漢字 표기	2	8			3
	6. 문장 속 어구의 漢字 표기		5			3
2. 종합문제	1. 종합문제	5	5	5	5	6
합 계		10	40	5	5	30

이 책의 구성과 활용방법

음과 훈 – 위의 한자의 모양을 보면서, 한자의 뜻과 음을 읽어 보자. 특히 두음법칙이 적용되는 한자나 뜻이 다르면 음도 달라지는 한자는 유의하여 익힌다.

한자어 – 사용 빈도가 높거나, 시험에 나올 확률이 높은 한자어들은 뜻까지 제시하였다. 본 한자와 결합하는 다른 한자의 뜻과 음도 뒤에 제시하여 따로 자전을 찾을 필요가 없도록 편리하게 구성하였다. 하단의 한자어도 음을 읽으면서 한번씩 읽어 보자.

한자 번호 – 고급 한자 1번째 한자를 학습하는 중이다. 지금까지 얼마만큼 익혔는지, 그리고 앞으로 얼마를 더 공부해야 하는지 가늠할 수 있다. 끈기를 가지고 목표를 향해서 열심히 공부하자.

부수, 획수 – 한자의 부수와 그를 포함한 총획수이다.

이 한자 기억해요? – 2페이지 앞에서 배운 한자들이다. 한자의 뜻과 음을 써 보고, 모르는 한자는 앞에서 내용을 확인하며 복습한다. 해답은 2페이지 앞에 있는 한자이다.

정답페이지 – 이 한자 기억해요?의 정답이 해당 페이지에 있다.

연습문제

앞쪽에서 배운 한자들을 고급 시험 유형에 맞게 연습해 보는 부분이다. 실제 시험 유형에 맞게 익힌 학습 내용들을 점검하고, 틀린 부분은 다시 한번 확인하면서 실력을 다지도록 한다.

고급한자 영역

음과 훈을 빠짐없이 정리해 두었으니 마지막까지 흐트러짐 없이 익히도록 하자.

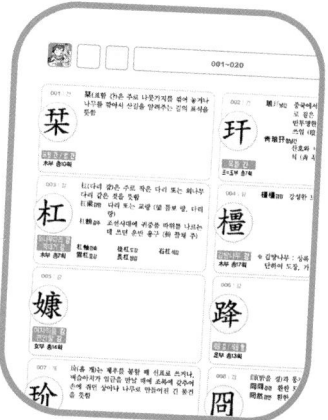

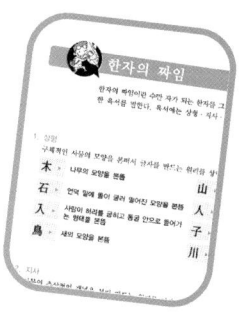
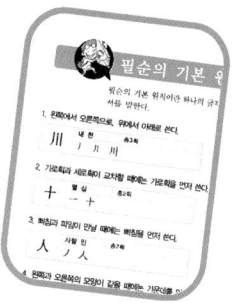

기초 이론 학습

부수의 종류, 한자의 짜임, 한자어의 짜임, 필순의 기본원칙 등과 같은 기초를 다져두면 한자를 쉽게 익힐 수 있다.

11

부록

시험 유형에 맞도록 앞에서 배운 한자들을 적절한 형태로 재구성하였다.
① 유의자 - 많이 사용하는 한자 중심으로 정리되어 있다.
② 동음이의어 - 한자어의 뜻에 유의하면서 익힌다.
③ 일자다음어 - 여러 개의 음을 가진 한자를 순서대로 정리했다.
④ 반의어·상대어 - 많이 사용하는 한자어 중심으로 정리했으며 출제 비중이 높다.
⑤ 성어 - 출제 비중이 높은 영역으로 겉 뜻과 속 뜻을 연결시켜 비유적인 쓰임새에 유의한다.
⑥ 한자사전 - 급수별로 나누어 정리해 놓있으므로 빠른 검색이 가능하다.

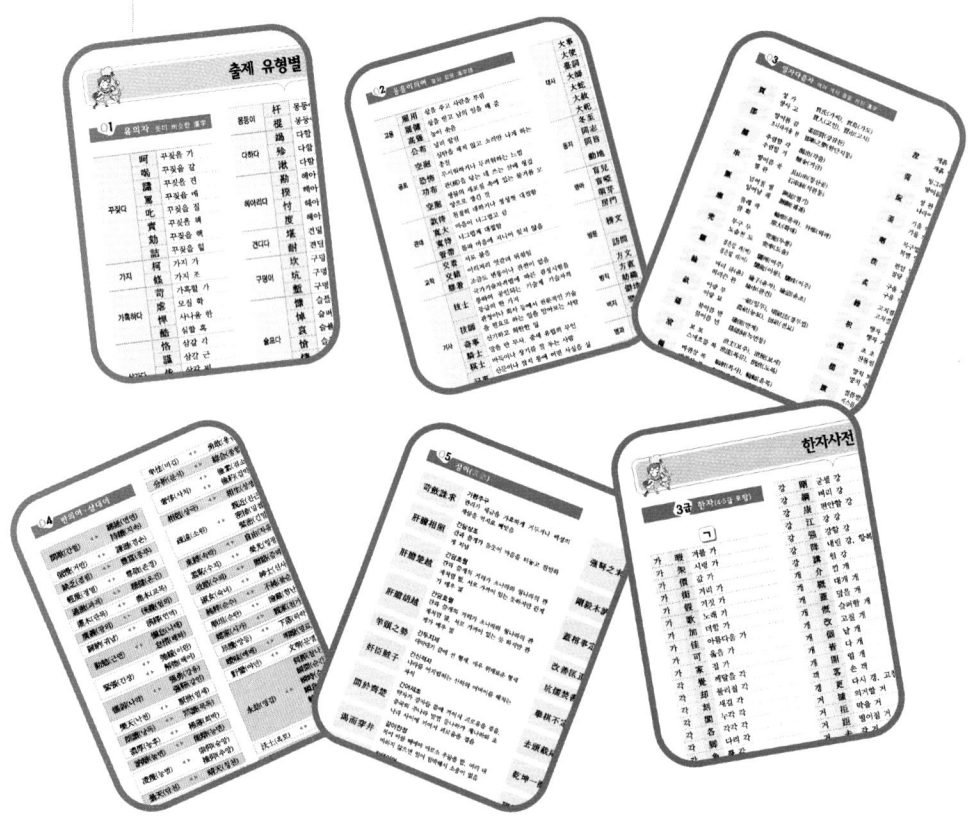

목차

06 머리말
08 시험에 대해서
10 이 책의 구성과 활용 방법

Chapter 01 **기초 이론 학습** 14
- 부수란 무엇인가? 16
- 한자의 짜임 21
- 한자어의 짜임 23
- 필순의 기본 원칙 26

Chapter 02 **4급 한자** 28

Chapter 03 **3급 한자** 60

Chapter 04 **2급 한자** 152
- 연습문제 1회 ~ 연습문제 15회

Chapter 05 **기타 출제 유형별 정리** 336
- 유의자 338
- 동음이의어 345
- 일자다음자 362
- 반의어·상대어 364
- 성어 368

Chapter 06 **2급 기출문제** 398
- 기출문제 1회
- 기출문제 2회

Chapter 07 **한자사전 및 정답** 416
- 3급 한자사전 418
- 2급 한자사전 433
- 정답 446

CHAPTER 01

기초 이론 학습

한자를 익히기에 앞서 한자를 이루는 구성 요소와

한자가 예로부터 어떻게 생겨났는지,

한자를 쓰는 요령 등을 공부한다.

부수란 무엇인가?

부수란 자전에서 한자를 찾는 데 필요한 기본 글자이자, 한자를 구성하는 기본 글자로서 214자가 있다. 부수는 한자를 문자 구조에 따라 분류·배열할 때 그 공통 부분을 대표하는 근간이 되는 글자의 구실을 한다. 부수자들은 각각 의미 기능을 가지고 있다. 그러므로 부수자를 알면 모르는 한자의 뜻을 쉽게 추측할 수 있다. 부수가 한자를 구성하는 위치에 따라 분류해 보면 다음과 같다.

변 | 왼쪽 부분을 차지하는 부수
- 人 亻 **인변** 價 個 代 使
- 水 氵 **삼수변** 減 江 決 流
- 手 扌 **재방변** 技 指 打

방 | 오른쪽 부분을 차지하는 부수
- 刀 刂 **칼도방** 到 列

머리 | 윗부분에 놓여 있는 부수
- 竹 **대죽머리** 答 筆
- 艸 艹 **초두머리** 苦 落
- 宀 **갓머리** 家 官

발 | 아랫부분에 놓여 있는 부수
- 皿 **그릇명발** 盆
- 火 灬 **불화발** 熱 然

엄호 | 위와 왼쪽을 싸는 부수
- 广 **엄호** 廣

받침 | 왼쪽과 아래를 싸는 부수
- 廴 **민책받침** 建
- 辶 **책받침** 過 達

에운담 | 둘레를 감싸는 부수
- 囗 **큰입구몸** 圖 四 固

제부수 | 한 글자가 그대로 부수인 것

角	車	見	高	工	口	金	己	女
大	力	老	里	立	馬	面	毛	木
目	文	門	米	方	白	父	非	飛
鼻	比	士	山	色	生	夕	石	小
水	首	手	示	食	臣	身	心	十
羊	魚	言	用	牛	雨	月	肉	音
邑	衣	二	耳	人	一	日	入	子
自	長	鳥	赤	田	足	走	竹	至
止	靑	寸	齒	土	八	風	行	香
血	火	黃	黑					

한자 부수별 정리(반복된 한자는 제부수 한자임)

부수에 대한 문제는 5급에만 해당되므로 전체 214개의 부수 중 5급 한자에 사용되는 152자만 다루었으며 그 부수가 사용된 5급 한자만을 정리해 두었다. 고급 시험에는 부수문제가 출제되지 않지만 중요한 부분이니 확인하자.

부수	이름	한자
一	한 일	一 不 上 七 下 世 三
丨	뚫을 곤	中
丶	점 주	主
乙	새 을	九
亅	갈고리 궐	事
二	두 이	二 五
亠	돼지해머리	京 交 亡
人	사람 인	人 價 個 代 使 仕 今 令 仙 備 他 以 休 來 信 位 偉 作 低 住 例 保 俗 修 便 傳 億 仁
儿	어진사람 인	元 兄 光 充 先 兒
入	들 입	入 內 全 兩
八	여덟 팔	八 公 六 共 兵 典
冂	멀 경	再
冫	이수변	冬 冷
凵	위터진입구	出
刀	刂 칼 도	分 初 到 列 利 別 則 前
力	힘 력	力 加 功 助 勉 動 勇 務 勞 勤 勝 勢
匕	비수 비	北 化
十	열 십	十 南 協 午 卒 半 千
厂	민엄호	原
厶	마늘모	去 參
又	또 우	反 友 受 取
口	입 구	口 可 古 句 史 右 各 吉 同 名 合 向 告 君 命 和 品 問 商 唱 單 善 喜
囗	큰입구몸	圖 四 固 回 因 國 園
土	흙 토	土 基 堂 城 在 地 場 增 報
士	선비 사	士
夊	천천히걸을 쇠	夏
夕	저녁 석	夕 多 外 夜
大	큰 대	大 奉 夫 天 太 失
女	계집 녀	女 婦 姓 始 如 好 婚
子	아들 자	子 季 孫 學 字 存 孝
宀	갓머리	家 官 客 守 安 宅 完 定 宗 室 容 宿 害 密 富 實 察 寒
寸	마디 촌	寸 寺 尊 對
小	작을 소	小 少

부수	훈음	예자
尸	주검 시	展 屋
山	메 산	山 島
巛	개미허리	川
工	장인 공	工 巨 左
己	몸 기	己
巾	수건 건	常 師 席 市 希
干	방패 간	年 平 幸
广	엄호	廣 序 度 庭
廴	민책받침	建
弋	주살 익	式
弓	활 궁	强 弱 引 弟
彡	터럭 삼	形
彳	두인변	德 得 往 律 後 復
心	忄 마음 심	心 急 念 怒 感 必 志 忠 思 恩 忠 悲 惡 惠 想 愛 意 慶 應 快 性 情
戈	창 과	成 戰
戶	지게 호	所
手	扌 손 수	手 擧 才 拜 技 指 授 接 打
攴	攵 등글월문	敬 收 數 改 放 故 教 政 效 救 敗 敵
文	글월 문	文
斗	말 두	料
斤	도끼 근	新
方	모 방	方 族
日	날 일	日 景 早 明 星 是 昨 時 春 晝 暗
曰	가로 왈	曲 書 最 會
月	달 월	月 期 朝 服 望 有
木	나무 목	木 果 林 東 材 村 校 橋 根 極 案 業 植 榮 樂 樹 末 本
欠	하품 흠	歌 次
止	그칠 지	止 正 步 武 歲 歷
歹	죽을사변	死
殳	갖은등글월문	殺
母	말 무	母 每
比	견줄 비	比
毛	터럭 모	毛
氏	각시 씨	民
气	기운 기	氣
水	氵 물 수	水 永 求 減 江 決 流 深 洞 治 溫 浴 油 注 漁 洋 法 氷 波 淸 漢 湖 海 活 洗 消 滿 河
火	灬 불 화	火 熱 然 無
爪	손톱 조	爭
父	아비 부	父
牛	소 우	牛 物 特
犬	犭 개 견	獨

玉 ▶	王 구슬 옥	玉 王 理 現	
生 ▶	날 생	生 産	
用 ▶	쓸 용	用	
田 ▶	밭 전	田 界 男 由 留 番 畫	
疒 ▶	병질 엄	病	
癶 ▶	필발머리	登 發	
白 ▶	흰 백	白 百 的	
皿 ▶	그릇 명	益	
目 ▶	눈 목	目 相 眼 省 着 直 眞	
矢 ▶	화살 시	短 知	
石 ▶	돌 석	石 硏	
示 ▶	보일 시	示 禁 福 神 祖 祝 禮	
禾 ▶	벼 화	科 私 秋 移 稅 種	
穴 ▶	구멍 혈	空 窓 究	
立 ▶	설 립	立 競 童 章	
竹 ▶	대 죽	竹 答 笑 筆 第 節 等 算	
米 ▶	쌀 미	米 精	
糸 ▶	실 사	結 約 給 素 紙 絶 終 經 統 綠 線	
网 ▶	罒 그물 망	罪	
羊 ▶	양 양	羊 美 義	
羽 ▶	깃 우	習	
老 ▶	늙을 로	老 考 者	
耳 ▶	귀 이	耳 聞 聖 聲	
肉 ▶	月 고기 육	肉 能 育	
臣 ▶	신하 신	臣	
自 ▶	스스로 자	自	
至 ▶	이를 지	至 致	
臼 ▶	절구 구	興	
舟 ▶	배 주	船	
艮 ▶	그칠 간	良	
色 ▶	빛 색	色	
艸 ▶	⺾ 풀 초	苦 落 英 葉 藝 藥 花 草 萬	
虍 ▶	범 호	號	
血 ▶	피 혈	血 衆	
行 ▶	다닐 행	行 街	
衣 ▶	옷 의	衣 表 製	
襾 ▶	덮을 아	要 西	
見 ▶	볼 견	見 觀 視 親	
角 ▶	뿔 각	角 解	
言 ▶	말씀 언	言 計 記 訓 訪 設 說 詩 試 話 誠 語 調 認 議 識 課 論 請 讀 變 談	
豆 ▶	콩 두	豊	
貝 ▶	조개 패	貴 賣 買 財 貯 貨 貧 責 賞 質 賢	

赤 ▶	붉을 적	赤
走 ▶	달아날 주	走 起
足 ▶	발 족	足 路
身 ▶	몸 신	身
車 ▶	수레 거·차	車 輕 軍
辰 ▶	별 진	農
辵 ▶	辶 책받침	過 達 送 運 遠 逆 造 通 退 選 速 進 道 近
邑 ▶	阝 고을 읍	邑 郡 都 部 鄕
酉 ▶	닭 유	醫
里 ▶	마을 리	里 野 量 重
金 ▶	쇠 금	金 銀
長 ▶	긴 장	長
門 ▶	문 문	門 間 開
阜 ▶	阝 언덕 부	陸 陰 限 防 陽
隹 ▶	새 추	難 雄 集
雨 ▶	비 우	雨 雪 電 雲
靑 ▶	푸를 청	靑
非 ▶	아닐 비	非

面 ▶	낯 면	面
韋 ▶	다룸가죽 위	韓
音 ▶	소리 음	音
頁 ▶	머리 혈	頭 順 願 題
風 ▶	바람 풍	風
飛 ▶	날 비	飛
食 ▶	飠밥 식	食 養 飮
首 ▶	머리 수	首
香 ▶	향기 향	香
馬 ▶	말 마	馬
骨 ▶	뼈 골	體
高 ▶	높을 고	高
魚 ▶	고기 어	魚 鮮
鳥 ▶	새 조	鳥
黃 ▶	누를 황	黃
黑 ▶	검을 흑	黑
鼻 ▶	코 비	鼻
齒 ▶	이 치	齒

한자의 짜임

한자의 짜임이란 수만 자가 되는 한자를 그 성립된 구조 유형에 따라 여섯 가지로 분류한 육서를 말한다. 육서에는 상형·지사·회의·형성·전주·가차가 있다.

1. 상형
구체적인 사물의 모양을 본떠서 글자를 만드는 원리를 상형이라 한다.

木 ▶ 나무의 모양을 본뜸
山 ▶ 산의 모양을 본뜸
石 ▶ 언덕 밑에 돌이 굴러 떨어진 모양을 본뜸
人 ▶ 사람의 모습을 본뜸
入 ▶ 사람이 허리를 굽히고 동굴 안으로 들어가는 형태를 본뜸
子 ▶ 아이의 모습을 본뜸
鳥 ▶ 새의 모양을 본뜸
川 ▶ 시내의 모습을 본뜸

2. 지사
사물의 추상적인 개념을 본떠 만드는 원리를 지사라 한다.

一 二 三 四 七 八 九 十 上 下

末 ▶ 木(나무) + 一(끝부분 표시)
나무를 나타내는 木과 끝부분을 표시하는 一이 합해서 이루어진 지사 문자로 끝을 뜻함

本 ▶ 木(나무) + 一(뿌리 부분 표시)
나무를 나타내는 木과 뿌리 부분을 표시하는 一이 합해서 이루어진 지사 문자로 근본이나 뿌리를 뜻함

3. 회의
이미 만들어진 두 개 이상의 글자에서 뜻을 모아 새로운 글자를 만드는 원리를 회의라 한다.

林 ▶ 木 + 木
木이 나란히 결합하여 나무가 많이 있는 숲의 뜻을 나타내는 회의 문자

孝 ▶ 老 + 子
老와 子가 결합하여 아들이 부모를 머리 위에 받들고 있는 모양의 회의 문자

4. 형성

이미 만들어진 글자를 결합하여 한쪽은 뜻을, 다른 한쪽은 음을 나타내는 글자를 만드는데, 이런 원리를 형성이라 한다.

형성자는 한자의 70%를 차지하여 대개의 한자는 두 개 이상의 문자가 뜻 부분과 음 부분으로 구성되어 있다. 형성자는 뜻 부분에서 그 글자의 뜻을 생각할 수 있고, 음 부분에서 그 글자의 음을 추리할 수 있어 알고 있는 한자를 바탕으로 새로운 한자의 뜻과 음을 쉽게 짐작할 수 있다.

課 ▶ 言(뜻), 果(음)   洞 ▶ 水(뜻), 同(음)   城 ▶ 土(뜻), 成(음)
功 ▶ 力(뜻), 工(음)   仁 ▶ 二(뜻), 人(음)   頭 ▶ 頁(뜻), 豆(음)
界 ▶ 田(뜻), 介(음)   景 ▶ 日(뜻), 京(음)   空 ▶ 穴(뜻), 工(음)
想 ▶ 心(뜻), 相(음)

5. 전주

이미 만들어진 한자만으로는 문화 문명의 발달로 무수히 늘어나는 사물과 개념을 다 표기할 수 없게 되었다. 그러자 기존의 문자 중에서 유사한 뜻을 가진 한자를 다른 뜻으로 전용하게 되었는데, 이를 전주라고 한다.

道 ▶ 본래 '발로 걸어다니는 길'의 뜻인데, 의미가 확대되어 '道德, 道理'에서의 '道'와 같이 '정신적인 길'이라는 뜻으로도 쓰임

惡 ▶ 본래 '악하다'는 뜻으로 음이 '악'이었으나, 악한 것은 모두 미워하기 때문에 의미가 확대되어 '憎惡, 惡寒'에서와 같이 '미워하다'라는 뜻으로 쓰이며, '오'라는 음으로 불림

6. 가차

이미 만들어진 한자를 원래 뜻에 관계없이 음만 빌어다 쓰는 것으로 아래와 같이 외래어 표기에 많이 사용되며, 의성어나 의태어 표기에도 쓰인다.

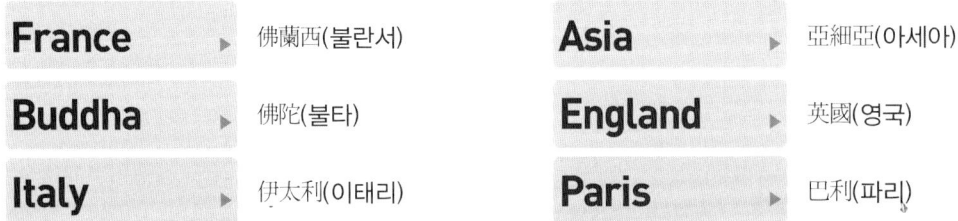

France ▶ 佛蘭西(불란서)   Asia ▶ 亞細亞(아세아)
Buddha ▶ 佛陀(불타)   England ▶ 英國(영국)
Italy ▶ 伊太利(이태리)   Paris ▶ 巴利(파리)

한자어의 짜임

두 자 이상의 한자가 결합하여 한 단위의 의미체를 형성할 때는 반드시 기능상의 관계를 가지게 된다. 한자어의 짜임은 그러한 기능상의 관계를 설명한 것이다. 한자어의 짜임은 문법적 기능에 따라 다음과 같이 분류할 수 있다.

1. 주술 관계

주체가 되는 말(주어)과 서술하는 말(서술어)이 결합된 한자어로 서술어는 행위·동작·상태 등을 나타내고, 주어는 그 주체가 된다. 주어를 먼저 해석하고, 서술어를 나중에 해석하여 '~가(이) ~함'으로 풀이한다.

月出 ▶ 월출 – 달이 뜸
出은 月의 동작을 서술

日出 ▶ 일출 – 해가 뜸
出은 日의 동작을 서술

人造 ▶ 인조 – 사람이 만듦
造는 人의 동작을 서술

夜深 ▶ 야심 – 밤이 깊음
深은 夜의 상태를 서술

年少 ▶ 연소 – 나이가 젊음
少는 年의 상태를 서술

骨折 ▶ 골절 – 뼈가 부러짐
折은 骨의 상태를 서술

2. 술목 관계

서술하는 말(서술어)과 서술의 목적·대상이 되는 말(목적어)이 결합된 한자어로, 서술어는 행위나 동작을 나타내고, 목적어는 대상이 된다. 목적어를 먼저 해석하고, 서술어를 나중에 해석하여 '~를(을) ~함'이라고 풀이한다.

卒業 ▶ 졸업 – 학업을 마침
業은 卒의 목적·대상이 됨

作文 ▶ 작문 – 글을 지음
文은 作의 목적·대상이 됨

修身 ▶ 수신 – 몸을 닦음
身은 修의 목적·대상이 됨

讀書 ▶ 독서 – 글을 읽음
書는 讀의 목적·대상이 됨

交友 ▶ 교우 – 벗을 사귐
友는 交의 목적·대상이 됨

敬老 ▶ 경로 – 늙은이를 공경함
老는 敬의 목적·대상이 됨

3. 술보 관계

서술하는 말(서술어)과 이를 도와 부족한 뜻을 완전하게 해주는 말(보어)이 결합된 한자어로, 서술어는 행위나 동작을 나타내고, 보어는 서술어를 도와 부족한 뜻을 완전하게 해 준다. 보어를 먼저 해석하고 서술어를 나중에 해석하여 '~이(가) ~함', '~에 ~함'으로 풀이한다.

有名 ▶ 유명 – 이름이 있음
名은 有의 뜻을 완전하게 해 줌

無敵 ▶ 무적 – 적이 없음
敵은 無의 뜻을 완전하게 해 줌

無罪 ▶ 무죄 – 허물이 없음
罪는 無의 뜻을 완전하게 해 줌

無法 ▶ 무법 – 법이 없음
法은 無의 뜻을 완전하게 해 줌

有能 ▶ 유능 – 능력이 있음
能은 有의 뜻을 완전하게 해 줌

有限 ▶ 유한 – 한계가 있음
限은 有의 뜻을 완전하게 해 줌

4. 수식 관계

꾸며주는 말(수식어)과 꾸밈을 받는 말(피수식어)이 결합된 한자어로, 앞에 있는 한자가 뒤에 있는 한자를 꾸미거나 한정하는 역할을 한다. 구성되는 한자의 성분에 따라 다음과 같이 나눌 수 있다.

1 관형어 + 체언

관형어가 체언을 수식하는 관계로 짜여진 한자어로, '~한 ~', '~하는 ~'로 해석한다.

靑山 ▶ 청산 – 푸른 산
靑은 山을 꾸미는 말

落葉 ▶ 낙엽 – 떨어지는 잎
落은 葉을 꾸미는 말

白雲 ▶ 백운 – 흰 구름
白은 雲을 꾸미는 말

幼兒 ▶ 유아 – 어린 아이
幼는 兒를 꾸미는 말

2 부사어 + 용언

부사어가 용언을 한정하는 관계로 짜여진 한자어로, '~하게 ~함'으로 해석한다.

必勝 ▶ 필승 – 반드시 이김
必은 勝을 꾸미는 말

急行 ▶ 급행 – 급히 감
急은 行을 꾸미는 말

過食 ▶ 과식 – 지나치게 먹음
過는 食을 꾸미는 말

徐行 ▶ 서행 – 천천히 감
徐는 行을 꾸미는 말

5. 병렬 관계
같은 성분의 한자끼리 나란히 병렬되어 짜여진 것으로 이것은 다시 '대립', '유사', '대등'으로 나눌 수 있다.

1 유사 관계
서로 비슷한 뜻을 가진 한자로 이루어진 한자어로, 두 글자의 종합된 뜻으로 풀이한다.

事業 ▶ 사업 - 일
事와 業의 뜻이 서로 같음

樹木 ▶ 수목 - 나무
樹와 木의 뜻이 서로 같음

溫暖 ▶ 온난 - 따뜻함
溫과 暖의 뜻이 서로 같음

衣服 ▶ 의복 - 옷
衣와 服의 뜻이 서로 같음

恩惠 ▶ 은혜 - 고마운 혜택
恩과 惠의 뜻이 서로 같음

海洋 ▶ 해양 - 큰 바다
海와 洋의 뜻이 서로 같음

2 대립 관계
서로 반대되는 의미를 가진 한자가 만나 이루어진 한자어로 '~와(과) ~', '~하고 ~함'으로 해석한다.

上下 ▶ 상하 - 위아래
上과 下의 뜻이 서로 반대

黑白 ▶ 흑백 - 검은 빛과 흰 빛
黑과 白의 뜻이 서로 반대

貧富 ▶ 빈부 - 가난함과 넉넉함
貧과 富의 뜻이 서로 반대

大小 ▶ 대소 - 크고 작음
大와 小의 뜻이 서로 반대

強弱 ▶ 강약 - 강함과 약함
強과 弱의 뜻이 서로 반대

內外 ▶ 내외 - 안과 밖
內와 外의 뜻이 서로 반대

3 대등 관계
서로 대등한 의미를 가진 한자가 만나 이루어진 한자어로 '~와 ~'로 해석한다.

花鳥 ▶ 화조 - 꽃과 새
花와 鳥의 뜻이 서로 대등

父母 ▶ 부모 - 아버지와 어머니
父와 母의 뜻이 서로 대등

兄弟 ▶ 형제 - 형과 동생
兄과 弟의 뜻이 서로 대등

松竹 ▶ 송죽 - 소나무와 대나무
松과 竹의 뜻이 서로 대등

子女 ▶ 자녀 - 아들과 딸
子와 女의 뜻이 서로 대등

正直 ▶ 정직 - 바르고 곧음
正과 直의 뜻이 서로 대등

필순의 기본 원칙

필순의 기본 원칙이란 하나의 글자를 쓰고자 할 때 그 글자를 이루어가는 기본적인 순서를 말한다.

1. 왼쪽에서 오른쪽으로, 위에서 아래로 쓴다.

川	내 천	총3획
	丿 丿丨 川	

三	석 삼	총3획
	一 二 三	

2. 가로획과 세로획이 교차할 때에는 가로획을 먼저 쓴다.

十	열 십	총2획
	一 十	

土	흙 토	총3획
	一 十 土	

3. 삐침과 파임이 만날 때에는 삐침을 먼저 쓴다.

人	사람 인	총2획
	丿 人	

父	아비 부	총4획
	ノ ハ ㇱ 父	

4. 왼쪽과 오른쪽의 모양이 같을 때에는 가운데를 먼저 쓴다.

山	메 산	총3획
	丨 山 山	

水	물 수	총4획
	亅 ⺀ 氺 水	

5. 안과 바깥쪽이 있을 때에는 바깥쪽을 먼저 쓴다.

日	날 일	총4획
	丨 冂 日 日	

內	안 내	총4획
	丨 冂 內 內	

6. 꿰뚫는 획은 나중에 쓴다.

中	가운데 중	총4획
	丨 口 口 中	

車	수레 거·차	총7획
	一 ㇀ 亓 百 百 亘 車	

7. 오른쪽 위의 점은 나중에 찍는다.

代	대신 대	총5획
	丿 亻 仁 代 代	

武	군인 무	총8획
	一 二 干 壬 亍 正 武 武	

8. 삐침이 짧고 가로획이 길면 삐침을 먼저 쓴다.

右	오른쪽 우	총5획
	丿 ナ 才 右 右	

9. 삐침이 길고 가로획이 짧으면 가로획을 먼저 쓴다.

左	왼 좌	총5획
	一 ナ 左 左 左	

CHAPTER 02

4급 한자 300

각 페이지마다
"이 한자 기억해요?"를 배치하여
해당 한자를 한번 더 복습할 수 있도록 하였다.
자! 이제부터 4급 한자 300자에 도전하자.

4급한자 300 | 001~020

001 | 가
佳 아름다울 가
亻=人부 총8획

- 佳約 가약 : 부부가 되자는 약속 (約 맺을 약)
- 佳人 가인 : 이성으로서 애정을 느끼게 하는 사람 (人 사람 인)
- 佳作 가작 : 매우 뛰어난 작품 (作 지을 작)
- 佳客 가객 : 반갑고 귀한 손님 (客 손 객)
- 佳景 가경 佳日 가일 佳節 가절
- 百年佳約 백년가약 絶世佳人 절세가인

002 | 가

假 거짓 가
亻=人부 총11획

- 假令 가령 : 이를테면 (令 하여금 령)
- 假面 가면 : 사람이나 짐승의 얼굴 모양을 본떠 만든 것 (面 낯 면)
- 假名 가명 : 실제의 자기 이름이 아닌 이름 (名 이름 명)
- 假死 가사 假想 가상 假說 가설
- 假聲 가성 假定 가정 假稱 가칭

003 | 각
脚 다리 각
月=肉부 총11획

- 脚光 각광 : 무대의 전면 아래쪽에서 배우를 비추는 광선 (光 빛 광)
- 脚本 각본 : 연극의 꾸밈새·무대 모양·배우의 대사 따위를 적은 글 (本 근본 본)
- 脚色 각색 健脚 건각 橋脚 교각
- 失脚 실각 立脚 입각 脚氣病 각기병

004 | 간

干 방패 간
干부 총3획

- 干滿 간만 : 썰물과 밀물을 아울러 이르는 말 (滿 찰 만)
- 干城 간성 : 나라를 지키는 믿음직한 군대나 인물을 이르는 말 (城 재 성)
- 干證 간증 : 기독교에서 지은 죄를 자백하고 믿음을 고백하는 일 (證 증거 증)
- 干涉 간섭 干潮 간조 干支 간지
- 干拓 간척 欄干 난간 若干 약간

005 | 간
看 볼 간
目부 총9획

- 看過 간과 : 큰 관심 없이 대강 보아 넘김 (過 지날 과)
- 看病 간병 : 앓는 사람이나 다친 사람의 곁에서 돌보고 시중을 듦 (病 병 병)
- 看守 간수 看破 간파 看板 간판
- 看護 간호 走馬看山 주마간산

006 | 갈

渴 목마를 갈
氵=水부 총12획

- 渴求 갈구 : 간절히 바라며 구함 (求 구할 구)
- 渴望 갈망 : 간절히 바람 (望 바랄 망)
- 解渴 해갈 : 비가 내려 가뭄을 겨우 벗어남. 목마름을 해소함 (解 풀 해)
- 渴急 갈급 渴症 갈증 枯渴 고갈
- 飢渴 기갈 燥渴 조갈 酒渴 주갈

007 | 감
敢 감히, 구태여 감
攵=攴부 12획

- 敢行 감행 : 과감하게 실행함 (行 다닐 행)
- 果敢 과감 : 과단성이 있고 용감함 (果 실과 과)
- 勇敢 용감 : 용기가 있어 사물에 임하여 과감함 (勇 날랠 용)
- 敢鬪 감투 敢言之地 감언지지
- 焉敢生心 언감생심

008 | 감

甘 달 감
甘부 총5획

- 甘受 감수 : 책망이나 괴로움 따위를 달갑게 받아들임 (受 받을 수)
- 甘言利說 감언이설 : 귀가 솔깃하도록 남의 비위를 맞추거나 이로운 조건을 내세워 꾀는 말 (言 말씀 언, 利 이로울 리, 說 말씀 설)
- 甘草 감초 甘味 감미 甘酒 감주
- 苦盡甘來 고진감래

009 | 갑
甲 갑옷 갑
田부 총5획

- 甲富 갑부 : 첫째가는 큰 부자 (富 부자 부)
- 甲種 갑종 : 첫째 등급의 종류 (種 씨 종)
- 同甲 동갑 : 같은 나이 (同 한가지 동)
- 回甲 회갑 : 나이 예순 한 살을 가리키는 말 (回 돌아올 회)
- 甲骨 갑골 甲板 갑판 還甲 환갑
- 甲勤稅 갑근세 裝甲車 장갑차 甲男乙女 갑남을녀

010 | 강

降 내릴 강/항복할 항
阝=阜부 총9획

- 降等 강등 : 등급이나 계급이 내림 (等 무리 등)
- 降雨量 강우량 : 일정한 기간에 일정한 곳에 내린 비의 분량 (雨 비 우, 量 헤아릴 량)
- 降臨 강림 降水 강수 降雪 강설
- 降雨 강우 投降 투항 降伏 항복

· · · 이 한 자 기 억 해 요 ? · · · 정답 58

1 恨( ) 2 恒( ) 3 亥( ) 4 虛( ) 5 許( ) 6 革( ) 7 刑( ) 8 虎( ) 9 乎( ) 10 呼( )

여기는! 佳가 / 講강

011 | 강
講
욀 강
言부 총17획

- 講究 강구 : 좋은 대책과 방법을 궁리하여 찾아내거나 그런 대책을 세움 (究 연구할 구)
- 講義 강의 : 학문이나 기술의 일정한 내용을 체계적으로 설명하여 가르침 (義 옳을 의)
- 講壇 강단
- 講堂 강당
- 講讀 강독
- 講師 강사
- 講演 강연
- 聽講生 청강생

012 | 개
皆
다 개
白부 총9획

- 皆勤 개근 : 학교나 직장 따위에 일정한 기간 동안 하루도 빠짐없이 출석하거나 출근함 (勤 부지런할 근)
- 擧皆 거개 : 거의 모두 (擧 들 거)
- 皆無 개무
- 皆是 개시
- 皆骨山 개골산
- 皆旣月蝕 개기월식
- 國民皆兵 국민개병

013 | 갱
更
다시 갱/고칠 경
曰부 총7획

- 更生 갱생 : 마음이나 생활 태도를 바로잡아 옳은 생활로 되돌아가거나 발전된 생활로 나아감 (生 날 생)
- 變更 변경 : 다르게 바꾸어 새롭게 고침 (變 변할 변)
- 更新 갱신
- 更張 경장
- 更正 경정
- 三更 삼경
- 初更 초경
- 更年期 갱년기

014 | 거
居
살 거
尸부 총8획

- 居室 거실 : 가족이 일상 모여서 생활하는 서양식의 방 (室 집 실)
- 居住 거주 : 일정한 곳에 자리를 잡고 머물러 삶 (住 살 주)
- 居處 거처 : 한 군데 자리잡고 삶, 또는 그 곳 (處 곳 처)
- 居間 거간
- 同居 동거
- 別居 별거
- 隱居 은거
- 居留民 거류민
- 居住地 거주지

015 | 건
乾
하늘, 마를 건
乙부 총11획

- 乾達 건달 : 아무 것도 가진 것 없이 난봉을 부리고 돌아다니는 사람 (達 통달할 달)
- 乾草 건초 : 마소 따위를 먹이려고 베어서 말린 풀 (草 풀 초)
- 乾坤 건곤
- 乾期 건기
- 乾杯 건배
- 乾性 건성
- 乾燥 건조
- 乾魚物 건어물

016 | 견
犬
개 견
犬부 총4획

- 犬公 견공 : 개를 의인화하여 일컫는 말 (公 공평할 공)
- 軍犬 군견 : 군사적 목적을 위하여 특별한 훈련을 시킨 개 (軍 군사 군)
- 愛犬 애견 : 개를 귀여워함, 또는 그 개 (愛 사랑 애)
- 狂犬 광견
- 名犬 명견
- 忠犬 충견
- 鬪犬 투견
- 犬馬之心 견마지심
- 犬馬之養 견마지양

017 | 견
堅
굳을 견
土부 총11획

- 堅固 견고 : 굳고 튼튼함 (固 굳을 고)
- 堅果 견과 : 단단한 껍데기에 싸인 열매 (果 실과 과)
- 堅實 견실 : 튼튼하고 충실함 (實 열매 실)
- 中堅 중견 : 어떤 단체나 사회에서 중심이 되는 사람 (中 가운데 중)
- 堅强 견강
- 堅守 견수
- 堅持 견지
- 堅果類 견과류
- 堅甲利兵 견갑이병

018 | 결
潔
깨끗할 결
氵=水부 총15획

- 純潔 순결 : 잡된 것이 섞이지 아니하고 깨끗함 (純 순수할 순)
- 淨潔 정결 : 매우 깨끗하고 깔끔함 (淨 깨끗할 정)
- 淸潔 청결 : 맑고 깨끗함 (淸 맑을 청)
- 潔白 결백
- 簡潔 간결
- 高潔 고결
- 不潔 불결
- 精潔 정결

019 | 경
庚
별 경
广부 총8획

- 庚伏 경복 : 초복, 중복, 말복을 통틀어 이르는 말 (伏 엎드릴 복)
- 庚午 경오 : 육십 갑자의 일곱째 (午 낮 오)
- 同庚 동경 : 같은 나이 (同 한가지 동)
- 庚方 경방
- 庚戌 경술
- 庚時 경시
- 庚熱 경열
- 庚寅 경인
- 庚坐 경좌

020 | 경
耕
밭갈 경
耒부 총10획

- 耕作 경작 : 땅을 갈아서 농사를 지음 (作 지을 작)
- 耕地 경지 : 경작지의 준말 (地 따 지)
- 農耕 농경 : 논밭을 갈아 농사를 지음 (農 농사 농)
- 舌耕 설경
- 牛耕 우경
- 筆耕 필경
- 休耕 휴경
- 農耕地 농경지
- 晝耕夜讀 주경야독

· · · 이 한 자 기 억 해 요 ? · · · 정답 59

1 戶( ) 2 或( ) 3 混( ) 4 紅( ) 5 華( ) 6 歡( ) 7 皇( ) 8 厚( ) 9 凶( ) 10 胸( )

4급한자 300 | 021~040

021 | 경

驚
놀랄 경
馬부 총23획

驚氣 경기 어린아이에게 나타나는 갑자기 의식을 잃고 경련하는 병 (氣 기운 기)
驚異 경이 놀랍고 신기하게 여김 (異 다를 이)

驚愕* 경악   驚歎 경탄   驚血 경혈
驚天動地 경천동지 大驚失色 대경실색

022 | 계
癸
북방, 천간 계
癶부 총9획

癸未 계미 육십 갑자의 스무째 (未 아닐 미)
癸方 계방 이십사 방위의 하나 (方 모 방)
癸坐 계좌 묏자리나 집터 따위가 계방을 등진 자리 (坐 앉을 좌)

癸生 계생   癸時 계시   癸亥 계해
癸未字 계미자   癸丑字 계축자

023 | 계

溪
시내 계
氵=水부 총13획

溪谷 계곡 물이 흐르는 골짜기 (谷 골 곡)
溪川 계천 시내와 계 (川 내 천)
淸溪 청계 맑고 깨끗한 시내 (淸 맑을 청)

溪頭 계두   溪流 계류   溪泉 계천
碧溪水 벽계수

024 | 계

鷄
닭 계
鳥부 총21획

養鷄場 양계장 필요한 설비를 갖추어 두고 닭을 먹여 기르는 곳 (養 기를 양, 場 마당 장)
鷄口牛後 계구우후 큰 단체의 꼴찌보다는 작은 단체의 우두머리가 오히려 나음 (口 입 구, 牛 소 우, 後 뒤 후)

鷄口 계구   鷄卵 계란   鷄林 계림
養鷄 양계   鬪鷄 투계   烏骨鷄 오골계

025 | 곡

穀
곡식 곡
禾부 총15획

米穀 미곡 쌀 (米 쌀 미)
五穀 오곡 다섯 가지 중요한 곡식. 쌀, 보리, 콩, 조, 기장을 이름 (五 다섯 오)
脫穀 탈곡 곡식의 낟알을 이삭에서 털어 냄 (脫 벗을 탈)

穀氣 곡기   穀類 곡류   穀物 곡물
穀食 곡식   雜穀 잡곡   五穀百果 오곡백과

026 | 곡
谷
골 곡
谷부 총7획

谷水 곡수 골짜기에서 흐르는 물 (水 물 수)
山谷 산곡 산과 산 사이의 움푹 들어간 곳. 산골짜기 (山 메 산)

谷王 곡왕   谷風 곡풍   溪谷 계곡
陵谷 능곡   栗谷 율곡   深山幽谷 심산유곡

027 | 곤
坤
따(땅) 곤
土부 총8획

坤位 곤위 여자의 무덤이나 신주 (位 자리 위)
乾坤 건곤 하늘과 땅을 아울러 이르는 말 (乾 하늘 건)

坤宮 곤궁   坤極 곤극   坤德 곤덕
坤坐 곤좌

028 | 곤

困
곤할 곤
口부 총7획

困難 곤란 사정이 몹시 딱하고 어려움 (難 어려울 난)
勞困 노곤 몸이나 마음이 지치어 고달픔 (勞 일할 로)
貧困 빈곤 가난 (貧 가난할 빈)

困窮 곤궁   困辱 곤욕   困惑 곤혹
疲困 피곤   食困症 식곤증   春困症 춘곤증

029 | 골
骨
뼈 골
骨부 총10획

强骨 강골 굳세고 단단한 기골 (强 강할 강)
白骨 백골 죽은 사람의 몸이 썩고 남은 뼈 (白 흰 백)
弱骨 약골 몸이 약한 사람 (弱 약할 약)

骨幹 골간   骨相 골상   骨子 골자
骨折 골절   骨格 골격   納骨堂 납골당

030 | 관

關
관계할 관
門부 총19획

關門 관문 국경이나 요새 등을 드나들기 위하여 반드시 거쳐야 하는 길목 (門 문 문)
關稅 관세 외국에서 들어오는 물건에 대하여 부과하는 세금 (稅 세금 세)

關係 관계   關聯 관련   關與 관여
關節 관절   難關 난관   相關 상관

• • • 이 한 자 기 억 해 요 ? • • •   정답 30

1 佳( ) 2 假( ) 3 脚( ) 4 干( ) 5 看( ) 6 渴( ) 7 敢( ) 8 甘( ) 9 甲( ) 10 降( )

여기는! 驚경/舊구

031 | 구 舊 예 구
臼부 총18획

- 舊官 구관: 앞서 그 자리에 있던 벼슬아치(官 벼슬 관)
- 舊面 구면: 예전부터 알고 있는 처지(面 낯 면)
- 親舊 친구: 가깝게 오래 사귄 사람(親 친할 친)
- 舊習 구습
- 舊式 구식
- 復舊 복구
- 新舊 신구
- 舊大陸 구대륙
- 舊石器 구석기

032 | 구 久 오랠 구
丿부 총3획

- 永久 영구: 어떤 상태가 시간상으로 무한히 이어짐(永 길 영)
- 長久 장구: 길고 오래됨(長 긴 장)
- 恒久 항구: 변하지 않고 오래감(恒 항상 항)
- 久雨 구우
- 未久 미구
- 悠久 유구
- 耐久性 내구성
- 持久力 지구력
- 永久不變 영구불변

033 | 궁 弓 활 궁
弓부 총3획

- 弓手 궁수: 활 쏘는 일을 맡아 하는 군사(手 손 수)
- 石弓 석궁: 중세 유럽에서 쓰던 활의 하나(石 돌 석)
- 天弓 천궁: 무지개(天 하늘 천)
- 弓術 궁술
- 弓衣 궁의
- 角弓 각궁
- 國弓 국궁
- 名弓 명궁
- 洋弓 양궁

034 | 권 卷  책 권
㔾=卩부 총8획

- 卷雲 권운: 푸른 하늘에 높이 떠 있는 하얀 섬유 모양의 구름. 새털구름(雲 구름 운)
- 席卷 석권: 돗자리를 만다. 빠른 기세로 영토를 휩쓸거나 세력 범위를 넓힘(席 자리 석)
- 卷頭 권두
- 卷末 권말
- 卷數 권수
- 別卷 별권
- 壓卷 압권
- 通卷 통권

035 | 권 勸 권할 권
力부 총20획

- 勸告 권고: 어떤 일을 하도록 권함(告 고할 고)
- 勸勉 권면: 알아듣도록 권하고 격려하여 힘쓰게 함(勉 힘쓸 면)
- 勸學 권학: 학문에 힘쓰도록 권함(學 배울 학)
- 勸農 권농
- 勸誘 권유
- 勸獎 권장
- 强勸 강권
- 勸酒歌 권주가
- 勸善懲惡 권선징악

036 | 권 權  권세 권
木부 총22획

- 權力 권력: 남을 강제로 복종시키는 힘(力 힘 력)
- 權利 권리: 자기의 이익을 주장하고 누릴 수 있는 힘(利 이로울 리)
- 權勢 권세: 권력과 세력(勢 형세 세)
- 權限 권한
- 利權 이권
- 政權 정권
- 主權 주권
- 親權 친권
- 所有權 소유권

037 | 귀 歸  돌아갈 귀
止부 총18획

- 歸國 귀국: 외국에 나가있던 사람이 자기 나라로 돌아오거나 돌아감(國 나라 국)
- 歸農 귀농: 다른 일을 하던 사람이 그 일을 그만두고 농사를 지으려고 농촌으로 돌아가는 현상(農 농사 농)
- 歸家 귀가
- 歸結 귀결
- 歸屬 귀속
- 歸化 귀화
- 復歸 복귀
- 歸納法 귀납법

038 | 균 均 고를 균
土부 총7획

- 均等 균등: 고르고 가지런하여 차별이 없음(等 무리 등)
- 平均 평균: 여러 수나 같은 종류의 양의 중간 값을 갖는 수(平 평평할 평)
- 均一 균일
- 均齊 균제
- 均質 균질
- 均割 균할
- 均衡 균형
- 成均館 성균관

039 | 급 及 미칠 급
又부 총4획

- 及第 급제: 과거에 합격하던 일(第 차례 제)
- 言及 언급: 어떤 문제에 대하여 말함(言 말씀 언)
- 及落 급락
- 莫及 막급
- 普及 보급
- 波及 파급
- 可及的 가급적
- 過猶不及 과유불급

040 | 기 其  그 기
八부 총8획

- 其實 기실: 실제의 사정(實 열매 실)
- 其餘 기여: 그 나머지(餘 남을 여)
- 其他 기타: 그 밖의 또 다른 것(他 다를 타)
- 其外 기외
- 其中 기중
- 其後 기후
- 各其 각기
- 其亦是 기역시
- 及其也 급기야

· · · · 이 한 자 기 억 해 요? · · · 정답 31

1 講( ) 2 皆( ) 3 更( ) 4 居( ) 5 乾( ) 6 犬( ) 7 堅( ) 8 潔( ) 9 庚( ) 10 耕( )

4급한자 300 | 041~060

041 | 기 — 幾 (몇 기)
幺부 총12획

- 幾十 기십 십의 몇 배가 되는 수 (十 열 십)
- 幾何學 기하학 도형 및 공간의 성질에 대하여 연구하는 학문 (何 어찌 하, 學 배울 학)
- 幾萬 기만   幾百 기백   幾日 기일
- 幾何級數 기하급수

042 | 기 — 旣 (이미 기)
无부 총11획

- 旣往 기왕 이미 지나간 이전 (往 갈 왕)
- 旣婚 기혼 이미 결혼함 (婚 혼인할 혼)
- 旣成服 기성복 일정한 기준 치수에 맞추어서 대량으로 미리 지어 놓은 옷 (成 이룰 성, 服 옷 복)
- 旣約 기약   旣存 기존   旣決囚 기결수
- 旣得權 기득권   旣往之事 기왕지사   旣定事實 기정사실

043 | 난 — 暖 (따뜻할 난)
日부 총13획

- 暖流 난류 적도 부근의 저위도 지역에서 고위도 지역으로 흐르는 따뜻한 해류 (流 흐를 류)
- 溫暖 온난 기후가 따뜻함 (溫 따뜻할 온)
- 寒暖 한란 추움과 따뜻함 (寒 추울 한)
- 暖房 난방   暖帶 난대   煖爐 난로
- 溫暖化 온난화   溫暖前線 온난전선   異常暖冬 이상난동

044 | 내 — 乃 (이에 내)
丿부 총2획

- 乃父 내부 그의 아버지. 네 아버지 (父 아비 부)
- 乃終 내종 나중 (終 마칠 종)
- 乃至 내지 또는 (至 이를 지)
- 乃公 내공   乃兄 내형   終乃 종내
- 人乃天 인내천

045 | 단 — 端 (끝 단)
立부 총14획

- 端午 단오 우리 나라 명절의 하나. 음력 5월 5일 (午 낮 오)
- 端正 단정 얌전하고 바름 (正 바를 정)
- 極端 극단 중용을 잃고 한쪽으로 크게 치우침 (極 지극할 극)
- 端言 단언   末端 말단   發端 발단
- 異端 이단   尖端 첨단   端末機 단말기

046 | 단 — 丹 (붉을 단)
丶부 총4획

- 丹田 단전 배꼽 아래로 한 치 다섯 푼 되는 곳 (田 밭 전)
- 一片丹心 일편단심 한 조각의 붉은 마음. 진심에서 우러나는 변치 않는 마음 (一 한 일, 片 조각 편, 心 마음 심)
- 丹脣 단순   丹粧 단장   丹靑 단청
- 牧丹 목단   朱丹 주단

047 | 단 — 但 (다만 단)
亻=人부 총7획

- 但書 단서 문서 따위에서, 본문 다음에 어떤 조건이나 예외 따위를 나타내는 글 (書 글 서)
- 非但 비단 부정하는 말 앞에서 '다만', '오직'의 뜻으로 쓰이는 말 (非 아닐 비)
- 但只 단지

048 | 당 — 當 (마땅 당)
田부 총13획

- 當然 당연 이치로 보아 마땅히 그럴 것임 (然 그럴 연)
- 當場 당장 무슨 일이 일어난 바로 그 곳 (場 마당 장)
- 充當 충당 모자라는 것을 채워 메움 (充 채울 충)
- 當代 당대   當面 당면   當初 당초
- 相當 상당   正當 정당   至當 지당

049 | 대 — 待 (기다릴 대)
彳부 총9획

- 待接 대접 마땅한 예로써 대함 (接 이을 접)
- 期待 기대 어떤 일이 이루어지기를 바라고 기다림 (期 기약할 기)
- 應待 응대 손을 맞아 대접함 (應 응할 응)
- 待機 대기   待望 대망   苦待 고대
- 接待 접대   尊待 존대   待合室 대합실

050 | 도 — 刀 (칼 도)
刀부 총2획

- 果刀 과도 과일을 깎는 칼 (果 실과 과)
- 短刀 단도 날이 한쪽에만 서 있는 짧은 칼 (短 짧을 단)
- 竹刀 죽도 검도에 쓰는 대나무를 묶어 칼 대신 쓰는 기구 (竹 대 죽)
- 刀劍 도검   亂刀 난도   面刀 면도
- 執刀 집도   快刀 쾌도   銀粧刀 은장도

· · · 이 한 자 기 억 해 요 ? · · · 정답 32

1 驚( ) 2 癸( ) 3 溪( ) 4 鷄( ) 5 穀( ) 6 谷( ) 7 坤( ) 8 困( ) 9 骨( ) 10 關( )

여기는! 幾기 / 徒도

051 | 도

무리 도
彳부 총10획

暴徒 폭도 폭동을 일으키거나 폭동에 가담한 사람의 무리
(暴 사나울 폭)
無爲徒食 무위도식
하는 일 없이 놀고 먹음
(無 없을 무, 爲 할 위, 食 밥 식)
徒黨 도당　徒勞 도로　徒步 도보
生徒 생도　信徒 신도　逆徒 역도

052 | 두

말 두
斗부 총4획

泰斗 태두 어떤 분야에서 가장 권위가 있는 사람. 태산북두(泰 클 태)
北斗七星 북두칠성
큰곰자리에서 가장 뚜렷하게 보이는 국자 모양으로 된 일곱 개의 별(北 북녘 북, 七 일곱 칠, 星 별 성)
斗牛 두우　斗酒 두주　斗出 두출
斗護 두호　泰山北斗 태산북두

053 | 두
콩 두
豆부 총7획

豆油 두유 콩에서 짜낸 기름(油 기름 유)
綠豆 녹두 콩과의 한해살이풀(綠 푸를 록)
大豆 대두 콩(大 큰 대)
小豆 소두 팥(小 작을 소)
豆腐 두부　豆乳 두유　豆太 두태
豆滿江 두만강　綠豆將軍 녹두장군

054 | 등

등 등
火부 총16획

電燈 전등 전기의 힘으로 밝은 빛을 내는 등. 흔히 백열전기등을 이름(電 번개 전)
走馬燈 주마등 가운데에 대를 세우고 종이로 만든 바퀴에 말 형상을 단 등의 하나
(走 달릴 주, 馬 말 마)
燈油 등유　石燈 석등　消燈 소등
外燈 외등　點燈 점등　白熱燈 백열등

055 | 란
알 란
卩부 총7획

卵生 난생 알 속에서 발육하다가 일정한 시기에 이르면 껍질을 깨고 나옴(生 날 생)
卵子 난자 성숙한 난세포(子 아들 자)
鷄卵 계란 닭의 알(鷄 닭 계)
卵管 난관　卵巢 난소　排卵 배란
産卵 산란　熟卵 숙란　累卵之危 누란지위

056 | 랑

물결 랑
氵=水부 총10획

浪說 낭설 터무니없는 헛소문. 뜬소문
(說 말씀 설)
放浪 방랑 정한 곳 없이 이리저리 떠돌아다님(放 놓을 방)
流浪 유랑 정처없이 떠돌아다님
(流 흐를 류)
浪費 낭비　浪人 낭인　激浪 격랑
孟浪 맹랑　波浪 파랑　風浪 풍랑

057 | 랑
사내 랑
阝=邑부 총10획

郎君 낭군 예전에, 젊은 아내가 자기 남편을 사랑스럽게 이르던 말
(君 임금 군)
花郎 화랑 신라 청소년의 민간 수양 단체(花 꽃 화)
郎子 낭자　新郎 신랑

058 | 량

서늘할 량
冫부 총10획

新凉 신량 초가을의 싸늘한 기운
(新 새 신)
淸凉 청량 맑고 서늘함(淸 맑을 청)
初凉 초량 첫가을(初 처음 초)
納凉 납량　荒凉 황량
炎凉世態 염량세태

059 | 려

나그네 려
方부 총10획

旅客 여객 기차, 비행기, 배 따위로 여행하는 사람(客 손 객)
旅行 여행 일이나 유람을 목적으로 다른 고장이나 외국에 가는 일
(行 다닐 행)
旅館 여관　旅毒 여독　旅路 여로
旅費 여비　旅人宿 여인숙　行旅病者 행려병자

060 | 련

이을 련
辶=辵부 총11획

連結 연결 사물과 사물 또는 현상과 현상이 서로 이어지거나 관계를 맺음(結 맺을 결)
連發 연발 연이어 일어남(發 필 발)
連續 연속 끊이지 않고 쭉 이어지거나 지속함(續 이을 속)
連累 연루　連日 연일　連坐 연좌
連休 연휴　一連 일련　連判狀 연판장

• • 이 한 자 기 억 해 요 ? • • 정답 33

1 舊(　) 2 久(　) 3 弓(　) 4 卷(　) 5 勸(　) 6 權(　) 7 歸(　) 8 均(　) 9 及(　) 10 其(　)

 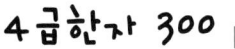 | 061~080

061 | 련 練
익힐 련 · 糸부 · 총15획

- 練習 연습: 학문이나 기예 따위를 익숙하도록 되풀이하여 익힘 (習 익힐 습)
- 洗練 세련: 서투르거나 어색한 데가 없이 능숙하고 미끈하게 갈고 닦음 (洗 씻을 세)
- 練馬 연마 修練 수련 熟練 숙련
- 調練 조련 訓練 훈련 練兵場 연병장

062 | 렬 烈
매울 렬 · 灬=火부 · 총10획

- 烈女 열녀: 절개가 굳은 여자 (女 계집 녀)
- 烈士 열사: 나라를 위하여 절의를 굳게 지키며 충성을 다하여 싸운 사람 (士 선비 사)
- 極烈 극렬: 지독히 심함 (極 극진할 극)
- 烈祖 열조 激烈 격렬 功烈 공렬
- 先烈 선열 壯烈 장렬 痛烈 통렬

063 | 령 領
거느릴 령 · 頁부 · 총14획

- 領事 영사: 외국에서 본국의 이익을 도모하며 자국민의 보호를 담당하는 공무원 (事 일 사)
- 要領 요령: 가장 긴요하고 으뜸이 되는 골자나 줄거리 (要 요긴할 요)
- 領域 영역 領地 영지 領海 영해
- 首領 수령 領收證 영수증 大統領 대통령

064 | 로 露
이슬 로 · 雨부 · 총20획

- 露骨 노골: 숨김없이 모두 있는 그대로 드러냄 (骨 뼈 골)
- 露宿 노숙: 한뎃잠 (宿 잘 숙)
- 露店 노점: 길바닥에 벌여놓은 소규모의 가게 (店 가게 점)
- 露天 노천 露出 노출 暴露 폭로
- 寒露 한로 露店商 노점상 甘露水 감로수

065 | 류 柳
버들 류 · 木부 · 총9획

- 柳絲 유사: 버드나무의 가지 (絲 실 사)
- 細柳 세류: 가지가 매우 가는 버드나무 (細 가늘 세)
- 花柳 화류: 노는계집 (花 꽃 화)
- 柳器 유기 柳眉 유미 垂柳 수류
- 折柳 절류 靑柳 청류 柳綠花紅 유록화홍

066 | 륜 倫
인륜 륜 · 亻=人부 · 총10획

- 倫理 윤리: 사람으로서 마땅히 행하거나 지켜야 할 도리 (理 다스릴 리)
- 五倫 오륜: 유교에서 말하는 다섯가지 인륜 (五 다섯 오)
- 天倫 천륜: 부모 형제 사이에서 마땅히 지켜야 할 도리 (天 하늘 천)
- 大倫 대륜 不倫 불륜 人倫 인륜
- 絶倫 절륜 三綱五倫 삼강오륜

067 | 리 李
오얏, 성 리 · 木부 · 총7획

- 李白 이백: 중국 당나라의 대시인. 자는 태백 (白 흰 백)
- 李朝 이조: 일본인들이 조선 왕조를 얕잡아 이르던 말 (朝 아침 조)
- 李花 이화: 오얏꽃 (花 꽃 화)
- 桃李 도리 行李 행리 張三李四 장삼이사

068 | 막 莫
없을 막 · 艹=艸부 · 총11획

- 莫强 막강: 더 할 수 없이 강함 (强 강할 강)
- 莫論 막론: 말할 나위도 없음 (論 논할 론)
- 莫逆 막역: 허물없이 아주 친함 (逆 거스릴 역)
- 莫重 막중: 매우 중요함 (重 무거울 중)
- 莫及 막급 莫大 막대
- 莫無可奈 막무가내 莫上莫下 막상막하
- 莫逆之友 막역지우

069 | 만 晩
늦을 만 · 日부 · 총11획

- 晩年 만년: 나이가 들어 늙어가는 시기 (年 해 년)
- 晩成 만성: 늦게 성공함 (成 이룰 성)
- 晩學 만학: 나이가 들어 뒤늦게 공부함 (學 배울 학)
- 晩鐘 만종 晩秋 만추 晩婚 만혼
- 晩時之歎 만시지탄 大器晩成 대기만성

070 | 망 忙
바쁠 망 · 忄=心부 · 총6획

- 忙中閑 망중한: 바쁜 가운데 잠깐 얻어 낸 틈 (中 가운데 중, 閑 한가할 한)
- 公私多忙 공사다망: 공적·사적인 일 따위로 매우 바쁨 (公 공평할 공, 私 사사 사, 多 많을 다)
- 奔忙 분망

이 한자 기억해요? 정답 34

1 幾( ) 2 旣( ) 3 暖( ) 4 乃( ) 5 端( ) 6 丹( ) 7 但( ) 8 當( ) 9 待( ) 10 刀( )

여기는! 練련/忘망

071 | 망 忘 잊을 망
- 忘年會 망년회: 연말에 한 해를 보내며 그 해의 괴로움을 잊자는 뜻으로 베푸는 모임 (年 해 년, 會 모일 회)
- 忘憂物 망우물: 온갖 시름을 잊게 하는 물건. '술'을 이르는 말 (憂 근심 우, 物 물건 물)

心부　총7획
忘却 망각　忘失 망실　備忘錄 비망록
刻骨難忘 각골난망　背恩忘德 배은망덕

072 | 매 妹 누이 매
- 妹夫 매부: 손위 누이나 손아래 누이의 남편 (夫 지아비 부)
- 妹兄 매형: 손위 누이의 남편 (兄 형 형)
- 男妹 남매: 오라비와 누이. 오누이 (男 사내 남)

女부　총8획
妹氏 매씨　妹弟 매제　令妹 영매
義妹 의매　姉妹 자매　姉妹結緣 자매결연

073 | 맥 麥 보리 맥
- 麥酒 맥주: 알코올성 음료의 하나 (酒 술 주)
- 麥秋 맥추: 익은 보리를 거두어들이는 철. 보릿가을 (秋 가을 추)

麥부　총11획
麥類 맥류　大麥 대맥　小麥 소맥
麥秀之嘆 맥수지탄

074 | 면 免 면할 면
- 免稅 면세: 세금을 면제함 (稅 세금 세)
- 免罪 면죄: 죄를 면함 (罪 허물 죄)
- 免許 면허: 특정한 일을 할 수 있는 공식적인 자격을 행정 기관이 허가, 또는 그런 일 (許 허락할 허)

儿부　총7획
免職 면직　謀免 모면　免罪符 면죄부
免責特權 면책특권

075 | 면 眠 잘 면
- 冬眠 동면: 겨울 잠 (冬 겨울 동)
- 不眠 불면: 잠을 자지 않음, 또는 잠을 자지 못함 (不 아닐 불)
- 安眠 안면: 편안히 잠을 잠 (安 편안 안)
- 永眠 영면: 영원히 잠든다는 뜻으로, '죽음'을 이르는 말 (永 길 영)

目부　총10획
熟眠 숙면　睡眠 수면　休眠 휴면
不眠症 불면증　催眠術 최면술

076 | 명 鳴 울 명

- 共鳴 공명: 남의 사상이나 감정, 행동 따위에 공감하여 자기도 그와 같이 따르려 함 (共 한가지 공)
- 悲鳴 비명: 일이 매우 위급하거나 몹시 두려움을 느낄 때 지르는 외마디 소리 (悲 슬플 비)

鳥부　총14획
腹鳴 복명　自鳴鐘 자명종　孤掌難鳴 고장난명

077 | 모 暮 저물 모
- 歲暮 세모: 한 해가 끝날 무렵. 설을 앞둔 섣달 그믐께 (歲 해 세)
- 朝令暮改 조령모개: 아침에 명령을 내렸다가 저녁에 다시 고침 (朝 아침 조, 令 하여금 령, 改 고칠 개)

日부　총15획
暮色 모색　暮春 모춘　朝三暮四 조삼모사

078 | 묘 卯 토끼 묘

- 卯生 묘생: 토끼해에 태어난 사람 (生 날 생)
- 卯時 묘시: 오전 다섯 시부터 일곱 시 (時 때 시)
- 卯酒 묘주: 아침에 마시는 술 (酒 술 주)

卩부　총5획

079 | 묘 妙 묘할 묘

- 妙技 묘기: 교묘한 기술과 재주 (技 재주 기)
- 妙案 묘안: 뛰어나게 좋은 생각 (案 책상 안)
- 絶妙 절묘: 썩 교묘함 (絶 끊을 절)

女부　총7획
妙味 묘미　妙手 묘수　妙藥 묘약
妙策 묘책　巧妙 교묘　神妙 신묘

080 | 무 舞 춤출 무

- 舞童 무동: 농악대·걸립패 따위에서, 상쇠의 목말을 타고 춤추고 재주 부리던 아이 (童 아이 동)
- 歌舞 가무: 노래하면서 춤을 춤 (歌 노래 가)

舛부　총14획
舞曲 무곡　舞臺 무대　劍舞 검무
鼓舞 고무　群舞 군무　亂舞 난무

· · · 이 한 자 기 억 해 요 ? · · · 정답 35

1 徒(　) 2 斗(　) 3 豆(　) 4 燈(　) 5 卵(　) 6 浪(　) 7 郞(　) 8 涼(　) 9 旅(　) 10 連(　)

4급한자 300 | 081~100

081 | 무

戊夜 무야 '오경(五更)'을 오야의 하나로 이르는 말. 새벽 세 시에서 다섯 시 사이(夜 밤 야)
戊午 무오 육십갑자의 쉰다섯째(午 낮 오)

천간 무
戈부 총5획
戊午士禍 무오사화

082 | 무

茂林 무림 나무가 울창하게 우거진 숲 (林 수풀 림)
茂盛 무성 초목이 많이 나서 우거짐 (盛 성할 성)

무성할 무
艹=艸부 총9획
茂才 무재   榮茂 영무   暢茂 창무

083 | 묵

墨客 묵객 먹을 가지고 글씨를 쓰거나 그림을 그리는 사람(客 손 객)
墨香 묵향 먹의 향기(香 향기 향)
白墨 백묵 칠판에 글씨를 쓰는 필기구. 분필(粉筆)(白 흰 백)

먹 묵
土부 총15획
墨守 묵수   墨竹 묵죽   淡墨 담묵
水墨畫 수묵화 紙筆墨 지필묵 騷人墨客 소인묵객

084 | 물

勿驚 물경 '놀라지 마라' 또는 '놀랍게도'의 뜻으로 엄청난 것을 말할 때에 미리 내세우는 말 (驚 놀랄 경)
勿論 물론 말할 것도 없이(論 논할 론)

말 물
勹부 총4획
勿施 물시   勿入 물입   勿忘草 물망초
勿失好機 물실호기 勿藥自效 물약자효

085 | 미

未來 미래 앞으로 올 때. 앞날(來 올 래)
未備 미비 아직 다 갖추지 못한 상태에 있음(備 갖출 비)
未安 미안 마음이 편하지 못하고 거북함 (安 편안 안)
未定 미정 아직 정하지 못함(定 정할 정)

아닐 미
木부 총5획
未達 미달   未滿 미만   未熟 미숙
未然 미연   未完 미완   未知 미지

086 | 미

甘味 감미 단맛(甘 달 감)
妙味 묘미 미묘한 맛, 또는 미묘한 흥취 (妙 묘할 묘)
興味 흥미 어떤 대상에 마음이 끌린다는 감정을 수반하는 관심 (興 일 흥)

맛 미
口부 총8획
味覺 미각   別味 별미   眞味 진미
無意味 무의미 五味子 오미자 有意味 유미의

087 | 미

尾行 미행 사람 몰래 뒤를 밟음 (行 다닐 행)
大尾 대미 맨 끝(大 큰 대)
末尾 말미 어떤 사물의 맨 끄트머리 (末 끝 말)

꼬리 미
尸부 총7획
尾燈 미등   交尾 교미   首尾 수미
後尾 후미   燕尾服 연미복   龍頭蛇尾 용두사미

088 | 박

素朴 소박 꾸밈이나 거짓이 없이 생긴 그대로임(素 본디 소)
質朴 질박 빈 데가 없이 수수함 (質 바탕 질)

성 박
木부 총6획
朴氏 박씨   儉朴 검박   厚朴 후박

089 | 반

飯店 반점 식당의 중국식 표현(店 가게 점)
飯酒 반주 밥을 먹을 때에 곁들여서 한 두 잔 마시는 술(酒 술 주)
白飯 백반 흰밥(白 흰 백)
朝飯 조반 아침밥(朝 아침 조)

밥 반
飠=食부 총13획
飯床 반상   飯饌 반찬   乾飯 건반
宣飯 선반   水飯 수반   殘飯 잔반

090 | 방

冷房 냉방 더위를 막기 위해 실내의 온도를 낮추는 일(冷 찰 랭)
獨房 독방 혼자서 쓰는 방(獨 홀로 독)
新房 신방 신랑 신부가 첫날밤을 치르도록 새로 꾸민 방(新 새 신)

방 방
戶부 총8획
房門 방문   監房 감방   山房 산방
藥房 약방   冷房病 냉방병   福德房 복덕방

• • • 이 한 자 기 억 해 요 ? • • • 정답 36

1 練( ) 2 烈( ) 3 領( ) 4 露( ) 5 柳( ) 6 倫( ) 7 李( ) 8 莫( ) 9 晚( ) 10 忙( )

戊무 / 杯배

091 | 배 杯 (잔 배) — 木부 총8획
- 乾杯 건배: 건강, 행복 따위를 빌면서 서로 술잔을 들어 마심 (乾 마를 건)
- 苦杯 고배: 쓴 액체가 든 잔. 쓰라린 경험 (苦 쓸 고)
- 玉杯 옥배: 옥으로 만든 술잔 (玉 구슬 옥)
- 罰杯 벌배 聖杯 성배 祝杯 축배
- 一杯酒 일배주 後來三杯 후래삼배

092 | 벌 伐 (칠 벌) — 亻=人부 총6획
- 伐木 벌목: 나무를 벰 (木 나무 목)
- 伐草 벌초: 무덤의 잡풀을 베어서 깨끗이 함 (草 풀 초)
- 殺伐 살벌: 행동이나 분위기가 거칠고 무시무시함 (殺 죽일 살)
- 南伐 남벌 北伐 북벌 征伐 정벌
- 採伐 채벌 天伐 천벌 討伐 토벌

093 | 범 凡 (무릇 범) — 几부 총3획
- 凡例 범례: 책의 첫머리에 그 책의 내용이나 쓰는 방법 따위에 관한 참고 사항을 설명한 글 (例 법식 례)
- 凡常 범상: 대수롭지 않고 평범함 (常 떳떳할 상)
- 凡夫 범부 凡俗 범속 凡人 범인
- 大凡 대범 非凡 비범 平凡 평범

094 | 병 丙 (남녘 병) — 一부 총5획
- 丙科 병과: 조선 시대에 과거 합격자를 나누던 세 등급 가운데 셋째 등급 (科 과목 과)
- 丙子 병자: 육십갑자의 열셋째 (子 아들 자)
- 丙種 병종: 셋째 등급의 종류 (種 씨 종)
- 丙夜 병야 丙子胡亂 병자호란

095 | 복 伏 (엎드릴 복) — 亻=人부 총6획
- 伏兵 복병: 적을 기습하기 위하여 적이 지날 만한 길목에 군사를 숨김, 또는 그 군사 (兵 병사 병)
- 降伏 항복: 적이나 상대편의 힘에 눌리어 굴복함 (降 항복할 항)
- 伏拜 복배 屈伏 굴복 起伏 기복
- 三伏 삼복 初伏 초복 哀乞伏乞 애걸복걸

096 | 봉 逢 (만날 봉) — 辶=辵부 총11획
- 逢變 봉변: 뜻밖의 변이나 망신스러운 일을 당함, 또는 그 변 (變 변할 변)
- 逢着 봉착: 서로 닥드려 만남 (着 붙을 착)
- 相逢 상봉: 서로 만남 (相 서로 상)
- 逢別 봉별 奉迎 봉영 逢辱 봉욕
- 逢賊 봉적

097 | 부 扶 (도울 부) — 扌=手부 총7획
- 扶養 부양: 생활 능력이 없는 사람의 생활을 돌봄 (養 기를 양)
- 扶助 부조: 잔칫집이나 상가(喪家) 따위에 돈이나 물건을 보내어 도와줌, 또는 그 돈이나 물건 (助 도울 조)
- 扶桑 부상 扶養費 부양비 相扶相助 상부상조

098 | 부 浮 (뜰 부) — 氵=水부 총10획
- 浮遊 부유: 물 위나 물 속, 또는 공기 중에 떠다님 (遊 놀 유)
- 浮浪者 부랑자: 일정하게 사는 곳과 하는 일 없이 떠돌아다니는 사람 (浪 물결 랑, 者 놈 자)
- 浮刻 부각 浮上 부상 浮揚 부양
- 浮沈 부침 浮漂 부표 浮動票 부동표

099 | 부 否 (아닐 부) — 口부 총7획
- 否決 부결: 회의에서 의안을 승인하지 않기로 결정함 (決 결단할 결)
- 否認 부인: 어떤 내용이나 사실을 옳거나 그러하다고 인정하지 아니함 (認 알 인)
- 否定 부정: 옳지 아니하다고 반대함 (定 정할 정)
- 可否 가부 拒否 거부 當否 당부
- 安否 안부 與否 여부 日可日否 왈가왈부

100 | 불 佛 (부처 불) — 亻=人부 총7획
- 佛經 불경: 불교의 교리를 밝혀 놓은 전적(典籍)을 통틀어 이르는 말 (經 글 경)
- 佛法 불법: 부처의 가르침 (法 법 법)
- 成佛 성불: 부처가 되는 일 (成 이룰 성)
- 佛家 불가 佛供 불공 佛心 불심
- 生佛 생불 佛弟子 불제자 等身佛 등신불

· · · 이 한 자 기 억 해 요 ? · · ·

1 忘( ) 2 妹( ) 3 麥( ) 4 免( ) 5 眠( ) 6 鳴( ) 7 暮( ) 8 卯( ) 9 妙( ) 10 舞( )

4급한자 300 | 101~120

101 | 붕
朋 벗 붕
月부 총8획

朋友 붕우 벗(友 벗 우)
朋友有信 붕우유신
　벗 사이에는 믿음이 있어야 함
　(友 벗 우, 有 있을 유, 信 믿을 신)

朋黨 붕당　　朋友責善 붕우책선

102 | 사
絲 실 사
糸부 총12획

毛絲 모사　짐승의 털로 만든 실
　(毛 터럭 모)
生絲 생사　삶지 않은 명주실(生 날 생)
原絲 원사　직물의 원료가 되는 실
　(原 근원 원)

絹絲 견사　鐵絲 철사　極細絲 극세사
一絲不亂 일사불란

103 | 사
射 쏠 사
寸부 총10획

反射 반사　일정하게 나가던 파동이 다른
　물체에 부딪쳐 방향을 반대로
　바꾸는 현상(反 돌이킬 반)
發射 발사　활·총포·로켓이나 광선·
　음파 따위를 쏘는 일(發 필 발)

射擊 사격　射手 사수　亂射 난사
速射 속사　注射 주사　日射病 일사병

104 | 사
謝 사례할 사
言부 총17획

謝過 사과　자기의 잘못을 인정하고 용서
　를 빎(過 지날 과)
謝禮 사례　언행이나 선물 따위로 상대에
　게 고마운 뜻을 나타냄
　(禮 예도 례)

謝恩 사은　謝意 사의　謝絶 사절
謝罪 사죄　感謝 감사　厚謝 후사

105 | 사
巳 뱀 사
己부 총3획

巳時 사시　오전 아홉 시부터 열한 시
　(時 때 시)
巳進申退 사진신퇴
　조선 시대에 벼슬아치가 사시
　(巳時)에 출근하고 신시(申時)
　에 퇴근하던 일(進 나아갈 진,
　申 납 신, 退 물러날 퇴)

乙巳條約 을사조약

106 | 사
舍 집 사
舌부 총8획

舍宅 사택　기업체나 기관에서 직원을 위
　하여 지은 살림집(宅 집 택)
官舍 관사　관청에서 관리에게 빌려주어
　살도록 지은 집(官 벼슬 관)
校舍 교사　학교의 건물(校 학교 교)

舍監 사감　舍利 사리　幕舍 막사
廳舍 청사　畜舍 축사　寄宿舍 기숙사

107 | 산
散 흩을 산
攵=攴부 총12획

散在 산재　여기저기 흩어져 있음
　(在 있을 재)
發散 발산　밖으로 퍼져 흩어짐, 또는 퍼
　져 흩어지게 함(發 필 발)
分散 분산　갈라져 흩어짐, 또는 그렇게
　되게 함(分 나눌 분)

散漫 산만　散文 산문　散步 산보
閑散 한산　擴散 확산　離散家族 이산가족

108 | 상
尙 오히려 상
小부 총8획

尙武 상무　무예를 중히 여겨 받듦
　(武 호반 무)
尙文 상문　문예를 숭상함(文 글월 문)
高尙 고상　학문·예술 등의 취미가 깊어
　저속하지 않음(高 높을 고)

尙古 상고　尙宮 상궁　崇尙 숭상
和尙 화상　口尙乳臭 구상유취

109 | 상
霜 서리 상
雨부 총17획

霜降 상강　이십사절기의 하나(降 내릴 강)
星霜 성상　세월(星 별 성)
秋霜 추상　가을의 찬 서리(秋 가을 추)
風霜 풍상　많이 겪은 세상의 어려움과
　고생(風 바람 풍)

霜葉 상엽　霜菊 상국　嚴霜 엄상
雪上加霜 설상가상　傲霜孤節 오상고절

110 | 상
喪 잃을 상
口부 총12획

喪家 상가　사람이 죽어 장례를 치르는
　집(家 집 가)
喪失 상실　어떤 것이 아주 없어지거나
　사라짐(失 잃을 실)
喪中 상중　상을 당하고 장례를 치르는
　동안(中 가운데 중)

喪服 상복　喪主 상주　國喪 국상
問喪 문상　脫喪 탈상　好喪 호상

· · · 이 한 자 기 억 해 요 ? · · ·　정답 38

1 戊(　) 2 茂(　) 3 墨(　) 4 勿(　) 5 未(　) 6 味(　) 7 尾(　) 8 朴(　) 9 飯(　) 10 房(　)

여기는! 朋붕/傷상

111 | 상

다칠 상
亻=人부　총13획

傷心 상심　마음 아파함(心 마음 심)
傷處 상처　몸을 다쳐서 부상을 입은 자리(處 곳 처)
傷害 상해　사람의 생리적 기능에 장해를 주는 일(害 해할 해)

感傷 감상　落傷 낙상　凍傷 동상
負傷 부상　重傷 중상　火傷 화상

112 | 서
暑
더울 서
日부　총13획

暑退 서퇴　더위가 물러감(退 물러날 퇴)
大暑 대서　24절기의 하나. 소서와 입추 사이(大 큰 대)
小暑 소서　24절기의 하나(小 작을 소)
暴暑 폭서　불볕더위(暴 사나울 폭)

猛暑 맹서　炎暑 염서　避暑 피서
寒暑 한서

113 | 석

예 석
日부　총8획

昔年 석년　여러 해 전(年 해 년)
今昔 금석　지금과 옛날을 아울러 이르는 말(今 이제 금)
往昔 왕석　옛적(往 갈 왕)

昔人 석인　昔賢 석현　古昔 고석
宿昔 숙석　遙昔 요석　今昔之感 금석지감

114 | 석
惜
아낄 석
忄=心부　총11획

惜別 석별　서로 애틋하게 이별함, 또는 그런 이별(別 다를 별)
惜敗 석패　경기나 경쟁에서 약간의 점수 차이로 아깝게 짐(敗 패할 패)
哀惜 애석　슬프고 아까움(哀 슬플 애)

痛惜 통석

115 | 설

혀 설
舌부　총6획

舌戰 설전　말다툼(戰 싸움 전)
口舌數 구설수　남에게 구설을 들을 운수(口 입 구, 數 셈 수)
長廣舌 장광설　쓸데없이 장황하게 늘어놓는 말(長 긴 장, 廣 넓을 광)

舌耕 설경　舌禍 설화　辯舌 변설
兩舌 양설　毒舌家 독설가　龍舌蘭 용설란

116 | 성
盛
성할 성
皿부　총12획

盛大 성대　아주 성함(大 큰 대)
盛業 성업　사업이나 장사가 잘 되는 일, 또는 그러한 사업이나 장사(業 업 업)
强盛 강성　강하고 성함(强 강할 강)
豊盛 풍성　넉넉하고 많음(豊 풍년 풍)

盛世 성세　盛行 성행　大盛 대성
隆盛 융성　興盛 흥성　全盛期 전성기

117 | 세
細
가늘 세
糸부　총11획

細分 세분　잘게 나눔(分 나눌 분)
細密 세밀　세세하고 주밀함(密 빽빽할 밀)
明細書 명세서　하나하나의 내용을 자세히 적은 문서(明 밝을 명, 書 글 서)

細柳 세류　細心 세심　細則 세칙
細胞 세포　微細 미세　詳細 상세

118 | 속
續
이을 속
糸부　총21획

續開 속개　잠시 중단되었던 회의 따위를 다시 계속하여 엶(開 열 개)
續報 속보　계속해서 보도함, 또는 그 보도(報 알릴 보)
續續 속속　자꾸 계속하여
續出 속출　잇따라 나옴(出 날 출)

續行 속행　繼續 계속　相續 상속
連續 연속　接續 접속　持續 지속

119 | 송

소나무 송
木부　총8획

落葉松 낙엽송　소나뭇과의 낙엽 침엽 교목(落 떨어질 락, 葉 잎 엽)
落落長松 낙락장송　가지가 길게 축축 늘어진 키가 큰 소나무(落 떨어질 락, 長 긴 장)

松竹 송죽　松津 송진　松花 송화
老松 노송　赤松 적송　正二品松 정이품송

120 | 수

모름지기 수
頁부　총12획

須要 수요　꼭 요구되는 바가 있음(要 요긴할 요)
必須 필수　꼭 있어야 하거나 하여야 함(必 반드시 필)

・　・　・　이　한　자　기　억　해　요　?　・　・　・　정답 39

1 杯(　)　2 伐(　)　3 凡(　)　4 丙(　)　5 伏(　)　6 逢(　)　7 扶(　)　8 浮(　)　9 否(　)　10 佛(　)

4급한자 300 | 121~140

---

121 | 수

누구 수
言부 총15획

誰何수하 어두워서 상대편의 정체를 식별하기 어려울 때 아군끼리 약속한 암호를 확인함 (何 어찌 하)

某也誰也 모야수야

---

122 | 수

雖然수연 비록 그러하나 (然 그럴 연)

비록 수
隹부 총17획

---

123 | 수

근심 수
心부 총13획

愁心수심 매우 근심함, 또는 그런 마음 (心 마음 심)
哀愁애수 슬픈 시름 (哀 슬플 애)
鄕愁향수 고향을 그리워하는 마음이나 시름 (鄕 시골 향)

愁色수색   客愁객수   旅愁여수
憂愁우수   愁心歌수심가

---

124 | 수

목숨 수
士부 총14획

壽命수명 생물이 살아있는 연한 (命 목숨 명)
長壽장수 오래도록 삶 (長 긴 장)
天壽천수 타고난 수명 (天 하늘 천)
祝壽축수 오래 살기를 빎 (祝 빌 축)

壽衣수의   享壽향수   獻壽헌수
萬壽無疆만수무강   壽福康寧수복강녕

---

125 | 수

빼어날 수
禾부 총7획

秀士수사 학술과 덕행이 뛰어난 선비 (士 선비 사)
秀才수재 뛰어난 재주, 또는 머리가 좋고 재주가 뛰어난 사람 (才 재주 재)

秀麗수려   秀逸수일   優秀우수
俊秀준수

---

126 | 숙

아재비 숙
又부 총8획

叔父숙부 아버지의 결혼한 남동생을 이르는 말. 작은 아버지 (父 아비 부)
堂叔당숙 아버지의 사촌 형제로 오촌이 되는 관계 (堂 집 당)

叔母숙모   叔姪숙질   伯叔백숙
外叔외숙   從叔종숙

---

127 | 숙

맑을 숙
氵=水부 총11획

淑女숙녀 성년이 된 여자를 아름답게 이르는 말 (女 계집 녀)
淑德숙덕 정숙하고 단아한 여성의 미덕 (德 큰 덕)
賢淑현숙 어질고 정숙함 (賢 어질 현)

私淑사숙   貞淑정숙

---

128 | 순

순수할 순
糸부 총10획

純金순금 다른 금속이 섞이지 아니한 순수한 금 (金 쇠 금)
純益순익 총이익에서 영업비, 잡비 따위의 총비용을 빼고 남은 순전한 이익 (益 더할 익)

純潔순결   純白순백   純眞순진
純化순화   單純단순   淸純청순

---

129 | 술

개 술
戈부 총6획

戌生술생 개띠 해에 태어난 사람 (生 날 생)
戌時술시 오후 일곱 시부터 아홉 시 (時 때 시)

---

130 | 숭

높을 숭
山부 총11획

崇高숭고 드높음 (高 높을 고)
崇拜숭배 신이나 부처 따위의 종교적 대상을 우러러 신앙함 (拜 절 배)
崇尙숭상 높이 소중히 여김 (尙 오히려 상)

崇仰숭앙   崇嚴숭엄   隆崇융숭
尊崇존숭

· · · 이 한 자 기 억 해 요 ? 정답 40

1 朋( ) 2 絲( ) 3 射( ) 4 謝( ) 5 巳( ) 6 舍( ) 7 散( ) 8 尙( ) 9 霜( ) 10 喪( )

여기는! 誰수 / 拾습

131 | 습

주울 습/열 십
扌=手부   총9획

- 拾得 습득 주위서 얻음(得 얻을 득)
- 收拾 수습 어수선한 사태를 거두어 바로 잡음(收 거둘 수)
- 拾遺 습유   拾取 습취

132 | 승

이을 승
手부   총8획

- 承服 승복 납득하여 따름(服 옷 복)
- 承認 승인 어떤 사실을 마땅하다고 받아들임(認 알 인)
- 傳承 전승 문화, 풍속, 제도 따위를 이어 받아 계승함(傳 전할 전)
- 承繼 승계   承諾 승낙   承統 승통
- 繼承 계승   師承 사승   承政院 승정원

133 | 승

탈 승
丿부   총10획

- 乘客 승객 차, 배, 비행기 따위의 탈 것을 타는 손님(客 손 객)
- 乘馬 승마 말을 탐. 말 타기(馬 말 마)
- 乘運 승운 좋은 운수를 탐(運 옮길 운)
- 合乘 합승 여러 사람이 함께 탐, 또는 타는 그 차(合 합할 합)
- 乘車 승차   試乘 시승   乘用車 승용차
- 乘勝長驅 승승장구   加減乘除 가감승제

134 | 시

베풀 시
方부   총9획

- 施設 시설 도구, 기계, 장치 따위를 베풀어 설비함, 또는 그런 설비(設 베풀 설)
- 施賞式 시상식 시상할 때에 베푸는 의식(賞 상줄 상, 式 법 식)
- 施工 시공   施術 시술   施政 시정
- 施行 시행   施惠 시혜   實施 실시

135 | 신
申
납 신, 펼 신
田부   총5획

- 申告 신고 사람에게 어떤 사실을 알리는 일(告 고할 고)
- 上申 상신 윗사람이나 관청 등에 의견이나 사정 따위를 말이나 글로 보고함(上 윗 상)
- 申請 신청   內申 내신
- 申師任堂 신사임당   申申付託 신신부탁

136 | 신
辛
매울 신
辛부   총7획

- 辛苦 신고 어려운 일을 당하여 몹시 애씀, 또는 그런 고생(苦 쓸 고)
- 香辛料 향신료 음식에 맵거나 향기로운 맛을 더하는 조미료(香 향기 향, 料 헤아릴 료)
- 五辛 오신   千辛萬苦 천신만고

137 | 심
甚
심할 심
甘부   총9획

- 甚難 심난 몹시 어려움(難 어려울 난)
- 甚深 심심 대단히 깊음(深 깊을 심)
- 極甚 극심 더할 나위 없이 심함(極 극진할 극)
- 莫甚 막심 매우 심함(莫 없을 막)
- 甚大 심대   甚惡 심악   激深 격심
- 甚至於 심지어

138 | 씨
氏
각시, 성씨 씨
氏부   총4획

- 氏族 씨족 공동의 조상을 가진 혈연 공동체(族 겨레 족)
- 無名氏 무명씨 이름을 알 수 없는 사람(無 없을 무, 名 이름 명)
- 釋氏 석씨   攝氏 섭씨   姓氏 성씨
- 宗氏 종씨   仲氏 중씨   華氏 화씨

139 | 아
我
나 아
戈부   총7획

- 我軍 아군 우리 편 군대(軍 군사 군)
- 我執 아집 자기 중심의 생각에 집착하여 자기 의견만을 내세우는 것(執 잡을 집)
- 自我 자아 자기 자신(自 스스로 자)
- 我國 아국   彼我 피아   無我境 무아경
- 我田引水 아전인수   物我一體 물아일체

140 | 안

낯 안
頁부   총18획

- 顔面 안면 얼굴(面 낯 면)
- 顔色 안색 얼굴빛. 낯빛(色 빛 색)
- 童顔 동안 어린아이의 얼굴(童 아이 동)
- 紅顔 홍안 붉은 얼굴, 젊어서 혈색이 좋은 얼굴(紅 붉을 홍)
- 無顔 무안   洗顔 세안   破顔大笑 파안대소
- 厚顔無恥 후안무치

· · · 이 한 자 기 억 해 요 ? · · ·   정답 41

1 傷( ) 2 暑( ) 3 昔( ) 4 惜( ) 5 舌( ) 6 盛( ) 7 細( ) 8 續( ) 9 松( ) 10 須( )

4급한자 300 | 141~160

141 | 암
巖 바위 암
山부 총23획

巖山 암산 바위로만 이루어진 산 (山 메 산)
巖石 암석 지각을 구성하고 있는 단단한 물질 (石 돌 석)

巖居 암거   巖盤 암반   巖壁 암벽
巖鹽 암염   石灰巖 석회암   層巖絶壁 층암절벽

142 | 앙

仰 우러를 앙
亻=人부 총6획

仰望 앙망 자기의 요구나 희망이 실현되기를 우러러 바람 (望 바랄 망)
信仰 신앙 신 등을 굳게 믿어 그 가르침을 따르고 지키는 일 (信 믿을 신)
推仰 추앙 높이 받들어 우러러봄 (推 밀 추)

仰慕 앙모   仰天 앙천   崇仰 숭앙

143 | 애
哀 슬플 애
口부 총9획

哀歌 애가 슬픈 마음을 읊은 시가 (歌 노래 가)
哀傷 애상 죽은 사람을 생각하며 마음이 매우 상함 (傷 다칠 상)

哀乞 애걸   哀戀 애련   哀慕 애모
哀願 애원   哀痛 애통   悲哀 비애

144 | 야

也 이끼, 어조사 야
乚=乙부 총3획

及其也 급기야 필경에는. 마침내 (及 미칠 급, 其 그 기)
獨也靑靑 독야청청 홀로 높은 절개를 지켜 늘 변함이 없음 (獨 홀로 독, 靑 푸를 청)

某也某也 모야모야

145 | 약
若 같을 약/반야 야
艹=艸부 총9획

若干 약간 얼마 되지 않음. 얼마쯤 (干 방패 간)
泰然自若 태연자약 마음에 어떠한 충동을 받아도 움직임이 없이 천연스러움 (泰 클 태, 然 그럴 연, 自 스스로 자)

萬若 만약   般若心經 반야심경   傍若無人 방약무인

146 | 양

讓 사양할 양
言부 총24획

讓步 양보 길이나 자리, 물건 따위를 사양하여 남에게 미루어 줌 (步 걸음 보)
讓位 양위 임금의 자리를 물려줌 (位 자리 위)

讓渡 양도   謙讓 겸양   分讓 분양
辭讓 사양   禪讓 선양

147 | 양
揚 날릴 양
扌=手부 총12획

浮揚 부양 가라앉은 것이 떠오름, 또는 떠오르게 함 (浮 뜰 부)
止揚 지양 더 높은 단계로 오르기 위하여 어떠한 것을 하지 아니함 (止 그칠 지)

揭揚 게양   激揚 격양   高揚 고양
抑揚 억양   讚揚 찬양   國威宣揚 국위선양

148 | 어

於 어조사 어/탄식할 오
方부 총8획

甚至於 심지어 더욱 심하다 못하여 나중에는 (甚 심할 심, 至 이를 지)
於中間 어중간 거의 중간 쯤 되는 데 (中 가운데 중, 間 사이 간)
於此彼 어차피 이렇게 하든지 저렇게 하든지 (此 이 차, 彼 저 피)

於焉 어언   靑出於藍 청출어람

149 | 억
憶 생각할 억
忄=心부 총16획

記憶 기억 이전의 인상이나 경험을 의식 속에 간직하거나 도로 생각해 냄 (記 기록할 기)
追憶 추억 지나간 일을 돌이켜 생각함, 또는 그런 생각 (追 쫓을 추)

憶起 억기   憶念 억념   記憶力 기억력
憶術 기억술

150 | 엄
嚴 엄할 엄
口부 총20획

嚴禁 엄금 엄하게 금지함 (禁 금할 금)
嚴命 엄명 엄하게 명령함, 또는 그런 명령 (命 목숨 명)
嚴重 엄중 몹시 엄함 (重 무거울 중)
至嚴 지엄 지극히 엄함 (至 이를 지)

嚴格 엄격   嚴冬 엄동   嚴親 엄친
戒嚴 계엄   無嚴 무엄   尊嚴 존엄

· · · 이 한 자 기 억 해 요 ? · · · 정답 42

1 誰( ) 2 雖( ) 3 愁( ) 4 壽( ) 5 秀( ) 6 叔( ) 7 淑( ) 8 純( ) 9 戌( ) 10 崇( )

여기는! 巖암 / 餘여

151 | 여

나 여
人부 총7획

余等 여등 우리(等 무리 등)
余月 여월 음력 4월을 달리 이르는 말
(月 달 월)

152 | 여

남을 여
飠=食부 총16획

餘念 여념 어떤 일에 대하여 생각하고 있는 것 이외의 다른 생각
(念 생각 념)
餘談 여담 이야기하는 과정에서 본 줄거리와 관계없이 흥미로 하는 딴 이야기(談 말씀 담)
餘力 여력   餘分 여분   餘罪 여죄
餘地 여지   餘波 여파   餘興 여흥

153 | 여

더불, 줄 여
臼부 총14획

與信 여신 금융 기관에서 고객에게 돈을 빌려 주는 일(信 믿을 신)
給與 급여 돈이나 물품 따위를 줌, 또는 그 돈이나 물품(給 줄 급)
授與 수여 증서, 상장, 훈장 따위를 줌
(授 줄 수)
與件 여건   與黨 여당   關與 관여
寄與 기여   貸與 대여   參與 참여

154 | 여

너 여
氵=水부 총6획

汝等 여등 너희들(等 무리 등)
汝矣島 여의도 한강 가운데 있는 섬
(矣 어조사 의, 島 섬 도)

155 | 역

바꿀 역/쉬울 이
日부 총8획

交易 교역 물건을 서로 사고 파는 일
(交 사귈 교)
容易 용이 아주 쉬움(容 얼굴 용)
平易 평이 까다롭지 않고 쉬움
(平 평평할 평)
易經 역경   易學 역학   貿易 무역
安易 안이   難易度 난이도 易地思之 역지사지

156 | 역
亦
또 역
亠부 총6획

亦是 역시 또한(是 옳을 시)

亦然 역연   其亦是 기역시

157 | 연

연기 연
火부 총13획

煙氣 연기 무엇이 불에 탈 때에 생겨나는 흐릿한 기체나 기운
(氣 기운 기)
禁煙 금연 담배를 피우는 것을 금함
(禁 금할 금)
煙草 연초   砲煙 포연   黑煙 흑연
吸煙 흡연   無煙炭 무연탄 愛煙家 애연가

158 | 열
悅
기쁠 열
忄=心부 총10획

悅樂 열락 기뻐하고 즐거워함(樂 즐길 락)
喜悅 희열 기쁨과 즐거움, 또는 기뻐하고 즐거워함(喜 기쁠 희)

悅服 열복   悅親 열친   滿悅 만열
法悅 법열

159 | 염

불꽃 염
火부 총8획

炎上 염상 불이 타오름(上 윗 상)
炎天 염천 여름의 몹시 더운 날씨
(天 하늘 천)
暴炎 폭염 매우 심한 더위(暴 사나울 폭)
炎症 염증   肝炎 간염   腦炎 뇌염
胃炎 위염   肺炎 폐렴   炎凉世態 염량세태

160 | 영

맞을 영
辶=辵부 총8획

迎接 영접 손님을 맞아서 대접하는 일
(接 이을 접)
迎合 영합 자기의 생각을 상대편이나 세상 풍조에 맞춤(合 합할 합)
歡迎 환영 오는 사람을 기쁜 마음으로 반갑게 맞음(歡 기쁠 환)
迎鼓 영고   迎賓 영빈   迎送 영송
迎入 영입   親迎 친영   送舊迎新 송구영신

이 한자 기억해요? 정답 43

1 拾(   ) 2 承(   ) 3 乘(   ) 4 施(   ) 5 申(   ) 6 辛(   ) 7 甚(   ) 8 氏(   ) 9 我(   ) 10 顔(   )

 4급한자 300 | 161~180

161 | 오 誤 (그르칠 오)

- 誤算 오산 추측이나 예상을 잘못함, 또는 그런 추측이나 예상 (算 셈 산)
- 誤判 오판 잘못 보거나 잘못 판단함, 또는 잘못된 판단 (判 판단할 판)

言부 총14획
誤發 오발   誤報 오보   誤審 오심
誤認 오인   誤診 오진   過誤 과오

162 | 오 烏 (까마귀 오)

- 烏骨鷄 오골계 살, 가죽, 뼈가 모두 어두운 자색인 닭의 일종 (骨 뼈 골, 鷄 닭 계)
- 三足烏 삼족오 신화에 나오는 해 안에서 산다는 세 발을 가진 까마귀 (三 석 삼, 足 발 족)

灬=火부 총10획
烏飛梨落 오비이락   烏合之卒 오합지졸

163 | 오 吾 (나 오)

- 吾等 오등 우리 (等 무리 등)
- 吾人 오인 나. 우리 (人 사람 인)
- 吾兄 오형 친한 벗을 높여 부르는 말 (兄 형 형)

口부 총7획
吾子 오자   吾鼻三尺 오비삼척

164 | 오 悟 (깨달을 오)

- 開悟 개오 지혜를 얻어 진리를 깨닫는 일 (開 열 개)
- 大悟 대오 번뇌에서 벗어나 진리를 깨달음 (大 큰 대)

忄=心부 총10획
覺悟 각오   孫悟空 손오공

165 | 와 瓦 (기와 와)

- 瓦當 와당 기와의 마구리 (當 마땅 당)
- 瓦屋 와옥 기와집 (屋 집 옥)
- 瓦解 와해 조직이나 계획 따위가 산산이 무너지고 흩어짐 (解 풀 해)
- 靑瓦 청와 푸른 기와 (靑 푸를 청)

瓦부 총5획
瓦家 와가   瓦器 와기   瓦石 와석
瓦裂 와열   瓦合 와합   靑瓦臺 청와대

166 | 와 臥 (누울 와)

- 臥病 와병 앓아누움 (病 병 병)
- 臥席 와석 병석에 누움 (席 자리 석)
- 臥食 와식 일은 하지 않고 놀고먹음 (食 밥 식)

臣부 총8획
臥龍 와룡   臥床 와상   側臥 측와

167 | 왈 曰 (가로 왈)

- 曰可曰否 왈가왈부 어떤 일에 대하여 옳거니 옳지 아니하거니 하고 말함 (可 옳을 가, 否 아닐 부)
- 曰是曰非 왈시왈비 어떤 일에 대하여 옳으니 그르니 하고 말함 (是 옳을 시, 非 아닐 비)

曰부 총4획
曰字 왈자   或曰 혹왈   公子曰 공자왈

168 | 욕 欲 (하고자할 욕)

- 欲求 욕구 바람 (求 구할 구)
- 欲望 욕망 바라고 원함. 무엇을 가지고자 하는 일, 또는 그 마음 (望 바랄 망)
- 意慾 의욕 적극적으로 하고자 하는 마음 (意 뜻 의)

欠부 총11획
欲念 욕념   欲情 욕정   情欲 정욕
欲求不滿 욕구불만   欲速不達 욕속부달

169 | 우 于 (어조사 우)

- 于今 우금 지금까지 (今 이제 금)
- 于先 우선 먼저 (先 먼저 선)
- 于山國 우산국 울릉도의 옛이름 (山 메 산, 國 나라 국)

二부 총3획
于歸 우귀   于禮 우례

170 | 우 宇 (집 우)

- 宇內 우내 세상 (內 안 내)
- 宇下 우하 처마 밑 (下 아래 하)
- 屋宇 옥우 집 (屋 집 옥)

宀부 총6획
宇宙 우주   一宇 일우   宇宙船 우주선

· · · · 이 한 자 기 억 해 요 ? · · · · 정답 44

1 嚴( ) 2 仰( ) 3 哀( ) 4 也( ) 5 若( ) 6 讓( ) 7 揚( ) 8 於( ) 9 憶( ) 10 嚴( )

여기는! 誤오 / 憂우

171 | 우
憂
근심 우
心부 총15획

憂國 우국 나랏일을 근심하고 염려함
　　　(國 나라 국)
內憂外患 내우외환
　　　나라 안팎의 여러 가지 어려움
　　　(內 안 내, 外 바깥 외, 患 근심 환)

憂慮 우려　　憂愁 우수　　憂患 우환
積憂 적우　　忘憂物 망우물

172 | 우
尤
더욱 우
尢부 총4획

尤妙 우묘 더욱 신통함 (妙 묘할 묘)
尤甚 우심 더욱 심함 (甚 심할 심)

尤物 우물　　殊尤 수우

173 | 우
又
또 우
又부 총2획

日日新又日新 일일신우일신
　　　나날이 새로워짐
　　　(日 날 일, 新 새 신)

又況 우황

174 | 우
遇
만날 우
辶=辵부 총13획

不遇 불우 재능이나 포부를 가지고 있으
　　　면서도 쓰일 때를 만나지 못
　　　함(不 아닐 불)
禮遇 예우 예의를 지키어 정중하게 대우
　　　함(禮 예도 례)

境遇 경우　　冷遇 냉우　　待遇 대우
處遇 처우　　千載一遇 천재일우

175 | 운
云
이를 운
二부 총4획

云云 운운 글이나 말을 인용하거나 생략
　　　할 때에, 이러이러하다고 말
　　　함의 뜻으로 쓰는 말
云爲 운위 말과 행동(爲 할 위)

176 | 원
圓
둥글 원
口부 총13획

圓滿 원만 성격이 급하거나 거칠지 않음
　　　(滿 찰 만)
圓心 원심 원의 중심(心 마음 심)
圓形 원형 둥근 모양(形 모양 형)

圓熟 원숙　　圓卓 원탁　　一圓 일원
圓周率 원주율　　大團圓 대단원

177 | 원
怨
원망할 원
心부 총9획

怨望 원망 못마땅하게 여기어 탓하거나
　　　불평을 품고 미워함
　　　(望 바랄 망)
怨聲 원성 원망하는 소리(聲 소리 성)

怨念 원념　　怨恨 원한　　私怨 사원
宿怨 숙원　　哀怨 애원　　民怨 민원

178 | 위
危
위태할 위
卩부 총6획

危急 위급 매우 위태롭고 급함
　　　(急 급할 급)
危重 위중 병세가 심각함(重 무거울 중)
危害 위해 위험한 재해(害 해할 해)

危機 위기　　危篤 위독　　危殆 위태
危險 위험　　安危 안위　　累卵之危 누란지위

179 | 위
爲
하, 할 위
爫=爪부 총12획

爲人 위인 그 사람의 됨됨이(人 사람 인)
爲政 위정 정치를 함(政 정사 정)
爲主 위주 으뜸으로 삼음(主 주인 주)
當爲 당위 마땅히 그렇게 하거나 되어야
　　　하는 것(當 마땅 당)

爲國 위국　　所爲 소위　　營爲 영위
行爲 행위　　無作爲 무작위　　無爲徒食 무위도식

180 | 위
威
위엄 위
女부 총9획

威嚴 위엄 존경할 만한 위세가 있어 점
　　　잖고 엄숙함, 또는 그런 태도
　　　나 기세(嚴 엄할 엄)
權威 권위 일정한 분야에서 사회적으로
　　　인정을 받고 영향력을 끼칠
　　　수 있는 위신(權 권세 권)

威勢 위세　　威信 위신　　威容 위용
威風 위풍　　國威 국위　　示威 시위

• • • 이 한 자 기 억 해 요 ? • • • 　정답 45

1 余( )　2 餘( )　3 與( )　4 汝( )　5 易( )　6 亦( )　7 煙( )　8 悅( )　9 炎( )　10 迎( )

4급한자 300 | 181~200

181 | 유
遺
남길 유
辶=辵부 총16획

遺骨 유골 주검을 태우고 남은 뼈, 또는 무덤 속에서 나온 뼈(骨 뼈 골)
遺物 유물 죽은 사람이 남긴 물건 (物 물건 물)
遺産 유산 죽은 사람이 남겨 놓은 재산 (産 낳을 산)
遺民 유민   遺書 유서   遺失 유실
遺言 유언   遺作 유작   遺族 유족

182 | 유
遊
놀 유
辶=辵부 총13획

遊園地 유원지 돌아다니며 구경하거나 놀기 위하여 여러 가지 설비를 갖춘 곳
(園 동산 원, 地 따 지)
野遊會 야유회 들놀이를 하는 모임
(野 들 야, 會 모일 회)
遊擊 유격   遊覽 유람   遊說 유세
遊學 유학   遊興 유흥   夢遊病 몽유병

183 | 유
柔
부드러울 유
木부 총9획

柔道 유도 두 사람이 맨손으로 맞잡고 던져 넘어뜨리거나 조르거나 눌러 승부를 겨루는 운동
(道 길 도)
柔順 유순 성질이 부드럽고 온순함
(順 순할 순)
柔弱 유약   柔軟 유연   溫柔 온유
和柔 화유   懷柔 회유   内柔外剛 내유외강

184 | 유

오직 유
口부 총11획

唯物論 유물론 만물의 근원을 물질뿐이라고 주장하는 이론
(物 물건 물, 論 논할 론)
唯心論 유심론 우주의 본체를 정신이라고 주장하는 이론
(心 마음 심, 論 논할 론)
唯我論 유아론   唯一神 유일신
唯我獨尊 유아독존   唯一無二 유일무이

185 | 유

닭 유
酉부 총7획

酉生 유생 닭띠 해에 태어난 사람
(生 날 생)
酉聖 유성 술을 달리 이르는 말
(聖 성인 성)
酉時 유시 오후 다섯 시부터 일곱 시
(時 때 시)

186 | 유
猶
오히려 유
犭=犬부 총12획

猶女 유녀   조카딸(女 계집 녀)
猶父 유부   삼촌(父 아비 부)
猶太敎 유태교 유대교. 모세의 율법을 기초로 발달한 유대 민족의 종교(太 클 태, 敎 가르칠 교)
猶子 유자   猶豫 유예   過猶不及 과유불급

187 | 유

어릴 유
幺부 총5획

幼年 유년 어린 나이나 때(年 해 년)
幼兒 유아 어린 아이(兒 아이 아)
幼弱 유약 어리고 약함(弱 약할 약)
長幼 장유 어른과 어린이를 아울러 이르는 말(長 긴 장)
幼君 유군   幼蟲 유충   老幼 노유
幼年期 유년기   幼稚園 유치원   長幼有序 장유유서

188 | 을

새 을
乙부 총1획

乙種 을종 둘째 등급의 종류(種 씨 종)
甲男乙女 갑남을녀
평범한 사람들(甲 갑옷 갑, 男 사내 남, 女 계집 녀)
太乙 태을   乙巳條約 을사조약
乙丑甲子 을축갑자

189 | 음

읊을 음
口부 총7획

吟味 음미 어떤 사물 또는 개념의 속 내용을 새겨서 느끼거나 생각함
(味 맛 미)
吟詩 음시 시를 읊음(詩 시 시)
吟聲 음성   吟詠 음영
吟遊詩人 음유시인   吟風弄月 음풍농월

190 | 읍

울 읍
氵=水부 총8획

感泣 감읍 감동하여 목메어 욺
(感 느낄 감)
哀泣 애읍 슬피 욺(哀 슬플 애)
號泣 호읍 목 놓아 큰 소리로 욺, 또는 그런 울음(號 이름 호)
泣訴 읍소   泣請 읍청   泣血 읍혈
哭泣 곡읍   鳴泣 오읍   飮泣 음읍

• • • 이 한 자 기 억 해 요 ? • • • 정답 46

1 誤( ) 2 烏( ) 3 吾( ) 4 悟( ) 5 瓦( ) 6 臥( ) 7 曰( ) 8 欲( ) 9 于( ) 10 宇( )

여기는! 遺유/依의

191 | 의 依 의지할 의
亻=人부　총8획

- 依舊 의구　옛 모습과 다름이 없음 (舊 예 구)
- 依然 의연　전과 다름없는 모습 (然 그럴 연)
- 依他心 의타심　남에게 의지하는 마음 (他 다를 타, 心 마음 심)
- 依據 의거　依例 의례　依賴 의뢰
- 依支 의지　依託 의탁　歸依 귀의

192 | 의 矣 어조사 의
矢부　총7획

- 汝矣島 여의도　한강 가운데 있는 섬 (汝 너 여, 島 섬 도)
- 萬事休矣 만사휴의　더 손 쓸 수도 없이 모든 것이 끝장남 (萬 일만 만, 事 일 사, 休 쉴 휴)

193 | 이 已 이미 이
己부　총3획

- 不得已 부득이　마지못해 (不 아닐 부, 得 얻을 득)
- 已往之事 이왕지사　지난 일 (往 갈 왕, 之 갈 지, 事 일 사)
- 已往 이왕

194 | 이 異 다를 이
田부　총11획

- 異見 이견　남과 다른 의견 (見 볼 견)
- 異議 이의　다른 의견 (議 의논할 의)
- 特異 특이　보통 것이나 보통 상태에 비하여 두드러지게 다름 (特 특별할 특)
- 異端 이단　異例 이례　異變 이변
- 異色 이색　異性 이성　異質 이질

195 | 이 而 말이을 이
而부　총6획

- 而立 이립　나이 서른 (立 설 립)
- 似而非 사이비　겉으로는 그것과 같아 보이나 실제로는 전혀 다르거나 아닌 것을 이르는 말 (似 닮을 사, 非 아닐 비)
- 哀而不悲 애이불비　和而不同 화이부동

196 | 인 寅 범, 동방 인
宀부　총11획

- 寅念 인념　삼가 생각함 (念 생각 념)
- 寅時 인시　오전 세 시부터 다섯 시 (時 때 시)
- 寅生 인생　범띠의 해에 태어난 사람 (生 날 생)

197 | 인 忍 참을 인
心부　총7획

- 容忍 용인　너그러운 마음으로 참고 용서함 (容 얼굴 용)
- 不忍之心 불인지심　차마 하지 못하는 마음 (不 아닐 불, 之 갈 지, 心 마음 심)
- 忍苦 인고　忍耐 인내　忍辱 인욕
- 殘忍 잔인　隱忍自重 은인자중　目不忍見 목불인견

198 | 인 印 도장 인
卩부　총6획

- 印稅 인세　저작물의 판권 소유자인 저작자에게 팔리는 수량에 따라 일정한 비율로 치르는 돈 (稅 세금 세)
- 印章 인장　도장 (章 글 장)
- 印鑑 인감　印朱 인주　刻印 각인
- 檢印 검인　官印 관인　封印 봉인

199 | 임 壬 북방 임
士부　총4획

- 壬公 임공　물을 달리 이르는 말 (公 공평할 공)
- 壬人 임인　간사한 사람 (人 사람 인)
- 壬辰 임진　육십갑자의 스물아홉째 (辰 별 진)
- 壬辰錄 임진록

200 | 자 姉 손윗누이 자
女부　총8획

- 姉姉 자매　여자끼리의 동기. 언니와 아우 사이를 가리킴 (妹 누이 매)
- 姉夫 자부　손위 누이의 남편 (夫 지아비 부)
- 姉母 자모　姉兄 자형　令姉 영자
- 姉妹紙 자매지　姉母會 자모회

· · · 이 한 자 기 억 해 요 ? · · ·　정답 47

1 憂( )　2 尤( )　3 又( )　4 遇( )　5 云( )　6 圓( )　7 怨( )　8 危( )　9 爲( )　10 威( )

4급한자 300 | 201~220

201 | 자

사랑 자
心부 총13획

慈悲 자비 남을 깊이 사랑하고 가엾게 여김 (悲 슬플 비)
慈善 자선 남을 불쌍히 여겨 도와줌 (善 착할 선)
仁慈 인자 인후하고 자애로움 (仁 어질 인)

慈堂 자당   慈母 자모   慈愛 자애
慈親 자친   大慈大悲 대자대비

202 | 장

장수, 장차 장
寸부 총11획

將軍 장군 군을 통솔, 지휘하는 무관 (軍 군사 군)
將來 장래 앞으로 닥쳐올 날 (來 올 래)
將星 장성 장군 (星 별 성)
老將 노장 경험 많은 노련한 장군 (老 늙을 로)

將校 장교   將兵 장병   將帥 장수
將次 장차   名將 명장   日就月將 일취월장

203 | 장

장할 장
士부 총7획

壯觀 장관 훌륭하고 볼만한 광경 (觀 볼 관)
老益壯 노익장 늙었지만 의욕이나 기력은 점점 좋아짐 (老 늙을 로, 益 더할 익)

壯骨 장골   壯談 장담   壯大 장대
壯烈 장렬   壯士 장사   少壯 소장

204 | 재

어조사 재
口부 총9획

哀哉 애재 '슬프도다!'의 뜻으로, 슬퍼서 울고 싶은 상태일 때 하는 말 (哀 슬플 애)
快哉 쾌재 일 따위가 마음먹은 대로 잘 되어 만족스럽게 여김, 또는 그럴 때 나는 소리 (快 쾌할 쾌)

善哉 선재   哉生明 재생명   嗚呼痛哉 오호통재

205 | 재

심을 재
木부 총10획

植栽 식재 초목을 심어 키움 (植 심을 식)
栽植 재식 농작물, 초목 따위를 심음 (植 심을 식)

栽培 재배   移栽 이재   制栽 제재
栽培法 재배법

206 | 저

나타날 저
艹=艸부 총13획

著名 저명 세상에 이름이 널리 드러나 있음 (名 이름 명)
著作權 저작권 창작물에 대하여 저작자가 행하는 배타적·독점적 권리 (作 지을 작, 權 권세 권)

著書 저서   著述 저술   著者 저자
共著 공저   論著 논저   拙著 졸저

207 | 적

맞을 적
辶=辵부 총15획

適期 적기 알맞은 시기 (期 기약할 기)
適當 적당 어떤 성질·상태·요구 따위에 딱 알맞음 (當 마땅 당)
適合 적합 알맞게 들어맞음 (合 합할 합)
快適 쾌적 몸과 마음이 알맞아 기분이 썩 좋음 (快 쾌할 쾌)

適格 적격   適法 적법   適性 적성
適用 적용   適正 적정   適材適所 적재적소

208 | 전

돈 전
金부 총16획

錢主 전주 사업 밑천을 대는 사람 (主 주인 주)
無錢 무전 돈이 없음 (無 없을 무)
本錢 본전 이자나 이익을 붙이지 않은 본래의 돈 (本 근본 본)

口錢 구전   金錢 금전   銅錢 동전
換錢 환전   守錢奴 수전노   無錢旅行 무전여행

209 | 점

가게 점
广부 총8획

賣店 매점 어떤 기관이나 단체 안에서 물건을 파는 작은 상점 (賣 팔 매)
百貨店 백화점 한 건물 안에서 여러 가지 물건을 파는 규모가 큰 상점 (百 일백 백, 貨 재물 화)

店員 점원   店長 점장   開店 개점
書店 서점   文具店 문구점   飲食店 음식점

210 | 정

우물 정
二부 총4획

市井 시정 저잣거리 (市 시장 시)
天井 천정 지붕 밑과 천장 사이의 빈 공간에서 바라본 천장 (天 하늘 천)

井然 정연   油井 유정   廢井 폐정
井華水 정화수   坐井觀天 좌정관천

• • • 이 한 자 기 억 해 요 ? • • • 정답 48

1 遺(   ) 2 遊(   ) 3 柔(   ) 4 唯(   ) 5 酉(   ) 6 猶(   ) 7 幼(   ) 8 乙(   ) 9 吟(   ) 10 泣(   )

慈자 / 丁정

211 | 정 丁 — 고무래, 장정 정 (一부, 총2획)
- 丁酉 정유 — 육십갑자의 서른넷째 (酉 닭 유)
- 兵丁 병정 — 병역에 복무하는 장정 (兵 병사 병)
- 壯丁 장정 — 나이가 젊고 기운이 좋은 사내 (壯 장할 장)
- 丁寧 정녕
- 男丁 남정
- 白丁 백정
- 丁酉再亂 정유재란
- 目不識丁 목불식정

212 | 정 頂 — 정수리 정 (頁부, 총11획)
- 頂門 정문 — 정수리 (門 문 문)
- 頂上 정상 — 산꼭대기 (上 윗 상)
- 絶頂 절정 — 사물의 진행이나 발전이 최고의 경지에 달한 상태 (絶 끊을 절)
- 頂點 정점
- 登頂 등정
- 山頂 산정

213 | 정 停 — 머무를 정 (亻=人부, 총11획)
- 停電 정전 — 오던 전기가 끊어짐 (電 번개 전)
- 停留場 정류장 — 손님이 타고 내리도록 버스나 전차가 머무는 곳 (留 머무를 류, 場 마당 장)
- 停戰 정전
- 停止 정지
- 停車 정차
- 停學 정학
- 停會 정회
- 停車場 정거장

214 | 정 貞 — 곧을 정 (貝부, 총9획)
- 貞潔 정결 — 정조가 굳고 행실이 깨끗함 (潔 깨끗할 결)
- 貞淑 정숙 — 여자로서 행실이 곧고 마음씨가 맑고 고움 (淑 맑을 숙)
- 童貞 동정 — 이성과 성관계를 가진 일이 없는 사람, 또는 그런 상태 (童 아이 동)
- 貞烈 정렬
- 貞節 정절
- 貞操 정조
- 不貞 부정

215 | 정 淨 — 깨끗할 정 (氵=水부, 총11획)
- 淨潔 정결 — 매우 깨끗하고 깔끔함 (潔 깨끗할 결)
- 淨化 정화 — 불순하거나 더러운 것을 깨끗하게 함 (化 될 화)
- 淸淨 청정 — 맑고 깨끗함 (淸 맑을 청)
- 淨書 정서
- 淨土 정토
- 自淨 자정
- 淨水器 정수기
- 自淨作用 자정작용

216 | 정 靜 — 고요할 정 (靑부, 총16획)
- 靜物 정물 — 공정지하여 움직이지 아니하는 무정물 (物 물건 물)
- 安靜 안정 — 육체적 또는 정신적으로 편안하고 고요함 (安 편안 안)
- 平靜 평정 — 편안하고 고요함 (平 평평할 평)
- 精脈 정맥
- 靜淑 정숙
- 精的 정적
- 精寂 정적
- 精坐 정좌
- 動精 동정

217 | 제 諸 — 모두 제 (言부, 총16획)
- 諸君 제군 — 여러분 (君 임금 군)
- 諸子百家 제자백가 — 중국 춘추전국 시대의 여러 학자와 그들의 학설 (子 아들 자, 百 일백 백, 家 집 가)
- 諸國 제국
- 諸島 제도
- 諸般 제반
- 諸位 제위
- 諸賢 제현
- 諸侯 제후

218 | 제 除 — 덜 제 (阝=阜부, 총10획)
- 除去 제거 — 없애버림 (去 갈 거)
- 除名 제명 — 명부에서 결격자의 이름을 뺌 (名 이름 명)
- 除外 제외 — 따로 떼어 내어 한 데 헤아리지 않음 (外 바깥 외)
- 除隊 제대
- 除雪 제설
- 除夜 제야
- 乘除 승제
- 切除 절제
- 解除 해제

219 | 제 祭 — 제사 제 (示부, 총11획)
- 祭物 제물 — 제사에 쓰이는 음식. 희생물을 비유하여 이르는 말 (物 물건 물)
- 祝祭 축제 — 축하하여 벌이는 큰 규모의 행사 (祝 빌 축)
- 祭器 제기
- 祭壇 제단
- 祭祀 제사
- 祭典 제전
- 祈雨祭 기우제
- 藝術祭 예술제

220 | 제 帝 — 임금 제 (巾부, 총9획)
- 帝國 제국 — 황제가 다스리는 국가 (國 나라 국)
- 帝王 제왕 — 황제와 왕을 통틀어 이르는 말 (王 임금 왕)
- 帝政 제정 — 황제가 다스리는 군주 제도의 정치 (政 정사 정)
- 帝位 제위
- 日帝 일제
- 天帝 천제
- 皇帝 황제
- 玉皇上帝 옥황상제
- 帝國主義 제국주의

• • • 이 한 자 기 억 해 요 ? • • • 정답 49

1 依( ) 2 矣( ) 3 已( ) 4 異( ) 5 而( ) 6 寅( ) 7 忍( ) 8 印( ) 9 壬( ) 10 姉( )

4급한자 300 | 221~240

221 | 조
兆 억조 조
儿부 총6획

- 吉兆 길조 좋은 일이 있을 징조 (吉 길할 길)
- 亡兆 망조 망할 조짐 (亡 망할 망)
- 前兆 전조 징조 (前 앞 전)
- 凶兆 흉조 좋지 않은 징조 (凶 흉할 흉)
- 兆庶 조서
- 京兆 경조
- 億兆 억조
- 占兆 점조
- 徵兆 징조

222 | 종
鐘 쇠북 종
金부 총17획

- 警鐘 경종 위급한 일이나 비상사태를 알리는 종, 사이렌 따위의 신호 (警 깨우칠 경)
- 晩鐘 만종 저녁 때 절이나 교회 따위에서 치는 종 (晩 늦을 만)
- 打鐘 타종 종을 치거나 때림 (打 칠 타)
- 鐘閣 종각
- 鐘路 종로
- 弔鐘 조종
- 鐘乳石 종유석
- 自鳴鐘 자명종
- 招人鐘 초인종

223 | 종
從 좇을 종
彳부 총11획

- 從軍 종군 전투 목적 이외의 일로 군대를 따라 같이 다님 (軍 군사 군)
- 服從 복종 남의 명령이나 의사를 그대로 따라서 좇음 (服 옷 복)
- 順從 순종 순순히 따름 (順 순할 순)
- 從來 종래
- 從事 종사
- 從屬 종속
- 盲從 맹종
- 主從 주종
- 類類相從 유유상종

224 | 좌
坐 앉을 좌
土부 총7획

- 坐視 좌시 끼어들지 않고 앉아서 보기만 함 (視 볼 시)
- 坐不安席 좌불안석 마음이 걱정스러워서 가만히 앉아있지 못함 (不 아닐 불, 安 편안 안, 席 자리 석)
- 坐像 좌상
- 坐席 좌석
- 坐禪 좌선
- 坐浴 좌욕
- 對坐 대좌
- 連坐 연좌

225 | 주
酒 술 주
酉부 총10획

- 酒量 주량 마시고 견딜 정도의 술의 분량 (量 헤아릴 량)
- 禁酒 금주 술을 못 먹게 금함. 술을 끊음 (禁 금할 금)
- 飲酒 음주 술을 마심 (飮 마실 음)
- 酒幕 주막
- 酒母 주모
- 麥酒 맥주
- 法酒 법주
- 洋酒 양주
- 淸酒 청주

226 | 주
朱 붉을 주
木부 총6획

- 印朱 인주 도장을 찍는 데 쓰는 붉은 빛의 재료 (印 도장 인)
- 近朱者赤 근주자적 붉은 색 가까이 있으면 붉게 됨 (近 가까울 근, 者 놈 자, 赤 붉을 적)
- 朱紅 주홍
- 朱子學 주자학
- 朱紅色 주홍색
- 朱黃色 주황색

227 | 주
宙 집 주
宀부 총8획

- 宇宙 우주 무한한 시간과 만물을 포함하고 있는 끝없는 공간의 총체 (宇 집 우)
- 宇宙船 우주선 우주 공간을 비행할 수 있도록 만든 과학적인 비행 물체 (宇 집 우, 船 배 선)
- 宇宙觀 우주관
- 宇宙論 우주론
- 宇宙服 우주복
- 宇宙人 우주인

228 | 즉
卽 곧 즉
卩부 총9획

- 卽決 즉결 그 자리에서 곧 결정함 (決 결단할 결)
- 卽死 즉사 그 자리에서 바로 죽음 (死 죽을 사)
- 卽時 즉시 곧 (時 때 시)
- 卽刻 즉각
- 卽答 즉답
- 卽位 즉위
- 卽效 즉효
- 卽興 즉흥
- 空卽是色 공즉시색

229 | 증
曾 일찍 증
日부 총12획

- 曾孫 증손 아들의 손자 (孫 손자 손)
- 未曾有 미증유 지금까지 한 번도 있어 본 적이 없음 (未 아닐 미, 有 있을 유)
- 曾大父 증대부
- 曾孫女 증손녀
- 曾孫子 증손자
- 曾祖母 증조모
- 曾祖父 증조부

230 | 증
證 증거 증
言부 총19획

- 考證 고증 예전 사물들의 가치, 내용 따위를 증거로 세워 이론적으로 밝힘 (考 생각할 고)
- 保證 보증 책임지고 틀림없음을 증명함 (保 지킬 보)
- 證券 증권
- 檢證 검증
- 反證 반증
- 實證 실증
- 認證 인증
- 立證 입증

・ ・ ・ 이 한 자 기 억 해 요 ? ・ ・ 정답 50

1 慈( ) 2 將( ) 3 壯( ) 4 哉( ) 5 栽( ) 6 著( ) 7 適( ) 8 錢( ) 9 店( ) 10 井( )

여기는! 兆조 / 之지

231 | 지

갈 지
丿부 총4획

之東之西 지동지서 뚜렷한 목적 없이 이리저리 갈 팡질팡함(東 동녘 동, 西 서녘 서)
先見之明 선견지명 어떤 일이 일어나기 전에 미리 앞을 내다보고 아는 지혜 (先 먼저 선, 見 볼 견, 明 밝을 명)
愛之重之 애지중지 人之常情 인지상정
隔世之感 격세지감 他山之石 타산지석

232 | 지

가질 지
扌=手부 총9획

持難 지난 일을 얼른 처리하지 아니하고 질질 끌며 미루기만 함 (難 어려울 난)
持病 지병 오랫동안 잘 낫지 아니하는 병(病 병 병)
持論 지론 維持 유지 支持 지지
持續性 지속성 持參金 지참금 所持品 소지품

233 | 지

지탱할 지
支부 총4획

支流 지류 강의 원줄기로 흘러들거나 원 줄기에서 갈려 나온 물줄기 (流 흐를 류)
干支 간지 십간(十干)과 십이지(十二支)(干 방패 간)
支局 지국 支援 지원 支障 지장
支店 지점 支出 지출 收支 수지

234 | 지

가지 지
木부 총8획

枝葉 지엽 본질적이거나 중요하지 아니하고 부차적인 부분 (葉 잎 엽)
連理枝 연리지 두 나무의 가지가 서로 맞닿아서 결이 서로 통한 것 (連 이을 련, 理 다스릴 리)
枝族 지족 接枝 접지 一枝春 일지춘

235 | 지

다만 지
口부 총5획

只今 지금 말하는 바로 이때(今 이제 금)
但只 단지 다만(但 다만 단)

236 | 진

다할 진
皿부 총14획

盡心 진심 마음을 다함(心 마음 심)
未盡 미진 아직 다 하지 못함(未 아닐 미)
自盡 자진 스스로 자기의 목숨을 끊음 (自 스스로 자)
脫盡 탈진 기운이 다 빠져 없어짐 (脫 벗을 탈)
盡力 진력 極盡 극진 賣盡 매진
無盡 무진 消盡 소진 氣盡脈盡 기진맥진

237 | 진
辰
별 진/때 신
辰부 총7획

生辰 생신 웃어른의 생일을 높여 이르는 말(生 날 생)
日辰 일진 그날의 운세(日 날 일)
辰時 진시 辰日 진일 誕辰 탄신
壬辰亂 임진란 日月星辰 일월성신

238 | 집

잡을 집
土부 총11획

執權 집권 권세나 정권을 잡음(權 권세 권)
執念 집념 마음에 깊이 새겨 떨칠 수 없는 생각(念 생각 념)
執務 집무 사무를 행함(務 힘쓸 무)
執筆 집필 손수 글을 씀(筆 붓 필)
執刀 집도 執事 집사 執着 집착
執行 집행 固執 고집 我執 아집

239 | 차
且
또 차
一부 총5획

且月 차월 음력 6월을 달리 이르는 말(月 달 월)
重且大 중차대 무겁고도 큼 (重 무거울 중, 大 큰 대)
且置 차치 苟且 구차

240 | 차
借
빌, 빌릴 차
亻=人부 총10획

借用 차용 돈이나 물건 따위를 빌려서 씀(用 쓸 용)
借入 차입 돈이나 물건을 꾸어 들임 (入 들 입)
借地 차지 남의 땅을 빌려 씀(地 따 지)
借名 차명 借手 차수 假借 가차
貸借 대차 賃借 임차 借用證 차용증

• • • • 이 한 자 기 억 해 요 ? • • • 정답 51

1 丁( ) 2 頂( ) 3 停( ) 4 貞( ) 5 淨( ) 6 靜( ) 7 諸( ) 8 除( ) 9 祭( ) 10 帝( )

 4급한자 300 | 241~260

241 | 차
此
이 차
止부 총6획

- 此回 차회 : 이번(回 돌아올 회)
- 此後 차후 : 이 다음(後 뒤 후)
- 如此 여차 : 이러함(如 같을 여)
- 彼此 피차 : 이것과 저것(彼 저 피)
- 此生 차생   此岸 차안   此外 차외
- 此際 차제   此日彼日 차일피일   彼此一般 피차일반

242 | 창
昌
창성할 창
日부 총8획

- 昌盛 창성 : 기세가 크게 일어나 잘 뻗어 나감(盛 성할 성)
- 昌運 창운 : 탁 트인 좋은 운수(運 옮길 운)
- 昌世 창세   昌言 창언   昌平 창평
- 繁昌 번창   壽昌 수창   昌慶宮 창경궁

243 | 채
採
캘 채
扌=手부 총11획

- 採伐 채벌 : 나무를 베어 내거나 섶을 깎아 냄(伐 칠 벌)
- 採集 채집 : 널리 찾아서 얻거나 캐거나 잡아 모으는 일(集 모을 집)
- 採取 채취 : 자연물을 베거나 캐거나 하여 거두어 들임(取 가질 취)
- 採光 채광   採根 채근   採用 채용
- 採點 채점   採擇 채택   公採 공채

244 | 채
菜
나물 채
艹=艸부 총12획

- 菜食 채식 : 고기류를 피하고 주로 채소, 과일, 해초 따위의 식물성 음식만 먹음(食 밥 식)
- 山菜 산채 : 산나물(山 메 산)
- 野菜 야채 : 밭에 가꾸어 먹는 푸성귀(野 들 야)
- 菜蔬 채소   生菜 생채   蔬菜 소채
- 五辛菜 오신채   菜食主義 채식주의

245 | 책
冊
책 책
冂부 총5획

- 冊立 책립 : 황태자나 황후를 황제의 명령으로 봉하여 세우던 일(立 설 립)
- 別冊 별책 : 따로 엮어 만든 책(別 다를 별)
- 書冊 서책 : 책(書 글 서)
- 冊曆 책력   冊房 책방   冊床 책상
- 冊子 책자   空冊 공책   分冊 분책

246 | 처
處
곳 처
虍부 총11획

- 處女 처녀 : 결혼하지 아니한 성년 여자(女 계집 녀)
- 處理 처리 : 정리하여 치우거나 마무리를 지음(理 다스릴 리)
- 處方 처방 : 병을 치료하기 위하여 증상에 따라 약을 짓는 방법(方 모 방)
- 處身 처신   處地 처지   處刑 처형
- 難處 난처   定處 정처   出處 출처

247 | 처
妻
아내 처
女부 총8획

- 妻家 처가 : 아내의 본가(家 집 가)
- 妻男 처남 : 아내의 오빠나 남동생(男 사내 남)
- 喪妻 상처 : 아내의 죽음을 당함(喪 잃을 상)
- 後妻 후처 : 나중에 맞은 아내(後 뒤 후)
- 妻德 처덕   妻族 처족   妻妾 처첩
- 本妻 본처   恐妻家 공처가   愛妻家 애처가

248 | 척
尺
자 척
尸부 총4획

- 尺度 척도 : 평가하거나 측정할 때 의거할 기준(度 법도 도)
- 尺書 척서 : 편지(書 글 서)
- 三尺童子 삼척동자 : 키가 석 자 정도밖에 되지 않는 어린아이. 철없는 어린아이 (三 석 삼, 童 아이 동, 子 아들 자)
- 尺童 척동   尺雪 척설   尺水 척수
- 縮尺 축척

249 | 천
泉
샘 천
水부 총9획

- 溫泉 온천 : 지하수가 땅 속 깊은 곳에서 데워져 솟아 나오는 물 (溫 따뜻할 온)
- 源泉 원천 : 솟아나는 근원. 사물이 나거나 생기는 근원(源 근원 원)
- 甘泉 감천   鑛泉 광천   九泉 구천
- 冷泉 냉천   黃泉 황천

250 | 천
淺
얕을 천
氵=水부 총11획

- 淺見 천견 : 얕은 견문이나 견해(見 볼 견)
- 淺近 천근 : 깊숙한 맛이 없이 얕음 (近 가까울 근)
- 淺才 천재 : 얕은 재주(才 재주 재)
- 日淺 일천 : 시작한 지 얼마 되지 않음 (日 날 일)
- 淺慮 천려   淺薄 천박   淺酌 천작

· · · 이 한 자 기 억 해 요 ? · · · 정답 52

1 兆(　) 2 鐘(　) 3 從(　) 4 坐(　) 5 酒(　) 6 朱(　) 7 宙(　) 8 卽(　) 9 曾(　) 10 證(　)

여기는! 此차 / 鐵철

251 | 철 鐵 쇠 철
金부 총21획
- 鐵甲 철갑 — 쇠로 둘러씌운 것(甲 갑옷 갑)
- 鐵分 철분 — 물질에 포함된 철의 성분 (分 나눌 분)
- 鐵則 철칙 — 바꾸거나 어길 수 없는 중요한 법칙(則 법칙 칙)
- 鐵骨 철골 鐵拳 철권 鐵器 철기
- 鐵道 철도 鐵窓 철창 電鐵 전철

252 | 청 晴 갤 청
日부 총12획
- 晴空 청공 — 맑게 갠 하늘(空 빌 공)
- 晴天 청천 — 맑게 갠 하늘(天 하늘 천)
- 快晴 쾌청 — 하늘이 상쾌하도록 맑게 갬 (快 쾌할 쾌)
- 新晴 신청 陰晴 음청 春晴 춘청
- 晴天白日 청천백일

253 | 청 聽 들을 청
耳부 총22획
- 聽衆 청중 — 강연이나 설교, 음악 따위를 듣기 위하여 모인 군중 (衆 무리 중)
- 聽取 청취 — 의견, 보고, 방송 따위를 들음 (取 가질 취)
- 聽覺 청각 監聽 감청 敬聽 경청
- 難聽 난청 聽聞會 청문회 視聽者 시청자

254 | 초 招 부를 초
扌=手부 총8획
- 招待 초대 — 어떤 모임에 참가해 줄 것을 청함 (待 기다릴 대)
- 招來 초래 — 어떤 결과를 가져오게 함 (來 올 래)
- 招請 초청 — 청하여 부름(請 청할 청)
- 招聘 초빙 招魂 초혼 問招 문초
- 招待狀 초대장 招人鐘 초인종

255 | 추 追 쫓을, 따를 추
辶=辵부 총10획
- 追加 추가 — 나중에 더 보탬(加 더할 가)
- 追求 추구 — 목적을 이룰 때까지 뒤쫓아 구함(求 구할 구)
- 追放 추방 — 일정한 지역이나 조직 밖으로 쫓아냄(放 놓을 방)
- 追擊 추격 追窮 추궁 追念 추념
- 追慕 추모 追從 추종 追後 추후

256 | 추 推 밀 추(퇴)
扌=手부 총11획
- 推究 추구 — 이치를 미루어서 깊이 생각하여 밝힘(究 연구할 구)
- 推定 추정 — 확실하지 않은 사실을 반대 증거가 나올 때까지 진실한 것으로 인정하는 일 (定 정할 정)
- 推理 추리 推算 추산 推進 추진
- 推測 추측 類推 유추 推敲 퇴고

257 | 축 丑 소 축
一부 총4획
- 鷄鳴丑時 계명축시 — 첫닭이 울 무렵인 새벽 한 시에서 세 시 사이 (鷄 닭 계, 鳴 울 명, 時 때 시)

258 | 충 蟲 벌레 충
虫부 총18획
- 蟲齒 충치 — 벌레가 파먹어 이가 삭는 질환(齒 이 치)
- 害蟲 해충 — 인간의 생활에 해를 끼치는 벌레를 통틀어 이르는 말 (害 해할 해)
- 蟲害 충해 殺蟲 살충 成蟲 성충
- 松蟲 송충 幼蟲 유충 寄生蟲 기생충

259 | 취 吹 불 취
口부 총7획
- 吹雪 취설 — 눈보라(雪 눈 설)
- 吹入 취입 — 음반이나 녹음 테이프 따위에 소리나 목소리를 녹음함 (入 들 입)
- 吹打 취타 — 군대에서, 관악기와 타악기를 연주하던 일(打 칠 타)
- 吹奏 취주 鼓吹 고취 吹打隊 취타대

260 | 취 就 나아갈 취
尢부 총12획
- 就業 취업 — 일정한 직업을 잡아 직장에 나감(業 업 업)
- 就學 취학 — 학교에 입학하여 공부함 (學 배울 학)
- 去就 거취 — 어떤 사건이나 문제에 대하여 밝히는 태도(去 갈 거)
- 就任 취임 就職 취직 就寢 취침
- 就航 취항 成就 성취 日就月將 일취월장

· · · · 이 한 자 기 억 해 요 ? · · · 정답 53

1 之( ) 2 持( ) 3 支( ) 4 枝( ) 5 只( ) 6 盡( ) 7 辰( ) 8 執( ) 9 且( ) 10 借( )

4급한자 300 | 261~280

261 | 침
針 바늘 침
金부 총10획

- 指針 지침 : 생활이나 행동 따위의 지도적 방법이나 방향을 인도하여 주는 준거(指 가리킬 지)
- 頂門一針 정문일침 : 따끔한 충고나 교훈 (頂 정수리 정, 門 문 문, 一 한 일)
- 針線 침선
- 毒針 독침
- 方針 방침
- 分針 분침
- 時針 시침
- 檢針員 검침원

262 | 탈
脫 벗을 탈
月=肉부 총11획

- 脫落 탈락 : 범위에 들지 못하고 떨어지거나 빠짐(落 떨어질 락)
- 脫色 탈색 : 색이 빠짐(色 빛 색)
- 脫走 탈주 : 몸을 빼치어 달아남 (走 달릴 주)
- 脫毛 탈모
- 脫線 탈선
- 脫俗 탈속
- 脫水 탈수
- 脫出 탈출
- 脫退 탈퇴

263 | 탐
探 찾을 탐
扌=手부 총11획

- 探究 탐구 : 진리, 학문 따위를 파고들어 깊이 연구함(究 연구할 구)
- 探訪 탐방 : 어떤 사실이나 소식 따위를 알아내기 위하여 사람이나 장소를 찾아감(訪 찾을 방)
- 探問 탐문
- 探査 탐사
- 探索 탐색
- 探照 탐조
- 探知 탐지
- 探險 탐험

264 | 태
泰 클 태
氺=水부 10획

- 泰平 태평 : 몸이나 마음이나 집안이 평안함(平 평평할 평)
- 國泰民安 국태민안 : 나라가 태평하고 백성이 편안함(國 나라 국, 民 백성 민, 安 편안 안)
- 泰國 태국
- 泰斗 태두
- 泰西 태서
- 泰運 태운
- 泰然 태연
- 泰然自若 태연자약

265 | 투
投 던질 투
扌=手부 총7획

- 投宿 투숙 : 여관, 호텔 따위의 숙박 시설에 들어서 묵음(宿 잘 숙)
- 投身 투신 : 어떤 직업이나 분야 따위에 몸을 던져 일을 함(身 몸 신)
- 投入 투입 : 던져 넣음(入 들 입)
- 投書 투서
- 投手 투수
- 投影 투영
- 投資 투자
- 投票 투표
- 投下 투하

266 | 파
破 깨뜨릴 파
石부 총10획

- 破産 파산 : 재산을 모두 잃고 망함 (産 낳을 산)
- 破婚 파혼 : 약혼을 깨뜨림 (婚 혼인할 혼)
- 讀破 독파 : 책을 다 읽어냄(讀 읽을 독)
- 破格 파격
- 破局 파국
- 破滅 파멸
- 破門 파문
- 說破 설파
- 破竹之勢 파죽지세

267 | 판
判 판단할 판
刂=刀부 총7획

- 判讀 판독 : 어려운 문장이나 암호, 고문서 따위를 뜻을 헤아리며 읽음(讀 읽을 독)
- 判別 판별 : 명확히 구별함(別 다를 별)
- 判異 판이 : 아주 다름(異 다를 이)
- 判決 판결
- 判斷 판단
- 判明 판명
- 判定 판정
- 公判 공판
- 談判 담판

268 | 패
貝 조개 패
貝부 총7획

- 貝物 패물 : 산호·호박·수정 등으로 만든 값진 물건(物 물건 물)
- 貝石 패석 : 조개의 화석(石 돌 석)
- 貝類 패류
- 貝柱 패주
- 貝貨 패화
- 魚貝類 어패류

269 | 편
片 조각 편
片부 총4획

- 片道 편도 : 가고 오는 길 가운데 어느 한쪽(道 길 도)
- 片肉 편육 : 얇게 저민 수육(肉 고기 육)
- 破片 파편 : 깨어지거나 부서진 조각 (破 깨뜨릴 파)
- 片言 편언
- 片月 편월
- 斷片 단편
- 一葉片舟 일엽편주
- 一片丹心 일편단심

270 | 편
篇 책 편
竹부 총15획

- 短篇 단편 : 짤막하게 지은 글(短 짧을 단)
- 玉篇 옥편 : 한자를 모아 뜻·음 등을 적은 책(玉 구슬 옥)
- 長篇 장편 : 내용이 길고 복잡한 소설이나 시가 따위를 통틀어 이르는 말(長 긴 장)
- 詩篇 시편
- 全篇 전편
- 前篇 전편
- 中篇 중편
- 後篇 후편
- 千篇一律 천편일률

· · · 이 한 자 기 억 해 요 ? · · · 정답 54

1 此( )　2 昌( )　3 探( )　4 菜( )　5 册( )　6 處( )　7 妻( )　8 尺( )　9 泉( )　10 淺( )

여기는! 針침 / 閉폐

271 | 폐
閉
닫을 폐
門부 총11획

- 閉校 폐교: 학교 문을 닫고 수업을 중지하고 쉼(校 학교 교)
- 開閉 개폐: 열고 닫는 일(開 열 개)
- 密閉 밀폐: 샐 틈이 없이 꼭 막거나 닫음(密 빽빽할 밀)
- 閉講 폐강
- 閉幕 폐막
- 閉門 폐문
- 閉店 폐점
- 閉會 폐회
- 自閉兒 자폐아

272 | 포
布
베, 펼 포/보시 보
巾부 총5획

- 布告 포고: 국가의 결정 의사를 공식적으로 널리 알림(告 고할 고)
- 公布 공포: 이미 확정된 법률, 조약, 명령 따위를 일반 국민에게 널리 알리는 일(公 공평할 공)
- 布敎 포교
- 布石 포석
- 毛布 모포
- 配布 배포
- 流布 유포
- 布木店 포목점

273 | 포
抱
안을 포
扌=手부 총8획

- 抱才 포재: 가지고 있는 재주(才 재주 재)
- 抱主 포주: 창녀를 두고 영업을 하는 사람(主 주인 주)
- 抱負 포부
- 抱擁 포옹
- 抱圍 포위
- 懷抱 회포
- 抱腹絶倒 포복절도

274 | 폭
暴
사나울 폭/모질 포
日부 총15획

- 暴惡 폭악: 사납고 악함(惡 악할 악)
- 暴動 폭동: 집단적 폭력 행위를 일으켜 사회의 안녕과 질서를 어지럽게 하는 일(動 움직일 동)
- 暴風 폭풍: 사납게 부는 바람(風 바람 풍)
- 暴君 폭군
- 暴力 폭력
- 暴利 폭리
- 暴食 폭식
- 暴飮 폭음
- 暴行 폭행

275 | 피
皮
가죽 피
皮부 총5획

- 皮骨 피골: 살갗과 뼈(骨 뼈 골)
- 皮相 피상: 겉으로 드러나 보이는 형상(相 서로 상)
- 毛皮 모피: 털가죽(毛 터럭 모)
- 表皮 표피: 겉껍질(表 겉 표)
- 皮膚 피부
- 皮下 피하
- 皮革 피혁
- 脫皮 탈피
- 鐵面皮 철면피
- 草根木皮 초근목피

276 | 피
彼
저 피
彳부 총8획

- 彼此 피차: 이쪽과 저쪽의 양쪽(此 이 차)
- 知彼知己 지피지기: 적의 사정과 나의 사정을 자세히 앎(知 알 지, 己 몸 기)
- 彼我 피아
- 彼岸 피안
- 彼此一般 피차일반
- 此日彼日 차일피일

277 | 필
匹
짝 필
匸부 총4획

- 匹馬 필마: 한 필의 말(馬 말 마)
- 匹夫 필부: 한 사람의 남자(夫 지아비 부)
- 匹婦 필부: 한 사람의 여자(婦 지어미 부)
- 匹敵 필적: 능력이나 세력이 엇비슷하여 서로 맞섬(敵 대적할 적)
- 配匹 배필
- 匹夫匹婦 필부필부
- 匹馬單騎 필마단기
- 匹夫之勇 필부지용

278 | 하
何
어찌 하
亻=人부 총7획

- 何等 하등: 아무런(等 무리 등)
- 何必 하필: 다른 방도를 취하지 아니하고 어찌하여 꼭(必 반드시 필)
- 何如間 하여간: 어찌하든지 간에(如 같을 여, 間 사이 간)
- 何時 하시
- 何如 하여
- 奈何 내하
- 如何 여하
- 幾何學 기하학
- 如何間 여하간

279 | 하
賀
하례할 하
貝부 총12획

- 賀客 하객: 축하하는 손님(客 손 객)
- 賀禮 하례: 축하하여 예를 차림(禮 예도 례)
- 慶賀 경하: 경사스러운 일을 치하함(慶 경사 경)
- 祝賀 축하: 기쁘고 즐겁다는 뜻으로 인사함(祝 빌 축)
- 賀正 하정
- 致賀 치하
- 年賀狀 연하장

280 | 한
閑
한가할 한
門부 총12획

- 閑談 한담: 심심하거나 한가할 때 나누는 이야기(談 말씀 담)
- 閑散 한산: 한가하고 적적함(散 흩을 산)
- 等閑 등한: 마음에 두지 않고 예사로 여김(等 무리 등)
- 閑暇 한가
- 閑良 한량
- 閑職 한직
- 有閑 유한
- 等閑視 등한시
- 忙中閑 망중한

• • • 이 한 자 기 억 해 요 ? • • • 정답 55

1 鐵(   ) 2 晴(   ) 3 聽(   ) 4 招(   ) 5 追(   ) 6 推(   ) 7 丑(   ) 8 蟲(   ) 9 吹(   ) 10 就(   )

4급한자 300 | 281~300

281 | 한

한 한
忄=心부 총9획

別恨 별한 이별의 한(別 다를 별)
餘恨 여한 풀지 못하고 남은 원한
　　　　　(餘 남을 여)
怨恨 원한 억울하고 원통한 일을 당하여
　　　　　응어리진 마음(怨 원망할 원)

恨歎 한탄　萬恨 만한　遺恨 유한
長恨 장한　痛恨 통한　悔恨 회한

282 | 항

항상 항
忄=心부 총9획

恒久 항구 변하지 않고 오래감
　　　　　(久 오랠 구)
恒常 항상 언제나 변함없이(常 떳떳할 상)
恒時 항시 늘(時 때 시)
恒溫 항온 늘 한결같은 온도(溫 따뜻할 온)

恒德 항덕　恒産 항산　恒星 항성
恒心 항심　恒用 항용　恒茶飯事 항다반사

283 | 해

돼지 해
亠부 총6획

亥市 해시 하루걸러 서는 장, 또는 해일
　　　　　(亥日)에 서는 장(市 시장 시)
亥時 해시 오후 아홉 시부터 열두 시
　　　　　(時 때 시)

284 | 허

빌 허
虍부 총12획

虛無 허무 무가치하고 무의미하게 느껴
　　　　　져 매우 허전하고 쓸쓸함
　　　　　(無 없을 무)
虛事 허사 보람을 얻지 못하고 쓸데없이
　　　　　한 노력. 헛일(事 일 사)

虛禮 허례　虛實 허실　虛心 허심
虛言 허언　虛風 허풍　空虛 공허

285 | 허
許
허락할 허
言부 총11획

許可 허가 들어 줌(可 옳을 가)
許久 허구 매우 오램(久 오랠 구)
許多 허다 수두룩함(多 많을 다)
許容 허용 허락하고 용납함(容 얼굴 용)

許諾 허락　官許 관허　不許 불허
許容量 허용량　無許可 무허가　特許權 특허권

286 | 혁
革
가죽 혁
革부 총9획

革命 혁명 어떤 상태가 급격하게 발전
　　　　　변동하는 일(命 목숨 명)
革新 혁신 묵은 풍속·관습·조직·방법
　　　　　따위를 완전히 바꾸어서 새롭
　　　　　게 함(新 새 신)

革帶 혁대　革罷 혁파　改革 개혁
變革 변혁　沿革 연혁　皮革 피혁

287 | 형
刑
형벌 형
刂=刀부 총6획

刑期 형기 형벌의 집행 기간
　　　　　(期 기약할 기)
刑法 형법 범죄와 형벌의 내용을 규정한
　　　　　법률(法 법 법)
減刑 감형 형의 선고를 받은 사람의 형
　　　　　벌을 줄여 주는 일(減 덜 감)

刑罰 형벌　求刑 구형　極刑 극형
死刑 사형　實刑 실형　行刑 행형

288 | 호

범 호
虍부 총8획

虎口 호구 범의 아가리라는 뜻으로, 매
　　　　　우 위태로운 처지나 형편을
　　　　　이르는 말(口 입 구)
虎皮 호피 범의 털가죽(皮 가죽 피)
飛虎 비호 나는듯이 날쌘 호랑이
　　　　　(飛 날 비)

虎骨 호골　虎班 호반　虎患 호환
白虎 백호　三人成虎 삼인성호　騎虎之勢 기호지세

289 | 호

어조사 호
丿부 총5획

斷乎 단호　確乎 확호

290 | 호

부를 호
口부 총8획

呼價 호가 팔거나 사려는 물건의 값을
　　　　　부름(價 값 가)
呼應 호응 부름이나 호소 따위에 대답하
　　　　　거나 응함(應 응할 응)
呼出 호출 불러냄(出 날 출)

呼名 호명　呼訴 호소　呼稱 호칭
呼吸 호흡　點呼 점호　呼兄呼弟 호형호제

· · · 이 한 자 기 억 해 요 ? · · · 정답 56

1 針(　) 2 脫(　) 3 探(　) 4 泰(　) 5 投(　) 6 破(　) 7 判(　) 8 貝(　) 9 片(　) 10 篇(　)

여기는! 恨한 / 戶호

291 | 호
戶
집 호
戶부 총4획

- 戶主 호주 집안의 주인으로 가족을 거느리며 부양하는 일에 대한 권리와 의무가 있는 사람 (主 주인 주)
- 家家戶戶 가가호호 집집마다 (家 집 가)
- 戶口 호구   戶數 호수   戶籍 호적
- 窓戶紙 창호지 破落戶 파락호 門戶開放 문호개방

292 | 혹
或
혹 혹
戈부 총8획

- 或說 혹설 어떤 사람의 말이나 학설 (說 말씀 설)
- 或是 혹시 그러할 리는 없지만 만일에 (是 옳을 시)
- 間或 간혹 이따금 (間 사이 간)
- 或時 혹시   或如 혹여   或日 혹왈
- 或者 혹자   設或 설혹

293 | 혼
混
섞을 혼
氵=水부 총11획

- 混同 혼동 구별하지 못하고 뒤섞어서 생각함 (同 한가지 동)
- 混成 혼성 서로 섞여서 이루어짐 (成 이룰 성)
- 混血 혼혈 두 계통의 특징이 섞임, 또는 그 혈통 (血 피 혈)
- 混亂 혼란   混宿 혼숙   混用 혼용
- 混雜 혼잡   混戰 혼전   混合 혼합

294 | 홍
紅
붉을 홍
糸부 총9획

- 紅顏 홍안 붉은 얼굴. 젊어서 혈색이 좋은 얼굴 (顏 낯 안)
- 紅燈街 홍등가 붉은 등이 켜져 있는 거리. 술집이나 유곽 따위가 늘어선 거리 (燈 등 등, 街 거리 가)
- 紅衣 홍의   粉紅 분홍   紅一點 홍일점
- 百日紅 백일홍 鮮紅色 선홍색 眞紅色 진홍색

295 | 화
華
빛날 화
艹=艸부 총12획

- 中華 중화 중국 사람들이 자기 나라를 이르는 말 (中 가운데 중)
- 富貴榮華 부귀영화 재산이 많고 지위가 높으며 귀하게 되어 온갖 영광을 누림 (富 부자 부, 貴 귀할 귀, 榮 영화 영)
- 華麗 화려   華族 화족   華燭 화촉
- 繁華 번화   精華 정화   法華經 법화경

296 | 환
歡
기쁠 환
欠부 총22획

- 歡聲 환성 기뻐서 크게 지르는 소리 (聲 소리 성)
- 歡送 환송 떠나는 사람을 기쁜 마음으로 보냄 (送 보낼 송)
- 歡呼 환호 기뻐서 큰 소리로 부르짖음 (呼 부를 호)
- 歡待 환대   歡樂 환락   歡心 환심
- 歡迎 환영   歡喜 환희   哀歡 애환

297 | 황
皇
임금 황
白부 총9획

- 皇命 황명 황제의 명령 (命 목숨 명)
- 敎皇 교황 가톨릭교의 최고위 성직자 (敎 가르칠 교)
- 皇太子 황태자 황제의 자리를 이을 황제의 아들 (太 클 태, 子 아들 자)
- 皇宮 황궁   皇孫 황손   皇室 황실
- 皇帝 황제   張皇 장황   天皇 천황

298 | 후
厚
두터울 후
厂부 총9획

- 厚德 후덕 덕이 후함 (德 큰 덕)
- 利用厚生 이용후생 기구를 편리하게 쓰고 먹고 입을 것을 넉넉하게 하여, 국민의 생활을 나아지게 함 (利 이로울 리, 用 쓸 용, 生 날 생)
- 厚待 후대   厚朴 후박   厚謝 후사
- 寬厚 관후   敦厚 돈후   重厚 중후

299 | 흉
凶
흉할 흉
凵부 총4획

- 吉凶 길흉 길함과 흉함 (吉 길할 길)
- 元凶 원흉 흉악한 무리의 우두머리 (元 으뜸 원)
- 陰凶 음흉 겉으로는 부드러워 보이나 속으로는 엉큼하고 흉악함 (陰 그늘 음)
- 凶家 흉가   凶計 흉계   凶器 흉기
- 凶年 흉년   凶物 흉물   凶惡 흉악

300 | 흉
胸
가슴 흉
月=肉부 총10획

- 胸部 흉부 가슴 부분 (部 떼 부)
- 胸算 흉산 마음속으로 하는 궁리나 계획 (算 셈 산)
- 胸章 흉장 군인이나 관리들의 가슴에 다는 표장 (章 글 장)
- 胸骨 흉골   胸像 흉상   胸圍 흉위
- 胸中 흉중   胸痛 흉통   心胸 심흉

· · · · 이 한 자 기 억 해 요 ? · · · 정답 57

1 閉( ) 2 布( ) 3 抱( ) 4 暴( ) 5 皮( ) 6 彼( ) 7 匹( ) 8 何( ) 9 賀( ) 10 閑( )

CHAPTER 03

3급 한자 900

각 페이지마다
"이 한자 기억해요?" 배치하여
해당 한자를 한번 더 복습할 수 있도록 하였다.
자! 지금부터 편한 마음으로 3급 한자 900자에 도전하자.

 3급한자 900 | 001~020

001 | 가
暇
틈, 겨를 가
日부 총13획

- 公暇 공가 — 공무원이 얻을 수 있도록 공식적으로 인정되어 있는 휴가 (公 공평할 공)
- 餘暇 여가 — 겨를. 틈 (餘 남을 여)
- 閑暇 한가 — 별로 할 일이 없이 틈이 있음 (閑 한가할 한)
- 病暇 병가
- 小暇 소가
- 年暇 연가
- 寸暇 촌가
- 休暇 휴가
- 出産休暇 출산휴가

002 | 가
架
시렁 가
木부 총9획

- 架空 가공 — 이유나 근거가 없음. 사실이 아니고 거짓이나 상상으로 꾸며 냄 (空 빌 공)
- 架橋 가교 — 서로 떨어져 있는 것을 이어 주는 사물이나 사실 (橋 다리 교)
- 架設 가설
- 高架 고가
- 書架 서가
- 架工齒 가공치
- 十字架 십자가
- 高架道路 고가도로

003 | 각
却
물리칠 각
卩부 총7획

- 却說 각설 — 말이나 글 따위에서, 다루던 내용을 그만두고 화제를 다른 쪽으로 돌림 (說 말씀 설)
- 棄却 기각 — 법원이 소송이 이유가 없거나 적법하지 않다고 무효를 선고하는 일 (棄 버릴 기)
- 冷却 냉각
- 忘却 망각
- 賣却 매각
- 燒却 소각
- 退却 퇴각
- 減價償却 감가상각

004 | 각
閣
집 각
門부 총14획

- 樓閣 누각 — 사방을 바라볼 수 있도록 문과 벽이 없이 다락처럼 높이 지은 집 (樓 다락 루)
- 殿閣 전각 — 임금이 거처하는 집 (殿 전각 전)
- 閣僚 각료
- 閣下 각하
- 改閣 개각
- 內閣 내각
- 入閣 입각
- 鐘閣 종각

005 | 각
刻
새길 각
刂=刀부 총8획

- 卽刻 즉각 — 곧 바로 (卽 곧 즉)
- 遲刻 지각 — 정해진 시각보다 늦게 출근하거나 등교함 (遲 더딜 지)
- 刻骨難忘 각골난망 — 남에게 입은 은혜가 뼈에 새길 만큼 커서 잊혀지지 아니함 (骨 뼈 골, 難 어려울 난, 忘 잊을 망)
- 刻苦 각고
- 刻薄 각박
- 刻印 각인
- 頃刻 경각
- 時刻 시각
- 深刻 심각

006 | 각
覺
깨달을 각
見부 총20획

- 覺悟 각오 — 앞으로 해야 할 일이나 겪을 일에 대한 마음의 준비 (悟 깨달을 오)
- 錯覺 착각 — 어떤 사물이나 사실을 실제와 다르게 지각하거나 생각함 (錯 어긋날 착)
- 覺書 각서
- 感覺 감각
- 發覺 발각
- 味覺 미각
- 自覺 자각
- 知覺 지각

007 | 간
肝
간 간
月=肉부 총7획

- 肝炎 간염 — 간에 생기는 염증을 통틀어 이르는 말 (炎 불꽃 염)
- 肝腸 간장 — 간과 창자 (腸 창자 장)
- 肝臟 간장 — 간. 가로막 바로 밑의 오른쪽에 있는 기관 (臟 오장 장)
- 肝腦 간뇌
- 肝要 간요
- 肝油 간유
- 肝硬化 간경화
- 肝動脈 간동맥
- 肝靜脈 간정맥

008 | 간
刊
새길 간
刂=刀부 총5획

- 刊行 간행 — 책·신문·잡지 따위를 펴냄 (行 다닐 행)
- 發刊 발간 — 책이나 신문 등을 박아 펴냄 (發 필 발)
- 廢刊 폐간 — 신문·잡지 따위의 간행을 폐지함 (廢 폐할 폐)
- 改刊 개간
- 新刊 신간
- 月刊 월간
- 創刊 창간
- 出刊 출간
- 休刊 휴간

009 | 간
幹
줄기 간
干부 총13획

- 幹部 간부 — 기관이나 조직체 따위의 중심이 되는 자리에서 책임을 맡거나 지도하는 사람 (部 떼 부)
- 根幹 근간 — 사물의 바탕이나 중심이 되는 중요한 것 (根 뿌리 근)
- 幹事 간사
- 幹線 간선
- 骨幹 골간
- 基幹 기간
- 才幹 재간
- 主幹 주간

010 | 간
簡
간략할, 대쪽 간
竹부 총18획

- 簡潔 간결 — 간단하고 요령 있음 (潔 깨끗할 결)
- 簡單 간단 — 간편하고 단출함 (單 홑 단)
- 簡略 간략 — 간단하고 소략함 (略 간략할 략)
- 簡明 간명
- 簡素 간소
- 簡易 간이
- 簡擇 간택
- 簡便 간편
- 書簡 서간

 이 한자 기억해요?    정답 150

1 還(　) 2 環(　) 3 丸(　) 4 荒(　) 5 況(　) 6 悔(　) 7 懷(　) 8 獲(　) 9 劃(　) 10 橫(　)

어기는! 暇가 / 姦간

011 | 간

간음할 간
女부　총9획

姦淫 간음　부부가 아닌 남녀가 성 관계를 맺음(淫 음란할 음)
姦通 간통　결혼하여 배우자가 있는 사람이 배우자가 아닌 사람과 성적 관계를 맺음(通 통할 통)

姦邪 간사　姦臣 간신　强姦 강간
輪姦 윤간　强姦罪 강간죄　相姦者 상간자

012 | 간

간절할 간
心부　총17획

懇曲 간곡　간절하고 곡진함(曲 굽을 곡)
懇談 간담　정답게 차근차근히 이야기를 나눔(談 말씀 담)
懇切 간절　지성스럽고 절실함(切 끊을 절)
懇請 간청　간절히 청함, 또는 그런 청 (請 청할 청)

懇求 간구　懇望 간망　懇誠 간성
懇願 간원　懇志 간지　懇談會 간담회

013 | 감

볼 감
皿부　총14획

監房 감방　교도소에서, 죄수를 가두어 두는 방(房 방 방)
監察 감찰　단체의 규율과 구성원의 행동을 감독하여 살핌(察 살필 찰)
監護 감호　감독하고 보호함(護 도울 호)

監禁 감금　監督 감독　監查 감사
監修 감수　監視 감시　收監 수감

014 | 감

거울 감
金부　총22획

鑑賞 감상　주로 예술 작품을 이해하여 즐기고 평가함(賞 상줄 상)
印鑑 인감　당사자 여부를 확인하기 위하여 관공서 또는 거래처 등에 미리 제출해 두는 특정한 도장(印 도장 인)

鑑別 감별　鑑查 감사　鑑識 감식
鑑定 감정　龜鑑 귀감　東醫寶鑑 동의보감

015 | 강

강철 강
金부　총16획

鋼鐵 강철　탄소의 함유량이 0.035~1.7%인 철. 열처리에 따라 강도가 높아짐(鐵 쇠 철)
鋼板 강판　강철로 만든 철판(板 널 판)

鋼管 강관　鋼線 강선　鋼材 강재
製鋼 제강　鐵鋼 철강

016 | 강

굳셀 강
刂=刀부　총10획

剛健 강건　의지나 기상이 굳세고 건전함 (健 굳셀 건)
剛斷 강단　굳세고 꿋꿋하게 견디어 내는 힘(斷 끊을 단)

剛度 강도　剛性 강성　剛直 강직
金剛山 금강산　金剛石 금강석　外柔內剛 외유내강

017 | 강

벼리 강
糸부　총14획

綱領 강령　정당이나 사회단체 등이 그 기본 입장이나 방침, 운동 규범 따위를 열거한 것 (領 거느릴 령)
紀綱 기강　규율과 법도를 아울러 이르는 말(紀 벼리 기)

綱目 강목　大綱 대강　要綱 요강
政綱 정강　紀綱確立 기강확립　三綱五倫 삼강오륜

018 | 강

편안 강
广부　총11획

健康 건강　정신적·육체적인 이상의 유무를 주안으로 본 몸의 상태 (健 굳셀 건)
平康 평강　걱정이나 탈이 없음, 또는 무사히 잘 있음(平 평평할 평)

康健 강건　康寧 강녕　康樂 강락
康福 강복　小康 소강

019 | 개

낄 개
人부　총4획

介意 개의　어떤 일 따위를 마음에 두고 생각하거나 신경을 씀 (意 뜻 의)
媒介 매개　사이에 들어 서로의 관계를 맺어 줌(媒 중매 매)

介入 개입　介在 개재　紹介 소개
仲介 중개

020 | 개

덮을 개
艹=艸부　총14획

蓋世 개세　기상이나 위력, 재능 따위가 세상을 뒤덮음(世 인간 세)
大蓋 대개　일의 큰 원칙으로 말하건대 (大 큰 대)

蓋果 개과　蓋瓦 개와　蓋草 개초
蓋然性 개연성　頭蓋骨 두개골　口蓋音化 구개음화

· · · 이 한 자 기 억 해 요 ? · · · 정답 151

1 曉(　) 2 候(　) 3 侯(　) 4 毁(　) 5 輝(　) 6 揮(　) 7 携(　) 8 吸(　) 9 戲(　) 10 稀(　)

 3급한자 900 | 021~040

021 | 개

슬퍼할 개
忄=心부 총14획

慨歎 개탄 분하거나 못마땅하게 여겨 한탄함(歎 탄식할 탄)
感慨 감개 어떤 감동이나 느낌이 마음 깊은 곳에서 배어 나옴, 또는 그 감동이나 느낌(感 느낄 감)
憤慨 분개 몹시 분하게 여김(憤 분할 분)
慨世 개세　悲慨 비개　憂慨 우개
感慨無量 감개무량

022 | 개
대개 개
木부 총15획

槪論 개론 내용을 대강 추려서 서술함, 또는 그런 것(論 논할 론)
節槪 절개 신념, 신의 따위를 굽히지 아니하고 굳게 지키는 꿋꿋한 태도(節 마디 절)
槪觀 개관　槪念 개념　槪說 개설
槪要 개요　氣槪 기개　大槪 대개

023 | 거
막을 거
扌=手부 총8획

拒逆 거역 윗사람의 뜻이나 지시 따위를 따르지 않고 거스름(逆 거스릴 역)
抗拒 항거 순종하지 아니하고 맞서서 반항함(抗 대항할 항)
拒否 거부　拒絶 거절　拒否權 거부권
拒食症 거식증　拒否反應 거부반응

024 | 거
떨어질 거
足부 총12획

距離 거리 두 개의 물건이나 장소 따위가 공간적으로 떨어진 길이(離 떠날 리)
相距 상거 떨어져 있는 두 곳의 거리(相 서로 상)
距今 거금　距躍 거약　距離感 거리감
短距離 단거리　長距離 장거리

025 | 거

근거 거
扌=手부 총16획

根據 근거 어떤 일이나 의논·의견에 그 근본이 됨, 또는 그런 까닭(根 뿌리 근)
準據 준거 사물의 정도나 성격 따위를 알기 위한 근거나 기준(準 준할 준)
據點 거점　論據 논거　依據 의거
占據 점거　證據 증거　本據地 본거지

026 | 건
굳셀 건
亻=人부 총11획

健壯 건장 몸이 크고 굳셈(壯 장할 장)
健忘症 건망증 일을 기억하지 못하거나 어느 시기의 일을 기억하지 못하거나, 드문드문 기억하는 기억 장애(忘 잊을 망, 症 증세 증)
健康 건강　健實 건실　健兒 건아
健在 건재　健全 건전　保健 보건

027 | 건

물건 건
亻=人부 총6획

物件 물건 일정한 모양이 있는 모든 물질적인 것(物 물건 물)
與件 여건 주어진 조건(與 줄 여)
要件 요건 필요한 조건(要 요긴할 요)
條件 조건 어떤 사물이 성립되거나 발생하는데 갖추어야 하는 요소(條 가지 조)
件數 건수　事件 사건　案件 안건
用件 용건　無條件 무조건　人件費 인건비

028 | 걸
빌 걸
乙부 총3획

乞食 걸식 빌어서 얻어먹음(食 밥 식)
乞人 걸인 남에게 빌어먹고 사는 사람. 거지(人 사람 인)
求乞 구걸 돈이나 곡식, 물건 따위를 거저 달라고 빎(求 구할 구)
乞神 걸신　哀乞 애걸　門前乞食 문전걸식
哀乞伏乞 애걸복걸　流離乞食 유리걸식

029 | 걸
뛰어날 걸
亻=人부 총12획

傑物 걸물 뛰어난 사람. 훌륭한 물건(物 물건 물)
傑作 걸작 매우 훌륭한 작품(作 지을 작)
傑出 걸출 남보다 훨씬 뛰어남(出 날 출)
俊傑 준걸 재주와 슬기가 매우 뛰어남, 또는 그런 사람(俊 준걸 준)
傑氣 걸기　女傑 여걸　雄傑 웅걸
人傑 인걸　豪傑 호걸　傑作品 걸작품

030 | 검

검소할 검
亻=人부 총15획

儉素 검소 사치하지 않고 꾸밈없이 수수함(素 본디 소)
勤儉 근검 부지런하고 검소함(勤 부지런할 근)
儉朴 검박　儉約 검약　勤儉節約 근검절약

- - - 이 한 자 기 억 해 요 ? - - - 정답 62

1 暇(　) 2 架(　) 3 却(　) 4 閣(　) 5 刻(　) 6 覺(　) 7 肝(　) 8 刊(　) 9 幹(　) 10 簡(　)

여기는! 慨 개 / 檢 검

031 | 검

검사할 검
木부 총17획

檢擧 검거 범죄의 예방, 공공 안전의 유지, 범죄의 수사를 위하여 용의자를 일시로 억류하는 일 (擧 들 거)
點檢 점검 낱낱이 검사함 (點 점 점)
檢問 검문   檢事 검사   檢索 검색
檢察 검찰   檢討 검토   檢認定 검인정

032 | 검

칼 검
刂=刀부 총15획

劍客 검객 검술에 능한 사람 (客 손 객)
劍舞 검무 칼을 들고 추는 춤. 칼춤 (舞 춤출 무)
寶劍 보검 예전에 나라의 행사나 의식에서 의장에 쓰던 칼 (寶 보배 보)
劍道 검도   劍法 검법   劍術 검술
短劍 단검   長劍 장검   銃劍 총검

033 | 격

사이뜰 격
阝=阜부 총13획

遠隔 원격 멀리 떨어져 있음 (遠 멀 원)
隔世之感 격세지감 오래지 않은 동안에 몰라보게 변하여 아주 다른 세상이 된 것 같은 느낌 (世 인간 세, 之 갈 지, 感 느낄 감)
隔離 격리   隔月 격월   隔意 격의
隔差 격차   間隔 간격   懸隔 현격

034 | 격
格
격식 격
木부 총10획

格調 격조 사람의 품격과 취향 (調 고를 조)
性格 성격 개인이 가지고 있는 고유의 성질이나 품성 (性 성품 성)
嚴格 엄격 매우 엄함 (嚴 엄할 엄)
格式 격식   格言 격언   價格 가격
人格 인격   資格 자격   合格 합격

035 | 격
激
격할 격
氵=水부 총16획

激減 격감 수량이 갑자기 줆 (減 덜 감)
激怒 격노 몹시 분하고 노여운 감정이 북받침 (怒 성낼 노)
激浪 격랑 거센 파도 (浪 물결 랑)
激情 격정 격렬한 감정 (情 뜻 정)
激動 격동   激論 격론   激變 격변
激奮 격분   激戰 격전   急激 급격

036 | 격

칠 격
手부 총17획

擊退 격퇴 적을 쳐서 물리침 (退 물러날 퇴)
擊破 격파 단단한 물체를 손이나 발 따위로 쳐서 깨뜨림 (破 깨뜨릴 파)
突擊 돌격   襲擊 습격   遊擊 유격
追擊 추격   衝擊 충격   打擊 타격

037 | 견

이끌, 끌 견
牛부 총11획

牽引 견인 끌어서 당김 (引 끌 인)
牽制 견제 일정한 힘으로 상대편이 지나치게 세력을 펴거나 자유롭게 행동하지 못하게 억누름 (制 절제할 제)
牽引車 견인차   牽强附會 견강부회
牽牛織女 견우직녀

038 | 견
絹
비단 견
糸부 총13획

絹絲 견사 깁이나 비단을 짜는 명주 (絲 실 사)
人絹 인견 천연 섬유소로 명주실 비슷하게 인공적으로 만든 실 (人 사람 인)
絹毛 견모   絹布 견포   本絹 본견
純絹 순견   絹織物 견직물 人造絹 인조견

039 | 견

보낼 견
辶=辵부 총14획

遣外 견외 외국으로 파견함 (外 바깥 외)
分遣 분견 구성원의 일부를 떼내어서 보냄 (分 나눌 분)
派遣 파견 일정한 임무를 주어 사람을 보냄 (派 갈래 파)
遣歸 견귀   消遣 소견   差遣 차견

040 | 견

어깨 견
月=肉부 총8획

肩章 견장 군인, 경찰관 등이 제복의 어깨에 붙이는 직위나 계급을 밝히는 표장 (章 글 장)
比肩 비견 앞서거나 뒤서지 않고 어깨를 나란히 함. 낫고 못할 것이 없이 정도가 서로 비슷함 (比 견줄 비)
肩骨 견골   兩肩 양견   肩關節 견관절

· · · 이 한 자 기 억 해 요 ? · · · 정답 63

1 姦( ) 2 懇( ) 3 監( ) 4 鑑( ) 5 鋼( ) 6 剛( ) 7 綱( ) 8 康( ) 9 介( ) 10 蓋( )

 3급한자 900 | 041~060

041 | 결

이지러질 결
缶부 총10획

- 缺格 결격 : 필요한 자격이 모자라거나 빠져 있음(格 격식 격)
- 缺席 결석 : 나가야 할 자리에 나가지 않음(席 자리 석)
- 缺如 결여 : 마땅히 있어야 할 것이 빠져서 없거나 모자람(如 같을 여)
- 缺勤 결근 缺禮 결례 缺食 결식
- 缺場 결장 缺點 결점 無缺 무결

042 | 겸

겸손할 겸
言부 총17획

- 謙辭 겸사 : 겸손의 말(辭 말씀 사)
- 謙讓 겸양 : 겸손한 태도로 남에게 양보하거나 사양함(讓 사양할 양)
- 謙虛 겸허 : 스스로 자신을 낮추고 비우는 태도가 있음(虛 빌 허)
- 謙德 겸덕 謙稱 겸칭 謙讓語 겸양어

043 | 겸
겸할 겸
八부 총10획

- 兼備 겸비 : 두 가지 이상을 아울러 갖춤(備 갖출 비)
- 兼業 겸업 : 본업 이외에 다른 업을 겸하여 가짐, 또는 그 업(業 업 업)
- 兼任 겸임 : 두 가지 이상의 직무를 아울러 맡아봄(任 맡길 임)
- 兼床 겸상 兼愛 겸애 兼用 겸용
- 兼職 겸직 兼事兼事 겸사겸사 兼業農家 겸업농가

044 | 경
굳을 경
石부 총12획

- 强硬 강경 : 굳세게 버티어 굽히지 않음(强 강할 강)
- 硬度計 경도계 : 물체의 굳기를 재는 기계(度 법도 도, 計 셀 계)
- 硬骨 경골 硬水 경수 硬軟 경연
- 硬直 경직 硬化 경화 硬性憲法 경성헌법

045 | 경

이랑, 잠깐 경
頁부 총11획

- 頃刻 경각 : 눈 깜빡할 사이. 아주 짧은 시간(刻 새길 각)
- 食頃 식경 : 밥을 먹을 동안이라는 뜻으로, 잠깐 동안을 이르는 말(食 밥 식)
- 頃步 경보 萬頃 만경 小頃 소경
- 子正頃 자정경

046 | 경

기울 경
亻=人부 총13획

- 傾倒 경도 : 기울어 넘어짐, 또는 기울여 넘어뜨림(倒 넘어질 도)
- 傾斜 경사 : 비스듬히 기울어짐, 또는 그 상태나 정도. 기울기(斜 비낄 사)
- 傾角 경각 傾聽 경청 傾向 경향
- 左傾 좌경 急傾斜 급경사 傾國之色 경국지색

047 | 경

마침내 경
立부 총11획

- 究竟 구경 : 가장 지극한 깨달음(究 연구할 구)
- 畢竟 필경 : 끝장에 가서는. 마침내(畢 마칠 필)
- 竟夕 경석 竟夜 경야

048 | 경
거울 경
金부 총19획

- 破鏡 파경 : 사이가 나빠서 부부가 헤어지는 것(破 깨뜨릴 파)
- 明鏡止水 명경지수 : 잡념과 가식과 헛된 욕심 없이 맑고 깨끗한 마음(明 밝을 명, 止 그칠 지, 水 물 수)
- 鏡臺 경대 眼鏡 안경 內視鏡 내시경
- 望遠鏡 망원경 千里鏡 천리경 擴大鏡 확대경

049 | 경

지경 경
土부 총14획

- 境遇 경우 : 놓여 있는 조건이나 놓이게 된 형편이나 사정(遇 만날 우)
- 困境 곤경 : 어려운 형편이나 처지(困 곤할 곤)
- 接境 접경 : 경계가 서로 맞닿음, 또는 그 맞닿은 경계(接 이을 접)
- 境界 경계 境內 경내 境地 경지
- 國境 국경 死境 사경 逆境 역경

050 | 경

벼슬 경
卩부 총12획

- 卿相 경상 : 재상. 육경과 삼상을 아울러 이르는 말(相 서로 상)
- 客卿 객경 : 다른 나라에서 와서 공경의 높은 지위에 있는 사람(客 손 객)
- 九卿 구경 : 조선 시대에 삼정승에 다음 가는 아홉 고관직(九 아홉 구)
- 公卿 공경 上卿 상경 六卿 육경

• • • 이 한 자 기 억 해 요 ? • • • 정답 64

1 慨( ) 2 概( ) 3 拒( ) 4 距( ) 5 據( ) 6 健( ) 7 件( ) 8 乞( ) 9 傑( ) 10 儉( )

여기는! 缺결 / 徑경

051 | 경 徑 <지름길, 길 경> 彳부 총10획
- 徑路 경로 — 지름길(路 길 로)
- 口徑 구경 — 총포나 카메라 등 원통형으로 된 것의 안 지름(口 입 구)
- 半徑 반경 — 반지름(半 반 반)
- 直徑 직경 — 지름(直 곧을 직)
- 內徑 내경 動徑 동경 私徑 사경
- 斜徑 사경 外徑 외경 砲徑 포경

052 | 경 警 <깨우칠 경> 言부 총20획
- 警告 경고 — 조심하거나 삼가도록 미리 주의를 줌(告 고할 고)
- 警鐘 경종 — 위급한 일이나 비상사태를 알리는 종이나 사이렌 따위의 신호(鐘 쇠북 종)
- 警句 경구 警報 경보 警備 경비
- 警察 경찰 警護 경호 軍警 군경

053 | 계 桂 <계수나무 계> 木부 총10획
- 桂輪 계륜 — 달을 달리 이르는 말 (輪 바퀴 륜)
- 月桂冠 월계관 — 고대 그리스에서 월계수의 가지와 잎으로 만들어 경기의 우승자에게 씌워 주던 관(月 달 월, 冠 갓 관)
- 桂林 계림 桂皮 계피 月桂樹 월계수

054 | 계 繫 <맬 계> 糸부 총19획

- 繫留 계류 — 일정한 곳을 벗어나지 못하도록 밧줄 같은 것으로 붙잡아 매어 놓음(留 머무를 류)
- 繫囚 계수 — 감옥에 갇혀 있는 죄수 (囚 가둘 수)
- 連繫 연계 繫留場 계류장

055 | 계 繼 <이을 계> 糸부 총20획

- 繼母 계모 — 아버지가 재혼하여 얻은 아내. 의붓어머니(母 어미 모)
- 繼續 계속 — 끊이지 않고 이어 나감 (續 이을 속)
- 繼承 계승 — 조상이나 선임자의 뒤를 이어 받음(承 이을 승)
- 繼父 계부 承繼 승계 引繼 인계
- 中繼 중계 後繼者 후계자 中繼放送 중계방송

056 | 계 契 <맺을 계> 大부 총9획

- 契約 계약 — 서로 지켜야 할 의무에 대하여 글이나 말로 정하여 둠, 또는 그런 약속(約 맺을 약)
- 契主 계주 — 계를 조직하고 주관하는 사람 (主 주인 주)
- 契會 계회 — 계모임(會 모일 회)
- 契機 계기 契員 계원 契合 계합
- 默契 묵계 親睦契 친목계 斷金之契 단금지계

057 | 계 階 <섬돌 계> 阝=阜부 총12획
- 階級 계급 — 사회에서 신분·재산·직업 따위가 비슷한 사람들로 형성되는 집단, 또는 그렇게 나뉜 사회적 지위(級 등급 급)
- 階層 계층 — 사회적 지위가 비슷한 사람들의 층(層 층 층)
- 階段 계단 段階 단계 位階 위계
- 音階 음계 層階 층계 品階 품계

058 | 계 啓 <열 계> 口부 총11획

- 啓導 계도 — 남을 깨치어 이끌어 줌 (導 인도할 도)
- 啓發 계발 — 슬기나 재능, 사상 따위를 일깨워 줌(發 필 발)
- 啓示 계시 — 가르치어 보임(示 보일 시)
- 啓蒙 계몽 狀啓 장계 啓明星 계명성

059 | 계 系 <이어맬 계> 糸부 총7획

- 系統 계통 — 일정한 차례에 따라 이어져 있는 것(統 거느릴 통)
- 直系 직계 — 혈연이 친자 관계에 의하여 직접적으로 이어져 있는 계통 (直 곧을 직)
- 系譜 계보 系列 계열 家系 가계
- 母系 모계 傍系 방계 體系 체계

060 | 계 係 <맬 계> 亻=人부 총9획

- 係累 계루 — 다른 일이나 사물에 얽매임 (累 여러 루)
- 關係 관계 — 둘 이상의 사람·사물·현상 따위가 서로 관련을 맺거나 관련이 있음, 또는 그런 관련 (關 관계할 관)
- 係數 계수 係員 계원 係長 계장

· · · 이 한 자 기 억 해 요 ? · · · 정답 65

1 檢( ) 2 劍( ) 3 隔( ) 4 格( ) 5 激( ) 6 擊( ) 7 牽( ) 8 絹( ) 9 遣( ) 10 肩( )

 3급한자 900 | 061~080

061 | 계

戒

경계할 계
戈부 총7획

- 戒嚴 계엄 군사적 필요나 사회의 안녕, 질서 유지를 위하여 일정한 지역의 행정권과 사법권의 전부 또는 일부를 군이 맡아 다스리는 일(嚴 엄할 엄)
- 戒律 계율 불자가 지켜야 할 규범 (律 법칙 률)

警戒 경계 十戒 십계 懲戒 징계
破戒 파계 訓戒 훈계 一罰百戒 일벌백계

062 | 계

기계 계
木부 총11획

- 機械 기계 동력을 써서 움직이거나 일을 하는 장치(機 틀 기)
- 器械 기계 연장, 연모, 그릇, 기구 따위를 통틀어 이르는 말 (器 그릇 기)

農機械 농기계 機械工學 기계공학
精密機械 정밀기계 尖端機械 첨단기계

063 | 고

孤

외로울 고
子부 총8획

- 孤獨 고독 홀로 떨어져 있는 듯이 매우 외롭고 쓸쓸함(獨 홀로 독)
- 孤立 고립 다른 사람과 어울리어 사귀지 아니하거나 도움을 받지 못하여 외톨이로 됨(立 설 립)

孤高 고고 孤島 고도 孤寂 고적
孤兒院 고아원 孤軍奮鬪 고군분투 孤掌難鳴 고장난명

064 | 고

곳집 고
广부 총10획

- 國庫 국고 현금을 수납하고 지급하는 주체로서의 국가를 이르는 말 (國 나라 국)
- 金庫 금고 돈이나 귀중품, 서류 따위를 넣어 두는 쇠로 만든 궤짝 (金 쇠 금)

文庫 문고 寶庫 보고 車庫 차고
倉庫 창고 冷藏庫 냉장고 武器庫 무기고

065 | 고

顧

돌아볼 고
頁부 총21획

- 顧客 고객 상점 따위에 물건을 사러 오는 손님(客 손 객)
- 顧問 고문 전문적인 지식과 풍부한 경험으로 자문에 응해 조언을 하는 직책, 또는 그런 직책에 있는 사람(問 물을 문)

顧見 고견 顧慮 고려 一顧 일고
回顧 회고 三顧草廬 삼고초려

066 | 고

鼓

북 고
鼓부 총13획

- 鼓動 고동 피의 순환을 위하여 뛰는 심장의 운동(動 움직일 동)
- 鼓舞 고무 힘을 내도록 격려하여 용기를 북돋움(舞 춤출 무)
- 鼓吹 고취 용기와 기운을 북돋워 일으킴 (吹 불 취)

迎鼓 영고 勝戰鼓 승전고 申聞鼓 신문고
自鳴鼓 자명고

067 | 고

마를 고
木부 총9획

- 枯渴 고갈 돈이나 물건 따위가 거의 없어져 매우 귀해짐(渴 목마를 갈)
- 枯木 고목 말라죽은 나무(木 나무 목)
- 枯死 고사 나무나 풀 따위가 말라 죽음 (死 죽을 사)

枯葉 고엽 枯旱 고한 榮枯盛衰 영고성쇠

068 | 고

시어미 고
女부 총8획

- 姑母 고모 아버지의 누이(母 어미 모)
- 姑婦 고부 시어머니와 며느리를 아울러 이르는 말(婦 지어미 부)
- 姑息 고식 우선 당장에 탈이 없이 편안함(息 쉴 식)

姑從 고종 姑息的 고식적
姑息之計 고식지계 姑從四寸 고종사촌

069 | 고

稿

원고, 볏짚 고
禾부 총15획

- 寄稿 기고 신문, 잡지 따위에 싣기 위하여 원고를 써서 보냄, 또는 그 원고(寄 부칠 기)
- 遺稿 유고 죽은 사람이 생전에 써서 남긴 원고(遺 남길 유)

稿料 고료 原稿 원고 拙稿 졸고
草稿 초고 脫稿 탈고 投稿 투고

070 | 곡

울 곡
口부 총10획

- 哭泣 곡읍 소리를 내어 섧게 욺(泣 울 읍)
- 絶哭 절곡 몹시 슬프게 곡을 함, 또는 그 곡(絶 끊을 절)
- 號哭 호곡 소리를 내어 슬피 욺, 또는 그런 울음(號 이름 호)

哭聲 곡성 哀哭 애곡 痛哭 통곡
大聲痛哭 대성통곡 放聲大哭 방성대곡

· · · · 이   한   자   기   억   해   요   ?   · · ·   정답 66

1 缺( ) 2 謙( ) 3 兼( ) 4 硬( ) 5 頃( ) 6 傾( ) 7 竟( ) 8 鏡( ) 9 境( ) 10 卿( )

여기는! 戒계 / 貢공

071 | 공 貢 바칠 공
貝부 총10획

貢納공납 백성이 그 지방에서 나는 특산물을 조정에 바치던 일, 또는 그 세제(納 들일 납)
貢獻공헌 힘을 써 이바지함(獻 드릴 헌)
朝貢조공 왕조 때 속국이 종주국에 때마다 예물을 바치던 일 (朝 아침 조)

貢物공물   貢米공미   貢賦공부

072 | 공 攻 칠 공

攵=攴부 총7획

攻略공략 군대의 힘으로 적의 영토나 진지를 공격하여 빼앗음 (略 간략할 략)
攻勢공세 공격하는 세력이나 태세 (勢 형세 세)

攻擊공격   攻防공방   攻守공수
強攻강공   專攻전공   侵攻침공

073 | 공 恐 두려울 공

心부 총10획

恐龍공룡 중생대 쥐라기와 백악기에 걸쳐 번성하였던 거대한 파충류(龍 용 룡)
可恐가공 두려워할만함(可 옳을 가)
恐妻家공처가 아내에게 눌려 지내는 남편(妻 아내 처, 家 집 가)

恐懼공구   恐怖*공포   恐縮공축
恐水病공수병

074 | 공 孔 구멍 공
子부 총4획

孔道공도 공자가 가르친 도(道 길 도)
孔孟공맹 공자와 맹자(孟 맏 맹)
毛孔모공 털이 나는 작은 구멍. 털구멍 (毛 터럭 모)

孔子공자   氣孔기공   鼻孔비공
孔方傳공방전   孔方兄공방형   九孔炭구공탄

075 | 공 供 이바지할 공
亻=人부 총8획

供給공급 요구나 필요에 따라 물품 따위를 제공함(給 줄 급)
供物공물 신불 앞에 바치는 물건 (物 물건 물)
提供제공 갖다 주어 이바지함(提 끌 제)

供養공양   供與공여   供招공초
供出공출   佛供불공   供養米공양미

076 | 공 恭 공손할 공
忄=心부 총10획

恭敬공경 공손히 받들어 모심 (敬 공경 경)
恭待공대 상대에게 높임말을 함 (待 대할 대)

恭謙공겸   恭遜*공손   恭順공순

077 | 과 誇 자랑할 과
言부 총13획

誇大과대 작은 것을 사실 이상으로 크게 불림(大 큰 대)
誇示과시 뽐냄(示 보일 시)
誇張과장 사실보다 지나치게 불려서 나타냄(張 베풀 장)

誇功과공   誇稱과칭   自誇자과
誇大廣告과대광고   誇大妄想과대망상

078 | 과 寡 적을 과

宀부 총14획

寡聞과문 보고 들은 것이 적음 (聞 들을 문)
寡人과인 덕이 적은 사람이라는 뜻으로, 임금이 자기를 낮추어 이르던 일인칭 대명사 (人 사람 인)

寡默과묵   寡婦과부   多寡다과
寡守宅과수댁   獨寡占독과점   寡頭政治과두정치

079 | 곽 郭 둘레, 외성 곽

阝=邑부 총11획

内郭내곽 안쪽 테두리(內 안 내)
城郭성곽 내성과 외성을 통틀어 이르는 말(城 재 성)
外郭외곽 바깥쪽 테두리(外 바깥 외)

郭公곽공   郭氏곽씨   山郭산곽

080 | 관 冠 갓 관

冖부 총9획

弱冠약관 남자가 스무 살에 관례를 한다는 뜻으로, 남자 나이 스무 살을 이르는 말(弱 약할 약)
衣冠의관 남자의 웃옷과 갓이라는 뜻으로, 남자가 정식으로 갖추어 입는 옷차림(衣 옷 의)

冠帶관대   冠禮관례   冠詞관사
王冠왕관   冠婚喪祭관혼상제   桂冠詩人계관시인

・   ・   ・   이 한 자 기 억 해 요 ?   ・   ・   정답 67

1 徑( ) 2 警( ) 3 桂( ) 4 繫( ) 5 繼( ) 6 契( ) 7 階( ) 8 啓( ) 9 系( ) 10 係( )

3급한자 900 | 081~100

081 | 관 貫 **꿸 관** — 貝부 총11획
- 貫通 관통: 꿰뚫어서 통함 (通 통할 통)
- 本貫 본관: 시조가 난 땅 (本 근본 본)
- 一貫性 일관성: 하나의 방법이나 태도로써 처음부터 끝까지 한결같은 성질 (一 한 일, 性 성품 성)
- 貫祿 관록 貫流 관류 貫徹 관철
- 貫鄕 관향 始終一貫 시종일관 初志一貫 초지일관

082 | 관 慣 **익숙할 관** — 忄=心부 총14획
- 慣例 관례: 전부터 해 내려오던 전례가 관습으로 굳어진 것 (例 법식 례)
- 慣習 관습: 어떤 사회에서 오랫동안 지켜 내려와 그 사회 성원들이 널리 인정하는 질서나 풍습 (習 익힐 습)
- 慣性 관성 慣行 관행 習慣 습관
- 慣習法 관습법 慣用語 관용어

083 | 관 管 **대롱, 주관할 관** — 竹부 총14획
- 管理 관리: 시설이나 물건의 유지, 개량 따위의 일을 맡아 함 (理 다스릴 리)
- 保管 보관: 물건을 맡아서 간직하고 관리함 (保 지킬 보)
- 管內 관내 管掌 관장 血管 혈관
- 管樂器 관악기 管絃樂 관현악 氣管支 기관지

084 | 관 館 **집 관** — 飠=食부 총17획
- 別館 별관: 본관 외에 따로 지은 건물 (別 다를 별)
- 新館 신관: 새로 지은 건물 (新 새 신)
- 休館 휴관: 도서관이나 영화관 등에서 하던 일을 하루나 한동안 쉼 (休 쉴 휴)
- 館舍 관사 館長 관장 旅館 여관
- 會館 회관 大使館 대사관 圖書館 도서관

085 | 관 寬 **너그러울 관** — 宀부 총15획
- 寬大 관대: 마음이 너그럽고 큼 (大 큰 대)
- 寬容 관용: 남의 잘못을 너그럽게 받아들이거나 용서함. 또는 그런 용서 (容 얼굴 용)
- 寬待 관대 寬貸 관대 寬嚴 관엄
- 寬裕 관유 寬忍 관인

086 | 광 狂 **미칠 광** — 犭=犬부 총7획
- 狂犬 광견: 미친 개 (犬 개 견)
- 狂亂 광란: 미친 듯이 어지럽게 날뜀 (亂 어지러울 란)
- 狂風 광풍: 미친 듯이 사납게 휘몰아치는 거센 바람 (風 바람 풍)
- 狂氣 광기 狂奔 광분 發狂 발광
- 熱狂 열광 狂犬病 광견병 狂信徒 광신도

087 | 광 鑛 **쇳돌 광** — 金부 총23획
- 鑛夫 광부: 광산에서 광물을 캐는 일을 직업으로 하는 사람 (夫 지아비 부)
- 鑛石 광석: 경제적 가치가 있고 채광할 수 있는 광물. 또는 그런 광물의 집합체 (石 돌 석)
- 鑛物 광물 鑛山 광산 採鑛 채광
- 炭鑛 탄광 廢鑛 폐광 鑛泉水 광천수

088 | 괘 掛 **걸 괘** — 扌=手부 총11획
- 掛念 괘념: 마음에 두고 걱정하거나 잊지 않음 (念 생각 념)
- 掛圖 괘도: 벽에 걸어 놓고 보는 학습용 그림이나 지도. 걸그림 (圖 그림 도)
- 掛鏡 괘경 掛曆 괘력 掛書 괘서
- 掛意 괘의 掛鐘 괘종 卦鐘時計 괘종시계

089 | 괴 壞 **무너질 괴** — 土부 총19획
- 壞滅 괴멸: 조직이나 체계 따위가 모조리 파괴되어 멸망함 (滅 멸할 멸)
- 破壞 파괴: 때려 부수거나 깨뜨려 헐어 버림 (破 깨뜨릴 파)
- 壞亂 괴란 壞裂 괴열 崩壞 붕괴
- 損壞 손괴 壞血病 괴혈병

090 | 괴 怪 **괴이할 괴** — 忄=心부 총8획
- 怪談 괴담: 괴이한 이야기 (談 말씀 담)
- 怪狀 괴상: 괴이한 모양 (狀 형상 상)
- 怪異 괴이: 이상야릇함 (異 다를 이)
- 變怪 변괴: 이상야릇한 일이나 사고 (變 변할 변)
- 怪奇 괴기 怪物 괴물 怪變 괴변
- 怪獸 괴수 怪疾 괴질 怪漢 괴한

· · · 이 한 자 기 억 해 요 ? · · · 정답 68

1 戒(　) 2 械(　) 3 孤(　) 4 庫(　) 5 顧(　) 6 鼓(　) 7 枯(　) 8 姑(　) 9 稿(　) 10 哭(　)

여기는! 貫관 / 愧괴

091 | 괴

愧

부끄러울 괴
忄=心부 총13획

- 愧心 괴심 — 부끄러워하는 마음 (心 마음 심)
- 自愧 자괴 — 스스로 부끄러워함 (自 스스로 자)
- 慙愧 참괴 — 매우 부끄러워함 (慙 부끄러울 참)
- 愧色 괴색
- 自愧之心 자괴지심

092 | 괴

塊

흙덩이 괴
土부 총13획

- 團塊 단괴 — 퇴적암 속에서 어떤 특정 성분이 농축·응집되어 주위보다 단단하여진 덩어리 (團 둥글 단)
- 肉塊 육괴 — 고깃덩어리 (肉 고기 육)
- 塊石 괴석
- 金塊 금괴
- 銀塊 은괴
- 土塊 토괴
- 血塊 혈괴

093 | 교

較

견줄, 비교할 교
車부 총13획

- 較差 교차 — 최고와 최저의 차 (差 다를 차)
- 比較 비교 — 둘 이상의 사물을 견주어 서로 간의 유사점·차이점·일반 법칙 따위를 고찰하는 일 (比 견줄 비)
- 較計 교계
- 日較差 일교차
- 比較評價 비교평가

094 | 교

巧

공교할 교
工부 총5획

- 巧妙 교묘 — 썩 잘 되고 묘함 (妙 묘할 묘)
- 巧言 교언 — 교묘하게 꾸며대는 말 (言 말씀 언)
- 技巧 기교 — 기술이나 솜씨가 아주 교묘함, 또는 그런 기술이나 솜씨 (技 재주 기)
- 巧辯 교변
- 工巧 공교
- 精巧 정교
- 巧言令色 교언영색

095 | 교

矯

바로잡을 교
矢부 총17획

- 矯殺 교살 — 임금의 명령이라고 속여 사람을 죽임 (殺 죽일 살)
- 矯導所 교도소 — 행형 사무를 맡아보는 기관 (導 인도할 도, 所 바 소)
- 矯世 교세
- 矯正 교정
- 矯風 교풍
- 矯角殺牛 교각살우

096 | 교

郊

들 교
阝=邑부 총9획

- 郊外 교외 — 도시의 주변 지역 (外 바깥 외)
- 近郊 근교 — 도시의 가까운 변두리에 있는 마을이나 들 (近 가까울 근)
- 遠郊 원교 — 도시에서 멀리 떨어져 있는 지역 (遠 멀 원)
- 郊迎 교영
- 春郊 춘교
- 遠郊農業 원교농업

097 | 구

苟

구차할, 진실로 구
艹=艸부 총9획

- 苟生 구생 — 구차하게 삶 (生 날 생)
- 苟安 구안 — 한 때의 편안함을 꾀함 (安 편안 안)
- 苟存 구존 — 구차하게 오래 삶 (存 있을 존)
- 苟且 구차 — 말이나 행동이 떳떳하거나 버젓하지 못함 (且 또 차)
- 苟免 구면
- 苟合 구합

098 | 구

狗

개 구
犭=犬부 총8획

- 走狗 주구 — 앞잡이. 남의 사주를 받고 끄나풀 노릇을 하는 사람 (走 달릴 주)
- 黃狗 황구 — 누렁이. 털빛이 누런 개 (黃 누를 황)
- 海狗 해구
- 喪家之狗 상가지구
- 羊頭狗肉 양두구육
- 泥田鬪狗 이전투구

099 | 구

拘

잡을 구
扌=手부 총8획

- 拘留 구류 — 죄인을 1일 이상 30일 미만의 기간 동안 가두어 자유를 속박하는 일, 또는 그런 형벌 (留 머무를 류)
- 拘束 구속 — 법원이나 판사가 피의자나 피고인을 강제로 일정한 장소에 잡아 가두는 일 (束 묶을 속)
- 拘禁 구금
- 拘引 구인
- 拘置所 구치소
- 不拘束 불구속

100 | 구

球

공 구
王=玉부 총11획

- 球場 구장 — 구기를 하는 경기장 (場 마당 장)
- 野球 야구 — 9명의 두 팀이 9회씩 공격과 수비를 번갈아 하며 승패를 겨루는 구기 경기 (野 들 야)
- 球技 구기
- 電球 전구
- 足球 족구
- 地球 지구
- 直球 직구
- 赤血球 적혈구

· · · 이 한 자 기 억 해 요 ? · · · 정답 69

1 貢( ) 2 攻( ) 3 恐( ) 4 孔( ) 5 供( ) 6 恭( ) 7 誇( ) 8 寡( ) 9 郭( ) 10 冠( )

 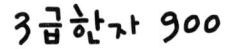 | 101~120

101 | 구
區
구분할, 지경 구
匚부 총11획

- 區間 구간: 일정한 두 곳의 사이 (間 사이 간)
- 區別 구별: 종류에 따라 갈라 놓음 (別 다를 별)
- 區分 구분: 따로따로 갈라서 나눔 (分 나눌 분)
- 區域 구역 區廳 구청 教區 교구
- 地區 지구 特區 특구 選擧區 선거구

102 | 구
驅
몰 구
馬부 총21획

- 驅步 구보: 달리어 감, 또는 그런 걸음걸이 (步 걸음 보)
- 先驅者 선구자: 어떤 일이나 사상에서 다른 사람보다 앞선 사람 (先 먼저 선, 者 놈 자)
- 驅迫 구박 驅使 구사 驅除 구제
- 驅逐 구축 驅蟲 구충 乘勝長驅 승승장구

103 | 구
丘
언덕 구
一부 총5획

- 丘陵 구릉: 땅이 비탈지고 조금 높은 곳. 언덕 (陵 언덕 릉)
- 丘木 구목: 무덤 주변에 가꾸어 놓은 나무 (木 나무 목)
- 比丘 비구: 출가하여 구족계를 받은 남자 중 (比 견줄 비)
- 丘墓 구묘 孔丘 공구 首丘初心 수구초심

104 | 구
構
얽을 구
木부 총14획

- 構想 구상: 앞으로 이루려는 일에 대해 내용이나 규모, 실현 방법 따위를 이리저리 생각함 (想 생각 상)
- 構造 구조: 부분이나 요소가 어떤 전체를 짜 이룸, 또는 그렇게 이루어진 얼개 (造 지을 조)
- 構圖 구도 構成 구성 構築 구축
- 機構 기구 虛構 허구 構內食堂 구내식당

105 | 구
具
갖출 구
八부 총8획

- 具色 구색: 여러 가지 물건을 고루 갖춤 (色 빛 색)
- 具現 구현: 구체적으로 나타냄 (現 나타날 현)
- 家具 가구: 가정 살림에 쓰이는 온갖 세간 (家 집 가)
- 具備 구비 具體 구체 工具 공구
- 器具 기구 道具 도구 馬具 마구

106 | 구
俱
함께 구
亻=人부 총10획

- 俱存 구존: 어버이가 모두 살아 계심 (存 있을 존)
- 俱現 구현: 내용이 속속들이 다 드러남 (現 나타날 현)
- 俱全 구전 俱樂部 구락부

107 | 구
懼
두려워할 구
忄=心부 총21획

- 恐懼 공구: 몹시 두려움 (恐 두려울 공)
- 驚懼 경구: 놀라고 두려워함 (驚 놀랄 경)
- 疑懼 의구: 의심하고 두려워함 (疑 의심할 의)
- 畏懼 외구 危懼 위구 戰懼 전구
- 震懼 진구 危懼心 위구심

108 | 국
菊
국화 국
艹=艸부 총12획

- 白菊 백국: 꽃이 흰 국화 (白 흰 백)
- 霜菊 상국: 서리가 올 때에 피는 국화 (霜 서리 상)
- 黃菊 황국: 누런색의 국화 (黃 누를 황)
- 菊月 국월 菊版 국판 菊花 국화
- 水菊 수국 菊花酒 국화주 梅蘭菊竹 매란국죽

109 | 국
局
판 국
尸부 총7획

- 局面 국면: 어떤 일이 되어가는 형세나 벌어진 상황 (面 낯 면)
- 結局 결국: 끝 판국. 결말에 가서 (結 맺을 결)
- 政局 정국: 정치의 국면, 또는 정치계의 형편 (政 정사 정)
- 局部 국부 局地 국지 局限 국한
- 對局 대국 終局 종국 形局 형국

110 | 군
群
무리 군
羊부 총13획

- 群落 군락: 같은 생육 조건에서 떼를 지어 자라는 식물 집단 (落 떨어질 락)
- 群舞 군무: 여러 사람이 무리를 지어 춤을 춤, 또는 그 춤 (舞 춤출 무)
- 群島 군도 群像 군상 群衆 군중
- 群集 군집 拔群 발군 群小業體 군소업체

• • • 이 한 자 기 억 해 요 ? • • • 정답 70

1 貫( ) 2 慣( ) 3 管( ) 4 館( ) 5 寬( ) 6 狂( ) 7 鑛( ) 8 掛( ) 9 壞( ) 10 怪( )

여기는! 區구 / 屈굴

111 | 굴

굽힐 굴
尸부 총8획

- 屈節 굴절: 절개나 정조를 굽힘 (節 마디 절)
- 屈指 굴지: 수많은 가운데서 손가락을 꼽아 셀 만큼 아주 뛰어남 (指 가리킬 지)
- 屈曲 굴곡
- 屈服 굴복
- 屈辱 굴욕
- 屈折 굴절
- 不屈 불굴
- 卑屈 비굴

112 | 궁

다할, 궁할 궁
穴부 총15획

- 窮極 궁극: 어떤 과정의 막바지 (極 극진할 극)
- 窮地 궁지: 매우 곤란하고 어려운 일을 당한 처지 (地 따 지)
- 追窮 추궁: 잘못한 일에 대하여 엄하게 따져서 밝힘 (追 쫓을 추)
- 窮理 궁리
- 窮塞 궁색
- 困窮 곤궁
- 無窮 무궁
- 貧窮 빈궁
- 無窮花 무궁화

113 | 궁

집 궁
宀부 총10획

- 宮殿 궁전: 궁궐 (殿 전각 전)
- 東宮 동궁: '황태자'나 '왕세자'를 달리 이르던 말 (東 동녘 동)
- 王宮 왕궁: 임금이 거처하는 궁전 (王 임금 왕)
- 後宮 후궁: 제왕의 첩 (後 뒤 후)
- 宮女 궁녀
- 宮中 궁중
- 宮合 궁합
- 古宮 고궁
- 迷宮 미궁
- 子宮 자궁

114 | 권

문서 권
刀부 총8획

- 證券 증권: 재산상의 권리와 의무에 관한 사항을 기재한 서면. 유가 증권과 증거 증권 (證 증거 증)
- 商品券 상품권: 액면 가격에 상당하는 상품과 교환할 수 있는 표 (商 장사 상, 品 물건 품)
- 文券 문권
- 福券 복권
- 食券 식권
- 旅券 여권
- 債券 채권
- 入場券 입장권

115 | 권

주먹 권
手부 총10획

- 拳法 권법: 정신 수양과 신체 단련을 위하여 주먹을 놀리어서 하는 운동 (法 법 법)
- 鐵拳 철권: 타격이나 제재를 가하기 위하여 쓰는 폭력을 이르는 말 (鐵 쇠 철)
- 拳書 권서
- 拳銃 권총
- 拳鬪 권투
- 空拳 공권
- 赤手空拳 적수공권

116 | 궐

그 궐
厂부 총12획

- 厥公 궐공: 말하는 이와 듣는 이가 아닌 남자를 낮잡아 이르는 말 (公 공평할 공)
- 厥女 궐녀: 말하는 이와 듣는 이가 아닌 여자를 낮잡아 이르는 말 (女 계집 녀)
- 厥角 궐각
- 厥者 궐자
- 厥後 궐후
- 陽厥 양궐

117 | 궤

바퀴자국 궤
車부 총9획

- 軌道 궤도: 일이 발전하는 정상적이며 본격적인 방향과 단계 (道 길 도)
- 儀軌 의궤: 예전에, 나라에서 큰일을 치를 때 그 일의 처음부터 끝까지의 경과를 자세하게 적은 책 (儀 거동 의)
- 軌間 궤간
- 軌範 궤범
- 軌條 궤조
- 軌跡 궤적
- 無限軌道 무한궤도

118 | 귀

귀신 귀
鬼부 총10획

- 鬼神 귀신: 사람이 죽은 뒤에 남는다는 넋 (神 귀신 신)
- 鬼才 귀재: 세상에서 보기 드물게 뛰어난 재능, 또는 그런 재능을 가진 사람 (才 재주 재)
- 鬼工 귀공
- 鬼氣 귀기
- 鬼火 귀화
- 惡鬼 악귀
- 雜鬼 잡귀
- 吸血鬼 흡혈귀

119 | 귀
거북 귀(구)/터질 균
龜부 총16획

- 龜鑑 귀감: 거울로 삼아 본받을 만한 모범 (鑑 거울 감)
- 龜甲 귀갑: 거북의 등딱지 (甲 갑옷 갑)
- 龜裂 균열: 거북의 등에 있는 무늬처럼 갈라져 터짐 (裂 찢을 렬)
- 龜船 귀선
- 龜占 귀점
- 神龜 신귀

120 | 규
법 규
見부 총11획

- 規格 규격: 제품이나 재료의 품질·모양·크기·성능 따위의 일정한 표준 (格 격식 격)
- 規約 규약: 조직체 안에서 서로 지키도록 협의하여 정하여 놓은 규칙 (約 맺을 약)
- 規模 규모
- 規範 규범
- 規律 규율
- 規制 규제
- 規則 규칙
- 正規職 정규직

• • • 이 한 자 기 억 해 요 ? • • • 정답 71

1 愧( ) 2 塊( ) 3 較( ) 4 巧( ) 5 矯( ) 6 郊( ) 7 苟( ) 8 狗( ) 9 拘( ) 10 球( )

3급한자 900 | 121~140

121 | 규 糾 얽힐 규
糸부 총8획
- 糾明 규명 어떤 사실을 자세히 따져서 바로 밝힘(明 밝을 명)
- 糾彈 규탄 공적인 처지에서 책임이나 죄상 따위를 엄하게 따지고 나무람(彈 탄알 탄)
- 糾合 규합 어떤 일을 꾸미려고 세력이나 사람을 모음(合 합할 합)
- 糾問 규문 糾察 규찰 紛糾 분규

122 | 규 叫 부르짖을 규
口부 총5획
- 叫號 규호 큰 목소리로 부르짖음 (號 이름 호)
- 絶叫 절규 있는 힘을 다하여 절절하고 애타게 부르짖음(絶 끊을 절)
- 叫聲 규성 大叫 대규

123 | 균 菌 버섯 균
艹=艸부 총12획
- 殺菌 살균 세균 따위의 미생물을 죽임 (殺 죽일 살)
- 細菌 세균 생물체 가운데 가장 미세하고 가장 하등에 속하는 단세포 생활체(細 가늘 세)
- 菌類 균류 滅菌 멸균 病菌 병균
- 抗菌 항균 大腸菌 대장균 病原菌 병원균

124 | 극 劇 심할 극
刂=刀부 총15획
- 劇團 극단 연극을 연구·상연하려고 모인 단체(團 둥글 단)
- 喜劇 희극 웃음거리를 섞어서 보는 사람이 웃도록 각색한 연극 (喜 기쁠 희)
- 劇本 극본 劇藥 극약 劇場 극장
- 悲劇 비극 演劇 연극 慘劇 참극

125 | 극 克 이길 극
儿부 총7획
- 克明 극명 매우 분명함(明 밝을 명)
- 克服 극복 악조건이나 고생 따위를 이겨 냄(服 옷 복)
- 克復 극복 이기어 도로 회복함. 극기복례의 준말(復 회복할 복)
- 克己 극기 超克 초극 克己復禮 극기복례
- 克己訓鍊 극기훈련

126 | 근 斤 근 근
斤부 총4획
- 斤量 근량 저울로 단 무게(量 헤아릴 량)
- 斤兩 근량 무게의 단위인 근과 냥 (兩 두 량)
- 斤重 근중 언행이 무게가 있음 (重 무거울 중)
- 斤數 근수 千斤萬斤 천근만근

127 | 근 僅 겨우 근
亻=人부 총13획
- 僅僅 근근 가까스로
- 僅少 근소 아주 적어서 얼마 되지 않음 (少 적을 소)
- 僅十萬 근십만 僅僅得生 근근득생
- 僅僅扶持 근근부지

128 | 근 謹 삼갈 근
言부 총18획
- 謹身 근신 몸가짐이나 행동을 삼감 (身 몸 신)
- 謹嚴 근엄 점잖고 엄함(嚴 엄할 엄)
- 謹弔 근조 사람의 죽음에 대하여 삼가 슬픈 마음을 나타냄(弔 조상할 조)
- 謹告 근고 謹白 근백 謹愼 근신
- 謹直 근직 謹賀新年 근하신년

129 | 금 琴 거문고 금
王=玉부 총12획
- 彈琴 탄금 거문고나 가야금 따위를 탐 (彈 탄알 탄)
- 風琴 풍금 디딜판을 밟아서 바람을 넣어 소리를 내는 건반 악기 (風 바람 풍)
- 琴線 금선 木琴 목금 心琴 심금
- 洋琴 양금

130 | 금 錦 비단 금
金부 총16획
- 錦上添花 금상첨화 비단 위에 꽃을 더함. 좋은 일 위에 또 좋은 일이 더해짐 (上 윗 상, 添 더할 첨, 花 꽃 화)
- 錦衣還鄕 금의환향 비단옷을 입고 고향에 돌아옴. 출세를 하여 고향에 돌아가거나 돌아옴(衣 옷 의, 還 돌아올 환, 鄕 시골 향)

이 한자 기억해요? 정답 72

1 區( ) 2 驅( ) 3 丘( ) 4 構( ) 5 具( ) 6 俱( ) 7 懼( ) 8 菊( ) 9 局( ) 10 群( )

여기는! 糾규 / 禽금

131 | 금
禽 새 금
內부 총13획

- 禽獸 금수: 날짐승과 길짐승이라는 뜻으로, 모든 짐승을 이르는 말 (獸 짐승 수)
- 家禽 가금: 집에서 기르는 날짐승 (家 집 가)
- 猛禽 맹금: 육식을 하는 사나운 동물 (猛 사나울 맹)
- 禽鳥 금조   歸禽 귀금   水禽 수금
- 野禽 야금

132 | 급
級 등급 급
糸부 총10획

- 級數 급수: 기술 따위를 우열에 따라 매긴 등급 (數 셈 수)
- 等級 등급: 높고 낮음의 차례를 분별한 급수. 위아래를 구별한 등수 (等 무리 등)
- 階級 계급   高級 고급   低級 저급
- 特級 특급   下級 하급   學級 학급

133 | 긍
肯 즐길 긍
月=肉부 총8획

- 肯意 긍의: 수긍하는 의사 (意 뜻 의)
- 肯定 긍정: 그러하다고 생각하여 옳다고 인정함 (定 정할 정)
- 首肯 수긍: 옳게 여김 (首 머리 수)
- 肯諾 긍낙   肯從 긍종   肯定文 긍정문
- 肯定的 긍정적

134 | 기
畿 경기 기
田부 총15획

- 畿湖 기호: 우리 나라의 서쪽 중앙부를 차지하고 있는 지역 (湖 호수 호)
- 京畿 경기: 서울을 중심으로 한 가까운 주위의 지방 (京 서울 경)
- 畿內 기내   近畿 근기   王畿 왕기
- 京畿道 경기도

135 | 기
欺 속일 기
欠부 총12획

- 欺瞞* 기만: 남을 속여 넘김 (瞞 속일 만)
- 詐欺 사기: 나쁜 꾀로 남을 속임 (詐 속일 사)
- 自欺 자기: 어떤 말이나 행동에서 자기 양심을 속임 (自 스스로 자)
- 欺弄 기롱   欺心 기심   欺情 기정

136 | 기
旗 기 기
方부 총14획

- 國旗 국기: 일정한 형식을 통하여 한 나라를 상징하도록 정한 기 (國 나라 국)
- 太極旗 태극기: 우리 나라의 국기 (太 클 태, 極 극진할 극)
- 旗手 기수   反旗 반기   白旗 백기
- 弔旗 조기   萬國旗 만국기   優勝旗 우승기

137 | 기
奇 기특할 기
大부 총8획

- 奇怪 기괴: 이상야릇함 (怪 괴이할 괴)
- 奇妙 기묘: 기이하고 묘함 (妙 묘할 묘)
- 奇特 기특: 말이나 행동이 기이하고 귀염성이 있음 (特 특별할 특)
- 好奇心 호기심: 새롭고 신기한 것에 끌리는 마음 (好 좋아할 호, 心 마음 심)
- 奇異 기이   奇人 기인   奇跡 기적
- 奇行 기행   怪奇 괴기   神奇 신기

138 | 기
寄 부칠 기
宀부 총11획

- 寄居 기거: 남에게 덧붙어서 사는 일 (居 살 거)
- 寄生蟲 기생충: 다른 동물체에 붙어서 양분을 빨아먹고 사는 벌레 (生 날 생, 蟲 벌레 충)
- 寄稿 기고   寄附 기부   寄食 기식
- 寄與 기여   寄贈 기증   寄宿生 기숙생

139 | 기
騎 말탈 기
馬부 총18획

- 騎兵 기병: 말을 타고 싸우는 병사 (兵 병사 병)
- 騎士 기사: 중세 유럽에서 봉건 영주에 속한 무사 (士 선비 사)
- 騎手 기수: 말을 타는 사람 (手 손 수)
- 騎馬戰 기마전   鐵騎軍 철기군
- 騎虎之勢 기호지세   一騎當千 일기당천

140 | 기
企 꾀할 기
人부 총6획

- 企待 기대: 어떤 일이 이루어지기를 바라고 기다림 (待 기다릴 대)
- 企業 기업: 영리를 얻기 위하여 재화나 용역을 생산하고 판매하는 조직체 (業 업 업)
- 企圖 기도   企劃 기획   企業體 기업체
- 公企業 공기업   中小企業 중소기업

· · · · 이 한 자 기 억 해 요 ? · · · · 정답 73

1 屈(　)　2 窮(　)　3 宮(　)　4 券(　)　5 拳(　)　6 厥(　)　7 軌(　)　8 鬼(　)　9 龜(　)　10 規(　)

3급한자 900 | 141~160

141 | 기
紀
벼리 기
糸부 총9획

西紀 서기 : 기원 원년 이후. 주로 예수가 태어난 해를 원년으로 하여 이름(西 서녘 서)
新紀元 신기원 : 새로운 기원, 또는 그것으로 시작된 새로운 시대 (新 새 신, 元 으뜸 원)
紀綱 기강 紀念 기념 紀元 기원
紀行 기행 軍紀 군기 佛紀 불기

142 | 기
忌
꺼릴 기
心부 총7획

忌中 기중 : 상중(中 가운데 중)
忌避 기피 : 꺼리거나 싫어하여 피함 (避 피할 피)
禁忌 금기 : 마음에 꺼려서 하지 않거나 피함(禁 금할 금)
忌故 기고 忌月 기월 忌日 기일
忌祭 기제 週忌 주기 忌祭祀 기제사

143 | 기
祈
빌 기
示부 총9획

祈求 기구 : 원하는 바가 실현되도록 빌고 바람(求 구할 구)
祈福 기복 : 복을 빎(福 복 복)
祈願 기원 : 바라는 일이 이루어지기를 빎 (願 원할 원)
祈穀 기곡 祈望 기망 祈祝 기축
祈雨祭 기우제 祈穀大祭 기곡대제

144 | 기
器
그릇 기
口부 총16획

器械 기계 : 연장, 연모, 그릇, 기구 따위를 통틀어 이르는 말 (械 기계 계)
食器 식기 : 밥그릇(食 밥 식)
樂器 악기 : 음악을 연주하는 데 쓰는 기구(樂 노래 악)
器官 기관 器量 기량 容器 용기
鐵器 철기 銃器 총기 大器晩成 대기만성

145 | 기

棄
버릴 기
木부 총12획

棄權 기권 : 권리를 버리고 행사하지 않음 (權 권세 권)
放棄 방기 : 내버리고 아예 돌아보지 아니함(放 놓을 방)
遺棄 유기 : 내다버림(遺 남길 유)
投棄 투기 : 내던져 버림(投 던질 투)
棄却 기각 破棄 파기 廢棄 폐기
自暴自棄 자포자기

146 | 기
豈
어찌 기
豆부 총10획

豈敢 기감 : 어찌 감히(敢 감히 감)
豈不 기불 : 어찌 ~않으랴(不 아닐 불)

147 | 기

飢
주릴 기
飠=食부 총11획

飢渴 기갈 : 배고픔과 목마름을 아울러 이르는 말(渴 목마를 갈)
飢餓 기아 : 굶주림(餓 주릴 아)
虛飢 허기 : 몹시 굶어서 배고픈 느낌 (虛 빌 허)
飢歲 기세 飢色 기색 飢寒 기한

148 | 기

機
틀 기
木부 총16획

機能 기능 : 권한이나 직책, 능력 따위에 따라 일정한 분야에서 하는 역할과 작용(能 능할 능)
機密 기밀 : 외부에 드러내서는 안 될 중요한 비밀(密 빽빽할 밀)
機械 기계 機關 기관 機動 기동
機智 기지 機會 기회 投機 투기

149 | 긴

緊
긴할 긴
糸부 총14획

緊急 긴급 : 긴요하고 급함(急 급할 급)
緊密 긴밀 : 바싹 들어붙어 버성기지 아니함(密 빽빽할 밀)
緊張 긴장 : 마음을 조이고 정신을 바짝 차림(張 베풀 장)
緊談 긴담 緊迫 긴박 緊要 긴요
緊縮 긴축 要緊 요긴

150 | 나
那
어찌 나
阝=邑부 총7획

那邊 나변 : 어느 곳, 또는 어디(邊 가 변)
任那 임나 : 고대에 낙동강 하류 지역에 12부족의 연맹체를 통합하여 김수로왕의 형제들이 세운 여섯 나라(任 맡길 임)
那落 나락 檀那 단나 支那 지나

* * * 이 한 자 기 억 해 요 ? * * * 정답 74

1 紃(　) 2 叫(　) 3 菌(　) 4 劇(　) 5 克(　) 6 斤(　) 7 僅(　) 8 謹(　) 9 琴(　) 10 錦(　)

여기는! 紀기 / 諾낙

151 낙 諾 허락할 낙
言부 총16획
- 受諾 수락 요구를 받아들여 승낙함 (受 받을 수)
- 承諾 승낙 청하는 바를 들어줌 (承 이을 승)
- 許諾 허락 청하는 일을 하도록 들어줌 (許 허락할 허)
- 應諾 응낙
- 卽諾 즉낙

152 납 納 들일 납
糸부 총10획
- 納期 납기 세금·공과금 따위를 내는 기간 (期 기약할 기)
- 納得 납득 남의 말을 잘 알아들음 (得 얻을 득)
- 納骨堂 납골당 유골을 모셔 두는 곳 (骨 뼈 골, 堂 집 당)
- 納付 납부 納稅 납세 納入 납입
- 納品 납품 未納 미납 出納 출납

153 낭 娘 계집 낭
女부 총10획
- 娘子 낭자 예전에 처녀를 높여 이르던 말 (子 아들 자)
- 娘子軍 낭자군 여자로 조직된 군대나 단체 (子 아들 자, 軍 군사 군)
- 娘細胞 낭세포

154 내 耐 견딜 내
而부 총9획
- 耐性 내성 병원균 따위가 어떤 약품에 대하여 나타나는 저항성 (性 성품 성)
- 忍耐 인내 괴로움이나 어려움을 참고 견딤 (忍 참을 인)
- 耐久力 내구력 오래 견디는 힘 (久 오랠 구, 力 힘 력)
- 耐濕 내습 耐熱 내열 耐震 내진
- 耐寒 내한 耐火 내화

155 내 奈 어찌 내(나)
大부 총8획
- 奈落 나락 죄업을 짓고 매우 심한 괴로움의 세계에 난 중생이나 그런 중생의 세계, 또는 그런 생존 (落 떨어질 락)
- 莫無可奈 막무가내 도무지 융통성이 없고 고집이 세어 어찌할 수 없음 (莫 없을 막, 無 없을 무, 可 옳을 가)
- 奈何 내하

156 녕 寧 편안할 녕
宀부 총14획
- 康寧 강녕 건강하고 평안함 (康 편안 강)
- 安寧 안녕 아무 탈 없이 편안함. 서로 만나거나 헤어질 때 정답게 하는 인사말 (安 편안 안)
- 丁寧 정녕 틀림없이 (丁 장정 정)
- 歸寧 귀녕 敦寧 돈녕 壽福康寧 수복강녕

157 노 奴 종 노
女부 총5획
- 官奴 관노 관가에 속하여 있던 노비 (官 벼슬 관)
- 賣國奴 매국노 사사로운 이익을 위하여 나라의 주권이나 이권을 남의 나라에 팔아먹는 사람 (賣 팔 매, 國 나라 국)
- 奴婢 노비 奴案 노안 家奴 가노
- 農奴 농노 守錢奴 수전노

158 노 努 힘쓸 노
力부 총7획
- 努力 노력 목적을 이루기 위하여 몸과 마음을 다하여 애를 씀 (力 힘 력)
- 努肉 노육 굳은살 (肉 고기 육)
- 努力家 노력가

159 뇌 惱 번뇌할 뇌
忄=心부 총12획
- 惱殺 뇌쇄 애가 타도록 몹시 괴로워함. 여자의 아름다움이 남자를 매혹시켜 애가 타게 함 (殺 죽일 살)
- 苦惱 고뇌 괴로워하고 번뇌함 (苦 쓸 고)
- 惱神 뇌신 煩惱 번뇌

160 뇌 腦 골, 뇌수 뇌
月=肉부 총13획
- 腦炎 뇌염 바이러스 감염이나 물리적·화학적 자극에 의한 뇌의 염증 (炎 불꽃 염)
- 間腦 간뇌 사이골. 내장이나 혈관의 활동을 조절함 (間 사이 간)
- 腦裏 뇌리 腦死 뇌사 頭腦 두뇌
- 洗腦 세뇌 腦腫瘍* 뇌종양 腦卒中 뇌졸중

• • • • 이 한 자 기 억 해 요 ? • • • • 정답 75

1 禽( ) 2 級( ) 3 肯( ) 4 畿( ) 5 欺( ) 6 旗( ) 7 奇( ) 8 寄( ) 9 騎( ) 10 企( )

 3급한자 900 | 161~180

161 | 니 泥 (진흙 니)
氵=水부 총8획

- 泥土 이토 : 진흙. 빛깔이 붉고 차진 흙 (土 흙 토)
- 雲泥 운니 : 구름과 진흙이라는 뜻으로, 차이가 매우 심함을 이르는 말 (雲 구름 운)
- 泥丘 이구
- 泥路 이로
- 泥流 이류
- 泥醉 이취
- 紫泥 자니
- 泥田鬪狗 이전투구

162 | 다 茶 (차 다(차))

艹=艸부 총10획

- 茶果 다과 : 차와 과일을 아울러 이르는 말 (果 실과 과)
- 茶房 다방 : 찻집. 사람들이 이야기를 나누거나 쉴 수 있도록 꾸며 놓고, 차나 음료를 판매하는 곳 (房 방 방)
- 茶器 다기
- 茶道 다도
- 茶食 다식
- 茶禮 차례
- 綠茶 녹차
- 茶飯事 다반사

163 | 단 斷 (끊을 단)
斤부 총18획

- 斷念 단념 : 품었던 생각을 끊어버림 (念 생각 념)
- 斷面 단면 : 물체의 잘라낸 면 (面 낯 면)
- 斷罪 단죄 : 죄를 처단함 (罪 허물 죄)
- 剛斷 강단 : 굳세고 꿋꿋하게 견디어 내는 힘 (剛 굳셀 강)
- 斷交 단교
- 斷水 단수
- 斷食 단식
- 斷言 단언
- 斷定 단정
- 分斷 분단

164 | 단 團 (둥글 단)
囗부 총14획

- 團結 단결 : 많은 사람이 마음과 힘을 한데 뭉침 (結 맺을 결)
- 團體 단체 : 같은 목적을 달성하기 위하여 모인 사람들의 일정한 조직체 (體 몸 체)
- 團束 단속
- 團長 단장
- 團合 단합
- 師團 사단
- 樂團 악단
- 財團 재단

165 | 단 壇 (단 단)
土부 총16획

- 敎壇 교단 : 교실에서 교사가 강의할 때 올라서던 단 (敎 가르칠 교)
- 論壇 논단 : 토론을 하거나 의견을 진술하는 곳 (論 논할 론)
- 文壇 문단 : 문인들의 사회 (文 글월 문)
- 講壇 강단
- 登壇 등단
- 樂壇 악단
- 演壇 연단
- 祭壇 제단
- 花壇 화단

166 | 단 檀 (박달나무 단)
木부 총17획

- 檀君 단군 : 고조선 시대의 정치적·종교적 통치자의 이름 (君 임금 군)
- 檀紀 단기 : 단군이 즉위한 해인 서력 기원전 2333년을 원년으로 하는 기원 (紀 벼리 기)
- 檀香 단향
- 紫檀 자단
- 黑檀 흑단
- 檀香木 단향목
- 白檀木 백단목

167 | 단 旦 (아침 단)
日부 총5획

- 旦暮 단모 : 아침과 저녁을 아울러 이르는 말 (暮 저물 모)
- 元旦 원단 : 설날 아침 (元 으뜸 원)
- 一旦 일단 : 우선 먼저 (一 한 일)
- 旦夕 단석
- 歲旦 세단
- 正旦 정단
- 早旦 조단

168 | 단 段 (층계 단)
殳부 총9획

- 手段 수단 : 어떤 목적을 이루기 위한 방법, 또는 그 도구 (手 손 수)
- 初段 초단 : 태권도·유도·바둑 따위에서 등급의 하나. '단'의 등급에서 맨 아래 (初 처음 초)
- 段階 단계
- 段落 단락
- 段數 단수
- 階段 계단
- 高段數 고단수
- 一段落 일단락

169 | 담 擔 (멜 담)

扌=手부 총16획

- 擔當 담당 : 어떤 일을 맡음 (當 마땅 당)
- 擔保 담보 : 채무불이행 때 채무의 변제를 확보하는 수단으로 채권자에게 제공하는 것 (保 지킬 보)
- 擔任 담임 : 어떤 일을 책임지고 맡아봄 (任 맡길 임)
- 加擔 가담
- 負擔 부담
- 分擔 분담
- 全擔 전담
- 專擔 전담

170 | 담 淡 (맑을 담)

氵=水부 총11획

- 淡淡 담담 : 마음이 차분하고 편안함
- 淡水 담수 : 민물. 강이나 호수 따위와 같이 염분이 없는 물 (水 물 수)
- 冷淡 냉담 : 어떤 대상에 흥미나 관심을 보이지 않음 (冷 찰 냉)
- 淡泊 담박
- 淡白 담백
- 淡墨 담묵
- 枯淡 고담

・ ・ ・ 이 한 자 기 억 해 요 ? ・ ・ ・ 정답 76

1 紀(　) 2 忌(　) 3 祈(　) 4 器(　) 5 棄(　) 6 豈(　) 7 飢(　) 8 機(　) 9 緊(　) 10 那(　)

여기는! 泥니 / 畓답

171 | 답 畓
논 답 — 田부, 총9획

- 田畓 전답 — 논밭(田 밭 전)
- 天水畓 천수답 — 천둥지기. 빗물에 의하여서만 벼를 심어 재배할 수 있는 논(天 하늘 천, 水 물 수)
- 畓穀 답곡
- 畓券 답권
- 畓主 답주
- 乾畓 건답
- 奉畓 봉답
- 水畓 수답

172 | 답 踏
밟을 답 — 足부, 총15획

- 踏步 답보 — 제자리걸음(步 걸음 보)
- 前人未踏 전인미답 — 이제까지 그 누구도 손을 대어 본 일이 없음(前 앞 전, 人 사람 인, 未 아닐 미)
- 踏橋 답교
- 踏査 답사
- 踏襲 답습
- 踏月 답월
- 踏破 답파
- 高踏 고답

173 | 당 唐
당나라, 당황할 당 — 口부, 총10획

- 唐根 당근 — 산형과의 두해살이 풀. 원추 모양의 불그레한 뿌리는 식용함(根 뿌리 근)
- 唐突 당돌 — 꺼리거나 어려워함이 없이 올차고 다부짐(突 갑자기 돌)
- 荒唐 황당 — 거칠고 허탄함(荒 거칠 황)
- 唐書 당서
- 唐詩 당시
- 唐紙 당지
- 唐筆 당필
- 唐三彩 당삼채

174 | 당 糖
엿 당(탕) — 米부, 총16획

- 糖分 당분 — 당류의 성분(分 나눌 분)
- 雪糖 설탕 — 흰 가루 사탕(雪 눈 설)
- 製糖 제당 — 설탕을 만듦(製 지을 제)
- 血糖 혈당 — 혈액 속에 포함되어 있는 포도당(血 피 혈)
- 糖類 당류
- 糖乳 당유
- 乳糖 유당
- 黑糖 흑당
- 糖水肉 탕수육
- 黑雪糖 흑설탕

175 | 당 黨
무리 당 — 黑부, 총20획

- 黨員 당원 — 정당에 가입하여 구성원이 된 사람. 곧 당적을 가진 사람을 이름(員 인원 원)
- 野黨 야당 — 정당 정치에서 현재 정권을 잡고 있지 아니한 정당. 여당의 반대말(野 들 야)
- 黨略 당략
- 黨論 당론
- 黨首 당수
- 黨派 당파
- 結黨 결당
- 政黨 정당

176 | 대 臺
대 대 — 至부, 총14획

- 鏡臺 경대 — 거울을 버티어 세우고 그 아래에 화장품 따위를 넣는 서랍을 갖추어 만든 가구(鏡 거울 경)
- 燈臺 등대 — 바닷가나 섬 같은 곳에 밤에 다니는 배를 위해 불을 켜 비추는 시설(燈 등 등)
- 臺詞 대사
- 臺紙 대지
- 樓臺 누대
- 舞臺 무대
- 築臺 축대
- 寢臺 침대

177 | 대 隊
무리 대 — 阝=阜부, 총12획

- 隊商 대상 — 교통이 발달하지 않은 곳에서 낙타나 말에 짐을 싣고 떼를 지어 먼 곳으로 다니는 상인 집단(商 장사 상)
- 隊列 대열 — 줄을 지어 늘어선 행렬(列 벌릴 렬)
- 軍隊 군대
- 部隊 부대
- 樂隊 악대
- 聯隊 연대
- 除隊 제대
- 先發隊 선발대

178 | 대 帶
띠 대 — 巾부, 총11획

- 帶同 대동 — 함께 데리고 감(同 한가지 동)
- 熱帶 열대 — 적도를 중심으로 남북 회귀선 사이에 있는 지대. 연중 기온이 높고 강우량이 많음(熱 더울 열)
- 腹帶 복대
- 一帶 일대
- 地帶 지대
- 革帶 혁대
- 携帶 휴대
- 連帶保證 연대보증

179 | 대 貸
빌릴, 뀔 대 — 貝부, 총12획

- 貸出 대출 — 돈이나 물건 따위를 빌려 줌(出 날 출)
- 高利貸金 고리대금 — 부당하게 비싼 이자를 받는 돈놀이(高 높을 고, 利 이로울 리, 金 쇠 금)
- 貸與 대여
- 貸地 대지
- 賃貸 임대
- 貸借對照表 대차대조표

180 | 도 渡
건널 도 — 氵=水부, 총12획

- 渡來 도래 — 외부에서 전해져 들어옴(來 올 래)
- 過渡期 과도기 — 한 상태에서 다른 새로운 상태로 옮아가거나 바뀌어 가는 도중의 시기(過 지날 과, 期 기약할 기)
- 渡江 도강
- 渡河 도하
- 渡海 도해
- 不渡 부도
- 引渡 인도
- 讓渡 양도

· · · · 이 한 자 기 억 해 요 ? · · · 정답 77

1 諾( ) 2 納( ) 3 娘( ) 4 耐( ) 5 奈( ) 6 寧( ) 7 奴( ) 8 努( ) 9 惱( ) 10 腦( )

3급한자 900 | 181~200

181 | 도

길 도
氵=辵부 총11획

- 途中 도중: 일이 계속되고 있는 과정이나 일의 중간(中 가운데 중)
- 長途 장도: 먼 길. 긴 여행(長 긴 장)
- 前途 전도: 앞으로의 가능성이나 전망 (前 앞 전)
- 途上 도상
- 方途 방도
- 別途 별도
- 用途 용도
- 開途國 개도국
- 前途有望 전도유망

182 | 도
塗
칠할 도
土부 총13획

- 塗料 도료: 물건의 겉에 칠하여 그것을 썩지 않게 하거나 외관상 아름답게 하는 재료(料 헤아릴 료)
- 塗裝 도장: 도료를 칠하거나 바름. 부식을 막고 모양을 내기 위하여 함(裝 꾸밀 장)
- 塗壁 도벽
- 塗說 도설
- 塗飾 도식
- 塗炭 도탄

183 | 도
逃
도망할 도
辶=辵부 총10획

- 逃亡 도망: 피하거나 쫓기어 달아남 (亡 망할 망)
- 逃走 도주: 피하여 달아남(走 달릴 주)
- 逃避 도피: 도망하여 몸을 피함 (避 피할 피)
- 逃去 도거
- 逃命 도명
- 逃散 도산
- 逃身 도신
- 夜半逃走 야반도주
- 現實逃避 현실도피

184 | 도

뛸 도
足부 총13획

- 跳梁 도량: 함부로 날뜀(梁 들보 량)
- 跳躍 도약: 몸을 위로 솟구쳐 뛰는 일 (躍 뛸 약)
- 高跳 고도: 몸을 솟구쳐 높이 뜀 (高 높을 고)
- 跳開橋 도개교: 큰배가 밑으로 지나갈 수 있도록 하기 위하여 위로 열리는 구조로 만든 다리 (開 열 개, 橋 다리 교)

185 | 도
挑
돋울 도
扌=手부 총9획

- 挑發 도발: 남을 집적거려 일이 일어나게 함(發 필 발)
- 挑戰 도전: 정면으로 맞서 싸움을 걺 (戰 싸움 전)
- 挑燈 도등
- 挑出 도출

186 | 도
桃
복숭아 도
木부 총10획

- 桃李 도리: 복숭아와 오얏, 또는 그 꽃 (李 오얏 리)
- 桃花 도화: 복숭아 꽃(花 꽃 화)
- 天桃 천도: 선가에서, 하늘 나라에서 난다고 하는 복숭아(天 하늘 천)
- 桃色 도색
- 桃仁 도인
- 胡桃 호도
- 黃桃 황도
- 武陵桃源 무릉도원

187 | 도

인도할 도
寸부 총16획

- 導達 도달: 목적한 곳이나 수준에 다다름 (達 통달할 달)
- 導入 도입: 끌어들임(入 들 입)
- 指導 지도: 어떤 목적이나 방향으로 남을 가르쳐 이끎(指 가리킬 지)
- 先導 선도
- 誘導 유도
- 引導 인도
- 主導 주도
- 導火線 도화선
- 半導體 반도체

188 | 도
倒
넘어질 도
亻=人부 총10획

- 倒産 도산: 재산을 모두 잃고 망함 (産 낳을 산)
- 倒錯 도착: 본능이나 감정 또는 덕성의 이상으로 사회나 도덕에 어그러진 행동을 나타냄 (錯 어긋날 착)
- 倒生 도생
- 倒置 도치
- 傾倒 경도
- 壓倒 압도
- 卒倒 졸도
- 打倒 타도

189 | 도
陶
질그릇 도
阝=阜부 총11획

- 陶器 도기: 붉은 진흙으로 만들어 말리거나 약간 구운 다음, 오짓물을 입혀 다시 구운 질그릇 (器 그릇 기)
- 陶藝 도예: 도자기를 가공한 공예품, 또는 그렇게 하는 가공 기술 (藝 재주 예)
- 陶工 도공
- 陶業 도업
- 陶然 도연
- 陶瓦 도와
- 陶醉 도취
- 陶枕 도침

190 | 도

도둑 도
皿부 총12획

- 盜難 도난: 도둑을 맞는 재난(難 어려울 난)
- 盜用 도용: 남의 물건이나 명의를 몰래 씀(用 쓸 용)
- 盜聽 도청: 남의 이야기, 회의의 내용, 전화 통화 따위를 몰래 엿듣거나 녹음하는 일(聽 들을 청)
- 盜伐 도벌
- 盜癖* 도벽
- 盜賊 도적
- 强盜 강도
- 大盜 대도
- 捕盜大將 포도대장

· · · 이 한 자 기 억 해 요 ? · · · 정답 78

1 泥(　) 2 茶(　) 3 斷(　) 4 團(　) 5 壇(　) 6 檀(　) 7 旦(　) 8 段(　) 9 擔(　) 10 淡(　)

여기는! 途도 / 稻도

191 | 도 稻 벼 도
禾부 총15획

- 稻作 도작 : 벼를 심고 가꾸어 거두는 일(作 지을 작)
- 稻熱病 도열병 : 포아과 식물, 특히 벼 품종에 많이 생기는 병의 하나(熱 더울 열, 病 병 병)
- 晚稻 만도
- 早稻 조도
- 水稻 수도
- 立稻先賣 입도선매
- 陸稻 육도

192 | 독 篤 도타울 독
竹부 총16획

- 篤實 독실 : 열성있고 성실함(實 열매 실)
- 篤志家 독지가 : 남을 위한 자선 사업이나 사회 사업에 물심양면으로 참여하여 지원하는 사람(志 뜻 지, 家 집 가)
- 篤敬 독경
- 篤行 독행
- 篤信 독신
- 敦篤 돈독
- 篤學 독학
- 危篤 위독

193 | 독 毒 독 독
毋부 총9획

- 毒種 독종 : 성질이 매우 독한 사람(種 씨 종)
- 毒酒 독주 : 독한 술(酒 술 주)
- 消毒 소독 : 병의 감염이나 전염을 예방하기 위하여 병원균을 죽이는 일(消 사라질 소)
- 毒蛇 독사
- 旅毒 여독
- 毒藥 독약
- 害毒 해독
- 毒草 독초
- 防毒面 방독면

194 | 독 督 감독할 독
目부 총13획

- 督戰 독전 : 싸움을 감독하고 사기를 북돋아 줌(戰 싸움 전)
- 監督 감독 : 영화나 연극, 운동 경기 따위에서 일의 전체를 지휘하며 실질적으로 책임을 맡은 사람(監 볼 감)
- 督勵 독려
- 監督官 감독관
- 督促 독촉
- 基督敎 기독교
- 提督 제독
- 總監督 총감독

195 | 돈 敦 도타울 돈
攵=攴부 총12획

- 敦篤 돈독 : 인정이 두터움(篤 도타울 독)
- 敦化 돈화 : 백성을 두텁게 교화함. 또는 그런 교화(化 될 화)
- 敦厚 돈후 : 인정이 두터움(厚 두터울 후)
- 敦睦 돈목
- 敦親 돈친
- 敦定 돈정
- 敦宗 돈종

196 | 돈 豚 돼지 돈
豕부 총11획

- 豚肉 돈육 : 돼지고기(肉 고기 육)
- 家豚 가돈 : 남에게 자기의 아들을 낮추어 이르는 말(家 집 가)
- 養豚 양돈 : 돼지를 먹여 기름. 또는 그 돼지(養 기를 양)
- 豚犬 돈견
- 種豚 종돈
- 豚舍 돈사
- 豚兒 돈아

197 | 돌 突 갑자기 돌
穴부 총9획

- 突擊 돌격 : 공격 전투의 마지막 단계에 적진으로 돌진하여 공격함. 또는 그런 일(擊 칠 격)
- 突然 돌연 : 예기치 못한 사이에 급히(然 그럴 연)
- 突發 돌발
- 突出 돌출
- 突變 돌변
- 突破 돌파
- 突進 돌진
- 突風 돌풍

198 | 동 銅 구리 동
金부 총14획

- 銅像 동상 : 구리로 만든 사람의 형상(像 모양 상)
- 銅錢 동전 : 구리나 구리의 합금으로 만든 주화를 통틀어 일컫는 말(錢 돈 전)
- 銅賞 동상
- 銅版 동판
- 銅線 동선
- 金銅佛 금동불
- 銅製 동제
- 靑銅器 청동기

199 | 동 凍 얼 동
冫부 총10획

- 凍結 동결 : 얼어붙음(結 맺을 결)
- 凍傷 동상 : 추위 때문에 살갗이 얼어서 조직이 상하는 일(傷 다칠 상)
- 解凍 해동 : 얼었던 것이 녹아서 풀림(解 풀 해)
- 凍氷 동빙
- 凍破 동파
- 凍死 동사
- 凍寒 동한
- 凍土 동토
- 冷凍 냉동

200 | 둔 屯 진칠 둔
屮부 총4획

- 屯營 둔영 : 군사가 주둔하고 있는 병영(營 경영할 영)
- 屯田 둔전 : 변경이나 군사 요지에 주둔한 군대의 군량을 마련하기 위하여 설치한 토지(田 밭 전)
- 屯畓 둔답
- 屯兵 둔병
- 駐屯 주둔

• • • • 이 한 자 기 억 해 요 ? • • • • 정답 79

1 畓( ) 2 踏( ) 3 唐( ) 4 糖( ) 5 黨( ) 6 臺( ) 7 隊( ) 8 帶( ) 9 貸( ) 10 渡( )

3급한자 900 | 201~220

201 | 둔 鈍 (둔할 둔)
金부 총12획

- 鈍角 둔각: 90도보다는 크고 180도보다는 작은 각. 예각의 반대말 (角 뿔 각)
- 鈍器 둔기: 날이 없는 도구. 사람을 상해하기 위하여 사용하는 몽둥이나 벽돌 따위 (器 그릇 기)
- 鈍感 둔감 鈍才 둔재 鈍濁 둔탁
- 鈍筆 둔필 鈍化 둔화 愚鈍 우둔

202 | 등 騰 (오를 등)
馬부 총20획

- 騰貴 등귀: 물건 값이 뛰어오름 (貴 귀할 귀)
- 騰騰 등등: 기세를 뽐내는 꼴이 아주 높음
- 暴騰 폭등: 물가나 주가 따위가 갑자기 큰 폭으로 오름 (暴 사나울 폭)
- 騰落 등락 高騰 고등 急騰 급등
- 反騰 반등 上騰 상등

203 | 라 羅 (벌릴 라)
罒=网부 총19획

- 羅列 나열: 죽 벌여 놓음, 또는 죽 벌여 있음 (列 벌릴 렬)
- 羅針盤 나침반: 항공, 항해 따위에 쓰는 지리적인 방향 지시 계기 (針 바늘 침, 盤 소반 반)
- 羅立 나립 羅城 나성 新羅 신라
- 徐羅伐 서라벌 森羅萬象 삼라만상

204 | 락 絡 (이을, 얽을 락)
糸부 총12획

- 經絡 경락: 경혈과 경혈을 연결한 선 (經 지날 경)
- 脈絡 맥락: 사물 따위가 서로 이어져 있는 관계나 연관 (脈 줄기 맥)
- 連絡 연락: 어떤 사실을 상대편에게 알림 (連 이을 련)
- 連絡兵 연락병 連絡處 연락처
- 連絡杜*絶 연락두절

205 | 란 蘭 (난초 란)
艹=艸부 총21획

- 蘭草 난초: 난초과의 식물을 통틀어 이르는 말 (草 풀 초)
- 蘭香 난향: 난초의 향기 (香 향기 향)
- 木蘭 목란: 백목련. 목련과의 낙엽 교목 (木 나무 목)
- 洋蘭 양란 風蘭 풍란 佛蘭西 불란서
- 龍舌蘭 용설란 金蘭之交 금란지교

206 | 란 欄 (난간 란)
木부 총21획

- 欄干 난간: 마루 따위의 가장자리에 막아 세우는 구조물. 사람이 떨어지는 것을 막거나 장식으로 설치 (干 방패 간)
- 空欄 공란: 책, 서류, 공책 따위의 지면에 글자 없이 비워 둔 칸이나 줄. 빈칸 (空 빌 공)
- 欄外 난외 朱欄 주란 讀者欄 독자란
- 備考欄 비고란 消息欄 소식란

207 | 란 亂 (어지러울 란)
乙부 총13획

- 亂立 난립: 질서 없이 여기저기서 나섬 (立 설 립)
- 亂打 난타: 마구 때림 (打 칠 타)
- 內亂 내란: 나라 안에서 정권을 차지할 목적으로 벌어지는 큰 싸움 (內 안 내)
- 亂動 난동 亂世 난세 亂視 난시
- 亂雜 난잡 亂暴 난폭 昏亂 혼란

208 | 람 濫 (넘칠 람)
氵=水부 총17획

- 濫發 남발: 법령이나 지폐, 증서 따위를 마구 공포하거나 발행함 (發 필 발)
- 濫伐 남벌: 나무를 함부로 베어 냄 (伐 칠 벌)
- 濫讀 남독 濫用 남용 濫刑 남형
- 濫獲 남획 氾*濫 범람

209 | 람 覽 (볼 람)
見부 총21획

- 觀覽 관람: 연극, 영화, 운동 경기, 미술품 따위를 구경함 (觀 볼 관)
- 博覽 박람: 사물을 널리 봄 (博 넓을 박)
- 遊覽 유람: 돌아다니며 구경함 (遊 놀 유)
- 閱覽 열람 便覽 편람 回覽 회람
- 博覽會 박람회 一覽表 일람표 展覽會 전람회

210 | 랑 廊 (사랑채, 행랑 랑)
广부 총13획

- 行廊 행랑: 대문간에 붙어 있는 방 (行 다닐 행)
- 畫廊 화랑: 그림 등 미술품을 전시하는 시설 (畫 그림 화)
- 回廊 회랑: 정당의 좌우에 있는 긴 집채 (回 돌아올 회)
- 廊屬 낭속 廊下 낭하 守廊 수랑
- 長廊 장랑 舍廊房 사랑방

· · · · 이 한 자 기 억 해 요 ? · · · · 정답 80

1 途( ) 2 塗( ) 3 逃( ) 4 跳( ) 5 挑( ) 6 桃( ) 7 導( ) 8 倒( ) 9 陶( ) 10 盜( )

여기는! 鈍둔 / 掠략

211 | 략 掠 노략질할 략
扌=手부 총11획

- 掠治약치: 매질을 하며 죄인을 신문하던 일(治 다스릴 치)
- 掠奪약탈: 폭력을 써서 남의 것을 억지로 빼앗음(奪 빼앗을 탈)
- 侵掠침략: 남의 나라를 침범하여 영토를 빼앗음(侵 침노할 침)
- 掠奪婚약탈혼
- 掠奪經濟약탈경제
- 掠奪農業약탈농업

212 | 략 略 간략할 략
田부 총11획

- 略歷약력: 간략하게 적은 이력(歷 지날 력)
- 槪略개략: 내용을 대강 추려 줄임, 또는 그런 것(槪 대개 개)
- 計略계략: 어떤 일을 이루기 위한 꾀나 수단(計 셀 계)
- 略圖약도 略述약술 略稱약칭
- 簡略간략 省略생략 戰略전략

213 | 량 梁 들보 량
木부 총11획

- 橋梁교량: 시내나 강을 사람이나 차량이 건널 수 있게 만든 다리(橋 다리 교)
- 梁上君子양상군자: 들보 위의 군자, 도둑(上 윗 상, 君 임금 군, 子 아들 자)
- 鼻梁비량 上梁상량 魚梁어량
- 高粱酒고량주

214 | 량 糧 양식 량
米부 총18획

- 糧穀양곡: 양식으로 쓰는 곡식(穀 곡식 곡)
- 糧食양식: 살아가는 데 필요한 먹을거리(食 밥 식)
- 食糧식량: 생존을 위하여 필요한 사람의 먹을거리(食 밥 식)
- 糧道양도 乾糧건량 農糧농량
- 軍糧米군량미

215 | 량 諒 살펴알, 믿을 량
言부 총15획

- 諒知양지: 살피어 앎(知 알 지)
- 諒察양찰: 다른 사람의 사정 따위를 잘 헤아려 살핌(察 살필 찰)
- 諒解양해: 남의 사정을 잘 헤아려 너그러이 받아들임(解 풀 해)
- 諒燭양촉 諒會양회

216 | 려 麗 고울 려
鹿부 총19획

- 麗末여말: 고려의 말기(末 끝 말)
- 美麗미려: 아름답고 고움(美 아름다울 미)
- 秀麗수려: 빼어나게 아름다움(秀 빼어날 수)
- 華麗화려: 번화하고 고움(華 빛날 화)
- 麗人여인 佳麗가려 流麗유려
- 高句麗고구려 美辭麗句미사여구

217 | 려 勵 힘쓸 려
力부 총17획

- 激勵격려: 용기나 의욕이 솟아나도록 북돋워 줌(激 격할 격)
- 督勵독려: 감독하며 격려함(督 감독할 독)
- 獎勵장려: 좋은 일에 힘쓰도록 북돋아 줌(獎 장려할 장)
- 勉勵면려 精勵정려 策勵책려

218 | 려 慮 생각할 려
心부 총15획

- 無慮무려: 그 수가 예상보다 상당히 많음을 나타내는 말(無 없을 무)
- 配慮배려: 관심을 가지고 이리저리 마음을 씀(配 나눌 배)
- 憂慮우려: 근심하거나 걱정함, 또는 그 근심과 걱정(憂 근심 우)
- 考慮고려 思慮사려 心慮심려
- 深慮심려 念慮염려 千慮一失천려일실

219 | 력 曆 책력 력
日부 총16획

- 曆官역관: 달력에 관한 일을 맡아보던 벼슬아치(官 벼슬 관)
- 陰曆음력: 달이 지구를 한 바퀴 도는 시간을 기준으로 만든 역법(陰 그늘 음)
- 曆法역법 曆書역서 曆數역수
- 曆學역학 陽曆양력 册曆책력

220 | 련 戀 그리워할 련
心부 총23획

- 戀歌연가: 사랑하는 사람을 그리워하면서 부르는 노래(歌 노래 가)
- 戀愛연애: 남녀가 서로 애틋하게 그리워하고 사랑함(愛 사랑 애)
- 失戀실연: 사랑이 이루어지지 않음(失 잃을 실)
- 戀慕연모 戀人연인 戀敵연적
- 戀情연정 悲戀비련 愛戀애련

• • • 이 한 자 기 억 해 요 ? • • •

1 稻( ) 2 篤( ) 3 毒( ) 4 督( ) 5 敦( ) 6 豚( ) 7 突( ) 8 銅( ) 9 凍( ) 10 屯( )

3급한자 900 | 221~240

221 | 련

쇠불릴,단련할 련
金부 총17획

修鍊 수련 인격, 기술, 학문 따위를 갈고 닦음(修 닦을 수)
精鍊 정련 광석이나 기타의 원료에 들어 있는 금속을 뽑아내어 정제하는 일(精 정할 정)
鍊磨 연마   鍊武 연무   教鍊 교련
老鍊 노련   試鍊 시련   鍊金術 연금술

222 | 련
憐
불쌍히여길 련
忄=心부 총15획

憐憫 연민 불쌍하고 가련하게 여김 (憫 민망할 민)
可憐 가련 신세가 딱하고 가엾음 (可 옳을 가)
垂憐 수련   哀憐 애련   愛憐 애련
同病相憐 동병상련

223 | 련
蓮
연꽃 련
艹=艸부 총15획

蓮根 연근 연뿌리. 연꽃의 뿌리 (根 뿌리 근)
蓮花 연화 연꽃(花 꽃 화)
木蓮 목련 목련과의 자목련, 백목련 따위를 통틀어 이르는 말 (木 나무 목)
蓮房 연방   蓮子 연자   蓮池 연지
白蓮 백련   睡蓮 수련   蓮花臺 연화대

224 | 련
聯
연이을 련
耳부 총17획

聯立 연립 여럿이 어울려 섬, 또는 그렇게 서서 하나의 형태로 만듦 (立 설 립)
聯想 연상 하나의 관념이 다른 관념을 불러일으킴(想 생각 상)
聯盟 연맹   聯邦 연방   聯政 연정
聯合 연합   關聯 관련   聯隊長 연대장

225 | 렬
劣
못할 렬
力부 총6획

劣勢 열세 상대편보다 힘이나 세력이 약함, 또는 그 힘이나 세력 (勢 형세 세)
劣惡 열악 품질·능력 따위가 몹시 떨어지고 나쁨(惡 악할 악)
優劣 우열 나음과 못함(優 뛰어날 우)
劣等 열등   劣性 열성   劣敗 열패
卑劣 비열   庸劣 용렬   拙劣 졸렬

226 | 렬

찢을 렬
衣부 총12획

決裂 결렬 교섭이나 회의 따위에서 의견이 합쳐지지 않아 각각 갈라서게 됨(決 결단할 결)
滅裂 멸렬 찢기고 흩어져 완전히 형태를 잃음(滅 멸할 멸)
龜裂 균열   分裂 분열   破裂 파열
四分五裂 사분오열 支離滅裂 지리멸렬

227 | 렴
廉
청렴할 렴
广부 총13획

廉價 염가 매우 싼 값(價 값 가)
廉恥 염치 체면을 차릴 줄 알며 부끄러움을 아는 마음 (恥 부끄러울 치)
廉探 염탐 몰래 남의 사정을 살피고 조사함(探 찾을 탐)
低廉 저렴   淸廉 청렴   沒廉恥 몰염치
破廉恥 파렴치

228 | 렵
獵
사냥 렵
犭=犬부 총18획

獵奇 엽기 비정상적이고 괴이한 일이나 사물에 흥미를 느끼고 찾아다님(奇 기특할 기)
涉獵 섭렵 물을 건너 찾아다님, 많은 책을 널리 읽거나 여기저기 찾아다니며 경험함(涉 건널 섭)
獵官 엽관   獵銃 엽총   密獵 밀렵
狩獵 수렵   漁獵 어렵

229 | 령

떨어질, 영 령
雨부 총13획

零落 영락 초목의 잎이 시들어 떨어짐, 또는 세력·살림이 줄어들어 보잘것없이 됨(落 떨어질 락)
零細 영세 작고 가늘어 변변하지 못함, 또는 살림이 몹시 가난함 (細 가늘 세)
零度 영도   零上 영상   零時 영시
零點 영점   零下 영하   零細民 영세민

230 | 령

신령 령
雨부 총24획

靈歌 영가 미국의 흑인들이 부르는 일종의 종교적인 성가(歌 노래 가)
靈感 영감 창조적인 일의 계기가 되는 기발한 착상이나 자극, 또는 신령스러운 예감이나 느낌 (感 느낄 감)
靈物 영물   靈藥 영약   妄靈 망령
聖靈 성령   惡靈 악령   魂靈 혼령

· · · 이 한 자 기 억 해 요 ? · · · 정답 82

1 鈍( ) 2 騰( ) 3 羅( ) 4 絡( ) 5 蘭( ) 6 欄( ) 7 亂( ) 8 濫( ) 9 覽( ) 10 廊( )

여기는! 鍊련 / 嶺령

231 | 령

고개 령
山부 총17획

嶺南 영남 새재의 남쪽이라는 뜻에서, 경상남북도를 이르는 말 (南 남녘 남)
鳥嶺 조령 새재. 경상북도 문경시와 충청북도 괴산군 사이에 있는 고개 (鳥 새 조)
嶺東 영동   嶺西 영서   高嶺土 고령토
大關嶺 대관령 分水嶺 분수령

232 | 례

종 례
隶부 총16획

隷書 예서 팔체서의 하나. 전서보다 간략하고 해서에 가까운 글씨체 (書 글 서)
隷屬 예속 남의 지배나 지휘 아래 매임 (屬 붙일 속)
隷僕 예복   隷字 예자   隷從 예종
隷下 예하   奴隷 노예

233 | 로

화로 로
火부 총20획

暖爐 난로 난방 장치의 하나. 연료를 때거나 전기를 이용하여 열을 내어 온도를 올리는 기구 (暖 따뜻할 난)
香爐 향로 향을 피우는 자그마한 화로 (香 향기 향)
風爐 풍로   火爐 화로   輕水爐 경수로
原子爐 원자로 爐邊情談 노변정담

234 | 록

사슴 록
鹿부 총11획

鹿角 녹각 사슴의 머리에 난 뿔 (角 뿔 각)
指鹿爲馬 지록위마 윗사람을 농락하여 권세를 마음대로 함을 이르는 말 (指 가리킬 지, 爲 할 위, 馬 말 마)
鹿茸* 녹용   鹿皮 녹피   鹿血 녹혈

235 | 록

녹 록(녹)
示부 총13획

家祿 가록 집안 대대로 세습되어 물려받는 녹 (家 집 가)
福祿 복록 타고난 복과 벼슬아치의 녹봉. 복되고 영화로운 삶 (福 복 복)
祿位 녹위   國祿 국록   官祿 관록
貫祿 관록   食祿 식록   爵祿 작록

236 | 록

기록할 록
金부 총16획

錄畵 녹화 비디오 테이프에 텔레비전의 상을 기록하는 것 (畵 그림 화)
記錄 기록 주로 후일에 남길 목적으로 어떤 사실을 적음, 또는 그런 글 (記 기록할 기)
登錄 등록 문서에 적어 올림 (登 오를 등)
錄音 녹음   目錄 목록   附錄 부록
收錄 수록   實錄 실록   抄錄 초록

237 | 롱

희롱할 롱
廾부 총7획

弄談 농담 실없이 놀리거나 장난으로 하는 말 (談 말씀 담)
吟風弄月 음풍농월 맑은 바람과 밝은 달을 대상으로 시를 짓고 흥취를 자아내어 즐겁게 놂 (吟 읊을 음, 風 바람 풍, 月 달 월)
愚弄 우롱   才弄 재롱   戲弄 희롱

238 | 뢰

우레 뢰
雨부 총13획

雷管 뇌관 폭약이나 화약에 점화하기 위한 약품 (管 대롱 관)
雷聲 뇌성 우렛소리 (聲 소리 성)
地雷 지뢰 땅속에 묻어 두고, 그 위를 사람이나 차량 따위가 지나가면 폭발하도록 만든 폭약 (地 따 지)
落雷 낙뢰   魚雷 어뢰   避雷針 피뢰침
附和雷同 부화뇌동

239 | 뢰

의뢰할 뢰
貝부 총16획

信賴 신뢰 굳게 믿고 의지함 (信 믿을 신)
依賴 의뢰 남에게 의지함 (依 의지할 의)
無賴漢 무뢰한 예의와 염치를 모르고 불량한 짓을 하며 돌아다니는 사람 (無 없을 무, 漢 한수 한)

240 | 료
마칠 료
亅부 총2획

了解 요해 깨달아 알아냄 (解 풀 해)
滿了 만료 정해진 기한이 끝남 (滿 찰 만)
修了 수료 일정한 학과를 다 배워 끝냄 (修 닦을 수)
完了 완료 완전히 끝마침 (完 완전할 완)
未了 미료   終了 종료   修了式 수료식

• • • 이 한 자 기 억 해 요 ? • • • 정답 83

1 掠( ) 2 略( ) 3 梁( ) 4 糧( ) 5 諒( ) 6 麗( ) 7 勵( ) 8 慮( ) 9 曆( ) 10 戀( )

3급한자 900 | 241~260

241 | 료 僚 — 동료 료 (亻=人부, 총14획)
- 閣僚 각료: 한 나라의 내각을 구성하는 각 장관 (閣 집 각)
- 官僚 관료: 직업적인 관리 (官 벼슬 관)
- 同僚 동료: 같은 직장이나 같은 부문에서 함께 일하는 사람 (同 한가지 동)
- 臣僚 신료: 모든 신하 (臣 신하 신)
- 僚堂 요당
- 幕僚 막료

242 | 룡 龍 — 용 룡 (龍부, 총16획)
- 龍宮 용궁: 전설에서 바다 속에 있다고 하는 용왕의 궁전 (宮 집 궁)
- 龍床 용상: 임금이 정무를 볼 때 앉던 평상 (床 상 상)
- 龍王 용왕: 용궁의 임금 (王 임금 왕)
- 龍顔 용안
- 龍虎 용호
- 恐龍 공룡
- 臥龍 와룡
- 土龍 토룡
- 登龍門 등용문

243 | 루 淚 — 눈물 루 (氵=水부, 총11획)
- 別淚 별루: 이별할 때 슬퍼서 흘리는 눈물 (別 다를 별)
- 血淚 혈루: 몹시 슬프고 분하여 나는 눈물 (血 피 혈)
- 感淚 감루
- 落淚 낙루
- 聲淚 성루
- 暗淚 암루
- 含淚 함루
- 催淚彈 최루탄

244 | 루 漏 — 샐 루 (氵=水부, 총14획)
- 漏落 누락: 기입되어야 할 것이 기록에서 빠짐, 또는 그렇게 되게 함 (落 떨어질 락)
- 漏電 누전: 시설이 손상되어 전기가 전깃줄 밖으로 새어 흐름, 또는 그 전류 (電 번개 전)
- 漏水 누수
- 漏失 누실
- 漏屋 누옥
- 漏出 누출
- 脫漏 탈루
- 自擊漏 자격루

245 | 루 樓 — 다락 루 (木부, 총15획)
- 望樓 망루: 적이나 주위의 동정을 살피기 위하여 높이 지은 다락집 (望 바랄 망)
- 紅樓 홍루: 창기를 두고 영업하는 집 (紅 붉을 홍)
- 樓閣 누각
- 樓臺 누대
- 門樓 문루
- 城樓 성루
- 水樓 수루
- 玉樓 옥루

246 | 루 屢 — 여러 루 (尸부, 총14획)
- 屢屢 누누: 말 따위를 여러 번 반복함
- 屢代 누대: 여러 대 (代 대신할 대)
- 屢世 누세: 여러 세대 (世 인간 세)
- 屢次 누차: 여러 차례 (次 버금 차)
- 屢年 누년
- 屢報 누보
- 屢朔 누삭
- 屢代奉祀 누대봉사

247 | 루 累 — 여러, 자주 루 (糸부, 총11획)
- 累計 누계: 소계를 계속하여 덧붙여 합산함 (計 셀 계)
- 累積 누적: 포개어 여러 번 쌓음, 또는 포개져 여러 번 쌓임 (積 쌓을 적)
- 累進 누진: 수량이나 가격이 많아짐에 따라 그에 대한 비율도 높아지는 일 (進 나아갈 진)
- 累代 누대
- 連累 연루
- 累進稅 누진세
- 累卵之勢 누란지세

248 | 류 類 — 무리 류 (頁부, 총19획)
- 類例 유례: 같거나 비슷한 예 (例 법식 례)
- 類似 유사: 서로가 비슷함 (似 닮을 사)
- 穀類 곡류: 쌀, 보리, 밀 따위의 곡식을 통틀어 이르는 말 (穀 곡식 곡)
- 部類 부류: 어떤 공통적인 성격 등에 따라 나눈 갈래 (部 떼 부)
- 類推 유추
- 分類 분류
- 衣類 의류
- 人類 인류
- 種類 종류
- 類類相從 유유상종

249 | 륜 輪 — 바퀴 륜 (車부, 총15획)
- 輪番 윤번: 차례대로 돌아가는 번, 또는 그런 순서 (番 차례 번)
- 輪轉 윤전: 둥글게 돎 (轉 구를 전)
- 競輪 경륜: 경기용 자전거로 속도를 겨루는 경기 (競 다툴 경)
- 輪姦 윤간
- 輪作 윤작
- 伴輪 반륜
- 五輪 오륜
- 車輪 차륜
- 輪回說 윤회설

250 | 률 栗 — 밤 률 (木부, 총10획)
- 栗谷 율곡: 이이의 호 (谷 골 곡)
- 栗園 율원: 밤나무 동산 (園 동산 원)
- 生栗 생률: 날밤. 껍데기와 보늬를 벗기고 나부죽하게 친 밤 (生 날 생)
- 栗木 율목
- 栗房 율방
- 黃栗 황률

• • • 이 한 자 기 억 해 요 ? • • • 정답 84

1 鍊( ) 2 憐( ) 3 蓮( ) 4 聯( ) 5 劣( ) 6 裂( ) 7 廉( ) 8 獵( ) 9 零( ) 10 靈( )

여기는! 僚 료 / 隆 륭

251 | 륭

높을 륭
阝=阜부 총12획

隆起 융기 높게 일어나 들뜸, 또는 그런 부분(起 일어날 기)
隆盛 융성 기운차게 일어나거나 대단히 번성함(盛 성할 성)
隆崇 융숭 매우 두텁게 여기거나 정성스레 대접함(崇 높을 숭)
隆鼻 융비   隆替 융체   隆興 융흥
隆鼻術 융비술

252 | 릉

언덕 릉
阝=阜부 총11획

陵墓 능묘 임금이나 왕후의 무덤(墓 무덤 묘)
陵辱 능욕 남을 업신여겨 욕보임(辱 욕될 욕)
丘陵 구릉 언덕(丘 언덕 구)
陵谷 능곡   陵幸 능행   山陵 산릉
王陵 왕릉   武陵桃源 무릉도원

253 | 리

떠날 리
隹부 총19획

離間 이간 두 사람이나 나라 따위의 사이를 헐뜯어 서로 멀어지게 함(間 사이 간)
離脫 이탈 어떤 범위나 대열 따위에서 떨어져 나오거나 떨어져 나감(脫 벗을 탈)
離別 이별   離籍 이적   離婚 이혼
隔離 격리   分離 분리   離合集散 이합집산

254 | 리
梨
배 리
木부 총11획

梨花 이화 배꽃. 배나무의 꽃(花 꽃 화)
烏飛梨落 오비이락 까마귀 날자 배 떨어진다, 관계 없이 한 일이 공교롭게 때가 같아 의심을 받거나 난처한 위치에 서게 됨(烏 까마귀 오, 飛 날 비, 落 떨어질 락)
梨熟 이숙   山梨 산리

255 | 리
吏
관리, 벼슬아치 리
口부 총6획

吏讀 이두 한자의 음과 뜻을 빌려 우리말을 적은 표기법(讀 구절 두)
官吏 관리 관직에 있는 사람(官 벼슬 관)
稅吏 세리 세금 징수의 일을 맡아보는 관리(稅 세금 세)
吏房 이방   吏屬 이속   公吏 공리
俗吏 속리   獄吏 옥리   貪官汚吏 탐관오리

256 | 리

밟을 리
尸부 총15획

履歷 이력 지금까지 거쳐 온 학업·직업·경험 등의 내력(歷 지날 력)
履修 이수 차례를 밟아 학과를 공부하여 마침(修 닦을 수)
履行 이행 실제로 행함. 말과 같이 함(行 다닐 행)
履氷 이빙   木履 목리   草履 초리
履歷書 이력서   不履行 불이행

257 | 리

속 리
衣부 총13획

裏面 이면 겉으로 나타나거나 눈에 보이지 않는 부분(面 낯 면)
腦裏 뇌리 사람의 의식이나 기억, 생각 따위가 들어 있는 영역(腦 골 뇌)
裏書 이서   表裏 표리   心裏 심리
裏面紙 이면지   表裏不同 표리부동

258 | 린
隣
이웃 린
阝=阜부 총15획

隣近 인근 이웃한 가까운 곳(近 가까울 근)
隣接 인접 이웃하여 있음, 또는 옆에 닿아 있음(接 이을 접)
善隣 선린 이웃하고 있는 지역 또는 나라와 사이좋게 지냄, 또는 그런 이웃(善 착할 선)
隣邦 인방   交隣 교린   四隣 사린

259 | 림
臨
임할 림
臣부 총17획

臨終 임종 죽음을 맞이함(終 마칠 종)
背山臨水 배산임수 지세가 뒤로는 산을 등지고 앞으로는 물을 굽어봄(背 등 배, 山 메 산, 水 물 수)
臨迫 임박   降臨 강림
再臨 재림   臨機應變 임기응변
臨床實驗 임상실험   臨時變通 임시변통

260 | 마

삼 마
麻부 총11획

麻衣 마의 삼베로 지은 옷(衣 옷 의)
大麻 대마 뽕나뭇과의 한해살이풀(大 큰 대)
黃麻 황마 피나뭇과의 여러해살이풀(黃 누를 황)
麻絲 마사   麻布 마포   白麻 백마
天麻 천마   麻浦區 마포구

• • • 이 한 자 기 억 해 요 ? • • •   정답 85

1 嶺( ) 2 隸( ) 3 爐( ) 4 鹿( ) 5 祿( ) 6 錄( ) 7 弄( ) 8 雷( ) 9 賴( ) 10 了( )

3급한자 900 | 261~280

261 | 마

갈 마
石부 총16획

磨滅 마멸 — 갈려서 닳아 없어짐 (滅 멸할 멸)
研磨 연마 — 주로 돌이나 쇠붙이, 보석, 유리 따위의 고체를 갈고 닦아서 표면을 반질반질하게 함 (研 갈 연)
磨光 마광 磨耗* 마모 削磨 삭마
鍊磨 연마

262 | 막

넓을 막
氵=水부 총14획

漠漠 막막 — 너르고 멀어서 아득함
廣漠 광막 — 넓고 아득함 (廣 넓을 광)
沙漠 사막 — 강우량이 작고 식물이 거의 자라지 않는 넓은 불모의 땅 (沙 모래 사)
索漠 삭막 — 황폐하여 쓸쓸함 (索 새끼줄 삭)
漠然 막연 茫漠 망막 荒漠 황막
沙漠化 사막화 沙漠地帶 사막지대

263 | 막
幕
장막 막
巾부 총14획

閉幕 폐막 — 막을 내림. 연극·음악회나 행사 따위가 끝남, 또는 그것을 끝냄 (閉 닫을 폐)
黑幕 흑막 — 겉으로 드러나지 아니한 음흉한 내막 (黑 검을 흑)
幕間 막간 幕舍 막사 幕後 막후
煙幕 연막 帳幕 장막 天幕 천막

264 | 만
慢
거만할 만
忄=心부 총14획

慢性 만성 — 버릇이 되다시피 하여 쉽게 고쳐지지 아니하는 상태나 성질 (性 성품 성)
自慢心 자만심 — 자신이나 자신과 관련 있는 것을 스스로 자랑하며 뽐내는 마음 (自 스스로 자, 心 마음 심)
傲慢 오만 緩慢 완만 怠慢 태만

265 | 만
漫
흩어질 만
氵=水부 총14획

漫談 만담 — 재미있고 익살스럽게 세상이나 인정을 비판·풍자하는 이야기를 함, 또는 그 이야기 (談 말씀 담)
漫評 만평 — 만화를 그려서 인물이나 사회를 풍자적으로 비평함 (評 평할 평)
漫步 만보 漫然 만연 漫筆 만필
漫畫 만화 放漫 방만 散漫 산만

266 | 망

없을 망
网부 총8획

欺罔 기망 — 남을 속여 넘김 (欺 속일 기)
罔極之恩 망극지은 — 끝없이 베풀어 주는 혜택이나 고마움 (極 극진할 극, 之 갈 지, 恩 은혜 은)
罔極 망극 罔夜 망야 罔測 망측
罔極之痛 망극지통 怪常罔測 괴상망측

267 | 망

아득할 망
艹=艸부 총10획

茫漠 망막 — 넓고 멂 (漠 넓을 막)
茫茫 망망 — 막연하고 아득함
茫茫大海 망망대해 — 한없이 크고 넓은 바다 (大 큰 대, 海 바다 해)
茫洋 망양 茫然 망연 蒼茫 창망
茫無頭緒 망무두서 茫然自失 망연자실

268 | 망

망령될 망
女부 총6획

妄動 망동 — 아무 분별없이 망령되이 행동함, 또는 그 행동 (動 움직일 동)
妄發 망발 — 망령이나 실수로 그릇된 말이나 행동을 함, 또는 그 말이나 행동 (發 필 발)
妄言 망언 — 망령되게 말함 (言 말씀 언)
妄覺 망각 妄靈 망령 妄想 망상
老妄 노망 虛妄 허망 輕擧妄動 경거망동

269 | 매
梅
매화 매
木부 총11획

梅毒 매독 — 매독 스피로헤타라는 나선균에 의하여 감염되는 성병 (毒 독 독)
梅實 매실 — 매화나무의 열매. 맛은 달면서도 새콤함 (實 열매 실)
梅雨 매우 梅香 매향 梅花 매화
靑梅 청매 黃梅 황매 雪中梅 설중매

270 | 매

묻을 매
土부 총10획

埋伏 매복 — 상대편의 동태를 살피거나 불시에 공격하려고 일정한 곳에 몰래 숨어 있음 (伏 엎드릴 복)
埋設 매설 — 지뢰, 수도관 따위를 땅속에 파묻어 설치함 (設 베풀 설)
埋立 매립 埋沒 매몰 埋葬 매장
埋藏 매장 生埋葬 생매장 暗埋葬 암매장

· · · · 이 한 자 기 억 해 요 ? · · · · 정답 86

1 僚( ) 2 龍( ) 3 淚( ) 4 漏( ) 5 樓( ) 6 屢( ) 7 累( ) 8 類( ) 9 輪( ) 10 栗( )

여기는! 磨마 / 媒매

271 | 매

중매 매
女부 총12획

- 媒染 매염 : 물감이 섬유에 직접 물들지 아니하는 경우에 매염제를 매개로 하여 색소를 고착시키거나 색을 내는 방법(染 물들 염)
- 仲媒 중매 : 혼인을 어울리게 중간에서 소개하는 일, 또는 그 사람(仲 버금 중)
- 媒介 매개
- 媒體 매체
- 觸媒 촉매
- 媒介體 매개체
- 蟲媒花 충매화

272 | 맥

줄기 맥
月=肉부 총10획

- 亂脈 난맥 : 이리저리 흩어져서 질서나 체계가 서지 아니하는 일, 또는 그런 상태(亂 어지러울 란)
- 動脈 동맥 : 심장에서 피를 신체 각 부분에 보내는 혈관(動 움직일 동)
- 一脈 일맥 : 하나로 이어진 것(一 한 일)
- 脈絡 맥락
- 鑛脈 광맥
- 文脈 문맥
- 人脈 인맥
- 靜脈 정맥
- 血脈 혈맥

273 | 맹
盟
맹세 맹
皿부 총13획

- 盟誓 맹서 : 맹세. 일정한 약속이나 목표를 꼭 실천하겠다고 다짐함(誓 맹세할 서)
- 同盟 동맹 : 이익이나 목적을 위하여 동일하게 행동하기로 맺는 약속이나 조직체, 또는 그런 관계를 맺음(同 한가지 동)
- 盟邦 맹방
- 盟約 맹약
- 盟主 맹주
- 加盟 가맹
- 聯盟 연맹
- 血盟 혈맹

274 | 맹
盲
소경, 눈멀 맹
目부 총8획

- 文盲 문맹 : 글을 쓸 줄도 볼 줄도 모름(文 글월 문)
- 色盲 색맹 : 빛깔을 가려내지 못하는 상태, 또는 그러한 증상이 있는 사람(色 빛 색)
- 盲目 맹목
- 盲信 맹신
- 盲人 맹인
- 盲腸 맹장
- 盲點 맹점
- 盲從 맹종

275 | 맹

맏 맹
子부 총8획

- 孟浪 맹랑 : 매우 똘똘하거나 까다로워 허수로이 볼 수 없음(浪 물결 랑)
- 孟仲季 맹중계 : 맏이와 둘째, 셋째를 아울러 이르는 말. 맹월과 중월, 계월을 아울러 이름(仲 버금 중, 季 계절 계)
- 孟冬 맹동
- 孟月 맹월
- 孟子 맹자
- 孔孟 공맹
- 孟母三遷 맹모삼천
- 虛無孟浪 허무맹랑

276 | 맹

사나울 맹
犭=犬부 총11획

- 猛獸 맹수 : 주로 육식을 하는 사나운 짐승. 사자나 범 따위를 이름(獸 짐승 수)
- 猛威 맹위 : 사나운 위세(威 위엄 위)
- 猛打 맹타 : 몹시 때리거나 침(打 칠 타)
- 猛犬 맹견
- 猛烈 맹렬
- 猛虎 맹호
- 勇猛 용맹
- 猛爆擊 맹폭격
- 猛活躍 맹활약

277 | 면
綿
솜 면
糸부 총14획

- 綿密 면밀 : 자세하고 빈틈이 없음(密 빽빽할 밀)
- 石綿 석면 : 돌솜. 내화재, 보온재 등에 쓰임(石 돌 석)
- 純綿 순면 : 순수하게 무명실로만 짠 직물(純 순수할 순)
- 綿綿 면면
- 綿衣 면의
- 綿布 면포
- 綿花 면화
- 連綿 연면
- 海綿動物 해면동물

278 | 멸
滅
멸할, 꺼질 멸
氵=水부 총13획

- 滅菌 멸균 : 세균 따위의 미생물을 죽임(菌 버섯 균)
- 滅亡 멸망 : 망하여 없어짐(亡 망할 망)
- 不滅 불멸 : 없어지거나 사라지지 아니함(不 아닐 불)
- 滅門 멸문
- 滅種 멸종
- 壞滅 괴멸
- 消滅 소멸
- 自滅 자멸
- 破滅 파멸

279 | 명

새길 명
金부 총14획

- 銘心 명심 : 마음 속에 새기어 둠(心 마음 심)
- 碑銘 비명 : 비석에 새긴 글(碑 비석 비)
- 座右銘 좌우명 : 늘 자리 옆에 갖추어 두고 가르침으로 삼는 말이나 문구(座 자리 좌, 右 오른쪽 우)
- 刻銘 각명
- 感銘 감명
- 刀銘 도명
- 銘心寶鑑 명심보감
- 銘心不忘 명심불망

280 | 명

어두울 명
冖부 총10획

- 冥福 명복 : 죽은 뒤 저승에서 받는 복(福 복 복)
- 冥府 명부 : 저승의 법정(府 마을 부)
- 冥想 명상 : 고요히 눈을 감고 깊이 생각함, 또는 그런 생각(想 생각 상)
- 冥界 명계
- 冥冥 명명
- 冥土 명토
- 冥府殿 명부전
- 冥王星 명왕성

· · · 이 한 자 기 억 해 요 ? · · · 정답 87

1 隆( )　2 陵( )　3 離( )　4 梨( )　5 吏( )　6 履( )　7 裏( )　8 隣( )　9 臨( )　10 麻( )

3급한자 900 | 281~300

281 | 모 — 某 — 아무 모 (木부, 총9획)
- 某某 모모 : 아무아무
- 某所 모소 : 어떤 곳 (所 바 소)
- 某人 모인 : 어떤 사람 (人 사람 인)
- 某種 모종 : 어떠한 종류 (種 씨 종)
- 某處 모처 : 어떠한 곳 (處 곳 처)
- 某家 모가 某國 모국 某年 모년
- 某氏 모씨 某月 모월 某日 모일

282 | 모 — 謀 — 꾀 모 (言부, 총16획)
- 謀免 모면 : 어떤 일이나 책임을 꾀를 써서 벗어남 (免 면할 면)
- 參謀 참모 : 윗사람을 도와 어떤 일을 꾀하고 꾸미는 데에 참여함, 또는 그런 사람 (參 참여할 참)
- 謀略 모략 謀議 모의 謀陷 모함
- 圖謀 도모 無謀 무모 陰謀 음모

283 | 모 — 慕 — 그릴 모 (忄=心부, 총15획)
- 思慕 사모 : 애틋하게 생각하고 그리워함 (思 생각 사)
- 愛慕 애모 : 사랑하며 그리워함 (愛 사랑 애)
- 追慕 추모 : 죽은 사람을 그리며 생각함 (追 쫓을 추)
- 慕情 모정 感慕 감모 敬慕 경모
- 哀慕 애모 戀慕 연모 怨慕 원모

284 | 모 — 募 — 모을, 뽑을 모 (力부, 총13획)
- 募金 모금 : 기부금이나 성금 따위를 모음 (金 쇠 금)
- 公募 공모 : 일반에게 널리 공개하여 모집함. 공개 모집 (公 공평할 공)
- 應募 응모 : 모집에 응하거나 지원함 (應 응할 응)
- 募兵 모병 募集 모집 急募 급모
- 私募 사모

285 | 모 — 模 — 본뜰 모 (木부, 총15획)
- 模倣 모방 : 본떠서 함 (倣 본뜰 방)
- 模寫 모사 : 사물을 형체 그대로 그림, 또는 그런 그림 (寫 베낄 사)
- 模樣 모양 : 겉으로 나타나는 생김새나 모습 (樣 모양 양)
- 模範 모범 模作 모작 模造 모조
- 模唱 모창 模型 모형 規模 규모

286 | 모 — 貌 — 모양 모 (豸부, 총14획)
- 美貌 미모 : 아름다운 얼굴 모습 (美 아름다울 미)
- 容貌 용모 : 사람의 얼굴 생김 (容 얼굴 용)
- 外貌 외모 : 겉으로 드러나 보이는 모습 (外 바깥 외)
- 面貌 면모 變貌 변모 言貌 언모
- 全貌 전모 體貌 체모 風貌 풍모

287 | 모 — 冒 — 무릅쓸 모 (冂부, 총9획)
- 冒耕 모경 : 땅 임자의 허락 없이 남의 땅에 농사를 지음 (耕 밭갈 경)
- 冒險 모험 : 위험을 무릅쓰고 어떠한 일을 함, 또는 그 일 (險 험할 험)
- 冒年 모년 冒頭 모두 冒廉 모렴
- 冒錄 모록 冒名 모명 冒認 모인

288 | 모 — 侮 — 업신여길 모 (亻=人부, 총9획)
- 侮辱 모욕 : 깔보고 욕되게 함 (辱 욕될 욕)
- 陵侮 능모 : 업신여기어 깔봄 (陵 언덕 릉)
- 受侮 수모 : 모욕을 당함 (受 받을 수)
- 侮辱感 모욕감 : 모욕을 당한 느낌 (辱 욕될 욕, 感 느낄 감)
- 侮慢 모만 侮笑 모소 輕侮 경모
- 侮辱的 모욕적

289 | 목 — 牧 — 칠 목 (牛부, 총8획)
- 牧歌 목가 : 전원시의 하나. 전원의 한가로운 목자나 농부의 생활을 주제로 한 서정적이고 소박한 시가 (歌 노래 가)
- 牧童 목동 : 풀을 뜯기며 가축을 치는 아이, 양치기 (童 아이 동)
- 牧羊 목양 牧師 목사 牧者 목자
- 牧草 목초 放牧 방목 遊牧 유목

290 | 목 — 睦 — 화목할 목 (目부, 총13획)
- 親睦 친목 : 서로 친해 화목함 (親 친할 친)
- 和睦 화목 : 서로 뜻이 맞고 정다움 (和 화할 화)
- 親睦契 친목계 : 친목을 도모하기 위한 계 (親 친할 친, 契 맺을 계)
- 睦月 목월 睦族 목족 敦睦 돈목

· · · 이 한 자 기 억 해 요 ? · · · 정답 88

1 磨(　)　2 漠(　)　3 幕(　)　4 慢(　)　5 漫(　)　6 罔(　)　7 茫(　)　8 妄(　)　9 梅(　)　10 埋(　)

여기는! 某모 / 沒몰

291 | 몰
沒
빠질 몰
氵=水부 총7획

- 沒頭 몰두 : 어떤 일에 온 정신을 다 기울여 열중함(頭 머리 두)
- 沒殺 몰살 : 모조리 다 죽임, 또는 그런 죽음(殺 죽일 살)
- 沒敗 몰패 : 여지없이 짐(敗 패할 패)
- 沒落 몰락
- 沒收 몰수
- 沒入 몰입
- 陷沒 함몰
- 沒常識 몰상식
- 神出鬼沒 신출귀몰

292 | 몽
夢
꿈 몽
夕부 총14획

- 夢想 몽상 : 꿈 속의 생각. 꿈같이 허황된 생각을 함(想 생각 상)
- 吉夢 길몽 : 좋은 징조의 꿈(吉 길할 길)
- 惡夢 악몽 : 불길하고 무서운 꿈(惡 악할 악)
- 解夢 해몽 : 꿈의 내용을 풀어서 길흉을 판단함(解 풀 해)
- 夢精 몽정
- 夢想家 몽상가
- 夢遊病 몽유병
- 白日夢 백일몽
- 同床異夢 동상이몽
- 一場春夢 일장춘몽

293 | 몽
蒙
어두울 몽
艹=艸부 총14획

- 擊蒙 격몽 : 어리석고 사리에 어두운 어린 이들을 일깨움(擊 칠 격)
- 啓蒙 계몽 : 지식 수준이 낮거나 인습에 젖은 사람을 가르쳐서 깨우침(啓 열 계)
- 蒙古 몽고
- 蒙利 몽리
- 蒙喪 몽상
- 蒙恩 몽은
- 訓蒙 훈몽

294 | 묘
墓
무덤 묘
土부 총14획

- 墓地 묘지 : 무덤이 있는 땅(地 따 지)
- 墳墓 분묘 : 무덤(墳 무덤 분)
- 省墓 성묘 : 조상의 산소를 찾아가서 돌봄, 또는 그런 일. 주로 설, 추석, 한식에 함(省 살필 성)
- 墓碑 묘비
- 墓所 묘소
- 墓域 묘역
- 墓祭 묘제

295 | 묘
廟
사당 묘
广부 총15획

- 家廟 가묘 : 한 집안의 사당(家 집 가)
- 文廟 문묘 : 공자를 모신 사당(文 글월 문)
- 宗廟 종묘 : 조선 시대에 역대 임금과 왕비의 위패를 모시던 왕실의 사당(宗 마루 종)
- 廟堂 묘당
- 廟議 묘의
- 廟號 묘호
- 祖廟 조묘

296 | 묘
苗
모 묘
艹=艸부 총9획

- 苗木 묘목 : 옮겨 심는 어린나무(木 나무 목)
- 苗床 묘상 : 못자리(床 상 상)
- 苗板 묘판 : 못자리. 볍씨를 뿌리어 모를 기르는 곳(板 널 판)
- 養苗 양묘
- 幼苗 유묘
- 種苗 종묘

297 | 무
霧
안개 무
雨부 총19획

- 霧散 무산 : 안개가 걷히듯 흩어져 없어짐(散 흩을 산)
- 五里霧中 오리무중 : 오리나 되는 짙은 안개 속에 있음. 일에 대하여 방향이나 갈피를 잡을 수 없음(五 다섯 오, 里 마을 리, 中 가운데 중)
- 濃霧 농무
- 大霧 대무
- 夕霧 석무
- 雲霧 운무
- 曉霧 효무

298 | 무
貿
무역할 무
貝부 총12획

- 貿易 무역 : 나라와 나라 사이에 서로 물품을 사고파는 일(易 바꿀 역)
- 貿易風 무역풍 : 중위도 고압대에서 열대 수렴대로 부는 바람(易 바꿀 역, 風 바람 풍)
- 貿米 무미
- 貿易商 무역상
- 密貿易 밀무역

299 | 묵
默
잠잠할 묵
黑부 총16획

- 默契 묵계 : 말 없는 가운데 뜻이 서로 맞음, 또는 그렇게 하여 성립된 약속(契 맺을 계)
- 默念 묵념 : 말 없이 마음속으로 빎. 주로, 죽은 이가 평안히 잠들기를 기원하는 뜻으로 함(念 생각 념)
- 默默 묵묵
- 默想 묵상
- 默認 묵인
- 寡默 과묵
- 暗默 암묵
- 默示錄 묵시록

300 | 미
眉
눈썹 미
目부 총9획

- 白眉 백미 : 흰 눈썹이라는 뜻으로, 여럿 가운데에서 가장 뛰어난 사람이나 훌륭한 물건(白 흰 백)
- 兩眉間 양미간 : 두 눈썹의 사이(兩 두 량, 間 사이 간)
- 眉間 미간
- 曲眉 곡미
- 秀眉 수미
- 展眉 전미

· · · 이 한 자 기 억 해 요 ? · · · 정답 89

1 媒( ) 2 脈( ) 3 盟( ) 4 盲( ) 5 孟( ) 6 猛( ) 7 綿( ) 8 滅( ) 9 銘( ) 10 冥( )

3급한자 900 | 301~320

301 | 미 微 작을 미
彳부 총13획

- 微妙 미묘 : 야릇해서 잘 알 수 없음 (妙 묘할 묘)
- 微細 미세 : 분간하기 어려울 정도로 아주 작음 (細 가늘 세)
- 微賤 미천 : 신분·지위 등이 미미하고 천함 (賤 천할 천)
- 微力 미력
- 微笑 미소
- 微弱 미약
- 微溫 미온
- 輕微 경미
- 微生物 미생물

302 | 미 迷 미혹할 미
辶=辵부 총10획

- 迷宮 미궁 : 사건, 문제 따위가 얽혀서 쉽게 해결하지 못하게 된 상태 (宮 집 궁)
- 迷妄 미망 : 사리에 어두워 갈피를 잡지 못하고 헤맴, 또는 그런 상태 (妄 망녕될 망)
- 迷路 미로
- 迷夢 미몽
- 迷信 미신
- 迷兒 미아
- 迷惑 미혹
- 昏迷 혼미

303 | 민 敏 민첩할 민
攵=攴부 총11획

- 敏感 민감 : 감각이 예민함 (感 느낄 감)
- 敏活 민활 : 날쌔고 활발함 (活 살 활)
- 機敏 기민 : 날쌔고 재빠름 (機 틀 기)
- 銳敏 예민 : 재치·감각 등이 날카롭고 민첩함 (銳 날카로울 예)
- 敏智 민지
- 過敏 과민
- 明敏 명민
- 不敏 불민
- 聰敏 총민

304 | 민 憫 민망할 민
忄=心부 총15획

- 憫笑 민소 : 어리석음을 비웃음 (笑 웃음 소)
- 憫然 민연 : 가엾은 모습 (然 그럴 연)
- 憐憫 연민 : 불쌍하고 가련하게 여김 (憐 불쌍히여길 련)
- 憫憐 민련
- 憫憫 민민
- 憫迫 민박

305 | 밀 蜜 꿀 밀
虫부 총14획

- 蜜語 밀어 : 남녀 사이의 달콤하고 정다운 이야기 (語 말씀 어)
- 蜜月 밀월 : 꿀같이 달콤한 달이라는 뜻으로, 결혼 직후의 즐겁고 달콤한 시기 (月 달 월)
- 蜜蜂 밀봉
- 蜜水 밀수
- 蜜源 밀원
- 蜜酒 밀주
- 蜜丸 밀환
- 口蜜腹劍 구밀복검

306 | 박 拍 칠 박
扌=手부 총8획

- 拍手 박수 : 기쁨·찬성·환영을 나타내거나 장단을 맞추려고 두 손뼉을 마주 침 (手 손 수)
- 拍車 박차 : 말을 탈 때에 신는 구두의 뒤축에 달려 있는 물건. 쇠로 만들어 말을 차서 빨리 달리게 함 (車 수레 거·차)
- 拍子 박자
- 三拍子 삼박자
- 拍掌大笑 박장대소

307 | 박 迫 핍박할 박
辶=辵부 총9획

- 迫力 박력 : 힘차게 밀고 나가는 강한 힘 (力 힘 력)
- 急迫 급박 : 사태가 조금도 여유가 없이 매우 급함 (急 급할 급)
- 臨迫 임박 : 어떤 시기가 가까이 닥쳐 옴 (臨 임할 림)
- 迫害 박해
- 緊迫 긴박
- 壓迫 압박
- 切迫 절박
- 促迫 촉박
- 開封迫頭 개봉박두

308 | 박 泊 머무를, 배댈 박
氵=水부 총8획

- 民泊 민박 : 여행할 때에 일반 민가에서 묵음 (民 백성 민)
- 宿泊 숙박 : 여관이나 호텔 따위에서 잠을 자고 머무름 (宿 잘 숙)
- 外泊 외박 : 자기 집이나 정해진 데가 아닌 곳에 나가서 잠 (外 바깥 외)
- 假泊 가박
- 淡泊 담박
- 一泊 일박

309 | 박 薄 엷을 박
艹=艸부 총17획

- 薄福 박복 : 복이 없음 (福 복 복)
- 刻薄 각박 : 모나고 인정이 없음 (刻 새길 각)
- 輕薄 경박 : 언행이 경솔하고 신중하지 못함 (輕 가벼울 경)
- 薄待 박대
- 薄氷 박빙
- 薄情 박정
- 淺薄 천박
- 稀薄 희박
- 薄利多賣 박리다매

310 | 박 博 넓을 박
十부 총12획

- 博愛 박애 : 모든 사람을 평등하게 사랑함 (愛 사랑 애)
- 博物館 박물관 : 역사적 유물, 예술품 등을 수집·보존·진열·전시하여 학술 연구와 사회 교육에 기여할 목적으로 만든 시설 (物 물건 물, 館 집 관)
- 博士 박사
- 博識 박식
- 博學 박학
- 該博 해박
- 博覽會 박람회
- 博學多識 박학다식

• • • 이 한 자 기 억 해 요 ? • • •   정답 90

1 某( ) 2 謀( ) 3 慕( ) 4 募( ) 5 模( ) 6 貌( ) 7 冒( ) 8 侮( ) 9 牧( ) 10 睦( )

여기는! 微미 / 班반

311 | 반 班 나눌 반
王=玉부 총10획

- 班列 반열 : 품계나 신분, 등급의 차례 (列 벌릴 렬)
- 首班 수반 : 행정부의 우두머리 (首 머리 수)
- 兩班 양반 : 고려·조선 시대에 지배층을 이루던 신분 (兩 두 량)
- 班長 반장
- 武班 무반
- 越班 월반
- 合班 합반
- 班常會 반상회
- 班窓會 반창회

312 | 반 伴 짝 반
亻=人부 총7획

- 伴奏 반주 : 노래나 기악의 연주를 돕기 위해 옆에서 다른 악기를 연주함, 또는 그렇게 하는 연주 (奏 아뢸 주)
- 隨伴 수반 : 어떤 일과 더불어 생김 (隨 따를 수)
- 伴寢 반침
- 伴行 반행
- 道伴 도반
- 同伴 동반
- 相伴 상반
- 伴細胞 반세포

313 | 반 返 돌이킬 반
辶=辵부 총8획

- 返納 반납 : 도로 돌려줌 (納 들일 납)
- 返送 반송 : 도로 돌려보냄 (送 보낼 송)
- 返品 반품 : 사들인 물품 따위를 다시 돌려보냄, 또는 그러한 물품 (品 물건 품)
- 返還 반환 : 빌리거나 차지했던 것을 되돌려 줌 (還 돌아올 환)
- 返戾* 반려
- 返禮 반례
- 返信 반신

314 | 반 叛 배반할 반
又부 총9획

- 叛亂 반란 : 정부나 지도자 따위에 반대하여 내란을 일으킴 (亂 어지러울 란)
- 背叛 배반 : 믿음과 의리를 저버리고 돌아섬 (背 등 배)
- 叛軍 반군
- 叛旗 반기
- 叛徒 반도
- 叛逆 반역
- 謀叛 모반
- 離叛 이반

315 | 반 般 가지, 일반 반
舟부 총10획

- 萬般 만반 : 마련할 수 있는 모든 것 (萬 일만 만)
- 全般 전반 : 어떤 일이나 부문에 대하여 그것에 관계되는 전체, 또는 통틀어서 모두 (全 온전 전)
- 各般 각반
- 一般 일반
- 諸般 제반
- 一般的 일반적
- 般若心經 반야심경

316 | 반 盤 소반 반
皿부 총15획

- 基盤 기반 : 기초가 되는 바탕, 또는 사물의 토대 (基 터 기)
- 巖盤 암반 : 다른 바위 속으로 돌입하여 불규칙하게 굳어진 큰 바위 (巖 바위 암)
- 盤石 반석
- 小盤 소반
- 原盤 원반
- 銀盤 은반
- 音盤 음반
- 地盤 지반

317 | 발 拔 뽑을 발
扌=手부 총8획

- 選拔 선발 : 많은 가운데서 골라 뽑음 (選 가릴 선)
- 力拔山 역발산 : 힘이 산을 뽑을 만큼 매우 셈을 이르는 말 (力 힘 력, 山 메 산)
- 拔群 발군
- 拔根 발근
- 拔本 발본
- 奇拔 기발
- 海拔 해발

318 | 발 髮 터럭 발
髟부 총15획

- 假髮 가발 : 가짜 머리 (假 거짓 가)
- 金髮 금발 : 금빛 나는 머리털 (金 쇠 금)
- 頭髮 두발 : 머리털 (頭 머리 두)
- 削髮 삭발 : 머리털을 깎음, 또는 그 머리 (削 깎을 삭)
- 毛髮 모발
- 白髮 백발
- 散髮 산발
- 理髮 이발
- 黑髮 흑발
- 斷髮令 단발령

319 | 방 妨 방해할 방
女부 총7획

- 妨電 방전 : 전파 방해 (電 번개 전)
- 妨害 방해 : 남의 일에 훼살을 놓아 해를 끼침 (害 해할 해)
- 無妨 무방 : 지장이 없음 (無 없을 무)
- 相妨 상방
- 妨害罪 방해죄
- 妨工害事 방공해사
- 電波妨害 전파방해

320 | 방 傍 곁 방
亻=人부 총12획

- 傍觀 방관 : 어떤 일에 직접 나서서 관여하지 않고 곁에서 보기만 함 (觀 볼 관)
- 傍點 방점 : 글 가운데에서 보는 사람의 주의를 끌기 위하여 글자 옆이나 위에 찍는 점 (點 점 점)
- 傍系 방계
- 傍白 방백
- 傍照 방조
- 傍證 방증
- 傍聽 방청
- 近傍 근방

· · · 이 한 자 기 억 해 요 ? · · · 정답 91

1 沒( ) 2 夢( ) 3 蒙( ) 4 墓( ) 5 廟( ) 6 苗( ) 7 霧( ) 8 貿( ) 9 默( ) 10 眉( )

3급한자 900 | 321~340

321 | 방 芳
꽃다울 방
艹=艸부 총8획

- 芳年 방년 : 이십 세 전후의 한창 젊은 꽃다운 나이(年 해 년)
- 芳香 방향 : 꽃다운 향내(香 향수 향)
- 流芳 유방 : 꽃다운 이름이 후세에 길이 전함(流 흐를 류)
- 芳氣 방기
- 芳草 방초
- 芳春 방춘
- 遺芳 유방
- 芳名錄 방명록
- 流芳百世 유방백세

322 | 방 倣
본뜰 방
亻=人부 총10획

- 倣刻 방각 : 본디의 모양새를 그대로 본떠서 새김(刻 새길 각)
- 模倣 모방 : 다른 것을 본뜨거나 본받음(模 본뜰 모)
- 倣似 방사
- 倣效 방효
- 依倣 의방

323 | 방 邦
나라 방
阝=邑부 총7획

- 盟邦 맹방 : 서로 동맹 조약을 체결한 당사국(盟 맹세 맹)
- 聯邦 연방 : 자치권을 가진 다수의 나라가 공통의 정치 이념 아래에서 연합하여 구성하는 국가(聯 연이을 련)
- 邦畫 방화
- 萬邦 만방
- 我邦 아방
- 友邦 우방
- 合邦 합방
- 異邦人 이방인

324 | 배 背
등 배
月=肉부 총9획

- 背景 배경 : 사건이나 환경, 인물 따위를 둘러싼 주위의 정경(景 볕 경)
- 背任 배임 : 공무원 또는 회사원이 자기의 이익을 위하여 국가나 회사에 재산상의 손해를 줌(任 맡길 임)
- 背敎 배교
- 背反 배반
- 背信 배신
- 背後 배후
- 向背 향배
- 背水陣 배수진

325 | 배 排
밀칠 배
扌=手부 총11획

- 排擊 배격 : 어떤 사상·의견·물건 따위를 물리침(擊 칠 격)
- 排球 배구 : 네트를 두고 두 팀이 공을 땅에 떨어뜨리지 아니하고 손으로 공을 패스하여 세 번 안에 상대편 코트로 넘겨 보내는 구기 경기(球 공 구)
- 排氣 배기
- 排設 배설
- 排除 배제
- 排斥 배척
- 排出 배출
- 排他 배타

326 | 배 輩
무리 배
車부 총15획

- 輩出 배출 : 인재가 계속하여 나옴(出 날 출)
- 先輩 선배 : 같은 분야에서, 지위나 나이·학예 따위가 자기보다 많거나 앞선 사람(先 먼저 선)
- 輩行 배행
- 年輩 연배
- 後輩 후배
- 同年輩 동년배
- 不良輩 불량배
- 暴力輩 폭력배

327 | 배 倍
곱 배
亻=人부 총10획

- 倍加 배가 : 갑절 또는 몇 배로 늘어남, 또는 그렇게 늘림(加 더할 가)
- 倍數 배수 : 어떤 수의 갑절이 되는 수(數 셈 수)
- 倍前 배전 : 전보다 더욱 더함(前 앞 전)
- 倍率 배율
- 公倍數 공배수
- 倍達民族 배달민족
- 勇氣百倍 용기백배

328 | 배 培
북돋울 배
土부 총11획

- 培養 배양 : 동식물 조직의 일부나 미생물 따위를 가꾸어 기름. 인격, 역량, 사상 따위가 발전하도록 가르쳐 키움(養 기를 양)
- 栽培 재배 : 작물을 심어 가꿈(栽 심을 재)
- 培根 배근
- 培植 배식
- 肥培 비배

329 | 배 配
나눌, 짝 배
酉부 총10획

- 配當 배당 : 주식회사가 이익금의 일부를 현금이나 주식으로 할당하여 주주에게 나누어 주는 일(當 마땅 당)
- 配慮 배려 : 도와주거나 보살펴 주려고 마음을 씀(慮 생각할 려)
- 配給 배급
- 配達 배달
- 配置 배치
- 配布 배포
- 配合 배합
- 分配 분배

330 | 백 伯
맏 백
亻=人부 총7획

- 伯爵 백작 : 다섯 등급으로 나눈 귀족의 작위 가운데 셋째 작위. 후작의 아래, 자작의 위임(爵 벼슬 작)
- 方伯 방백 : 도지사를 예스럽게 이르는 말(方 모 방)
- 伯母 백모
- 伯父 백부
- 伯叔 백숙
- 伯仲 백중
- 風伯 풍백
- 畫伯 화백

· · · 이 한 자 기 억 해 요 ? · · · 정답 92

1 微( ) 2 迷( ) 3 敏( ) 4 憫( ) 5 蜜( ) 6 拍( ) 7 迫( ) 8 泊( ) 9 薄( ) 10 博( )

여기는! 芳방 / 飜번

331 | 번

飜 번역할 번
飛부 총21획

- 飜案 번안 : 원작의 내용이나 줄거리는 그대로 두고 풍속·인명·지명 따위를 시대나 풍토에 맞게 고침(案 책상 안)
- 飜譯 번역 : 어떤 언어로 된 글을 다른 언어의 글로 옮김(譯 번역할 역)
- 飜刻 번각
- 飜弄 번롱
- 飜覆 번복
- 飜本 번본
- 飜意 번의
- 飜譯物 번역물

332 | 번

繁 번성할 번
糸부 총17획

- 繁盛 번성 : 한창 잘 되어 성함(盛 성할 성)
- 繁榮 번영 : 번성하고 영화롭게 됨 (榮 영화 영)
- 繁昌 번창 : 번화하게 창성함(昌 창성할 창)
- 繁華 번화 : 번성하고 화려함(華 빛날 화)
- 頻繁 빈번
- 繁華街 번화가
- 農繁期 농번기

333 | 번

煩 번거로울 번
火부 총13획

- 煩惱 번뇌 : 마음이 시달려서 괴로움 (惱 번뇌할 뇌)
- 煩多 번다 : 번거롭게 많음(多 많을 다)
- 煩雜 번잡 : 번거롭게 뒤섞여 어수선함 (雜 섞일 잡)
- 煩劇 번극
- 煩急 번급
- 煩務 번무
- 百八煩惱 백팔번뇌

334 | 벌

罰 벌할 벌
罒=网부 총14획

- 罰則 벌칙 : 법규를 어긴 행위에 대한 처벌을 정하여 놓은 규칙 (則 법칙 칙)
- 刑罰 형벌 : 국가 따위가 범죄자에게 제재를 가함, 또는 그 제재 (刑 형벌 형)
- 罰金 벌금
- 罰點 벌점
- 罰酒 벌주
- 嚴罰 엄벌
- 重罰 중벌
- 處罰 처벌

335 | 범

犯 범할 범
犭=犬부 총5획

- 犯法 범법 : 법을 어김(法 법 법)
- 共犯 공범 : 범죄 구성 요건에 해당하는 행위를 공동으로 실행한 사람 (共 한가지 공)
- 再犯 재범 : 다시 죄를 저지름, 또는 그 사람(再 두 재)
- 犯人 범인
- 犯罪 범죄
- 犯行 범행
- 犯則金 범칙금
- 輕犯罪 경범죄
- 現行犯 현행범

336 | 범

範 법 범
竹부 총15획

- 規範 규범 : 인간이 행동하거나 판단할 때에 마땅히 따르고 지켜야 할 가치 판단의 기준(規 법 규)
- 模範 모범 : 본받아 배울 만한 대상. 본보기(模 본뜰 모)
- 範例 범례
- 範圍 범위
- 敎範 교범
- 師範 사범
- 示範 시범
- 廣範圍 광범위

337 | 벽

壁 벽 벽
土부 총16획

- 壁報 벽보 : 벽이나 게시판에 붙여 널리 알리는 글(報 알릴 보)
- 壁紙 벽지 : 벽에 바르는 종이(紙 종이 지)
- 絕壁 절벽 : 바위가 깎아 세운 것처럼 아주 높이 솟아 있는 험한 낭떠러지(絕 끊을 절)
- 壁畫 벽화
- 防壁 방벽
- 城壁 성벽
- 巖壁 암벽
- 障壁 장벽
- 金城鐵壁 금성철벽

338 | 벽

碧 푸를 벽
石부 총14획

- 碧空 벽공 : 푸른 하늘(空 빌 공)
- 碧眼 벽안 : 눈동자가 파란 눈. 서양 사람을 이르는 말(眼 눈 안)
- 碧海 벽해 : 짙푸른 바다(海 바다 해)
- 碧天 벽천
- 寸碧 촌벽
- 碧溪水 벽계수
- 桑田碧海 상전벽해

339 | 변

辯 말씀 변
辛부 총21획

- 强辯 강변 : 이치에 닿지 아니한 것을 끝까지 굽히지 않고 주장하거나 변명함(强 강할 강)
- 雄辯 웅변 : 조리가 있고 막힘이 없이 당당하게 말함, 또는 그런 말이나 연설(雄 수컷 웅)
- 辯論 변론
- 達辯 달변
- 答辯 답변
- 代辯 대변
- 抗辯 항변
- 辯護士 변호사

340 | 변

辨 분별할 변
辛부 총16획

- 辨明 변명 : 어떤 잘못이나 실수에 대하여 구실을 대며 그 까닭을 말함(明 밝을 명)
- 辨別力 변별력 : 사물의 옳고 그름이나 좋고 나쁨을 가리는 능력 (別 다를 별, 力 힘 력)
- 辨理 변리
- 辨償 변상
- 辨濟 변제
- 分辨 분변
- 辨理士 변리사
- 辨證法 변증법

• • • 이 한 자 기 억 해 요 ? • • • 정답 93

1 班( ) 2 伴( ) 3 返( ) 4 叛( ) 5 般( ) 6 盤( ) 7 拔( ) 8 髮( ) 9 妨( ) 10 傍( )

3급한자 900 | 341~360

341 | 변  가 변
辶=辵부 총19획

邊境 변경 나라의 경계가 되는 변두리의 땅(境 지경 경)
邊方 변방 가장자리가 되는 쪽(方 모 방)
身邊 신변 몸과 몸의 주위(身 몸 신)
周邊 주변 어떤 대상의 둘레(周 두루 주)

江邊 강변   路邊 노변   沿邊 연변
底邊 저변   海邊 해변   一邊倒 일변도

342 | 병 竝 나란히 병
立부 총10획

竝列 병렬 나란히 늘어섬, 또는 나란히 늘어놓음(列 벌릴 렬)
竝立 병립 나란히 섬(立 설 립)
竝行 병행 둘 이상의 일을 한꺼번에 행함(行 다닐 행)

竝力 병력   竝設 병설   竝用 병용
竝進 병진   竝置 병치

343 | 병 屛 병풍 병
尸부 총11획

屛風 병풍 바람을 막거나 무엇을 가리거나 또는 장식용으로 방 안에 치는 물건(風 바람 풍)
曲屛 곡병 머릿병풍. 머리맡에 치는 병풍. 보통 두 쪽으로 되어 있음(曲 굽을 곡)

屛去 병거   屛居 병거   屛門 병문
屛帳 병장   素屛 소병   畵屛 화병

344 | 보 補 기울 보
衤=衣부 총12획

補缺 보결 결원이 생겼을 때에 그 빈자리를 채움(缺 이지러질 결)
補修 보수 낡은 것을 보충하여 수선함(修 닦을 수)
補完 보완 모자라거나 부족한 것을 보충하여 완전하게 함(完 완전할 완)

補强 보강   補給 보급   補償 보상
補習 보습   補藥 보약   補充 보충

345 | 보 普 넓을 보
日부 총12획

普及 보급 널리 펴서 많은 사람들에게 골고루 미치게 하여 누리게 함(及 미칠 급)
普遍 보편 모든 것에 공통되거나 들어맞음, 또는 그런 것(遍 두루 편)

普世 보세   普施 보시   普通 보통
普及率 보급률   普遍妥當 보편타당

346 | 보 譜 족보 보
言부 총19획

系譜 계보 혈연 관계나 학풍, 사조따위가 계승되어 온 연속성(系 이어맬 계)
族譜 족보 한 가문의 계통과 혈통 관계를 적어 기록한 책(族 겨레 족)

家譜 가보   世譜 세보   僧譜 승보
樂譜 악보   年譜 연보   畵譜 화보

347 | 보 寶 보배 보
宀부 총20획

寶物 보물 썩 드물고 귀한 가치가 있는 보배로운 물건(物 물건 물)
寶石 보석 아주 단단하고 빛깔과 광택이 아름다우며 희귀한 광물(石 돌 석)

寶庫 보고   寶位 보위   寶貨 보화
家寶 가보   國寶 국보   海東通寶 해동통보

348 | 복  점 복
卜부 총2획

卜術 복술 점을 치는 방법이나 기술(術 재주 술)
卜債 복채 점을 쳐 준 값으로 점쟁이에게 주는 돈(債 빚 채)
占卜 점복 점치는 일(占 점칠 점)

卜居 복거   卜吉 복길   卜師 복사
卜定 복정

349 | 복  배 복
月=肉부 총13획

腹部 복부 배 부분(部 떼 부)
腹痛 복통 복부에 일어나는 통증을 통틀어 이르는 말(痛 아플 통)
空腹 공복 배 속이 비어 있는 상태, 또는 그런 배 속(空 빌 공)

腹水 복수   腹案 복안   心腹 심복
割腹 할복   遺腹子 유복자   異腹兄弟 이복형제

350 | 복  다시 복/덮을 부
襾부 총18획

覆蓋 복개 하천에 덮개 구조물을 씌워 겉으로 보이지 않도록 함, 또는 그 덮개 구조물(蓋 덮을 개)
覆面 복면 얼굴의 전부나 일부를 헝겊 등으로 싸서 가림(面 낯 면)
飜覆 번복 이리저리 뒤집힘(飜 번역할 번)

覆檢 복검   覆考 복고   覆沒 복몰
覆船 복선   覆審 복심

• • • • 이 한 자 기 억 해 요 ? • • • •

1 芳( ) 2 倣( ) 3 邦( ) 4 背( ) 5 排( ) 6 輩( ) 7 倍( ) 8 培( ) 9 配( ) 10 伯( )

여기는! 邊변/複복

351 | 복 — 複 (겹칠 복) ネ=衣부, 총14획
- 複道 복도: 건물 안의 방과 방, 또는 건물과 건물 사이에 비나 눈이 맞지 아니하도록 지붕을 씌워 만든 통로 (道 길 도)
- 複寫 복사: 그림·사진·서류 따위를 복제함 (寫 베낄 사)
- 複利 복리
- 複線 복선
- 複數 복수
- 複雜 복잡
- 複製 복제
- 複合 복합

352 | 봉 — 封 (봉할 봉) 寸부, 총9획
- 封建 봉건: 천자가 나라의 토지를 나누어 주고 제후를 봉하여 나라를 세우게 하던 일 (建 세울 건)
- 封鎖 봉쇄: 굳게 막아 버리거나 잠금 (鎖 쇠사슬 쇄)
- 封印 봉인
- 封紙 봉지
- 封合 봉합
- 開封 개봉
- 密封 밀봉
- 册封 책봉

353 | 봉 — 蜂 (벌 봉) 虫부, 총13획
- 蜂起 봉기: 벌떼처럼 떼 지어 세차게 일어남 (起 일어날 기)
- 蜂蜜 봉밀: 벌꿀 (蜜 꿀 밀)
- 養蜂 양봉: 꿀을 얻기 위하여 벌을 기름. 벌치기 (養 기를 양)
- 蜂腰 봉요
- 蜂針 봉침
- 分蜂 분봉
- 雄蜂 웅봉
- 土蜂 토봉
- 女王蜂 여왕봉

354 | 봉 — 峯 (봉우리 봉) 山부, 총10획
- 靈峯 영봉: 신령스러운 산봉우리 (靈 신령 령)
- 最高峯 최고봉: 가장 높은 봉우리, 또는 어떤 분야에서 가장 높은 수준 (最 가장 최, 高 높을 고)
- 峯頭 봉두
- 孤峯 고봉
- 秀峯 수봉
- 雲峯 운봉
- 絶峯 절봉

355 | 봉 — 鳳 (봉새 봉) 鳥부, 총14획
- 鳳鳥 봉조: 예로부터 중국의 전설에 나오는 상서로움을 상징하는 상상의 새 (鳥 새 조)
- 鳳仙花 봉선화: 봉선화과의 한해살이풀 (仙 신선 선, 花 꽃 화)
- 鳳頭 봉두
- 鳳毛 봉모
- 鳳蝶 봉접
- 鳳枕 봉침
- 鳳湯 봉탕

356 | 부 — 付 (줄 부) イ=人부, 총5획
- 貸付 대부: 주로 은행 따위의 금융 기관에서 이자와 기한을 정하고 돈을 꾸어 줌 (貸 빌릴 대)
- 配付 배부: 출판물이나 서류 따위를 나누어 줌 (配 나눌 배)
- 結付 결부
- 交付 교부
- 納付 납부
- 分付 분부
- 送付 송부
- 申申當付 신신당부

357 | 부 — 附 (붙을 부) 阝=阜부, 총8획
- 附加 부가: 주된 것에 덧붙임 (加 더할 가)
- 附錄 부록: 본문 끝에 덧붙이는 기록 (錄 기록할 록)
- 附設 부설: 어떤 기관 따위에 부속시켜 설치함 (設 베풀 설)
- 附近 부근
- 附屬 부속
- 附與 부여
- 回附 회부
- 寄附金 기부금
- 附和雷同 부화뇌동

358 | 부 — 符 (부호 부) 竹부, 총11획
- 符信 부신: 나뭇조각이나 두꺼운 종이에 글자를 기록하여 나중에 서로 맞추어서 증거로 삼던 물건 (信 믿을 신)
- 符號 부호: 일정한 뜻을 나타내기 위하여 따로 정하여 쓰는 기호 (號 이름 호)
- 符籍 부적
- 符合 부합
- 免罪符 면죄부
- 終止符 종지부

359 | 부 — 府 (마을 부) 广부, 총8획
- 學府 학부: 학문이나 학자가 모인 곳이라는 뜻으로, 대학을 이르는 말 (學 배울 학)
- 司法府 사법부: 대법원 및 대법원이 관할하는 모든 기관을 통틀어 이르는 말 (司 맡을 사, 法 법 법)
- 府君 부군
- 幕府 막부
- 樂府 악부
- 政府 정부
- 立法府 입법부
- 行政府 행정부

360 | 부 — 腐 (썩을 부) 肉부, 총14획
- 腐敗 부패: 미생물이 작용하여 유기물이 분해되는 과정, 또는 그런 현상 (敗 패할 패)
- 豆腐 두부: 콩으로 만든 식품의 하나 (豆 콩 두)
- 腐植 부식
- 防腐 방부
- 陳腐 진부
- 不正腐敗 부정부패
- 切齒腐心 절치부심

· · · 이 한 자 기 억 해 요 ? · · ·

1 飜( ) 2 繁( ) 3 煩( ) 4 罰( ) 5 犯( ) 6 範( ) 7 壁( ) 8 碧( ) 9 辯( ) 10 辨( )

3급한자 900 | 361~380

361 | 부

부세 부
貝부 총15획

賦與 부여 나누어 줌(與 더불 여)
賦役 부역 특정한 공익 사업을 위하여 보수 없이 국민에게 의무적으로 책임을 지우는 노역 (役 부릴 역)

賦課 부과　賦金 부금　月賦 월부
天賦 천부　割賦 할부

362 | 부

다다를, 갈 부
走부 총9획

赴任 부임 임명이나 발령을 받아 근무할 곳으로 감(任 맡길 임)
赴召 부소 임금의 부름을 받고 그 앞에 나아가거나 나옴(召 부를 소)

赴擧 부거　赴門 부문

363 | 부

문서 부
竹부 총19획

簿記 부기 자산, 자본, 부채의 수지·증감 따위를 밝히는 기장법 (記 기록할 기)
名簿 명부 어떤 일에 관련된 사람의 이름, 주소, 직업 따위를 적어 놓은 장부(名 이름 명)

帳簿 장부　家計簿 가계부　殺生簿 살생부
出勤簿 출근부　出納簿 출납부　出席簿 출석부

364 | 부
副
버금 부
刂=刀부 총11획

副賞 부상 상에 덧붙여 주는 상금이나 상품(賞 상줄 상)
副食 부식 주식에 딸려 먹게 되는 음식물. 반찬 따위(食 밥 식)
副業 부업 본업 외에 여가를 이용하여 갖는 직업(業 업 업)

副題 부제　副次 부차　副班長 부반장
副産物 부산물　副作用 부작용　副次的 부차적

365 | 부

질 부
貝부 총9획

負傷 부상 몸에 상처를 입힘(傷 다칠 상)
勝負 승부 이김과 짐(勝 이길 승)
自負 자부 자기의 재능이나 학문·직업 따위에 자신을 가지고 스스로 자랑으로 생각함(自 스스로 자)

負擔 부담　負債 부채　負荷 부하
抱負 포부　過負荷 과부하　自負心 자부심

366 | 분

달릴 분
大부 총9획

奔忙 분망 매우 부산하여 바쁨(忙 바쁠 망)
奔放 분방 규칙이나 규범 따위에 얽매이지 아니하고 제멋대로임 (放 놓을 방)
奔散 분산 달아나 뿔뿔이 흩어짐 (散 흩을 산)

奔走 분주　狂奔 광분　東奔西走 동분서주

367 | 분

분할 분
忄=心부 총15획

憤怒 분노 분개하여 몹시 성을 냄, 또는 그렇게 내는 성(怒 성낼 노)
憤敗 분패 경기나 싸움 따위에서 이길 수 있었던 것을 분하게 짐 (敗 패할 패)

憤氣 분기　憤然 분연　憤痛 분통
激憤 격분　公憤 공분　義憤 의분

368 | 분

무덤 분
土부 총15획

古墳 고분 고대에 만들어진 무덤(古 예 고)
封墳 봉분 흙을 둥글게 쌓아 올려서 무덤을 만듦, 또는 그 무덤 (封 봉할 봉)
雙墳 쌍분 합장하지 않고 나란히 쓴 부부의 두 무덤(雙 쌍 쌍)

墳墓 분묘　墳山 분산　墳上 분상
墳土 분토

369 | 분

어지러울 분
糸부 총10획

紛糾 분규 이해나 주장이 뒤얽혀서 말썽이 많고 시끄러움(糾 꼴 규)
紛紛 분분 뒤숭숭하고 시끄러움
紛亂 분란 어수선하고 소란스러움 (亂 어지러울 란)

紛失 분실　紛爭 분쟁　內紛 내분
紛失物 분실물

370 | 분

가루 분
米부 총10획

粉末 분말 가루. 딱딱한 물건을 보드라울 정도로 잘게 부수거나 갈아서 만든 것(末 끝 말)
粉紅 분홍 진달래꽃의 빛깔과 같이 엷게 붉은 빛(紅 붉을 홍)

粉食 분식　粉飾 분식　粉乳 분유
粉筆 분필　白粉 백분　花粉 화분

· · · 이 한 자 기 억 해 요 ? · · · 정답 96

1 邊( )　2 竝( )　3 屛( )　4 補( )　5 普( )　6 譜( )　7 寶( )　8 卜( )　9 腹( )　10 覆( )

여기는! 賦부 / 奮분

371 | 분

奮發 분발 마음과 힘을 다하여 떨쳐 일어남(發 필 발)
興奮 흥분 어떤 자극을 받아 감정이 북받쳐 일어남, 또는 그 감정(興 일 흥)

떨칠 분　大부　총16획

奮擊 분격　奮起 분기　奮然 분연
奮戰 분전　孤軍奮鬪 고군분투

372 | 불

支拂 지불 돈을 내어 줌, 또는 값을 치름(支 지탱할 지)
滯拂 체불 마땅히 지급하여야 할 것을 지급하지 못하고 미룸(滯 막힐 체)

떨칠 불　扌=手부　총8획

拂入 불입　假拂 가불　先拂 선불
完拂 완불　還拂 환불　後拂 후불

373 | 붕

崩壞 붕괴 무너지고 깨어짐(壞 무너질 괴)
崩落 붕락 무너져서 떨어짐(落 떨어질 락)
崩御 붕어 임금이 세상을 떠남(御 거느릴 어)

무너질 붕　山부　총11획

土崩 토붕　崩積土 붕적토
崩城之痛 붕성지통　天崩之痛 천붕지통

374 | 비

祕書 비서 중요한 직위의 사람에게 직속되어 기밀 문서나 사무를 맡아보는 직위, 또는 그 직위에 있는 사람(書 글 서)
極祕 극비 절대 알려져서는 안 되는 중요한 일(極 극진할 극)

숨길 비　示부　총10획

祕訣 비결　祕密 비밀　祕方 비방
祕法 비법　祕話 비화　神祕 신비

375 | 비

卑劣 비열 성품과 행실이 천하고 용렬함(劣 못할 렬)
卑賤 비천 지위·신분이 낮고 천함(賤 천할 천)
卑下 비하 자기를 낮춤, 또는 남을 업신여기어 낮춤(下 아래 하)

낮을 비　十부　총8획

卑屈 비굴　卑俗 비속　卑語 비어
謙卑 겸비　野卑 야비　男尊女卑 남존여비

376 | 비

官婢 관비 지난날, 관가에서 부리던 계집종(官 벼슬 관)
奴婢 노비 사내종과 계집종을 아울러 이르는 말(奴 종 노)
侍婢 시비 곁에서 시중을 드는 계집종(侍 모실 시)

계집종 비　女부　총11획

婢女 비녀　婢子 비자　婢妾 비첩
館婢 관비　下婢 하비　私奴婢 사노비

377 | 비

口碑 구비 비석에 새긴 것처럼 오래도록 전해 내려온 말, 예전부터 말로 전하여 내려온 것(口 입 구)
墓碑 묘비 무덤 앞에 세우는 비석. 죽은 사람의 신분, 성명, 행적, 자손, 출생일, 사망일 따위를 새김(墓 무덤 묘)

비석 비　石부　총13획

碑閣 비각　碑銘 비명　碑文 비문
碑石 비석　頌德碑 송덕비　斥和碑 척화비

378 | 비

肥料 비료 경작지에 뿌리는 영양 물질. 토지의 생산력을 높이고 식물의 생장을 촉진하는 물질(料 헤아릴 료)
肥滿 비만 살이 쪄서 몸이 뚱뚱함(滿 찰 만)

살찔 비　月=肉부　총8획

肥大 비대　肥鈍 비둔　肥沃* 비옥
肥育 비육　肥土 비토　天高馬肥 천고마비

379 | 비

浪費 낭비 시간이나 재물 따위를 헛되이 헤프게 씀(浪 물결 랑)
消費 소비 돈이나 물건·시간·노력 따위를 써 없앰(消 사라질 소)
旅費 여비 여행하는데 드는 비용(旅 나그네 려)

쓸 비　貝부　총12획

費用 비용　經費 경비　私費 사비
雜費 잡비　虛費 허비　經常費 경상비

380 | 비

正妃 정비 정실인 왕비를 후궁에 상대하여 이르는 말(正 바를 정)
廢妃 폐비 왕비의 자리에서 물러나게 함, 또는 그렇게 된 왕비(廢 폐할 폐)

왕비 비　女부　총6획

大妃 대비　王妃 왕비　皇妃 황비
楊貴妃 양귀비　大王大妃 대왕대비

· · · 이 한 자 기 억 해 요 ? 정답 97

1 複( )　2 封( )　3 蜂( )　4 峯( )　5 鳳( )　6 付( )　7 附( )　8 符( )　9 府( )　10 腐( )

 3급한자 900 | 381~400

381 | 비
批

비평할 비
扌=手부 총7획

- 批判 비판 : 사물의 옳고 그름을 가리어 판단하거나 밝힘(判 판단할 판)
- 批評 비평 : 사물의 옳고 그름, 아름다움과 추함 따위를 분석하여 가치를 논함(評 평할 평)
- 批點 비점   批正 비정   批判力 비판력
- 批評家 비평가

382 | 빈

자주 빈
頁부 총16획

- 頻度 빈도 : 같은 현상이나 일이 반복되는 도수(度 법도 도)
- 頻發 빈발 : 사건 따위가 자주 일어남 (發 필 발)
- 頻繁 빈번 : 도수가 잦아 복잡함 (繁 번성할 번)
- 頻頻 빈빈   頻數 빈삭   頻出 빈출

383 | 빈

손 빈
貝부 총14획

- 貴賓 귀빈 : 귀한 손님(貴 귀할 귀)
- 來賓 내빈 : 모임에 공식적으로 초대를 받고 온 사람(來 올 래)
- 迎賓 영빈 : 귀한 손님을 맞이함 (迎 맞을 영)
- 賓客 빈객   賓主 빈주   國賓 국빈
- 外賓 외빈   主賓 주빈   迎賓館 영빈관

384 | 빙
聘

부를 빙
耳부 총13획

- 聘母 빙모 : 장모(母 어미 모)
- 聘父 빙부 : 장인(父 아비 부)
- 聘丈 빙장 : 아내의 아버지(丈 어른 장)
- 招聘 초빙 : 예를 갖추어 불러 맞아들임 (招 부를 초)
- 聘禮 빙례   聘問 빙문   聘聞 빙문
- 聘用 빙용

385 | 사
邪

간사할 사
阝=邑부 총7획

- 邪敎 사교 : 건전하지 못하고 요사스러운 종교(敎 가르칠 교)
- 邪惡 사악 : 간사하고 악함(惡 악할 악)
- 姦邪 간사 : 간교하고 행실이 바르지 못함 (姦 간음할 간)
- 邪念 사념   邪術 사술   邪臣 사신
- 邪心 사심   邪慾 사욕   思無邪 사무사

386 | 사
似

닮을 사
亻=人부 총7획

- 相似 상사 : 서로 비슷함(相 서로 상)
- 類似 유사 : 서로 비슷함(類 무리 류)
- 似而非 사이비 : 겉으로는 비슷하나 속은 완전히 다름, 또는 그런 것 (而 말이을 이, 非 아닐 비)
- 近似 근사   近似値 근사치   類似品 유사품
- 非夢似夢 비몽사몽

387 | 사
司

맡을 사
口부 총5획

- 司祭 사제 : 주교와 신부를 통틀어 이르는 말(祭 제사 제)
- 司令官 사령관 : 육군의 야전군, 해군의 함대, 공군의 작전 사령부 총책임자로서 기지를 지휘·통솔하는 최고 지휘관 (令 하여금 령, 官 벼슬 관)
- 司牧 사목   司試 사시   司正 사정
- 司會 사회   上司 상사   司法府 사법부

388 | 사

말, 글 사
言부 총12획

- 歌詞 가사 : 노래 내용이 되는 글 (歌 노래 가)
- 動詞 동사 : 사물의 동작이나 작용을 나타내는 품사(動 움직일 동)
- 品詞 품사 : 단어를 기능, 형태, 의미에 따라 나눈 갈래(品 물건 품)
- 詞林 사림   名詞 명사   助詞 조사
- 自動詞 자동사   他動詞 타동사   形容詞 형용사

389 | 사

모일 사
示부 총8획

- 社說 사설 : 신문이나 잡지에서 글쓴이의 주장이나 의견을 써 내는 논설(說 말씀 설)
- 社員 사원 : 회사에 근무하는 사람 (員 인원 원)
- 社交 사교   社規 사규   社會 사회
- 公社 공사   會社 회사   愛社心 애사심

390 | 사

모래 사
氵=水부 총7획

- 沙工 사공 : 뱃사공. 배를 부리는 일을 직업으로 하는 사람(工 장인 공)
- 沙果 사과 : 사과나무의 열매(果 실과 과)
- 沙器 사기 : 사기그릇. 흙을 원료로 하여 구워 만든 그릇(器 그릇 기)
- 沙丘 사구   沙金 사금   沙漠 사막
- 黃沙 황사   白沙場 백사장   沙上樓閣 사상누각

• • • 이 한 자 기 억 해 요 ? • • • 정답 98

1 賦( ) 2 赴( ) 3 簿( ) 4 副( ) 5 負( ) 6 奔( ) 7 憤( ) 8 墳( ) 9 紛( ) 10 粉( )

여기는! 批비 / 辭사

391 | 사

辭 말씀 사
辛부 총19획

- 辭任 사임: 맡아보던 일자리를 스스로 그만두고 물러남(任 맡길 임)
- 辭表 사표: 직책에서 사임하겠다는 뜻을 적어 내는 문서(表 겉 표)
- 祝辭 축사: 축하하는 뜻을 나타내는 말이나 글(祝 빌 축)
- 辭讓 사양 辭意 사의 辭典 사전
- 辭職 사직 辭退 사퇴 修辭 수사

392 | 사

蛇 긴뱀 사
虫부 총11획

- 蛇足 사족: 뱀을 그리고 나서 발을 덧붙여 그려 넣음. 쓸데없는 군짓을 하여 도리어 잘못되게 함(足 발 족)
- 白蛇 백사: 몸이 흰 뱀(白 흰 백)
- 毒蛇 독사 長蛇陣 장사진
- 龍頭蛇尾 용두사미 畫蛇添足 화사첨족

393 | 사
捨 버릴 사
扌=手부 총11획

- 喜捨 희사: 어떤 목적을 위하여 기꺼이 돈이나 물건을 내놓음(喜 기쁠 희)
- 取捨選擇 취사선택: 여럿 가운데서 쓸 것은 쓰고 버릴 것은 버림(取 가질 취, 選 가릴 선, 擇 가릴 택)
- 捨石 사석 取捨 취사 捨生取義 사생취의

394 | 사

寫 베낄 사
宀부 총15획

- 寫生 사생: 실물이나 경치를 그대로 그림(生 날 생)
- 寫眞 사진: 물체의 형상을 감광막 위에 나타나도록 찍어 오랫동안 보존할 수 있게 만든 영상(眞 참 진)
- 複寫 복사 透寫 투사 筆寫 필사
- 試寫會 시사회 靑寫眞 청사진 寫實主義 사실주의

395 | 사
斜 비낄 사
斗부 총11획

- 斜線 사선: 빗금. 비스듬하게 비껴 그은 줄(線 줄 선)
- 斜陽 사양: 저녁 때의 햇빛, 또는 저녁 때의 저무는 해(陽 볕 양)
- 傾斜 경사: 비스듬히 기울어 짐, 또는 그 정도나 상태(傾 기울 경)
- 斜視 사시 斜日 사일 斜照 사조
- 斜塔 사탑 傾斜度 경사도 傾斜面 경사면

396 | 사
詐 속일 사
言부 총12획

- 詐取 사취: 남의 것을 거짓으로 속여서 빼앗음(取 가질 취)
- 詐稱 사칭: 이름·직업·나이·주소 따위를 거짓으로 속여 이름(稱 일컬을 칭)
- 詐計 사계 詐欺 사기 詐術 사술

397 | 사

祀 제사 사
示부 총8획

- 祭祀 제사: 신령이나 죽은 사람의 넋에게 음식을 바치어 정성을 나타냄, 또는 그런 의식(祭 제사 제)
- 合祀 합사: 둘 이상의 혼령을 한곳에 모아 제사를 지냄(合 합할 합)
- 告祀 고사 封祀 봉사 上祀 상사
- 先祀 선사 世祀 세사

398 | 사
查 조사할 사
木부 총9획

- 監查 감사: 감독하고 검사함(監 볼 감)
- 踏查 답사: 현장에 가서 직접 보고 조사함(踏 밟을 답)
- 實查 실사: 실제로 검사하거나 조사함(實 열매 실)
- 檢查 검사 搜查 수사 調查 조사
- 探查 탐사 監查院 감사원 學力考查 학력고사

399 | 사

賜 줄 사
貝부 총15획

- 賜藥 사약: 왕족이나 사대부가 죽을 죄를 범하였을 때, 임금이 독약을 내림, 또는 그 독약(藥 약 약)
- 恩賜 은사: 임금이 은혜로써 신하에게 물건을 내려 주던 일, 또는 그 물건(恩 은혜 은)
- 賜死 사사 賜宴 사연 賜田 사전
- 特賜 특사 下賜 하사 厚賜 후사

400 | 사

斯 이 사
斤부 총12획

- 斯道 사도: 이 도리. 유가에서 유학의 도리를 이르는 말(道 길 도)
- 斯文 사문: 유학의 도의나 문화를 이르는 말, 또는 유학자를 높여 이르는 말(文 글월 문)
- 斯界 사계 斯學 사학 斯文亂賊 사문난적

· · · · 이 한 자 기 억 해 요 ? · · · · 정답 99

1 奮( ) 2 拂( ) 3 崩( ) 4 祕( ) 5 卑( ) 6 婢( ) 7 碑( ) 8 肥( ) 9 費( ) 10 妃( )

 3급한자 900 | 401~420

401 | 삭
削
깎을 삭
削減 삭감 깎아서 줄임(減 덜 감)
削奪 삭탈 지난날, 죄를 지은 사람의 벼슬과 품계를 빼앗고, 그 이름을 사판에서 없애던 일 (奪 빼앗을 탈)
添削 첨삭 시문이나 답안 따위의 내용 일부를 보태거나 삭제하여 고침(添 더할 첨)
刂=刀부 총9획
削髮 삭발   削除 삭제   削奪官職 삭탈관직

402 | 삭
朔
초하루 삭
朔望 삭망 음력 초하룻날과 보름날을 아울러 이르는 말(望 바랄 망)
朔風 삭풍 겨울철에 북쪽에서 불어오는 찬바람(風 바람 풍)
滿朔 만삭 아이를 낳을 달이 참(滿 찰 만)
月부 총10획
朔方 삭방   月朔 월삭   八朔 팔삭

403 | 상
償
갚을 상
辨償 변상 남에게 끼친 손해를 물어 줌 (辨 분별할 변)
補償 보상 국가 또는 단체가 국민이나 주민에게 가한 재산상의 손실을 갚기 위해 제공하는 대상 (補 기울 보)
亻=人부 총17획
償金 상금   償還 상환   無償 무상
報償 보상   有償 유상   求償權 구상권

404 | 상
嘗
맛볼 상
嘗試 상시   시험하여 봄(試 시험 시)
未嘗不 미상불 아닌게 아니라 과연 (未 아닐 미, 不 아닐 불)
口부 총14획
嘗味 상미   嘗藥 상약

405 | 상
象
코끼리 상
象形 상형 한자 육서의 하나. 물체의 형상을 본떠서 글자를 만드는 방법(形 모양 형)
具象 구상 사물, 예술 작품 따위가 직접 경험하거나 지각할 수 있게 일정한 형태와 성질을 갖춤 (具 갖출 구)
豕부 총12획
象牙 상아   象徵 상징   抽象 추상
表象 표상   現象 현상   形象 형상

406 | 상
像
모양 상
銅像 동상 구리로 사람이나 동물의 형상을 만들거나 구릿빛을 입혀서 만들어 놓은 기념물(銅 구리 동)
想像 상상 실제로 경험하지 않은 현상이나 사물에 대하여 마음속으로 그림(想 생각 상)
亻=人부 총14획
佛像 불상   聖像 성상   映像 영상
坐像 좌상   虛像 허상   胸像 흉상

407 | 상

뽕나무 상
扶桑 부상 중국 전설의 해가 뜨는 동쪽 바다 속에 있다는 상상의 나무, 또는 그 나무가 있는 곳(扶 도울 부)
桑田碧海 상전벽해
뽕나무 밭이 변하여 푸른 바다가 됨. 세상의 변천이 심함 (田 밭 전, 碧 푸를 벽, 海 바다 해)
木부 총10획
桑門 상문   桑婦 상부   農桑 농상
桑葉 상엽

408 | 상

치마 상
衣裳 의상 배우나 무용하는 사람들이 연기할 때 입는 옷(衣 옷 의)
綠衣紅裳 녹의홍상
연두저고리에 다홍치마, 젊은 여자의 고운 옷차림(綠 푸를 록, 衣 옷 의, 紅 붉을 홍)
衣부 총14획
紅裳 홍상   黃裳 황상   同價紅裳 동가홍상

409 | 상
詳
자세할 상
詳細 상세 속속들이 자세함(細 가늘 세)
詳述 상술 자세하게 설명하여 말함 (述 펼 술)
未詳 미상 알려지지 않음(未 아닐 미)
昭詳 소상 밝고 자세함(昭 밝을 소)
言부 총13획
詳論 상론   詳說 상설

410 | 상
祥
상서로울 상
吉祥 길상 운수가 좋을 조짐(吉 길할 길)
發祥 발상 어떤 일이 처음으로 일어남 (發 필 발)
小祥 소상 사람이 죽은 지 한 돌 만에 지내는 제사(小 작을 소)
示부 총11획
祥夢 상몽   大祥 대상   發祥地 발상지
不祥事 불상사

─── 이 한 자 기 억 해 요 ? ─── 정답 100

1 批(　) 2 頻(　) 3 賓(　) 4 聘(　) 5 邪(　) 6 似(　) 7 司(　) 8 詞(　) 9 社(　) 10 沙(　)

여기는! 削삭 / 床상

411 | 상

상 상
广부 총7획

- 臨床 임상 : 환자를 진료하거나 의학을 연구하기 위하여 병상에 임하는 일 (臨 임할 림)
- 册床 책상 : 앉아서 책을 읽거나 글을 쓰거나 사무를 보거나 할 때에 앞에 놓고 쓰는 상 (册 책 책)
- 兼床 겸상
- 起床 기상
- 獨床 독상
- 病床 병상
- 溫床 온상
- 平床 평상

412 | 상
狀
형상 상/문서 장
犬부 총8획

- 狀況 상황 : 일이 되어 가는 과정이나 형편 (況 상황 황)
- 答狀 답장 : 회답하여 보내는 편지 (答 대답 답)
- 賞狀 상장 : 상을 주는 뜻을 표하여 주는 증서 (賞 상줄 상)
- 狀態 상태
- 實狀 실상
- 症狀 증상
- 現狀 현상
- 令狀 영장
- 告發狀 고발장

413 | 색
塞
막힐 색/변방 새
土부 총13획

- 窮塞 궁색 : 아주 가난함 (窮 다할 궁)
- 要塞 요새 : 군사적으로 중요한 곳에 튼튼하게 만들어 놓은 방어 시설, 또는 그런 시설을 한 곳 (要 요긴할 요)
- 充塞 충색
- 閉塞 폐색
- 塞翁之馬 새옹지마
- 拔本塞源 발본색원

414 | 색
索
찾을 색/새끼줄 삭
糸부 총10획

- 索引 색인 : 어떤 것을 뒤져서 찾아내거나 필요한 정보를 밝힘 (引 끌 인)
- 探索 탐색 : 드러나지 않은 사물이나 현상 따위를 찾아내거나 밝히기 위하여 살피어 찾음 (探 찾을 탐)
- 索莫 삭막
- 索出 색출
- 檢索 검색
- 思索 사색
- 搜索 수색

415 | 서

펼 서
攴부 총11획

- 敍情 서정 : 주로 예술 작품에서 자기의 감정이나 정서를 그려 냄 (情 뜻 정)
- 敍事詩 서사시 : 역사적 사실이나 신화, 전설, 영웅의 사적 따위를 서사적 형태로 쓴 시 (事 일 사, 詩 시 시)
- 敍景 서경
- 敍說 서설
- 敍述 서술
- 敍任 서임
- 敍情的 서정적
- 自敍傳 자서전

416 | 서
徐
천천히 서
彳부 총10획

- 徐步 서보 : 천천히 걷는 걸음 (步 걸음 보)
- 徐行 서행 : 사람이나 차가 천천히 감 (行 다닐 행)
- 徐羅伐 서라벌 : 신라를 이전에 이르던 말 (羅 벌릴 라, 伐 칠 벌)
- 徐徐 서서
- 徐緩 서완

417 | 서

갈 서
辶=辵부 총11획

- 逝去 서거 : '사거'의 높임말. 죽어서 세상을 떠났다는 말 (去 갈 거)
- 逝世 서세 : '별세'의 높임말. 윗사람이 세상을 떠났다는 말 (世 인간 세)
- 急逝 급서 : 갑자기 세상을 떠남 (急 급할 급)
- 逝者 서자
- 永逝 영서
- 長逝 장서

418 | 서

맹세할 서
言부 총14획

- 誓約 서약 : 맹세하고 약속함 (約 맺을 약)
- 誓願 서원 : 신불이나 자기 마음속에 맹세하여 소원을 세움, 또는 그 소원 (願 원할 원)
- 宣誓 선서 : 여러 사람 앞에서 공개하여 맹세하는 일 (宣 베풀 선)
- 誓文 서문
- 誓言 서언
- 盟誓 맹서

419 | 서

여러 서
广부 총11획

- 庶女 서녀 : 첩의 몸에서 태어난 딸 (女 계집 녀)
- 庶子 서자 : 본부인이 아닌 딴 여자에게서 태어난 아들 (子 아들 자)
- 庶出 서출 : 첩이 낳은 자식 (出 날 출)
- 庶幾 서기
- 庶務 서무
- 庶民 서민
- 庶人 서인
- 民庶 민서

420 | 서

용서할 서
心부 총10획

- 容恕 용서 : 지은 죄나 잘못한 일에 대하여 꾸짖거나 벌하지 아니하고 덮어 줌 (容 얼굴 용)
- 忠恕 충서 : 충직하고 동정심이 많음 (忠 충성 충)
- 恕免 서면
- 寬恕 관서
- 仁恕 인서

・ ・ ・ ・ 이 한 자 기 억 해 요 ? ・ ・ ・ 정답 101

1 辭( ) 2 蛇( ) 3 捨( ) 4 寫( ) 5 斜( ) 6 詐( ) 7 祀( ) 8 査( ) 9 賜( ) 10 斯( )

3급한자 900 | 421~440

421 | 서
署 마을, 관청 서
网(罒)부 총14획

- 署理 서리 : 조직에서 결원이 생겼을 때, 그 직무를 대리함. 또는 그런 사람 (理 다스릴 리)
- 連署 연서 : 한 문서에 여러 사람이 잇따라 서명함 (連 이을 련)
- 署名 서명   署長 서장   官署 관서
- 代署 대서   本署 본서   部署 부서

422 | 서
緒 실마리 서
糸부 총15획

- 端緒 단서 : 어떤 문제를 해결하는 방향으로 이끌어 가는 일의 첫 부분 (端 끝 단)
- 遺緒 유서 : 선대부터 이어온 사업 (遺 남길 유)
- 緒論 서론   緒言 서언   頭緒 두서
- 心緒 심서   由緒 유서   情緒 정서

423 | 석
析 쪼갤 석
木부 총8획

- 分析 분석 : 얽혀 있거나 복잡한 것을 풀어서 개별적인 요소나 성질로 나눔 (分 나눌 분)
- 透析 투석 : 반투막을 써서 콜로이드나 고분자 용액을 정제하는 일 (透 사무칠 투)
- 析出 석출   開析 개석   辨析 변석
- 解析 해석

424 | 석
釋 풀 석
釆부 총20획

- 注釋 주석 : 말이나 문장의 뜻을 쉽게 풀이함. 또는 그런 글 (注 부을 주)
- 解釋 해석 : 문장이나 사물 따위로 표현된 내용을 이해하고 설명함. 또는 그 내용 (解 풀 해)
- 釋放 석방   釋然 석연   釋尊 석존
- 保釋 보석   稀釋 희석   假釋放 가석방

425 | 선
旋 돌 선
方부 총11획

- 旋風 선풍 : 회오리바람. 돌발적으로 일어나 세상을 뒤흔드는 사건을 이르는 말 (風 바람 풍)
- 周旋 주선 : 일이 잘되도록 여러 가지 방법으로 힘씀 (周 두루 주)
- 旋盤 선반   旋律 선율   旋轉 선전
- 旋環 선환   旋回 선회   回旋 회선

426 | 선
宣 베풀 선
宀부 총9획

- 宣告 선고 : 공판정에서 재판장이 판결을 알리는 일 (告 고할 고)
- 宣戰 선전 : 다른 나라에 대하여 전쟁 개시를 선언함 (戰 싸움 전)
- 宣布 선포 : 세상에 널리 알림 (布 베풀 포)
- 宣敎 선교   宣誓 선서   宣揚 선양
- 宣言 선언   宣傳 선전   宣戰布告 선전포고

427 | 선
禪 선 선
示부 총17획

- 坐禪 좌선 : 고요히 앉아서 참선함 (坐 앉을 좌)
- 參禪 참선 : 선사에게 나아가 선도를 배워 닦거나 스스로 선법을 닦아 구함 (參 참여할 참)
- 禪房 선방   禪師 선사   禪讓 선양
- 禪僧 선승   禪宗 선종   入禪 입선

428 | 섭
涉 건널 섭
氵(水)부 총10획

- 涉外 섭외 : 외부와 연락·교섭하는 일 (外 바깥 외)
- 干涉 간섭 : 남의 일에 참견함 (干 방패 간)
- 交涉 교섭 : 어떤 일을 이루기 위하여 서로 의논하고 절충함 (交 사귈 교)
- 涉歷 섭력   涉獵 섭렵   涉世 섭세
- 幕後交涉 막후교섭

429 | 섭
攝 다스릴, 잡을 섭
扌(手)부 총21획

- 攝理 섭리 : 자연계를 지배하고 있는 원리와 법칙 (理 다스릴 리)
- 攝政 섭정 : 군주가 직접 통치할 수 없을 때에 군주를 대신하여 나라를 다스림. 또는 그런 사람 (政 정사 정)
- 攝生 섭생   攝氏 섭씨   攝取 섭취
- 包攝 포섭

430 | 소
騷 떠들 소
馬부 총20획

- 騷動 소동 : 사람들이 놀라거나 흥분하여 시끄럽게 법석거리고 떠들어대는 일 (動 움직일 동)
- 騷亂 소란 : 시끄럽고 어수선함 (亂 어지러울 란)
- 騷說 소설   騷音 소음   離騷 이소
- 騷人墨客 소인묵객

• • • 이 한 자 기 억 해 요 ? • • •   정답 102

1 削( ) 2 朔( ) 3 償( ) 4 嘗( ) 5 象( ) 6 像( ) 7 桑( ) 8 裳( ) 9 詳( ) 10 祥( )

여기는! 署서/召소

431 | 소 召 부를 소
口부 총5획

- 召集소집: 단체나 조직체의 구성원을 불러서 모음(集 모을 집)
- 召還소환: 본국에서 외국에 파견한 외교 사절을 불러들이는 일, 또는 공직에 있는 사람을 임기가 끝나기 전에 파면하는 일이나 그런 제도(還 돌아올 환)
- 召命소명
- 赴召부소
- 應召응소
- 召集令소집령

432 | 소 昭 밝을 소
日부 총9획

- 昭明소명: 사물에 밝음. 밝고 영리함(明 밝을 명)
- 昭詳소상: 밝고 자세함(詳 자세할 상)
- 昭然소연: 일이나 이치가 밝고 뚜렷함(然 그럴 연)
- 昭雪소설
- 昭昭소소
- 昭應소응
- 昭儀소의
- 昭著소저

433 | 소 燒 불사를 소
火부 총16획

- 燒却소각: 불에 태워 없앰(却 물리칠 각)
- 燒失소실: 불에 타서 사라짐, 또는 그렇게 잃음(失 잃을 실)
- 燒酒소주: 알코올에 물과 향료를 섞어서 얻는 희석식 술(酒 술 주)
- 燒滅소멸
- 燒身소신
- 燒盡소진
- 燒火소화
- 燃燒연소
- 全燒전소

434 | 소 掃 쓸 소
扌=手부 총11획

- 掃滅소멸: 싹 쓸어서 없앰(滅 멸할 멸)
- 掃除소제: 더럽거나 어지러운 것을 쓸고 닦아서 깨끗하게 함(除 덜 제)
- 一掃일소: 남김없이 모조리 쓸어버림(一 한 일)
- 淸掃청소: 깨끗이 쓸고 닦음(淸 맑을 청)
- 掃地소지
- 掃海소해
- 大淸掃대청소
- 淸掃夫청소부
- 淸掃車청소차

435 | 소 訴 호소할 소
言부 총12획

- 訴訟소송: 재판에 의하여 원고와 피고 사이의 권리나 의무 따위의 법률 관계를 확정하여 줄 것을 법원에 요구함, 또는 그런 절차(訟 송사할 송)
- 勝訴승소: 소송에서 이기는 일(勝 이길 승)
- 訴狀소장
- 上訴상소
- 告訴고소
- 抗訴항소
- 起訴기소
- 呼訴호소

436 | 소 蘇 되살아날 소

艹=艸부 총20획

- 蘇生소생: 거의 죽어 가다가 다시 살아남(生 날 생)
- 蘇鐵소철: 소철과의 열대산 상록 교목(鐵 쇠 철)
- 蘇息소식
- 蘇葉소엽

437 | 소 疏 소통할 소
疋부 총12획

- 疏外소외: 어떤 무리에서 싫어하여 따돌리거나 멀리함(外 바깥 외)
- 疏遠소원: 지내는 사이가 두텁지 아니하고 거리가 있어서 서먹서먹함(遠 멀 원)
- 疏略소략
- 疏薄소박
- 疏脫소탈
- 疏通소통
- 疏忽소홀
- 上疏상소

438 | 소 蔬 나물 소
艹=艸부 총15획

- 蔬飯소반: 변변하지 아니한 음식(飯 밥 반)
- 菜蔬채소: 남새. 밭에서 기르는 농작물. 주로 그 잎이나 줄기, 열매 따위는 식용함(菜 나물 채)
- 蔬果소과
- 蔬菜소채
- 香蔬향소

439 | 속 束 묶을 속
木부 총7획

- 結束결속: 뜻이 같은 사람끼리 서로 단결함(結 맺을 결)
- 團束단속: 규칙이나 법령, 명령 따위를 지키도록 통제함(團 둥글 단)
- 約束약속: 어떤 일에 대하여 어떻게 하기로 미리 정해놓고 서로 어기지 않을 것을 다짐함(約 맺을 약)
- 檢束검속
- 拘束구속
- 束手無策속수무책

440 | 속 屬 붙일 속
尸부 총21획

- 屬性속성: 사물의 특징·성질(性 성품 성)
- 所屬소속: 어떤 기관이나 단체에 딸림(所 바 소)
- 從屬종속: 주되는 것에 딸려 붙음(從 좇을 종)
- 屬國속국
- 歸屬귀속
- 金屬금속
- 附屬부속
- 隸屬예속
- 全屬전속

· · · 이 한 자 기 억 해 요 ? · · · 정답 103

1 床( ) 2 狀( ) 3 塞( ) 4 索( ) 5 敍( ) 6 徐( ) 7 逝( ) 8 誓( ) 9 庶( ) 10 恕( )

3급한자 900 | 441~460

441 | 속 粟

- 粟米 속미 좁쌀(米 쌀 미)
- 米粟 미속 쌀과 벼를 아울러 이르는 말 (米 쌀 미)
- 倉粟 창속 곳집 안에 저장되어 있는 곡물(倉 곳집 창)

조 속
米부 총12획
粟奴 속노   粟飯 속반

442 | 손 損

- 損益 손익 손해와 이익을 아울러 이르는 말(益 더할 익)
- 缺損 결손 어느 부분이 없거나 잘못되어서 불완전함. 모자람 (缺 이지러질 결)

덜 손
扌=手부 총13획
損費 손비   損傷 손상   損失 손실
損害 손해   差損 차손   破損 파손

443 | 솔 率

- 率直 솔직 거짓이나 꾸밈이 없이 바르고 곧음(直 곧을 직)
- 比率 비율 다른 수나 양에 대한 어떤 수나 양의 비(比 견줄 비)
- 引率 인솔 손아랫사람이나 무리를 이끌고 감(引 끌 인)

거느릴 솔/비율 률
玄부 총11획
率先 솔선   眞率 진솔   統率 통솔
能率 능률   確率 확률   百分率 백분율

444 | 송 誦

- 誦詠 송영 시가를 외어 읊조림 (詠 읊을 영)
- 暗誦 암송 글을 보지 아니하고 입으로 욈(暗 어두울 암)
- 愛誦 애송 시나 노래 따위를 즐겨 읊거나 외거나 노래 부름(愛 사랑 애)

욀 송
言부 총14획
記誦 기송   朗誦 낭송   讀誦 독송
背誦 배송   愛誦詩 애송시

445 | 송 訟

- 訟事 송사 재판에 의하여 권리나 의무 따위를 확정해 줄 것을 법원에 요구함. 또는 그런 절차 (事 일 사)
- 爭訟 쟁송 서로 다투어 송사함(爭 다툴 쟁)

송사할 송
言부 총11획
健訟 건송   訴訟 소송   聽訟 청송
訴訟法 소송법   訴訟狀 소송장

446 | 송 頌

- 頌歌 송가 공덕을 기리는 노래 (歌 노래 가)
- 頌祝 송축 경사스러운 일을 기리어 축하함(祝 빌 축)
- 頌德碑 송덕비 공덕을 기리기 위하여 세운 비(德 큰 덕, 碑 비석 비)

칭송할, 기릴 송
頁부 총13획
頌辭 송사   頌聲 송성   讚頌 찬송
稱頌 칭송   讚頌歌 찬송가

447 | 쇄 刷

- 刷新 쇄신 나쁜 폐단이나 묵은 것을 버리고 새롭게 함(新 새 신)
- 印刷 인쇄 잉크를 사용하여 판면에 그려져 있는 글이나 그림 따위를 종이, 천 따위에 박아 냄 (印 도장 인)

인쇄할 쇄
刂=刀부 총8획
刷掃 쇄소   推刷 추쇄   縮刷 축쇄
校正刷 교정쇄   印刷物 인쇄물   印刷所 인쇄소

448 | 쇄 鎖

- 鎖骨 쇄골 가슴 위쪽 좌우에 있는 한 쌍의 뼈(骨 뼈 골)
- 鎖國 쇄국 외국과의 통상·교역을 금함 (國 나라 국)
- 閉鎖 폐쇄 문 따위를 닫아걸거나 막아 버림(閉 닫을 폐)

쇠사슬 쇄
金부 총18획
鎖門 쇄문   封鎖 봉쇄   連鎖 연쇄
足鎖 족쇄   鐵鎖 철쇄   鎖國政策 쇄국정책

449 | 쇠 衰

- 衰弱 쇠약 힘이 쇠하고 약함(弱 약할 약)
- 衰殘 쇠잔 쇠하여 힘이나 세력이 점점 약해짐(殘 남을 잔)
- 衰退 쇠퇴 기세나 상태가 쇠하여 전보다 못하여 감(退 물러날 퇴)

쇠할 쇠
衣부 총10획
衰落 쇠락   衰亡 쇠망   衰盡 쇠진
老衰 노쇠   興亡盛衰 흥망성쇠   榮枯盛衰 영고성쇠

450 | 수 囚

- 囚衣 수의 죄수가 입는 옷(衣 옷 의)
- 囚人 수인 옥에 갇힌 사람(人 사람 인)
- 脫獄囚 탈옥수 감옥에서 몰래 빠져나와 달아난 죄수 (脫 벗을 탈, 獄 옥 옥)

가둘 수
囗부 총5획
罪囚 죄수   旣決囚 기결수   模範囚 모범수
未決囚 미결수   死刑囚 사형수

・・・ 이 한 자 기 억 해 요 ? ・・・   정답 104

1 署(　) 2 緖(　) 3 析(　) 4 釋(　) 5 旋(　) 6 宣(　) 7 禪(　) 8 涉(　) 9 攝(　) 10 騷(　)

여기는! 粟속 / 需수

451 | 수

需
쓰일, 쓸 수
雨부 총14획

- 需要 수요 : 어떤 재화나 용역을 일정한 가격으로 사려고 하는 욕구 (要 요긴할 요)
- 特需 특수 : 특별한 상황에서 발생하는 수요 (特 특별할 특)
- 需給 수급
- 需用 수용
- 必需 필수
- 婚需 혼수
- 軍需品 군수품
- 盛需期 성수기

452 | 수

獸
짐승 수
犬부 총19획

- 野獸 야수 : 사람에게 길이 들지 않은 야생의 사나운 짐승 (野 들 야)
- 人面獸心 인면수심 : 사람의 얼굴을 하고 있으나 마음은 짐승과 같음, 마음이나 행동이 몹시 흉악함 (人 사람 인, 面 낯 면, 心 마음 심)
- 獸性 수성
- 怪獸 괴수
- 禽獸 금수
- 猛獸 맹수
- 鳥獸 조수
- 獸醫師 수의사

453 | 수
隨
따를 수
阝=阜부 총16획

- 隨時 수시 : 일정하게 정하여 놓은 때 없이 그때그때 상황에 따름 (時 때 시)
- 隨筆 수필 : 일정한 형식이 없이 인생, 자연 또는 생활의 느낌이나 체험을 생각나는 대로 쓴 산문 (筆 붓 필)
- 隨伴 수반
- 隨行 수행
- 附隨的 부수적
- 半身不隨 반신불수
- 夫唱婦隨 부창부수

454 | 수

殊
다를 수
歹부 총10획

- 殊常 수상 : 보통과 달라 이상함 (常 떳떳할 상)
- 特殊 특수 : 특별히 다름 (特 특별할 특)
- 殊功 수공
- 殊怪 수괴
- 殊遇 수우
- 殊域 수역
- 特殊性 특수성

455 | 수
輸
보낼 수
車부 총16획

- 輸送 수송 : 기차나 자동차, 배, 항공기 따위로 사람이나 물건을 실어 옮김 (送 보낼 송)
- 運輸 운수 : 운송이나 운반보다 큰 규모로 사람을 태워 나르거나 물건을 실어 나름 (運 옮길 운)
- 輸入 수입
- 輸出 수출
- 輸血 수혈
- 空輸 공수
- 禁輸 금수
- 密輸 밀수

456 | 수

遂
드디어 수
辶=辵부 총13획

- 遂行 수행 : 생각하거나 계획한대로 일을 해냄 (行 다닐 행)
- 未遂 미수 : 범죄를 실행하려다가 그 목적을 달성하지 못한 일 (未 아닐 미)
- 完遂 완수 : 모두 이루거나 다함 (完 완전할 완)
- 遂事 수사
- 遂成 수성
- 旣遂 기수

457 | 수
垂
드리울 수
土부 총8획

- 垂面 수면 : 어떠한 평면이나 직선과 수직을 이루는 면 (面 낯 면)
- 垂線 수선 : 일정한 직선이나 평면과 직각을 이루는 직선 (線 줄 선)
- 垂直 수직 : 반듯하게 드리움 (直 곧을 직)
- 垂心 수심
- 垂楊 수양
- 垂訓 수훈
- 垂直線 수직선
- 懸垂幕 현수막
- 率先垂範 솔선수범

458 | 수

睡
졸음 수
目부 총13획

- 睡蓮 수련 : 수련과의 여러해살이 수초 (蓮 연꽃 련)
- 睡眠 수면 : 잠을 자는 일 (眠 잘 면)
- 昏睡 혼수 : 정신없이 잠이 듦. 의식을 잃고 인사불성이 되는 일 (昏 어두울 혼)
- 午睡 오수
- 坐睡 좌수
- 寢睡 침수
- 昏睡狀態 혼수상태

459 | 수
帥
장수 수
巾부 총9획

- 元帥 원수 : 장성 계급의 하나. 대장의 위로 가장 높은 계급임 (元 으뜸 원)
- 將帥 장수 : 군사를 거느리는 우두머리 (將 장수 장)
- 統帥 통수 : 일체를 통할하여 거느림, 또는 그런 사람 (統 거느릴 통)
- 總帥 총수
- 大元帥 대원수
- 都元帥 도원수
- 統帥權 통수권

460 | 수
搜
찾을 수
扌=手부 총13획

- 搜査 수사 : 범죄의 혐의를 명백히 하기 위해 범인을 발견·확보하고 증거를 수집·보전하는 일 (査 조사할 사)
- 搜索 수색 : 물건, 사람을 발견할 목적으로 하는 강제 처분 (索 찾을 색)
- 檢搜 검수
- 搜探 수탐
- 搜査班 수사반
- 搜索隊 수색대
- 搜査機關 수사기관

• • • 이 한 자 기 억 해 요 ? • • • 정답 105

1 김( ) 2 昭( ) 3 燒( ) 4 掃( ) 5 訴( ) 6 蘇( ) 7 疏( ) 8 蔬( ) 9 束( ) 10 屬( )

3급한자 900 | 461~480

---

461 | 숙

누구 숙

子부 총11획

孰是孰非 숙시숙비
누가 옳고 누가 그른지 가리기 어려움. 시비가 분명하지 아니함(是 옳을 시, 非 아닐 비)

---

462 | 숙

熟

익을 숙

灬=火부 총15획

熟語 숙어 두 개 이상의 단어로 이루어져 그 단어들의 의미만으로는 의미를 알 수 없는 특수한 의미를 나타내는 어구(語 말씀 어)
熟知 숙지 익숙하게 또는 충분히 앎(知 알 지)

熟達 숙달 熟讀 숙독 熟眠 숙면
熟成 숙성 半熟 반숙 親熟 친숙

---

463 | 숙

엄숙할 숙

聿부 총13획

肅淸 숙청 정치 단체나 비밀 결사의 내부 또는 독재 국가 등에서 정책이나 조직의 일체성을 확보하기 위하여 반대파를 처단하거나 제거함(淸 맑을 청)
靜肅 정숙 조용하고 엄숙함(靜 고요할 정)

肅然 숙연 嚴肅 엄숙 自肅 자숙

---

464 | 순

瞬

눈깜짝일 순

目부 총17획

瞬間 순간 어떤 일이 일어난 바로 그 때(間 사이 간)
瞬息間 순식간 눈을 한 번 깜짝하거나 숨을 한 번 쉴 만한 아주 짧은 동안(息 쉴 식, 間 사이 간)

瞬時 순시 瞬發力 순발력 一瞬間 일순간

---

465 | 순

돌, 순행할 순

巛부 총7획

巡禮 순례 종교의 발생지, 성인의 무덤이나 거주지 등 종교적인 의미가 있는 곳을 찾아 방문하여 참배함(禮 예도 례)
巡察 순찰 여러 곳을 돌아다니며 사정을 살핌(察 살필 찰)

巡警 순경 巡訪 순방 巡査 순사
巡視 순시 巡航 순항 巡行 순행

---

466 | 순

脣

입술 순

月=肉부 총11획

丹脣 단순 여자의 붉고 고운 입술, 또는 연지를 바른 입술(丹 붉을 단)
脣亡齒寒 순망치한
입술이 없으면 이가 시림. 서로 이해 관계가 밀접한 사이에 한 쪽이 망하면 다른 한쪽도 그 영향을 받아 온전하기 어려움
(亡 망할 망, 齒 이 치, 寒 찰 한)

脣舌 순설 脣音 순음 脣齒音 순치음

---

467 | 순

열흘 순

日부 총6획

旬望 순망 음력 초열흘과 보름(望 바랄 망)
初旬 초순 한 달 가운데 초하루부터 초열흘까지의 사이(初 처음 초)
下旬 하순 한 달 가운데 스무하룻날부터 그믐날까지의 동안(下 아래 하)

旬報 순보 旬葬 순장 上旬 상순
中旬 중순 七旬 칠순 八旬 팔순

---

468 | 순

殉

따라죽을 순

歹부 총10획

殉敎 순교 자기가 믿는 신앙을 지키기 위하여 목숨을 바치는 일. 넓은 뜻으로는 주의나 사상을 위하여 죽는 경우에도 씀(敎 가르칠 교)
殉國 순국 나라를 위하여 목숨을 바침(國 나라 국)

殉死 순사 殉葬 순장 殉職 순직

---

469 | 순

돌 순

彳부 총12획

循例 순례 관례를 따름(例 법식 례)
循守 순수 전례나 규칙, 명령 따위를 그대로 좇아서 지킴(守 지킬 수)
循次 순차 차례를 좇음(次 버금 차)
循環 순환 쉬지 않고 자꾸 돎(環 고리 환)

循吏 순리 順次的 순차적 循環期 순환기
循環線 순환선 惡循環 악순환

---

470 | 술

재주 술

行부 총11획

技術 기술 과학 이론을 적용하여 자연의 사물을 인간 생활에 유용하도록 가공하는 수단(技 재주 기)
學術 학술 학문과 기술을 아울러 이르는 말(學 배울 학)

術數 술수 美術 미술 手術 수술
施術 시술 藝術 예술 話術 화술

• • • 이 한 자 기 억 해 요 ? • • • 정답 106

1 粟(　) 2 損(　) 3 率(　) 4 誦(　) 5 訟(　) 6 頌(　) 7 刷(　) 8 鎖(　) 9 衰(　) 10 囚(　)

여기는! 孰숙 / 述술

471 | 술

펼 술
辶=辵부　총9획

- 敍述 서술 : 사건이나 생각 따위를 차례대로 말하거나 적음(敍 펼 서)
- 陳述 진술 : 일이나 상황에 대하여 자세하게 이야기함, 또는 그런 이야기(陳 베풀 진)
- 述語 술어　述懷 술회　口述 구술
- 記述 기술　略述 약술　著述 저술

472 | 습

엄습할 습
衣부　총22획

- 襲擊 습격 : 갑자기 상대편을 덮쳐 침 (擊 칠 격)
- 攻襲 공습 : 갑자기 공격하여 침(攻 칠 공)
- 踏襲 답습 : 예로부터 해 오던 방식이나 수법을 좇아 그대로 행함 (踏 밟을 답)
- 空襲 공습　急襲 급습　奇襲 기습
- 世襲 세습　夜襲 야습　逆襲 역습

473 | 습

젖을 습
氵=水부　총17획

- 濕氣 습기 : 축축한 기운(氣 기운 기)
- 濕度 습도 : 공기 가운데 수증기가 들어 있는 정도(度 법도 도)
- 濕地 습지 : 습기가 많은 축축한 땅(地 따 지)
- 多濕 다습 : 습도가 높음(多 많을 다)
- 濕潤 습윤　濕布 습포　乾濕 건습
- 高濕 고습　高溫多濕 고온다습

474 | 승

오를 승
日부　총8획

- 昇進 승진 : 직위의 등급이나 계급이 오름(進 나아갈 진)
- 昇降機 승강기 : 동력을 사용하여 사람이나 화물을 아래위로 나르는 장치(降 내릴 강, 機 틀 기)
- 昇格 승격　昇級 승급　昇天 승천
- 昇華 승화　上昇 상승　急上昇 급상승

475 | 승

중 승
亻=人부　총14획

- 僧家 승가 : '절'을 달리 이르는 말. 중들이 모여 살고 있는 또는 중이나 그들이 사는 사회(家 집 가)
- 僧舞 승무 : 고깔과 장삼을 걸치고 북채를 쥐고 추는 춤(舞 춤출 무)
- 高僧 고승 : 덕이 높은 중(高 높을 고)
- 僧科 승과　僧軍 승군　僧兵 승병
- 僧服 승복　女僧 여승　破戒僧 파계승

476 | 시

모실 시
亻=人부　총8획

- 侍女 시녀 : 지난날 지체 높은 사람의 가까이에 있으면서 시중을 들던 여자(女 계집 녀)
- 內侍 내시 : 조선 때 내시부에 속한 궁중의 남자 내관(內 안 내)
- 侍立 시립　侍生 시생　侍飮 시음
- 侍從 시종

477 | 시

화살 시
矢부　총5획

- 矢石 시석 : 예전에 전쟁에 쓰던 화살과 돌(石 돌 석)
- 矢言 시언 : 맹세하여 언약하는 말 (言 말씀 언)
- 弓矢 궁시 : 활과 화살을 아울러 이르는 말(弓 활 궁)
- 毒矢 독시　飛矢 비시　流矢 유시

478 | 식

꾸밀 식
飠=食부　총14획

- 假飾 가식 : 속마음과는 달리 겉으로만 꾸밈(假 거짓 가)
- 服飾 복식 : 옷의 꾸밈새. 옷과 장신구를 아울러 이르는 말(服 옷 복)
- 修飾 수식 : 문장의 표현을 화려하거나 기교 있게 꾸밈(修 닦을 수)
- 粉飾 분식　裝飾 장식　假飾的 가식적
- 虛禮虛飾 허례허식

479 | 식
쉴 식
心부　총10획

- 消息 소식 : 안부나 어떤 형세 따위를 알리거나 통지함(消 사라질 소)
- 安息 안식 : 편안하게 쉼(安 편안 안)
- 休息 휴식 : 하던 일을 멈추고 잠깐 쉼 (休 쉴 휴)
- 女息 여식　子息 자식　歎息 탄식
- 瞬息間 순식간　安息日 안식일　安息處 안식처

480 | 신

삼갈 신
忄=心부　총13획

- 愼獨 신독 : 홀로 있을 때에도 도리에 어그러짐이 없도록 몸가짐을 바로 하고 언행을 삼감(獨 홀로 독)
- 愼重 신중 : 매우 조심스러움(重 무거울 중)
- 謹愼 근신 : 말이나 행동을 삼가고 조심함(謹 삼갈 근)
- 愼慮 신려　愼思 신사　愼言 신언
- 愼終 신종

이 한 자 기 억 해 요 ?　정답 107

1 需(　)　2 獸(　)　3 隨(　)　4 殊(　)　5 輸(　)　6 遂(　)　7 垂(　)　8 睡(　)　9 帥(　)　10 搜(　)

3급한자 900 | 481~500

481 | 신 — 晨 새벽 신 (日부, 총11획)
- 晨光 신광 : 새벽에 동이 틀 무렵의 빛 (光 빛 광)
- 晨明 신명 : 새벽녘 (明 밝을 명)
- 晨星 신성 : 샛별. 금성을 일상적으로 이르는 말 (星 별 성)
- 晨夕 신석
- 晨夜 신야
- 晨昏 신혼
- 昏定晨省 혼정신성

482 | 신 — 伸 펼 신 (亻=人부, 총7획)
- 伸張 신장 : 세력이나 권리 따위가 늘어남, 또는 늘어나게 함 (張 베풀 장)
- 伸縮 신축 : 늘고 줆, 또는 늘이고 줄임 (縮 줄일 축)
- 伸雪 신설
- 伸長 신장
- 屈伸 굴신
- 追伸 추신
- 伸張勢 신장세
- 女權伸張 여권신장

483 | 심 — 審 살필 심 (宀부, 총15획)
- 審理 심리 : 소송 사건에 있어 법관이 판결에 필요한 모든 일을 심사함 (理 다스릴 리)
- 審議 심의 : 심사하고 토의함 (議 의논할 의)
- 審判 심판 : 문제가 되는 안건을 심의하여 판결을 내리는 일 (判 판단할 판)
- 審問 심문
- 審査 심사
- 結審 결심
- 豫審 예심
- 審美眼 심미안
- 不審檢問 불심검문

484 | 심 — 尋 찾을 심 (寸부, 총12획)
- 尋思 심사 : 마음을 가라앉혀 깊이 생각함 (思 생각 사)
- 推尋 추심 : 은행이 소지인의 의뢰를 받아 수표나 어음을 지급인에게 제시하여 지급하게 하는 일 (推 밀 추)
- 尋訪 심방
- 尋常 심상
- 尋人 심인
- 千尋 천심

485 | 쌍 — 雙 쌍 쌍 (隹부, 총18획)
- 雙方 쌍방 : 양방 (方 모 방)
- 雙手 쌍수 : 오른쪽과 왼쪽의 두 손 (手 손 수)
- 無雙 무쌍 : 서로 견줄만한 짝이 없음 (無 없을 무)
- 雙龍 쌍룡
- 雙生 쌍생
- 雙雙 쌍쌍
- 雙曲線 쌍곡선
- 雙生兒 쌍생아
- 雙眼鏡 쌍안경

486 | 아 — 亞 버금 아 (二부, 총8획)
- 亞流 아류 : 문학, 예술, 학문에서 독창성이 없이 모방하는 일이나 그렇게 한 것, 또는 그런 사람 (流 흐를 류)
- 亞熱帶 아열대 : 열대와 온대의 중간 지대 (熱 더울 열, 帶 띠 대)
- 亞麻 아마
- 亞門 아문
- 亞聖 아성
- 亞鉛 아연
- 亞細亞 아세아
- 東南亞 동남아

487 | 아 — 牙 어금니 아 (牙부, 총4획)
- 牙城 아성 : 예전에 주장이 거처하던 성. 아주 중요한 근거지 (城 재 성)
- 齒牙 치아 : '이'를 점잖게 이르는 말 (齒 이 치)
- 牙器 아기
- 象牙 상아
- 象牙塔 상아탑
- 西班牙 서반아

488 | 아 — 芽 싹 아 (艹=艸부, 총8획)
- 發芽 발아 : 초목의 눈이 틈 (發 필 발)
- 新芽 신아 : 새싹. 새로 돋아나는 싹, 또는 사물의 근원이 될 수 있는 새로운 시초 (新 새 신)
- 出芽 출아 : 싹이 터나옴, 또는 그 싹 (出 날 출)
- 芽生 아생
- 麥芽 맥아
- 摘芽 적아
- 麥芽糖 맥아당
- 發芽期 발아기

489 | 아 — 雅 맑을 아 (隹부, 총12획)
- 雅淡 아담 : 고아하고 담박함 (淡 맑을 담)
- 雅量 아량 : 너그럽고 속이 깊은 마음씨 (量 헤아릴 량)
- 雅樂 아악 : 지난날 궁중에서 연주되던 전통 음악 (樂 노래 악)
- 端雅 단아 : 단정하고 아담함 (端 끝 단)
- 雅趣 아취
- 雅致 아치
- 高雅 고아
- 優雅 우아
- 淸雅 청아
- 雅樂器 아악기

490 | 아 — 餓 주릴 아 (飠=食부, 총16획)
- 餓鬼 아귀 : 팔부의 하나. 계율을 어기거나 탐욕을 부려 아귀도에 떨어진 귀신 (鬼 귀신 귀)
- 飢餓 기아 : 굶주림. 먹을 것이 없어 배를 곯음 (飢 주릴 기)
- 餓死 아사
- 餓殺 아살
- 餓鬼道 아귀도
- 餓死者 아사자
- 餓死之境 아사지경

· · · 이 한 자 기 억 해 요 ? · · · 정답 108

1 孰( ) 2 熟( ) 3 肅( ) 4 瞬( ) 5 巡( ) 6 脣( ) 7 旬( ) 8 殉( ) 9 循( ) 10 術( )

여기는! 晨 신 / 岳 악

491 | 악

큰산 악
山부 총8획

- 山岳 산악 : 높고 험준하게 솟은 산들 (山 메 산)
- 五岳 오악 : 우리 나라의 이름난 다섯 산. 금강산, 묘향산, 지리산, 백두산, 삼각산 (五 다섯 오)
- 岳母 악모
- 岳父 악부
- 山岳人 산악인
- 山岳會 산악회
- 冠岳山 관악산

492 | 안

기러기 안
隹부 총12획

- 雁書 안서 : 먼 곳에서 소식을 전하는 편지 (書 글 서)
- 旅雁 여안 : 먼 곳으로 날아가는 기러기 (旅 나그네 려)
- 雁陣 안진
- 雁行 안항
- 歸雁 귀안
- 候雁 후안

493 | 안
岸
언덕 안
山부 총8획

- 彼岸 피안 : 이승의 번뇌를 해탈하여 열반의 세계에 이름, 또는 그런 경지 (彼 저 피)
- 海岸 해안 : 바다와 육지가 맞닿은 부분 (海 바다 해)
- 岸壁 안벽
- 江岸 강안
- 沿岸 연안
- 河岸 하안
- 東海岸 동해안
- 海岸線 해안선

494 | 알

볼 알
言부 총16획

- 謁廟 알묘 : 종묘나 사당에 배알함 (廟 사당 묘)
- 謁見 알현 : 지체가 높고 귀한 사람을 찾아가 뵘 (見 뵈올 현)
- 拜謁 배알 : 지체높은 분을 만나뵘 (拜 절 배)
- 謁聖 알성
- 伏謁 복알
- 謁聖科 알성과

495 | 압

누를 압
土부 총17획

- 壓倒 압도 : 더 뛰어난 힘이나 재주로 남을 눌러 꼼짝 못하게 함, 또는 눌러서 넘어뜨림 (倒 넘어질 도)
- 鎭壓 진압 : 강압적인 힘으로 억눌러 진정시킴 (鎭 진압할 진)
- 壓迫 압박
- 壓縮 압축
- 氣壓 기압
- 抑壓 억압
- 彈壓 탄압
- 血壓 혈압

496 | 압

누를 압
扌=手부 총8획

- 押送 압송 : 피고인 또는 죄인을 어느 한 곳에서 다른 곳으로 호송하는 일 (送 보낼 송)
- 差押 차압 : 집행 기관에 의하여 채무자의 특정 재산에 대한 처분이 제한되는 강제 집행 (差 다를 차)
- 押留 압류
- 押收 압수
- 押韻 압운
- 假押留 가압류

497 | 앙
央
가운데 앙
大부 총5획

- 中央 중앙 : 한가운데 (中 가운데 중)
- 震央 진앙 : 지진이 일어난 진원의 바로 위에 해당하는 지표의 지점 (震 우레 진)
- 未央宮 미앙궁 : 중국 한나라 때에 승상 소하가 장안의 용수산에 지은 궁전 (未 아닐 미, 宮 집 궁)
- 年央 연앙
- 中央線 중앙선
- 中央政府 중앙정부

498 | 앙

재앙 앙
歹부 총9획

- 餘殃 여앙 : 남에게 해로운 일을 많이 한 값으로 받는 재앙 (餘 남을 여)
- 災殃 재앙 : 뜻하지 아니하게 생긴 불행한 변고, 또는 천재지변으로 인한 불행한 사고 (災 재앙 재)
- 殃慶 앙경
- 殃禍 앙화
- 百殃 백앙
- 天殃 천앙
- 殃及池魚 앙급지어

499 | 애

물가 애
氵=水부 총11획

- 生涯 생애 : 살아 있는 한평생의 기간 (生 날 생)
- 天涯 천애 : 하늘의 끝. 까마득하게 멀리 떨어져 있는 곳을 이르는 말 (天 하늘 천)
- 涯岸 애안
- 涯際 애제
- 無涯 무애

500 | 액

액 액
厂부 총4획

- 厄運 액운 : 액을 당할 운수 (運 옮길 운)
- 災厄 재액 : 재앙으로 인한 불운 (災 재앙 재)
- 橫厄 횡액 : 뜻밖에 닥쳐오는 불행 (橫 가로 횡)
- 厄年 액년
- 厄禍 액화
- 困厄 곤액
- 兵厄 병액
- 數厄 수액

· · · · 이 한 자 기 억 해 요 ? · · · 정답 109

1 述(　) 2 襲(　) 3 濕(　) 4 昇(　) 5 僧(　) 6 侍(　) 7 矢(　) 8 飾(　) 9 息(　) 10 愼(　)

3급한자 900 | 501~520

501 | 액 額 (이마 액) 頁부 총18획
- 額面 액면 채권·증권·화폐 등의 겉면 (面 낯 면)
- 額數 액수 돈의 머릿수 (數 셈 수)
- 巨額 거액 많은 액수의 돈 (巨 클 거)
- 高額 고액 많은 금액 (高 높을 고)
- 總額 총액 전체의 액수 (總 다 총)
- 額子 액자
- 全額 전액
- 金額 금액
- 差額 차액
- 稅額 세액
- 額面價 액면가

502 | 야 耶 (어조사 야) 耳부 총9획
- 耶蘇 야소 '예수'의 음역어 (蘇 되살아날 소)
- 耶蘇敎 야소교 '예수교'의 음역. 예수교는 종교 개혁으로 가톨릭에서 갈려 나온 개신교를 이르는 말 (蘇 되살아날 소, 敎 가르칠 교)
- 耶蘇會 야소회
- 有耶無耶 유야무야

503 | 약 躍 (뛸 약) 足부 총21획
- 躍動 약동 생기있고 활발하게 움직임 (動 움직일 동)
- 躍進 약진 힘차게 앞으로 뛰어 나아감 (進 나아갈 진)
- 猛活躍 맹활약 눈부실 정도로 뛰어난 활동 (猛 사나울 맹, 活 살 활)
- 跳躍 도약
- 飛躍 비약
- 一躍 일약
- 活躍 활약
- 躍動感 약동감

504 | 양 壤 (흙덩이 양) 土부 총20획
- 擊壤 격양 예전에, 중국에서 행하던 민간 놀이의 하나 (擊 칠 격)
- 天壤 천양 하늘과 땅을 아울러 이르는 말 (天 하늘 천)
- 土壤 토양 흙 (土 흙 토)
- 壤土 양토
- 平壤 평양
- 天壤之差 천양지차
- 鼓腹擊壤 고복격양

505 | 양 楊 (버들 양) 木부 총13획
- 楊柳 양류 버드나무 (柳 버들 류)
- 水楊 수양 갯버들 (水 물 수)
- 垂楊 수양 수양버들의 준말. 버드나무과의 낙엽 교목 (垂 드리울 수)
- 楊貴妃 양귀비 양귀비과의 한해살이 풀 (貴 귀할 귀, 妃 왕비 비)
- 楊枝 양지
- 白楊 백양
- 赤楊 적양

506 | 양 樣 (모양 양) 木부 총15획
- 樣式 양식 오랜 시간이 지나면서 자연히 정하여진 방식 (式 법 식)
- 多樣 다양 여러 가지 모양 (多 많을 다)
- 模樣 모양 겉으로 나타나는 생김새나 모습 (模 본뜰 모)
- 樣相 양상
- 樣態 양태
- 文樣 문양
- 外樣 외양
- 多樣性 다양성
- 各樣各色 각양각색

507 | 어 御 (거느릴 어) 彳부 총11획
- 御命 어명 임금의 명령을 이르던 말 (命 목숨 명)
- 御用 어용 권력에 아첨하고 자주성이 없는 사람이나 단체 등을 경멸하여 이르는 말 (用 쓸 용)
- 制御 제어 상대편을 억눌러서 제 마음대로 다룸 (制 절제할 제)
- 御史 어사
- 御前 어전
- 御眞 어진
- 御筆 어필
- 統御 통어
- 暗行御史 암행어사

508 | 억 抑 (누를 억) 扌=手부 총7획
- 抑留 억류 억지로 머무르게 함 (留 머무를 류)
- 抑何心情 억하심정 도대체 무슨 심정이냐는 뜻, 무슨 생각으로 그러는지 마음을 알 수 없음 (何 어찌 하, 心 마음 심, 情 뜻 정)
- 抑買 억매
- 抑壓 억압
- 抑揚 억양
- 抑制 억제
- 抑止 억지

509 | 언 焉 (어찌 언) 灬=火부 총11획

- 終焉 종언 없어지거나 죽어서 존재가 사라짐, 또는 계속하던 일이 끝장이 남 (終 마칠 종)
- 於焉間 어언간 어느덧, 어느새 (於 어조사 어, 間 사이 간)
- 焉敢 언감
- 於焉 어언
- 焉敢生心 언감생심

510 | 여 輿 (수레 여) 車부 총17획

- 輿論 여론 사회 대중의 공통된 의견 (論 논할 론)
- 輿望 여망 여러 사람의 기대 (望 바랄 망)
- 喪輿 상여 사람의 시체를 실어서 묘지까지 나르는 도구 (喪 잃을 상)
- 輿論化 여론화
- 輿地圖 여지도
- 輿論調査 여론조사

• • • 이 한 자 기 억 해 요 ?　　　　　정답 110

1 晨( ) 2 伸( ) 3 審( ) 4 尋( ) 5 雙( ) 6 亞( ) 7 牙( ) 8 芽( ) 9 雅( ) 10 餓( )

여기는! 額액 / 予여

511 | 여

나 여 ㅣ부 총4획

- 分予 분여 각각의 몫에 따라 나누어 줌 (分 나눌 분)
- 施予 시여 남에게 물건을 거저 줌 (施 베풀 시)

512 | 역

지경 역 土부 총11획

- 區域 구역 갈라놓은 지역 (區 구분할 구)
- 聖域 성역 함부로 침범할 수 없는 구역이나 문제 삼지 않기로 한 사항·인물·단체를 이름 (聖 성인 성)
- 廣域 광역 聲域 성역 領域 영역
- 流域 유역 全域 전역 地域 지역

513 | 역

전염병 역 疒부 총9획

- 疫疾 역질 천연두를 한방에서 이르는 말 (疾 병 질)
- 防疫 방역 전염병이 발생하거나 유행하는 것을 미리 막는 일 (防 막을 방)
- 疫病 역병 疫神 역신 檢疫 검역
- 免疫 면역 紅疫 홍역 檢疫所 검역소

514 | 역
부릴 역 彳부 총7획

- 役割 역할 맡아서 해야 할 일 (割 벨 할)
- 兵役 병역 국민의 의무로서 일정한 기간 군에 복무하는 일 (兵 병사 병)
- 主役 주역 주되는 구실, 또는 주되는 구실을 하는 사람 (主 주인 주)
- 役軍 역군 服役 복역 使役 사역
- 懲役 징역 荷役 하역 現役 현역

515 | 역
번역할 역 言부 총20획

- 誤譯 오역 잘못 번역함, 또는 잘못된 번역 (誤 그릇할 오)
- 通譯 통역 뜻이 통하도록 말을 옮겨 줌, 또는 그런 일을 하는 사람 (通 통할 통)
- 譯書 역서 譯者 역자 飜譯 번역
- 完譯 완역 意譯 의역 直譯 직역

516 | 역
역 역 馬부 총23획

- 驛程 역정 거쳐 지나가는 길이나 과정 (程 길 정)
- 終着驛 종착역 기차나 전차 따위가 마지막으로 도착하는 역 (終 마칠 종, 着 붙을 착)
- 驛舍 역사 驛長 역장 驛前 역전
- 驛馬車 역마차 驛務員 역무원 簡易驛 간이역

517 | 연

연할 연 車부 총11획

- 軟骨 연골 물렁뼈. 뼈와 함께 몸을 지탱하는 무른 뼈 (骨 뼈 골)
- 軟性 연성 부드럽고 무르며 연한 성질 (性 성품 성)
- 軟弱 연약 부드럽고 약함 (弱 약할 약)
- 軟禁 연금 軟水 연수 軟食 연식
- 柔軟 유연 軟粉紅 연분홍 軟性憲法 연성헌법

518 | 연
인연 연 糸부 총15획

- 緣故 연고 혈통, 정분, 법률 따위로 맺어진 관계 (故 연고 고)
- 緣由 연유 까닭, 일의 까닭 (由 말미암을 유)
- 學緣 학연 졸업한 학교를 근거로 하는 연고 관계 (學 배울 학)
- 緣邊 연변 緣分 연분 內緣 내연
- 因緣 인연 地緣 지연 血緣 혈연

519 | 연

늘일 연 廴부 총7획

- 延期 연기 정해진 기한을 뒤로 물려서 늘림 (期 기약할 기)
- 遲延 지연 무슨 일을 더디게 끌어 시간을 늦춤, 또는 시간이 늦추어짐 (遲 더딜 지)
- 延命 연명 延發 연발 延長 연장
- 延着 연착 連延 연연 延長線 연장선

520 | 연

잔치 연 宀부 총10획

- 宴席 연석 연회를 베푸는 자리 (席 자리 석)
- 宴會 연회 축하, 위로, 환영, 석별 따위를 위하여 여러 사람이 모여 베푸는 잔치 (會 모일 회)
- 酒宴 주연 술잔치 (酒 술 주)
- 宴樂 연락 祝宴 축연 曲水宴 곡수연
- 送別宴 송별연 回甲宴 회갑연

· · · 이 한 자 기 억 해 요? · · · 정답 111

1 岳( ) 2 雁( ) 3 岸( ) 4 謁( ) 5 壓( ) 6 押( ) 7 央( ) 8 殃( ) 9 涯( ) 10 厄( )

3급한자 900 | 521~540

521 | 연 沿
물따라갈 연 — 氵=水부 총8획

- 沿岸 연안 : 강이나 호수, 바다를 따라 잇닿아 있는 육지(岸 언덕 안)
- 沿海 연해 : 육지에 가까이 있는 바다. 곧 대륙붕을 덮고 있는 바다 (海 바다 해)
- 沿路 연로 沿邊 연변 沿線 연선
- 沿革 연혁 沿岸國 연안국 沿岸海 연안해

522 | 연 鉛
납 연 — 金부 총13획

- 鉛筆 연필 : 필기구의 하나. 흑연과 점토의 혼합물로 만든 심을 속에 넣고 나무로 둘러싸서 만듦 (筆 붓 필)
- 亞鉛 아연 : 질이 무르고 광택이 나는 청색을 띤 흰색의 금속 원소 (亞 버금 아)
- 鉛毒 연독 鉛粉 연분 鉛版 연판
- 黑鉛 흑연 色鉛筆 색연필

523 | 연 燕
제비 연 — 灬=火부 총16획

- 燕烏 연오 : 갈까마귀. 까마귓과의 새 (烏 까마귀 오)
- 燕尾服 연미복 : 서양식 남자 예복. 저고리의 뒷자락이 제비 꼬리 같은 옷(尾 꼬리 미, 服 옷 복)
- 燕麥 연맥 燕商 연상 燕行 연행

524 | 연 燃
불탈 연 — 火부 총16획

- 燃料 연료 : 연소하여 열, 빛, 동력의 에너지를 얻을 수 있는 물질 (料 헤아릴 료)
- 燃燒 연소 : 물질이 산소와 화합할 때에 많은 빛과 열을 냄, 또는 그런 현상(燒 불사를 소)
- 燃燈 연등 可燃 가연 內燃 내연
- 不燃 불연 再燃 재연 燃燈會 연등회

525 | 연 演
펼 연 — 氵=水부 총14획

- 演劇 연극 : 배우가 무대 위에서 각본에 따라서 연기하여 관객에게 보이는 종합 예술(劇 심할 극)
- 演藝 연예 : 대중 앞에서 음악·무용·마술·쇼 따위를 공연함, 또는 그런 재주(藝 재주 예)
- 演技 연기 演說 연설 演出 연출
- 競演 경연 公演 공연 上演 상연

526 | 열 閱
볼 열 — 門부 총15획

- 閱覽 열람 : 책이나 문서 따위를 죽 훑어 보거나 조사하면서 봄 (覽 볼 람)
- 閱兵 열병 : 군대를 정렬한 다음 병사들의 사기와 훈련 상태 따위를 검열함, 또는 그런 일 (兵 병사 병)
- 閱讀 열독 閱歷 열력 檢閱 검열
- 校閱 교열 査閱 사열 閱兵式 열병식

527 | 염 染
물들 염 — 木부 총9획

- 染料 염료 : 옷감 따위에 빛깔을 들이는 물질(料 헤아릴 료)
- 感染 감염 : 미생물이 동물이나 식물의 몸 안에 들어가 붙는 일(感 느낄 감)
- 傳染 전염 : 병이 남에게 옮음(傳 전할 전)
- 染色 염색 拔染 발염 汚染 오염
- 染色體 염색체 傳染病 전염병

528 | 염 鹽
소금 염 — 鹵부 총24획

- 鹽素 염소 : 할로겐 원소의 하나. 표백제, 산화제, 소독제 등에 쓰임(素 본디 소)
- 食鹽水 식염수 : 체액과 같은 농도로 만든 소금물(食 밥 식, 水 물 수)
- 鹽氣 염기 鹽分 염분 鹽田 염전
- 鹽害 염해 食鹽 식염 天日鹽 천일염

529 | 영 營
경영할 영 — 火부 총17획

- 營利 영리 : 재산상의 이익을 꾀함, 또는 그 이익(利 이로울 리)
- 營業 영업 : 영리를 목적으로 행하는 사업 (業 업 업)
- 經營 경영 : 기업이나 사업을 관리하고 운영함(經 지날 경)
- 營農 영농 營養 영양 營爲 영위
- 兵營 병영 野營 야영 國營企業 국영기업

530 | 영 影
그림자 영 — 彡부 총15획

- 陰影 음영 : 그림자(陰 그늘 음)
- 影印本 영인본 : 원본을 사진이나 기타의 과학적 방법으로 복제한 인쇄물(印 도장 인, 本 근본 본)
- 影堂 영당 影像 영상 影響 영향
- 投影 투영 幻影 환영 無影塔 무영탑

· · · 이 한 자 기 억 해 요 ? · · · 정답 112

1 額( ) 2 耶( ) 3 躍( ) 4 壤( ) 5 楊( ) 6 樣( ) 7 御( ) 8 抑( ) 9 焉( ) 10 輿( )

여기는! 沿연 / 泳영

531 | 영
헤엄칠 영
氵=水부　총8획

- 繼泳 계영 : 수영에서 네 명이 한 조가 되어 동일한 거리를 왕복하면서 빠르기를 겨룸, 또는 그런 종목(繼 이을 계)
- 背泳 배영 : 위를 향하여 누워 양팔로 물을 밀치면서 두 발로 물장구를 치는 수영법(背 등 배)
- 競泳 경영　水泳 수영　蝶泳 접영
- 平泳 평영　混泳 혼영　水泳場 수영장

532 | 영
읊을 영
言부　총12획

- 詠歌 영가 : 곡조에 맞추어 노래를 부름(歌 노래 가)
- 詠歎 영탄 : 목소리를 길게 뽑아 깊은 정회를 읊음(歎 탄식할 탄)
- 誦詠 송영 : 시가를 외워 읊조림(誦 욀 송)
- 詠物 영물　吟詠 음영

533 | 영
비칠 영
日부　총9획

- 映像 영상 : 빛으로 비추어져 나타나는 물체의 모양(像 모양 상)
- 映畵 영화 : 촬영된 필름을 연속으로 스크린에 비추어 실제처럼 보이게 하는 것(畵 그림 화)
- 映寫 영사　反映 반영　放映 방영
- 上映 상영　終映 종영　透映 투영

534 | 예
기릴, 명예 예
言부　총21획

- 名譽 명예 : 세상에서 훌륭하다고 인정되는 이름이나 자랑, 또는 그런 존엄이나 품위(名 이름 명)
- 榮譽 영예 : 영광스러운 명예(榮 영화 영)
- 盛譽 성예　名譽敎授 명예교수
- 名譽毁損 명예훼손

535 | 예
미리 예
豕부　총16획

- 豫算 예산 : 국가나 단체에서 한 회계 연도의 수입과 지출을 미리 셈하여 정한 계획(算 셈 산)
- 豫審 예심 : 본심사에 앞서서 미리 예비적으로 하는 심사(審 살필 심)
- 豫感 예감　豫見 예견　豫買 예매
- 豫防 예방　豫習 예습　豫定 예정

536 | 예
날카로울 예
金부　총15획

- 銳敏 예민 : 감각, 재주 등이 날카롭고 민첩함(敏 민첩할 민)
- 新銳 신예 : 그 분야에 새로 나타나서 만만찮은 실력이나 기세를 보이는 일, 또는 그런 존재(新 새 신)
- 精銳 정예 : 썩 날래고 용맹스러움, 또는 그런 군사(精 정할 정)
- 銳角 예각　銳氣 예기　銳利 예리
- 銳智 예지　新銳機 신예기　少數精銳 소수정예

537 | 오
거만할 오
亻=人부　총13획

- 傲氣 오기 : 능력은 부족하면서도 남에게 지기 싫어하는 마음(氣 기운 기)
- 傲慢 오만 : 태도나 행동이 건방지거나 거만함, 또는 그 태도나 행동(慢 거만할 만)
- 傲色 오색　怠傲 태오　傲霜孤節 오상고절

538 | 오
더러울 오
氵=水부　총6획

- 汚吏 오리 : 청렴하지 못한 관리(吏 관리 리)
- 汚物 오물 : 지저분하고 더러운 물건. 쓰레기나 배설물 따위(物 물건 물)
- 汚染 오염 : 더럽게 물듦(染 물들 염)
- 汚泥 오니　汚名 오명　汚辱 오욕
- 汚點 오점　汚濁 오탁　貪官汚吏 탐관오리

539 | 오
즐길 오
女부　총10획

- 娛樂 오락 : 게임·노래·춤 등 여러 가지 방법으로 기분을 즐겁게 하는 일(樂 즐길 락)
- 歡娛 환오 : 아주 즐거워함, 또는 아주 즐거운 것(歡 기쁠 환)
- 娛遊 오유　娛樂物 오락물　娛樂室 오락실

540 | 오
슬플 오
口부　총13획

- 嗚呼 오호 : 슬플 때나 탄식할 때 내는 소리(呼 부를 호)
- 嗚呼痛哉 오호통재 : '아, 비통하다' 라는 뜻으로, 슬플 때나 탄식할 때 하는 말(呼 부를 호, 痛 아플 통, 哉 어조사 재)
- 嗚呼哀哉 오호애재

• • • 이　한　자　기　억　해　요　? • • •　　정답 113

1 子(　)　2 域(　)　3 疫(　)　4 役(　)　5 譯(　)　6 驛(　)　7 軟(　)　8 緣(　)　9 延(　)　10 宴(　)

3급한자 900 | 541~560

541 | 옥

옥 옥
犭=犬부 총14획

- 獄死 옥사 감옥에서 죽음(死 죽을 사)
- 獄事 옥사 반란, 살인 따위의 크고 중대한 범죄를 다스림, 또는 그 사건(事 일 사)
- 監獄 감옥 죄인을 가두어 두는 곳(監 볼 감)
- 獄苦 옥고   獄舍 옥사   地獄 지옥
- 出獄 출옥   脫獄 탈옥   投獄 투옥

542 | 옹

낄 옹
扌=手부 총16획

- 擁護 옹호 두둔하고 편들어 지킴(護 도울 호)
- 抱擁 포옹 사람을 또는 사람끼리 품에 껴안음, 또는 남을 아량으로 너그럽게 품어 줌(抱 안을 포)
- 擁立 옹립   擁壁 옹벽   擁衛 옹위

543 | 옹

늙은이 옹
羽부 총10획

- 翁主 옹주 조선 시대에 임금의 후궁에게서 난 딸을 이르던 말(主 주인 주)
- 信天翁 신천옹 신천옹과의 바닷새(信 믿을 신, 天 하늘 천)
- 老翁 노옹   野翁 야옹   漁翁 어옹
- 村翁 촌옹   塞翁之馬 새옹지마

544 | 완
느릴 완
糸부 총15획

- 緩急 완급 일의 급함과 급하지 않음(急 급할 급)
- 緩行 완행 느리게 감(行 다닐 행)
- 緩和 완화 긴장된 상태나 급박한 것을 느슨하게 함(和 화할 화)
- 緩慢 완만   緩步 완보   緩衝 완충
- 緩衝地帶 완충지대   緩行列車 완행열차

545 | 외

두려워할 외
田부 총9획

- 畏忌 외기 두려워하여 꺼림(忌 꺼릴 기)
- 敬畏 경외 공경하면서 두려워함(敬 공경 경)
- 後生可畏 후생가외 후배들은 선배들 보다 나아질 가능성이 많기 때문에 나중에 두려운 존재가 될 수 있음(後 뒤 후, 生 날 생, 可 옳을 가)
- 畏服 외복   畏寒 외한   畏首畏尾 외수외미

546 | 요
허리 요
月=肉부 총13획

- 腰帶 요대 허리띠. 바지 따위가 흘러내리지 않게 옷의 허리 부분에 둘러매는 띠(帶 띠 대)
- 腰痛 요통 허리앓이. 허리와 엉덩이 부위가 아픈 증상(痛 아플 통)
- 腰刀 요도   腰下 요하   細腰 세요
- 折腰 절요   腰折腹痛 요절복통

547 | 요
멀 요
辶=辵부 총14획

- 遙望 요망 멀리 바라보거나 멀리서 바라봄(望 바랄 망)
- 遙遙 요요 멀고 아득함
- 遙遠 요원 아득히 멂(遠 멀 원)
- 遙拜 요배   遙天 요천   遙度 요탁

548 | 요
노래 요
言부 총17획

- 童謠 동요 어린이들의 생활 감정이나 심리를 표현한 시, 또는 거기에 곡을 붙여 부르는 노래(童 아이 동)
- 民謠 민요 예로부터 민중 사이에 불려오던 전통적인 노래(民 백성 민)
- 歌謠 가요   俗謠 속요   風謠 풍요

549 | 요

흔들 요
扌=手부 총13획

- 搖動 요동 흔들리어 움직임, 또는 흔들어 움직임(動 움직일 동)
- 動搖 동요 생각이나 처지가 확고하지 못해 흔들림, 또는 어떤 체제나 상황 따위가 혼란스러움(動 움직일 동)
- 搖亂 요란   搖之不動 요지부동

550 | 욕

욕될 욕
辰부 총10획

- 侮辱 모욕 깔보고 욕되게 함(侮 업신여길 모)
- 榮辱 영욕 영예와 치욕을 아울러 이르는 말(榮 영화 영)
- 忍辱 인욕 욕되는 것을 참음(忍 참을 인)
- 辱說 욕설   苦辱 고욕   困辱 곤욕
- 屈辱 굴욕   雪辱 설욕   恥辱 치욕

· · · 이 한 자 기 억 해 요 ? · · · 정답 114

1 沿( ) 2 鉛( ) 3 燕( ) 4 燃( ) 5 演( ) 6 閱( ) 7 染( ) 8 鹽( ) 9 營( ) 10 影( )

여기는! 獄옥 / 慾욕

551 | 욕

욕심 욕
心부 총15획

慾心 욕심 분수에 넘치게 무엇을 탐내거나 누리고자 하는 마음 (心 마음 심)
過慾 과욕 욕심이 지나침, 또는 그 욕심 (過 지날 과)

慾求 욕구 物慾 물욕 性慾 성욕
食慾 식욕 意慾 의욕 貪慾 탐욕

552 | 용
庸
떳떳할 용
广부 총11획

庸劣 용렬 범용하고 열등함 (劣 못할 렬)
中庸 중용 지나치거나 모자라지도 않고 한쪽으로 치우치지도 아니한 떳떳하며 변함이 없는 상태나 정도 (中 가운데 중)

庸工 용공 庸君 용군 庸夫 용부
庸拙 용졸 登庸 등용

553 | 우
羽
깃 우
羽부 총6획

毛羽 모우 길짐승의 털과 날짐승의 깃을 아울러 이르는 말 (毛 터럭 모)
羽化登仙 우화등선 몸에 날개가 돋아 하늘로 올라가 신선이 됨 (化 될 화, 登 오를 등, 仙 신선 선)

羽毛 우모 羽衣 우의 羽翼 우익
羽族 우족

554 | 우
優
넉넉할 뛰어날 우
亻=人부 총17획

優勢 우세 상대편보다 힘이나 세력이 강함 (勢 형세 세)
優勝 우승 경기, 경주 따위에서 이겨 첫째를 차지함 (勝 이길 승)
優雅 우아 아름다운 품위와 아취가 있음 (雅 맑을 아)

優待 우대 優良 우량 優先 우선
優性 우성 優秀 우수 優越 우월

555 | 우

어리석을 우
心부 총13획

愚鈍 우둔 어리석고 둔함 (鈍 둔할 둔)
愚弄 우롱 사람을 어리석게 보고 함부로 대하거나 웃음거리로 만듦 (弄 희롱할 롱)
愚民 우민 어리석은 백성 (民 백성 민)

愚物 우물 愚惡 우악 愚者 우자
愚直 우직 愚者一得 우자일득

556 | 우
偶
짝 우
亻=人부 총11획

偶發 우발 우연히 일어남, 또는 그런 일 (發 필 발)
偶像 우상 나무, 돌, 쇠, 흙 따위로 만든 신이나 사람의 형상, 또는 숭배의 대상이 되는 물건이나 사람 (像 모양 상)

偶然 우연 木偶 목우 土偶 토우
偶像化 우상화 配偶者 배우자

557 | 우

우편 우
阝=邑부 총11획

郵送 우송 우편으로 보냄 (送 보낼 송)
郵便 우편 정보 통신부의 관할 아래 서신이나 물품을 국내 전 세계에 보내는 업무 (便 편할 편)
郵票 우표 우편 요금을 낸 표시로 우편물에 붙이는 증표 (票 표 표)

郵政 우정 郵遞局 우체국 郵遞夫 우체부
郵便物 우편물 郵便番號 우편번호

558 | 운
韻
운 운
音부 총19획

韻律 운율 시문의 음성적 형식 (律 비율 률)
韻致 운치 고상하고 우아한 멋 (致 이를 치)
音韻 음운 말의 뜻을 구별하여 주는 소리의 가장 작은 단위 (音 소리 음)

韻文 운문 韻字 운자 四韻 사운
押韻 압운 餘韻 여운

559 | 원
員
인원 원
口부 총10획

敎員 교원 각급 학교에서 학생을 가르치는 사람을 통틀어 이르는 말 (敎 가르칠 교)
任員 임원 어떤 단체에 소속하여 그 단체의 중요한 일을 맡아보는 사람 (任 맡길 임)

缺員 결원 滿員 만원 社員 사원
議員 의원 人員 인원 公務員 공무원

560 | 원
源
근원 원
氵=水부 총13획

源泉 원천 물이 나오는 근원 (泉 샘 천)
資源 자원 물건을 만드는 본바탕이 되는 모든 물자 (資 재물 자)
財源 재원 재화나 자금이 나올 원천 (財 재물 재)

根源 근원 起源 기원 發源 발원
語源 어원 電源 전원 汚染源 오염원

• • • 이 한 자 기 억 해 요 ? • • • 정답 115

1 泳(　) 2 詠(　) 3 映(　) 4 譽(　) 5 豫(　) 6 銳(　) 7 傲(　) 8 汚(　) 9 娛(　) 10 嗚(　)

3급한자 900 | 561~580

561 | 원
집 원
阝=阜부 총10획

病院 병원 환자를 진찰, 치료하는 데에 필요한 설비를 갖추어 놓은 곳(病 병 병)
醫院 의원 진료 시설을 갖추고 의사가 의료 행위를 하는 곳. 병원보다는 시설이 작음(醫 의원 의)
法院 법원 通院 통원 退院 퇴원
學院 학원 大學院 대학원 養老院 양로원

562 | 원
도울 원
扌=手부 총12획

援助 원조 물품이나 돈 따위로 도와 줌(助 도울 조)
援護 원호 돕고 보살펴 줌(護 도울 호)
救援 구원 어려움이나 위험에 빠진 이를 구하여 줌(救 구원할 구)
援軍 원군 聲援 성원 應援 응원
支援 지원 請援 청원 後援 후원

563 | 월
越
넘을 월
走부 총12획

越境 월경 국경이나 경계선을 넘는 일(境 지경 경)
越冬 월동 겨울을 넘김(冬 겨울 동)
越等 월등 수준이나 실력이 훨씬 뛰어남(等 무리 등)
越權 월권 越南 월남 越北 월북
越尺 월척 優越 우월 超越 초월

564 | 위
僞
거짓 위
亻=人부 총14획

僞善 위선 겉으로만 착한 체함, 또는 그런 짓이나 일(善 착할 선)
僞作 위작 다른 사람의 작품을 흉내 내어 비슷하게 만드는 일(作 지을 작)
僞計 위계 僞造 위조 僞裝 위장
僞證 위증 眞僞 진위 虛僞 허위

565 | 위
위로할 위
心부 총15획

慰勞 위로 따뜻한 말이나 행동으로 괴로움을 덜어 주거나 슬픔을 달래 줌(勞 일할 로)
慰問 위문 위로하기 위하여 문안하거나 방문함(問 물을 문)
慰靈 위령 慰安 위안 安慰 안위
自慰 자위 弔慰 조위 慰勞金 위로금

566 | 위
맡길 위
女부 총8획

委員 위원 선거나 임명에 의하여 지명되어 단체의 특정 사항을 처리할 것을 위임받은 사람(員 인원 원)
委任 위임 맡김(任 맡길 임)
委曲 위곡 委付 위부 委讓 위양
委員長 위원장 委員會 위원회 委任狀 위임장

567 | 위
지킬 위
行부 총15획

衛星 위성 행성의 인력에 의하여 그 둘레를 도는 천체(星 별 성)
守衛 수위 관청·학교·공장·회사 따위의 경비를 맡아봄, 또는 그런 일을 맡은 사람(守 지킬 수)
衛兵 위병 衛生 위생 防衛 방위
護衛 호위 自衛隊 자위대 前衛隊 전위대

568 | 위
씨줄 위
糸부 총15획

緯度 위도 지구 위의 위치를 나타내는 좌표축 중 가로로 된 것(度 법도 도)
經緯 경위 직물의 날과 씨를 아울러 이르는 말. 일이 전개되어 온 과정(經 지날 경)
緯絲 위사 緯線 위선 北緯 북위
南緯 남위

569 | 위
어긋날 위
辶=辵부 총13획

違反 위반 어김(反 돌이킬 반)
違約 위약 약속을 어김(約 맺을 약)
非違 비위 법에 어긋나는 일(非 아닐 비)
違和感 위화감 조화되지 않은 어설픈 느낌(和 화할 화, 感 느낄 감)
違背 위배 違犯 위범 違法 위법
違憲 위헌

570 | 위
에워쌀 위
囗부 총12획

範圍 범위 테두리가 정하여진 구역. 어떤 것이 미치는 한계(範 법 범)
四圍 사위 사방의 둘레(四 넉 사)
周圍 주위 둘레. 사방(周 두루 주)
胸圍 흉위 가슴둘레(胸 가슴 흉)
圍立 위립 重圍 중위 包圍 포위
廣範圍 광범위

・ ・ ・ ・ 이 한 자 기 억 해 요 ? ・ ・ ・ 정답 116

1 獄( ) 2 擁( ) 3 翁( ) 4 緩( ) 5 畏( ) 6 腰( ) 7 遙( ) 8 謠( ) 9 搖( ) 10 辱( )

여기는! 院원 / 胃위

571 | 위

밥통, 위장 위
月=肉부 총9획

- 胃弱 위약 : 소화력이 약하여지는 여러 가지 위장병(弱 약할 약)
- 胃炎 위염 : 위 점막에 생기는 염증성 질환을 통틀어 이르는 말 (炎 불꽃 염)
- 胃壁 위벽
- 胃散 위산
- 胃腸 위장
- 胃痛 위통

572 | 위
謂
이를 위
言부 총16획

- 可謂 가위 : 한마디의 말로 이르자면, 또는 그런 뜻에서 참으로 (可 옳을 가)
- 所謂 소위 : 이른바. 세상에서 말하는 바 (所 바 소)
- 稱謂 칭위 : 선의를 표시하는 명목, 또는 어떠한 뜻으로 일컫는 이름 (稱 일컬을 칭)

573 | 유
幽
그윽할 유
幺부 총9획

- 幽谷 유곡 : 깊은 산골짜기(谷 골 곡)
- 幽明 유명 : 어둠과 밝음. 저승과 이승 (明 밝을 명)
- 幽閉 유폐 : 아주 깊숙이 가두어 둠 (閉 닫을 폐)
- 幽客 유객
- 幽靈 유령
- 幽冥 유명
- 幽深 유심

574 | 유
誘
꾈 유
言부 총14획

- 誘導 유도 : 사람이나 물건을 목적한 장소나 방향으로 이끎(導 인도할 도)
- 誘致 유치 : 꾀어서 데려옴, 또는 행사나 사업 따위를 이끌어 들임 (致 이를 치)
- 誘發 유발
- 誘說 유세
- 誘引 유인
- 誘惑 유혹
- 勸誘 권유
- 招誘 초유

575 | 유

나을 유
心부 총13획

- 愈愚 유우 : 어리석은 마음을 고침 (愚 어리석을 우)
- 愈出愈奇 유출유기 : 점점 더 기이함 (出 날 출, 奇 기특할 기)

576 | 유

넉넉할 유
衤=衣부 총12획

- 裕福 유복 : 살림이 넉넉함(福 복 복)
- 富裕 부유 : 재물이 많아 생활이 넉넉함 (富 부자 부)
- 餘裕 여유 : 물질적 · 공간적 · 시간적으로 넉넉하여 남음이 있는 상태 (餘 남을 여)
- 寬裕 관유
- 閑裕 한유
- 富裕層 부유층

577 | 유

멀 유
心부 총11획

- 悠久 유구 : 길고 오램(久 오랠 구)
- 悠悠自適 유유자적 : 속세를 떠나 아무 속박 없이 조용하고 편안하게 삶 (自 스스로 자, 適 맞을 적)
- 悠然 유연
- 悠遠 유원
- 悠長 유장

578 | 유

선비 유
亻=人부 총16획

- 儒家 유가 : 공자의 학설과 학풍 따위를 신봉하고 연구하는 학자나 학파(家 집 가)
- 儒林 유림 : 유학의 도를 닦는 학자들 (林 수풀 림)
- 儒生 유생 : 유학을 공부하는 선비(生 날 생)
- 儒敎 유교
- 儒道 유도
- 儒學 유학
- 巨儒 거유
- 大儒 대유
- 儒佛仙 유불선

579 | 유

벼리 유
糸부 총14획

- 維新 유신 : 낡은 제도를 고쳐 새롭게 함 (新 새 신)
- 維持 유지 : 어떤 상태나 상황을 그대로 보존하거나 변함없이 계속하여 지탱함(持 가질 지)
- 維管束 유관속
- 進退維谷 진퇴유곡

580 | 유

생각할 유
忄=心부 총11획

- 惟獨 유독 : 많은 것 가운데 홀로 두드러지게(獨 홀로 독)
- 思惟 사유 : 개념 · 구성 · 판단 · 추리 따위를 행하는 인간의 이성 작용 (思 생각 사)
- 伏惟 복유 : 삼가 생각하건대(伏 엎드릴 복)

· · · 이 한 자 기 억 해 요 ? · · · 정답 117

1 慾( ) 2 庸( ) 3 羽( ) 4 優( ) 5 愚( ) 6 偶( ) 7 郵( ) 8 韻( ) 9 員( ) 10 源( )

3급한자 900 | 581~600

581 | 유 — 乳 (젖 유)
乙부 총8획
- 乳母 유모: 남의 아이에게 그 어머니 대신 젖을 먹여 주는 여자 (母 어미 모)
- 粉乳 분유: 가루 우유 (粉 가루 분)
- 授乳 수유: 젖먹이에게 젖을 물림 (授 줄 수)
- 乳頭 유두　乳房 유방　乳兒 유아
- 豆乳 두유　母乳 모유　鐘乳石 종유석

582 | 윤 — 閏 (윤달 윤)
門부 총12획
- 閏年 윤년: 윤달이나 윤일이 든 해 (年 해 년)
- 閏月 윤월: 윤달. 윤년에 드는 달 (月 달 월)
- 閏位 윤위: 정통이 아닌 임금의 자리 (位 자리 위)
- 閏日 윤일: 윤날. 태양력에서 윤년에 드는 날. 2월 29일 (日 날 일)
- 閏朔 윤삭　正閏 정윤

583 | 윤 — 潤 (윤택할 윤)
氵=水부 총15획
- 潤氣 윤기: 반들거리는 기운 (氣 기운 기)
- 潤澤 윤택: 윤기 있는 광택, 또는 살림이 풍부함 (澤 못 택)
- 利潤 이윤: 장사 따위를 하여 남은 돈 (利 이로울 리)
- 潤文 윤문　潤色 윤색　濕潤 습윤

584 | 은 — 隱 (숨을 은)
阝=阜부 총17획
- 隱居 은거: 세상을 피하여 숨어 삶 (居 살 거)
- 隱語 은어: 어떤 계층이나 부류의 사람들이 자기네 구성원들끼리만 사용하는 말 (語 말씀 어)
- 隱德 은덕　隱密 은밀　隱身 은신
- 隱退 은퇴　隱蔽 은폐　隱然中 은연중

585 | 음 — 淫 (음란할 음)
氵=水부 총11획
- 淫女 음녀: 음탕한 여자 (女 계집 녀)
- 淫亂 음란: 음탕하고 난잡함 (亂 어지러울 란)
- 淫行 음행: 음란한 행실 (行 다닐 행)
- 姦淫 간음: 부부가 아닌 남녀가 성 관계를 맺음 (姦 간음할 간)
- 淫婦 음부　淫書 음서　淫蕩* 음탕
- 賣淫 매음　姦淫罪 간음죄　淫談悖*說 음담패설

586 | 응 — 凝 (엉길 응)
冫부 총16획
- 凝固 응고: 액체 따위가 엉거서 뭉쳐 딱딱하게 굳어짐 (固 굳을 고)
- 凝視 응시: 눈길을 모아 한 곳을 똑바로 바라봄 (視 볼 시)
- 凝集 응집: 한데 엉김 (集 모을 집)
- 凝結 응결　凝縮 응축　凝血 응혈
- 凝集力 응집력　凝縮機 응축기

587 | 의 — 儀 (거동 의)
亻=人부 총15획
- 儀禮 의례: 행사를 치르는 일정한 법식 (禮 예도 례)
- 儀式 의식: 일정한 격식을 갖추어 치르는 행사나 의식 (式 법 식)
- 地球儀 지구의: 지구의 지구를 본떠 만든 모형 (地 따 지, 球 공 구)
- 儀典 의전　威儀 위의　祝儀金 축의금
- 禮儀凡節 예의범절

588 | 의 — 宜 (마땅 의)
宀부 총8획
- 宜當 의당: 사물의 이치에 따라 마땅히 (當 마땅 당)
- 時宜 시의: 그때그때의 사정에 알맞음 (時 때 시)
- 便宜 편의: 형편이나 조건 따위가 편하고 좋음 (便 편할 편)
- 機宜 기의　時宜適切 시의적절

589 | 의 — 疑 (의심할 의)
疋부 총14획
- 疑問 의문: 의심스럽게 생각함 (問 물을 문)
- 質疑 질의: 의심나거나 모르는 점을 물음 (質 바탕 질)
- 嫌疑 혐의: 범죄를 저지른 사실이 있을 가능성 (嫌 싫어할 혐)
- 疑懼 의구　疑心 의심　疑惑 의혹
- 懷疑的 회의적　半信半疑 반신반의

590 | 이 — 夷 (오랑캐 이)
大부 총6획
- 東夷 동이: 동쪽 오랑캐. 예전 중국이 동쪽에 사는 한국·일본·만주 등의 민족을 이르던 말 (東 동녘 동)
- 洋夷 양이: 서양 오랑캐. 서양 사람을 낮잡아 이르는 말 (洋 큰바다 양)
- 九夷 구이　以夷制夷 이이제이　華夷思想 화이사상

· · · 이 한 자 기 억 해 요 ? · · · 정답 118

1 院(　) 2 援(　) 3 越(　) 4 僞(　) 5 慰(　) 6 委(　) 7 衛(　) 8 緯(　) 9 違(　) 10 圍(　)

여기는! 乳유 / 翼익

591 | 익 翼 — 날개 익
羽부 총17획

- 左翼 좌익: 급진적이거나 사회주의적·공산주의적인 경향, 또는 그런 단체 (左 왼 좌)
- 鶴翼陣 학익진: 학이 날개를 편 듯이 치는 진 (鶴 학 학, 陣 진칠 진)
- 翼室 익실
- 一翼 일익
- 雙翼 쌍익
- 右翼 우익

592 | 인 姻 — 혼인 인
女부 총9획

- 姻戚 인척: 혼인에 의하여 맺어진 친척 (戚 친척 척)
- 婚姻 혼인: 남자와 여자가 부부가 되는 일 (婚 혼인할 혼)
- 婚姻申告 혼인신고: 결혼한 사실 등을 관할 관청에 신고하는 일 (婚 혼인할 혼, 申 납 신, 告 고할 고)
- 姻親 인친
- 親姻戚 친인척

593 | 일 逸 — 편안할 일
辶=辵부 총12획

- 逸脫 일탈: 사회적인 규범으로부터 벗어나는 일 (脫 벗을 탈)
- 逸品 일품: 아주 뛰어난 물건 (品 물건 품)
- 逸話 일화: 세상에 널리 알려지지 아니한 흥미 있는 이야기 (話 말씀 화)
- 放逸 방일
- 散逸 산일
- 秀逸 수일
- 安逸 안일
- 隱逸 은일

594 | 임 任 — 맡길 임
亻=人부 총6획

- 任期 임기: 임무를 맡아보는 일정한 기간 (期 기약할 기)
- 任務 임무: 맡겨진 일 (務 힘쓸 무)
- 兼任 겸임: 두 가지 이상의 직무를 아울러 맡아봄 (兼 겸할 겸)
- 任命 임명
- 任意 임의
- 所任 소임
- 專任 전임
- 責任 책임
- 解任 해임

595 | 임 賃 — 품삯 임
貝부 총13획

- 賃金 임금: 근로자가 노동의 대가로 사용자에게 받는 보수 (金 쇠 금)
- 賃貸 임대: 돈을 받고 자기의 물건을 남에게 빌려 줌 (貸 빌릴 대)
- 賃借 임차: 돈을 주고 빌리는 일 (借 빌 차)
- 無賃 무임
- 船賃 선임
- 運賃 운임
- 車賃 차임
- 賃貸料 임대료
- 低賃金 저임금

596 | 자 茲 — 이 자
玄부 총10획

- 今茲 금자: 올해. 지금 지나가고 있는 이 해 (今 이제 금)
- 來茲 내자: 올해의 바로 다음 해 (來 올 래)

597 | 자 姿 — 모양 자
女부 총9획

- 姿色 자색: 여성의 고운 얼굴이나 모습 (色 빛 색)
- 姿勢 자세: 몸을 움직이거나 가누는 모양 (勢 형세 세)
- 姿態 자태: 여성의 고운 맵시나 태도 (態 모습 태)
- 姿貌 자모
- 姿容 자용
- 姿體 자체

598 | 자 恣 — 방자할, 마음대로 자
心부 총10획

- 恣意 자의: 제멋대로 하는 생각 (意 뜻 의)
- 恣行 자행: 삼가는 태도가 없이 제멋대로 행동함 (行 다닐 행)
- 放恣 방자: 거리끼거나 삼가는 태도가 없이 교만스러움 (放 놓을 방)
- 恣樂 자락
- 自恣 자자
- 恣意的 자의적

599 | 자 資 — 재물 자
貝부 총13획

- 資格 자격: 신분이나 지위를 가지거나 일정한 일을 하는 데 필요한 조건이나 능력 (格 격식 격)
- 投資 투자: 이익을 얻기 위하여 어떤 일이나 사업에 자본을 대거나 시간이나 정성을 쏟음 (投 던질 투)
- 資金 자금
- 資料 자료
- 資本 자본
- 資源 자원
- 資質 자질
- 物資 물자

600 | 자 紫 — 자줏빛 자
糸부 총11획

- 紫雲 자운: 자줏빛 구름이라는 뜻으로 상서로운 구름 (雲 구름 운)
- 紫外線 자외선: 파장이 엑스선보다 길고, 가시광선보다 짧은 전자기파 (外 바깥 외, 線 줄 선)
- 紫泥 자니
- 紫蘭 자란
- 紫朱色 자주색

· · · 이 한 자 기 억 해 요 ? · · · 정답 119

1 胃( ) 2 謂( ) 3 幽( ) 4 誘( ) 5 愈( ) 6 裕( ) 7 悠( ) 8 儒( ) 9 維( ) 10 惟( )

3급한자 900 | 601~620

601 | 자
刺
찌를 자(척)/수라 라
刂=刀부 총8획

- 刺客 자객 : 사람을 몰래 암살하는 일을 전문으로 하는 사람 (客 손 객)
- 刺傷 자상 : 칼 따위의 날카로운 것에 찔려서 입은 상처 (傷 다칠 상)
- 刺殺 척살 : 칼 따위로 사람을 찔러 죽임 (殺 죽일 살)
- 刺文 자문   刺字 자자   擊刺 격자
- 亂刺 난자   水刺床 수라상

602 | 작
酌
술부을, 잔질할 작
酉부 총10획

- 酌婦 작부 : 술집에서 손님을 접대하고 술시중을 드는 여자 (婦 지어미 부)
- 酌定 작정 : 일을 짐작하여 결정함 (定 정할 정)
- 對酌 대작 : 마주 대하고 술을 마심 (對 대할 대)
- 獨酌 독작   自酌 자작   參酌 참작
- 添酌 첨작   無酌定 무작정

603 | 작
爵
벼슬 작
爫=爪부 총18획

- 爵位 작위 : 벼슬과 지위를 통틀어 이르는 말, 또는 작의 계급 (位 자리 위)
- 爵號 작호 : 관작의 칭호 (號 이름 호)
- 封爵 봉작 : 제후로 봉하고 관작을 줌 (封 봉할 봉)
- 公爵 공작   男爵 남작   伯爵 백작
- 子爵 자작   品爵 품작   侯爵 후작

604 | 잔
殘
남을 잔
歹부 총12획

- 殘飯 잔반 : 먹다가 그릇에 남긴 밥 (飯 밥 반)
- 殘額 잔액 : 나머지 액수 (額 이마 액)
- 殘餘 잔여 : 남아 있음, 또는 그런 나머지 (餘 남을 여)
- 殘高 잔고   殘留 잔류   殘惡 잔악
- 殘業 잔업   殘忍 잔인   殘在 잔재

605 | 잠
潛
잠길 잠
氵=水부 총15획

- 潛伏 잠복 : 드러나지 않게 숨음 (伏 엎드릴 복)
- 潛跡 잠적 : 종적을 아주 숨김 (跡 발자취 적)
- 沈潛 침잠 : 겉으로 드러나지 아니하게 물 속 깊숙이 가라앉거나 숨음 (沈 잠길 침)
- 潛龍 잠룡   潛水 잠수   潛入 잠입
- 潛在 잠재   潛行 잠행

606 | 잠
暫
잠깐 잠
日부 총15획

- 暫留 잠류 : 잠시 머뭄 (留 머무를 류)
- 暫時 잠시 : 짧은 시간 (時 때 시)
- 暫定 잠정 : 임시로 정함 (定 정할 정)
- 暫定的 잠정적   暫定豫算 잠정예산
- 暫定條約 잠정조약

607 | 잡
雜
섞일 잡
隹부 총18획

- 雜草 잡초 : 저절로 나서 자라는 여러 가지 풀 (草 풀 초)
- 亂雜 난잡 : 뒤섞여 너저분함 (亂 어지러울 란)
- 複雜 복잡 : 일이나 감정 따위가 갈피를 잡기 어려울 만큼 여러 가지가 얽혀 있음 (複 겹칠 복)
- 雜念 잡념   雜談 잡담   雜音 잡음
- 雜種 잡종   雜誌 잡지   煩雜 번잡

608 | 장
獎
장려할 장
大부 총14획

- 獎勵 장려 : 좋은 일에 힘쓰도록 북돋아 줌 (勵 힘쓸 려)
- 獎學 장학 : 공부나 학문을 장려함 (學 배울 학)
- 勸獎 권장 : 권하여 장려함 (勸 권할 권)
- 推獎 추장   獎勵賞 장려상   獎學金 장학금
- 獎學士 장학사   獎學生 장학생   獎學官 장학관

609 | 장
葬
장사지낼 장
艹=艸부 총13획

- 葬禮 장례 : 장사 지내는 예절 (禮 예도 례)
- 葬事 장사 : 죽은 사람을 땅에 묻거나 화장하는 일 (事 일 사)
- 水葬 수장 : 물 속에서 잃어버리거나 물 속에 가라앉힘 (水 물 수)
- 葬地 장지   埋葬 매장   殉葬 순장
- 安葬 안장   火葬 화장   葬送曲 장송곡

610 | 장
丈
어른 장
一부 총3획

- 丈母 장모 : 아내의 어머니 (母 어미 모)
- 丈人 장인 : 아내의 아버지 (人 사람 인)
- 聘丈 빙장 : 아내의 아버지 (聘 부를 빙)
- 大丈夫 대장부 : 건장하고 씩씩한 사내 (大 큰 대, 夫 지아비 부)
- 丈夫 장부   方丈 방장   岳丈 악장
- 老人丈 노인장   女丈夫 여장부   拙丈夫 졸장부

• • • 이 한 자 기 억 해 요 ? • • • 정답 120

1 乳( )   2 閏( )   3 潤( )   4 隱( )   5 淫( )   6 凝( )   7 儀( )   8 宜( )   9 疑( )   10 夷( )

여기는! 刺자 / 粧장

611 | 장

단장할 장
米부　총12획

粧飾 장식　겉을 매만져 꾸밈(飾 꾸밀 식)
盛粧 성장　얼굴과 몸을 화려하게 꾸밈(盛 성할 성)
化粧 화장　화장품을 바르거나 문질러 얼굴을 곱게 꾸밈(化 될 화)

丹粧 단장　美粧 미장　新粧 신장
治粧 치장

612 | 장
墙
담 장
土부　총16획

墙內 장내　담의 안(內 안 내)
墙屋 장옥　담(屋 집 옥)
越墙 월장　담을 넘음(越 넘을 월)

宮墻 궁장　築墻 축장　土墻 토장

613 | 장

막을 장
阝=阜부　총14획

障壁 장벽　둘 사이의 관계를 순조롭지 못하게 가로막는 장애물(壁 벽 벽)
故障 고장　기구나 기계가 제대로 움직이지 못하게 되는 기능상의 장애(故 연고 고)

障害 장해　保障 보장　支障 지장
綠內障 녹내장　白內障 백내장

614 | 장

손바닥 장
手부　총12획

掌篇 장편　손바닥만 한 크기의 작품이라는 뜻으로, 매우 짧은 산문을 이르는 말(篇 책 편)
分掌 분장　일이나 임무를 나누어 맡아 처리함(分 나눌 분)

兼掌 겸장　管掌 관장　合掌 합장
仙人掌 선인장　孤掌難鳴 고장난명　拍掌大笑 박장대소

615 | 장

감출 장
艹=艸부　총18획

貯藏 저장　물건이나 재화 따위를 모아서 간수함(貯 쌓을 저)
包藏 포장　물건을 싸서 간직함, 또는 어떤 생각을 마음속에 지니어 간직함(包 쌀 포)

藏書 장서　內藏 내장　秘藏 비장
所藏 소장　守藏 수장　無盡藏 무진장

616 | 장
臟
오장 장
月=肉부　총22획

臟器 장기　내장의 여러 기관(器 그릇 기)
肝臟 간장　가로막 바로 밑의 오른쪽에 있는 기관(肝 간 간)
五臟 오장　간장, 심장, 비장, 폐장, 신장의 다섯 가지 내장(五 다섯 오)

內臟 내장　心臟 심장　肺臟 폐장
臟器移植 장기이식

617 | 장

씩씩할 장
艹=艸부　총11획

莊嚴 장엄　씩씩하고 웅장하며 위엄 있고 엄숙함(嚴 엄할 엄)
別莊 별장　살림을 하는 집 외에 경치 좋은 곳에 따로 지어 놓고 때때로 묵으면서 쉬는 집(別 다를 별)

莊園 장원　莊重 장중　老莊 노장
山莊 산장

618 | 장

꾸밀 장
衣부　총13획

裝置 장치　어떤 목적에 따라 기능하도록 기계, 도구 따위를 장소에 장착함, 또는 그 기계(置 둘 치)
變裝 변장　본래 모습을 알아볼 수 없게 옷차림이나 얼굴, 머리 모양 따위를 다르게 바꿈(變 변할 변)

裝備 장비　裝飾 장식　裝着 장착
男裝 남장　武裝 무장　裝甲車 장갑차

619 | 장
張
베풀 장
弓부　총11획

主張 주장　자기의 의견이나 주의를 굳게 내세움(主 주인 주)
張本人 장본인　어떤 일을 꾀하여 일으킨 바로 그 사람(本 근본 본, 人 사람 인)

張力 장력　張皇 장황　誇張 과장
緊張 긴장　出張 출장　擴張 확장

620 | 장
帳
장막 장
巾부　총11획

帳簿 장부　물건의 출납이나 돈의 수지 계산을 적어 두는 책(簿 문서 부)
通帳 통장　금융 기관에서 예금한 사람에게 출납의 상태를 적어 주는 장부(通 통할 통)

帳幕 장막　記帳 기장　臺帳 대장
揮帳 휘장　日記帳 일기장　布帳馬車 포장마차

· · · 이 한 자 기 억 해 요 ? · · · 정답 121

1 翼( )　2 姻( )　3 逸( )　4 任( )　5 賃( )　6 玆( )　7 姿( )　8 恣( )　9 資( )　10 紫( )

3급한자 900 | 621~640

621 | 장 腸 창자 장
月=肉부 총13획
- 斷腸 단장: 몹시 슬퍼서 창자가 끊어지는 듯함 (斷 끊을 단)
- 換腸 환장: 어떤 것에 지나치게 몰두하여 정신을 못 차리는 지경이 됨을 속되게 이르는 말 (換 바꿀 환)
- 腸炎 장염 大腸 대장 小腸 소장
- 心腸 심장 直腸 직장 脫腸 탈장

622 | 재 裁 옷마를 재
衣부 총12획
- 裁可 재가: 안건을 결재하여 허가함 (可 옳을 가)
- 裁判 재판: 사건을 해결하기 위하여 법원 또는 법관이 공권적 판단을 내리는 일. 또는 그 판단 (判 판단할 판)
- 裁斷 재단 裁量 재량 決裁 결재
- 獨裁 독재 制裁 제재 仲裁 중재

623 | 재 載 실을 재
車부 총13획
- 記載 기재: 문서 따위에 기록하여 올림 (記 기록할 기)
- 登載 등재: 일정한 사항을 장부나 대장에 올림 (登 오를 등)
- 連載 연재: 신문이나 잡지 따위에 소설이나 기사 따위를 연속해서 싣는 일 (連 이을 련)
- 載積 재적 滿載 만재 積載 적재
- 轉載 전재 連載物 연재물 千載一遇 천재일우

624 | 재 宰 재상 재
宀부 총10획
- 宰相 재상: 임금을 돕고 관원을 지휘, 감독하는 일을 하던 이품 이상의 벼슬. 또는 그 벼슬아치 (相 서로 상)
- 太宰 태재: 중국 은나라·주나라 때에 천자를 보좌하던 벼슬. 옛 중국의 으뜸 벼슬 (太 클 태)
- 宰臣 재신 宰列 재열 主宰 주재

625 | 재 災 재앙 재

火부 총7획
- 災難 재난: 뜻밖의 불행한 일 (難 어려울 난)
- 災殃 재앙: 자연의 이변으로 생기는 불행한 사고 (殃 재앙 앙)
- 産災 산재: 산업 재해의 준말. 노동 과정에서 일어나는 근로자의 신체적 장애 (産 낳을 산)
- 災害 재해 災禍 재화 三災 삼재
- 水災 수재 火災 화재 天災地變 천재지변

626 | 저 底 밑 저
广부 총8획
- 基底 기저: 사물의 뿌리나 밑바탕이 되는 기초 (基 터 기)
- 心底 심저: 마음의 깊은 속 (心 마음 심)
- 徹底 철저: 속속들이 꿰뚫어 미치어 빈틈이나 부족함이 없이 밑바닥까지 투철함 (徹 통할 철)
- 底力 저력 底邊 저변 底意 저의
- 底層 저층 到底 도저 海底 해저

627 | 저 抵 막을 저

扌=手부 총8획
- 抵當 저당: 부동산이나 동산을 채무의 담보로 잡거나 담보로 잡힘 (當 마땅 당)
- 抵抗 저항: 어떤 힘이나 조건에 굴히지 아니하고 거역하거나 버팀 (抗 대항할 항)
- 抵觸 저촉 大抵 대저 根抵當 근저당

628 | 적 寂 고요할 적

宀부 총11획
- 寂滅 적멸: 번뇌의 경계를 떠남 (滅 멸할 멸)
- 寂寂 적적: 외롭고 쓸쓸함
- 入寂 입적: 중이 죽음 (入 들 입)
- 閑寂 한적: 한가하고 고요함 (閑 한가할 한)
- 寂寞* 적막 孤寂 고적 歸寂 귀적
- 靜寂 정적

629 | 적 賊 도둑 적
貝부 총13획
- 山賊 산적: 산속에 근거지를 두고 드나드는 도둑 (山 메 산)
- 亂臣賊子 난신적자: 나라를 어지럽히는 불충한 무리 (亂 어지러울 란, 臣 신하 신, 子 아들 자)
- 逆賊 역적 義賊 의적 海賊 해적

630 | 적 籍 문서 적

竹부 총20획
- 移籍 이적: 호적을 옮김. 운동 선수가 소속 팀으로부터 다른 팀으로 적을 옮기는 일 (移 옮길 이)
- 戶籍 호적: 호주를 중심으로 하여 그 집에 속하는 사람들의 신분에 관한 사항을 기록한 공문서 (戶 집 호)
- 國籍 국적 本籍 본적 書籍 서적
- 在籍 재적 除籍 제적 學籍 학적

• • • 이 한 자 기 억 해 요 ? • • • 정답 122

1 刺(　) 2 酌(　) 3 爵(　) 4 殘(　) 5 潛(　) 6 暫(　) 7 雜(　) 8 奬(　) 9 葬(　) 10 丈(　)

여기는! 腸장 / 摘적

631 | 적
딸 적
扌=手부　총14획

- 摘發 적발 : 숨겨져 있는 일이나 드러나지 아니한 것을 들추어 냄(發 필 발)
- 摘載 적재 : 요긴한 것만을 따서 기록하여 실음(載 실을 재)
- 指摘 지적 : 어떤 사물을 꼭 집어서 가리킴(指 가리킬 지)
- 摘示 적시　摘要 적요　摘出 적출

632 | 적
물방울 적
氵=水부　총14획

- 滴露 적로 : 방울지어 떨어지는 이슬(露 이슬 로)
- 滴水 적수 : 떨어지는 물방울(水 물 수)
- 殘滴 잔적 : 남은 물방울, 또는 남은 술(殘 남을 잔)
- 水滴 수적　餘滴 여적　雨滴 우적
- 滴板 적판

633 | 적
쌓을 적
禾부　총16획

- 積極 적극 : 대상에 대하여 긍정적이고 능동적으로 활동함(極 극진할 극)
- 積善 적선 : 착한 일을 많이 함(善 착할 선)
- 積雪 적설 : 쌓여 있는 눈(雪 눈 설)
- 積載 적재 : 쌓아 실음(載 실을 재)
- 積金 적금　積立 적립　見積 견적
- 累積 누적　面積 면적　容積 용적

634 | 적
길쌈 적
糸부　총17획

- 功績 공적 : 노력과 수고의 실적(功 공 공)
- 成績 성적 : 학생들이 배운 지식, 기능, 태도 따위를 평가한 결과(成 이룰 성)
- 實績 실적 : 실제로 이룬 업적이나 공적(實 열매 실)
- 事績 사적　業績 업적　治績 치적
- 表績 표적

635 | 적
발자취 적
足부　총13획

- 軌跡 궤적 : 선인의 행적. 사람이나 어떠한 일을 더듬어 온 흔적(軌 바퀴자국 궤)
- 史跡 사적 : 역사적으로 중요한 사건이나 시설의 자취(史 사기 사)
- 筆跡 필적 : 글씨의 생김새나 솜씨(筆 붓 필)
- 人跡 인적　潛跡 잠적　足跡 족적
- 追跡 추적　行跡 행적　名勝古跡 명승고적

636 | 전
전각 전
殳부　총13획

- 殿堂 전당 : 학문, 예술, 과학, 기술, 교육 따위의 분야에서 가장 권위 있는 연구 기관을 비유(堂 집 당)
- 神殿 신전 : 신령을 모신 큰집(神 귀신 신)
- 殿閣 전각　殿下 전하　宮殿 궁전
- 內殿 내전　聖殿 성전　便殿 편전

637 | 전
오로지 전
寸부　총11획

- 專決 전결 : 결정권자 마음대로 결정하고 처리함(決 결단할 결)
- 專賣 전매 : 국가가 국고 수입을 위하여 어떤 재화의 판매를 독점하는 일(賣 팔 매)
- 專攻 전공　專念 전념　專力 전력
- 專門 전문　專業 전업　專用 전용

638 | 전
구를 전
車부　총18획

- 轉勤 전근 : 근무하는 곳을 옮김(勤 부지런할 근)
- 轉機 전기 : 전환점이 되는 기회나 시기(機 틀 기)
- 轉換 전환 : 이리저리 바꿈(換 바꿀 환)
- 轉落 전락　轉業 전업　轉用 전용
- 轉向 전향　運轉 운전　回轉 회전

639 | 절
꺾을 절
扌=手부　총7획

- 折半 절반 : 하나를 반으로 나눔(半 반 반)
- 骨折 골절 : 뼈가 부러짐(骨 뼈 골)
- 屈折 굴절 : 생각이나 말 따위가 어떤 것에 영향을 받아 본래의 모습과 달라짐(屈 굽힐 굴)
- 折衝 절충　曲折 곡절　斷絶 단절

640 | 절
끊을 절/온통 체
刀부　총4획

- 切開 절개 : 째어서 엶(開 열 개)
- 切斷 절단 : 끊어냄, 잘라 냄(斷 끊을 단)
- 切實 절실 : 아주 긴요함(實 열매 실)
- 懇切 간절 : 지성스럽고 절실함(懇 간절할 간)
- 切感 절감　切除 절제　切下 절하
- 適切 적절　親切 친절　品切 품절

· · · · 이　한　자　기　억　해　요　? · · · ·　정답 123

1 粧( )　2 墻( )　3 障( )　4 掌( )　5 藏( )　6 臟( )　7 莊( )　8 裝( )　9 張( )　10 帳( )

3급한자 900 | 641~660

641 | 절 竊 훔칠 절 (穴부, 총22획)
- 竊盜 절도: 남의 물건을 몰래 훔침, 또는 그런 사람(盜 도둑 도)
- 竊取 절취: 훔치어 가짐(取 가질 취)
- 草竊 초절: 남의 농작물을 훔쳐 가는 도둑(草 풀 초)
- 竊聽 절청 / 竊盜犯 절도범 / 竊盜罪 절도죄

642 | 점 漸 점점 점 (氵=水부, 총14획)
- 漸進 점진: 조금씩 앞으로 나아감, 또는 점점 발전함(進 나아갈 진)
- 漸降法 점강법: 크고 높고 강한 것에서부터 작고 낮고 약한 것으로 표현하여 강조하는 수사법(降 내릴 강, 法 법 법)
- 漸染 점염 / 漸漸 점점 / 漸增 점증
- 漸次 점차 / 東漸 동점 / 漸層法 점층법

643 | 점 占 점령할, 점칠 점 (卜부, 총5획)
- 占據 점거: 어떤 장소를 차지하여 자리를 잡음(據 근거 거)
- 占領 점령: 교전국의 군대가 적국의 영토에 들어가 그 지역을 군사적 지배하에 둠(領 거느릴 령)
- 占術 점술 / 占有 점유 / 獨占 독점
- 卜占 복점 / 先占 선점 / 買占賣惜 매점매석

644 | 점 點 점 점 (黑부, 총17획)
- 點數 점수: 성적을 나타내는 숫자(數 셈 수)
- 缺點 결점: 잘못되거나 부족하여 완전하지 못한 점(缺 이지러질 결)
- 得點 득점: 시험이나 경기에서 점수를 얻음(得 얻을 득)
- 點檢 점검 / 點火 점화 / 起點 기점
- 氷點 빙점 / 要點 요점 / 終點 종점

645 | 접 蝶 나비 접 (虫부, 총15획)
- 蝶泳 접영: 두 손을 앞으로 뻗쳐 물을 아래로 끌어내리고 양다리를 모아 상하로 움직이며 물을 치면서 나가는 수영법(泳 헤엄칠 영)
- 胡蝶夢 호접몽: 나비에 관한 꿈이라는 뜻, 인생의 덧없음을 이름(胡 오랑캐 호, 夢 꿈 몽)
- 胡蝶 호접 / 蝶形骨 접형골 / 蝶形花冠 접형화관

646 | 정 程 한도, 길 정 (禾부, 총12획)
- 程度 정도: 얼마의 분량(度 법도 도)
- 過程 과정: 일이 되어 가는 경로(過 지날 과)
- 規程 규정: 관공서 따위에서 내부 조직이나 사무 취급 등에 대하여 정해 놓은 규칙(規 법 규)
- 工程 공정 / 路程 노정 / 道程 도정
- 旅程 여정 / 日程 일정 / 方程式 방정식

647 | 정 征 칠 정 (彳부, 총8획)
- 征服 정복: 다른 나라 민족을 정벌하여 복종시킴(服 옷 복)
- 征伐 정벌: 적 또는 죄 있는 무리를 군사를 보내어 침(伐 칠 벌)
- 遠征 원정: 먼 곳으로 싸우러 나감(遠 멀 원)
- 長征 장정 / 出征 출정 / 親征 친정

648 | 정 整 가지런할 정 (攵=攴부, 총16획)
- 整理 정리: 흐트러지거나 혼란스러운 것을 모으거나 치워서 질서 있는 상태가 되게 함. 문제가 되거나 불필요한 것을 말끔하게 바로잡음(理 다스릴 리)
- 整肅 정숙: 의용이 정제하고 엄숙함(肅 엄숙할 숙)
- 整列 정렬 / 整備 정비 / 整數 정수
- 整然 정연 / 調整 조정 / 整形外科 정형외과

649 | 정 廷 조정 정 (廴부, 총7획)
- 法廷 법정: 법원이 소송 절차에 따라 송사를 심리하고 판결하는 곳(法 법 법)
- 朝廷 조정: 임금이 나라의 정치를 신하들과 의논하거나 집행하는 곳, 또는 그런 기구(朝 아침 조)
- 廷論 정론 / 廷臣 정신 / 廷爭 정쟁
- 開廷 개정 / 休廷 휴정 / 裁判廷 재판정

650 | 정 亭 정자 정 (亠부, 총9획)
- 亭子 정자: 경치가 좋은 곳에 놀거나 쉬기 위하여 지은 집으로 벽이 없이 기둥과 지붕만 있음(子 아들 자)
- 園亭 원정: 집 안 뜰에 있는 정자(園 동산 원)
- 亭閣 정각 / 山亭 산정 / 料亭 요정

• • • 이 한 자 기 억 해 요 ? • • • 정답 124

1 腸( )　2 裁( )　3 載( )　4 宰( )　5 災( )　6 底( )　7 抵( )　8 寂( )　9 賊( )　10 籍( )

여기는! 竊절/訂정

651 | 정 訂
바로잡을 정 — 言부 총9획

- 訂正 정정: 글자나 글 따위의 잘못을 고쳐서 바로잡음 (正 바를 정)
- 校訂 교정: 남의 문장 또는 출판물의 잘못된 글자나 글귀 따위를 바르게 고침 (校 학교 교)
- 改訂 개정
- 修訂 수정
- 再訂 재정
- 增訂 증정

652 | 제 制
절제할 제 — 刂=刀부 총8획

- 制裁 제재: 법이나 규정을 어겼을 때 국가가 처벌이나 금지 따위를 행함 (裁 옷마을 재)
- 專制 전제: 국가의 권력을 개인이 장악하고 그 개인의 의사에 따라 모든 일을 처리함 (專 오로지 전)
- 制度 제도
- 制約 제약
- 制定 제정
- 制止 제지
- 制限 제한
- 統制 통제

653 | 제 齊
가지런할 제 — 齊부 총14획

- 齊家 제가: 집안을 잘 다스려 바로잡음 (家 집 가)
- 齊唱 제창: 여러 사람이 다 같이 소리를 질러 부름 (唱 부를 창)
- 均齊 균제: 고르고 가지런함 (均 고를 균)
- 一齊 일제: 여럿이 한꺼번에 함 (一 한 일)
- 齊整 제정
- 整齊 정제
- 修身齊家 수신제가

654 | 제 濟
건널 제 — 氵=水부 총17획

- 救濟 구제: 자연적인 재해나 사회적인 피해를 당하여 어려운 처지에 있는 사람을 도와줌 (救 구원할 구)
- 未濟 미제: 일이 아직 끝나지 아니함 (未 아닐 미)
- 濟度 제도
- 濟民 제민
- 濟衆 제중
- 決濟 결제
- 經濟 경제
- 辨濟 변제

655 | 제 提
끌 제 — 扌=手부 총12획

- 提供 제공: 바치어 이바지함 (供 이바지할 공)
- 提起 제기: 의견이나 문제를 내어 놓음 (起 일어날 기)
- 提案 제안: 어떤 생각이나 문제를 내 놓음, 또는 그 의안 (案 책상 안)
- 提高 제고
- 提示 제시
- 提請 제청
- 提出 제출
- 提携 제휴
- 前提 전제

656 | 제 堤
둑 제 — 土부 총12획

- 防潮堤 방조제: 높이 밀려드는 조수의 피해를 막기 위하여 바닷가에 쌓은 둑 (防 막을 방, 潮 조수 조)
- 防波堤 방파제: 파도를 막기 위하여 항만에 쌓은 둑. 바다의 물결을 막아 항구를 보호함 (防 막을 방, 波 물결 파)
- 堤防 제방
- 築堤 축제
- 河堤 하제

657 | 제 際
즈음, 가 제 — 阝=阜부 총14획

- 交際 교제: 사람과 사람이 서로 사귐 (交 사귈 교)
- 國際 국제: 나라 사이에 관계됨 (國 나라 국)
- 實際 실제: 사실의 경우나 형편 (實 열매 실)
- 此際 차제: 이 즈음. 이 기회 (此 이 차)
- 際限 제한
- 天際 천제
- 交際費 교제비
- 國際法 국제법
- 國際競技 국제경기

658 | 조 條
가지 조 — 木부 총11획

- 條件 조건: 어떤 일을 이루게 하거나 이루지 못하게 하기 위하여 갖추어야 할 상태나 요소 (件 물건 건)
- 條例 조례: 지방 자치 단체가 법령의 범위 안에서 지방 의회의 의결을 거쳐 그 지방의 사무에 관하여 제정하는 법 (例 법식 례)
- 條理 조리
- 條目 조목
- 條約 조약
- 條項 조항
- 信條 신조
- 金科玉條 금과옥조

659 | 조 租
조세 조 — 禾부 총10획

- 租稅 조세: 국가, 지방 자치 단체가 경비로 사용하기 위하여 국민이나 주민에게 강제로 거두어들이는 돈 (稅 세금 세)
- 租借 조차: 합의에 따라 다른 나라 영토의 일부를 빌려 일정한 기간 동안 통치하는 일 (借 빌 차)
- 租界 조계
- 田租 전조
- 地租 지조
- 租稅法 조세법
- 租稅案 조세안

660 | 조 組
짤 조 — 糸부 총11획

- 組成 조성: 여러 개의 요소나 성분으로 얽거나 짜서 만듦 (成 이룰 성)
- 組合 조합: 여러 가지 공동 목적을 수행하기 위하여 일정한 자격이 있는 사람으로 조직한 단체 (合 합할 합)
- 組立 조립
- 組員 조원
- 組長 조장
- 組織 조직
- 組版 조판
- 改組 개조

• • • 이 한 자 기 억 해 요 ? • • • 정답 125

1 摘( ) 2 滴( ) 3 積( ) 4 績( ) 5 跡( ) 6 殿( ) 7 專( ) 8 轉( ) 9 折( ) 10 切( )

3급한자 900 | 661~680

661 | 조
마를 조
火부 총17획

- 燥渴 조갈: 입술이나 입 안, 목 따위가 타는 듯이 몹시 마름(渴 목마를 갈)
- 乾燥 건조: 물기나 습기가 말라서 없어짐, 또는 물기나 습기를 말려서 없앰(乾 마를 건)
- 燥强 조강   燥熱 조열   高燥 고조
- 燥渴症 조갈증   無味乾燥 무미건조

662 | 조
잡을 조
扌=手부 총16획

- 操弄 조롱: 마음대로 다루면서 데리고 놂(弄 희롱할 롱)
- 操心 조심: 실수가 없도록 마음을 삼가서 경계함(心 마음 심)
- 貞操 정조: 이성 관계에서 순결을 지니는 일(貞 곧을 정)
- 操身 조신   操作 조작   操業 조업
- 操縱 조종   志操 지조

663 | 조
비칠 조
灬=火부 총13획

- 照明 조명: 빛을 비추어 밝게 함(明 밝을 명)
- 照會 조회: 어떤 사람의 인적 사항을 관계되는 기관에 알아보는 일(會 모일 회)
- 落照 낙조: 저녁에 지는 햇빛(落 떨어질 락)
- 照度 조도   照應 조응   照準 조준
- 對照 대조   參照 참조   照明燈 조명등

664 | 조
조상할 조
弓부 총4획

- 弔問 조문: 남의 죽음에 대하여 슬퍼하는 뜻을 드러내어 상주를 위문함, 또는 그 위문(問 물을 문)
- 慶弔 경조: 경축하는 것과 조문하는 일(慶 경사 경)
- 弔客 조객   弔旗 조기   弔意 조의
- 弔銃 조총   弔花 조화   謹弔 근조

665 | 조
밀물, 조수 조
氵=水부 총15획

- 潮流 조류: 바닷물의 흐름. 시대 흐름의 경향이나 동향(流 흐를 류)
- 干潮 간조: 바다에서 조수가 빠져나가 해수면이 가장 낮아진 상태(干 방패 간)
- 潮水 조수   高潮 고조   滿潮 만조
- 退潮 퇴조   風潮 풍조   紅潮 홍조

666 | 졸
옹졸할 졸
扌=手부 총8획

- 拙劣 졸렬: 옹졸하고 천하여 서투름(劣 못할 렬)
- 拙作 졸작: 자기의 작품을 겸손하게 이르는 말(作 지을 작)
- 拙著 졸저: 자기의 저술을 겸손하게 이르는 말(著 나타날 저)
- 拙稿 졸고   拙速 졸속   拙筆 졸필
- 壅*拙 옹졸

667 | 종
세로 종
糸부 총17획

- 縱斷 종단: 세로로 끊거나 길로 자름. 남북의 방향으로 건너가거나 건너옴(斷 끊을 단)
- 縱隊 종대: 세로로 줄을 지어 늘어선 대형(隊 무리 대)
- 縱列 종렬   縱走 종주   縱橫 종횡
- 放縱 방종   操縱 조종   縱橫無盡 종횡무진

668 | 좌
도울 좌
亻=人부 총7획

- 佐平 좌평: 백제 때 십 육품 관등의 첫째 등급(平 평평할 평)
- 補佐 보좌: 상관을 도와 일을 처리함(補 기울 보)
- 保佐 보좌: 보호하여 도움(保 지킬 보)
- 佐郞 좌랑   上佐 상좌   王佐 왕좌

669 | 좌
자리 좌
广부 총10획

- 座談 좌담: 여러 사람이 한자리에 모여 앉아서 어떤 문제에 대하여 의견이나 견문을 나누는 일(談 말씀 담)
- 座席 좌석: 앉을 수 있게 마련된 자리(席 자리 석)
- 座中 좌중   座標 좌표   講座 강좌
- 王座 왕좌   座右銘 좌우명   銀行計座 은행계좌

670 | 주
두루 주
口부 총8획

- 周到 주도: 주의가 두루 미쳐서 빈틈없이 찬찬함(到 이를 도)
- 周易 주역: 삼경의 하나(易 바꿀 역)
- 周遊 주유: 두루 돌아다니면서 구경하며 놂(遊 놀 유)
- 周邊 주변   周旋 주선   周圍 주위
- 周知 주지   圓周 원주   一周 일주

• • • 이 한 자 기 억 해 요 ? • • • 정답 126

1 竊(   ) 2 漸(   ) 3 占(   ) 4 點(   ) 5 蝶(   ) 6 程(   ) 7 征(   ) 8 整(   ) 9 廷(   ) 10 亭(   )

여기는! 燥조 / 珠주

671 | 주 珠 구슬 주
玉부 총10획

珠板 주판 셈을 놓는 데 쓰는 기구의 하나. 수판(板 널 판)
念珠 염주 염불할 때에, 손으로 돌려 개수를 세거나 손목 또는 목에 거는 법구(念 생각 념)

珠算 주산 珠玉 주옥 明珠 명주
珍珠 진주 夜光珠 야광주 如意珠 여의주

672 | 주 株 그루 주
木부 총10획

株式 주식 주식회사의 자본을 구성하는 단위(式 법 식)
株主 주주 주식을 가지고 직접 또는 간접으로 회사 경영에 참여하고 있는 개인이나 법인(主 주인 주)

株價 주가 株券 주권 舊株 구주
新株 신주 優良株 우량주 有望株 유망주

673 | 주 州 고을 주
川=巛부 총6획

州都 주도 주를 행정 단위로 하는 국가에서 주의 정치, 문화 따위의 중심 도시(都 도읍 도)
州牧 주목 주를 다스리던 목사(牧 칠 목)
州司 주사 주의 관사, 또는 주의 벼슬아치(司 맡을 사)

州郡 주군 公州 공주 光州 광주
原州 원주 全州 전주 濟州 제주

674 | 주 洲 물가 주
氵=水부 총9획

三角洲 삼각주 강이 바다로 들어가는 어귀에 모래나 흙이 쌓여 이루어진 편평한 지형(三 석 삼, 角 뿔 각)
六大洲 육대주 지구 위의 여섯 대륙. 아시아, 아프리카, 유럽, 오세아니아, 남아메리카, 북아메리카(六 여섯 륙, 大 큰 대)

滿洲 만주 美洲 미주 沙洲 사주
大洋洲 대양주

675 | 주 舟 배 주
舟부 총6획

舟遊 주유 뱃놀이(遊 놀 유)
方舟 방주 네모진 모양의 배(方 모 방)
一葉片舟 일엽편주 한 척의 조그마한 배(一 한 일, 葉 잎 엽, 片 조각 편)

輕舟 경주 虛舟 허주 刻舟求劍 각주구검

676 | 주 鑄 쇠불릴 주
金부 총22획

鑄物 주물 쇠붙이를 녹여서 일정한 틀 속에 부어 만든 물건(物 물건 물)
鑄造 주조 녹인 쇠붙이를 틀 속에 부어 물건을 만듦(造 지을 조)
鑄貨 주화 쇠붙이를 녹여 화폐를 만듦, 또는 그 화폐(貨 재물 화)

鑄工 주공 鑄金 주금 鑄鐵 주철
私鑄錢 사주전

677 | 주 柱 기둥 주
木부 총9획

電柱 전주 전선이나 통신선을 늘여 매기 위하여 세운 기둥(電 번개 전)
支柱 지주 정신적·사상적으로 의지할 수 있는 근거나 힘을 비유적으로 이르는 말(支 지탱할 지)

四柱 사주 石柱 석주 柱聯 주련
柱石 주석 四柱單子 사주단자 四柱八字 사주팔자

678 | 주 奏 아뢸 주
大부 총9획

奏樂 주악 음악을 연주함, 또는 그 음악(樂 노래 악)
獨奏 독주 한 사람이 악기를 연주하는 것(獨 홀로 독)
合奏 합주 두 가지 이상의 악기로 동시에 연주함(合 합할 합)

奏請 주청 伴奏 반주 演奏 연주
協奏 협주

679 | 준 遵 좇을 준
辶=辵부 총16획

遵據 준거 전례나 명령 따위에 의거하여 따름(據 근거 거)
遵法 준법 법을 지킴(法 법 법)
遵行 준행 전례나 명령 따위를 그대로 좇아서 행함(行 다닐 행)

遵範 준범 遵守 준수 遵用 준용

680 | 준 俊 준걸 준
亻=人부 총9획

俊傑 준걸 재주와 슬기가 뛰어남(傑 뛰어날 걸)
俊才 준재 아주 뛰어난 재주, 또는 재주가 뛰어난 사람(才 재주 재)
英俊 영준 영민하고 준수함, 또는 그런 사람(英 꽃부리 영)

俊骨 준골 俊秀 준수 俊逸 준일

· · · · 이 한 자 기 억 해 요 ? · · · 정답 127

1 訂( ) 2 制( ) 3 齊( ) 4 濟( ) 5 提( ) 6 堤( ) 7 際( ) 8 條( ) 9 租( ) 10 組( )

3급한자 900 | 681~700

681 | 준
準 준할 준
氵=水부 총13획

- 準據준거: 표준에 따라 의거함 (據 근거 거)
- 準備준비: 미리 마련하여 갖춤 (備 갖출 비)
- 標準표준: 사물의 정도나 성격 따위를 알기 위한 근거나 기준 (標 표할 표)
- 準則준칙 規準규준 基準기준
- 水準수준 照準조준 平準평준

682 | 중
仲 버금 중
亻=人부 총6획

- 仲介중개: 제삼자로서 두 당사자 사이에 서서 일을 주선함 (介 낄 개)
- 仲秋節중추절: 명절의 하나. 음력 팔월 십오일로 한가위를 이름 (秋 가을 추, 節 마디 절)
- 仲媒중매 仲父중부 仲裁중재
- 仲夏중하 仲兄중형 伯仲백중

683 | 증
蒸 찔 증
艹=艸부 총14획

- 蒸氣증기: 기체 상태로 되어 있는 물. 수증기 (氣 기운 기)
- 蒸發증발: 어떤 물질이 액체 상태에서 기체 상태로 변함, 또는 그런 현상 (發 필 발)
- 蒸濕증습 蒸熱증열 水蒸氣수증기
- 汗蒸湯한증탕

684 | 증
症 증세 증
疒부 총10획

- 症狀증상: 병을 앓을 때 나타나는 여러 가지 상태나 모양 (狀 형상 상)
- 虛症허증: 정기가 부족하여 몸의 저항력과 생리적 기능이 약하여진 증상 (虛 빌 허)
- 症勢증세 炎症염증 重症중증
- 痛症통증 症候群증후군 後遺症후유증

685 | 증
憎 미울 증
忄=心부 총15획

- 憎惡증오: 아주 사무치게 미워함 (惡 미워할 오)
- 可憎가증: 괘씸하고 얄미움 (可 옳을 가)
- 愛憎애증: 사랑과 미움을 아울러 이르는 말 (愛 사랑 애)
- 憎怨증원 憎惡感증오감 憎惡心증오심

686 | 증
贈 줄 증
貝부 총19획

- 贈與증여: 자기의 재산을 무상으로 상대편에게 줄 의사를 표시하고 상대편이 이를 승낙하는 일 (與 더불 여)
- 寄贈기증: 선물이나 기념으로 남에게 물품을 거저 줌 (寄 부칠 기)
- 贈別증별 贈遺증유 追贈추증
- 贈與稅증여세

687 | 지
遲 더딜, 늦을 지
辶=辵부 총16획

- 遲刻지각: 정한 시각보다 늦게 도착함 (刻 새길 각)
- 遲遲不進지지부진: 매우 더디어서 일 따위가 잘 진척되지 아니함 (不 아닐 부, 進 나아갈 진)
- 遲延지연 遲滯지체

688 | 지
池 못 지
氵=水부 총6획

- 天池천지: 백두산 꼭대기에 있는 못 (天 하늘 천)
- 貯水池저수지: 물을 모아 두기 위하여 하천이나 골짜기를 막아 만든 큰 못 (貯 쌓을 저, 水 물 수)
- 城池성지 電池전지 乾電池건전지
- 遊水池유수지 蓄電池축전지 金城湯池금성탕지

689 | 지
智 슬기, 지혜 지
日부 총12획

- 智略지략: 명철하게 포착하고 분석·평가하며 해결 대책을 능숙하게 세우는 뛰어난 슬기와 계략 (略 간략할 략)
- 智勇지용: 지혜와 용기 (勇 날랠 용)
- 智謀지모 智慧지혜 機智기지
- 衆智중지 智德體지덕체 理智的이지적

690 | 지
誌 기록할 지
言부 총14획

- 誌面지면: 잡지에서 글이나 사진이 실리는 종이의 면 (面 낯 면)
- 雜誌잡지: 일정한 이름을 가지고 호를 거듭하며 정기적으로 간행하는 출판물 (雜 섞일 잡)
- 校誌교지 日誌일지 會誌회지
- 機關誌기관지 日刊紙일간지 週刊誌주간지

· · · 이 한 자 기 억 해 요 ? · · 정답 128

1 燥( ) 2 操( ) 3 照( ) 4 弔( ) 5 潮( ) 6 拙( ) 7 縱( ) 8 佐( ) 9 座( ) 10 周( )

여기는! 準준 / 職직

691 | 직

직분 직
耳부 　 총18획

職業 직업 　 생계 유지를 위해 자신의 적성과 능력에 따라 일정한 기간 동안 종사하는 일(業 업 업)
職場 직장 　 사람들이 일정한 직업을 가지고 일하는 곳(場 마당 장)

職分 직분 　 職員 직원 　 職種 직종
職責 직책 　 兼職 겸직 　 辭職 사직

692 | 직
織
짤 직
糸부 　 총18획

織女 직녀 　 피륙을 짜는 여자(女 계집 녀)
織物 직물 　 씨줄과 날줄을 직기에 걸어 짠 천(物 물건 물)
組織 조직 　 정한 목적을 달성하기 위하여 여러 개체나 요소를 모아서 체계 있는 집단(組 짤 조)

織機 직기 　 織造 직조 　 機織 기직
手織 수직 　 絹織物 견직물 　 毛織物 모직물

693 | 진

진칠 진
阝=阜부 　 총10획

陣營 진영 　 군대가 진을 치고 있는 곳(營 경영할 영)
陣容 진용 　 한 단체가 집단을 이루고 있는 구성원의 짜임새(容 얼굴 용)
布陣 포진 　 전쟁이나 경기 따위를 하기 위하여 진을 침(布 펼 포)

陣地 진지 　 陣痛 진통 　 退陣 퇴진
筆陣 필진 　 背水陣 배수진 　 陣頭指揮 진두지휘

694 | 진
陳
베풀, 묵을 진
阝=阜부 　 총11획

陳腐 진부 　 케케묵고 낡음(腐 썩을 부)
陳述 진술 　 자세하게 말함(述 펼 술)
開陳 개진 　 주장이나 사실 따위를 밝히기 위해 의견이나 내용을 드러내어 말하거나 글로 씀(開 열 개)

陳說 진설 　 陳列 진열 　 陳情 진정
意見開陳 의견개진

695 | 진
鎭
진압할 진
金부 　 총18획

鎭魂 진혼 　 죽은 사람의 넋을 달래어 고이 잠들게 함(魂 넋 혼)
重鎭 중진 　 어떤 집단이나 분야에서 지도적인 영향력을 가진 중요한 인물(重 무거울 중)

鎭壓 진압 　 鎭重 진중 　 鎭定 진정
鎭靜 진정 　 鎭火 진화 　 鎭痛劑 진통제

696 | 진

보배 진
王=玉부 　 총9획

珍貴 진귀 　 보배롭고 귀중함(貴 귀할 귀)
珍奇 진기 　 보배롭고 기이함(奇 기특할 기)
珍味 진미 　 음식의 아주 좋은 맛, 또는 그런 맛이 나는 음식물(味 맛 미)
珍書 진서 　 진귀한 책(書 글 서)

珍本 진본 　 珍珠 진주 　 珍品 진품

697 | 진

떨칠 진
扌=手부 　 총10획

振動 진동 　 흔들려 움직임. 냄새 따위가 아주 심하게 나는 상태(動 움직일 동)
振作 진작 　 떨쳐 일으킴(作 지을 작)

振子 진자 　 振幅 진폭 　 振興 진흥
不振 부진

698 | 진
震
우레 진
雨부 　 총15획

震怒 진노 　 존엄한 존재가 크게 노함(怒 성낼 노)
餘震 여진 　 큰 지진이 일어난 다음에 얼마 동안 잇따라 일어나는 작은 지진(餘 남을 여)

震度 진도 　 震動 진동 　 强震 강진
耐震 내진 　 地震 지진 　 震幅 진폭

699 | 질

병 질
疒부 　 총10획

疾病 질병 　 몸의 온갖 병(病 병 병)
疾走 질주 　 빨리 달림(走 달릴 주)
疾風 질풍 　 몹시 빠르고 거세게 부는 바람(風 바람 풍)
疾患 질환 　 몸의 병(患 근심 환)

疾苦 질고 　 疾視 질시 　 怪疾 괴질
眼疾 안질 　 疫疾 역질

700 | 질

조카 질
女부 　 총9획

姪女 질녀 　 조카딸(女 계집 녀)
姪婦 질부 　 조카며느리(婦 지어미 부)
長姪 장질 　 맏조카, 장조카(長 긴 장)

堂姪 당질 　 叔姪 숙질 　 從姪 종질

• • 이 한 자 기 억 해 요 ? • • 　 정답 129

1 珠( ) 2 株( ) 3 州( ) 4 洲( ) 5 舟( ) 6 鑄( ) 7 柱( ) 8 奏( ) 9 遵( ) 10 俊( )

3급한자 900 | 701~720

701 | 질
秩高 질고 관직이 높음(高 높을 고)
秩序 질서 혼란 없이 순조롭게 이루어지게 하는 사물의 순서나 차례 (序 차례 서)

차례 질
禾부   총10획
九秩 구질   上秩 상질   下秩 하질
無秩序 무질서

702 | 징
徵收 징수 행정 기관이 법에 따라서 조세, 수수료, 벌금 따위를 국민에게서 거두어들이는 일 (收 거둘 수)
特徵 특징 다른 것에 비하여 특별히 눈에 뜨이는 점(特 특별할 특)

부를 징
彳부   총15획
徵兵 징병   徵稅 징세   徵兆 징조
過徵 과징   象徵 상징   追徵 추징

703 | 징
懲戒 징계 부정이나 부당한 행위에 대하여 제재를 가함(戒 경계할 계)
懲罰 징벌 옳지 아니한 일을 하거나 죄를 지은 데 대하여 벌을 줌, 또는 그 벌(罰 벌할 벌)

징계할 징
心부   총19획
懲役 징역   懲止 징지   嚴懲 엄징
勸善懲惡 권선징악

704 | 차
差減 차감 비교하여 덜어 냄, 또는 비교하여 줄어든 차이(減 덜 감)
差別 차별 둘 이상의 대상을 각각 등급이나 수준 따위의 차이를 두어서 구별함(別 다를 별)

다를 차
工부   총10획
差度 차도   差等 차등   差押 차압
差異 차이   誤差 오차   偏差 편차

705 | 착
錯亂 착란 어지럽고 어수선함 (亂 어지러울 란)
錯誤 착오 잘못(誤 그르칠 오)
倒錯 도착 본능이나 감정 또는 덕성의 이상으로 사회나 도덕에 어그러진 행동을 나타냄(倒 넘어질 도)

어긋날 착
金부   총16획
錯覺 착각   錯視 착시   錯雜 착잡
交錯 교착   倒錯症 도착증

706 | 착
捉來 착래 사람을 붙잡아 옴(來 올 래)
捕捉 포착 꼭 붙잡음(捕 잡을 포)
捉送 착송 사람을 붙잡아서 보냄 (送 보낼 송)

잡을 착
扌=手부   총10획
捉去 착거   捉囚 착수   推捉 추착

707 | 찬
贊反 찬반 찬성과 반대를 아울러 이르는 말(反 돌이킬 반)
贊助 찬조 뜻을 같이하여 도움 (助 도울 조)
協贊 협찬 협력하여 도움(協 화합할 협)

도울 찬
貝부   총19획
贊決 찬결   贊同 찬동   贊成 찬성
贊助金 찬조금

708 | 찬
讚歌 찬가 찬양, 찬미의 뜻을 나타내는 노래(歌 노래 가)
讚美 찬미 아름답고 훌륭한 것이나 위대한 것 따위를 기리어 칭송함 (美 아름다울 미)

기릴 찬
言부   총26획
讚辭 찬사   讚揚 찬양   禮讚 예찬
絶讚 절찬   稱讚 칭찬   自畫自讚 자화자찬

709 | 참
慙慨 참개 몹시 부끄러워서 개탄함 (慨 슬퍼할 개)
慙愧 참괴 매우 부끄러워함 (愧 부끄러울 괴)
慙憤 참분 부끄러워하며 분하게 여김 (憤 분할 분)

부끄러울 참
心부   총15획
慙德 참덕   慙色 참색   慙悔 참회

710 | 참
慘狀 참상 비참하고 끔찍한 상태나 상황 (狀 형상 상)
慘敗 참패 싸움이나 경기 따위에서 참혹할 만큼 크게 패배하거나 실패함, 또는 그런 패배나 실패 (敗 패할 패)

참혹할 참
忄=心부   총14획
慘變 참변   慘死 참사   慘事 참사
慘刑 참형   無慘 무참   悲慘 비참

• • • 이 한 자 기 억 해 요 ? • • •   정답 130

1 準(　) 2 仲(　) 3 蒸(　) 4 症(　) 5 憎(　) 6 贈(　) 7 遲(　) 8 池(　) 9 智(　) 10 誌(　)

 秩질 / 倉창

711 | 창 倉 곳집 창
人부 총10획

- 倉庫 창고: 물건이나 자재를 저장하거나 보관하는 건물(庫 곳집 고)
- 穀倉 곡창: 곡식을 쌓아 두는 창고. 곡식이 많이 생산되는 지방을 이르는 말(穀 곡식 곡)
- 倉穀 창곡 倉卒 창졸 社倉 사창
- 船倉 선창 義倉 의창 常平倉 상평창

712 | 창 創 비롯할 창
刂=刀부 총12획

- 創設 창설: 기관이나 단체 따위를 처음으로 베풂(設 베풀 설)
- 創作 창작: 예술 작품을 독창적으로 지어 냄(作 지을 작)
- 創造 창조: 전에 없던 것을 처음으로 만듦(造 지을 조)
- 創建 창건 創立 창립 創案 창안
- 創業 창업 創意 창의 創製 창제

713 | 창 蒼 푸를 창
艹=艸부 총14획

- 蒼空 창공: 맑고 푸른 하늘(空 빌 공)
- 蒼白 창백: 얼굴빛 따위가 해쓱함(白 흰 백)
- 蒼生 창생: 세상의 모든 사람(生 날 생)
- 蒼天 창천: 맑게 갠 푸른 하늘(天 하늘 천)
- 蒼海 창해: 넓고 푸른 바다(海 바다 해)
- 蒼茫 창망 蒼然 창연 蒼蒼 창창

714 | 창 暢 화창할 창
日부 총14획

- 暢達 창달: 거침없이 쑥쑥 뻗어 나감. 또는 그렇게 되게 함(達 통달할 달)
- 流暢 유창: 말이 줄줄 나와 거침이 없음. 발음 등이 매끄러워 막힘이 없음(流 흐를 류)
- 暢茂 창무 暢敍 창서 暢快 창쾌
- 和暢 화창

715 | 채  彩 채색 채
彡부 총11획

- 彩色 채색: 그림 따위에 색을 칠함(色 빛 색)
- 光彩 광채: 정기 있는 밝은 빛(光 빛 광)
- 色彩 색채: 빛깔(色 빛 색)
- 異彩 이채: 이상한 빛. 남다름(異 다를 이)
- 彩度 채도 文彩 문채 彩色畫 채색화
- 水彩畫 수채화

716 | 채 債 빚 채
亻=人부 총13획

- 債券 채권: 국가, 지방 자치 단체, 은행, 회사 따위가 자금을 차입하기 위하여 발행하는 유가 증권(券 문서 권)
- 負債 부채: 남에게 빚을 짐. 또는 그 빚(負 질 부)
- 債權 채권 債務 채무 公債 공채
- 國債 국채 卜債 복채 私債 사채

717 | 책 策 꾀 책
竹부 총12획

- 策略 책략: 어떤 일을 꾸미고 이루어 나가는 꾀와 방법(略 간략할 략)
- 策士 책사: 꾀를 써서 일이 잘 이루어지게 하는 사람(士 선비 사)
- 對策 대책: 어떤 일에 대처할 계획이나 수단(對 대할 대)
- 策定 책정 妙策 묘책 秘策 비책
- 上策 상책 失策 실책 政策 정책

718 | 척 斥 물리칠 척
斥부 총5획

- 斥和 척화: 화의를 배척함(和 화할 화)
- 斥候 척후: 적의 형편이나 지형 따위를 정찰하고 탐색함(候 기후 후)
- 排斥 배척: 따돌리거나 거부하여 밀어 내침(排 밀칠 배)
- 斥拒 척거 斥言 척언 斥和碑 척화비
- 斥候兵 척후병

719 | 척  戚 친척 척
戈부 총11획

- 外戚 외척: 어머니 쪽의 친척(外 바깥 외)
- 姻戚 인척: 혼인에 의하여 맺어진 친척(姻 혼인 인)
- 親戚 친척: 친족과 외척을 아울러 이르는 말(親 친할 친)
- 戚分 척분 戚屬 척속 戚臣 척신
- 婚戚 혼척

720 | 척  拓 넓힐 척/박을 탁
扌=手부 총8획

- 拓本 탁본: 비석, 기와, 기물 따위에 새겨진 글씨나 무늬를 종이에 그대로 떠냄(本 근본 본)
- 干拓 간척: 육지에 면한 바다나 호수의 일부를 둑으로 막고, 물을 빼내어 육지로 만드는 일(干 방패 간)
- 拓植 척식 拓地 척지 開拓 개척
- 手拓 수탁 干拓地 간척지 開拓者 개척자

• • • 이 한 자 기 억 해 요 ? • • 정답 131

1 職( ) 2 織( ) 3 陣( ) 4 陳( ) 5 鎭( ) 6 珍( ) 7 振( ) 8 震( ) 9 疾( ) 10 姪( )

3급한자 900 | 721~740

721 | 천
薦
천거할 천
艹=艸부 총17획

薦擧 천거 — 어떤 일을 맡아 할 수 있는 사람을 그 자리에 쓰도록 소개하거나 추천함(擧 들 거)
公薦 공천 — 공인된 정당에서 선거에 출마할 당원을 공식적으로 추천하는 일(公 공평할 공)

薦引 천인   落薦 낙천   自薦 자천
推薦 추천   他薦 타천

722 | 천
遷
옮길 천
辶=辵부 총16획

遷都 천도 — 서울을 옮김(都 도읍 도)
變遷 변천 — 바뀌고 변함(變 변할 변)
左遷 좌천 — 지금보다 낮은 지위나 직위로 옮김(左 왼 좌)
播遷 파천 — 임금이 도성을 떠나 딴 곳으로 피난함(播 뿌릴 파)

改過遷善 개과천선   三遷之敎 삼천지교

723 | 천
踐
밟을 천
足부 총15획

踐極 천극 — 임금의 자리를 이름(極 극진할 극)
實踐 실천 — 생각한 바를 실제로 행함(實 열매 실)

踐履 천리   踐約 천약   踐言 천언

724 | 천
賤
천할 천
貝부 총15획

賤待 천대 — 업신여겨 푸대접함(待 기다릴 대)
賤視 천시 — 천하게 여김(視 볼 시)
貴賤 귀천 — 신분이나 일 따위의 귀함과 천함(貴 귀할 귀)

賤民 천민   賤職 천직   賤出 천출
微賤 미천   卑賤 비천

725 | 철
哲
밝을 철
口부 총10획

哲人 철인 — 어질고 사리에 밝은 사람. 철학가(人 사람 인)
哲學 철학 — 인간과 세계에 대한 근본 원리와 삶의 본질 따위를 연구하는 학문(學 배울 학)

哲理 철리   古哲 고철   明哲 명철
先哲 선철   聖哲 성철   賢哲 현철

726 | 철
徹
통할 철
彳부 총15획

徹夜 철야 — 밤새움. 잠을 자지 않고 밤을 보냄(夜 밤 야)
徹天 철천 — 하늘에 사무침(天 하늘 천)
貫徹 관철 — 어려움을 뚫고 나아가 목적을 기어이 이룸(貫 꿸 관)

徹底 철저   冷徹 냉철   洞徹 통철
透徹 투철   徹頭徹尾 철두철미

727 | 첨
添
더할 첨
氵=水부 총11획

添加 첨가 — 이미 있는 것에 덧붙이거나 보탬(加 더할 가)
添附 첨부 — 안건이나 문서 따위를 덧붙임(附 붙을 부)
添削 첨삭 — 시문, 답안 등을 보충하거나 삭제하여 고침(削 깎을 삭)

添補 첨보   別添 별첨

728 | 첨
尖
뾰족할 첨
小부 총6획

尖端 첨단 — 끄트머리(端 끝 단)
尖兵 첨병 — 행군 본대의 앞에서 적의 움직임을 살피고 경계하는 부대 또는 그 부대의 군사(兵 병사 병)
尖銳 첨예 — 날카롭고 뾰족함(銳 날카로울 예)
尖塔 첨탑 — 뾰족한 탑(塔 탑 탑)

尖尾 첨미   指尖 지첨   最尖端 최첨단

729 | 첩
妾
첩 첩
女부 총8획

妾室 첩실 — '첩'을 점잖게 이르는 말(室 집 실)
愛妾 애첩 — 사랑하여 아끼는 첩(愛 사랑 애)
妻妾 처첩 — 아내와 첩을 아울러 이르는 말(妻 아내 처)

小妾 소첩   臣妾 신첩   賤妾 천첩
蓄妾 축첩

730 | 청
廳
관청 청
广부 총25획

廳舍 청사 — 관청의 사무실로 쓰는 건물(舍 집 사)
官廳 관청 — 국가의 사무를 집행하는 국가 기관, 또는 그런 곳(官 벼슬 관)
大廳 대청 — 집채의 방과 방 사이에 있는 큰 마루(大 큰 대)

廳長 청장   區廳 구청   郡廳 군청
道廳 도청   本廳 본청   市廳 시청

· · · · 이 한 자 기 억 해 요 ? · · · ·

1 秩( ) 2 徵( ) 3 懲( ) 4 差( ) 5 錯( ) 6 捉( ) 7 贊( ) 8 讚( ) 9 慙( ) 10 慘( )

여기는! 薦천 / 遞체

731 | 체

갈릴 체
辶=辵부 총14획

- 遞任 체임 : 벼슬을 갈아 냄(任 맡길 임)
- 郵遞夫 우체부 : 우편물을 우체통으로부터 모으고 또 각 집에 배달하는 직원 (郵 우편 우, 夫 지아비 부)
- 遞減 체감
- 遞信 체신
- 遞傳 체전
- 遞增 체증

732 | 체
滯
막힐 체
氵=水부 총14획

- 滯納 체납 : 세금 따위를 기한까지 내지 못하여 밀림(納 들일 납)
- 滯留 체류 : 객지에 가서 머물러 있음 (留 머무를 류)
- 滯拂 체불 : 지급이 늦어짐. 지급을 늦춤 (拂 떨칠 불)
- 滯症 체증
- 延滯 연체
- 停滯 정체
- 遲滯 지체
- 沈滯 침체

733 | 체

바꿀 체
日부 총12획

- 交替 교체 : 사람이나 사물을 다른 사람이나 사물로 대신하여 바꿈 (交 사귈 교)
- 代替 대체 : 다른 것으로 대신함 (代 대신할 대)
- 移替 이체 : 서로 갈리고 바뀜. 서로 바뀜 (移 옮길 이)
- 替當 체당
- 替番 체번
- 對替 대체

734 | 체

잡을 체
辶=辵부 총12획

- 逮捕 체포 : 사람의 신체에 대하여 직접적이고 현실적인 구속을 가하여 행동의 자유를 빼앗음 (捕 잡을 포)
- 被逮 피체 : 남에게 잡힘(被 입을 피)
- 逮繫 체계
- 逮捕令狀 체포영장

735 | 초

분초 초
禾부 총9획

- 秒速 초속 : 1초를 단위로 하여 잰 속도. 1초 동안의 진행 거리로 나타냄(速 빠를 속)
- 秒針 초침 : 시계에서 초를 가리키는 바늘 (針 바늘 침)
- 每秒 매초
- 分秒 분초
- 閏秒 윤초
- 寸秒 촌초
- 一分一秒 일분일초

736 | 초

뽑을 초
扌=手부 총7획

- 抄錄 초록 : 필요한 대목만을 가려 뽑아 적음 또는 그 기록(錄 기록할 록)
- 抄本 초본 : 원본에서 필요한 부분만 뽑아서 베낀 책이나 문서(本 근본 본)
- 抄譯 초역 : 원문에서 필요한 부분만을 뽑아서 번역함(譯 번역할 역)
- 抄略 초략
- 抄出 초출

737 | 초
超
뛰어넘을 초
走부 총12획

- 超過 초과 : 일정한 수나 한도 따위를 넘음(過 지날 과)
- 超克 초극 : 어려움 따위를 넘어 이겨냄 (克 이길 극)
- 超然 초연 : 남과 관계 않는 모양(然 그럴 연)
- 超越 초월
- 超人 초인
- 超絶 초절
- 超脫 초탈

738 | 초

닮을, 같을 초
月=肉부 총7획

- 肖像 초상 : 사진, 그림 따위에 나타낸 사람의 얼굴이나 모습 (像 모양 상)
- 不肖子 불초자 : 아들이 부모를 상대하여 자기를 낮추어 이르는 일인칭 대명사 (不 아닐 불, 子 아들 자)
- 肖似 초사
- 不肖 불초
- 肖像權 초상권
- 肖像畵 초상화
- 不肖女 불초녀

739 | 초
礎
주춧돌 초
石부 총18획

- 礎石 초석 : 주춧돌. 기둥 밑에 기초로 받쳐 놓은 돌(石 돌 석)
- 基礎 기초 : 사물의 기본이 되는 토대 (基 터 기)
- 定礎 정초 : 주춧돌을 놓음, 또는 그 돌. 머릿돌(定 정할 정)
- 礎稿 초고
- 礎材 초재

740 | 촉

재촉할 촉
亻=人부 총9획

- 促求 촉구 : 재촉하여 요구함(求 구할 구)
- 促迫 촉박 : 기한이 바싹 닥쳐와서 가까움 (迫 핍박할 박)
- 督促 독촉 : 일이나 행동을 빨리 하도록 재촉함(督 감독할 독)
- 促進 촉진
- 販促 판촉

• • • 이 한 자 기 억 해 요 ? • • • 정답 133

1 倉( ) 2 創( ) 3 蒼( ) 4 暢( ) 5 彩( ) 6 債( ) 7 策( ) 8 斥( ) 9 戚( ) 10 拓( )

3급한자 900 | 741~760

741 | 촉
觸 닿을 촉
角부 총20획

- 觸角 촉각: 더듬이. 절지동물의 머리 부분에 있는 감각 기관(角 뿔 각)
- 觸媒 촉매: 자신은 변화하지 아니하면서 다른 물질의 화학 반응을 매개하여 반응 속도를 빠르게 하거나 늦추는 일, 또는 그런 물질(媒 중매 매)
- 觸覺 촉각　觸發 촉발　觸手 촉수
- 感觸 감촉　抵觸 저촉　接觸 접촉

742 | 촉

燭 촛불 촉
火부 총17획

- 燭臺 촉대: 촛대. 초를 꽂아 놓는 기구(臺 대 대)
- 燈燭 등촉: 등불과 촛불을 아울러 이르는 말(燈 등 등)
- 華燭 화촉: 혼례를 달리 이르는 말(華 빛날 화)
- 燭光 촉광　燭淚 촉루　燭數 촉수
- 洞燭 통촉

743 | 총
總 다 총
糸부 총17획

- 總角 총각: 결혼하지 않은 성년 남자 (角 뿔 각)
- 總力 총력: 모든 힘. 전체의 힘(力 힘 력)
- 總體 총체: 있는 것들을 모두 하나로 합친 전부. 전체(體 몸 체)
- 總計 총계　總理 총리　總務 총무
- 總額 총액　總稱 총칭　總販 총판

744 | 총
聰 귀밝을 총
耳부 총17획

- 聰氣 총기: 총명한 기운(氣 기운 기)
- 聰明 총명: 보거나 들은 것을 오래 기억하는 힘이 있음, 또는 썩 영리하고 재주가 있음(明 밝을 명)
- 聰敏 총민: 총명하고 민첩함(敏 민첩할 민)
- 聰俊 총준　聰察 총찰　聖聰 성총

745 | 총
銃 총 총
金부 총14획

- 銃擊 총격: 총을 쏘아 공격함(擊 칠 격)
- 銃聲 총성: 총소리. 총을 쏠 때 나는 소리 (聲 소리 성)
- 拳銃 권총: 한 손으로 다룰 수 있는 짧고 작은 총(拳 주먹 권)
- 銃器 총기　銃殺 총살　銃傷 총상
- 獵銃 엽총　長銃 장총　機關銃 기관총

746 | 최
催 재촉할 최
亻=人부 총13획

- 開催 개최: 모임이나 회의 따위를 주최하여 엶(開 열 개)
- 催眠術 최면술: 암시에 의하여 인위적으로 잠에 가까운 상태로 이끌어 내는 술법 (眠 잘 면, 術 재주 술)
- 催告 최고　催促 최촉　主催 주최
- 催淚彈 최루탄

747 | 추
抽 뽑을 추
扌=手부 총8획

- 抽象 추상: 사물이나 개념에서 공통되는 특성이나 속성 따위를 추출하여 파악하는 작용(象 코끼리 상)
- 抽稅 추세: 세액을 계산하여 냄(稅 세금 세)
- 抽出 추출: 전체 속에서 어떤 물건, 생각, 요소 따위를 뽑아냄(出 날 출)
- 抽利 추리　抽身 추신　抽象化 추상화

748 | 추
醜 추할 추
酉부 총17획

- 醜聞 추문: 추잡하고 좋지 못한 소문 (聞 들을 문)
- 醜惡 추악: 더럽고 좋지 않음(惡 악할 악)
- 醜行 추행: 강간이나 그와 비슷한 짓 (行 다닐 행)
- 醜男 추남　醜女 추녀　醜雜 추잡
- 醜態 추태　美醜 미추　姓醜行 성추행

749 | 축

築 쌓을 축
竹부 총16획

- 建築 건축: 집, 다리 등을 목적에 따라 설계하여 세우거나 쌓아 만드는 일(建 세울 건)
- 構築 구축: 어떤 시설물을 쌓아 올려 만듦. 체제, 체계 따위의 기초를 닦아 세움(構 얽을 구)
- 築臺 축대　築城 축성　築造 축조
- 改築 개축　新築 신축　增築 증축

750 | 축

縮 줄일 축
糸부 총17획

- 減縮 감축: 덜어서 줄임(減 덜 감)
- 緊縮 긴축: 재정의 기초를 다지기 위하여 지출을 줄임(緊 긴할 긴)
- 伸縮性 신축성: 물체가 늘어나고 줄어드는 성질(伸 펼 신, 性 성품 성)
- 縮圖 축도　縮小 축소　縮約 축약
- 短縮 단축　收縮 수축　壓縮 압축

• • • 이 한 자 기 억 해 요 ? • • • 정답 134

1 薦( )　2 遷( )　3 踐( )　4 賤( )　5 哲( )　6 徹( )　7 添( )　8 尖( )　9 妾( )　10 廳( )

여기는! 觸촉 / 畜축

751 | 축

짐승 축
田부　총10획

- 畜舍 축사 : 가축을 기르는 건물(舍 집 사)
- 畜産 축산 : 가축을 길러 생활에 유용한 물질을 생산하는 일(産 낳을 산)
- 牧畜 목축 : 소·말·양·돼지 따위의 가축을 많이 기르는 일(牧 칠 목)

畜生 축생　畜牛 축우　家畜 가축
養畜 양축　雜畜 잡축

752 | 축

모을 축
艹=艸부　총14획

- 貯蓄 저축 : 절약하여 모아 둠 (貯 쌓을 저)
- 蓄音機 축음기 : 레코드판에서 녹음한 음을 재생하는 장치 (音 소리 음, 機 틀 기)

蓄積 축적　蓄妾 축첩　備蓄 비축
電蓄 전축　含蓄 함축　不正蓄財 부정축재

753 | 축

쫓을 축
辶=辵부　총11획

- 逐出 축출 : 쫓아내거나 몰아냄(出 날 출)
- 角逐 각축 : 서로 이기려고 맞서서 다툼 (角 뿔 각)
- 驅逐 구축 : 어떤 세력 따위를 몰아서 쫓아냄(驅 몰 구)

逐客 축객　逐鬼 축귀　逐臣 축신
放逐 방축　追逐 추축

754 | 충

찌를 충
行부　총15획

- 衝擊 충격 : 슬픈 일이나 뜻밖의 사건 따위로 마음에 받은 심한 자극이나 영향(擊 칠 격)
- 衝突 충돌 : 서로 맞부딪치거나 맞섬 (突 갑자기 돌)

衝動 충동　衝天 충천　折衝 절충
要衝地 요충지　緩衝地帶 완충지대

755 | 취

냄새 취
自부　총10획

- 口臭 구취 : 입 냄새(口 입 구)
- 惡臭 악취 : 불쾌한 냄새(惡 악할 악)
- 口尙乳臭 구상유취 : 말이나 행동이 어린애 같음 (口 입 구, 尙 오히려 상, 乳 젖 유)

臭氣 취기　無臭 무취　除臭 제취
體臭 체취　脫臭 탈취　香臭 향취

756 | 취

뜻 취
走부　총15획

- 趣味 취미 : 전문적으로 하는 것이 아니라 즐기기 위하여 하는 일(味 맛 미)
- 趣向 취향 : 하고 싶은 마음이 쏠리는 방향(向 향할 향)
- 情趣 정취 : 깊은 정서를 자아내는 흥취 (情 뜻 정)

趣旨* 취지　雅趣 아취　風趣 풍취
興趣 흥취

757 | 취

취할 취
酉부　총15획

- 醉客 취객 : 술에 취한 사람(客 손 객)
- 陶醉 도취 : 어떠한 것에 마음이 쏠려 취하다시피 됨(陶 질그릇 도)
- 宿醉 숙취 : 이튿날까지 깨지 아니하는 취기(宿 잘 숙)

醉氣 취기　醉談 취담　醉中 취중
滿醉 만취　心醉 심취　醉生夢死 취생몽사

758 | 측

곁 측
亻=人부　총11획

- 側面 측면 : 옆 면(面 낯 면)
- 側近 측근 : 곁의 가까운 곳(近 가까울 근)
- 反側 반측 : 생각에 잠기거나 누운 자리가 편안하지 못하여 몸을 뒤척거림(反 돌이킬 반)

側門 측문　側室 측실　北側 북측
兩側 양측　右側 우측　左側 좌측

759 | 측

헤아릴 측
氵=水부　총12획

- 測定 측정 : 일정한 양을 기준으로 하여 같은 종류의 다른 양의 크기를 잼(定 정할 정)
- 觀測 관측 : 자연 현상의 상태·추이·변화 따위를 관찰하여 측정하는 일 (觀 볼 관)

測量 측량　計測 계측　罔測 망측
豫測 예측　推測 추측　測雨器 측우기

760 | 층

층 층
尸부　총15획

- 斷層 단층 : 지각 변동으로 지층이 갈라져 어긋나는 현상(斷 끊을 단)
- 地層 지층 : 알갱이의 크기·색·성분 따위가 서로 달라서 위아래의 퇴적암과 구분되는 퇴적암체 (地 따 지)

層階 층계　階層 계층　單層 단층
深層 심층　高位層 고위층　層層侍下 층층시하

・ ・ ・ 이　한　자　기　억　해　요　? ・ ・ ・ 정답 135

1 遞(　) 2 滯(　) 3 替(　) 4 逮(　) 5 秒(　) 6 抄(　) 7 超(　) 8 肖(　) 9 礎(　) 10 促(　)

3급한자 900 | 761~780

761 | 치
置 둘 치
罒=网부 총13획

- 置重 치중 : 어떠한 것에 특히 중점을 둠 (重 무거울 중)
- 備置 비치 : 마련하여 갖추어 둠 (備 갖출 비)
- 裝置 장치 : 어떤 목적에 따라 기계, 도구 따위를 장소에 장착함, 또는 그 기계, 도구, 설비 (裝 꾸밀 장)
- 置換 치환   放置 방치   配置 배치
- 設置 설치   位置 위치   置簿冊 치부책

762 | 치
値 값 치
亻=人부 총10획

- 價値 가치 : 사물이 지니고 있는 쓸모 (價 값 가)
- 數値 수치 : 계산하여 얻은 값 (數 셈 수)
- 近似値 근사치 : 근사 계산에 의해 얻어진 참값에 가까운 값 (近 가까울 근, 似 닮을 사)
- 等値 등치   加重値 가중치   絕對値 절대치

763 | 치
恥 부끄러울 치
心부 총10획

- 恥部 치부 : 남에게 드러내고 싶지 않은 부끄러운 곳 (部 떼 부)
- 恥事 치사 : 격에 떨어져 남 부끄러운 일 (事 일 사)
- 恥辱 치욕 : 수치와 모욕을 아울러 이르는 말 (辱 욕될 욕)
- 恥骨 치골   國恥 국치   廉恥 염치
- 破廉恥 파렴치   厚顔無恥 후안무치

764 | 칠
漆 옻 칠
氵=水부 총14획

- 漆板 칠판 : 검정이나 초록색 따위의 칠을 하여 분필로 글씨를 쓰거나 그림을 그리게 만든 널조각 (板 널 판)
- 漆黑 칠흑 : 옻칠처럼 검고 광택이 있음, 또는 그런 빛깔 (黑 검을 흑)
- 漆工 칠공   漆器 칠기   漆夜 칠야

765 | 침
枕 베개 침
木부 총8획

- 枕木 침목 : 선로 아래에 까는 나무나 콘크리트로 된 토막 (木 나무 목)
- 高枕安眠 고침안면 : 베개를 높이 해 편히 잠. 근심 없이 편안히 지냄 (高 높을 고, 安 편안 안, 眠 잘 면)
- 枕邊 침변   枕上 침상   枕席 침석

766 | 침
沈 잠길 침/성 심
氵=水부 총7획

- 沈默 침묵 : 아무 말도 없이 잠잠히 있음, 또는 그런 상태 (默 잠잠할 묵)
- 沈痛 침통 : 슬픔이나 걱정 따위로 몹시 마음이 괴롭거나 슬픔 (痛 아플 통)
- 沈降 침강   沈沒 침몰   沈潛 침잠
- 沈藏 침장   沈沈 침침   陰沈 음침

767 | 침
浸 잠길 침
氵=水부 총10획

- 浸水 침수 : 물에 잠김 (水 물 수)
- 浸透 침투 : 어떤 사상이나 현상, 정책 따위가 깊이 스며들어 퍼짐 (透 사무칠 투)
- 浸禮 침례   浸染 침염   浸潤 침윤
- 浸禮敎 침례교

768 | 침
侵 침노할 침
亻=人부 총9획

- 侵攻 침공 : 다른 나라를 침범하여 공격함 (攻 칠 공)
- 侵掠 침략 : 남의 나라를 불법으로 쳐들어가서 약탈함 (掠 노략질할 략)
- 侵略 침략 : 남의 나라를 침범하여 영토를 빼앗음 (略 간략할 략)
- 侵犯 침범   侵入 침입   侵奪 침탈
- 侵害 침해   南侵 남침   來侵 내침

769 | 침

寢 잘 침
宀부 총14획

- 寢具 침구 : 잠을 자는 데 쓰는 이부자리, 베개 따위 (具 갖출 구)
- 寢臺 침대 : 사람이 누워서 자게 된 가구 (臺 대 대)
- 寢殿 침전 : 임금의 침방이 있는 전각 (殿 전각 전)
- 寢床 침상   寢室 침실   起寢 기침
- 同寢 동침   就寢 취침

770 | 칭

稱 일컬을 칭
禾부 총14획

- 稱號 칭호 : 어떠한 뜻으로 일컫는 이름 (號 이름 호)
- 名稱 명칭 : 사람이나 사물 따위를 부르는 이름 (名 이름 명)
- 詐稱 사칭 : 이름, 직업 따위를 거짓으로 속여 말함 (詐 속일 사)
- 稱讚 칭찬   愛稱 애칭   略稱 약칭
- 自稱 자칭   尊稱 존칭   呼稱 호칭

• • • 이 한 자 기 억 해 요 ? • • • 정답 136

1 觸( ) 2 燭( ) 3 總( ) 4 聰( ) 5 銃( ) 6 催( ) 7 抽( ) 8 醜( ) 9 築( ) 10 縮( )

여기는! 置치 / 墮타

771 | 타 墮 떨어질 타 / 土부 총15획
- 墮落 타락 올바른 길에서 벗어나 잘못된 길로 빠지는 일 (落 떨어질 락)
- 墮淚 타루 눈물을 흘림, 또는 그 눈물 (淚 눈물 루)
- 墮獄 타옥
- 墮罪 타죄

772 | 타 妥 온당할 타 / 女부 총7획
- 妥結 타결 의견이 대립된 양편에서 서로 양보하여 일을 마무름 (結 맺을 결)
- 妥協 타협 어떤 일을 서로 양보하여 의논함 (協 화합할 협)
- 妥當 타당 妥當性 타당성 妥協案 타협안
- 妥協的 타협적 妥協點 타협점

773 | 탁 卓 높을 탁 / 十부 총8획
- 卓見 탁견 두드러진 의견이나 견해 (見 볼 견)
- 卓上 탁상 책상, 식탁, 탁자 따위의 위 (上 윗 상)
- 卓越 탁월 월등하게 뛰어남 (越 넘을 월)
- 卓球 탁구 卓效 탁효 卓子 탁자
- 食卓 식탁 圓卓 원탁 卓上空論 탁상공론

774 | 탁 托 맡길 탁 / 扌=手부 총6획
- 受托 수탁 부탁이나 청탁을 받음 (受 받을 수)
- 依托 의탁 어떤 것에 몸이나 마음을 의지하여 맡김 (依 의지할 의)
- 托盤 탁반 托生 탁생 茶托 차탁
- 無依無托 무의무탁

775 | 탁 濯 씻을 탁 / 氵=水부 총17획
- 濯足 탁족 발을 씻음 (足 발 족)
- 洗濯 세탁 빨래. 더러운 옷이나 피륙 따위를 물에 빠는 일 (洗 씻을 세)
- 濯足會 탁족회 濯枝雨 탁지우 洗濯機 세탁기
- 洗濯物 세탁물 洗濯所 세탁소

776 | 탁 濁 흐릴 탁 / 氵=水부 총16획
- 濁流 탁류 흘러가는 흐린 물 (流 흐를 류)
- 濁水 탁수 흐린 물 (水 물 수)
- 混濁 혼탁 정치, 도덕 따위의 사회적 현상이 어지럽고 깨끗하지 못함 (混 섞을 혼)
- 濁音 탁음 濁酒 탁주 鈍濁 둔탁
- 淸濁 청탁

777 | 탄 誕 낳을, 거짓 탄 / 言부 총14획
- 誕生 탄생 조직, 제도, 사업체 따위가 새로 생김 (生 날 생)
- 誕辰 탄신 임금이나 성인이 태어난 날 (辰 때 신)
- 聖誕 성탄 임금의 탄생. 성인의 탄생 (聖 성인 성)
- 誕妄 탄망 虛誕 허탄 聖誕節 성탄절

778 | 탄 炭 숯 탄 / 火부 총9획
- 炭鑛 탄광 석탄을 캐내는 광산 (鑛 쇳돌 광)
- 炭素 탄소 주기율표 제4족에 속하는 비금속 원소의 하나 (素 본디 소)
- 塗炭 도탄 진구렁에 빠지고 숯불에 탐. 몹시 곤궁하여 고통스러운 지경 (塗 칠할 도)
- 炭山 탄산 炭田 탄전 木炭 목탄
- 石炭 석탄 黑炭 흑탄 炭水化物 탄수화물

779 | 탄 歎 탄식할 탄 / 欠부 총15획
- 歎服 탄복 매우 감탄하여 마음으로 따름 (服 옷 복)
- 歎息 탄식 한탄하여 한숨을 쉼 또는 그 한숨 (息 쉴 식)
- 歎願 탄원 사정을 하소연하여 도와주기를 간절히 바람 (願 원할 원)
- 歎聲 탄성 感歎 감탄 驚歎 경탄
- 悲歎 비탄 痛歎 통탄 恨歎 한탄

780 | 탄 彈 탄알 탄 / 弓부 총15획
- 彈力 탄력 용수철처럼 튀거나 팽팽하게 버티는 힘 (力 힘 력)
- 彈壓 탄압 권력이나 무력 따위로 억지로 눌러 꼼짝 못하게 함 (壓 누를 압)
- 砲彈 포탄 대포의 탄환 (砲 대포 포)
- 彈性 탄성 彈藥 탄약 糾彈 규탄
- 流彈 유탄 銃彈 총탄 爆彈 폭탄

· · · 이 한 자 기 억 해 요 ? · · · 정답 137

1 畜(   ) 2 蓄(   ) 3 逐(   ) 4 衝(   ) 5 臭(   ) 6 趣(   ) 7 醉(   ) 8 側(   ) 9 測(   ) 10 層(   )

3급한자 900 | 781~800

781 | 탈
奪 빼앗을 탈
大부 총14획

- 奪取 탈취 : 빼앗아 가짐(取 가질 취)
- 强奪 강탈 : 남의 물건이나 권리를 강제로 빼앗음(强 강할 강)
- 與奪 여탈 : 주는 일과 빼앗는 일(與 줄 여)
- 爭奪 쟁탈 : 서로 다투어 빼앗음(爭 다툴 쟁)
- 奪還 탈환   收奪 수탈   掠奪 약탈
- 侵奪 침탈   削奪官職 삭탈관직

782 | 탐
貪 탐낼 탐
貝부 총11획

- 貪官 탐관 : 백성의 재물을 탐내어 빼앗는 관리(官 벼슬 관)
- 貪食 탐식 : 음식을 탐함(食 밥 식)
- 貪心 탐심 : 탐내는 마음(心 마음 심)
- 貪慾 탐욕 : 지나치게 탐하는 욕심(慾 욕심 욕)
- 色貪 색탐   食貪 식탐   貪官汚吏 탐관오리

783 | 탑
塔 탑 탑
土부 총13획

- 佛塔 불탑 : 절에 세운 탑(佛 부처 불)
- 石塔 석탑 : 석재를 이용하여 쌓은 탑(石 돌 석)
- 層塔 층탑 : 지붕이 여러 겹으로 층이 진 탑(層 층 층)
- 寺塔 사탑   斜塔 사탑   鐵塔 철탑
- 尖塔 첨탑   五層塔 오층탑   多寶塔 다보탑

784 | 탕
湯 끓을 탕
氵=水부 총12획

- 湯器 탕기 : 국이나 찌개 따위를 떠 놓는 자그마한 그릇. 모양이 주발과 비슷함(器 그릇 기)
- 湯藥 탕약 : 달여서 마시는 한약(藥 약 약)
- 重湯 중탕 : 끓는 물 속에 음식 담은 그릇을 넣어, 그 음식을 익히거나 데움(重 무거울 중)
- 冷湯 냉탕   藥湯 약탕   熱湯 열탕
- 溫湯 온탕   浴湯 욕탕   再湯 재탕

785 | 태
怠 게으를 태
心부 총9획

- 怠慢 태만 : 열심히 하려는 마음이 없고 게으름(慢 거만할 만)
- 怠業 태업 : 노동 쟁의 행위의 하나. 의도적으로 일을 게을리하여 사용자에게 손해를 주는 방법(業 업 업)
- 怠納 태납   勤怠 근태   懶*怠 나태
- 過怠料 과태료

786 | 태
殆 거의 태
歹부 총9획

- 殆半 태반 : 거의 절반(半 반 반)
- 危殆 위태 : 형세가 매우 어려움(危 위태할 위)
- 殆無 태무 : 거의 없음(無 없을 무)
- 百戰不殆 백전불태

787 | 태
態 모습 태
心부 총14획

- 態度 태도 : 몸의 동작이나 몸을 거두는 모양새(度 법도 도)
- 態勢 태세 : 상황에 대처하는 태도나 자세(勢 형세 세)
- 舊態 구태 : 뒤떨어진 예전 그대로의 모습(舊 예 구)
- 動態 동태   變態 변태   狀態 상태
- 世態 세태   重態 중태   形態 형태

788 | 택
擇 가릴 택
扌=手부 총16획

- 擇日 택일 : 어떤 일을 치르거나 길을 떠나거나 할 때 운수가 좋은 날을 가려서 고름(日 날 일)
- 選擇 선택 : 여럿 가운데 필요한 것을 골라 뽑음(選 가릴 선)
- 擇交 택교   擇言 택언   擇一 택일
- 擇地 택지   擇婚 택혼   採擇 채택

789 | 택
澤 못 택
氵=水부 총16획

- 德澤 덕택 : 베풀어 준 은혜나 도움(德 큰 덕)
- 潤澤 윤택 : 윤기 있는 광택, 또는 살림이 풍부함(潤 윤택할 윤)
- 恩澤 은택 : 은혜와 덕택을 아울러 이르는 말(恩 은혜 은)
- 光澤 광택   山澤 산택   惠澤 혜택

790 | 토
討 칠 토
言부 총10획

- 討論 토론 : 어떤 문제에 대하여 여러 사람이 각각 의견을 말하며 논의함(論 논할 론)
- 檢討 검토 : 어떤 사실이나 내용을 분석하여 따짐(檢 검사할 검)
- 討伐 토벌   討議 토의   聲討 성토

• • • 이 한 자 기 억 해 요 ? • • •   정답 138

1 置( ) 2 値( ) 3 恥( ) 4 漆( ) 5 枕( ) 6 沈( ) 7 浸( ) 8 侵( ) 9 寢( ) 10 稱( )

여기는! 奪탈/吐토

791 | 토
吐할 토
口부 총6획

- 吐露 토로 — 마음에 있는 것을 죄다 드러내어서 말함(露 이슬 로)
- 吐說 토설 — 숨겼던 사실을 비로소 밝혀 말함(說 말씀 설)
- 實吐 실토 — 숨겼던 사실을 비로소 밝히어 말함(實 열매 실)

吐氣 토기   吐情 토정   吐血 토혈

792 | 통
아플 통
疒부 총12획

- 痛症 통증 — 아픈 증세(症 증세 증)
- 痛快 통쾌 — 아주 즐겁고 시원하여 유쾌함(快 쾌할 쾌)
- 腹痛 복통 — 복부에 일어나는 통증(腹 배 복)
- 齒痛 치통 — 이의 아픔(齒 이 치)

痛感 통감   痛哭 통곡   痛切 통절
痛歎 통탄   苦痛 고통   頭痛 두통

793 | 투
싸움 투
鬥부 총20획

- 鬪士 투사 — 사회 운동 따위에서 앞장서서 투쟁하는 사람(士 선비 사)
- 鬪爭 투쟁 — 무엇인가를 쟁취하고자 견해가 다른 사람이나 집단 간에 싸우는 일(爭 다툴 쟁)

鬪病 투병   鬪志 투지   決鬪 결투
拳鬪 권투   奮鬪 분투   戰鬪 전투

794 | 투
사무칠 투
辶=辵부 총11획

- 透過 투과 — 장애물에 빛이 비치거나 액체가 스미면서 통과함(過 지날 과)
- 透明 투명 — 흐리지 않고 속까지 환히 트여 맑음(明 밝을 명)
- 透視 투시 — 막힌 물체를 환히 꿰뚫어 봄(視 볼 시)

透寫 투사   透徹 투철   浸透 침투

795 | 파
갈래 파
氵=水부 총9획

- 派生 파생 — 사물이 어떤 근원으로부터 갈려 나와 생김(生 날 생)
- 分派 분파 — 학설이나 정당 따위의 주류에서 갈라져 나와 한 파를 이룸(分 나눌 분)

派遣 파견   派兵 파병   黨派 당파
宗派 종파   學派 학파   特派員 특파원

796 | 파
마칠 파
罒=网부 총15획

- 罷免 파면 — 잘못을 저지른 사람에게 직무나 직업을 그만두게 함(免 면할 면)
- 罷業 파업 — 어떤 목적을 달성하고자 노동자들이 집단적으로 한꺼번에 작업을 중지하는 일(業 업 업)

罷養 파양   罷議 파의   罷場 파장
罷職 파직   革罷 혁파

797 | 파
뿌릴 파
扌=手부 총15획

- 播多 파다 — 소문 등이 널리 퍼짐(多 많을 다)
- 播種 파종 — 논밭에 곡식의 씨앗을 뿌리는 일(種 씨 종)
- 傳播 전파 — 전하여 널리 퍼뜨림(傳 전할 전)
- 春播 춘파 — 봄에 씨를 뿌림, 또는 그 일(春 봄 춘)

播說 파설   播植 파식   播遷 파천
晩播 만파   直播 직파   秋播 추파

798 | 파
잡을 파
扌=手부 총7획

- 把手 파수 — 그릇 따위의 손잡이(手 손 수)
- 把守 파수 — 경계하여 지킴(守 지킬 수)
- 把持 파지 — 꽉 움키어 쥐고 있음(持 가질 지)

把捉 파착   把握* 파악   把守兵 파수병

799 | 파
자못 파
頁부 총14획

- 頗多 파다 — 수두룩함(多 많을 다)
- 偏頗 편파 — 공정하지 못하고 어느 한쪽으로 치우쳐 있음(偏 치우칠 편)

偏頗性 편파성   偏頗的 편파적

800 | 판
널 판
木부 총8획

- 看板 간판 — 기관·상점·영업소 따위의 이름이나 판매 상품, 업종 따위를 눈에 잘 띄게 걸거나 붙이는 표지(看 볼 간)
- 鐵板 철판 — 쇠로 된 넓은 조각(鐵 쇠 철)

板本 판본   板書 판서   板子 판자
鋼板 강판   氷板 빙판   漆板 칠판

· · · 이 한 자 기 억 해 요 ? · · · 정답 139

1 墮( ) 2 妥( ) 3 卓( ) 4 托( ) 5 濯( ) 6 濁( ) 7 誕( ) 8 炭( ) 9 歎( ) 10 彈( )

3급한자 900 | 801~820

801 | 판
版
판목 판
片부 총8획

- 版權 판권 : 도서 출판에 관한 이익을 독점하는 권리(權 권세 권)
- 再版 재판 : 이미 간행된 책을 다시 출판함, 또는 그런 출판물(再 두 재)
- 出版 출판 : 저작물을 책으로 꾸며 세상에 내놓음(出 날 출)

版圖 판도 版畵 판화 銅版 동판
絕版 절판 組版 조판 初版 초판

802 | 판
販
팔 판
貝부 총11획

- 販路 판로 : 상품이 팔리는 방면이나 길(路 길 로)
- 販賣 판매 : 상품 따위를 팖(賣 팔 매)
- 販促 판촉 : 방법을 써서 수요를 불러일으키고 자극하여 판매가 늘도록 유도하는 일(促 재촉할 촉)

街販 가판 市販 시판 直販 직판
總販 총판 販促物 판촉물 自販機 자판기

803 | 편
遍
두루 편
辶=辵부 총13획

- 遍歷 편력 : 이곳 저곳을 널리 돌아다님(歷 지날 력)
- 遍在 편재 : 널리 퍼져 있음(在 있을 재)
- 普遍 보편 : 모든 것에 공통되거나 들어맞음, 또는 그런 것(普 넓을 보)

遍滿 편만 遍散 편산 普遍性 보편성
普遍的 보편적

804 | 편
編
엮을 편
糸부 총15획

- 編隊 편대 : 비행기 부대 구성 단위의 하나. 2~4대의 비행기로 이루어짐(隊 무리 대)
- 編成 편성 : 예산·조직·대오 따위를 짜서 이룸(成 이룰 성)

編曲 편곡 編物 편물 編入 편입
編著 편저 改編 개편 編年體 편년체

805 | 편
偏
치우칠 편
亻=人부 총11획

- 偏見 편견 : 공정하지 못하고 한쪽으로 치우친 생각(見 볼 견)
- 偏愛 편애 : 어느 한 사람이나 한쪽만을 치우치게 사랑함(愛 사랑 애)
- 偏在 편재 : 한 곳에만 치우쳐 있음(在 있을 재)

偏母 편모 偏食 편식 偏重 편중
偏頗 편파 偏頭痛 편두통 偏執症 편집증

806 | 평
評
평할 평
言부 총12획

- 評價 평가 : 값어치를 따져 밝힘. 수준·능력 따위를 측정함(價 값 가)
- 下馬評 하마평 : 관직의 인사 이동이나 관직에 임명될 후보자에 관하여 세상에 떠도는 풍설(下 아래 하, 馬 말 마)

評傳 평전 評判 평판 論評 논평
批評 비평 品評 품평 好評 호평

807 | 폐
蔽
덮을 폐
艹=艸부 총16획

- 擁蔽 옹폐 : 보이지 않도록 숨김(擁 낄 옹)
- 隱蔽 은폐 : 덮어 감추거나 가리어 숨김(隱 숨을 은)
- 蔽一言 폐일언 : 이러니저러니 할 것 없이 한 마디로 휩싸서 말함(一 한 일, 言 말씀 언)

蔽空 폐공 建蔽率 건폐율

808 | 폐
幣
화폐 폐
巾부 총15획

- 幣物 폐물 : 선사하는 물건(物 물건 물)
- 貨幣 화폐 : 상품 교환 가치의 척도가 되며 그것의 교환을 매개하는 일반화된 수단. 주화, 지폐, 은행권 따위가 있음(貨 재물 화)

納幣 납폐 僞幣 위폐 造幣 조폐
紙幣 지폐

809 | 폐
弊

해질, 폐단 폐
廾부 총15획

- 弊害 폐해 : 폐단으로 생기는 해(害 해할 해)
- 病弊 병폐 : 병통과 폐단을 아울러 이르는 말(病 병 병)
- 語弊 어폐 : 적절하지 아니하게 사용하여 일어나는 말의 폐단이나 결점(語 말씀 어)

弊端 폐단 弊習 폐습 民弊 민폐
惡弊 악폐 疲弊 피폐 荒弊 황폐

810 | 폐
廢
폐할, 버릴 폐
广부 총15획

- 廢刊 폐간 : 신문, 잡지 따위의 간행을 폐지함(刊 새길 간)
- 改廢 개폐 : 고치거나 없애 버림(改 고칠 개)
- 存廢 존폐 : 존속과 폐지를 아울러 이르는 말(存 있을 존)

廢家 폐가 廢棄 폐기 廢業 폐업
廢人 폐인 廢止 폐지 食飮全廢 식음전폐

이 한 자 기 억 해 요 ?   정답 140

1 奪(   ) 2 貪(   ) 3 塔(   ) 4 湯(   ) 5 怠(   ) 6 殆(   ) 7 態(   ) 8 擇(   ) 9 澤(   ) 10 討(   )

여기는! 版판/肺폐

811 | 폐 肺 (허파 폐) — 月=肉부, 총8획
- 肺肝 폐간: 폐장과 간장 (肝 간 간)
- 肺病 폐병: 폐결핵을 일상적으로 이르는 말 (病 병 병)
- 肺炎 폐렴: 폐렴. 폐에 생기는 염증 (炎 불꽃 염)
- 肺熱 폐열
- 肺腸 폐장
- 心肺 심폐
- 肺結核 폐결핵
- 肺呼吸 폐호흡
- 肺活量 폐활량

812 | 포 包 (쌀 포) — 勹부, 총5획
- 包容 포용: 남을 너그럽게 감싸 주거나 받아들임 (容 얼굴 용)
- 包含 포함: 어떤 사물이나 현상 가운데 함께 들어 있거나 함께 넣음 (含 머금을 함)
- 包攝 포섭
- 包圍 포위
- 包裝 포장
- 內包 내포
- 小包 소포

813 | 포 胞 (세포 포) — 月=肉부, 총9획
- 細胞 세포: 생물체를 이루는 기본 단위 (細 가늘 세)
- 單細胞 단세포: 한 생물체 안에 단 하나의 세포가 있는 것 (單 홑 단, 細 가늘 세)
- 胞衣 포의
- 胞子 포자
- 同胞 동포
- 食胞 식포
- 多細胞 다세포

814 | 포 飽 (배부를 포) — 飠=食부, 총14획
- 飽滿 포만: 넘치도록 가득함 (滿 찰 만)
- 飽食 포식: 배부르게 먹음 (食 밥 식)
- 飽和 포화: 최대 한도까지 무엇에 의해 가득 차 있는 상태 (和 화할 화)
- 飽食暖衣 포식난의
- 飽和狀態 포화상태

815 | 포 捕 (잡을 포) — 扌=手부, 총10획
- 捕獲 포획: 짐승이나 물고기를 잡음 (獲 얻을 획)
- 逮捕 체포: 신체에 대하여 직접적이고 현실적인 구속을 가하여 행동의 자유를 빼앗는 일 (逮 쫓을 체)
- 討捕 토포: 무력으로 쳐서 잡음 (討 칠 토)
- 捕盜 포도
- 捕手 포수
- 捕卒 포졸
- 捕捉 포착
- 生捕 생포
- 捕盜大將 포도대장

816 | 포 浦 (물가 포) — 氵=水부, 총10획
- 浦口 포구: 배가 드나드는 개의 어귀 (口 입 구)
- 浦村 포촌: 갯마을. 갯가에 자리 잡고 있는 마을 (村 마을 촌)
- 出浦 출포: 곡식 따위를 포구로 실어냄 (出 날 출)
- 浦邊 포변
- 浦田 포전
- 浦港 포항
- 三浦 삼포

817 | 폭 幅 (폭 폭) — 巾부, 총12획
- 增幅 증폭: 사물의 범위가 늘어나 커짐. 사물의 범위를 넓혀 크게 함 (增 더할 증)
- 振幅 진폭: 진동하고 있는 물체가 정지 또는 평형 위치에서 최대 변위까지 이동하는 거리 (振 떨칠 진)
- 落幅 낙폭
- 大幅 대폭
- 步幅 보폭
- 小幅 소폭
- 全幅 전폭
- 畵幅 화폭

818 | 폭 爆 (불터질 폭) — 火부, 총19획
- 爆擊 폭격: 비행기에서 폭탄을 떨어뜨려 적을 공격하는 일 (擊 칠 격)
- 爆發 폭발: 급속한 화학 변화로 부피가 커져 폭발음이나 파괴 작용이 따름, 또는 그런 현상 (發 필 발)
- 爆藥 폭약
- 爆竹 폭죽
- 爆破 폭파
- 爆風 폭풍
- 原爆 원폭
- 自爆 자폭

819 | 표 票 (표 표) — 示부, 총11획
- 票決 표결: 투표를 하여 결정함 (決 결단할 결)
- 投票 투표: 선거를 하거나 가부를 결정할 때에 투표 용지에 의사를 표시하여 일정한 곳에 내는 일 (投 던질 투)
- 開票 개표
- 買票 매표
- 手票 수표
- 暗票 암표
- 郵票 우표
- 受驗票 수험표

820 | 표 漂 (떠다닐 표) — 氵=水부, 총14획
- 漂流 표류: 물 위에 떠서 정처 없이 흘러감 (流 흐를 류)
- 漂白 표백: 종이나 피륙 따위를 바래거나 화학 약품으로 탈색하여 희게 함 (白 흰 백)
- 漂浪 표랑
- 漂船 표선
- 漂着 표착
- 漂風 표풍
- 浮漂 부표

· · · · 이 한 자 기 억 해 요 ? · · · · 정답 141

1 吐( ) 2 痛( ) 3 鬪( ) 4 透( ) 5 派( ) 6 罷( ) 7 播( ) 8 把( ) 9 頗( ) 10 板( )

3급한자 900 | 821~840

821 | 표
標 표할 표
木부 총15획

- 標高표고 바다의 면이나 어떤 지점을 정하여 수직으로 잰 일정한 지대의 높이(高 높을 고)
- 標本표본 본보기가 되는 물건 (本 근본 본)
- 標的표적 목표로 삼는 물건(的 과녁 적)
- 標示표시 標語표어 標識표지
- 目標목표 商標상표 標準語표준어

822 | 피
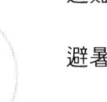
避 피할 피
辶=辵부 총17획

- 避難피난 재난을 피하여 멀리 옮겨 감 (難 어려울 난)
- 避暑피서 시원한 곳으로 옮겨 더위를 피함(暑 더울 서)
- 回避회피 꾀를 부려 마땅히 져야 할 책임을 지지 아니함(回 돌아올 회)
- 避身피신 忌避기피 待避대피
- 逃避도피 避雷針피뢰침 不可避불가피

823 | 피
被 입을 피
衤=衣부 총10획

- 被服피복 옷을 문어적으로 이르는 말(服 옷 복)
- 被告人피고인 검사에 의하여 형사 책임을 져야 할 공소 제기를 받은 사람 (告 고할 고, 人 사람 인)
- 被動피동 被殺피살 被選피선
- 被訴피소 被襲피습 被害피해

824 | 피
疲 피곤할 피
广부 총10획

- 疲困피곤 몸이나 마음이 지치어 고달픔 (困 곤할 곤)
- 疲勞피로 과로로 정신이나 몸이 지친 상태(勞 일할 로)
- 疲弊피폐 지치고 쇠약해짐(弊 해질 폐)
- 疲軟피연 疲勞感피로감 疲弊相피폐상

825 | 필

畢 마칠 필
田부 총11획

- 畢竟필경 끝장에 가서는. 마침내 (竟 마침내 경)
- 畢生필생 살아 있는 동안(生 날 생)
- 畢役필역 역사를 마침(役 부릴 역)
- 未畢미필 아직 끝내지 못함(未 아닐 미)
- 畢納필납 畢文필문 畢業필업
- 檢査畢검사필

826 | 하
荷 멜 하
艹=艸부 총11획

- 過負荷과부하 기기나 장치가 다룰 수 있는 정상치를 넘은 부하 (過 지날 과, 負 질 부)
- 手荷物수하물 기차 편에 손쉽게 부칠 수 있는 작고 가벼운 짐 (手 손 수, 物 물건 물)
- 荷物하물 荷重하중 負荷부하
- 電荷전하 集荷집하 出荷출하

827 | 학
鶴 학 학
鳥부 총21획

- 白鶴백학 두루미(白 흰 백)
- 群鷄一鶴군계일학 닭의 무리 가운데에서 한 마리의 학. 많은 사람 가운데서 뛰어난 인물 (群 무리 군, 鷄 닭 계, 一 한 일)
- 鶴舞학무 玄鶴현학 鶴首苦待학수고대

828 | 한
旱 가물 한
日부 총7획

- 旱災한재 가뭄으로 인하여 생기는 재앙 (災 재앙 재)
- 旱天한천 몹시 가문 여름 하늘(天 하늘 천)
- 旱害한해 가뭄으로 인하여 입은 재해 (害 해할 해)
- 旱路한로 旱熱한열 大旱대한
- 炎旱염한

829 | 한

汗 땀 한
氵=水부 총6획

- 發汗발한 병을 다스리려고 몸에 땀을 내는 일(發 필 발)
- 汗血馬한혈마 피땀을 흘릴 정도로 매우 빨리 달리는 말 (血 피 혈, 馬 말 마)
- 冷汗냉한 虛汗허한 血汗혈한
- 汗蒸幕한증막

830 | 할

割 벨 할
刂=刀부 총12획

- 割據할거 땅을 나누어 차지하고 굳게 지킴(據 근거 거)
- 割當할당 몫을 갈라 나눔. 또는 그 나눈 몫(當 마땅 당)
- 割賦할부 돈을 여러 번에 나누어 냄 (賦 부세 부)
- 割腹할복 割愛할애 割引할인
- 割增할증 分割분할 役割역할

• • • • 이 한 자 기 억 해 요 ? • • • • 정답 142

1 版( ) 2 販( ) 3 遍( ) 4 編( ) 5 偏( ) 6 評( ) 7 蔽( ) 8 幣( ) 9 弊( ) 10 廢( )

여기는! 標표 / 咸함

831 | 함 咸
- 咸告 함고 : 빠짐없이 모두 일러바침 (告 고할 고)
- 咸池 함지 : 옛사람들이 있다고 믿었던, 해가 지는 서쪽의 큰 못 (池 못 지)

다 함
口부 총9획
咸氏 함씨   咸興差使 함흥차사

832 | 함 含
- 含量 함량 : 물질이 어떤 성분을 포함하고 있는 분량 (量 헤아릴 량)
- 含有 함유 : 어떤 물질이 어떤 성분을 포함하고 있음 (有 있을 유)
- 含蓄 함축 : 말이나 글이 많은 뜻을 담고 있음 (蓄 모을 축)

머금을 함
口부 총7획
含怨 함원   含忍 함인   包含 포함

833 | 함 陷
- 陷落 함락 : 땅이 무너져 내려앉음 (落 떨어질 락)
- 缺陷 결함 : 부족하거나 완전하지 못하여 흠이 되는 부분 (缺 이지러질 결)
- 謀陷 모함 : 나쁜 꾀로 남을 어려운 처지에 빠지게 함 (謀 꾀 모)

빠질 함
阝=阜부 총11획
陷沒 함몰   陷穽* 함정   構陷 구함

834 | 항 項
- 項目 항목 : 일의 가닥 (目 눈 목)
- 問項 문항 : 문제의 항목 (問 물을 문)
- 事項 사항 : 일의 항목이나 내용 (事 일 사)
- 條項 조항 : 법률이나 규정 따위의 조목이나 항목 (條 가지 조)

항목 항
頁부 총12획
各項 각항   末項 말항   別項 별항
浦項市 포항시   同類項 동류항

835 | 항 抗
- 抗辯 항변 : 항거하여 변론함 (辯 말씀 변)
- 抗戰 항전 : 적에 대항하여 싸움 (戰 싸움 전)
- 對抗 대항 : 굽히거나 지지 않으려고 맞서서 버티거나 싸움 (對 대할 대)

겨룰 항
扌=手부 총7획
抗告 항고   抗議 항의   抗爭 항쟁
抗體 항체   反抗 반항   抵抗 저항

836 | 항 航
- 密航 밀항 : 법적인 정식 절차를 밟지 않거나 운임을 내지 않고 배나 비행기로 몰래 외국에 나감 (密 빽빽할 밀)
- 巡航 순항 : 배를 타고 여러 곳을 돌아다님 (巡 돌 순)

배 항
舟부 총10획
航路 항로   航海 항해   缺航 결항
難航 난항   就航 취항   航空機 항공기

837 | 항 巷
- 巷間 항간 : 일반 사람들 사이 (間 사이 간)
- 巷談 항담 : 항간에 떠도는 말 (談 말씀 담)
- 巷說 항설 : 여러 사람의 입에서 입으로 옮겨지는 말 (說 말씀 설)
- 委巷 위항 : 좁고 지저분한 거리 (委 맡길 위)

거리 항
己부 총9획
巷歌 항가   巷語 항어   街巷 가항
街談巷說 가담항설

838 | 항 港
- 空港 공항 : 항공 수송을 위하여 사용하는 공공용 비행장 (空 빌 공)
- 寄港 기항 : 배가 항해 중에 목적지가 아닌 항구에 잠시 들름 (寄 부칠 기)

항구 항
氵=水부 총12획
港口 항구   港都 항도   軍港 군항
歸港 귀항   出港 출항   貿易港 무역항

839 | 해 該
- 該當 해당 : 무엇에 관계되는 바로 그것 (當 마땅 당)
- 該博 해박 : 학문이 넓음. 사물에 관하여 널리 앎 (博 넓을 박)
- 該氏 해씨 : 그 분 (氏 성씨 씨)

갖출, 마땅 해
言부 총13획
該備 해비   該切 해절   該地 해지

840 | 해 奚
- 奚琴 해금 : 깡깡이. 민속 악기에 속하는 현악기의 하나 (琴 거문고 금)
- 奚童 해동 : 아이 종 (童 아이 동)
- 奚必 해필 : 하필 (必 반드시 필)

어찌 해
大부 총10획
奚暇 해가   奚特 해특

--- 이 한 자 기 억 해 요 ? --- 정답 143

1 肺( ) 2 包( ) 3 胞( ) 4 飽( ) 5 捕( ) 6 浦( ) 7 幅( ) 8 爆( ) 9 票( ) 10 漂( )

145

3급한자 900 | 841~860

841 | 핵

씨 핵
木부 총10획

- 核心 핵심 — 사물의 가장 중심이 되는 부분 (心 마음 심)
- 核實驗 핵실험 — 핵분열이나 핵융합에 관한 실험. 주로 원자 폭탄이나 수소 폭탄 따위의 성능을 확인하는 실험 (實 열매 실, 驗 시험 험)
- 核果 핵과   結核 결핵   核武器 핵무기
- 核分裂 핵분열   細胞核 세포핵   肺結核 폐결핵

842 | 향
享
누릴 향
亠부 총8획

- 享年 향년 — 죽을 때의 나이 (年 해 년)
- 享樂 향락 — 즐거움을 누림 (樂 즐길 락)
- 享壽 향수 — 오래 사는 복을 누림 (壽 목숨 수)
- 享有 향유 — 누리어 가짐 (有 있을 유)
- 享受 향수   配享 배향   祭享 제향
- 享春客 향춘객

843 | 향

울릴 향
音부 총22획

- 反響 반향 — 어떤 사건이나 발표 따위가 세상에 영향을 미치어 일어나는 반응 (反 돌이킬 반)
- 影響 영향 — 어떤 사물의 효과나 작용이 다른 것에 미치는 일 (影 그림자 영)
- 響應 향응   餘響 여향   韻響 운향
- 音響 음향   交響曲 교향곡

844 | 헌
獻
드릴 헌
犬부 총20획

- 獻納 헌납 — 금품을 바침 (納 들일 납)
- 獻身 헌신 — 몸과 마음을 바쳐 있는 힘을 다함 (身 몸 신)
- 貢獻 공헌 — 힘을 써 이바지함 (貢 바칠 공)
- 奉獻 봉헌 — 물건을 받들어 바침 (奉 받들 봉)
- 獻金 헌금   獻血 헌혈   獻花 헌화
- 文獻 문헌   進獻 진헌

845 | 헌
憲
법 헌
心부 총16획

- 憲兵 헌병 — 군사 경찰의 구실을 하는 병과 (兵 병사 병)
- 憲章 헌장 — 어떠한 사실에 대하여 약속을 이행하기 위하여 정한 규범 (章 글 장)
- 憲法 헌법   憲政 헌정   改憲 개헌
- 違憲 위헌   立憲 입헌   制憲節 제헌절

846 | 헌
軒
집 헌
車부 총10획

- 軒擧 헌거 — 풍채·의기가 당당하고 너그러워 인색하지 않음 (擧 들 거)
- 軒然 헌연 — 의기가 높은 모양 (然 그럴 연)
- 軒軒丈夫 헌헌장부 — 외모가 준수하고 풍채가 당당한 남자 (丈 어른 장, 夫 지아비 부)
- 軒架 헌가   軒燈 헌등   軒號 헌호

847 | 험

시험 험
馬부 총23획

- 受驗 수험 — 시험을 치름 (受 받을 수)
- 試驗 시험 — 재능이나 실력 따위를 일정한 절차에 따라 검사하고 평가하는 일 (試 시험 시)
- 體驗 체험 — 자기가 몸소 겪음 (體 몸 체)
- 經驗 경험   實驗 실험   應驗 응험
- 效驗 효험   受驗生 수험생

848 | 험

험할 험
阝=阜부 총16획

- 險難 험난 — 위험하고 어려움 (難 어려울 난)
- 保險 보험 — 재해나 사고 따위가 일어날 일에 대비해, 돈을 함께 적립했다가 사고를 당한 사람에게 손해를 보상하는 제도 (保 지킬 보)
- 險談 험담   險相 험상   險惡 험악
- 冒險 모험   危險 위험   探險 탐험

849 | 현

고을 현
糸부 총16획

- 縣官 현관 — 현의 우두머리인 현령과 현감을 통틀어 이르던 말 (官 벼슬 관)
- 縣令 현령 — 신라 때부터 조선 시대까지 둔, 큰 현의 으뜸 벼슬 (令 하여금 령)
- 縣主 현주   屬縣 속현   郡縣制度 군현제도

850 | 현

매달 현
心부 총20획

- 懸隔 현격 — 사이가 많이 벌어져 있음. 차이가 매우 심함 (隔 사이뜰 격)
- 懸賞 현상 — 무엇을 모집하거나 구하거나 사람을 찾는 일 따위에 현금이나 물품 따위를 내겉 (賞 상줄 상)
- 懸案 현안   懸絶 현절   懸板 현판

이 한 자 기 억 해 요 ?   정답 144

1 標( ) 2 避( ) 3 被( ) 4 疲( ) 5 畢( ) 6 荷( ) 7 鶴( ) 8 旱( ) 9 汗( ) 10 割( )

여기는! 核핵 / 玄현

851 | 현

검을 현
玄부 총5획

- 玄妙 현묘 : 이치나 기예의 경지가 헤아릴 수 없이 미묘함(妙 묘할 묘)
- 玄學 현학 : 노장의 도덕에 관한 학문 (學 배울 학)
- 深玄 심현 : 사물의 이치 따위가 매우 깊고 현묘함(深 깊을 심)
- 玄關 현관   玄琴 현금   玄談 현담
- 玄米 현미   幽玄 유현

852 | 현

줄 현
糸부 총11획

- 絃樂 현악 : 바이올린, 첼로, 비올라 따위의 현악기로 연주하는 음악 (樂 노래 악)
- 絕絃 절현 : 진정으로 자기를 알아주는 사람과 사별함(絕 끊을 절)
- 斷絃 단현   續絃 속현   絃樂器 현악기
- 管絃樂 관현악

853 | 현

나타날 현
頁부 총23획

- 顯達 현달 : 벼슬·명성·덕망이 높아서 이름이 세상에 드러남 (達 통달할 달)
- 顯微鏡 현미경 : 눈으로는 볼 수 없을 만큼 작은 물체나 물질을 확대해서 보는 기구 (微 작을 미, 鏡 거울 경)
- 顯考 현고   顯著 현저   顯現 현현
- 顯忠日 현충일

854 | 혈
穴
구멍 혈
穴부 총5획

- 穴居 혈거 : 동굴 속에서 삶, 또는 그런 동굴(居 살 거)
- 巖穴 암혈 : 바위에 뚫린 굴(巖 바위 암)
- 虎穴 호혈 : 호랑이 굴(虎 범 호)
- 經穴 경혈   洞穴 동혈   風穴 풍혈
- 穴居野處 혈거야처

855 | 혐

싫어할 혐
女부 총13획

- 嫌惡 혐오 : 싫어하고 미워함 (惡 미워할 오)
- 嫌疑 혐의 : 범죄를 저지른 사실이 있을 가능성(疑 의심할 의)
- 嫌疑者 혐의자 : 혐의를 받는 사람 (疑 의심할 의, 者 놈 자)
- 嫌家 혐가   嫌棄 혐기   嫌怨 혐원
- 忌嫌 기혐

856 | 협

위협할 협
月=肉부 총10획

- 脅迫 협박 : 상대에게 공포심을 일으키기 위하여 해를 가할 것을 통고하는 일(迫 핍박할 박)
- 威脅 위협 : 힘으로 으르고 협박함 (威 위엄 위)
- 脅制 협제   脅從 협종   脅奪 협탈
- 脅迫狀 협박장   威脅的 위협적

857 | 형
亨
형통할 형
亠부 총7획

- 亨通 형통 : 모든 일이 뜻과 같이 잘되어 감(通 통할 통)
- 吉亨 길형 : 길하여 사물이 잘 형통함 (吉 길할 길)
- 萬事亨通 만사형통   元亨利貞 원형이정

858 | 형

반딧불 형
虫부 총16획

- 螢光 형광 : 어떤 종류의 물체가 엑스선이나 전자 빔 따위를 받았을 때에 내는 고유한 빛(光 빛 광)
- 螢雪 형설 : 어려운 가운데 열심히 공부함을 이르는 말(雪 눈 설)
- 螢案 형안   螢窓 형창   螢火 형화
- 螢光燈 형광등   螢雪之功 형설지공

859 | 형

저울대 형
行부 총16획

- 衡平 형평 : 균형이 맞음, 또는 그런 상태 (平 평평할 평)
- 均衡 균형 : 어느 한쪽으로 기울거나 치우치지 아니하고 고른 상태 (均 고를 균)
- 衡器 형기   平衡 평형   抗衡 항형
- 度量衡 도량형   不均衡 불균형

860 | 혜
慧
슬기로울 혜
心부 총15획

- 慧眼 혜안 : 사물을 꿰뚫어 보는 안목과 식견(眼 눈 안)
- 智慧 지혜 : 사물의 이치를 빨리 깨닫고 사물을 정확하게 처리하는 정신적 능력(智 지혜 지)
- 慧劍 혜검   慧敏 혜민   慧性 혜성
- 聰慧 총혜

· · · 이 한 자 기 억 해 요 ? · · · 정답 145

1 咸( ) 2 含( ) 3 陷( ) 4 項( ) 5 抗( ) 6 航( ) 7 巷( ) 8 港( ) 9 該( ) 10 奚( )

3급한자 900 | 861~880

---

861 | 혜

어조사 혜
八부 총4획

道品兮停 도품혜정 신라 행정 구역의 하나
(道 길 도, 品 물건 품, 停 머무를 정)
實兮歌 실혜가 신라 가요의 하나
(實 열매 실, 歌 노래 가)

862 | 호
浩
넓을 호
氵=水부 총10획

浩氣 호기 호연한 기운(氣 기운 기)
浩然之氣 호연지기 하늘과 땅 사이에 가득 찬 넓고 큰 원기(然 그럴 연, 之 갈 지, 氣 기운 기)

浩大 호대   浩然 호연   浩歎 호탄
浩蕩 호탕

---

863 | 호

도울 호
言부 총21획

護國 호국 나라를 보호하고 지킴 (國 나라 국)
護送 호송 보호하여 운반함 (送 보낼 송)
愛護 애호 사랑하고 소중히 보호함 (愛 사랑 애)

護身 호신   護衛 호위   看護 간호
救護 구호   保護 보호   守護 수호

864 | 호
互
서로 호
二부 총4획

互選 호선 어떤 조직의 구성원들이 서로 투표하여 그 조직 구성원 가운데에서 어떠한 사람을 뽑음 (選 가릴 선)
互惠 호혜 서로 특별한 혜택을 주고받는 일 (惠 은혜 혜)

互角 호각   互用 호용   互稱 호칭
互換 호환   相互 상호

---

865 | 호

터럭(털) 호
毛부 총11획

毫末 호말 털끝. 아주 작은 일이나 적은 양을 이르는 말 (末 끝 말)
秋毫 추호 가을에 짐승의 털이 아주 가늘다는 뜻. 아주 적거나 조금인 것을 이르는 말 (秋 가을 추)

健毫 건호   一毫 일호   揮毫 휘호

866 | 호
胡
오랑캐 호
月=肉부 총9획

胡琴 호금 비파를 달리 이르는 말 (琴 거문고 금)
胡亂 호란 호인들이 일으킨 난리 (亂 어지러울 란)
胡人 호인 만주 사람 (人 사람 인)

胡歌 호가   胡桃 호도   胡地 호지
丙子胡亂 병자호란

---

867 | 호

호걸 호
豕부 총14획

豪傑 호걸 지혜와 용기가 뛰어나고 기개와 풍모가 있는 사람 (傑 뛰어날 걸)
豪雨 호우 줄기차게 내리는 크고 많은 비 (雨 비 우)
文豪 문호 뛰어난 문학 작품을 많이 써서 알려진 사람 (文 글월 문)

豪放 호방   豪族 호족   豪華 호화
强豪 강호   富豪 부호   英雄豪傑 영웅호걸

868 | 혹

미혹할 혹
心부 총12획

誘惑 유혹 꾀어서 정신을 혼미하게 하거나 좋지 아니한 길로 이끎 (誘 꾈 유)
疑惑 의혹 의심하여 수상히 여김. 또는 그런 마음 (疑 의심할 의)

惑星 혹성   困惑 곤혹   當惑 당혹
迷惑 미혹   不惑 불혹

---

869 | 혼

넋 혼
鬼부 총14획

魂神 혼신 정신과 넋을 아울러 이르는 말 (神 귀신 신)
商魂 상혼 더 많은 이익을 얻으려 하는 상인의 정신 (商 장사 상)
鎭魂 진혼 망혼을 진정시킴 (鎭 진압할 진)

魂靈 혼령   孤魂 고혼   亡魂 망혼
靈魂 영혼   招魂 초혼   鎭魂曲 진혼곡

870 | 혼

어두울 혼
日부 총8획

昏迷 혼미 정세 따위가 분명하지 않고 불안정함. 또는 그런 상태 (迷 미혹할 미)
昏絶 혼절 정신이 아찔하여 까무러침 (絶 끊을 절)

昏困 혼곤   黃昏 황혼   昏睡狀態 혼수상태

• • • 이 한 자 기 억 해 요 ? • • • 정답 146

1 核( ) 2 享( ) 3 響( ) 4 獻( ) 5 憲( ) 6 軒( ) 7 驗( ) 8 險( ) 9 縣( ) 10 懸( )

여기는! 今혜/忽홀

871 | 홀 忽 — 갑자기 홀
心부 총8획
- 忽待 홀대: 소홀히 대접함 (待 대할 대)
- 忽視 홀시: 눈여겨보지 아니하고 슬쩍 보아 넘김 (視 볼 시)
- 忽然 홀연: 뜻하지 아니하게 갑자기 (然 그럴 연)
- 忽地 홀지   輕忽 경홀   疏忽 소홀
- 忽顯忽沒 홀현홀몰

872 | 홍 鴻 — 기러기 홍
鳥부 총17획
- 鴻德 홍덕: 큰 덕 (德 큰 덕)
- 鴻毛 홍모: 기러기의 털. 매우 가벼운 사물을 이르는 말 (毛 터럭 모)
- 鴻雁 홍안: 큰 기러기와 작은 기러기 (雁 기러기 안)
- 鴻圖 홍도   鴻恩 홍은   鴻志 홍지

873 | 홍 洪 — 넓을 홍
氵=水부 총9획
- 洪福 홍복: 큰 행복 (福 복 복)
- 洪水 홍수: 큰물. 비가 많이 와서 강이나 개천에 갑자기 크게 불은 물 (水 물 수)
- 洪業 홍업: 나라를 세우는 대업 (業 업 업)
- 洪範 홍범   洪魚 홍어   洪吉童傳 홍길동전

874 | 홍 弘 — 클 홍
弓부 총5획
- 弘報 홍보: 일반에게 널리 알림, 또는 그 보도나 소식 (報 알릴 보)
- 弘布 홍포: 널리 알림 (布 펼 포)
- 寬弘 관홍: 마음이 너그럽고 큼 (寬 너그러울 관)
- 弘大 홍대   弘益 홍익   弘文館 홍문관
- 弘益人間 홍익인간

875 | 화 禾 — 벼 화
禾부 총5획
- 禾穀 화곡: 벼에 딸린 곡식을 통틀어 이르는 말 (穀 곡식 곡)
- 禾苗 화묘: 볏모. 옮겨심기 위하여 기른 벼의 싹 (苗 모 묘)
- 禾利 화리   禾尺 화척   大禾 대화

876 | 화 禍 — 재앙 화
示부 총14획
- 禍根 화근: 재앙의 근원 (根 뿌리 근)
- 轉禍爲福 전화위복: 재앙과 화난이 바뀌어 오히려 복이 됨 (轉 구를 전, 爲 할 위, 福 복 복)
- 禍變 화변   禍色 화색   女禍 여화
- 災色 재화   慘禍 참화   筆禍 필화

877 | 확  — 넓힐 확
扌=手부 총18획
- 擴散 확산: 흩어져 널리 퍼짐 (散 흩을 산)
- 擴張 확장: 범모·규모·세력 따위를 늘려서 넓힘 (張 베풀 장)
- 擴充 확충: 넓혀서 충실하게 함 (充 채울 충)
- 擴大 확대   擴大鏡 확대경   擴大率 확대율
- 擴聲器 확성기   擴張子 확장자   核擴散 핵확산

878 | 확 確 — 굳을 확
石부 총15획
- 確固 확고: 확실하고 견고함 (固 굳을 고)
- 確答 확답: 확실하게 대답함 (答 대답 답)
- 確認 확인: 틀림없이 그러한가를 알아보거나 인정함 (認 알 인)
- 明確 명확: 분명하고 확실함 (明 밝을 명)
- 確率 확률   確信 확신   確實 확실
- 確言 확언   確證 확증   確固不動 확고부동

879 | 확  — 거둘 확
禾부 총19획
- 收穫 수확: 익은 농작물을 거두어들임 (收 거둘 수)
- 一樹百穫 일수백확: 나무 한 그루를 심어서 백 가지의 이익을 봄. 유능한 인재 하나를 길러 여러 효과를 얻음 (一 한 일, 樹 나무 수, 百 일백 백)
- 秋穫 추확   多收穫 다수확

880 | 환 換 — 바꿀 환
扌=手부 총12획
- 換錢 환전: 서로 종류가 다른 화폐와 화폐, 또는 화폐와 지금을 교환함 (錢 돈 전)
- 變換 변환: 성질·상태 등을 바꿈 (變 변할 변)
- 換氣 환기   換算 환산   換率 환율
- 交換 교환   轉換 전환   換節期 환절기

• • • 이 한 자 기 억 해 요 ? • • •   정답 147

1 玄( )   2 絃( )   3 顯( )   4 穴( )   5 嫌( )   6 脅( )   7 亨( )   8 螢( )   9 衡( )   10 慧( )

3급한자 900 | 881~900

881 | 환 還 돌아올 환
辶=辵부 총17획

- 還甲 환갑: 육십갑자의 '갑'으로 되돌아옴. 예순한 살(甲 갑옷 갑)
- 還給 환급: 도로 돌려줌(給 줄 급)
- 還拂 환불: 요금 따위를 돌려줌(拂 떨칠 불)
- 還國 환국
- 還元 환원
- 歸還 귀환
- 返還 반환
- 償還 상환
- 奪還 탈환

882 | 환 環 고리 환
王=玉부 총17획

- 環境 환경: 생물에게 직접·간접으로 영향을 주는 자연적 조건이나 사회적 상황(境 지경 경)
- 花環 화환: 생화나 조화를 모아 고리같이 둥글게 만든 물건(花 꽃 화)
- 環狀 환상
- 金環 금환
- 旋環 선환
- 循環 순환
- 循環器 순환기
- 循環線 순환선

883 | 환 丸 둥글 환
丶부 총3획

- 丸藥 환약: 알약. 약재를 가루로 만들어 반죽하여 작고 둥글게 빚은 약(藥 약 약)
- 彈丸 탄환: 탄알. 총이나 포에 재어서 목표물을 향해 쏘아 보내는 물건(彈 탄알 탄)
- 飛丸 비환
- 銃丸 총환
- 砲丸 포환
- 淸心丸 청심환

884 | 황 荒 거칠 황
艹=艸부 총10획

- 荒野 황야: 버려 두어 거친 들판(野 들 야)
- 荒廢 황폐: 집, 토지, 삼림 따위가 거칠고 못 쓸 상태에 있음. 또는 거칠고 못 쓰게 됨(廢 폐할 폐)
- 荒唐 황당
- 荒凉 황량
- 荒漠 황막
- 虛荒 허황

885 | 황 況 상황 황
氵=水부 총8획

- 況且 황차: 하물며. 더군다나. 앞의 사실과 비교하여 뒤의 사실에 더 강한 긍정을 나타냄(且 또 차)
- 狀況 상황: 일이 되어 가는 과정이나 형편(狀 형상 상)
- 景況 경황
- 近況 근황
- 盛況 성황
- 實況 실황
- 情況 정황
- 現況 현황

886 | 회 悔 뉘우칠 회
忄=心부 총10획

- 悔改 회개: 잘못을 뉘우치고 고침(改 고칠 개)
- 慙悔 참회: 부끄러워하여 뉘우침(慙 부끄러울 참)
- 後悔 후회: 이전의 잘못을 뉘우침(後 뒤 후)
- 悔心 회심
- 悔恨 회한
- 痛悔 통회

887 | 회 懷 품을 회
忄=心부 총19획

- 懷疑 회의: 의심을 품음. 또는 마음속에 품고 있는 의심(疑 의심할 의)
- 懷抱 회포: 마음 속에 품은 생각이나 뜻(抱 안을 포)
- 所懷 소회: 마음에 품고 있는 회포(所 바 소)
- 懷古 회고
- 懷柔 회유
- 感懷 감회
- 素懷 소회
- 述懷 술회
- 心懷 심회

888 | 획 獲 얻을 획
犭=犬부 총17획

- 獲得 획득: 얻어 내거나 얻어 가짐(得 얻을 득)
- 濫獲 남획: 짐승·물고기 따위를 마구 잡음(濫 넘칠 람)
- 漁獲 어획: 수산물을 잡거나 채취함(漁 고기잡을 어)
- 獲利 획리
- 殺獲 살획
- 捕獲 포획
- 漁獲量 어획량

889 | 획 劃 그을 획
刂=刀부 총14획

- 區劃 구획: 토지 따위를 경계를 지어 가름. 또는 그런 구역(區 구분할 구)
- 企劃 기획: 일을 꾸미어 꾀함(企 꾀할 기)
- 潛劃 잠획: 남모르게 은밀히 계획함. 또는 그런 계획(潛 잠길 잠)
- 劃一 획일
- 劃策 획책
- 計劃 계획
- 劃期的 획기적

890 | 횡 橫 가로 횡
木부 총16획

- 橫斷 횡단: 도로나 강 따위를 가로지름(斷 끊을 단)
- 橫財 횡재: 뜻밖에 재물을 얻음. 또는 그렇게 얻은 재물(財 재물 재)
- 橫暴 횡포: 제멋대로 굴며 몹시 난폭함(暴 모질 포)
- 橫隊 횡대
- 橫領 횡령
- 橫的 횡적
- 橫行 횡행
- 專橫 전횡
- 縱橫無盡 종횡무진

• • • • 이 한 자 기 억 해 요 ? • • • 정답 148

1 兮( ) 2 浩( ) 3 護( ) 4 互( ) 5 毫( ) 6 胡( ) 7 豪( ) 8 惑( ) 9 魂( ) 10 昏( )

여기는! 還환 / 曉효

891 | 효

曉 **새벽 효**
日부 총16획

- 曉得 효득 : 깨달아 앎 (得 얻을 득)
- 曉星 효성 : 샛별. 금성을 일상적으로 이르는 말 (星 별 성)
- 曉示 효시 : 깨달아 알아듣도록 타이름 (示 보일 시)
- 曉色 효색
- 曉習 효습
- 通曉 통효

892 | 후

候 **기후 후**
亻=人부 총10획

- 氣候 기후 : 일정한 지역에서 여러 해에 걸쳐 나타난 기온·비·눈·바람 따위의 평균 상태 (氣 기운 기)
- 症候 증후 : 병을 앓을 때 나타나는 여러 가지 상태나 모양 (症 증세 증)
- 候補 후보   節候 절후   徵候 징후
- 測候 측후   氣體候 기체후

893 | 후

侯 **제후 후**
亻=人부 총9획

- 侯爵 후작 : 다섯 등급으로 나눈 귀족의 작위 가운데 둘째 작위 (爵 벼슬 작)
- 諸侯 제후 : 봉건 시대에 일정한 영토를 가지고 그 영내의 백성을 지배하는 권력을 가지던 사람 (諸 모두 제)
- 君侯 군후   封侯 봉후   王侯將相 왕후장상

894 | 훼

毀 **헐 훼**
殳부 총13획

- 毀事 훼사 : 남의 일을 훼방하는 일 (事 일 사)
- 毀傷 훼상 : 헐어 상하게 함 (傷 다칠 상)
- 毀損 훼손 : 헐거나 깨뜨려 못 쓰게 만듦 (損 덜 손)
- 毀棄 훼기   毀滅 훼멸   毀節 훼절
- 毀破 훼파

895 | 휘

輝 **빛날 휘**
車부 총15획

- 輝石 휘석 : 철·마그네슘·칼슘 따위로 이루어진 규산염 광물 (石 돌 석)
- 光輝 광휘 : 환하고 아름답게 빛남, 또는 그 빛 (光 빛 광)
- 輝度 휘도   輝線 휘선   輝巖 휘암

896 | 휘

揮 **휘두를 휘**
扌=手부 총12획

- 揮帳 휘장 : 피륙을 여러 폭으로 이어서 빙 둘러치는 장막 (帳 장막 장)
- 揮毫 휘호 : 붓을 휘둘러 글씨를 쓰거나 그림을 그림 (毫 터럭 호)
- 發揮 발휘 : 재능, 능력 따위를 떨치어 나타냄 (發 필 발)
- 指揮 지휘   揮發性 휘발성   揮發油 휘발유
- 指揮官 지휘관   指揮權 지휘권   指揮者 지휘자

897 | 휴

携 **이끌 휴**
扌=手부 총13획

- 携帶 휴대 : 손에 들거나 몸에 지니고 다님 (帶 띠 대)
- 提携 제휴 : 행동을 함께하기 위하여 서로 붙들어 도와줌 (提 끌 제)
- 携帶品 휴대품 : 손에 들거나 몸에 지니고 다니는 물건 (帶 띠 대, 品 물건 품)
- 携酒 휴주   携持 휴지   必携 필휴
- 技術提携 기술제휴

898 | 흡

吸 **마실 흡**
口부 총7획

- 吸收 흡수 : 빨아들임 (收 거둘 수)
- 吸煙 흡연 : 담배를 피움 (煙 연기 연)
- 吸着 흡착 : 어떤 물질이 달라붙음 (着 붙을 착)
- 呼吸 호흡 : 숨을 쉼, 또는 그 숨 (呼 부를 호)
- 吸入 흡입   吸血 흡혈   吸引力 흡인력
- 吸着力 흡착력   吸血鬼 흡혈귀   呼吸器 호흡기

899 | 희

戲 **놀이 희**
戈부 총17획

- 戲曲 희곡 : 등장 인물들의 행동이나 대화를 기본 수단으로 하여 표현하는 예술 작품 (曲 굽을 곡)
- 戲弄 희롱 : 말이나 행동으로 실없이 놀림 (弄 희롱할 롱)
- 戲劇 희극   戲畫 희화   遊戲 유희

900 | 희

稀 **드물 희**
禾부 총12획

- 稀代 희대 : 세상에 드묾 (代 대신할 대)
- 稀微 희미 : 분명하지 못하고 어렴풋함 (微 작을 미)
- 稀釋 희석 : 용액에 물이나 다른 용매를 더하여 농도를 묽게 함 (釋 풀 석)
- 稀貴 희귀   稀薄 희박   稀少 희소
- 稀壽 희수   古稀 고희

· · · · 이 한 자 기 억 해 요 ? · · · 정답 149

1 忽( ) 2 鴻( ) 3 洪( ) 4 弘( ) 5 禾( ) 6 禍( ) 7 擴( ) 8 確( ) 9 穫( ) 10 換( )

CHAPTER

04

2급 한자 1501

100자를 학습할 때마다 실전 시험 형식과 똑같은
60문항의 연습문제를 통하여
시험 적응력을 키우도록 구성하였으며,
매쪽마다 [이 한자 기억해요?]라는 문제평가를 통해
앞쪽에서 익힌 한자를 테스트할 수 있도록 하였다.

2급 한자 1501 | 0001~0020

0001 | 가 — 伽
- 伽倻琴가야금 : 12줄로 된 우리나라 고유의 현악기 (倻 땅 이름 야, 琴 거문고 금)
- 僧伽승가 : 스님 또는 승려를 뜻함 (僧 중 승)

절 가 / 亻=人부 총7획
- 伽羅가라
- 伽倻가야
- 伽陀가타
- 大伽倻대가야
- 伽羅韓가라한
- 伽藍가람

0002 | 가 — 哥
- 哥禁가금 : 고귀한 사람이 행차할 때 잡인의 무례한 행동이 없도록 금함 (禁 금할 금)
- 哥老會가로회 : 청조시대 비밀 결사 조직 중 하나 (老 늙을 로, 會 모일 회)

성 가 / 口부 총10획
- 八哥팔가
- 哥器가기
- 哥薩克가살극
- 哥舒棒가서봉
- 哥窯紋가요문
- 大哥대가

0003 | 가 — 嘉
- 嘉禮가례 : 5례의 하나로 혼례를 뜻함 (禮 예도 례)
  *5禮 : 길례吉禮, 흉례凶禮, 군례軍禮, 빈례賓禮, 가례嘉禮
- 嘉會가회 : 기쁘고 즐거운 모임 (會 모일 회)

아름다울 가 / 口부 총 14획
- 嘉樂가락
- 嘉味가미
- 嘉尙가상
- 嘉俳가배
- 嘉俳節가배절
- 嘉優日가우일

0004 | 가 — 嫁
- 轉嫁전가 : 허물이나 책임 따위를 남에게 뒤집어씌움 (轉 구를 전)
- 出嫁출가 : 처녀가 결혼해서 나감 (出 나갈 출)

시집갈 가 / 女부 총13획
- 改嫁개가
- 再嫁재가
- 下嫁하가
- 嫁娶가취
- 嫁反者가반자
- 嫁娶之禮가취지례

0005 | 가 — 柯
- 柯葉가엽 : 가지와 잎 (葉 잎 엽)
- 斧柯부가 : 도끼의 자루 (斧 도끼 부)

가지 가 / 木부 총9획
- 交柯교가
- 庭柯정가
- 橫柯횡가
- 伐柯벌가
- 柯亭가정
- 南柯一夢남가일몽

0006 | 가 — 稼
- 稼動가동 : 사람 또는 기계 등을 움직여 일하게 함 (動 움직일 동)
- 桑稼상가 : 누에치는 일과 농사짓는 일 (桑 뽕나무 상)

심을 가 / 禾부 총15획
- 耕稼경가
- 共稼공가
- 苗稼묘가
- 稼穡가색
- 稼動力가동력
- 稼動率가동률

0007 | 가 — 苛
- 苛斂誅求가렴주구 : 가혹하게 세금을 거두거나 재물을 억지로 빼앗음 (斂 거둘 렴, 誅 벨 주, 求 구할 구)
- 苛酷가혹 : 까다롭고 혹독함 (酷 독할 혹)

가혹할 가 / 艹=艸부 총9획
- 繁苛번가
- 嚴苛엄가
- 暴苛폭가
- 苛問가문
- 苛虐가학
- 苛政猛於虎가정맹어호

0008 | 가 — 袈
- 袈裟가사 : 중이 입는 법복으로 장삼 위에 왼쪽 어깨에서 오른쪽 겨드랑이 밑으로 걸치는 천 (裟 가사 사)
- 錦袈금가 : 비단으로 만든 가사 (錦 비단 금)

가사 가 / 衣부 총11획
- 赤袈裟적가사
- 滿繡袈裟만수가사

0009 | 가 — 訶
- 摩訶마하 : 불교에서 '큰' 또는 '위대함'의 뜻으로 쓰는 말 (摩 문지를 마)
- 訶子가자 : 가리륵의 열매 (子 아들 자)

꾸짖을가 / 꾸짖을하 / 言부 총12획
- 訶陵가릉
- 訶詰가힐
- 訶梨勒가리륵
- 禁訶금가
- 摩訶衍마하연

0010 | 가 — 賈
- 賈誼島가의도 : 충청남도 서해에 있는 섬 (誼 옳을 의, 島 섬 도)
- 賈船고선 : 장사하는 배 (船 배 선)

성가 / 장사고 / 貝부 총13획
- 賈傅가부
- 賈誼가의
- 賈市고시
- 大賈대고
- 商賈상고
- 善賈선고

• 이 한 자 기 억 해 요? •

1 詰 ( )

정답 332

여기는! 伽가 / 跏가

0011 | 가

책상다리할 가
足부 총12획

跏趺가부 가부좌 (趺 책상다리할 부)
跏趺坐가부좌
　　　책상다리를 하고 앉는 불교의 좌법 (趺 책상다리할 부, 坐 앉을 좌)

結跏결가　　半跏반가　　全跏전가
半跏像반가상　結跏趺坐결가부좌　全跏趺坐전가부좌

0012 | 가

부처이름 가
辶=辵부 총9획

釋迦如來석가여래
　　　석가모니를 신성하게 이르는 말
　　　(釋 풀 석, 如 같을 여, 來 올 래)
迦陵頻伽가릉빈가
　　　사람 머리를 하고 울음소리가 아름다운 극락정토에 사는 상상의 새 (陵 큰 언덕 릉, 頻 자주 빈, 伽 절 가)

迦樓羅가루라　迦葉가섭　　迦維가유
那落迦나락가　尸毘迦시비가　釋迦塔석가탑

0013 | 가

멍에 가
馬부 총15획

駕輿가여 왕세자가 타던 가마 (輿 수레 여)
御駕어가 임금이 타는 수레 (御 어거할 어)

駕轎가교　　駕丁가정　　駕洛國가락국
玉駕옥가　　王駕왕가　　從駕종가

0014 | 각

삼갈 각
忄=心부 총9획

恪別각별 특별하고 유별남 (別 다를 별)
勤恪근각 근면하고 조신함 (勤 부지런할 근)

恪固각고　　恪守각수　　恪遵각준
虔恪건각　　不恪불각　　忠恪충각

0015 | 각

껍질 각
殳부 총12획

甲殼類갑각류
　　　몸이 단단하고 두꺼운 등딱지로 덮인 절족동물의 한 종류 (甲 갑옷 갑, 類 무리 류)
龜殼귀각 거북의 등딱지 (龜 거북 귀)

殼膜각막　　殼皮각피　　地殼지각
外殼외각　　貝殼패각　　地殼變動지각변동

0016 | 간
개간할 간
土부 총16획

墾耕간경 땅을 개간하여 작물을 경작함 (耕 밭갈 경)
開墾개간 버려져 있던 땅을 논밭으로 쓸모 있게 만듦 (開 열 개)

墾田간전　　墾鑿간착　　墾荒간황
開墾地개간지　未墾地미간지　休墾地휴간지

0017 | 간

간사할 간
女부 총6획

奸邪간사 마음이 간교하고 행실이 바르지 못함 (邪 간사할 사)
奸臣간신 간사한 신하 (臣 신하 신)

弄奸농간　　奸計간계　　奸巧간교
奸婦간부　　奸惡간악　　奸凶간흉

0018 | 간
몽둥이 간
木부 총7획

欄杆난간 다리나 계단 등에 추락을 막기 위해 세운 구조물 (欄 난간 란)
杆棒간봉 때리는 데 쓰는 굵고 긴 몽둥이 (棒 몽둥이 봉)

槓杆공간　　電杆木전간목　槍杆창간
杆太간태　　連杆연간　　杆狀細胞간상세포

0019 | 간

난간 간
木부 총11획

桿菌간균 막대 모양으로 생긴 분열균 (菌 버섯 균)
操縱桿조종간
　　　비행기를 조작하는 조종 장치 (操 잡을 조, 縱 늘어질 종)

桿棒간봉　　繫桿계간　　連桿연간
小麥桿소맥간　連接桿연접간　平衡桿평형간

0020 | 간
산골물 간
氵=水부 총15획

溪澗계간 골짜기에서 흐르는 시냇물 (溪 시내 계)
淸澗청간 맑고 깨끗한 시내 (淸 맑을 청)

澗谷간곡　　澗聲간성　　澗水간수
澗底간저　　碧澗벽간　　絶澗절간

・　・　・　이　한　자　기　억　해　요　？　・　・　・　정답 331

1 洽(　) 2 僖(　) 3 姬(　) 4 嬉(　) 5 憙(　) 6 熙(　) 7 熹(　) 8 犧(　) 9 禧(　) 10 羲(　)

2급 한자 1501 | 0021~0040

0021 | 간
癎症 간증 간질의 증세 (症 증세 증)
癎疾 간질 경련과 의식 장애 등의 발작을 계속하는 질환 (疾 병 질)

간질 간
疒부 총17획
驚癎 경간   急癎 급간   子癎 자간
癎中 간중   癎風 간풍   癎疾病 간질병

0022 | 간
釣竿 조간 낚싯대 (釣 낚시 조)
百尺竿頭 백척간두
　백 척이나 되는 장대의 끝에 있는 것처럼 아주 위태로운 형세를 뜻함
　(百 일백 백, 尺 자 척, 頭 머리 두)

낚싯대 간
竹부 총9획
旗竿 기간   長竿 장간   竹竿 죽간
竿頭 간두   釣竿 찰간   竿頭之勢 간두지세

0023 | 간
艮卦 간괘 팔괘의 하나 (卦 걸 괘)
艮時 간시 오전 두 시 반에서 세시 반까지 (時 때 시)

괘이름 간
머무를 간
艮부 총6획
艮方 간방   艮上 간상   艮嶽 간악
艮止 간지   艮下 간하   艮上連 간상련

0024 | 간
艱苦 간고 가난함과 고생스러움 (苦 쓸 고)
艱難 간난 괴롭고 어려움 (難 어려울 난)

어려울 간
艮부 총17획
艱困 간곤   艱辛 간신   苦艱 고간
苟艱 구간   艱難辛苦 간난신고   桂玉之艱 계옥지간

0025 | 간
司諫院 사간원
　조선시대 때 임금에게 간하는 일을 하는 곳 (司 맡을 사, 院 집 원)
諫言 간언 간하는 말 (言 말씀 언)

간할 간
言부 총16획
司諫 사간   泣諫 읍간   直諫 직간
諫戒 간계   諫疏 간소   大司諫 대사간

0026 | 갈
恐喝 공갈 거짓말 또는 공포심을 갖도록 윽박질러 무섭게 느끼도록 함 (恐 두려울 공)
喝取 갈취 윽박질러 억지로 빼앗음 (取 취할 취)

꾸짖을 갈
목이멜 애
口부 총12획
大喝 대갈   一喝 일갈   揮喝 휘갈
喝采 갈채   答傳喝 답전갈   恐喝罪 공갈죄

0027 | 갈
短碣 단갈 무덤 앞에 세우는 짧은 빗돌 (短 짧을 단)
墓碣 묘갈 무덤 앞에 세우는 돌로 만든 작은 비석 (墓 무덤 묘)

비 갈
石부 총14획
碑碣 비갈   勃碣 발갈   臥碣 와갈
苔碣 태갈   墓碣銘 묘갈명

0028 | 갈
葛根 갈근 칡의 뿌리 (根 뿌리 근)
葛粉 갈분 칡뿌리를 빻아서 만든 녹말가루 (粉 가루 분)

칡 갈
艹=艸부 총13획
葛藤 갈등   葛巾 갈건   葛皮 갈피
葛根湯 갈근탕   葛粉麵 갈분면   諸葛亮 제갈량

0029 | 갈
褐色 갈색 갈색 (色 빛 색)
褐炭 갈탄 갈색의 석탄 (炭 숯 탄)

갈색 갈
衤=衣부 총14획
褐銅 갈동   褐父 갈부   銀褐馬 은갈마
褐藻類 갈조류   赤褐色 적갈색   軟褐色 연갈색

0030 | 갈
靺鞨族 말갈족
　우리나라 함경도 북쪽 흑룡강 일대에 살던 퉁그스계족 (靺 버선 말, 族 겨레 족)

오랑캐이름 갈
革부 총18획

이 한자 기억해요 ? 　　　　　　　　　정답 154

1 伽(　) 2 哥(　) 3 嘉(　) 4 嫁(　) 5 柯(　) 6 稼(　) 7 苛(　) 8 袈(　) 9 訶(　) 10 賈(　)

여기는! 痼간 / 勘감

0031 | 감

勘
헤아릴 감
力부 총11획

- 勘定 감정 헤아려 정함 (定 정할 정)
- 勘査 감사 헤아리며 조사함 (査 사실할 사)
- 輕勘 경감
- 後勘 후감
- 勘案 감안
- 勘罪 감죄
- 勘判 감판
- 事後勘査 사후감사

0032 | 감

堪
견딜 감
土부 총12획

- 堪耐 감내 참고 견딤 (耐 견딜 내)
- 堪當 감당 일을 맡아서 능히 해냄 (當 당할 당)
- 難堪 난감
- 不堪 불감
- 堪能 감능
- 堪力 감력
- 堪忍 감인
- 人所不堪 인소불감

0033 | 감

嵌
산골짜기 감
山부 총12획

- 嵌谷 감곡 산의 동굴 (谷 골짜기 곡)
- 象嵌 상감 도자기나 금속 등의 표면에 무늬를 새긴 후 금·은·상아 등을 박아 넣는 공예기법 (象 코끼리 상)
- 嵌合 감합
- 嵌入 감입
- 嵌工 감공
- 壁嵌 벽감
- 嵌然 감연
- 嵌花文器 감화문기

0034 | 감

憾
섭섭할 감
근심할 담
忄=心부 총16획

- 憾恨 감한 원망 (恨 한 한)
- 遺憾 유감 마음에 남는 섭섭함 또는 언짢게 여기는 마음 (遺 끼칠 유)
- 私憾 사감
- 憾怨 감원
- 含憾 함감
- 憾情 감정
- 宿憾 숙감
- 遺憾千萬 유감천만

0035 | 감

柑
귤 감
재갈물릴 겸
木부 총9획

- 柑橘 감귤 귤과 밀감의 총칭 (橘 귤나무 귤)
- 蜜柑 밀감 귤나무 또는 귤 (蜜 꿀 밀)
- 黃柑 황감
- 柑子 감자
- 夏蜜柑 하밀감
- 柑皮 감피
- 柑橘類 감귤류
- 蜜柑酒 밀감주

0036 | 감

疳
감질 감
疒부 총10획

- 疳病 감병 젖이나 음식 조절을 잘못하여 어린아이에게 생기는 병 (病 병 병)
- 疳疾 감질 감병 또는 무엇을 하고 싶어서 몹시 애가 타는 마음 (疾 병 질)
- 口疳 구감
- 疳腫 감종
- 疳氣 감기
- 疳蟲 감충
- 疳眼 감안
- 口疳瘡 구감창

0037 | 감

紺
감색 감
糸부 총11획

- 紺色 감색 짙은 남색 (色 빛 색)
- 紺靑 감청 산뜻하고 짙은 남빛 (靑 푸를 청)
- 紺紙 감지
- 紺水 감수
- 紺瞳 감동
- 紺園 감원
- 紺碧 감벽
- 紺靑色 감청색

0038 | 감

邯
땅이름 감
조나라서울 한
阝=邑부 총8획

- 居瑟邯 거슬한 신라 시조 박혁거세의 왕호 (居 거할 거, 瑟 큰 거문고 슬)
- 舒弗邯 서불한 신라 때 십칠 관등 가운데 첫째 등급 (舒 펼 서, 弗 아닐·말 불)
- 邯鄲之步 한단지보
- 邯鄲學步 한단학보
- 邯鄲之枕 한단지침
- 邯鄲夢 한단몽

0039 | 감

龕
감실 감
龍부 총22획

- 龕室 감실 신주를 모셔 두는 장 (室 집 실)
- 石龕 석감 불상을 두는 곳으로 돌로 만든 감실 (石 돌 석)
- 安龕 안감
- 壁龕 벽감
- 龕像 감상
- 佛龕 불감
- 龕室褓 감실보
- 龕室欌 감실장

0040 | 갑

匣
갑 갑
匚부 총7획

- 粉匣 분갑 분을 담는 작은 갑 (粉 가루 분)
- 掌匣 장갑 손을 보호하거나 추위를 막기 위해 천·털실·가죽 따위로 손의 모양과 비슷하게 만든 것 (掌 손바닥 장)
- 手匣 수갑
- 文匣 문갑
- 紙匣 지갑
- 草匣 초갑
- 冊匣 책갑
- 印朱匣 인주갑

• • • • 이 한 자 기 억 해 요 ? • • • 정답 155

1 跏( ) 2 迦( ) 3 駕( ) 4 恪( ) 5 殼( ) 6 慤( ) 7 奸( ) 8 杆( ) 9 桿( ) 10 澗( )

2급 한자 1501 | 0041~0060

0041 | 갑 岬
- 岬角 갑각 : 바다 쪽으로 부리 모양으로 뾰족하게 뻗은 육지 (角 뿔 각)
- 山岬 산갑 : 산 모퉁이 (山 뫼 산)

곶 갑 山부 총8획
- 砂岬 사갑
- 長髻岬 장기갑
- 沙岬 사갑

0042 | 강 姜
- 姜邯贊 강감찬 : 귀주대첩을 이끈 고려시대의 명장 (邯 땅 이름 감, 贊 도울 찬)
- 姜太公 강태공 : 중국 주나라의 공신 또는 낚시꾼을 비유함 (太 클 태, 公 공변될 공)

성 강 女부 총9획
- 姜邯贊傳 강감찬전
- 姜太公傳 강태공전

0043 | 강 岡
- 岡陵 강릉 : 작은 산 따위 (陵 언덕 릉)
- 岡阜 강부 : 언덕 (阜 언덕 부)

산등성이 강 山부 총8획
- 福岡 복강
- 黃岡 황강
- 玉出崑岡 옥출곤강

0044 | 강 崗
- 花崗巖 화강암 : 석영·운모·정장석 등으로 된 돌로 단단하고 아름다워서 건축재로 많이 쓰임 (花 꽃 화, 巖 바위 암)
- 花崗石 화강석 : 화강암으로 된 돌 (花 꽃 화, 石 돌 석)

언덕 강 山부 총11획

0045 | 강 疆
- 疆域 강역 : 한 국가의 지배권이 미치는 지역 (域 지경 역)
- 疆土 강토 : 국경 안에 있는 한 나라의 땅 (土 흙 토)

지경 강 田부 총19획
- 疆界權 강계권
- 疆梧 강오
- 疆場多事 강역다사
- 邊疆 변강
- 萬壽無疆 만수무강
- 變法自疆 변법자강

0046 | 강 羌
- 羌挑 강도 : 호도 (挑 돋울 도)
- 羌鹽 강염 : 청염 (鹽 소금 염)

오랑캐 강 羊부 총8획
- 臣伏戎羌 신복융강
- 智異羌活 지리강활

0047 | 강 腔
- 口腔 구강 : 입 안의 빈 곳 (口 입 구)
- 鼻腔 비강 : 콧속 (鼻 코 비)

속빌 강 月=肉부 총12획
- 腔線 강선
- 腔腸 강장
- 內腔 내강
- 骨腔 골강
- 口腔炎 구강염
- 關節腔 관절강

0048 | 강 薑
- 生薑 생강 : 생강과의 여러해살이풀. 황색의 육질에 독특한 냄새와 매운맛이 있음 (生 날 생)
- 片薑 편강 : 생강을 얇게 썰어 설탕에 조리어 말린 것 (片 조각 편)

생강 강 ++=艸부 총17획
- 乾薑 건강
- 軟薑 연강
- 薑粉 강분
- 薑筍 강순
- 薑汁 강즙
- 薑板 강판

0049 | 개 凱
- 凱旋 개선 : 경기나 전쟁에서 승리하고 돌아옴 (旋 돌 선)
- 凱旋將軍 개선장군 : 싸움에서 이기고 돌아온 장군 (旋 돌 선, 將 장수 장, 軍 군사 군)

개선할 개 几부 총12획
- 凱歌 개가
- 凱陣 개진
- 凱歸 개귀
- 凱旋門 개선문
- 凱旋歌 개선가
- 凱旋式 개선식

0050 | 개 漑
- 灌漑 관개 : 농사에 필요한 물을 대는 것 (灌 물댈 관)
- 漑糞 개분 : 농작물에 물이나 퇴비를 줌 (糞 똥 분)

물댈 개 氵=水부 총14획
- 漑灌 개관
- 灌漑網 관개망
- 灌漑用水 관개용수
- 灌漑地 관개지

· · · 이 한 자 기 억 해 요 ? · · · 정답 156

1 瘑( ) 2 竿( ) 3 艮( ) 4 艱( ) 5 諫( ) 6 喝( ) 7 碣( ) 8 葛( ) 9 褐( ) 10 鞨( )

여기는! 岬갑 / 箇개

0051 | 개

箇箇人 개개인 한 사람 한 사람 (人 사람 인)
箇數 개수 한 개씩 세는 물건의 수 (數 셀 수)

낱 개
竹부 총14획

箇箇 개개 箇所 개소 箇中 개중
箇體 개체 每箇 매개 一箇 일개

0052 | 개

芥視 개시 겨자처럼 가볍게 봄 (視 볼 시)
芥子 개자 겨자 (子 아들 자)

겨자 개
艹=艸부 총8획

芥溜 개류 芥塵 개진 芥舟 개주
草芥 초개 纖芥 섬개 荊芥 형개

0053 | 갱

坑道 갱도 땅 속에 뚫은 길 (道 길 도)
坑木 갱목 갱도에 버티어 놓은 통나무 (木 나무 목)

구덩이 갱
土부 총7획

金坑 금갱 銀坑 은갱 炭坑 탄갱
坑路 갱로 坑門 갱문 焚書坑儒 분서갱유

0054 | 갱

羹粥 갱죽 국과 죽 (粥 죽 죽)
羹汁 갱즙 국의 국물 (汁 즙 즙)

국 갱
羊부 총19획

羹湯 갱탕 羹獻 갱헌 淡羹 담갱
豆羹 두갱 飯羹 반갱 大羹 대갱

0055 | 거

汚渠 오거 작은 도랑 (汚 더러울 오)
暗渠 암거 땅 밑으로 낸 도랑 또는 도랑 위를 덮는 공사 (暗 어두울 암)

개천 거
氵=水부 총12획

街渠 가거 開渠 개거 溝渠 구거
水渠 수거 河渠 하거 渠壁 거벽

0056 | 건

手巾 수건 몸을 닦기 위하여 만든 천 (手 손 수)
三角巾 삼각건 부상자의 응급치료에 쓰이는 삼각형의 헝겊 (三 석 삼, 角 뿔 각)

수건 건
巾부 총3획

頭巾 두건 網巾 망건 床巾 상건
衣巾 의건 藥手巾 약수건 黃巾賊 황건적

0057 | 건

腱膜 건막 막처럼 얇고 넓은 힘줄 (膜 꺼풀 막)
腱索 건삭 심실이 수축될 때 판막이 심방 쪽으로 밀려가지 못하게 막는 심실의 안벽 유두근의 끝에 있는 건 (索 새끼줄 삭)

힘줄 건
月=肉부 총13획

腱索 건삭 腱反射 건반사 膝蓋腱 슬개건

0058 | 건

敬虔 경건 공경하며 엄숙하고 삼가는 마음 (敬 공경할 경)
不虔 불건 경건하지 않음 (不 아닐 불)

공경할 건
虍부 총10획

虔恪 건각 虔虔 건건 虔恭 건공
虔誠 건성 恪虔 각건 恭虔 공건

0059 | 건

鍵盤 건반 피아노나 풍금 등의 건을 늘어놓은 면 (盤 소반 반)
關鍵 관건 빗장과 자물쇠 또는 사물의 제일 중요한 곳 (關 관계할 관)

열쇠 건 / 자물쇠 건
金부 총17획

鍵層 건층 鍵盤樂器 건반악기 電鍵盤 전건반
白鍵 백건 黑鍵 흑건 電鍵 전건

0060 | 걸

傑(뛰어날 걸)의 속자(俗字)

뛰어날 걸
木부 총8획

─── 이 한 자 기 억 해 요 ? ─── 정답 157

1 勘( ) 2 堪( ) 3 嵌( ) 4 憾( ) 5 柑( ) 6 疳( ) 7 紺( ) 8 邯( ) 9 龕( ) 10 匣( )

2급 한자 1501 | 0061~0080

0061 | 검

黔首검수 관을 쓰지 않은 검은머리로 일반 백성을 일컬음 (首 머리 수)
黔炭검탄 화력이 좋지 않아 품질이 떨어지는 숯 (炭 숯 탄)

검을 검
귀신이름 금
黑부 총16획

黔突검돌   黔黎검려   黔省검성
黔中검중   黔驢之技검려지기   墨突不黔묵돌불검

0062 | 겁

劫奪겁탈 위협하고 힘으로 빼앗음 (奪 빼앗을 탈)
劫姦겁간 위협하여 강제로 간음함 (姦 간음할 간)

위협할 겁
力부 총7획

劫掠겁략   劫迫겁박   劫運겁운
萬劫만겁   永劫영겁   億千萬劫억천만겁

0063 | 겁

卑怯비겁 옹졸하여 당당치 못하며 겁이 많음 (卑 낮을 비)
怯弱겁약 겁이 많아서 마음이 약함 (弱 약할 약)

겁낼 겁
忄=心부 총8획

驚怯경겁   怯夫겁부   怯心겁심
           破怯파겁   魂怯혼겁

0064 | 게

佛偈불게 부처를 찬미하는 시 (佛 부처 불)
偈頌게송 부처의 공덕을 찬미하는 노래 (頌 기릴 송)

불시 게
亻=人부 총11획

梵偈범게   寶偈보게   法性偈법성게
偈句게구   慈救偈자구게   休偈휴게

0065 | 게

揭示物게시물 게시한 물건 (示 보일 시, 物 물건 물)
揭示板게시판 게시를 붙일 수 있도록 만든 판대기 (示 보일 시, 板 널빤지 판)

높이들 게
걸 게
扌=手부 총12획

揭榜게방   揭示文게시문   揭示場게시장
揭揚臺게양대   別揭별게   奉揭봉게

0066 | 격

檄文격문 어떤 급한 일을 여러 사람에게 알리어 부추기는 글 (文 글월 문)
檄召격소 격문을 돌려 뜻을 같이하는 사람을 불러 모음 (召 부를 소)

격문 격
木부 총17획

檄書격서   露檄노격   飛檄비격
羽檄우격   移檄이격   毛義奉檄모의봉격

0067 | 격

巫覡무격 무당과 박수 (巫 무당 무)

박수남자 무당) 격
見부 총14획

0068 | 견

甄拔견발 재능이 있는지 잘 밝혀 뽑음 (拔 뽑을 발)
甄擢견탁 잘 살펴 뽑아 씀 (擢 뽑을 탁)

질그릇 견
질그릇장인 진
瓦부 총14획

甄別견별   甄差견차   甄表견표
甄萱견훤

0069 | 견

繭絲견사 고치에서 뽑아낸 실 (絲 실 사)
繭蠶견잠 고치를 지은 누에 (蠶 누에 잠)

고치 견
糸부 총19획

綿繭면견   生繭생견   絲繭사견
選繭선견   繭綿견면   選繭機선견기

0070 | 견

杜鵑두견 두견이(우리나라 뻐꾸기 중에서 가장 작음) 또는 진달래 (杜 막을 두)
杜鵑花두견화 진달래꽃 (杜 막을 두, 花 꽃 화)

두견새 견
鳥부 총18획

杜鵑聲두견성   杜鵑類두견류   蜀帝化杜鵑촉제화두견
杜鵑酒두견주   杜鵑煎餠두견전병   杜鵑花煎두견화전

• • • 이 한 자 기 억 해 요 ? • • • 정답 158

1 岬( ) 2 姜( ) 3 岡( ) 4 崗( ) 5 疆( ) 6 羌( ) 7 腔( ) 8 薑( ) 9 凱( ) 10 漑( )

여기는! 黔검 / 訣결

0071 | 결 訣 **이별할 결** 言부 총11획
- 祕訣비결: 잘 알려져 있지 않은 자기만의 좋은 방법 (祕 귀신 비)
- 訣別결별: 교재나 관계를 끊음 (別 다를 별)
- 訣辭결사
- 永訣영결
- 訣要결요
- 要訣요결
- 土亭祕訣토정비결
- 永訣式영결식

0072 | 겸 鎌 **낫 겸** 金부 총18획
- 鉤鎌구겸: 낫 또는 적의 배를 끌어당길 때 쓰는 갈고리 (鉤 갈고리 구)
- 全不掛鎌전불괘겸: 자연 재해로 거두어 들일만한 곡식이 전혀 없음 (全 온전 전, 不 아닐 불, 掛 걸 괘)
- 鎌子軍겸자군
- 鎌倉겸창
- 鉤鎌刀구겸도

0073 | 경 憬 **깨달을 경** 忄=心부 총15획
- 憧憬동경: 그리운 마음으로 그것만을 생각함 (憧 동경할 동)
- 憧憬心동경심: 동경하는 마음 (憧 동경할 동, 心 마음 심)

0074 | 경 暻 **밝을 경** 日부 총16획

0075 | 경 梗 **줄기 경** 木부 총11획
- 梗塞경색: 소통되지 못하고 막힘 (塞 막을 색)
- 花梗화경: 꽃자루 (花 꽃 화)
- 果梗과경
- 無梗무경
- 腦梗塞뇌경색
- 有梗유경
- 生梗생경
- 梗槪경개

0076 | 경 璟 **옥빛 경** 王=玉부 총16획
- 宋璟송경: 중국 당나라의 재상 (宋 성 송)

0077 | 경  **구슬 경** 王=玉부 총19획
- 瓊杯경배: 옥으로 만든 잔 (杯 잔 배)
- 瓊團경단: 찹쌀·수수 등의 가루를 반죽하여 조그맣게 빚어 고물을 묻힌 떡 (團 둥글 단)
- 瓊樓경루
- 瓊音경음
- 瓊粉경분
- 瓊姿경자
- 瓊玉경옥
- 瓊玉膏경옥고

0078 | 경 痙 **경련 경** 疒부 총12획
- 痙攣경련: 근육이 자기 의사에 상관없이 수축하는 현상 (攣 걸릴 련)
- 鎭痙진경: 경련을 진정시킴 (鎭 진압할 진)
- 書痙서경
- 胃痙攣위경련
- 腔痙攣질경련
- 熱痙攣열경련
- 痙攣症경련증
- 鎭痙劑진경제

0079 | 경  **경쇠 경** 石부 총16획
- 風磬풍경: 절 등의 건물의 처마 끝에 다는 경쇠 (風 바람 풍)
- 編磬편경: 아악기의 한 가지로 16개의 경을 한 층에 여덟 개씩 매어 단 경쇠 (編 엮을 편)
- 方磬방경
- 鐘磬종경
- 石磬석경
- 特磬특경
- 玉磬옥경
- 磬石경석

0080 | 경 脛 **정강이 경** 月=肉부 총11획
- 脛骨경골: 정강이뼈 (骨 뼈 골)
- 脛節경절: 종아리마디 (節 마디 절)
- 脛衣경의
- 虎脛骨호경골
- 交脛國교경국

• • • 이 한 자 기 억 해 요 ? • • • 정답 159

1 箇( ) 2 芥( ) 3 坑( ) 4 羹( ) 5 渠( ) 6 巾( ) 7 腱( ) 8 虔( ) 9 鍵( ) 10 杰( )

2급 한자 /501/ | 0081~0100

0081 | 경

줄기 경
艹=艸부 총11획

莖葉경엽 줄기와 잎 (葉 잎 엽)
莖節경절 줄기의 마디 (節 마디 절)

幼莖유경 莖菜類경채류 根莖근경
陰莖음경 岑莖잠경 漿莖장경

0082 | 경

목 경
頁부 총16획

頸骨경골 목뼈 (骨 뼈 골)
刎頸之交문경지교
벗을 위해 목을 베일 수 있다는 뜻으로, 생사를 같이 할 수 있는 매우 소중한 벗을 뜻함 (刎 목벨 문, 之 갈 지, 交 사귈 교)

頸聯경련 頸筋경근 頸動脈경동맥
頸椎경추 膣頸질경 齒頸치경

0083 | 경

고래 경
魚부 총19획

鯨船경선 포경선 (船 배 선)
捕鯨포경 고래잡이 (捕 잡을 포)

鯨魚경어 鯨油경유 鯨肉경육
巨鯨거경 白鯨백경 捕鯨業포경업

0084 | 계

두근거릴 계
忄=心부 총11획

悸病계병 가슴이 두근거리는 병 (病 병 병)
怖悸포계 두려워서 마음이 울렁거림 (怖 두려워할 포)

悸悸계계 悸慄계율 恐悸공계
心悸심계 憂悸우계 胸悸흉계

0085 | 계

상고할 계
禾부 총16획

稽考계고 지나간 일을 상고함 (考 생각할 고)
荒唐無稽황당무계
말이나 행동이 터무니없고 근거가 없음 (荒 거칠 황, 唐 당나라 당, 無 없을 무)

句稽구계 無稽무계 稽留계류
稽封계봉 稽査계사 稽首계수

0086 | 계

경계할 계
言부 총14획

誡命계명 종교나 도덕적으로 지켜야 할 규범 (命 목숨 명)
十誡命십계명
하느님이 모세에게 내렸다고 하는 10개의 계시 (十 열 십, 命 목숨 명)

勸誡권계 敎誡교계 守誡수계
女誡여계 省躬譏誡성궁기계 後車誡후거계

0087 | 계

시냇물 계
谷부 총17획

谿谷계곡 골짜기 (谷 골 곡)
谿流계류 산골짜기에서 흐르는 시냇물 (流 흐를 류)

潤谿간계 谿路계로 牧谿목계
谿澤象月계택상월 谿壑之慾계학지욕

0088 | 고

두드릴 고
口부 총5획

叩拜고배 무릎을 꿇고 절함 (拜 절 배)
叩頭謝罪고두사죄
머리를 조아려 사죄함 (頭 머리 두, 謝 사례할 사, 罪 죄 죄)

叩頭고두 叩扉고비 叩氷고빙
叩謝고사 叩頭謝恩고두사은 叩盆之痛고분지통

0089 | 고

칠 고
扌=手부 총9획

拷問고문 숨기고 있는 사실을 강제로 알아내기 위하여 육체적 고통을 주며 신문함 (問 물을 문)
拷打고타 피의자를 고문하여 때림 (打 칠 타)

拷器고기 拷掠고략 拷訊고신
拷槃餘事고반여사

0090 | 고

생각할 고
攵부 총6획

論攷논고 여러 문헌을 고증하여 사물의 이치를 밝힘 (論 논할 론)
雜攷잡고 여러 가지 사항을 질서 없이 고찰한 생각 (雜 섞일 잡)

物名攷물명고 梵宇攷범우고 四聲通攷사성통고

· · · 이 한 자 기 억 해 요 ? · · · 정답 160

1 黔( ) 2 劫( ) 3 怯( ) 4 偈( ) 5 揭( ) 6 檄( ) 7 覡( ) 8 甄( ) 9 繭( ) 10 鵑( )

여기는! 莖경 / 皐고

0091 | 고
皐

언덕 고
白부 총11획

皐蘭草고란초 고사리과에 딸린 늘푸른 여러해살이 식물 (蘭 난초 란, 草 풀 초)
皐月고월 음력 오월을 달리 이르는 말 (月 달 월)

皐復고복　　張保皐장보고　　林皐幸卽임고행즉

0092 | 고
股

넓적다리 고
月=肉부 총8획

股間고간 샅. 두 다리의 사이 (間 사이 간)
割股할고 허벅지의 살을 도려냄 (割 벨 할)

股本고본　　股掌고장　　股腓고비
股肉고육　　股關節고관절　　股動脈고동맥

0093 | 고
膏

기름 고
月=肉부 총14획

膏粱珍味고량진미 좋은 고기와 곡식으로 만들어 맛있는 음식 (粱 기장 량, 珍 보배 진, 味 맛 미)
膏藥고약 곪은 곳에 바르거나 붙이는 끈끈한 약 (藥 약 약)

石膏석고　　軟膏연고　　瓊玉膏경옥고
膏粱고량　　眼軟膏안연고　　脂膏지고

0094 | 고
藁

짚 고
艹=艸부 총18획

席藁待罪석고대죄 자리를 깔고 벌주기를 기다림 (席 자리 석, 待 기다릴 대, 罪 허물 죄)
草藁초고 시문의 초벌로 쓴 원고 (草 풀 초)

藁本고본　　藁葬고장　　藁草고초
藁婚式고혼식　　稻藁도고　　禾藁화고

0095 | 고
袴

바지 고
사타구니 과
衤=衣부 총11획

袴衣고의 남자의 바지와 저고리 (衣 옷 의)
單袴단고 남자의 홑바지 (單 홑 단)

短袴단고　　油袴유고　　唐袴衣당고의

0096 | 고
誥

고할 고
言부 총14획

誥文고문 임금이 신하에게 널리 알리는 글 (文 글월 문)
誓誥서고 윗사람이 아랫사람에게 맹세하여 말함 (誓 맹세할 서)

官誥관고　　庭誥정고　　制誥제고
知制誥지제고　　內知制誥내지제고

0097 | 고
錮

막을 고
金부 총16획

禁錮금고 교도소에 가두어 두기만 하고 노역은 시키지 않음 (禁 금할 금)
黨錮당고 중국 후한 때 학자들이 환관들을 탄핵하였으나 오히려 환관들이 이들을 종신 금고에 처해버린 일 (黨 무리 당)

禁錮刑금고형

0098 | 고
雇

품팔 고
새 이름 호
隹부 총12획

雇傭고용 노무를 제공하고 대한 보수를 지불하는 노동 계약 (傭 품팔 용)
解雇해고 고용주가 사용인을 그만두게 함 (解 풀 해)

雇價고가　　雇金고금　　雇傭保險고용보험
月雇월고　　日雇일고　　常雇상고

0099 | 곤
崑

산이름 곤
山부 총11획

崑崙山곤륜산 중국의 전설에 나오는 산 (崙 산이름 륜, 山 메 산)
崑玉곤옥 곤륜산에 나오는 아름다운 옥 (玉 구슬 옥)

崑腔곤강　　崑曲곤곡　　崑山腔곤산강
崑蒻版곤약판　　崑山片玉곤산편옥

0100 | 곤
昆

맏 곤/덩어리 혼
日부 총8획

昆弟곤제 형과 아우 (弟 아우 제)
昆蟲곤충 곤충류 또는 벌레들을 통틀어 말함 (蟲 벌레 충)

昆季곤계　　昆孫곤손　　昆蟲學곤충학
昆蟲類곤충류　　昆池碣石곤지갈석　　後昆후곤

· · · 이 한 자 기 억 해 요 ? · · · 정답 161

1 訣( )　2 鎌( )　3 憬( )　4 曔( )　5 梗( )　6 璟( )　7 瓊( )　8 痙( )　9 磬( )　10 脛( )

연습문제 1 | 지금까지 배운 내용을 문제로 풀어보세요

[01-10] 다음 한자(漢字)의 음(音)은 무엇입니까?

01 芥 : ① 개 ② 거 ③ 고 ④ 기 ⑤ 공
02 桿 : ① 각 ② 간 ③ 감 ④ 곤 ⑤ 관
03 諫 : ① 갑 ② 건 ③ 간 ④ 견 ⑤ 고
04 岬 : ① 강 ② 검 ③ 궁 ④ 감 ⑤ 갑
05 岡 : ① 개 ② 게 ③ 감 ④ 강 ⑤ 거
06 偈 : ① 개 ② 괘 ③ 게 ④ 교 ⑤ 구
07 殼 : ① 각 ② 격 ③ 객 ④ 곡 ⑤ 궁
08 拷 : ① 강 ② 감 ③ 각 ④ 견 ⑤ 고
09 羹 : ① 강 ② 갱 ③ 경 ④ 굉 ⑤ 긍
10 腔 : ① 공 ② 강 ③ 갱 ④ 긍 ⑤ 굉

[11-15] 다음의 음(音)을 가진 한자는 어느 것입니까?

11 가 : ① 賈 ② 殼 ③ 奸 ④ 喝 ⑤ 效
12 간 : ① 邯 ② 凱 ③ 坑 ④ 墾 ⑤ 崑
13 갈 : ① 駕 ② 渠 ③ 訶 ④ 訣 ⑤ 碣
14 감 : ① 芥 ② 姜 ③ 龕 ④ 碼 ⑤ 劫
15 강 : ① 嘉 ② 疆 ③ 憬 ④ 坑 ⑤ 橄

[16-25] 다음 한자(漢字)의 뜻은 무엇입니까?

16 稼 : ① 짚 ② 껍질 ③ 파종 ④ 심다 ⑤ 시집가다
17 叩 : ① 크다 ② 잡다 ③ 높다 ④ 끼다 ⑤ 두드리다
18 鍵 : ① 방패 ② 갑옷 ③ 거울 ④ 무기 ⑤ 열쇠
19 莖 : ① 칼 ② 심다 ③ 가지 ④ 줄기 ⑤ 몽둥이
20 鞨 : ① 칡 ② 전갈 ③ 어찌 ④ 갈색 ⑤ 오랑캐이름
21 誡 : ① 손님 ② 먹다 ③ 토하다 ④ 맞이하다 ⑤ 경계하다
22 勘 : ① 버리다 ② 싸우다 ③ 이기다 ④ 견디다 ⑤ 헤아리다
23 嵌 : ① 언덕 ② 시내 ③ 개천 ④ 산골짜기 ⑤ 산등성이
24 恪 : ① 다하다 ② 삼가다 ③ 성실하다 ④ 섭섭하다 ⑤ 이별하다
25 掆 : ① 막다 ② 일하다 ③ 거만하다 ④ 거주하다 ⑤ 마주잡다

[26-30] 다음의 뜻을 가진 한자(漢字)는 어느 것입니까?

26 절   : ① 伽 ② 哥 ③ 苛 ④ 迦 ⑤ 袈
27 간질   : ① 疳 ② 癎 ③ 痤 ④ 痛 ⑤ 澗
28 물대다 : ① 澗 ② 跏 ③ 漑 ④ 碼 ⑤ 腱
29 어렵다 : ① 艱 ② 訶 ③ 奸 ④ 羌 ⑤ 稽
30 견디다 : ① 碣 ② 勘 ③ 鞨 ④ 褐 ⑤ 堪

[31-40] 다음 단어들의 '□' 안에 공통으로 들어갈 알맞은 한자(漢字)는 어느 것입니까?

31 □禮, □會, □俳
   ① 嫁 ② 嘉 ③ 喜 ④ 樂 ⑤ 儀

32 □言, 泣□, □疏
   ① 艱 ② 訶 ③ 諫 ④ 效 ⑤ 詣

33 □色, □炭, □藻類
　① 褐　② 紺　③ 葛　④ 膏　⑤ 黔
34 □人, □數, □體
　① 本　② 介　③ 一　④ 身　⑤ 箇
35 □域, □土, 邊□
　① 疆　② 谿　③ 岡　④ 强　⑤ 薑
36 □骨, 勿□之交, □聯
　① 腔　② 痙　③ 脛　④ 頸　⑤ 股
37 □定, □査, □案
　① 勘　② 葛　③ 艮　④ 措　⑤ 堪
38 口□, 鼻□, 內□
　① 痊　② 忍　③ 堪　④ 癎　⑤ 腔
39 □恨, 遺□, □情
　① 感　② 後　③ 悲　④ 憾　⑤ 悸
40 □橘, 蜜□, □子
　① 岬　② 邯　③ 薑　④ 柑　⑤ 鯨

[41-50] 다음 단어를 한자(漢字)로 바르게 쓴 것은 어느 것입니까?

41 가혹 : ① 稼穡　② 柯葉　③ 苛酷　④ 跏趺　⑤ 駕轎
42 각별 : ① 恐喝　② 紺瞳　③ 恪別　④ 坑道　⑤ 甄別
43 각막 : ① 喝采　② 帳幕　③ 恪遵　④ 殼膜　⑤ 腱膜
44 개선 : ① 敵愾　② 開墾　③ 凱旋　④ 溉糞　⑤ 開渠
45 경건 : ① 瓊杯　② 綿繭　③ 坑儒　④ 芥塵　⑤ 敬虔
46 갈취 : ① 褐炭　② 葛藤　③ 葛皮　④ 喝取　⑤ 喝采
47 난간 : ① 艱難　② 墾荒　③ 欄杆　④ 釣竿　⑤ 連桿

48 감기 : ① 陰氣　② 疳氣　③ 哥器　④ 紺碧　⑤ 拷器
49 장갑 : ① 掌匣　② 手匣　③ 鎧甲　④ 山岬　⑤ 岬角
50 간사 : ① 杆棒　② 奸凶　③ 奸巧　④ 奸邪　⑤ 桿菌

[51-60] 다음 한자어(漢字語)의 음(音)은 무엇입니까?

51 嫁娶 : ① 가취　② 가정　③ 가전　④ 가쇄　⑤ 가사
52 苛酷 : ① 가학　② 객주　③ 가혹　④ 가색　⑤ 가힐
53 御駕 : ① 옥가　② 명마　③ 어가　④ 가마　⑤ 왕가
54 羹粥 : ① 갱로　② 갱죽　③ 갱목　④ 갱즙　⑤ 갱탕
55 鎭痙 : ① 진경　② 서경　③ 치경　④ 종경　⑤ 특경
56 草藁 : ① 도고　② 정고　③ 화고　④ 저고　⑤ 초고
57 黔炭 : ① 검성　② 갈탄　③ 검탄　④ 갈부　⑤ 검특
58 腔腸 : ① 강양　② 공양　③ 공장　④ 강장　⑤ 강선
59 軟薑 : ① 연경　② 연강　③ 차감　④ 차경　⑤ 건강
60 鯨船 : ① 경어　② 견발　③ 경유　④ 견탁　⑤ 경선

2급 한자 1501 | 0101~0120

0101 | 곤 棍
- 棍棒곤봉 나무를 짤막하고 둥글게 깎아 만든 몽둥이 (棒 몽둥이 봉)
- 棍杖곤장 조선 시대 때 죄인의 볼기를 때리던 형구의 하나 (杖 지팡이 장)

몽둥이 곤 / 묶을 혼
木부 총12획
- 治盜棍치도곤
- 重棍중곤
- 大棍대곤
- 中棍중곤
- 小棍소곤
- 嚴棍엄곤

0102 | 곤 袞
- 袞龍袍곤룡포 임금이 입는 정복 (龍 용 룡, 袍 두루마기 포)
- 袞冕곤면 임금의 정복인 곤룡포와 면류관 (冕 면류관 면)

곤룡포 곤
衣부 총11획
- 袞馬곤마
- 袞寶곤보
- 袞服곤복
- 袞職곤직
- 御袞어곤
- 龍袞용곤

0103 | 공 控
- 控除공제 금액이나 일정량을 빼냄 (除 덜 제)
- 控訴審공소심 항소심 (訴 하소연할 소, 審 살필 심)

당길 공 / 칠 강
扌=手부 총11획
- 控告공고
- 控訴공소
- 控帳공장
- 控柱공주
- 控除金공제금
- 所得控除소득공제

0104 | 공 拱
- 拱手공수 두 손을 마주 잡고 공경의 뜻을 나타내는 예 (手 손 수)
- 拱揖공읍 손을 마주 모아 잡고 인사함 또는 그러한 예 (揖 읍할 읍)

팔짱낄 공
扌=手부 총9획
- 拱架공가
- 拱木공목
- 拱陣공진
- 拱包공포
- 高拱고공
- 垂拱수공

0105 | 곶 串
- 串柿관시 곶감 (柿 감나무 시)
- 親串친관 친하여 가까워 짐 (親 친할 친)

땅이름 곶 / 꿸 관
丨부 총7획
- 串之島관지도
- 冬外串동외곶

0106 | 과 戈
- 戈甲과갑 창과 갑옷 (甲 갑옷 갑)
- 戈劍과검 창과 칼 (劍 칼 검)

창 과
戈부 총4획
- 戈矛과모
- 戈船과선
- 戈盾과순
- 矛戈모과
- 干戈간과
- 兵戈병과

0107 | 과 瓜
- 甘瓜감과 참외 (甘 달 감)
- 木瓜모과 모과나무의 열매 (원음은 '목과') (木 나무 목)

오이 과
瓜부 총5획
- 絲瓜사과
- 西瓜서과
- 水瓜수과
- 瓜葛과갈
- 瓜年과년
- 種瓜得瓜종과득과

0108 | 과 菓
- 菓子과자 단맛을 위주로 만들어 주로 끼니 외에 먹는 음식 (子 아들 자)
- 茶菓다과 차와 과자 (茶 차 다)

실과 과
艹=艸부 총12획
- 氷菓빙과
- 藥菓약과
- 製菓제과
- 茶菓會다과회
- 氷菓類빙과류
- 製菓店제과점

0109 | 과 顆
- 橘顆귤과 귤나무의 열매 (橘 귤 귤)
- 飯顆반과 밥알 (飯 밥 반)

낱알 과
頁부 총17획
- 顆粒과립
- 顆粒機과립기
- 顆粒說과립설
- 一顆일과
- 靑顆麥청과맥

0110 | 곽 槨
- 棺槨관곽 시체를 넣는 관과 곽 (棺 널 관)
- 石槨석곽 돌로 만든 곽 (石 돌 석)

외관 곽
木부 총15획
- 木槨목곽
- 外槨외곽
- 塼槨전곽
- 石槨墓석곽묘
- 石槨墳석곽분
- 棺槨色관곽색

• • • 이 한 자 기 억 해 요 ? • • • 정답 162

1 莖( ) 2 頸( ) 3 鯨( ) 4 悸( ) 5 稽( ) 6 誡( ) 7 谿( ) 8 叩( ) 9 拷( ) 10 攷( )

0111 | 곽

葵藿규곽 해바라기 (葵 해바라기 규)
甘藿감곽 미역 (甘 달 감)

콩잎 곽 ⺾=艸부 총20획

産藿산곽 魚藿어곽 淫羊藿음양곽
藿食者곽식자 甘藿湯감곽탕 藿香곽향

0112 | 곽

輪廓윤곽 사물의 대강의 테두리 또는 겉모양 (輪 바퀴 륜)
外廓외곽 바깥의 테두리 또는 성 밖에 다시 둘러 쌓은 성 (外 바깥 외)

둘레 곽 广부 총14획

街廓가곽 宏廓굉곽 水廓수곽
遊廓유곽 一廓일곽 胸廓흉곽

0113 | 관

石棺석관 돌로 만든 관 (石 돌 석)
入棺입관 시체를 관 속에 넣음 (入 들 입)

널 관 木부 총12획

木棺목관 下棺하관 甕棺옹관
開棺개관 金棺금관 剖棺斬屍부관참시

0114 | 관

款待관대 친절하게 대하거나 정성껏 대접함 (待 기다릴 대)
借款차관 국가 간에 자금을 빌려 쓰고 빌려 줌 (借 빌 차)

항목 관 欠부 총12획

落款낙관 賠款배관 約款약관
款曲관곡 款談관담 款誠관성

0115 | 관

灌漑관개 농사를 짓는 데 필요한 물을 논밭에 댐 (漑 물댈 개)
灌木관목 키가 작고 밑동에서 가지를 많이 치는 나무 (木 나무 목)

물댈 관 氵=水부 총21획

灌流관류 灌腸관장 灌漑用水관개용수
漑灌개관 哨灌초관 浸灌침관

0116 | 관

汽罐기관 물을 끓여 높은 온도와 압력의 증기를 일으키는 장치 (汽 물끓는 김 기)
湯罐탕관 국을 끓이거나 약을 달이는 그릇 (湯 끓일 탕)

두레박 관 缶부 총24획

汽罐士기관사 汽罐室기관실 茶罐다관
水罐수관 澡罐조관 扁罐편관

0117 | 괄

括弧괄호 글 또는 숫자 등을 한데 묶기 위하여 사용하는 부호 (弧 활 호)
總括총괄 여러 가지를 한데 모아서 아우름 (總 다 총)

묶을 괄 扌=手부 총9획

槪括개괄 一括일괄 包括포괄
括約筋괄약근 頭括式두괄식 大括弧대괄호

0118 | 괄

빠를 괄 辶=辵부 총10획

0119 | 광

匡正광정 바로잡아 고침 (正 바를 정)
一匡일광 어지러운 천하를 다스려 바로잡음 (一 한 일)

바를 광 ㄷ부 총6획

匡困광곤 匡勵광려 匡輔광보
加匡가광 靖匡정광 弼匡필광

0120 | 광

壙中광중 무덤의 구덩이 속 (中 가운데 중)
壙穴광혈 시체를 묻는 구덩이 (穴 구멍 혈)

뫼구덩이 광 土부 총18획

作壙작광 破壙파광 土壙墓토광묘
壙內광내 壙誌광지 仰天壙앙천광

• • • 이 한 자 기 억 해 요 ? • • • 정답 163

1 皐(   ) 2 股(   ) 3 膏(   ) 4 藁(   ) 5 袴(   ) 6 誥(   ) 7 錮(   ) 8 雇(   ) 9 崑(   ) 10 昆(   )

2급 한자 1501 | 0121~0140

0121 | 광

빌 광
日부 총19획

空曠공광 속이 텅 빔 또는 그런 것 (空 빌 공)
虛曠허광 텅 비어 있음 (虛 빌 허)

曠朗광랑 曠劫광겁 曠世광세
高曠고광 怨曠원광 閑曠한광

0122 | 광

옥피리 광
王=玉부 총10획

0123 | 괘

점괘 괘
卜부 총8획

占卦점괘 길흉을 점쳐서 나온 손괘와 간괘 (占 점칠 점)
卦鐘괘종 벽이나 기둥 따위에 걸게 된 자명종의 한 가지 (鐘 쇠북 종)

吉卦길괘 巽卦손괘 八卦팔괘
凶卦흉괘 卦象괘상 六十四卦육십사괘

0124 | 괴

어그러질 괴
丿부 총8획

乖離괴리 서로 조화나 일치를 못이루고 어긋나서 동떨어진 상태가 됨 (離 떠날 리)
乖反괴반 어그러져 틀림 또는 벗어남 (反 돌이킬 반)

乖覺괴각 乖角괴각 乖當괴당
乖亂괴란 乖背괴배 違乖위괴

0125 | 괴

허수아비 괴
亻=人부 총12획

傀奇괴기 크고 기이함 (奇 기이할 기)
傀儡괴뢰 꼭두각시 또는 남의 앞잡이 (儡 망칠 뢰)

傀懼괴구 傀然괴연 傀儡軍괴뢰군
傀儡劇괴뢰극 傀儡師괴뢰사 傀儡政府괴뢰정부

0126 | 괴

회화나무 괴
木부 총14획

槐木괴목 회화나무 (木 나무 목)
槐夢괴몽 남가일몽 (夢 꿈 몽)

槐門괴문 槐山괴산 槐山郡괴산군
公槐공괴 三槐삼괴 水槐수괴

0127 | 괴

괴수 괴
鬼부 총14획

魁奇괴기 남보다 뛰어나고 기이함 (奇 기이할 기)
魁首괴수 한 무리의 우두머리 (首 머리 수)

魔魁마괴 首魁수괴 賊魁적괴
魁頭괴두 巨魁거괴 大魁대괴

0128 | 굉

클 굉
宀부 총7획

宏壯굉장 매우 크고 훌륭함 (壯 장할 장)
宏博굉박 매우 크고 넓음 (博 넓을 박)

宏構굉구 宏器굉기 宏圖굉도
宏謀굉모 宏才굉재 宏廓굉곽

0129 | 교

僑民교민 외국에 살고 있는 국민 (民 백성 민)
僑胞교포 외국에 살고 있는 동포 (胞 태보 포)

더부살이 교
亻=人부 총14획

僑居교거 僑軍교군 僑人교인
僑體교체 華僑화교 僑民會교민회

0130 | 교

咬咬교교 새 우는 소리
咬創교창 동물 따위에게 물린 상처 (創 비롯할 창)

물 교
口부 총9획

咬筋교근 咬傷교상 咬裂교열
咬頭교두 咬齒교치 咬牙切齒교아절치

· · · 이 한자 기억해요? · · · 정답 166

1 棍( ) 2 袞( ) 3 控( ) 4 拱( ) 5 串( ) 6 戈( ) 7 瓜( ) 8 菓( ) 9 顆( ) 10 槨( )

여기는! 曠광 / 喬교

0131 | 교

높을 교
口부 총12획

喬木교목 줄기가 곧고 굵으며 높이 자라는 나무 (木 나무 목)
喬松교송 키가 큰 소나무 (松 소나무 송)

凌喬능교 遷喬천교 喬幹교간
喬林교림 喬陟교척 喬嶽교악

0132 | 교

아리따울 교
女부 총15획

嬌態교태 사랑스럽고 아름다운 태도 (態 모습 태)
愛嬌애교 아양을 부리며 예쁘게 보이는 태도 (愛 사랑 애)

小嬌소교 嬌笑교소 令嬌영교
嬌氣교기 嬌女교녀 嬌艶교염

0133 | 교

어지러울 교
扌=手부 총23획

攪亂교란 뒤흔들어서 어지럽게 함 (亂 어지러울 란)
攪土교토 흙덩이를 부스러뜨리는 일 (土 흙 토)

攪車교거 攪棍교곤 攪腸沙교장사
攪鍊法교련법 攪土器교토기 攪亂力교란력

0134 | 교

목맬 교 / 초록빛 효
糸부 총12획

絞首교수 사형수의 목을 매어 죽임 (首 머리 수)
絞殺교살 목을 매어 죽임 (殺 죽일 살)

絞戮교륙 絞死교사 絞罪교죄
絞首臺교수대 絞首刑교수형 絞帶효대

0135 | 교

아교 교
月=肉부 총15획

膠質교질 물질의 끈끈한 성질 (質 바탕 질)
膠着교착 단단히 달라붙음 또는 변동이 없는 상태 (着 붙을 착)

絹膠견교 凝膠응교 脂膠지교
膠固교고 膠狀교상 膠着語교착어

0136 | 교

가마 교
車부 총19획

轎輿교여 가마와 수레 (輿 수레 여)
乘轎승교 가마 (乘 탈 승)

駕轎가교 步轎보교 素轎소교
轎軍교군 轎馬교마 轎夫교부

0137 | 교

교만할 교
馬부 총22획

驕慢교만 잘난 체하고 뽐내며 방자함 (慢 게으를 만)
驕兵교병 교만한 군사 또는 그런 병사를 부리는 사람 (兵 군사 병)

驕童교동 驕臣교신 驕心교심
富驕부교 淫驕음교 錢驕전교

0138 | 구

원수 구
亻=人부 총4획

仇怨구원 원수 (怨 원망할 원)
怨仇원구 원망스러운 원수 (怨 원망할 원)

復仇복구 世仇세구 仇家구가
仇邦구방 仇讐구수 仇視구시

0139 | 구

글귀 구
勹부 총4획

勾檢구검 속속들이 조사함 (檢 검사할 검)
勾踐구천 중국 춘추시대 말기의 월나라의 임금 (踐 밟을 천)

勾配구배 勾唐使구당사 勾配標구배표
勾覆院구복원 免勾면구

0140 | 구

때 구
土부 총9획

純潔無垢순결무구
몸가짐이 깨끗하여 조금도 더러운 티가 없음 (純 순수할 순, 潔 깨끗할 결, 無 없을 무)
三垢삼구 불교에서 말하는 사람 마음을 더럽게 하는 세 가지 욕심 (三 석 삼)

垢穢구예 垢衣구의 垢弊구폐
無垢무구 汚垢오구 純眞無垢순진무구

・ ・ ・ ・ 이 한 자 기 억 해 요 ? ・ ・ ・ 정답 167

1 藿( ) 2 廓( ) 3 棺( ) 4 款( ) 5 灌( ) 6 罐( ) 7 括( ) 8 适( ) 9 匡( ) 10 壙( )

2급 한자 /501/ | 0141~0160

0141 | 구 寇
倭寇왜구 13~16세기 즈음의 일본 해적 (倭 왜나라 왜)
外寇외구 외적 (外 바깥 외)

도적 구
宀부 총11획
寇掠구략　寇賊구적　寇奪구탈
司寇사구　流寇유구　土寇토구

0142 | 구 歐
歐羅巴구라파 유럽 (羅 그물 라, 巴 땅이름 파)
西歐서구 유럽과 미국이 있는 아메리카를 통틀어 일컬음 (西 서녘 서)

구라파 구
欠부 총15획
歐刀구도　歐美구미　歐羅巴人구라파인
歐羅巴洲구라파주　南歐남구　東歐동구

0143 | 구 毬
擊毬격구 말을 타고 달리며 막대기로 공을 치는 경기 (擊 칠 격)
毬場구장 격구를 하던 넓은 마당 (場 마당 장)

공 구
毛부 총11획
毬燈구등　毬門구문　毬杖구장
毬形구형　木毬목구　打毬타구

0144 | 구 溝
溝渠구거 개골창 (渠 도랑 거)
下水溝하수구 하수가 흘러 빠지도록 만든 도랑 (下 아래 하, 水 물 수)

도랑 구
氵=水부 총13획
溝橋구교　溝瀆구독　溝池구지
畝溝묘구　海溝해구　排水溝배수구

0145 | 구 灸
灸瘡구창 쑥으로 뜸뜬 자리가 헐어서 생긴 부스럼 (瘡 부스럼 창)
鍼灸침구 한방에서 침질과 뜸질을 아울러 이르는 말 (鍼 침 침)

뜸 구
火부 총7획
灸薑구강　灸師구사　灸點구점
面灸면구　灸治구치　肉灸육구

0146 | 구 矩
矩鏡구경 측량에서 일직선에 직각이 되는 방향을 정할 때 쓰이는 기구 (鏡 거울 경)
印矩인구 도장을 바로 찍게 하기 위한 기역자 모양의 자 (印 도장 인)

모날 구
矢부 총10획
矩度구도　矩墨구묵　矩步구보
矩尺구척　繩矩승구　前矩전구

0147 | 구
石臼석구 돌절구 (石 돌 석)
杵臼저구 절굿공이와 절구 (杵 공이 저)

절구 구
臼부 총6획
臼狀구상　臼杵구저　臼齒구치
臼砲구포　茶臼다구　脫臼탈구

0148 | 구 舅
舅姑구고 시아버지와 시어머니 (姑 시어미 고)
外舅외구 장인을 이르는 말 (外 바깥 외)

시아비 구
臼부 총13획
舅母구모　舅祖구조　舅弟구제
國舅국구　叔舅숙구　尊舅존구

0149 | 구 購
購讀구독 책 또는 신문 등을 사서 읽는 것 (讀 읽을 독)
購買구매 물건을 삼 (買 살 매)

살 구
貝부 총17획
購繭구견　購求구구　購覽구람
購讀料구독료　購讀者구독자　購買權구매권

0150 | 구
老軀노구 늙은 몸 (老 늙을 로)
體軀체구 몸 (體 몸 체)

몸 구
身부 총18획
軀殼구각　軀命구명　軀體구체
巨軀거구　衰軀쇠구　形軀형구

• • • 이 한 자 기 억 해 요 ? • • • 정답 168

1 曠(　)　2 珖(　)　3 卦(　)　4 乖(　)　5 傀(　)　6 槐(　)　7 魁(　)　8 宏(　)　9 僑(　)　10 咬(　)

여기는! 寇구 / 逑구

0151 | 구 逑
鄭逑정구 조선시대 15대 광해군 때의 학자로 호는 한강(寒岡) (鄭 나라 정)
好逑傳호구전 중국 명나라 말기의 소설의 편명 (好 좋을 호, 傳 전할 전)
짝 구
辶=辵부 총11획

0152 | 구 邱
大邱대구 대구광역시 (大 클 대)
靑邱청구 중국에서 우리나라를 이르던 말 (靑 푸를 청)
언덕 구
阝=邑부 총8획

0153 | 구 鉤
四爪鉤사조구 적의 배를 끌어 오는 데 쓰이던 네 개의 갈퀴가 달린 수군의 병기 (四 넉 사, 爪 손톱 조)
釣鉤조구 낚시 (釣 낚을 조)
갈고리 구
金부 총13획
鉤距구거　鉤狀구상　鉤針구침
單鉤단구　垂鉤수구　簾鉤염구

0154 | 구 駒
駒馬구마 망아지와 말 (馬 말 마)
千里駒천리구 천리마 (千 일천 천, 里 마을 리)
망아지 구
馬부 총15획
駒隙구극　駒板구판　隙駒극구
白駒백구　天馬駒천마구　千里之駒천리지구

0155 | 구 鳩
傳書鳩전서구 통신용으로 훈련된 비둘기 (傳 전할 전, 書 글 서)
山鳩산구 산비둘기 (山 메 산)
비둘기 구
鳥부 총13획
鳩林구림　鳩尾구미　鳩舍구사
鳴鳩명구　頒鳩반구　鳩便구편

0156 | 구 鷗
江鷗강구 강에서 노니는 갈매기 (江 강 강)
海鷗해구 바닷가에 있는 갈매기 (海 바다 해)
갈매기 구
鳥부 총22획
鷗鷺구로　鷗盟구맹　色鷗색구
白鷗백구　白鷗詞백구사

0157 | 구 耈
耈老구로 늙은이 (老 늙을 로)
耈長구장 노성한 사람 (長 어른 장)
늙을 구
老부 총11획
胡耈호구　黃耈황구

0158 | 국 鞠
鞠問국문 임금이 중대한 죄인을 국청에서 신문하던 일 (問 물을 문)
蹴鞠축국 어린아이들이 가죽으로 만든 공을 차던 놀이 (蹴 찰 축)
성국 / 궁궁이 궁
革부 총17획
鞠戲국희　鞠躬국궁　鞠正국정
拿鞠나국　育鞠육국　庭鞠정국

0159 | 국 鞫
鞫問국문 중죄인을 신문함 (問 물을 문)
鞫劾국핵 중죄인의 죄를 신문한 결과를 담은 조서 (劾 캐물을 핵)
국문할 국
革부 총18획
鞫訊국신　鞫獄국옥　鞫正국정
鞫治국치　訊鞫신국　推鞫추국

0160 | 국 麴

麴菌국균 누룩곰팡이 (菌 버섯 균)
麴生국생 술의 별칭 (生 날 생)
누룩 국
麥부 총19획
粗麴조국　麴先生傳국선생전　麴醇傳국순전
麴麴면국　米麴미국　淸麴醬청국장

・ ・ ・ 이　한　자　기　억　해　요　?　・ ・ ・ 정답 169
1 喬(　) 2 嬌(　) 3 攪(　) 4 絞(　) 5 膠(　) 6 轎(　) 7 驕(　) 8 仇(　) 9 勾(　) 10 垢(　)

2급 한자 1501 | 0161~0180

0161 | 군 裙
翠裙취군 푸른 치마 (翠 푸를 취)
紅裙홍군 붉은 빛깔의 치마란 뜻으로 미인을 일컬음 (紅 붉을 홍)

치마 군 衤=衣부 총12획
羅裙나군　裙帶麵군대면　馬尾裙마미군

0162 | 굴 堀
堀室굴실 움집 (室 집 실)
堀穴굴혈 굴 (穴 구멍 혈)

굴 굴 土부 총11획
削株堀根삭주굴근　羅雀堀鼠나작굴서

0163 | 굴 掘
發掘발굴 땅 속에 묻힌 물건을 파냄 또는 숨겨져 있는 뛰어난 것을 찾아냄 (發 필 발)
採掘채굴 땅을 파서 광석 따위를 캐냄 (採 캘 채)

팔 굴 / 뚫을 궐 扌=手부 총11획
掘檢굴검　掘變굴변　掘移굴이
勒掘늑굴　盜掘도굴　試掘시굴

0164 | 굴 窟
洞窟동굴 깊고 넓은 굴 (洞 골 동)
巢窟소굴 나쁜 사람들의 활동 근거지가 되는 곳 (巢 새집 소)

굴 굴 穴부 총13획
窟房굴방　窟穴굴혈　暗窟암굴
潛窟잠굴　土窟토굴　虎窟호굴

0165 | 궁 穹
穹壤궁양 하늘과 땅 (壤 흙 양)
穹蒼궁창 높고 푸른 하늘 (蒼 푸를 창)

하늘 궁 穴부 총8획
高穹고궁　蒼穹창궁　靑穹청궁
皇穹宇황궁우

0166 | 궁 躬
躬行궁행 자기 스스로 행함 (行 행할 행)
聖躬성궁 임금의 몸 (聖 성인 성)

몸 궁 身부 총10획
躬稼궁가　躬犯궁범　躬進궁진
鞠躬국궁　匪躬비궁　責躬책궁

0167 | 권 倦
倦怠권태 시들해져서 생기는 게으름이나 싫증 (怠 게으를 태)
勞倦노권 피로하여 싫증을 냄 (勞 일할 로)

게으를 권 亻=人부 총10획
倦勤권근　倦困권곤　倦厭권염
倦情권타　困倦곤권　好學不倦호학불권

0168 | 권 圈
與圈여권 여당에 속하는 정치가의 범위 (與 더불 여)
大氣圈대기권 지구 둘레를 싸고 있는 대기의 층 (大 큰 대, 氣 기운 기)

우리 권 口부 총11획
商圈상권　野圈야권　共產圈공산권
北極圈북극권　運動圈운동권　制度圈제도권

0169 | 권 捲
捲勇권용 완력이 강함 또는 그렇게 큰 용기 (勇 용감할 용)
席捲석권 돗자리를 만다는 뜻으로 빠른 기세로 세력 범위를 넓힘을 일컬음 (席 자리 석)

말 권 扌=手부 총11획
捲歸권귀　捲堂권당　捲簾권렴
捲奉권봉　捲線권선　捲音권음

0170 | 권 眷
眷屬권속 자기 집에 딸린 식구 (屬 무리 속)
率眷솔권 자기 식구를 거느리고 가거나 데려 옴 (率 거느릴 솔)

돌볼 권 目부 총11획
眷顧권고　眷念권념　眷庇권비
家眷가권　恩眷은권　親眷친권

 이 한 자 기 억 해 요 ?　　　　　　정답 170

1 寇( )　2 毆( )　3 毬( )　4 溝( )　5 灸( )　6 矩( )　7 臼( )　8 舅( )　9 購( )　10 軀( )

여기는! 裙군 / 闕궐

0171 | 궐

宮闕궁궐 임금이 사는 집 (宮 집 궁)
大闕대궐 궁궐 (大 클 대)

대궐 궐
門부 총18획

闕畫궐획 　闕文궐문 　闕防궐방
皇闕황궐 　入闕입궐 　九重宮闕구중궁궐

0172 | 궤

金櫃금궤 금으로 장식하여 만든 궤 (金 쇠 금)
長櫃장궤 크고 길게 만든 궤짝 (長 길 장)

궤짝 궤
木부 총18획

櫃櫝궤독 　倭櫃왜궤 　書櫃서궤
印櫃인궤 　册櫃책궤 　鐵櫃철궤

0173 | 궤

潰滅궤멸 무너지거나 흩어져서 없어지는 것 (滅 멸망할 멸)
潰瘍궤양 피부나 점막이 짓무르거나 허는 병 (瘍 헐 양)

무너질 궤
氵=水부 총15획

潰爛궤란 　潰盟궤맹 　潰散궤산
膿潰농궤 　崩潰붕궤 　胃潰瘍위궤양

0174 | 귀

晷刻구각 잠깐 동안 또는 짧은 시간 (刻 새길 각)
仰釜日晷앙부일구 조선 후기에 제작된 2개의 해시계 (仰 우러를 앙, 釜 가마 부, 日 날 일)

그림자 귀 / 그림자 구
日부 총12획

晷漏귀루 　寸晷촌구 　繼晷계귀

0175 | 규

圭瓚규찬 제사그릇의 하나 (瓚 술그릇 찬)
圭表규표 천문 관측 기계의 하나 (表 겉 표)

서옥 규
土부 총6획

圭角규각 　圭復규복 　圭田규전
刀圭도규 　白圭백규 　玉圭옥규

0176 | 규

奎文규문 문학 · 문물 · 문교를 이르는 말 (文 글월 문)
奎章閣규장각 조선 정조 때 설치한 왕실 도서관 (章 글 장, 閣 문설주 각)

별 규 / 걸을 규
大부 총9획

奎璧규벽 　奎運규운 　奎章규장
奎星규성 　任奎임규 　李奎報이규보

0177 | 규

揆地규지 의정의 지위 (地 땅 지)
一揆일규 같은 경우 또는 경로의 뜻으로 한결같은 법칙을 일컬음 (一 한 일)

헤아릴 규
扌=手부 총12획

端揆단규 　度揆도규 　百揆백규
庶揆서규 　領揆영규 　右揆우규

0178 | 규
珪璋규장 옥으로 만든 귀한 그릇의 뜻으로 훌륭한 인품을 일컬음 (璋 홀 장)
珪幣규폐 신에게 바치는 귀중한 예물 (幣 비단 폐)

홀 규
王=玉부 총10획

珪素규소 　珪酸규산 　珪藻규조
珪化규화 　夏珪하규 　拓跋珪탁발규

0179 | 규
硅素규소 탄소족 원소의 하나로 원소 기호는 Si (素 본디 소)
硅酸규산 규소와 산소의 화합물 (酸 실 산)

규소 규
石부 총11획

硅石규석 　硅砂규사 　硅巖규암
硅酸鹽규산염 　硅線石규선석 　硅素鋼규소강

0180 | 규

窺視규시 엿봄 (視 볼 시)
軍窺군규 군사 기밀을 정탐함 또는 그런 사람 (軍 군사 군)

엿볼 규
穴부 총16획

窺間규간 　窺見규견 　窺衡규형
窺票규표 　管窺관규 　籬窺이규

· · · 이 한 자 기 억 해 요 ? · · · 정답 171

1 述( )　2 邱( )　3 鉤( )　4 駒( )　5 鳩( )　6 鷗( )　7 耉( )　8 鞠( )　9 鞫( )　10 麴( )

2급 한자 1501 | 0181~0200

0181 | 규
葵藿규곽 해바라기 (藿 콩잎 곽)
葵花규화 해바라기 (花 꽃 화)

해바라기 규
艹=艸부 총13획
錦葵금규　露葵노규　冬葵동규
錢葵전규　蜀葵촉규　山葵산규

0182 | 규
閨房규방 부녀자가 거처하는 방 (房 방 방)
閨範규범 여자가 지켜야 할 도리 (範 법 범)

안방 규
門부 총14획
閨門규문　閨閥규벌　金閨금규
春閨춘규　閨中七友爭論記규중칠우쟁론기

0183 | 균
綠筠녹균 푸른 대나무 (綠 푸를 록)

대 균
竹부 총13획

0184 | 균
鈞窯균요 중국 송나라 균주에서 나던 질그릇 (窯 가마 요)
鈞天균천 구천의 하나 (天 하늘 천)

서른근 균
金부 총12획
葉紹鈞섭소균　鈞巧任鈞균교임조

0185 | 귤
柑橘감귤 귤 또는 밀감의 총칭 (柑 귤 감)
橘顆귤과 귤나무의 열매 (顆 낱알 과)

귤 귤
木부 총16획
懷橘회귤　橘綠귤록　橘皮귤피
橘花茶귤화차　金橘금귤　靑橘청귤

0186 | 극
剋減극감 깎아 내어 줄임 (減 덜 감)
相剋상극 마음이 서로 맞지 않아 항상 충돌함 (相 서로 상)

이길 극 / 새길 각
刂=刀부 총9획
剋勵극려　剋虞극우　剋定극정
下剋上하극상　水火相剋수화상극

0187 | 극
刺戟자극 일정한 현상이 촉진되도록 충동함 (刺 찌를 자)
方天畫戟방천화극 삼국지에 나오는 여포가 썼던 무기 (方 모 방, 天 하늘 천, 畫 그림 화)

창 극
戈부 총12획
戟架극가　戟塵극진　戟形극형
劍戟검극　矛戟모극　持戟지극

0188 | 극
棘毛극모 가시털 (毛 털 모)
荊棘형극 나무의 가시 또는 고난의 길을 비유함 (荊 가시 형)

가시 극
木부 총12획
棘針극침　棘城극성　棘皮극피
加棘가극　蒙棘몽극　棘圍극위

0189 | 극
間隙간극 사물 사이의 틈 (間 사이 간)
孔隙공극 틈 또는 구멍 (孔 구멍 공)

틈 극
阝=阜부 총13획
隙間극간　隙駒극구　隙穴극혈
暇隙가극　仇隙구극　寸隙촌극

0190 | 근

힘 근
力부 총6획

• • • 이 한 자 기 억 해 요 ? • • • 정답 172

1 裙(　)　2 堀(　)　3 掘(　)　4 窟(　)　5 穹(　)　6 躬(　)　7 倦(　)　8 圈(　)　9 捲(　)　10 眷(　)

여기는! 葵규 / 槿근

0191 | 근 槿
- 槿域근역 무궁화가 많은 땅이란 뜻에서 우리나라를 일컬음 (域 지경 역)
- 槿花근화 무궁화 (花 꽃 화)

무궁화 근 木부 총15획
槿友會근우회 槿花鄕근화향 槿花一日근화일일
木槿목근 朝槿조근 黃槿황근

0192 | 근 瑾
- 細瑾세근 사소한 흠이나 잘못 (細 가늘 세)
- 瑕瑾하근 흠 또는 단점 (瑕 허물 하)

아름다운옥 근 王=玉부 총15획

0193 | 근 筋
- 筋肉근육 힘줄과 살을 통틀어 이르는 말 (肉 고기 육)
- 鐵筋철근 콘크리트 속에 넣어 뼈대로 삼는 쇠막대 (鐵 쇠 철)

힘줄 근 竹부 총12획
腹筋복근 心筋심근 胸筋흉근
僧帽筋승모근 二頭筋이두근 闊背筋활배근

0194 | 근 覲
- 覲禮근례 제후가 임금을 뵙는 예 (禮 예도 례)
- 覲謁근알 제후가 몸소 가서 임금을 만나 뵘 (謁 아뢸 알)

뵐 근 見부 총18획
覲光근광 覲參근참 覲行근행
覲見근현 入覲입근 朝覲조근

0195 | 금 芩
- 黃芩황금 꿀풀과에 딸린 여러해살이풀 (黃 누를 황)
- 宿芩숙금 황금의 묵은 뿌리 (宿 잘 숙)

풀이름 금 艹=艸부 총8획
小芩소금 子芩자금 片芩편금

0196 | 금 衾
- 衾具금구 이부자리 (具 갖출 구)
- 衾枕금침 이부자리와 베개 (枕 베개 침)

이불 금 衣부 총10획
繡衾수금 兩衾양금 聯衾연금
合衾합금 孤衾고금 長枕大衾장침대금

0197 | 금 衿
- 靑衿청금 유생 (靑 푸를 청)
- 喉衿후금 목구멍과 옷깃이라는 뜻에서 요해처를 일컬음 (喉 목구멍 후)

옷깃 금 衤=衣부 총9획
衿荷臣금하신 衿陽雜錄금양잡록

0198 | 금 襟
- 心襟심금 흉금 (心 마음 심)
- 胸襟흉금 가슴 속에 품은 생각 (胸 가슴 흉)

옷깃 금 衤=衣부 총18획
襟期금기 襟章금장 襟懷금회
開襟개금 禪襟선금 斂襟염금

0199 | 급 扱
- 取扱취급 사물을 다룸 (取 취할 취)
- 稻扱機도급기 벼훑이 (稻 쌀일 도, 機 틀 기)

거둘 급 거두어가질 흡 扌=手부 총7획

0200 | 급 汲
- 汲水급수 물을 길음 (水 물 수)
- 汲汲급급 골몰하게 한 가지 일에만 정신을 쏟음

물길을 급 氵=水부 총7획
汲引급인 汲路급로 汲索급삭
汲水軍급수군 汲水婢급수비 樵汲초급

• • • 이 한 자 기 억 해 요 ? • • • 정답 173

1 闕( ) 2 櫃( ) 3 潰( ) 4 匱( ) 5 圭( ) 6 奎( ) 7 揆( ) 8 珪( ) 9 硅( ) 10 窺( )

연습문제 2 | 지금까지 배운 내용을 문제로 풀어보세요

[01-10] 다음 한자(漢字)의 음(音)은 무엇입니까?

01 棍 : ①간 ②강 ③근 ④곤 ⑤군
02 串 : ①곶 ②공 ③곽 ④곡 ⑤극
03 卦 : ①구 ②고 ③그 ④괴 ⑤괘
04 藿 : ①과 ②기 ③곽 ④괵 ⑤극
05 罐 : ①관 ②권 ③근 ④견 ⑤곤
06 适 : ①과 ②관 ③괄 ④궐 ⑤규
07 乖 : ①게 ②괴 ③계 ④궤 ⑤기
08 宏 : ①강 ②굉 ③광 ④긍 ⑤갱
09 攪 : ①각 ②개 ③국 ④극 ⑤교
10 勾 : ①구 ②고 ③그 ④기 ⑤괴

[11-15] 다음의 음(音)을 가진 한자는 어느 것입니까?

11 구 : ①矩 ②膠 ③驕 ④棘 ⑤衿
12 교 : ①匡 ②榔 ③僑 ④裙 ⑤扱
13 광 : ①款 ②傀 ③瑾 ④壙 ⑤捲
14 규 : ①葵 ②袞 ③仇 ④槐 ⑤潰
15 근 : ①軀 ②鈞 ③匡 ④闕 ⑤覲

[16-25] 다음 한자(漢字)의 뜻은 무엇입니까?

16 袞 : ①치마 ②바지 ③이불 ④옷깃 ⑤곤룡포
17 扱 : ①묶다 ②목매다 ③거두다 ④어지럽다 ⑤무너지다
18 邱 : ①언덕 ②도랑 ③산이름 ④땅이름 ⑤풀이름
19 匡 : ①주인 ②임금 ③우리 ④바르다 ⑤헤아리다
20 鳩 : ①비둘기 ②갈매기 ③부엉이 ④까마귀 ⑤뻐꾸기
21 魁 : ①괴수 ②시아비 ③그림자 ④회화나무 ⑤허수아비
22 筋 : ①힘 ②몸 ③힘줄 ④팔뚝 ⑤어깨
23 絞 : ①물다 ②사귀다 ③목매다 ④교활하다 ⑤팔짱끼다
24 圈 : ①묶다 ②말다 ③우리 ④뚫다 ⑤게으르다
25 毬 : ①털 ②공 ③수염 ④구하다 ⑤머리카락

[26-30] 다음의 뜻을 가진 한자(漢字)는 어느 것입니까?

26 당기다 : ①控 ②拱 ③括 ④攪 ⑤扱
27 뜸 : ①穹 ②宏 ③仇 ④歐 ⑤灸
28 몽둥이 : ①槿 ②戈 ③棍 ④棺 ⑤槐
29 이불 : ①芩 ②衾 ③衿 ④襟 ⑤今
30 모나다 : ①歐 ②寇 ③逑 ④矩 ⑤臼

[31-40] 다음 단어들의 '□' 안에 공통으로 들어갈 알맞은 한자(漢字)는 어느 것입니까?

31 □手, □揖, □架
①共 ②拱 ③珙 ④垢 ⑤潰

32 □姑, 外□, □母
①臼 ②男 ③筋 ④舅 ⑤窟

33 矛□, 干□, 兵□
①軀 ②顆 ③戈 ④瓜 ⑤喬

34 輪□, 外□, 遊□
①廓 ②罐 ③槐 ④轎 ⑤槨

35 □漑, □木, 浸□
①覲 ②溝 ③藿 ④罐 ⑤灌

36 □弧, 總□, 槪□
①匡 ②舌 ③琯 ④括 ⑤适

37 占□, □鐘, 八□
①拱 ②棺 ③卦 ④瓜 ⑤串

38 □民, □胞, □體
①傀 ②魁 ③嬌 ④僑 ⑤喬

39 洞□, 巢□, □穴
①窟 ②掘 ③堀 ④裙 ⑤躬

40 野□, 商□, 運動□
①眷 ②捲 ③圈 ④倦 ⑤闕

[41–50] 다음 단어를 한자(漢字)로 바르게 쓴 것은 어느 것입니까?

41 제과 : ①茶果 ②製菓 ③橘顆 ④氷菓 ⑤飯顆
42 전곽 : ①棺槨 ②宏廓 ③塼槨 ④産藿 ⑤遊廓
43 광겁 : ①曠劫 ②壙誌 ③曠朗 ④匡勵 ⑤壙穴
44 괴리 : ①乖離 ②卦象 ③傀儡 ④魁首 ⑤乖亂
45 교태 : ①愛嬌 ②嬌笑 ③嬌艶 ④嬌態 ⑤嬌氣
46 균요 : ①鈞窯 ②綠筠 ③鈞天 ④權域 ⑤載架
47 구저 : ①臼狀 ②臼杵 ③臼齒 ④茶臼 ⑤杵臼

48 구독 : ①畎溝 ②購繭 ③溝瀆 ④購覽 ⑤溝橋
49 취급 : ①汲汲 ②稻扱 ③樵汲 ④汲引 ⑤取扱
50 근참 : ①覲謁 ②槿域 ③覲參 ④槿花 ⑤覲行

[51–60] 다음 한자어(漢字語)의 음(音)은 무엇입니까?

51 袞冕 : ①곤면 ②근만 ③곤복 ④곤난 ⑤근면
52 鉤針 : ①구십 ②구침 ③구사 ④고집 ⑤고즙
53 拱陣 : ①봉진 ②홍차 ③공차 ④공진 ⑤강진
54 款待 : ①괄시 ②선대 ③관대 ④세대 ⑤광지
55 頒鳩 : ①반조 ②수구 ③분조 ④저구 ⑤반구
56 壙穴 : ①황굴 ②황혈 ③광내 ④광굴 ⑤광혈
57 耆長 : ①노장 ②구장 ③양장 ④방장 ⑤효장
58 魁奇 : ①괴수 ②괴물 ③괴기 ④괴력 ⑤괴두
59 鞠戲 : ①국희 ②국력 ③국문 ④국옥 ⑤국치
60 閨範 : ①주차 ②가보 ③균축 ④규범 ⑤규벌

2급 한자 1501 | 0201~0220

0201 | 궁

兢兢궁궁 조마조마하여 마음을 놓지 못하는 모양
兢恪궁각 두려워하고 삼감 (恪 삼갈 각)

떨릴 궁
儿부 총14획

兢戒 궁계
凌兢 능궁
兢懼 궁구
戰兢 전궁
兢兢業業 궁궁업업
戰戰兢兢 전전긍긍

0202 | 긍

自矜자긍 제 스스로 하는 자랑 (自 스스로 자)
矜持긍지 자신의 능력을 믿는 자랑 (持 가질 지)

자랑할 긍 / 창자루 근
矛부 총9획

矜競 긍경
矜負 긍부
矜大 긍대
可矜 가긍
自矜心 자긍심
矜持感 긍지감

0203 | 기

五伎오기 신라 시대에 행해진 다섯 가지 탈춤 (五 다섯 오)
雜伎잡기 각종 예능을 통틀어 이르는 말 (雜 섞일 잡)

재간 기
亻=人부 총6획

文康伎 문강기
獅子伎 사자기
伎樂百戲 기악백희
伎藝天 기예천

0204 | 기

冀望기망 희망 (望 바랄 망)
冀願기원 희망 (願 원할 원)

바랄 기
八부 총16획

冀北 기북
希冀 희기
冀州 기주
幸冀 행기

0205 | 기

嗜好기호 어떤 것을 즐기고 좋아함 (好 좋을 호)
嗜僻기벽 치우쳐 좋아하는 버릇 (僻 후미질 벽)

즐길 기
口부 총13획

嗜客 기객
最嗜 최기
嗜慾 기욕
貪嗜 탐기
嗜好食品 기호식품
偏嗜 편기

0206 | 기

妓生기생 술자리에서 노래나 춤 등으로 흥을 돕는 직업의 여자 (生 날 생)
名妓명기 이름난 기생 (名 이름 명)

기생 기
女부 총7획

妓女 기녀
老妓 노기
妓樓 기루
娼妓 창기
官妓 관기
退妓 퇴기

0207 | 기

岐路기로 갈림길 (路 길 로)
分岐분기 나뉘어서 갈라짐 (分 나눌 분)

갈림길 기
山부 총7획

岐貳 기이
多岐 다기
各岐 각기
別岐 별기
路岐 노기
兩岐 양기

0208 | 기

崎險기험 산이 가파르고 험함 (險 험할 험)
長崎장기 나가사키(지명) (長 길 장)

험할 기
山부 총11획

0209 | 기

朞年기년 돌 (年 해 년)
一朞일기 일주년 (一 한 일)

돌 기
月부 총12획

朞年服 기년복
杖朞 장기
朞年祭 기년제
不杖朞 부장기
大朞 대기
小大朞 소대기

0210 | 기

杞憂기우 앞일에 대해 쓸데없는 걱정을 함 (憂 근심할 우)
拘杞구기 구기자나무 (拘 잡을 구)

구기자 기
木부 총7획

杞菊茶 기국다
杞人之憂 기인지우
杞柳 기류
仇杞 구기
杞人憂天 기인우천
拘杞苗 구기묘

• • • • 이 한 자 기 억 해 요 ? • • • • 정답 174

1 葵( ) 2 閨( ) 3 筠( ) 4 鈞( ) 5 橘( ) 6 剋( ) 7 戟( ) 8 棘( ) 9 隙( ) 10 劼( )

여기는! 競급 / 棋기

0211 | 기
棋 바둑 기
木부 총12획

棋士기사 바둑이나 장기를 잘 두는 사람 또는 그것이 직업인 사람(士 선비 사)
將棋장기 초나라와 한나라로 나뉜 말들을 번갈아 두며 승부를 가리는 민속놀이 (將 장수 장)
棋院기원　兵棋병기　棋壇기단
棋盤기반　棋歷기력　棋局기국

0212 | 기
汽 물끓는김 기 거의 흘
氵=水부 총7획

汽車기차 증기기관으로 궤도를 달리는 열차 (車 수레 차)
汽船기선 증기의 힘으로 추진시켜서 다니는 배 (船 배 선)
汽力기력　汽笛기적　蒸氣汽罐증기기관
汽罐士기관사　汽罐室기관실　汽機室기기실

0213 | 기

沂 물이름 기 지경 은
氵=水부 총7획

沂州기주 중국 산동성 남동부의 도시 (州 고을 주)
浴沂之樂욕기지락 제자를 데리고 교외에 나가서 노는 즐거움 (浴 목욕할 욕, 之 갈 지, 樂 즐길 락)

0214 | 기

琦 옥이름 기
王=玉부 총12획

琦行기행 기이한 행동 (行 갈 행)
宋相琦송상기 조선 시대 19대 숙종 때의 문신으로 호는 옥오재 (宋 성 송, 相 서로 상)

0215 | 기
琪 아름다운옥 기
王=玉부 총12획

琪樹기수 옥처럼 아름다운 나무 (樹 나무 수)
琪花기화 아름답고 고운 꽃 (花 꽃 화)

0216 | 기
璣 별이름 기
王=玉부 총16획

天璣천기 북두칠성에서 국자 모양 뒤쪽 아래의 별 (天 하늘 천)

0217 | 기

畸 뙈기밭 기
田부 총13획

畸人기인 성질이나 행동이 보통 사람과는 다른 사람 (人 사람 인)
畸形기형 정상의 형상과 다름 (形 모양 형)
畸兒기아　畸形兒기형아　畸兒形기아형
畸形的기형적　畸形腫기형종　畸形化기형화

0218 | 기

碁 바둑 기
石부 총13획

復碁복기 한 번 둔 바둑을 두었던 대로 다시 놓아 봄 (復 회복할 복)
碁客기객 바둑 두는 사람 (客 손 객)
碁局기국　碁器기기　碁譜기보
碁歷기력　碁盤기반　碁士기사

0219 | 기

祇 땅귀신 기 다만 지
示부 총9획

神祇신기 천신과 지기 (神 귀신 신)
山祇산기 산신령 (山 메 산)
僧祇승기　齋祇재기　地祇지기
僧祇物승기물　祇林寺기림사　祇陀林기타림

0220 | 기

祺 길할 기
示부 총13획

角星祺각성기 대한 제국 때의 의장기 (角 뿔 각, 星 별 성)
祺祥기상　祺然기연

- - 이 한 자 기 억 해 요 ? - - 정답 175

1 槿(　) 2 瑾(　) 3 筋(　) 4 覲(　) 5 芩(　) 6 衾(　) 7 衿(　) 8 襟(　) 9 扱(　) 10 汲(　)

2급 한자 1501 | 0221~0240

0221 | 기 箕
- 箕姑기고 키로 점을 치는 옛날 중국 오나라의 정월놀이 (姑 시어미 고)
- 箕斂기렴 키로 물건을 가려 냄 (斂 거둘 렴)

키 기 竹부 총14획
- 箕子기자
- 箕坐기좌
- 箕斗기두
- 箕城기성
- 風箕풍기
- 箕星旗기성기

0222 | 기 綺
- 綺羅星기라성 훌륭한 사람들이 죽 늘어섬 (羅 그물 라, 星 별 성)
- 綺麗기려 수려하며 곱고 아름다움 (麗 고울 려)

비단 기 糸부 총14획
- 綺羅기라
- 綺語기어
- 綺想曲기상곡
- 錦綺금기
- 羅綺나기
- 綾綺능기

0223 | 기 羈
- 羈旅기려 객지에 머물러 있는 나그네 (旅 나그네 려)
- 羈屬기속 어떤 것에 매여 있거나 매어 놓음 (屬 무리 속)

굴레 기 网부 총24획
- 不羈불기
- 羈寓기우
- 羈束기속
- 羈束力기속력
- 羈愁기수
- 繫羈계기

0224 | 기 耆
- 耆舊기구 매우 늙은 사람 (舊 옛 구)
- 耆老기로 육십 세 이상의 노인 (老 늙을 로)

늙은이 기 이룰 지 老부 총10획
- 耆年기년
- 耆堂기당
- 耆德기덕
- 宿耆숙기
- 乙耆을기
- 皇耆황기

0225 | 기 饑
- 饑窮기궁 배가 고파 몹시 고생을 함 (窮 다할·궁할 궁)
- 饑餓기아 굶주림 (餓 주릴 아)

주릴 기 食부 총21획
- 大饑대기
- 荒饑황기
- 饑溺기닉
- 饑年기년
- 饑死기사
- 饑寒기한

0226 | 기 驥
- 老驥노기 늙은 준마 (老 늙을 로)
- 駿驥준기 뛰어나게 좋은 말 (駿 준마 준)

천리마 기 馬부 총26획
- 附驥부기
- 驥尾기미
- 驥足기족
- 道遠知驥도원지기
- 百馬伐驥백마벌기
- 驥服鹽車기복염거

0227 | 기 麒
- 麒麟기린 포유동물 중 가장 키가 큰 동물 또는 성인이 나올 징조로 나타난다는 상상 속의 짐승 (麟 기린 린)
- 麒麟兒기린아 슬기와 재주가 뛰어난 젊은이 (麟 기린 린, 兒 아이 아)

기린 기 鹿부 총19획
- 麒麟閣기린각
- 麒麟科기린과
- 麒麟旗기린기
- 麒麟草기린초
- 天上麒麟兒천상기린아

0228 | 끽 喫
- 喫怯끽겁 몹시 겁을 집어 먹음 (怯 겁낼 겁)
- 滿喫만끽 마음껏 먹고 마심 또는 마음껏 즐김 (滿 가득 찰 만)

먹을 끽 口부 총12획
- 頓喫돈끽
- 沒喫몰끽
- 喫酒끽주
- 喫茶끽다
- 喫飯끽반
- 喫煙끽연

0229 | 나 儺
- 儺禮나례 음력 섣달 그믐날에 묵은해의 나쁜 귀신을 쫓기 위해 베풀던 의식 (禮 예도 례)
- 驅儺구나 세말에 궁중에서 역귀를 쫓던 일 (驅 몰 구)

푸닥거리 나 亻=人부 총21획
- 儺藝나예
- 儺儀나의
- 儺者나자
- 儺禮歌나례가
- 儺儺之聲나나지성
- 儺禮都監나례도감

0230 | 나 拿
- 拿捕나포 죄인을 붙잡음 또는 다른 나라의 선박을 붙잡아 자기의 지배하에 두는 행위 (捕 잡을 포)
- 拿囚나수 죄인을 잡아들이어 가둠 (囚 가둘 수)

잡을 나 手부 총10획
- 拿來나래
- 拿引나인
- 拿入나입
- 拿就나취
- 拘拿구나
- 先拿선나

• • • 이 한 자 기 억 해 요 ? • • • 정답 178

1 兢( ) 2 矜( ) 3 伎( ) 4 冀( ) 5 嗜( ) 6 妓( ) 7 岐( ) 8 崎( ) 9 碁( ) 10 杞( )

여기는! 箕기 / 拏나

0231 | 나 拏

- 拏捕나포 붙잡아 가둠 (捕 사로잡을 포)
- 紛拏분나 분란 (紛 어지러울 분)

잡을 나 手부 총9획
- 虎擲龍拏호척용나 龍拏虎擲용나호척

0232 | 날 捺

- 捺染날염 무늬찍기 (染 물들일 염)
- 捺印날인 도장을 찍음 (印 도장 인)

누를 날 扌=手부 총11획
- 捺章날장 捺染工날염공 捺絃引날현인

0233 | 낭 囊

- 背囊배낭 물건을 넣어서 등에 질 수 있도록 만든 두 개의 멜빵이 달린 자루 모양의 물건 (背 등 배)
- 寢囊침낭 슬리핑 백 (寢 잘 침)

주머니 낭 口부 총22획
- 錦囊금낭 膽囊담낭 陰囊음낭
- 救急囊구급낭 囊胚期낭배기 囊中之錐낭중지추

0234 | 년 撚

- 撚斷연단 꼬아 끊음 (斷 끊을 단)
- 撚撥연발 비파 같은 것을 탐 (撥 다스릴 발)

비빌 년 扌=手부 총15획

0235 | 념 拈

- 拈古염고 옛 사람의 일사를 꺼내어 비평함 (古 옛 고)
- 拈香염향 분향 (香 향기 향)

집을 념/집을 점 扌=手부 총8획
- 拈提염제 拈則염칙 拈香文염향문
- 拈華微笑염화미소 拈華示衆염화시중

0236 | 노 弩

- 弓弩궁노 활과 쇠뇌 (弓 활 궁)
- 強弩강노 힘이 세고 위력 있는 큰 활 (強 강할 강)

쇠뇌 노 弓부 총8획
- 弩弓노궁 弩臺노대 弩師노사
- 弩砲노포 精弩정노 弓弩手궁노수

0237 | 농 濃

- 濃度농도 기체나 액체 등의 진함과 묽음의 정도 (度 법도 도)
- 濃淡농담 짙음과 옅음 또는 그 정도 (淡 묽을 담)

짙을 농 氵=水부 총16획
- 濃霧농무 濃艶농염 濃縮농축
- 濃度計농도계 濃縮液농축액 雪濃湯설농탕

0238 | 농 膿

- 蓄膿축농 축농증 (蓄 모을 축)
- 化膿화농 곪아서 고름이 생김 (化 화할 화)

고름 농 月=肉부 총17획
- 膿漏농루 膿瘍농양 蓄膿症축농증
- 血膿혈농 綠膿菌녹농균 化膿菌화농균

0239 | 뇨 尿

- 放尿방뇨 오줌을 눔 (放 놓을 방)
- 糞尿분뇨 똥과 오줌 (糞 똥 분)

오줌 뇨(요) 尸부 총7획
- 糖尿당뇨 排尿배뇨 利尿劑이뇨제
- 泌尿器科비뇨기과 凍足放尿동족방뇨 糖尿病당뇨병

0240 | 눌 訥

- 語訥어눌 말을 더듬어 유창하지 못함 (語 말씀 어)
- 訥辯눌변 더듬거리는 말씨 (辯 말씀 변)

말더듬거릴 눌 言부 총11획
- 口訥구눌 朴訥박눌 拙訥졸눌
- 訥言눌언 訥言敏行눌언민행

이 한 자 기 억 해 요 ?   정답 179

1 棋(   ) 2 汽(   ) 3 沂(   ) 4 琦(   ) 5 琪(   ) 6 璣(   ) 7 畸(   ) 8 碁(   ) 9 祇(   ) 10 祺(   )

2급 한자 1501 | 0241~0260

0241 | 뉴
紐
맺을 뉴(유)
糸부 총10획
- 結紐결뉴 끈을 맴 또는 그렇게 얽어 맺는 것 (結 맺을 결)
- 朱紐주뉴 옥으로 만든 붉은 단추 (朱 붉을 주)
- 龜紐귀뉴
- 革紐혁뉴

0242 | 니
尼
여승 니(이)
말릴 닐(일)
尸부 총5획
- 比丘尼비구니 출가하여 불문에 들어 구족계를 받은 여승 (比 견줄 비, 丘 언덕 구)
- 尼院이원 여승이 있는 절 (院 집 원)
- 僧尼승니
- 印尼인니
- 尼法師이법사
- 毘丘尼비구니
- 尼師壇이사단
- 摩尼山마니산

0243 | 닉
溺
빠질 닉(익)
오줌 뇨(요)
氵=水부 총13획
- 溺死익사 물에 빠져 죽음 (死 죽을 사)
- 耽溺탐닉 어떤 일을 몹시 즐겨서 거기에 빠짐 (耽 즐길 탐)
- 沒溺몰닉
- 沈溺침닉
- 陷溺함닉
- 溺沒익몰
- 溺音익음
- 惑溺혹닉

0244 | 닉
匿
숨길 닉(익)
사악할 특
匸부 총11획
- 祕匿비닉 비밀히 감춤 (祕 숨길 비)
- 隱匿은닉 숨김 또는 감춤 (隱 숨을 은)
- 匿年익년
- 舍匿사닉
- 匿名익명
- 掩匿엄닉
- 逃匿도닉
- 潛匿잠닉

0245 | 단
湍
여울 단
氵=水부 총12획
- 急湍급단 물결이 빠르게 흐르는 여울 (急 급할 급)
- 激湍격단 매우 급히 흐르는 여울 (激 격할 격)
- 飛湍비단
- 長湍장단
- 懸湍현단
- 性猶湍水성유단수

0246 | 단
緞
비단 단
糸부 총15획
- 緋緞비단 명주실로 두껍고 윤이 나게 짠 옷감 (緋 비단 비)
- 禮緞예단 예물로 주는 비단 (禮 예도 례)
- 毛緞모단
- 洋緞양단
- 絨緞융단
- 綵緞채단
- 紋緞문단
- 漢緞한단

0247 | 단
蛋
새알 단
虫부 총11획
- 蛋白質단백질 아미노산으로 구성된 고분자 화합물 (白 흰 백, 質 바탕 질)
- 蛋黃단황 노른자위 (黃 누를 황)
- 蛋民단민
- 蛋白紙단백지
- 蛋白尿단백뇨
- 蛋黃卵단황란
- 蛋白石단백석
- 鷄蛋계단

0248 | 단
袒
웃통벗을 단
터질 탄
衤=衣부 총10획
- 袒肩단견 한쪽 어깨를 내어 놓음 (肩 어깨 견)
- 肉袒육단 웃통을 벗어 상체를 드러냄. 복종·항복·사죄 등의 뜻 (肉 고기 육)
- 袒褐단갈
- 肉袒육단
- 袒免단문
- 左袒좌단
- 右袒우단
- 肉袒負荊육단부형

0249 | 단
鍛
쇠불릴 단
金부 총17획
- 鍛鍊단련 쇠붙이를 불에 달군 후 두드려서 단단하게 함 (鍊 불릴 련)
- 鍛冶단야 쇠붙이를 불에 달구어 벼림 (冶 풀무 야)
- 紗鍛사단
- 鍛工단공
- 鍊鍛연단
- 鍛壓단압
- 鍛鋼단강
- 鍛冶工단야공

0250 | 담
曇
흐릴 담
日부 총16획
- 薄曇박담 조금 흐릿한 날씨 (薄 엷을 박)
- 晴曇청담 일기의 밝음과 흐림 (晴 갤 청)
- 曇鸞담란
- 曇後晴담후청
- 汐曇석담
- 曇天담천
- 微曇미담
- 曇徵담징

• • • 이 한 자 기 억 해 요 ? • • • 정답 180

1 箕( ) 2 綺( ) 3 羈( ) 4 耆( ) 5 饑( ) 6 驥( ) 7 麒( ) 8 喫( ) 9 儺( ) 10 拏( )

여기는! 紐뉴 / 湛담

0251 | 담 湛

- 湛樂담락 평화롭고 화락하게 즐김 (樂 즐길 락)
- 湛水담수 저수지나 댐 등에 물을 채우는 일 (水 물 수)

괼 담 / 잠길 침
氵=水부 총12획

- 湛江담강
- 湛軒書담헌서
- 湛軒說叢담헌설총

0252 | 담 潭

- 潭水담수 깊은 못이나 늪의 물 (水 물 수)
- 淸潭청담 맑은 물 (淸 맑을 청)

못 담 / 물가 심
氵=水부 총15획

- 碧潭벽담
- 潭淵담연
- 綠潭녹담
- 潭深담심
- 白鹿潭백록담
- 潭陽郡담양군

0253 | 담 澹

- 雅澹아담 조촐하고 산뜻함 (雅 맑을 아)
- 暗澹암담 어두컴컴하고 쓸쓸함 (暗 어두울 암)

맑을 담 / 넉넉할 섬
氵=水부 총16획

- 慘澹참담
- 澹艶담염
- 平澹평담
- 澹月담월
- 沖澹충담
- 澹泊담박

0254 | 담 痰

- 血痰혈담 피가 섞여 나오는 가래 (血 피 혈)

가래 담
疒부 총13획

- 消痰之劑소담지제
- 齒痰치담
- 流注痰유주담
- 痰病담병
- 熱痰열담
- 白痰백담
- 酒痰주담

0255 | 담 膽

- 肝膽간담 간과 쓸개 (肝 간 간)
- 熊膽웅담 곰의 쓸개 (熊 곰 웅)

쓸개 담
月=肉부 총17획

- 膽管담관
- 大膽대담
- 膽囊담낭
- 膽力담력
- 臥薪嘗膽와신상담
- 膽石症담석증

0256 | 담 譚

- 奇譚기담 기이한 이야기 (奇 기이할 기)
- 民譚민담 민간에 전하여 내려오는 이야기 (民 백성 민)

클 담 / 말씀 담
言부 총19획

- 譚歌담가
- 聖譚성담
- 譚詩담시
- 英雄譚영웅담
- 譚詩曲담시곡
- 後日譚후일담

0257 | 당 塘

- 堤塘제당 제방 (堤 둑 제)
- 池塘지당 못 (池 못 지)

못 당
土부 총13획

- 菱塘능당
- 高塘고당
- 蓮塘연당
- 塘報旗당보기
- 林塘임당
- 塘報軍당보군

0258 | 당 幢

- 幢戟당극 기가 달린 창 (戟 창 극)
- 幢幡당번 당과 번을 겹쳐 만든 기 (幡 기 번)

기 당 / 드리워진모양 동
巾부 총15획

- 幢主당주
- 誓幢서당
- 幢下당하
- 石幢석당
- 幢號당호
- 紫幢자당

0259 | 당 撞

- 撞球당구 상아 또는 플라스틱의 공을 긴 막대기로 쳐서 승부를 가리는 실내 스포츠 (球 공 구)
- 撞木당목 절에서 종이나 징을 치는 나무 막대 (木 나무 목)

칠 당
扌=手부 총15획

- 撞棒당봉
- 撞着당착
- 撞座당좌
- 撞球棒당구봉
- 撞球臺당구대
- 自家撞着자가당착

0260 | 당 棠

- 海棠花해당화 장미과에 딸린 갈잎 떨기나무 (海 바다 해, 花 꽃 화)
- 甘棠감당 팥배나 팥배나무 (甘 달 감)

아가위 당
木부 총12획

- 棠梨당리
- 棠毬子당구자
- 路棠蔘노당삼
- 秋海棠추해당
- 棠軒당헌

• • • 이 한 자 기 억 해 요 ? • • • 정답 181

1 拏( ) 2 捺( ) 3 囊( ) 4 撚( ) 5 拈( ) 6 弩( ) 7 濃( ) 8 膿( ) 9 尿( ) 10 訥( )

2급 한자 1501 | 0261~0280

0261 | 대

垈田 대전 집터와 밭 (田 밭 전)
垈地 대지 집터로서의 땅 (地 땅 지)

집터 대
土부 총8획

家垈 가대　空垈 공대　苗垈 묘대
落星垈 낙성대　水苗垈 수묘대　田苗垈 전묘대

0262 | 대

戴冠 대관 제왕이 왕관을 받아 씀 (冠 갓 관)
推戴 추대 어떤 사람을 높은 직위로 오르게
하여 받듦 (推 밀 추)

일 대
戈부 총17획

戴白 대백　戴星 대성　戴冠式 대관식
戴天 대천　推戴式 추대식　不俱戴天 불구대천

0263 | 대

玳瑁 대모 바다거북과에 딸린 거북의 하나
(瑁 옥홀 모)
玳瑁甲 대모갑
대모의 껍데기 (瑁 옥홀 모, 甲 갑
옷 갑)

대모 대
王=玉부 총9획

玳皮盞 대피잔　黑玳瑁 흑대모　赤玳帽 적대모

0264 | 대

包袋 포대 피륙 또는 종이 따위로 만든 자루
(包 쌀 포)
袋鼠 대서 캥거루 (鼠 쥐 서)

자루 대
衣부 총11획

麻袋 마대　負袋 부대　砂袋 사대
魚袋 어대　紙袋 지대　有袋類 유대류

0265 | 덕

德(덕 덕)의 고자(古字)

큰덕/덕 덕
心부 총12획

0266 | 도

屠戮 도륙 무참하게 죽임 (戮 죽일 육(륙))
屠殺 도살 가축을 잡아 죽임 (殺 죽일 살)

**죽일 도
흉노왕칭호 저**
尸부 총12획

屠鷄 도계　屠畜 도축　屠畜場 도축장
狗屠 구도　屠殺場 도살장　密屠殺 밀도살

0267 | 도

哀悼 애도 사람의 죽음을 슬퍼함 (哀 슬플 애)
追悼 추도 죽은 사람을 생각하여 슬퍼함 (追
쫓을 추)

슬퍼할 도
忄=心부 총11획

悲悼 비도　弔悼 조도　痛悼 통도
悼歌 도가　哀悼歌 애도가　追悼文 추도문

0268 | 도
濤
波濤 파도 큰 물결 (波 물결 파)
怒濤 노도 세차게 밀려오는 파도 (怒 성낼 노)

물결 도
氵=水부 총17획

濤灣 도만　濤聲 도성　濤波 도파
狂濤 광도　雲濤 운도　風濤 풍도

0269 | 도

燾育 도육 잘 돌봐서 기름 (育 기를 육)

비칠 도
火부 총18획

0270 | 도

祈禱 기도 신에게 빎 또는 그런 의식 (祈 빌 기)
祝禱 축도 축하기도 (祝 빌 축)

빌 도
示부 총19획

默禱 묵도　敬禱 경도　主祈禱文 주기도문
祈禱會 기도회　祈禱文 기도문　百日祈禱 백일기도

· · · · 이 한 자 기 억 해 요 ? · · · · 정답 182

1 紐( )　2 尼( )　3 溺( )　4 匿( )　5 湍( )　6 緞( )　7 蛋( )　8 袒( )　9 鍛( )　10 曇( )

여기는! 坮대 / 萄도

0271 | 도
萄
포도 도
艹=艸부 총12획

葡萄포도 포도나무의 열매 (葡 포도 포)
葡萄糖포도당 단당류의 한가지로 생물조직의 에너지원 (葡 포도 포, 糖 사탕 당)

乾葡萄건포도　青葡萄청포도　葡萄酒포도주
葡萄汁포도즙　葡萄色포도색　赤葡萄酒적포도주

0272 | 도
賭
내기 도
貝부 총16획

賭具도구 도박판에 쓰이는 물건 (具 갖출 구)
賭博도박 노름 즉, 불확실한 것에 요행을 바라고 돈을 검 (博 넓을 박)

賭技도기　　賭物도물　　賭博犯도박범
賭地도지　　賭博場도박장

0273 | 도
蹈
밟을 도
슬퍼할 신
足부 총17획

舞蹈무도 음악에 맞춰 춤을 춤 (舞 춤출 무)
舞蹈會무도회 사교적 무도를 하면서 즐기는 모임 (舞 춤출 무, 會 모일 회)

足蹈족도　　舞蹈場무도장　舞蹈靴무도화
舞蹈曲무도곡　假裝舞蹈가장무도

0274 | 도
鍍
도금할 도
金부 총17획

鍍金도금 장식이나 녹을 막고자 금속 표면에 금이나 은 등의 얇은 막을 씌움 (金 쇠 금)
銀鍍金은도금 다른 금속 겉면에 은의 얇은 막을 입힘 (銀 은 은, 金 쇠 금)

鍍金板도금판　鍍金液도금액　金鍍金금도금

0275 | 독
瀆
도랑 독
더럽힐 독
氵=水부 총18획

冒瀆모독 명예나 위신을 깎아내려 욕되게 함 (冒 무릅쓸 모)
溝瀆구독 개천과 수렁 (溝 도랑 구)

瀆神독신　　瀆汚독오　　瀆職독직
煩瀆번독　　獄瀆옥독　　汚瀆오독

0276 | 독
牘
서찰 독
片부 총19획

書牘서독 편지 (書 글 서)
尺牘척독 짧은 편지 (尺 자 척)

牘尾독미　　牘箋독전　　古簡牘고간독
案牘안독　　篇牘편독　　書牘文서독문

0277 | 독
禿
대머리 독
禾부 총7획

禿翁독옹 대머리 늙은이 (翁 늙은이 옹)
突禿돌독 대머리 (突 갑자기 돌)

禿頭독두　　禿木독목　　禿山독산
禿丁독정　　禿頂독정　　愚禿우독

0278 | 돈
墩
돈대 돈
土부 총15획

墩臺돈대 평지보다 약간 높은 평평한 땅 (臺 돈대 대)
坐墩좌돈 자기로 만들어 걸터앉게 만들어진 물건 (坐 앉을 좌)

0279 | 돈
旽
밝을 돈
日부 총8획

0280 | 돈
沌
엉길 돈
氵=水부 총7획

渾沌혼돈 마구 뒤섞여 있어 갈피를 잡을 수 없음 (渾 흐릴 혼)
混沌혼돈 하늘과 땅이 아직 나누어지기 전의 상태 (混 섞을 혼)

混沌酒혼돈주　混沌湯혼돈탕

・ ・ ・ 이　한　자　기　억　해　요 ? ・ ・ ・ 정답 183
1 湛 (　) 2 潭 (　) 3 澹 (　) 4 痰 (　) 5 膽 (　) 6 譚 (　) 7 塘 (　) 8 幢 (　) 9 撞 (　) 10 棠 (　)

2급 한자 1501 | 0281~0300

0281 | 돈

頓 조아릴 **돈** / 둔할 **둔**
頁부 총13획

斗頓두둔 감싸주면서 편들음 (斗 말 두)
整頓정돈 가지런히 바로잡음 (整 가지런할 정)

勞頓노돈　査頓사돈　安頓안돈
頓悟돈오　沈頓침둔　親査頓친사돈

0282 | 동

憧 동경할 **동**
忄=心부 총15획

憧憬동경 그리는 마음으로 그것만을 생각함 (憬 깨달을 경)
憧憬心동경심 동경하는 마음 (憬 깨달을 경, 心 마음 심)

0283 | 동

桐 오동나무 **동**
木부 총10획

梧桐오동 오동나무 (梧 오동나무 오)
碧梧桐벽오동
　벽오동과에 딸린 갈잎큰키나무 (碧 푸를 벽, 梧 오동나무 오)

桐梓동재　桐油동유　唐梧桐당오동
箭桐전동　梧桐欌오동장　梧桐斷角오동단각

0284 | 동

棟 마룻대 **동**
木부 총12획

棟梁才동량재
　마룻대와 들보로 큰 인물을 뜻함 (梁 들보 량, 才 재주 재)
病棟병동 여러 개의 병실로 된 병원 안의 한 건물 (病 병 병)

國棟국동　法棟법동　柱棟주동
棟梁동량　宰棟재동　棟樑之臣동량지신

0285 | 동

潼 물이름 **동** / 끈적끈적할 **종**
氵=水부 총15획

碧潼郡벽동군
　평안북도의 북쪽에 있는 군 (碧 푸를 벽, 郡 고을 군)

0286 | 동

疼 아플 **동** / 아플 **등**
疒부 총10획

疼痛동통 몸이 쑤시게 느껴지는 아픔 (痛 아플 통)
骨疼골동 골수까지 매독이 퍼져 생기는 고통 (骨 뼈 골)

0287 | 동

瞳 눈동자 **동**
目부 총17획

瞳孔동공 눈동자, 또는 눈의 앞쪽에 있는 구멍 (孔 구멍 공)
瞳子동자 눈동자 (子 아들 자)

綠瞳녹동　散瞳산동　散瞳制산동제
靑瞳청동　縮瞳축동　望瞳魚망동어

0288 | 동

胴 큰창자 **동** / 몸통 **동**
月=肉부 총10획

胴金동금 쇠가락지 (金 쇠 금)
胴人形동인형
　내장이 보이도록 만든 인형으로 병원이나 약방 등에 세워 둠 (人 사람 인, 形 모양 형)

鏡胴경동　胴部동부　胴枯病동고병
胴體동체　胴衣동의　響胴향동

0289 | 동

董 감독할 **동** / 짧을 **종**
艹=艸부 총13획

骨董品골동품
　만든 시간이 오래되어 희소가치가 있는 물건 (骨 뼈 골, 品 물건 품)
監董官감동관
　조선시대 때 국가의 공사를 감독하기 위한 임시 벼슬 (監 볼 감, 官 벼슬 관)

監董감동　骨董골동　董督동독
董率동솔　董役동역　董狐之筆동호지필

0290 | 두

兜 투구 **두** / 도솔천 **도**
儿부 총11획

兜率歌두솔가
　도솔가 (率 거느릴 솔, 歌 노래 가)
馬兜鈴마두령
　쥐방울 (馬 말 마, 鈴 방울 령)

※兜率歌(도솔가) : 신라시대 때 월명사가 지은 4구체로 된 향가

여기는! 頓돈 / 杜두

0291 | 두 — 杜 (막을 두) 木부 총7획
- 杜絶두절 막히고 끊어짐 (絶 끊을 절)
- 杜門不出두문불출 문을 닫고 밖에 나가지 않음 (門 문 문, 不 아닐 불, 出 날 출)
- 杜鵑두견
- 杜甫두보
- 杜詩諺解두시언해
- 老杜노두
- 李杜이두
- 杜鵑花두견화

0292 | 두 — 痘 (역질 두) 疒부 총12획
- 水痘수두 작은 마마 (水 물 수)
- 天然痘천연두 천연두 바이러스가 일으키는 법정 전염병 (天 하늘 천, 然 그럴 연)
- 牛痘우두
- 小痘소두
- 牛痘藥우두약
- 痘瘡두창
- 種痘종두
- 種痘法종두법

0293 | 둔 — 遁 (숨을 둔, 뒷걸음칠 준) 辶=辵부 총13획
- 遁甲둔갑 재주를 부려 변신하는 것 (甲 갑옷 갑)
- 隱遁은둔 세상을 버리고 숨음 (隱 숨을 은)
- 遁世둔세
- 遁術둔술
- 遁俗둔속
- 遁甲法둔갑법
- 隱遁處은둔처
- 遁甲術둔갑술

0294 | 둔 — 遯 (달아날 둔) 辶=辵부 총15획
- 隱遯은둔 세상을 등지고 도피하여 숨음 (隱 숨을 은)
- 隱遯者은둔자 은둔 생활을 하는 사람 (隱 숨을 은, 者 놈 자)

0295 | 등 — 藤 (등나무 등) 艹=艸부 총19획
- 葛藤갈등 칡과 등나무가 서로 얽히는 것과 같이 목표나 이해관계가 달라 불화를 일으키는 상태 (葛 칡 갈)
- 白藤백등 흰 꽃이 피는 등나무 (白 흰 백)
- 藤蘿등라
- 紫藤자등
- 藤架등가
- 釣鉤藤조구등
- 藤葛등갈
- 千金藤천금등

0296 | 등 — 謄 (베낄 등) 言부 총17획
- 謄本등본 원본의 내용을 전부 베낌 또는 그런 서류 (本 근본 본)
- 謄錄등록 이미 있었던 일을 적은 기록 (錄 기록할 록)
- 謄記등기
- 謄書등서
- 謄寫등사
- 謄抄등초
- 謄寫機등사기
- 戶籍謄本호적등본

0297 | 등 — 鄧 (나라이름 등) 阝=邑부 총15획
- 鄧林등림 초나라 북경에 있는 대숲의 이름 (林 수풀 림)
- 鄧析子등석자 춘추 시대 정나라의 대부 등석이 지은 책 (析 가를 석, 子 아들 자)

0298 | 라 — 螺 (소라 라(나)) 虫부 총17획
- 鳴螺명라 소라로 만든 악기를 붊 (鳴 울 명)
- 海螺해라 소라 (海 바다 해)
- 啓螺계라
- 田螺전라
- 法螺법라
- 朱螺주라
- 螺線나선
- 土螺토라

0299 | 라 — 裸 (벗을 라(나)) 衤=衣부 총13획
- 裸身나신 벌거벗은 몸 (身 몸 신)
- 全裸전라 알몸 (全 온전할 전)
- 裸婦나부
- 裸體나체
- 裸像나상
- 半裸반라
- 裸蟲나충
- 赤裸裸적나라

0300 | 라 — 蘿 (쑥 라(나)) 艹=艸부 총23획
- 藤蘿등라 칡 등 덩굴식물을 통칭함 (藤 등나무 등)
- 女蘿여라 이끼 식물에 딸린 이끼의 한 가지 (女 계집 녀)
- 蘿蔓나만
- 女蘿衣여라의
- 松蘿송라
- 靑蘿청라
- 蘿井나정
- 海蘿해라

이 한 자 기 억 해 요 ?   정답 185

1 萄 ( ) 2 賭 ( ) 3 蹈 ( ) 4 鍍 ( ) 5 瀆 ( ) 6 牘 ( ) 7 禿 ( ) 8 墩 ( ) 9 盹 ( ) 10 沌 ( )

연습문제 3 | 지금까지 배운 내용을 문제로 풀어보세요

[01–10] **다음 한자(漢字)의 음(音)은 무엇입니까?**

01 矜 : ①금 ②간 ③긍 ④급 ⑤기
02 綺 : ①가 ②거 ③구 ④기 ⑤교
03 拏 : ①나 ②노 ③념 ④단 ⑤대
04 捺 : ①나 ②날 ③낭 ④노 ⑤농
05 訥 : ①내 ②년 ③뇨 ④눌 ⑤닉
06 尼 : ①나 ②낭 ③노 ④뉴 ⑤니
07 蛋 : ①단 ②담 ③당 ④대 ⑤돈
08 痰 : ①담 ②덕 ③동 ④둔 ⑤등
09 蹈 : ①대 ②덕 ③도 ④두 ⑤둔
10 螺 : ①루 ②료 ③로 ④라 ⑤란

[11–15] **다음의 음(音)을 가진 한자는 어느 것입니까?**

11 금 : ①汽 ②碁 ③冀 ④襟 ⑤羈
12 기 : ①兢 ②冀 ③喫 ④拿 ⑤捺
13 담 : ①弩 ②湍 ③曇 ④蕙 ⑤旽
14 두 : ①頓 ②疼 ③遁 ④鄧 ⑤杜
15 라 : ①幢 ②燾 ③兜 ④藤 ⑤蘿

[16–25] **다음 한자(漢字)의 뜻은 무엇입니까?**

16 驥 : ①목마 ②기린 ③조랑말 ④천리마 ⑤망아지
17 箕 : ①키 ②돌 ③바둑 ④물가 ⑤땅귀신
18 緞 : ①고름 ②비단 ③여울 ④새알 ⑤주머니
19 譚 : ①자루 ②굴레 ③가래 ④말씀 ⑤늙은이
20 妓 : ①기생 ②여승 ③재간 ④기술 ⑤갈림길
21 喫 : ①먹다 ②바라다 ③험하다 ④주리다 ⑤떨리다
22 濃 : ①짙다 ②고름 ③즐기다 ④누르다 ⑤터지다
23 悼 : ①빌다 ②엉기다 ③아프다 ④더럽히다 ⑤슬퍼하다
24 禿 : ①포도 ②자루 ③물결 ④대머리 ⑤오동나무
25 董 : ①베끼다 ②무겁다 ③달아나다 ④감독하다 ⑤동경하다

[26–30] **다음의 뜻을 가진 한자(漢字)는 어느 것입니까?**

26 험하다 : ①琦 ②綺 ③畸 ④岐 ⑤崎
27 여울 : ①湛 ②潭 ③湍 ④溺 ⑤濃
28 맑다 : ①曇 ②澹 ③膽 ④潭 ⑤尿
29 마룻대 : ①桐 ②棟 ③杜 ④杞 ⑤棋
30 눈동자 : ①膽 ②潼 ③憧 ④瞳 ⑤胴

[31–40] **다음 단어들의 '□' 안에 공통으로 들어갈 알맞은 한자(漢字)는 어느 것입니까?**

31 □好, □僻, 貪□
　①嗜 ②伎 ③矜 ④耆 ⑤饑

32 □士, 將□, □院
　①祺 ②箕 ③琪 ④朞 ⑤棋

33 放□, 糖□, 排□
　①汽　②尿　③沂　④尼　⑤濃
34 □死, 耽□, □沒
　①溺　②曡　③匿　④尿　⑤袒
35 □球, □棒, □着
　①幢　②塘　③撞　④棠　⑤憧
36 包□, 麻□, 負□
　①貸　②垈　③戴　④袋　⑤玳
37 斗□, 整□, □悟
　①遯　②沌　③旽　④頓　⑤遁
38 水□, 天然□, 種□法
　①杜　②痘　③兜　④董　⑤豆
39 □本, □錄, □寫
　①藤　②膿　③謄　④膽　⑤鄧
40 全□, □體, 半□
　①蹈　②蘿　③裸　④螺　⑤瞳

[41-50] 다음 단어를 한자(漢字)로 바르게 쓴 것은 어느 것입니까?

41 긍구 : ①矜持 ②兢恪 ③矜大 ④兢懼 ⑤矜負
42 기우 : ①沂州 ②畸形 ③琪樹 ④汽笛 ⑤杞憂
43 분기 : ①退妓 ②分岐 ③杖朞 ④拘杞 ⑤天璣
44 나수 : ①拿囚 ②拿捕 ③拏捕 ④拿就 ⑤儺藝
45 단황 : ①蛋黃 ②鍛鍊 ③蜑民 ④袒肩 ⑤袒褐
46 박담 : ①慘憺 ②碧潭 ③血痰 ④薄曇 ⑤奇譚
47 추대 : ①苗垈 ②砂袋 ③推戴 ④家垈 ⑤負袋
48 기도 : ①怒濤 ②葡萄 ③舞蹈 ④祈禱 ⑤追悼
49 모독 : ①愚禿 ②汚瀆 ③突兀 ④尺牘 ⑤冒瀆
50 병동 : ①梧桐 ②綠瞳 ③病棟 ④鏡胴 ⑤骨疼

[51-60] 다음 한자어(漢字語)의 음(音)은 무엇입니까?

51 崎險 : ①기구 ②기험 ③극우 ④극구 ⑤기검
52 羅綺 : ①나의 ②나염 ③나기 ④능기 ⑤려기
53 儺禮 : ①나자 ②나례 ③나래 ④날염 ⑤날인
54 濃淡 : ①농담 ②농양 ③농염 ④농루 ⑤농무
55 隱匿 : ①침략 ②나약 ③은반 ④은닉 ⑤몰닉
56 絨緞 : ①현단 ②한단 ③은단 ④비단 ⑤융단
57 袒肩 : ①달련 ②한시 ③단견 ④단갈 ⑤택견
58 濤灣 : ①도만 ②주궁 ③수녕 ④조짐 ⑤도육
59 禿翁 : ①돈대 ②독옹 ③도립 ④향옹 ⑤찰옹
60 混沌 : ①우독 ②곤몰 ③비준 ④혼돈 ⑤주둔

2급 한자 1501 | 0301~0320

0301 | 라
懶慢나만 게으름 또는 태만함 (慢 게으를 만)
懶怠나태 게으르고 느림 (怠 게으를 태)

게으를 라(나)
忄=心부 총19획

懶農나농　懶龍나룡　懶眠나면
懶性나성　懶情나정　懶情心나타심

0302 | 라
癩病나병 문둥병 (病 병들 병)
癩漢나한 보기 흉한 사나이 (漢 한나라 한)

문둥이 라(나)
疒부 총21획

癩菌나균　癩瘡나창　癩患者나환자
黑癩흑라　結節癩결절라　漆身爲癩칠신위라

0303 | 락
京洛경락 서울 (京 서울 경)
洛水낙수 중국의 강 이름 (水 물 수)

물이름 락(낙)
氵=水부 총9획

洛黨낙당　洛誦낙송　洛東江낙동강
駕洛國가락국　洛陽낙양　上洛상락

0304 | 락
瓔珞영락 목이나 팔 등에 거는 구슬로 만든 장식품 (瓔 옥돌 영)

구슬목걸이 락(낙)
王=玉부 총10획

0305 | 락
酪農낙농 낙농업 (農 농사 농)
乳酪유락 버터나 치즈처럼 우유를 가공한 식품 (乳 젖 유)

쇠젖 락(낙)
酉부 총13획

酪素낙소　酪乳낙유　乾酪건락
羊酪양락　醴酪예락　駝酪타락

0306 | 락
烙印낙인 불에 달구어 찍는 쇠도장 (印 도장 인)
烙刑낙형 단근질 (刑 형벌 형)

지질 락(낙)
火부 총10획

烙殺낙살　烙竹낙죽　烙畵낙화
炮烙포락　炮烙之刑포락지형

0307 | 락
駱駝낙타 낙타과 낙타속의 짐승을 일컫는 말 (駝 낙타 타)
駱山낙산 서울특별시 동부에 있는 산 (山 메 산)

낙타 락(낙)
馬부 총16획

駱駝科낙타과　駱駝橋낙타교　駱駝色낙타색
駱駝地낙타지

0308 | 란
能爛능란 익숙하고 재주 있음 (能 능할 능)
燦爛찬란 빛이 눈부시게 아름다움 (燦 빛날 찬)

빛날 란(난)
문드러질 란(난)
火부 총21획

濃爛농란　腐爛부란　熟爛숙란
純爛순란　濕爛습란　焦爛초란

0309 | 란
狂瀾광란 세차게 휘몰아치는 물결 (狂 미칠 광)
波瀾파란 원만하지 않게 일어나는 여러 가지 사건 (波 물결 파)

물결 란(난)
氵=水부 총20획

瀾汗난한　驚瀾경란　碧瀾벽란
漫瀾만란　頹瀾퇴란　回瀾회란

0310 | 란
鳳鸞봉란 봉황새와 난새 (鳳 봉새 봉)
鸞車난거 임금이 탄 수레 (車 수레 거)

난새 란(난)
鳥부 총30획

鸞鈴난령　鸞鳳난봉　鸞輿난여
曇鸞담란　赤鸞적란　靑鸞청란

· · · 이 한 자 기 억 해 요 ? · · · 정답 186

1 頓(　) 2 憧(　) 3 桐(　) 4 棟(　) 5 潼(　) 6 疼(　) 7 瞳(　) 8 胴(　) 9 董(　) 10 兜(　)

여기는! 懶라 / 藍람

0311 | 람
藍
쪽 람(남) / 볼 감
艹=艸부 총18획

濃藍농람 짙은 쪽빛 (濃 짙을 농)
靑出於藍청출어람 후생이 스승이나 선배보다 나음을 비유적으로 이르는 말 (靑 푸를 청, 出 날 출, 於 어조사 어)

藍色남색　伽藍가람　銅藍동람
木藍목람　積藍적람　靑藍청람

0312 | 랍
拉
끌 랍(납)
扌=手부 총8획

拉致납치 강제 수단을 써서 억지로 데리고 감 (致 이를 치)
被拉피랍 납치를 당하는 것 (被 입을 피)

拉里납리　拉杯납배　拉北납북
拉殺납살　拉典납전　拉丁납정

0313 | 랍
蠟
밀 랍(납)
虫부 총21획

蜜蠟밀랍 꿀을 짜낸 찌끼를 끓여 만든 기름 (蜜 꿀 밀)
白蠟백랍 밀랍을 햇볕에 쪼여 만든 순백색의 물질 (白 흰 백)

蜂蠟봉랍　木蠟목랍　水蠟수랍
魚蠟어랍　接蠟접랍　白蠟蟲백랍충

0314 | 랍
臘
섣달 랍(납) / 납향 랍(납)
月=肉부 총19획

法臘법랍 중이 된 이후부터 치는 나이 (法 법 법)
僧臘승랍 중이 된 후의 햇수 (僧 중 승)

客臘객랍　窮臘궁랍　伏臘복랍
六臘육랍　一臘일랍　下臘하랍

0315 | 랑
朗
밝을 랑(낭)
月부 총11획

朗朗낭랑 소리가 밝고 맑은 모습
明朗명랑 흐린 데 없이 밝고 환함 (明 밝을 명)

開朗개랑　曠朗광랑　法朗법랑
融朗융랑　晴朗청랑　希朗희랑

0316 | 랑
狼
이리 랑(낭)
犭=犬부 총10획

狼藉낭자 여기저기 흩어져 어지러움 (藉 깔 자)
虎狼호랑 호랑이와 이리 (虎 범 호)

狼抗낭항　鼠狼서랑　餓狼아랑
狼顧낭고　狼貪낭탐　前虎後狼전호후랑

0317 | 래
萊
명아주 래(내)
艹=艸부 총12획

蓬萊봉래 봉래산 (蓬 쑥 봉)
萊衣내의 노래자의 옷이란 뜻으로 색동옷을 이름 (衣 옷 의)

登萊등래　老萊子노래자　老萊之戱노래지희
草萊초래　萊蕪내무　萊伯내백

0318 | 량
亮
밝을 량(양)
亠부 총9획

淸亮청량 소리가 맑고 깨끗함 (淸 맑을 청)
諸葛亮제갈량 중국 삼국 시대 촉한의 정치가로 자는 공명 (諸 모두 제, 葛 칡 갈)

失亮실량　照亮조량　寅亮인량
翼亮익량　忠亮충량　洪亮홍량

0319 | 량
樑
들보 량(양)
木부 총15획

棟樑동량 기둥과 들보 또는 매우 큰 인재를 비유함 (棟 마룻대 동)
上樑상량 집을 지을 때 기둥에 보를 얹고 그 위에 마룻대를 올려놓음 (上 위 상)

大樑대량　衝樑충량　大樑木대량목
棟樑之材동량지재　　　上樑式상량식

0320 | 려
侶
짝 려(여)
亻=人부 총9획

僧侶승려 스님 (僧 중 승)
伴侶반려 짝이 됨 (伴 짝 반)

伴侶者반려자　學侶학려　淨侶정려
群侶군려　法侶법려　禪侶선려

· · · 이 한 자 기 억 해 요 ? · · · 정답 187

1 杜( )　2 痘( )　3 遁( )　4 遞( )　5 藤( )　6 謄( )　7 鄧( )　8 螺( )　9 裸( )　10 蘿( )

2급 한자 1501 | 0321~0340

0321 | 려 儷
儷皮 여피 자웅 한 쌍의 사슴의 가죽 (皮 가죽 피)
짝 려(여) 亻=人부 총21획
失儷 실려 魚儷 어려 騈儷文 변려문
失儷章 실려장

0322 | 려 藜
藜杖 여장 명아주 줄기로 만든 지팡이 (杖 지팡이 장)
藜藿 여곽 명아주잎과 콩잎이란 뜻으로 변변치 못한 음식을 뜻함 (藿 콩잎 곽)
명아주 려(여) 艹=艸부 총19획
藜科 여과 藜鐵 여철 靑藜 청려
靑藜杖 청려장 燃藜室記述 연려실기술

0323 | 려 驢
靑驢 청려 털의 빛깔이 검푸른 당나귀 (靑 푸를 청)
一驢單僕 일려단복 나귀 한 마리와 하인 한 명 (一 한 일, 單 홑 단, 僕 종 복)
당나귀 려(여) 馬부 총26획
海驢 해려 黔驢之技 검려지기

0324 | 려 呂
律呂 율려 음악이나 음성의 가락 (律 법칙 율)
南呂 남려 동양 음악에서 십이율의 열째 음 (南 남녘 남)
성 려(여) 법칙 려(여) 口부 총7획
大呂 대려 六呂 육려 陰呂 음려
伊呂 이려 仲呂 중려 中呂 중려

0325 | 려 閭
門閭 문려 마을 어귀의 문 (門 문 문)
倚閭 의려 어미가 자식이 돌아오기를 동구 밖까지 나가서 기다림 (倚 의지할 의)
마을 려(여) 門부 총15획
旌閭 정려 比閭 비려 式閭 식려
菴閭 암려 閻閭 여염 旌表門閭 정표문려

0326 | 려 驪
驪歌 여가 송별의 노래 (歌 노래 가)
驪駕 여가 두필의 말이 끌게 하는 수레 (駕 멍에 가)
검은말 려(여) 검은말 리(이) 馬부 총29획
驪駒 여구 驪山 여산 驪珠 이주
四驪 사려 烏驪 오려 溫驪 온려

0327 | 려 黎
黎明 여명 희미하게 날이 샐 무렵 (明 밝을 명)
群黎 군려 많은 백성 (群 무리 군)
검을 려(여) 黍부 총15획
黎豆 여두 黎蘆 여로 黎民 여민
黔黎 검려 黎首 여수 黎元 여원

0328 | 려 廬
草廬 초려 지붕을 짚이나 풀로 엮은 작은 집 (草 풀 초)
廬幕 여막 상제가 상이 끝날 때까지 거처하는 무덤가의 초가집 (幕 막 막)
농막집 려(여) 창자루 로(노) 广부 총19획
廬舍 여사 居廬 거려 結廬 결려
村廬 촌려 孝廬 효려 三顧草廬 삼고초려

0329 | 려 礪
磨礪 마려 숫돌에 쇠를 문질러 갊 (磨 갈 마)
礪石 여석 숫돌 (石 돌 석)
숫돌 려(여) 石부 총20획
礪山宋 여산송 砥礪 지려 河山帶礪 하산대려

0330 | 려 濾
濾過 여과 거름종이를 써서 침전물을 걸러 냄 (過 지날 과)
濾斗 여두 깔때기 (斗 말 두)
거를 려(여) 氵=水부 총18획
濾過器 여과기 濾過法 여과법 濾過性 여과성
濾過池 여과지 濾過紙 여과지 濾過桶 여과통

• • • 이 한 자 기 억 해 요 ? • • • 정답 190

1 懶 (　) 2 癩 (　) 3 洛 (　) 4 珞 (　) 5 酪 (　) 6 烙 (　) 7 駱 (　) 8 爛 (　) 9 瀾 (　) 10 鸞 (　)

역기는! 儷려 / 瀝력

0331 | 력 披瀝피력 평소에 숨겨둔 생각을 모두 말함 (披 헤칠 피)
滴瀝적력 물방울이 똑똑 떨어짐 또는 그 소리 (滴 물방울 적)

瀝
스밀 력(역)
氵=水부 총19획
餘瀝여력　淋瀝임력　竹瀝죽력
瀝滴역적　瀝青石역청석　瀝青岩역청암

0332 | 력 礫層역층 자갈이 많이 침적된 지층 (層 층 층)
礫土역토 자갈이 많이 섞인 흙 (土 흙 토)

礫
조약돌 력(역)
뛰어날 락(낙)
石부 총20획
礫巖역암　礫壤土역양토　砂礫사력
瓦礫와력　僞礫위력　漂礫표력

0333 | 련 煉丹연단 황금이나 불로불사의 묘약을 만들었다고 하는 연금술 (丹 붉을 단)
煉瓦연와 벽돌 (瓦 기와 와)

煉
달굴 련(연)
火부 총13획
煉禱연도　煉靈연령　煉炭연탄
煉藥연약　煉獄연옥　煉乳연유

0334 | 련 細漣세련 잔잔한 파도 (細 가늘 세)
淸漣청련 맑고 잔잔함 (淸 맑을 청)

漣
잔물결 련(연)
氵=水부 총14획
漣然연연

0335 | 련 玉輦옥련 가마나 손수레를 높이어 이르는 말 (玉 구슬 옥)
下輦하련 임금이 가마에서 내림 (下 아래 하)

輦
가마 련(연)
車부 총15획
寶輦보련　聖輦성련　寶輦華보련화
輿輦여련　彩輦채련　高冠陪輦고관배련

0336 | 련 痙攣경련 근육이 이유 없이 갑자기 수축하거나 떨게 되는 현상 (痙 경련 경)
攣縮연축 당기고 켕기어 오그라들거나 줄어듦 (縮 오그라들 축)

攣
걸릴 련(연)
경련할 련(연)
手부 총23획
攣攣연련　牽攣乖隔견련괴격　拘攣구련
熱痙攣열경련　胃痙攣위경련　痙攣症경련증

0337 | 렴 苛斂가렴 조세 등을 가혹하게 거둠 (苛 가혹할 가)
收斂수렴 돈이나 물건 따위를 거두어들임 (收 거둘 수)

斂
거둘 렴(염)
攵부 총17획
結斂결렴　聚斂취렴　橫斂횡렴
後斂후렴　收斂錢수렴전　苛斂誅求가렴주구

0338 | 렴

濂
물이름 렴(염)
경박할 섬
氵=水부 총16획

0339 | 렴 垂簾수렴 발을 늘임 또는 그렇게 늘인 발 (垂 드리울 수)
垂簾聽政수렴청정 발을 내리고 정사를 듣는다는 뜻으로 나이 어린 임금을 대신해 왕대비나 대왕대비가 정사를 보는 것을 일컬음 (垂 드리울 수, 聽 들을 청, 政 정사 정)

簾
발 렴(염)
竹부 총19획
捲簾권렴　蘆簾노렴　撥簾발렴
玉簾옥렴　竹簾죽렴　水晶簾수정렴

0340 | 렴 殮襲염습 죽은 사람의 몸을 씻겨 옷을 입히고 염포로 묶음 (襲 엄습할 습)
改殮개렴 고쳐서 염을 함 (改 고칠 개)

殮
염할 렴(염)
歹부 총17획
殮葬염장　殮布염포　殮昏염혼
棺殮관렴　聘殮빙렴　入殮입렴

· · · 이 한 자 기 억 해 요 ? · · · 정답 191

1 藍( )　2 拉( )　3 蠟( )　4 臘( )　5 朗( )　6 狼( )　7 萊( )　8 亮( )　9 樑( )　10 侶( )

 2급 한자 1501 | 0341~0360

0341 | 령

翎
깃 령(영)
犬부 총11획

花翎화령 모자 뒤에 늘이는 공작의 꼬리 (花 꽃 화)
翎毛영모 새나 짐승을 그린 그림 (毛 털 모)

康翎康강령강　白翎雀백령작　白翎島백령도

0342 | 령
齡
나이 령(영)
齒부 총20획

年齡연령 나이 (年 해 년)
妙齡묘령 여자의 스물 안팎의 꽃다운 나이 (妙 묘할 묘)

高齡고령　老齡노령　樹齡수령
月齡월령　適齡期적령기　學齡期학령기

0343 | 령
玲
옥소리 령(영)
玉(=王)부 총9획

玉玲옥령 옥이 울리는 소리 (玉 구슬 옥)
玲玲영령 옥이 울리는 소리

玉玲옥영

0344 | 령
鈴
방울 령(영)
金부 총13획

金鈴금령 금방울 (金 쇠 금)
啞鈴아령 팔 근육을 강화하는 운동 기구의 한 가지 (啞 벙어리 아)

搖鈴요령　銀鈴은령　轉鈴전령
鐸鈴탁령　耳懸鈴鼻懸鈴이현령비현령

0345 | 례

醴
단술 례(예)
맑은술 례(예)
酉부 총20획

甘醴감례 단 술 (甘 달 감)
醇醴순례 좋은 술과 감주 (醇 전국술 순)

醴酪예락　醴酒예주　醴泉예천
酒醴주례　醴酒不說예주불설

0346 | 로
魯
노나라 로(노)
노둔할 로(노)
魚부 총15획

魯鈍노둔 어리석고 둔함 (鈍 무딜 둔)
去魯歌거로가
공자가 그의 조국인 노나라를 떠날 때 지은 노래 (去 갈 거, 歌 노래 가)

魯論노론　魯男子노남자　奧魯오로
愚魯우로　鄒魯추로　魚魯不辨어로불변

0347 | 로

盧
성 로(노)
목로 로(노)
皿부 총16획

盧弓노궁 검은빛의 활 (弓 활 궁)
大對盧대대로
고구려 후기에 국정을 총리하던 수상 (大 클 대, 對 대할 대)

盧城노성　盧矢노시　毘盧峯비로봉
對盧대로　斯盧사로　飛盧峯비로봉

0348 | 로
鷺
해오라기 로(노)
백로 로(노)
鳥부 총23획

白鷺백로 백로과에 딸린 대백로·백로·중백로 등을 통틀어 일컫는 말 (白 흰 백)
鷗鷺구로 갈매기와 해오라기 (鷗 갈매기 구)

大鷺대로　碧鷺벽로　烏鷺오로
玉鷺옥로　朱鷺주로　鷺汀노정

0349 | 로

櫓
방패 로(노)
木부 총19획

干櫓간로 방패 (干 방패 간)
樓櫓누로 적을 망보는 지붕이 없는 전망대 (樓 다락 누)

執櫓집로　櫓歌노가　櫓聲노성
櫓木山노목산

0350 | 로
蘆
갈대 로(노)
艹(=艸)부 총20획

長蘆장로 심어서 기른 산삼 (長 길 장)
壺蘆호로 호리병박 (壺 병 호)

漏蘆누로　黎蘆여로　蘆木노목
蘆簾노렴　蘆藩노번　政如蒲蘆정여포로

• • • 이 한 자 기 억 해 요 ? • • • 정답 192

1 儷(　)　2 藜(　)　3 驢(　)　4 呂(　)　5 閭(　)　6 驪(　)　7 黎(　)　8 蘆(　)　9 礪(　)　10 濾(　)

翎령 / 虜로

0351 | 로 虜
- 捕虜포로 전투에서 사로잡힌 적군 (捕 잡을 포)
- 北虜북로 북쪽에 있는 오랑캐 (北 북녘 북)

사로잡을 로(노) 虍부 총13획
- 軍虜군로
- 僕虜복로
- 首虜수로
- 醜虜추로
- 胡虜호로
- 捕虜兵포로병

0352 | 로 撈
- 漁撈어로 수산물을 잡거나 채취함 (漁 고기 잡을 어)
- 撈採노채 물속으로 들어가 채취함 (採 캘 채)

건질 로(노) 扌=手부 총15획
- 漁撈權어로권
- 漁撈場어로장
- 漁撈法어로법

0353 | 로 鹵
- 鹵掠노략 떼를 지어 돌아다니며 재물을 약탈함 (掠 노략질할 략)
- 鹵獲노획 전쟁에서 적의 군용품을 빼앗아 가짐 (獲 얻을 획)

소금 로(노) 鹵부 총11획
- 沙鹵사로
- 斥鹵척로
- 鹵田노전
- 鹵石노석
- 鹵獲物노획물
- 鹵獲船노획선

0354 | 록 麓
- 短麓단록 짧은 산기슭 (短 짧을 단)
- 空麓공록 묘가 없는 산기슭 (空 빌 공)

산기슭 록(녹) 鹿부 총19획
- 東麓동록
- 西麓서록
- 南麓남록
- 北麓북록
- 餘麓여록

0355 | 롱 籠
- 籠球농구 다섯 명이 한 팀이 되어 상대 바구니에 공을 넣는 경기 (球 공 구)
- 籠絡농락 다른 사람을 꾀로 이용하여 원하는 대로 다룸 (絡 이을 락)

대바구니 롱(농) 竹부 총22획
- 欌籠장롱
- 冊籠책롱
- 花籠화롱
- 禁籠금롱
- 燈籠등롱
- 紅紗籠홍사롱

0356 | 롱 聾
- 聾啞농아 귀로 못 듣고 입으로 말하지 못하는 사람 (啞 벙어리 아)
- 聾兒농아 귀머거리인 아이 (兒 아이 아)

귀먹을 롱(농) 耳부 총22획
- 細聾세롱
- 全聾전롱
- 盲聾教育맹롱교육
- 耳聾이롱
- 癡聾치롱
- 治聾酒치롱주

0357 | 뢰 傀
- 傀儡괴뢰 꼭두각시 또는 남의 앞잡이로 이용당하는 사람 (傀 허수아비 괴)
- 儡身뇌신 실패하여 망친 몸 (身 몸 신)

꼭두각시 뢰(뇌) 亻=人부 총17획
- 傀儡軍괴뢰군
- 傀儡劇괴뢰극
- 傀儡師괴뢰사

0358 | 뢰 瀨

- 淺瀨천뢰 얕은 여울 (淺 얕을 천)
- 火口瀨화구뢰 화구에 모인 물이 화구벽을 넘어 흐르는 개울 (火 불 화, 口 입 구)

여울 뢰(뇌) 氵=水부 총19획

0359 | 뢰 牢
- 牢死뇌사 옥사 (死 죽을 사)
- 獄牢옥뢰 죄인을 가두어 두는 곳 (獄 옥 옥)

우리 뢰(뇌) 牛부 총7획
- 牢拒뇌거
- 牢固뇌고
- 牢鎖뇌쇄
- 牢獄뇌옥
- 鐵牢철뢰
- 亡羊補牢망양보뢰

0360 | 료 療
- 治療치료 병이나 상처를 다스려서 낫게 함 (治 다스릴 치)
- 醫療의료 병을 치료함 (醫 의원 의)

병고칠 료(요) / **병삭** 疒부 총17획
- 加療가료
- 診療진료
- 物理治療물리치료
- 療養요양
- 治療費치료비
- 醫療保險의료보험

• • • 이 한 자 기 억 해 요 ? • • • 정답 193

1 瀝( ) 2 礫( ) 3 煉( ) 4 漣( ) 5 輦( ) 6 攣( ) 7 斂( ) 8 濂( ) 9 簾( ) 10 殮( )

2급 한자 1501 | 0361~0380

0361 | 료 遼
- 遼遠요원 시간적 공간적으로 까마득히 멂 (遠 멀 원)
- 廣遼광료 넓고 아주 멂 (廣 넓을 광)

멀 료(요)
辶=辵부 총16획
- 遼隔요격
- 雙遼쌍료
- 遼東요동
- 通遼통료
- 遼來요래
- 興遼흥료

0362 | 료 寮
- 學寮학료 학교의 기숙사 (學 배울 학)
- 寄宿寮기숙료 기숙사 (寄 부칠 기, 宿 잘 숙)

동관 료(요)
宀부 총15획
- 寮主요주
- 百寮백료
- 寮舍요사
- 內寮내료
- 寮元요원

0363 | 루 陋
- 固陋고루 완고하고 식견이 없음 (固 굳을 고)
- 鄙陋비루 마음이 고상하지 못하고 하는 짓이 천함 (鄙 더러울 비)

더러울 루(누)
阝=阜부 총9획
- 僻陋벽루
- 俗陋속루
- 矮陋왜루
- 陋醜누추
- 淺陋천루
- 僻陋之地벽루지지

0364 | 루 壘
- 堡壘보루 적을 막기 위해 만든 견고한 구축물 (堡 작은성 보)
- 出壘출루 야구에서 타자가 누로 나감 (出 날 출)

보루 루(누)
끌밋할 뢰(뇌)
土부 총18획
- 堅壘견루
- 盜壘도루
- 城壘성루
- 滿壘만루
- 柵壘책루
- 二壘打이루타

0365 | 루 婁
- 解夫婁해부루 동부여의 시조 (解 풀 해, 夫 지아비 부)
- 桂婁部계루부 고구려 5부의 하나 (桂 계수나무 계, 部 떼 부)

끌 루(누)
별이름 루(누)
女부 총11획
- 係婁계루
- 婁宿누수
- 離婁之明이루지명
- 婁星누성
- 多婁王다루왕
- 婁星旗누성기

0366 | 류 琉
- 琉璃유리 석영, 탄산소다, 석회암을 섞어 높은 온도에서 녹인 다음 급히 냉각하여 만든 물질 (璃 유리 리)
- 琉璃管유리관 유리로 만든 관 (璃 유리 리, 管 대롱 관)

유리 류(유)
王=玉부 총11획
- 琉璃燈유리등
- 琉璃膜유리막
- 琉璃球유리구
- 琉璃面유리면
- 琉璃宮유리궁

0367 | 류 劉
- 劉邦유방 한나라의 고조 (邦 나라 방)
- 劉寄奴草유기노초 엉거시과에 딸린 여러해살이풀 (寄 기댈 기, 奴 종 노, 草 풀 초)

죽일 류(유)
刂=刀부 총15획

0368 | 류 硫
- 硫酸유산 황산 (酸 실 산)
- 硫黃유황 비금속 원소의 하나 (黃 누를 황)

유황 류(유)
石부 총12획
- 硫安유안
- 加硫가류
- 硫化유화
- 脫硫탈류
- 硫黃鑛유황광
- 和硫화류

0369 | 류 溜
- 蒸溜증류 액체에 열을 가하여 생긴 증기를 냉각시켜 다시 액체로 만듦 또는 그런 일 (蒸 찔 증)
- 精溜정류 액체를 증류하여 그 속에 섞여 있는 불순물을 없앰 (精 정할 정)

처마물 류(유)
氵=水부 총13획
- 巖溜암류
- 蒸溜水증류수
- 芥溜개류
- 蒸溜酒증류주
- 溜飮유음
- 精溜器정류기

0370 | 류 榴
- 榴花유화 석류나무의 꽃 (花 꽃 화)
- 石榴석류 석류나무의 열매 (石 돌 석)

석류나무 류(유)
木부 총14획
- 甘榴감류
- 手榴彈수류탄
- 樺榴화류
- 榴彈發射機유탄발사기
- 石榴花석류화

· · · 이 한 자 기 억 해 요 ? · · · 정답 194

1 翎( ) 2 齡( ) 3 玲( ) 4 鈴( ) 5 醴( ) 6 魯( ) 7 盧( ) 8 鷺( ) 9 櫓( ) 10 蘆( )

여기는! 遼료 / 瘤류

0371 | 류

혹 류(유)
广부 총15획

脂瘤지류 기름 혹 (脂 기름 지)
靜脈瘤정맥류 정맥의 일부에 혈행장애로 인해 혹처럼 불룩하게 된 뭉치 (靜 고요할 정, 脈 줄기 맥)

骨瘤골류　石瘤석류　血瘤혈류
瘤腫유종　瘤狀物유상물　動脈瘤동맥류

0372 | 류
謬謬오류 그릇되어 이치에 어긋남 (誤 그르칠 오)
錯謬착류 착오 (錯 어긋날 착)

그릇칠 류(유)
言부 총18획

過謬과류　僞謬위류　悖謬패류
謬例유례　謬習유습　魯魚之謬노어지류

0373 | 륙

屠戮도륙 무참하게 마구 죽임 (屠 죽일 도)
斬戮참륙 칼로 베어 죽임 (斬 벨 참)

죽일 륙(육)
戈부 총15획

坑戮갱륙　絞戮교륙　大戮대륙
殃戮앙륙　誅戮주륙　刑戮형륙

0374 | 륜
經綸경륜 일정한 포부를 가지고 일을 조직적으로 계획함 (經 지날 경)
綸音윤음 임금의 말씀 (音 소리 음)

벼리 륜(윤)
허리끈 관
糸부 총14획

綸命윤명　綸言윤언　絲綸사륜
垂綸수륜　釣綸조륜　天綸천륜

0375 | 륜
崑崙山곤륜산 중국 전설 속의 산 (崑 산 이름 곤, 山 메 산)
拿破崙나파륜 나폴레옹 (拿 잡을 나, 破 깨뜨릴 파)

산이름 륜(윤)
산모양 륜(윤)
山부 총11획

0376 | 률
恐慄공률 무서워 벌벌 떪 (恐 두려울 공)
戰慄전률 몹시 무섭거나 두려워 몸이 벌벌 떨림 (戰 싸움 전)

떨릴 률(율)
忄=心부 총13획

慄然율연　股慄고률　震慄진률
慘慄참률　縮慄축률

0377 | 륵
彌勒미륵 미륵보살의 준말 (彌 미륵 미)
于勒우륵 가야국 가실왕 때에 가야금을 만든 우리나라 삼대 악성 중 한 사람 (于 어조사 우)

굴레 륵(늑)
力부 총11획

債勒채륵　銜勒함륵　彌勒菩薩미륵보살
脅勒협륵　彌勒寺미륵사　彌勒佛미륵불

0378 | 륵
肋骨늑골 흉곽을 구성하는 뼈 (骨 뼈 골)
鷄肋계륵 닭의 갈비의 뜻으로 이러지도 저러지도 못하는 형편을 비유함 (鷄 닭 계)

갈빗대 륵(늑)
힘줄 근
月=肉부 총6획

肋間늑간　肋膜늑막　肋木늑목
肋膜炎늑막염　肋軟骨늑연골　沙肋사륵

0379 | 름
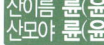
廩庫늠고 쌀을 넣어두는 곳 (庫 곳집 고)
公廩공름 나라에서 관리하는 곳집 (公 공평할 공)

곳집 름
广부 총16획

廩給늠급　廩俸늠봉　廩粟늠속
糧廩양름　御廩어름　倉廩창름

0380 | 릉
街凌가릉 산줄기의 등성이 (街 거리 가)
忍凌인릉 백합과의 여러해살이풀 (忍 참을 인)

업신여길 릉(능)
얼음 릉(능)
冫부 총10획

凌蔑능멸　凌駕능가　凌兢능긍
凌侮능모　凌雨능우　凌辱능욕

· · · 이 한 자 기 억 해 요 ? · · · 정답 195

1 虜( ) 2 撈( ) 3 鹵( ) 4 麓( ) 5 籠( ) 6 聾( ) 7 儡( ) 8 瀨( ) 9 牢( ) 10 療( )

2급 한자 /501/ | 0381~0400

0381 | 릉
綾衾능금 능금나무의 열매 (衾 이불 금)
綾羅능라 무늬가 있는 두꺼운 비단 (羅 그물 라)

綾
비단 릉(능)
糸부 총14획

綾綺능기   綾文능문   綾紗능사
帽綾모릉   文綾문릉   花綾화릉

0382 | 릉
菱塘능당 마름이 덮인 연못의 둑 (塘 못 당)
菱實능실 마름의 열매 (實 열매 실)

菱
마름 릉(능)
艹=艸부 총12획

菱面體능면체   菱文능문   菱米능미
菱狀능상   菱實粥능실죽 菱實茶食능실다식

0383 | 릉
側稜측릉 옆모서리 (側 곁 측)
三稜삼릉 세 모서리 또는 세 모서리가 있는 물건 (三 석 삼)

稜
모날 릉(능)
禾부 총13획

三稜鏡삼릉경   極稜극릉   模稜모릉
山稜산릉   三稜體삼릉체 三稜鍼삼릉침

0384 | 릉
楞伽經능가경
  대승 경전의 하나 (伽 절 가, 經 경서 경)
楞嚴經능엄경
  불교 경전의 하나 (嚴 엄할 엄, 經 경서 경)

楞
네모질 릉(능)
木부 총13획

楞嚴經諺解능엄경언해

0385 | 리
琉璃유리 석영, 탄산소다, 석회암을 섞어 높은 온도에서 녹인 다음 급히 냉각하여 만든 물질 (琉 유리 유)
窓琉璃창유리
  창문에 끼우는 유리 (窓 창 창, 琉 유리 유)

璃
유리 리(이)
王=玉부 총15획

板琉璃판유리   琉璃電氣유리전기
琉璃管유리관 琉璃窓유리창   琉璃纖維유리섬유

0386 | 리
短籬단리 낮은 울타리 (短 짧을 단)
疏籬소리 엉성한 울타리 (疏 소통할 소)

籬
울타리 리(이)
竹부 총25획

竹籬죽리   籬菊이국   藩籬번리
缺籬결리   荒籬황리   圍籬위리

0387 | 리
釐定이정 개정함 (定 정할 정)
釐革이혁 뜯어 고치어 정리함 (革 가죽 혁)

釐
다스릴 리(이)
보리 래(내)
里부 총18획

釐金이금   釐分이분   釐稅이세
釐捐이연   毫釐호리   釐金稅이금세

0388 | 리
鯉魚이어 잉어 (魚 물고기 어)
鯉魚燈이어등
  잉어등 (魚 물고기 어, 燈 등 등)

鯉
잉어 리(이)
魚부 총18획

鯉素이소   懷鯉회리   鯉魚膾이어회
黑鯉흑리

0389 | 리
痢疾이질 법정 전염병의 한 가지 (疾 병 질)
暑痢서리 더위를 먹어서 설사가 나는 병 (暑 더울 서)

痢
이질 리(이)
설사 리(이)
疒부 총12획

疳痢감리   久痢구리   冷痢냉리
疫痢역리   熱痢열리   赤痢적리

0390 | 리
罹病이병 병에 걸림 (病 병들 병)
罹災이재 불의의 재해를 입음 (災 재앙 재)

罹
걸릴 리(이)
罒부 총16획

橫罹횡리   罹禍이화   罹罪이죄
罹災民이재민 罹患率이환율

• • • 이 한 자 기 억 해 요 ? • • •   정답 196

1 遼( ) 2 寮( ) 3 陋( ) 4 壘( ) 5 婁( ) 6 琉( ) 7 劉( ) 8 硫( ) 9 溜( ) 10 榴( )

여기는! 綾릉 / 裡리

0391 | 리
裡
裡面이면 속내면 (面 얼굴 면)
暗暗裡암암리 아무도 모르는 사이 (暗 어두울 암)

속 리(이) ネ=衣부 총12획
裡幕이막   腦裡뇌리   極秘裡극비리
祕密裡비밀리 盛況裡성황리 掌裡장리

0392 | 린
麟
麟角인각 기린의 뿔로 지극히 드문 사물을 비유함 (角 뿔 각)
麒麟기린 기린과에 딸린 포유 동물(動物) 중 가장 키가 큰 동물 (麒 기린 기)

기린 린(인) 鹿부 총23획
櫛麟즐린   獲麟획린   麒麟兒기린아
麟孫인손   麒麟科기린과 麒麟草기린초

0393 | 린
鱗
魚鱗어린 물고기의 비늘 (魚 물고기 어)
逆鱗역린 용의 가슴에 거꾸로 난 비늘의 뜻으로 임금님의 노여움을 비유함 (逆 거스를 역)

비늘 린(인) 魚부 총23획
角鱗각린   果鱗과린   龍鱗용린
錦鱗금린   片鱗편린   錦鱗魚금린어

0394 | 린
璘
陳璘진린 명나라 신종 때의 장군 (陳 베풀 진)
成石璘성석린 고려 말 조선 초기의 명신 (成 이룰 성, 石 돌 석)

옥빛 린(인) 王=玉부 총16획

0395 | 린
燐
鬼燐귀린 도깨비 불 (鬼 귀신 귀)
白燐彈백린탄 인으로 만든 발화용 폭탄 (白 흰 백, 彈 탄알 탄)

도깨비불 린(인) 火부 총16획
白燐백린   赤燐적린   紅燐홍린
黃燐황린   燐酸인산   亞燐酸아린산

0396 | 림
琳
球琳구림 아름다운 구슬 (球 공 구)
琳闕임궐 아름다운 옥으로 장식한 대궐의 문 (闕 대궐 궐)

옥 림(임) 王=玉부 총12획

0397 | 림
霖
長霖장림 오래 계속되는 장마 (長 길 장)
霖雨임우 장마 (雨 비 우)

장마 림(임) 雨부 총16획
久霖구림   愁霖수림   秋霖추림
風霖풍림   霖濕임습   霖霖임림

0398 | 림
淋
淋疾임질 임균의 감염으로 일어나는 성병 (疾 병 질)
淋巴임파 림프 (巴 땅이름 파)

임질 림(임)
장마 림(임) 氵=水부 총11획
淋菌임균   淋毒임독   淋病임병
靑淋고림   石淋석림   淋巴腺임파선

0399 | 립
笠
草笠초립 관례한 나이 어린 사내가 쓰던 풀로 결어 만든 갓의 한 가지 (草 풀 초)
笠纓입영 갓에 다는 끈 (纓 갓끈 영)

삿갓 립(입) 竹부 총11획
笠帽입모   笠石입석   布笠포립
白笠백립   御笠어립   草笠童초립동

0400 | 립
粒
微粒子미립자 맨눈으로 볼 수 없는 아주 작은 알갱이 (微 작을 미, 子 아들 자)
小粒소립 썩 작은 알갱이 (小 작을 소)

낟알 립(입) 米부 총11획
顆粒과립   米粒미립   砂粒사립
細粒세립   素粒子소립자 顆粒機과립기

・ ・ ・ 이 한 자 기 억 해 요 ? ・ ・ ・ 정답 197
1 瘤( ) 2 謬( ) 3 戮( ) 4 綸( ) 5 崙( ) 6 慄( ) 7 勒( ) 8 肋( ) 9 凜( ) 10 凌( )

연습문제 4 | 지금까지 배운 내용을 문제로 풀어보세요

[01-10] 다음 한자(漢字)의 음(音)은 무엇입니까?

01 珞 : ① 라 ② 락 ③ 란 ④ 랄 ⑤ 람
02 侶 : ① 랍 ② 랑 ③ 려 ④ 령 ⑤ 로
03 翎 : ① 량 ② 려 ③ 력 ④ 련 ⑤ 령
04 醴 : ① 례 ② 려 ③ 료 ④ 류 ⑤ 름
05 壘 : ① 루 ② 류 ③ 륜 ④ 률 ⑤ 릉
06 瘤 : ① 려 ② 뢰 ③ 례 ④ 료 ⑤ 류
07 楞 : ① 륜 ② 률 ③ 름 ④ 릉 ⑤ 리
08 鯉 : ① 라 ② 로 ③ 루 ④ 리 ⑤ 린
09 瓏 : ① 롱 ② 뢰 ③ 린 ④ 림 ⑤ 립
10 粒 : ① 료 ② 립 ③ 류 ④ 려 ⑤ 락

[11-15] 다음의 음(音)을 가진 한자는 어느 것입니까?

11 라 : ① 酪 ② 瀾 ③ 癩 ④ 臘 ⑤ 朗
12 량 : ① 樑 ② 萊 ③ 儷 ④ 呂 ⑤ 輦
13 료 : ① 藜 ② 煉 ③ 牢 ④ 遼 ⑤ 陋
14 뢰 : ① 簾 ② 玲 ③ 瀨 ④ 榴 ⑤ 崙
15 리 : ① 戮 ② 菱 ③ 霖 ④ 淋 ⑤ 痢

[16-25] 다음 한자(漢字)의 뜻은 무엇입니까?

16 懶 : ① 밝다 ② 거르다 ③ 더럽다 ④ 빛나다 ⑤ 게으르다
17 駱 : ① 이리 ② 낙타 ③ 기린 ④ 검은말 ⑤ 당나귀
18 撈 : ① 치다 ② 누르다 ③ 건지다 ④ 돋우다 ⑤ 일하다
19 虜 : ① 힘쓰다 ② 밭갈다 ③ 사로잡다 ④ 그르치다 ⑤ 노략질하다
20 鷺 : ① 난새 ② 봉황 ③ 비둘기 ④ 갈매기 ⑤ 해오라기
21 綾 : ① 깃 ② 발 ③ 비단 ④ 옷감 ⑤ 이불
22 鱗 : ① 물결 ② 이질 ③ 비늘 ④ 잉어 ⑤ 물고기
23 霖 : ① 안개 ② 수풀 ③ 장마 ④ 번개 ⑤ 우거지다
24 笠 : ① 서다 ② 삿갓 ③ 도포 ④ 도롱포 ⑤ 허리끈
25 籬 : ① 굴레 ② 마을 ③ 울타리 ④ 산기슭 ⑤ 농막집

[26-30] 다음의 뜻을 가진 한자(漢字)는 어느 것입니까?

26 방울 : ① 翎 ② 礪 ③ 鈴 ④ 硫 ⑤ 齡
27 조약돌: ① 珞 ② 琉 ③ 壘 ④ 礫 ⑤ 儡
28 방패 : ① 櫓 ② 籠 ③ 樑 ④ 簾 ⑤ 榴
29 죽이다: ① 療 ② 慄 ③ 凌 ④ 罹 ⑤ 劉
30 가마 : ① 勒 ② 鹵 ③ 驢 ④ 輦 ⑤ 漣

[31-40] 다음 단어들의 '□' 안에 공통으로 들어갈 알맞은 한자(漢字)는 어느 것입니까?

31 能□, 濃□, 燦□
   ① 鸞 ② 爛 ③ 烙 ④ 瀾 ⑤ 煉

32 □致, 被□, □北
   ① 懶 ② 蠟 ③ 拉 ④ 濾 ⑤ 攣

200

33 朗□, 明□, 晴□
　①朗 ②亮 ③狼 ④黎 ⑤烙
34 □歌, □州, □駒
　①驪 ②驢 ③藜 ④閭 ⑤廬
35 苛□, 收□, 橫□
　①濂 ②翎 ③殮 ④斂 ⑤簾
36 年□, 妙□, 老□
　①鈴 ②鷺 ③玲 ④盧 ⑤齡
37 □球, □絡, 檥□
　①簾 ②麓 ③籠 ④聾 ⑤礪
38 屠□, 斬□, 誅□
　①戮 ②綸 ③慄 ④謬 ⑤劉
39 □骨, 鷄□, □膜
　①慄 ②臘 ③勒 ④肋 ⑤廩
40 □面, 腦□, 極祕□
　①鯉 ②璃 ③裡 ④籬 ⑤釐

48 착류 : ①誤謬 ②屠戮 ③過謬 ④斬戮 ⑤錯謬
49 미륵 : ①彌勒 ②鷄肋 ③債勒 ④沙肋 ⑤于勒
50 유리 : ①硫黃 ②琉璃 ③掌痢 ④短籬 ⑤疏籬

[51-60] 다음 한자어(漢字語)의 음(音)은 무엇입니까?

51 懶惰 : ①내력 ②내공 ③뇌수 ④나태 ⑤나타
52 寅亮 : ①연령 ②요령 ③인정 ④인량 ⑤황량
53 乳酪 : ①유락 ②예락 ③양락 ④농란 ⑤숙란
54 礫層 : ①악표 ②악증 ③역층 ④역승 ⑤역표
55 磨礪 : ①매석 ②마석 ③막려 ④마려 ⑤매려
56 牢拒 : ①우거 ②우구 ③뇌고 ④뇌구 ⑤뇌거
57 傀儡 : ①괴전 ②괴뢰 ③괴로 ④추로 ⑤추전
58 聾啞 : ①용매 ②용나 ③농아 ④이로 ⑤이롱
59 菴閭 : ①암려 ②암궁 ③미궁 ④초려 ⑤의려
60 暑痢 : ①냉리 ②열리 ③미리 ④조리 ⑤서리

[41-50] 다음 단어를 한자(漢字)로 바르게 쓴 것은 어느 것입니까?

41 벽란 : ①能爛 ②碧瀾 ③純爛 ④狂瀾 ⑤曇鷺
42 밀랍 : ①蜂蠟 ②蜜蠟 ③窮臘 ④法臘 ⑤被拉
43 서랑 : ①明朗 ②開朗 ③虎狼 ④鼠狼 ⑤曠朗
44 노략 : ①執櫓 ②撈採 ③醜虜 ④蘆採 ⑤鹵掠
45 승려 : ①僧侶 ②伴侶 ③淨侶 ④律呂 ⑤南呂
46 여과 : ①廬幕 ②礪石 ③濾過 ④黎明 ⑤瀝滴
47 비루 : ①堡壘 ②固陋 ③係妻 ④鄙陋 ⑤盜壘

2급 한자 1501 | 0401~0420

0401 | 마

摩

摩擦 마찰 물건과 물건이 서로 맞대어서 비빔 (擦 문지를 찰)
按摩 안마 몸을 두드리거나 주물러서 피의 순환을 도와 피로를 풀어주는 일 (按 누를 안)

문지를 마
手부 총15획

撫摩 무마　摩天樓 마천루
減摩 감마　摩崖 마애　摩尼山 마니산

0402 | 마

瑪

石瑪陶器 석마도기 중국 명나라 때에 복건성에서 나던 도자기의 이름 (石 돌 석, 陶 질그릇 도, 器 그릇 기)

차돌 마 / 마노 마
王=玉부 총14획

0403 | 마

痲

痲痺 마비 신경, 근육이 그 기능을 잃는 병 (痺 저릴 비)
痲藥 마약 중독 증상을 일으키는 물질을 통틀어 일컫는 말 (藥 약 약)

저릴 마
疒부 총13획

痲疹 마진　局所痲醉 국소마취　痲醉 마취
小兒痲痺 소아마비　心臟痲痺 심장마비

0404 | 마

魔

惡魔 악마 남을 못살게 구는 흉악한 사람이나 악령 (惡 악할 악)
魔鬼 마귀 요사스럽고 못된 잡귀를 통틀어 일컬음 (鬼 귀신 귀)

마귀 마
鬼부 총21획

病魔 병마　水魔 수마　殺人魔 살인마
魔女 마녀　魔法 마법　魔法師 마법사

0405 | 막

寂寞 적막 적적하고 고요함 (寂 고요할 적)
索寞 삭막 황폐하여 쓸쓸함 (索 노 삭)

고요할 막
宀부 총14획

落寞 낙막　寞寞 막막　寂寞感 적막감

0406 | 막

膜

角膜 각막 눈의 겉을 싼 투명한 막 (角 뿔 각)
鼓膜 고막 귓구멍 안쪽에 있는 갓 모양의 둥글고 얇은 막 (鼓 북 고)

꺼풀 막 / 막 막
月=肉부 총15획

結膜炎 결막염　肋膜 늑막　網膜 망막
薄膜 박막　半透膜 반투막　細胞膜 세포막

0407 | 만

卍

卍字 만자 卍의 모양으로 된 물건이나 또는 표지 (字 글자 자)
卍海 만해 한용운의 법호 (海 바다 해)

만 만
十부 총6획

0408 | 만

娩

分娩 분만 해산 (分 나눌 분)
順娩 순만 순산 (順 순할 순)

낳을 만
번식할 반
女부 총10획

擬娩 의만　解娩 해만　無痛分娩 무통분만

0409 | 만

彎曲 만곡 활처럼 휘어져 굽음 (曲 굽을 곡)
側彎 측만 척주가 옆으로 활처럼 굽은 상태 (側 곁 측)

굽을 만
弓부 총22획

彎弓 만궁　彎屈 만굴　彎月 만월
彎入 만입　彎生胚珠 만생배주

0410 | 만

挽

挽留 만류 어떤 일을 하지 못하게 붙들고 말림 (留 머무를 류)
挽回 만회 바로잡아 회복함 (回 돌아올 회)

당길 만
扌=手부 총10획

牽挽 견만　推挽 추만　挽歌 만가
挽引 만인　挽止 만지　挽曳力 만예력

• • • 이 한 자 기 억 해 요 ? • • • 정답 198

1 綾 (　) 2 菱 (　) 3 稜 (　) 4 楞 (　) 5 璃 (　) 6 籬 (　) 7 鰲 (　) 8 鯉 (　) 9 痢 (　) 10 罹 (　)

여기는! 摩마 / 曼만

0411 | 만
曼陀羅만다라 부처가 증험한 것을 그림으로 나타내어 숭배의 대상으로 삼은 것 (陀 비탈질 타, 羅 벌일 라)
曼壽만수 매우 오래 삶 (壽 목숨 수)

길게끌 만
曰부 총11획
曼麗만려 四曼사만 大曼陀羅대만다라
曼茶羅만다라 曼珠沙華만주사화

0412 | 만
港灣항만 배가 대어 승객이나 화물을 싣고 또 정박할 수 있도록 시설을 한 구역 (港 항구 항)
牙山灣아산만 경기도 남단과 충청남도 북단 사이에 위치하는 좁고 긴 만 (牙 어금니 아, 山 메 산)

물굽이 만
氵=水부 총25획
臺灣대만 峽灣협만 京畿灣경기만
光陽灣광양만 蔚山灣울산만 眞珠灣진주만

0413 | 만
蔓衍만연 널리 번지어 퍼짐 (衍 넓을 연)
蘿蔓나만 담쟁이덩굴 (蘿 쑥 나)

덩굴 만
艹=艸부 총15획
蔓生만생 蔓性만성 蔓菁만청
綠蔓녹만 刪蔓산만 滋蔓자만

0414 | 만
野蠻야만 미개하여 문화 수준이 낮은 상태 또는 그런 종족 (野 들 야)
蠻勇만용 주책없이 날뛰는 용맹 (勇 용감할 용)

오랑캐 만
虫부 총25획
南蠻남만 夷蠻이만 蠻行만행
蠻習만습 蠻夷만이 野蠻人야만인

0415 | 만
輓歌만가 죽은 사람을 애도하는 노래 (歌 노래 가)
推輓추만 뒤에서 밀고 앞에서 끎 (推 밀 추)

끌 만/애도할 만
車부 총14획
輓近만근 輓馬만마 輓詞만사
輓詩만시 輓章만장 輓把만파

0416 | 말
抹殺말살 있는 것을 아주 없애버림 (殺 죽일 살)
抹消말소 기록되어 있는 사실을 지워 없앰 (消 사라질 소)

지울 말
扌=手부 총8획
抹茶말다 抹銀말은 塗抹도말
一抹일말 削抹삭말 標抹표말

0417 | 말
泡沫포말 물거품 (泡 거품 포)
白沫백말 흰 빛으로 부서지는 물거품 (白 흰 백)

물거품 말
氵=水부 총8획
浮沫부말 噴沫분말 飛沫비말
水沫수말 消沫劑소말제 泡沫夢幻포말몽환

0418 | 말
靺鞨말갈 중국 수당시대에 동북지방에서 한반도 북부에 거주한 퉁구스계 종족의 총칭 (鞨 말갈 갈)

말갈 말/버선 말
革부 총14획

0419 | 망
魚網어망 물고기 잡는 그물 (魚 물고기 어)
投網투망 물고기를 잡기 위해 그물을 강물이나 바닷물에 쫙 퍼지게 던짐 (投 던질 투)

그물 망
糸부 총14획
鐵網철망 監視網감시망 補給網보급망
網巾망건 通信網통신망 鐵條網철조망

0420 | 망
麥芒맥망 보리, 밀 따위의 까끄라기 (麥 보리 맥)
芒履망리 짚신을 달리 이르는 말 (履 신 리)

까끄라기 망/황홀할 황
艹=艸부 총7획
芒蠻망변 芒洋망양 芒然망연
光芒광망 茅芒모망 星芒성망

· · · 이 한 자 기 억 해 요 ? · · · 정답 199

1 裡( ) 2 麟( ) 3 鱗( ) 4 璘( ) 5 燐( ) 6 琳( ) 7 霖( ) 8 淋( ) 9 笠( ) 10 粒( )

2급 한자 /501/ | 0421~0440

0421 | 매 — 昧 (어두울 매)
- 暗昧암매 사람됨이 어리석고 못나서 사리에 어두움 (暗 어두울 암)
- 愚昧우매 어리석고 몽매함 (愚 어리석을 우)
- 蒙昧몽매
- 草昧초매
- 無知蒙昧무지몽매
- 愚昧化우매화
- 讀書三昧境독서삼매경

日부 총9획

0422 | 매 — 枚 (낱 매)
- 枚數매수 종이나 유리 따위와 같이 장으로 세는 물건의 수 (數 셈 수)
- 一枚일매 한 장 또는 한 겹 (一 한 일)
- 枚擧매거
- 枚移매이
- 枚陳매진
- 銜枚함매
- 千枚巖천매암

木부 총8획

0423 | 매 — 罵 (꾸짖을 매)
- 罵倒매도 몹시 꾸짖고 심하게 욕함 (倒 넘어질 도)
- 叱罵질매 몹시 질책하여 꾸짖음 (叱 꾸짖을 질)
- 怒罵노매
- 罵聲매성
- 唾罵타매
- 面罵면매
- 侮罵모매
- 痛罵통매

罒부 총15획

0424 | 매 — 邁 (갈 매)
- 邁進매진 힘써 나아감 (進 나아갈 진)
- 高邁고매 높고 뛰어남 (高 높을 고)
- 邁德매덕
- 英邁영매
- 邁進一路매진일로
- 雄邁웅매
- 俊邁준매
- 超邁초매

辶=辵부 총17획

0425 | 매 — 魅 (매혹할 매, 도깨비 매)
- 魅了매료 남의 마음을 홀리어 사로잡음 (了 마칠 료)
- 魅惑매혹 매력으로 남의 마음을 사로잡음 (惑 미혹할 혹)
- 鬼魅귀매
- 邪魅사매
- 魅惑的매혹적
- 魅力매력
- 妖魅요매
- 性的魅力성적매력

鬼부 총15획

0426 | 맥 — 貊 (맥국 맥)

- 濊貊예맥 한족의 조상이 되는 민족 (濊 종족이름 예)
- 貊弓맥궁 고구려의 소수맥에서 나던 좋은 활 (弓 활 궁)
- 九貊구맥
- 蠻貊만맥
- 穢貊예맥
- 大水貊대수맥
- 小水貊소수맥

豸부 총13획

0427 | 맹 — 萌 (움 맹, 활량나물 명)
- 萌芽맹아 식물에 새로 트는 싹 (芽 싹 아)
- 未萌미맹 아직 초목의 싹이 트지 않음 (未 아닐 미)
- 萌動맹동
- 杜漸防萌두점방맹

艹=艸부 총12획

0428 | 면 — 冕 (면류관 면)
- 冕服면복 조선 시대 때의 임금의 정복. 면류관과 곤룡포 (服 옷 복)
- 冠冕관면 벼슬하는 것을 이르는 말 (冠 갓 관)
- 袞冕곤면
- 掛冕괘면
- 軒冕헌면
- 鄭鎬冕정호면

冂부 총11획

0429 | 면 — 棉 (목화 면)
- 棉實면실 목화의 씨 (實 열매 실)
- 棉花면화 목화 (花 꽃 화)
- 棉蟲면충
- 棉油면유
- 棉纖維면섬유
- 棉作면작
- 木棉목면
- 棉花地帶면화지대

木부 총12획

0430 | 면 — 沔 (물이름 면, 빠질 면)

- 沔沔면면 물이 가득 차 넘실거리는 모양

氵=水부 총7획

• • • 이 한 자 기 억 해 요 ? • • • 정답 202

1 摩( )　2 瑪( )　3 痲( )　4 魔( )　5 寞( )　6 膜( )　7 卍( )　8 娩( )　9 彎( )　10 挽( )

여기는! 昧매 / 麵면

0431 | 면 麵

- 冷麵냉면 찬 육수나 김치 국물 등에 말아서 먹는 국수 (冷 찰 랭)
- 溫麵온면 더운 장국에 말아서 먹는 국수 (溫 따뜻할 온)

밀가루 면
麥부 총20획

- 唐麵당면
- 湯麵탕면
- 煮醬麵자장면
- 麵類면류
- 小麥麵소맥면
- 翠樓麵취루면

0432 | 멸 蔑

- 輕蔑경멸 사람이나 태도 등을 얕잡아 무시하고 업신여겨 싫어하고 미워함 (輕 가벼울 경)
- 蔑視멸시 업신여김 (視 볼 시)

업신여길 멸
艹=艸부 총15획

- 凌蔑능멸
- 侮蔑모멸
- 輕蔑感경멸감
- 蔑法멸법
- 蔑如멸여
- 侮蔑感모멸감

0433 | 명 溟

- 北溟북명 북쪽의 큰 바다 (北 북녘 북)
- 溟州명주 큰 바다 가운데 있는 섬 (州 섬 주)

바다 명 / 가랑비오는모양 몍
氵=水부 총13획

- 南溟남명
- 滄溟창명
- 鴻溟홍명
- 溟海명해
- 四溟大師사명대사

0434 | 명 皿

- 器皿기명 그릇 (器 그릇 기)
- 膝皿슬명 종지뼈 (膝 무릎 슬)

그릇 명
皿부 총5획

- 器皿圖기명도

0435 | 모 帽

- 帽子모자 천, 실, 가죽 등으로 만들어 머리에 쓰는 물건의 하나 (子 아들 자)
- 着帽착모 모자를 씀 (着 붙을 착)

모자 모
巾부 총12획

- 脫帽탈모
- 紗帽사모
- 登山帽등산모
- 鐵帽철모
- 四角帽사각모
- 中折帽중절모

0436 | 모 牟

- 牟利모리 자신의 이익을 위해 부정한 방법도 서슴치 않고 꾀함 (利 이로울 이)
- 牟利輩모리배 부정한 수단도 불사하며 자신의 이익만을 꾀하는 무리 (利 이로울 이, 輩 무리 배)

성 모 / 보리 모
牛부 총6획

- 牟麥모맥
- 頓牟돈모

0437 | 모 牡

- 牡畜모축 가축의 수컷 (畜 짐승 축)
- 牡馬모마 수말 (馬 말 마)

수컷 모
牛부 총7획

- 牡牛모우
- 種牡馬종모마
- 種牡豚종모돈
- 牡桂모계
- 牡丹모란
- 牡丹峯모란봉

0438 | 모 瑇

- 瑇瑁대모 바다거북과에 속하는 거북의 하나 (瑁 대모 대)
- 黑瑇瑁흑대모 검은 빛깔의 대모 (黑 검을 흑, 瑁 대모 대)

옥홀 모 / 대모 매
王=玉부 총13획

- 造瑇瑁조대모
- 華瑇瑁화대모
- 瑇瑁甲대모갑

0439 | 모 矛

- 矛戈모과 창 (戈 창 과)
- 矛盾모순 창과 방패라는 뜻으로 말이나 행동의 앞뒤가 서로 일치되지 않음을 일컬음 (盾 방패 순)

창 모
矛부 총5획

- 矛戟모극
- 戈矛과모
- 霜矛상모
- 衛矛위모
- 酋矛추모
- 矛盾感情모순감정

0440 | 모 耗

- 消耗소모 써서 없어짐 (消 사라질 소)
- 磨耗마모 마찰되는 부분이 닳아서 작아지거나 없어짐 (磨 갈 마)

소모할 모
耒부 총10획

- 耗損모손
- 耗盡모진
- 磨耗率마모율
- 減耗감모
- 消耗量소모량
- 消耗品소모품

· · 이 한 자 기 억 해 요 ? · · · 정답 203

1 曼 ( ) 2 灣 ( ) 3 蔓 ( ) 4 蠻 ( ) 5 輓 ( ) 6 抹 ( ) 7 沫 ( ) 8 靺 ( ) 9 網 ( ) 10 芒 ( )

 2급 한자 1501 | 0441~0460

0441 | 모
茅
띠 모
艹=艸부 총9획

茅屋모옥 띠풀로 엮은 집 (屋 집 옥)
白茅백모 옷 위로 허리를 둘러매는 끈 (白 흰 백)

茅根모근　茅舍모사　茅塞모색
茅蒐모수　仙茅선모　白茅根백모근

0442 | 모
謨
꾀 모
言부 총18획

高謨고모 뛰어난 계책 (高 높을 고)
良謨양모 좋은 계책 (良 어질 양)

鬼謨귀모　淵謨연모　首謨者수모자
聖謨성모　暗謨암모　多謨客다모객

0443 | 목
沐
머리감을 목
氵=水부 총7획

沐浴목욕 머리를 감으며 몸을 씻음 (浴 목욕할 욕)
沐浴齋戒목욕재계 목욕으로 몸을 깨끗이 하고 마음을 바로잡아 부정을 피함 (浴 목욕할 욕, 齋 재계할 재, 戒 경계할 계)

沐間목간　沐髮목발　沐恩목은
一沐일목　櫛沐즐목　沐浴湯목욕탕

0444 | 목
穆
화목할 목
禾부 총16획

怡穆이목 즐거워하고 화목함 (怡 기쁠 이)
淸穆청목 몸의 기운이 맑고 화평함 (淸 맑을 청)

召穆소목　許穆허목　落落穆穆낙락목목
穆公목공　穆陵목릉　穆宗목종

0445 | 묘

그릴 묘
묘사할 묘
扌=手부 총12획

描寫묘사 사물을 있는 그대로 그려 냄 (寫 베낄 사)
素描소묘 연필, 목탄, 철필 따위로 사물의 형태와 명암을 위주로 그림을 그림 (素 본디 소)

線描선묘　點描점묘　心理描寫심리묘사
描破묘파　描畫묘화　描寫法묘사법

0446 | 묘

고양이 묘
犭=犬부 총12획

家猫가묘 집고양이 (家 집 가)
野猫야묘 삵괭이 (野 들 야)

犬猫견묘　子猫자묘　黑猫白猫흑묘백묘
猫兒묘아　猫眼石묘안석　猫項懸鈴묘항현령

0447 | 무
巫
무당 무
工부 총7획

巫堂무당 귀신을 섬겨 길흉을 점치고 굿을 업으로 하는 여자 (堂 집 당)
巫俗무속 무당들의 풍속이나 습속 (俗 풍속 속)

巫女무녀　巫術무술　巫女島무녀도
巫歌무가　村巫촌무　九天巫구천무

0448 | 무
懋
힘쓸 무
성대할 무
心부 총17획

懋戒무계 힘써 잘 경계함 (戒 경계할 계)
懋懋무무 힘쓰는 모양

0449 | 무

어루만질 무
扌=手부 총15획

愛撫애무 사랑하여 어루만짐 (愛 사랑 애)
撫摩무마 손으로 어루만진다는 뜻으로 분쟁이나 사건 등을 문제가 없게 처리함을 뜻함 (摩 갈 마)

巡撫순무　慰撫위무　惠撫혜무
撫愛무애　撫慰무위　撫恤무휼

0450 | 무

이랑 무 / 이랑 묘
田부 총10획

畝溝묘구 고랑 (溝 도랑 구)
田畝전묘 밭이랑 (田 밭 전)

一畝일무　頃畝法경무법
馬行千里路牛耕百畝田마행천리로우경백무전

· · · 이 한 자 기 억 해 요 ? · · · 정답 204

1 昧( )　2 枚( )　3 罵( )　4 邁( )　5 魅( )　6 貊( )　7 萌( )　8 冪( )　9 棉( )　10 沔( )

역기는! 茅모 / 蕪무

0451 | 무 蕪

荒蕪지황무지 거친 땅 (荒 거칠 황, 地 땅 지)
蕪穢무예 잡초가 무성하여 거칠고 지저분하게 됨 (穢 더러울 예)

거칠 무
艹=艸부 총16획

萊蕪내무   蕪辭무사   野蕪야무
蕪菁무청   蕪雜무잡   蕪廢무폐

0452 | 무 誣

誣告무고 없는 사실을 거짓으로 꾸며 고소하거나 고발함 (告 알릴 고)
誣訴무소 없는 일을 있는 것처럼 꾸미어서 송사를 일으킴 또는 그런 송사 (訴 하소연할 소)

속일 무
言부 총14획

誣供무공   誣罔무망   誣獄무옥
誣告罪무고죄   惑世誣民혹세무민

0453 | 문 吻

吻脣문순 입술 (脣 입술 순)
口吻구문 입술 (口 입 구)

입술 문
口부 총7획

吻頭采문두채   脣吻순문   接吻접문
正吻정문   血吻혈문   虎吻호문

0454 | 문 汶

汶山문산 경기도 파주시의 한 읍 (山 메 산)

물이름 문 / 산이름 민
氵=水부 총7획

0455 | 문 紋

紋樣문양 무늬의 모양 (樣 모양 양)
指紋지문 사람의 손가락 끝 안쪽에 이루어진 살갗의 무늬 (指 가리킬 지)

무늬 문
糸부 총10획

紋章문장   蓮花紋연화문   指紋法지문법
家紋가문   波紋파문   花紋席화문석

0456 | 미 彌

彌縫策미봉책 꿰매어 깁는 계책이란 뜻으로 완전하거나 변변하지 못한 계책을 뜻함 (縫 꿰맬 봉, 策 꾀 책)
彌勒미륵 미륵보살의 준말 (勒 굴레 륵)

미륵 미 / 두루 미
弓부 총17획

彌年미년   彌留미류   沙彌僧사미승
彌鄒忽미추홀   彌陀미타

0457 | 미 薇

薔薇장미 장미과의 낙엽 관목 (薔 장미 장)
紫薇자미 백일홍 (紫 자줏빛 자)

장미 미
艹=艸부 총17획

白薇백미   白薔薇백장미   黑薔薇흑장미
薔薇科장미과   薔薇花장미화

0458 | 민 悶

苦悶고민 괴로워하고 번민함 (苦 쓸 고)
煩悶번민 마음이 답답하여 괴로워함 (煩 번거로울 번)

답답할 민
心부 총12획

矜悶긍민   愁悶수민   躁悶조민
悶鬱민울   悶死민사   苦悶症고민증

0459 | 민 憫

憐憫연민 불쌍하고 딱하게 여김 (憐 불쌍히 여길 련)
矜憫긍민 불쌍하고 가엾음 (矜 불쌍히 여길 긍)

근심할 민
心부 총13획

哀憫애민   慈憫자민   惜憫석민
深憫심민   憫忠壇민충단   恭憫王공민왕

0460 | 민 旻

화할 민 / 하늘 민
日부 총8획

이 한 자 기 억 해 요 ?   정답 205

1 麵 ( )   2 蔑 ( )   3 溟 ( )   4 皿 ( )   5 帽 ( )   6 牟 ( )   7 牡 ( )   8 珝 ( )   9 矛 ( )   10 耗 ( )

 **2급 한자 1501** | 0461~0480

0461 | 민
閔
閔妃민비 명성황후 (妃 왕비 비)
惜閔석민 아끼고 슬퍼함 (惜 아낄 석)

성 민
門부 총12획

閔峯山민봉산   閔哀王민애왕   閔泳煥민영환

0462 | 박
剝
剝脫박탈 벗기어 떨어지게 함 (脫 벗을 탈)
剝製박제 동물의 가죽을 벗기고 썩지 않도록 한 뒤 살아있을 때와 같은 모양으로 만듦 (製 지을 제)

벗길 박
刂=刀부 총10획

削剝삭박   割剝할박   剝製品박제품
剝離박리   剝職박직   剝奪感박탈감

0463 | 박
搏
脈搏맥박 심장이 운동하는 것에 따라 함께 뛰는 맥 (脈 줄기 맥)
搏動박동 맥이 뛰는 것 (動 움직일 동)

두드릴 박 / 어깨 박
扌=手부 총13획

手搏수박   相搏상박   龍虎相搏용호상박
搏擊박격   搏殺박살   初戰搏殺초전박살

0464 | 박
珀
琥珀호박 나무의 송진 등이 땅속에 파묻혀서 돌처럼 굳어진 광물로 윤이 나며 투명하여 장식품이나 절연재로 쓰임 (琥 호박 호)
黑琥珀흑호박 빛깔이 검은 호박 (黑 검을 흑, 琥 호박 호)

호박 박 / 호박 백
王=玉부 총9획

琥珀光호박광   琥珀糖호박당   琥珀酸호박산
琥珀色호박색   琥珀玉호박옥   琥珀油호박유

0465 | 박
箔
金箔금박 금을 종이처럼 얇게 만든 것 (金 쇠 금)
銀箔은박 은을 종이처럼 얇게 만든 것 (銀 은 은)

발 박
竹부 총14획

錫箔석박   金屬箔금속박   箔驗電器박험전기
繭箔견박   分箔분박   蠶箔잠박

0466 | 박
縛
結縛결박 자유롭게 움직이지 못하도록 팔과 다리를 묶음 (結 맺을 결)
捕縛포박 잡아서 묶음 (捕 잡을 포)

얽을 박
糸부 총16획

劫縛겁박   束縛속박   自縛자박
緊縛긴박   自繩自縛자승자박

0467 | 박
舶
船舶선박 배를 전문 용어로 일컫는 말 (船 배 선)
大舶대박 큰 배 (大 클 대)

배 박
舟부 총11획

商舶상박   市舶시박   外舶외박
舶載박재   船舶工學선박공학

0468 | 박
駁
論駁논박 의견이나 주장에 대해 논하고 그 잘못을 말함 (論 논할 논)
反駁반박 남의 의견에 반대하여 논박함 (反 돌이킬 반)

논박할 박 / 얼룩말 박
馬부 총14획

面駁면박   雜駁잡박   甲論乙駁갑론을박
猛駁맹박   難駁난박   辨駁변박

0469 | 반
搬
運搬운반 물건을 실어서 옮겨 나름 (運 옮길 운)
搬入반입 운반하여 들여옴 (入 들 입)

옮길 반
扌=手부 총13획

搬送반송   搬出반출   搬入品반입품
密搬出밀반출   運搬船운반선

0470 | 반
攀
登攀등반 오름 (登 오를 등)
攀龍반룡 훌륭한 임금이나 세력이 있는 사람의 도움으로 출세함 (龍 용 용)

더위잡을 반
手부 총19획

攀登반등   攀緣반연   攀緣性반연성
攀戀반련   登攀隊등반대   攀龍附鳳반룡부봉

• • 이 한 자 기 억 해 요 ? • • 정답 206

1 茅( ) 2 謨( ) 3 沐( ) 4 穆( ) 5 描( ) 6 猫( ) 7 巫( ) 8 懋( ) 9 撫( ) 10 畝( )

여기는! 閔민 / 斑반

0471 | 반 斑 아롱질 반 / 文부 총12획
- 金斑指금반지: 금으로 만든 반지 (金 쇠 금, 指 손가락 지)
- 白斑백반: 흰 반점 또는 흰 반점이 생기는 피부병 (白 흰 백)
- 斑點반점
- 血斑혈반
- 白斑病백반병
- 斑斑반반
- 斑指반지
- 蒙古斑몽고반

0472 | 반 槃 쟁반 반 / 즐길 반 / 木부 총14획
- 涅槃열반: 모든 번뇌에서 벗어나서 진리를 깨달고 불생불멸의 원리를 체득한 경지 (涅 개흙 열)
- 涅槃圖열반도: 석가가 열반에 들어갈 때의 모양을 그린 그림 (涅 개흙 열, 圖 그림 도)
- 涅槃經열반경
- 涅槃堂열반당
- 涅槃像열반상
- 涅槃門열반문
- 涅槃鐘열반종
- 涅槃會열반회

0473 | 반 泮 물가 반 / 녹을 반 / 氵=水부 총8획
- 泮宮반궁: 성균관과 문묘를 함께 일컫는 말 (宮 집 궁)
- 泮水반수: 반궁의 옆을 흐르는 물 (水 물 수)
- 泮館반관
- 泮蛙반와
- 泮儒반유
- 近泮근반
- 泮中반중
- 泮村반촌

0474 | 반 潘 성 반 / 뜨물 반 / 氵=水부 총15획
- 潘楊之好반양지호: 혼인으로 인해 인척 관계까지 겹친 좋은 사이 (楊 버들 양, 之 갈 지, 好 좋을 호)

0475 | 반 畔 밭두둑 반 / 배반할 반 / 田부 총10획
- 橋畔교반: 다리의 근처 (橋 다리 교)
- 湖畔호반: 못 언저리 (湖 호수 호)
- 澗畔간반
- 江畔강반
- 池畔지반
- 沼畔소반
- 水畔수반
- 澤畔택반

0476 | 반 礬 명반 반 / 명반 번 / 石부 총20획
- 明礬명반: 백반 (明 밝을 명)
- 礬素반소: 알루미늄 (素 흴 소)
- 礬砂반사
- 銅礬동반
- 礬紅반홍
- 礬砂祇반사지
- 膽礬담반
- 靑礬청반
- 綠礬녹반

0477 | 반 頒 나눌 반 / 머리클 분 / 頁부 총13획
- 頒布반포: 널리 펴서 알게 함 (布 베 포)
- 頒白반백: 희끗희끗하게 센 머리 털 (白 흰 백)
- 頒敎반교
- 頒曆반력
- 頒敎文반교문
- 頒祿반록
- 頒賜반사
- 頒詔文반조문

0478 | 반 磻 물이름 반 / 물이름 번 / 石부 총17획
- 磻溪반계: 강태공이 낚시를 했다고 하는 강으로 섬서성을 거쳐 위수로 흘러감 (溪 시내 계)
- 磻溪隨錄반계수록 (溪 시내 계, 隨 따를 수, 錄 기록할 록)
- 磻溪伊尹반계이윤

0479 | 발 勃 노할 발 / 力부 총9획
- 勃起발기: 음경의 해면체에 혈액이 모여 꼿꼿하게 됨 (起 일어날 기)
- 勃發발발: 전쟁이나 사건 등이 갑자기 일어나는 것 (發 필 발)
- 勃姑발고
- 勃勃발발
- 勃然발연
- 麻勃마발
- 蓬勃봉발
- 王勃왕발

0480 | 발 撥 다스릴 발 / 扌=手부 총15획
- 撥軍발군: 역마를 급히 몰아 중요 공문서를 변지에 체송하는 군졸 (軍 군사 군)
- 反撥반발: 되받아서 퉁김 (反 돌이킬 반)
- 騎撥기발
- 步撥보발
- 撥馬발마
- 撥簾발렴
- 半撥力반발력
- 反撥心반발심

· · · 이 한 자 기 억 해 요 ? · · · 정답 207

1 蕪( ) 2 誣( ) 3 吻( ) 4 汶( ) 5 紋( ) 6 彌( ) 7 薇( ) 8 悶( ) 9 愍( ) 10 旼( )

2급 한자 1501 | 0481~0500

0481 | 발

바다이름 발 / 발해 발
氵=水부 총12획

渤海 발해 — 대조영이 세운 나라 (海 바다 해)
渤海考 발해고 — 조선 정조 때에 유득공이 쓴 발해에 관한 역사책 (海 바다 해, 考 헤아릴 고)
渤海灣 발해만

0482 | 발
潑
물뿌릴 발
氵=水부 총15획

潑皮 발피 — 일정한 직업도 없이 떠돌아다니는 부랑자 (皮 가죽 피)
活潑 활발 — 생기 있고 힘차며 시원스러움 (活 살 활)

潑墨 발묵　　終潑 종발　　不活潑 불활발
活潑潑地 활발발지

0483 | 발

밟을 발
足부 총12획

跋文 발문 — 책의 끝에 책의 줄거리나 출간의 내용을 간략하게 적은 글 (文 글월 문)
跋號 발호 — 명령을 만들어 내림 (號 이름 호)

跋尾 발미　　跋辭 발사　　跋涉 발섭
題跋 제발　　序跋 서발　　序記跋 서기발

0484 | 발
醱
술괼 발
酉부 총19획

醱酵 발효 — 효모 등의 미생물이 유기물을 분해하여 유기산이나 탄산가스 등을 생기게 함 (酵 술밑 효)
醱酵食品 발효식품 — 미생물의 발효를 이용하여 만든 식품 (酵 삭힐 효, 食 밥 식, 品 물건 품)

醱病 발병　　醱酵菌 발효균　　醱酵法 발효법
醱酵熱 발효열　　醱酵乳 발효유

0485 | 발

바리때 발
金부 총13획

鐵鉢 철발 — 중의 밥그릇으로 사용하는 쇠로 만든 바리때 (鐵 쇠 철)
沙鉢 사발 — 사기로 만든 그릇 (沙 모래 사)

鉢囊 발낭　　鉢盂 발우　　銅鉢 동발
托鉢 탁발　　藥沙鉢 약사발　　粥沙鉢 죽사발

0486 | 방
坊
동네 방
土부 총7획

坊坊曲曲 방방곡곡 — 동네 또는 마을들의 빠짐이 없는 전부 (曲 굽을 곡)
村坊 촌방 — 사람이 사는 시골 부락 (村 마을 촌)

坊曲 방곡　　僧坊 승방　　冶坊 야방
坊長 방장　　坊間 방간　　新羅坊 신라방

0487 | 방

도울 방
巾부 총12획

幇子 방자 — 조선시대 때 관청에서 심부름하던 남자 하인 (子 아들 자)
幇助 방조 — 범죄행위에 도움이 되는 유형 또는 무형의 모든 행위 (助 도울 조)

幇判 방판　　幇助犯 방조범　　幇助者 방조자
助幇 조방　　洪幇 홍방　　幇助罪 방조죄

0488 | 방
彷
헤맬 방
彳부 총7획

彷佛 방불 — 비슷함, 흐릿하거나 어렴풋함 (佛 부처 불)

0489 | 방

대목방 / 자루병
木부 총8획

引枋 인방 — 문이나 창의 기둥과 기둥 사이를 아래위의 틀과 나란하게 가로지르는 나무 (引 끌 인)
門地枋 문지방 — 출입문의 두 문설주 밑에 가로 댄 나무 (門 문 문, 地 땅 지)

枋底 방저　　加地枋 가지방　　門中枋 문중방
額枋 액방　　中枋 중방　　引中枋 인중방

0490 | 방
榜
방붙일 방 / 도지개 병
木부 총14획

榜文 방문 — 두루 알리기 위해 사람이 많이 모이는 곳에 써 붙이는 글 (文 글월 문)
落榜 낙방 — 이름이 방문에 없음으로 과거에 떨어짐을 뜻함 (落 떨어질 낙)

科榜 과방　　紙榜 지방　　紙榜文 지방문
榜目 방목　　榜示 방시　　落榜擧子 낙방거자

이 한자 기억해요?　　　　　정답 208

1 閔 ( )　2 剝 ( )　3 搏 ( )　4 珀 ( )　5 箔 ( )　6 縛 ( )　7 舶 ( )　8 駁 ( )　9 搬 ( )　10 攀 ( )

여기는! 渤발 / 紡방

0491 | 방 紡

길쌈 방
糸부 총10획

- 紡績방적 동식물의 털 또는 섬유에서 실을 만듦 (績 길쌈할 적)
- 紡織방직 실을 날아서 옷감이나 피륙을 짬 (織 짤 직)
- 絹紡견방
- 綿紡면방
- 混紡혼방
- 紡車방차
- 紡錘방추
- 紡織工場방직공장

0492 | 방 肪

기름 방
月=肉부 총8획

- 脂肪지방 지방산과 글리세롤이 결합된 유기 화합물로 동물의 에너지원 (脂 기름 지)
- 脂肪肝지방간 지방이 간장에 과도하게 쌓인 상태 (脂 기름 지, 肝 간 간)
- 松肪송방
- 體脂肪체지방
- 脂肪酸지방산
- 脂肪性지방성
- 脂肪質지방질
- 脂肪層지방층

0493 | 배 俳

배우 배
亻=人부 총10획

- 俳優배우 연극이나 영화 속의 인물로 분장하여 연기하는 사람 (優 넉넉할 우)
- 嘉俳日가배일 음력 팔월 보름날 (嘉 아름다울 가)
- 嘉俳가배
- 俳諧文배해문
- 嘉俳節가배절
- 俳諧배해
- 名俳優명배우
- 映畵俳優영화배우

0494 | 배 盃

잔 배
皿부 총9획

- 毒盃독배 독약이 든 잔 (毒 독 독)
- 巡盃순배 술잔을 차례로 돌림 (巡 돌 순)
- 答盃답배
- 大盃대배
- 賞盃상배
- 暴盃폭배
- 數三盃수삼배
- 優勝盃우승배

0495 | 배 胚

아기밸 배
月=肉부 총9획

- 胚葉배엽 난할로 생긴 세포가 규칙적인 배열로 층을 이룬 것 (葉 잎 엽)
- 胚囊배낭 밑씨의 주머니로 이 안에 있는 난세포가 수정하여 배(胚)가 됨 (囊 주머니 낭)
- 囊胚낭배
- 囊胚期낭배기
- 內胚葉내배엽
- 胚芽배아
- 胚盤배반
- 外胚葉외배엽

0496 | 배 裵

성 배 / 치렁치렁할 배
衣부 총14획

- 裵裨將傳배비장전 배비장이 제주 명기 애랑으로 인해 망신을 당하는 내용의 조선후기의 소설 (裨 보좌할 비, 將 장수 장, 傳 전할 전)

0497 | 배 賠

물어줄 배
貝부 총15획

- 賠償배상 남에게 끼친 손해를 갚음 (償 갚을 상)
- 賠款배관 손해를 배상한다고 약속한 조항 (款 정성 관)
- 賠償金배상금
- 賠償額배상액
- 賠償國배상국
- 損害賠償손해배상

0498 | 배 陪

모실 배
阝=阜부 총11획

- 陪席배석 윗사람을 모시고 자리에 함께 참석함 (席 자리 석)
- 陪僕배복 하인 (僕 종 복)
- 陪觀배관
- 陪審배심
- 陪審員배심원
- 侍陪시배
- 香陪향배
- 陪使令배사령

0499 | 백 帛

비단 백
巾부 총8획

- 幣帛폐백 혼례를 마친 신부가 시부모와 시댁의 어른들에게 드리는 첫인사 (幣 화폐 폐)
- 帛書백서 비단에 쓴 글 또는 글이 쓰여진 비단 (書 글 서)
- 金帛금백
- 束帛속백
- 玉帛옥백
- 布帛포백
- 穀帛곡백
- 布帛尺포백척

0500 | 백 柏

측백 백
木부 총9획

- 冬柏동백 동백나무의 열매 (冬 겨울 동)
- 側柏측백 편백과의 상록 교목 (側 곁 측)
- 松柏송백
- 扁柏편백
- 黃柏황백
- 柏葉酒백엽주
- 柏子木백자목

· · · 이 한 자 기 억 해 요 ? · · · 정답 209

1 斑( )　2 槃( )　3 沜( )　4 潘( )　5 畔( )　6 攀( )　7 頒( )　8 磻( )　9 勃( )　10 撥( )

연습문제 5 | 지금까지 배운 내용을 문제로 풀어보세요

[01-10] 다음 한자(漢字)의 음(音)은 무엇입니까?

01 卍 : ①마 ②막 ③만 ④말 ⑤망
02 邁 : ①매 ②면 ③모 ④무 ⑤민
03 貊 : ①만 ②매 ③맥 ④맹 ⑤모
04 牟 : ①만 ②맹 ③면 ④모 ⑤묘
05 描 : ①모 ②묘 ③무 ④문 ⑤미
06 懋 : ①무 ②미 ③민 ④박 ⑤발
07 剝 : ①배 ②방 ③발 ④반 ⑤박
08 攀 : ①박 ②배 ③백 ④발 ⑤반
09 枋 : ①반 ②발 ③방 ④배 ⑤백
10 柏 : ①발 ②방 ③반 ④백 ⑤박

[11-15] 다음의 음(音)을 가진 한자는 어느 것입니까?

11 막 : ①瑪 ②寞 ③挽 ④蠻 ⑤沫
12 망 : ①彎 ②皿 ③洒 ④萌 ⑤芒
13 무 : ①薇 ②汶 ③誣 ④茅 ⑤溟
14 민 : ①彌 ②吻 ③眄 ④紋 ⑤畝
15 배 : ①胚 ②帛 ③肪 ④鉢 ⑤頒

[16-25] 다음 한자(漢字)의 뜻은 무엇입니까?

16 彎 : ①활 ②굽다 ③당기다 ④속이다 ⑤오랑캐
17 蔓 : ①띠 ②움 ③덩굴 ④씨앗 ⑤그물
18 衊 : ①꾸짖다 ②저리다 ③당기다 ④문지르다 ⑤업신여기다
19 穆 : ①그리다 ②속이다 ③힘쓰다 ④화목하다 ⑤논박하다
20 珀 : ①발 ②배 ③비단 ④측백 ⑤호박
21 沫 : ①물가 ②바다 ③물굽이 ④물거품 ⑤머리감다
22 斑 : ①옮기다 ②흔들다 ③우거지다 ④아롱지다 ⑤더위잡다
23 坊 : ①방위 ②지역 ③동네 ④학교 ⑤다목
24 彷 : ①돕다 ②밟다 ③찾다 ④헤매다 ⑤움찔하다
25 俳 : ①무당 ②배우 ③수컷 ④미륵 ⑤오랑캐

[26-30] 다음의 뜻을 가진 한자(漢字)는 어느 것입니까?

26 바다 : ①潘 ②汶 ③沐 ④溟 ⑤溟
27 목화 : ①棉 ②鞍 ③枚 ④昧 ⑤茅
28 얽다 : ①網 ②紋 ③紡 ④縛 ⑤搏
29 옮기다 : ①挽 ②抹 ③搬 ④描 ⑤撫
30 기름 : ①渤 ②肪 ③膜 ④胚 ⑤泮

[31-40] 다음 단어들의 '□' 안에 공통으로 들어갈 알맞은 한자(漢字)는 어느 것입니까?

31 □擦, 按□, □耗
① 罵 ② 瑪 ③ 魔 ④ 痲 ⑤ 摩

32 惡□, □鬼, □女
① 曼 ② 摩 ③ 痲 ④ 魔 ⑤ 魅

33 寂□, 索□, 寞□
　　①膜　②寞　③溟　④謨　⑤幕

34 分□, 順□, 解□
　　①挽　②娩　③輓　④冕　⑤蔓

35 □子, 着□, 脫□
　　①車　②珥　③帽　④耗　⑤穆

36 □寫, 素□, □畵
　　①描　②猫　③撫　④搏　⑤搬

37 □堂, □俗, □女
　　①皿　②車　③矛　④巫　⑤誣

38 論□, 反□, 面□
　　①斑　②駁　③瑪　④罵　⑤跋

39 □績, □織, 混□
　　①榜　②枋　③彷　④肪　⑤紡

40 毒□, 巡□, 答□
　　①盃　②胚　③盃　④裵　⑤俳

[41-50] 다음 단어를 한자(漢字)로 바르게 쓴 것은 어느 것입니까?

41 마비 : ①摩擦 ②麻醉 ③痲疹 ④痲痺 ⑤魔法
42 함매 : ①愚昧 ②暗昧 ③銜枚 ④叱罵 ⑤侮罵
43 능멸 : ①蔑視 ②蔑如 ③輕蔑 ④侮蔑 ⑤凌蔑
44 대모 : ①頓車 ②玳瑁 ③牡桂 ④紗帽 ⑤霜矛
45 목욕 : ①沐間 ②穆宗 ③沐浴 ④穆公 ⑤沐髮
46 야묘 : ①野猫 ②家猫 ③素描 ④線描 ⑤點描
47 무소 : ①巫術 ②懲戒 ③蕪菁 ④誣訴 ⑤誣告
48 문순 : ①矛盾 ②汶山 ③紋章 ④紋樣 ⑤吻脣
49 활발 : ①題跋 ②勃發 ③活潑 ④序跋 ⑤沙鉢
50 낙방 : ①落榜 ②村坊 ③助幇 ④引枋 ⑤絹紡

[51-60] 다음 한자어(漢字語)의 음(音)은 무엇입니까?

51 唐麵 : ①당면 ②탕국 ③당면 ④장면 ⑤장국
52 魅惑 : ①매료 ②매혹 ③미혹 ④귀혹 ⑤매섭
53 野蠻 : ①포말 ②비말 ③나만 ④이만 ⑤야만
54 薔薇 : ①색미 ②장문 ③장미 ④자미 ⑤새면
55 煩悶 : ①번민 ②번문 ③비문 ④서민 ⑤서문
56 銀箔 : ①간발 ②간벽 ③은발 ④은벽 ⑤은박
57 涅槃 : ①황반 ②황묘 ③열목 ④열반 ⑤호반
58 脂肪 : ①지방 ②면방 ③혼방 ④송방 ⑤조방
59 賠償 : ①보상 ②배상 ③수상 ④패배 ⑤배능
60 幣帛 : ①금백 ②폐백 ③포백 ④측백 ⑤편백

 2급 한자 1501 | 0501~0520

0501 | 백
栢

冬栢花 동백화
　　동백꽃 (冬 겨울 동, 花 꽃 화)
歲寒松栢 세한송백
　　추운 겨울에도 푸른 잣나무와 소나
　　무라는 뜻으로 변하지 않는 곧은
　　절개를 뜻함 (歲 해 세, 寒 찰 한,
　　松 소나무 송)

측백 백
木부 총10획

栢舟之操 백주지조　　松栢之質 송백지질

0502 | 백
魄

氣魄 기백　씩씩하고 진취적인 기상과 정신
　　　　　(氣 기운 기)
魂魄 혼백　넋 (魂 넋 혼)

넋 백 / 재강 박
鬼부 총15획

桂魄 계백　　蜀魄 촉백　　玉魄 옥백
落魄 낙백　　魂飛魄散 혼비백산

0503 | 번
幡

幡竿 번간　깃대 (竿 장대 간)
降幡 항번　항복을 알리는 깃발 (降 항복할 항)

기 번
巾부 총15획

旗幡 기번　　幢幡 당번　　玉幡 옥번
金剛幡 금강번　　幡然開悟 번연개오

0504 | 번
樊

樊巖集 번암집
　　조선 후기의 문신인 채제공의 시
　　문집 (巖 바위 암, 集 모을 집)
樊祗 번지　삼한 시대 군장의 한 칭호 (祗 공
　　　　　경할 지)

울타리 번
木부 총15획

0505 | 번
燔

燔作 번작　불에 구움 (作 지을 작)
燔造所 번조소
　　질그릇이나 사기그릇을 만드는 곳
　　(造 지을 조, 所 바 소)

사를 번
火부 총16획

初燔 초번　　再燔 재번　　別燔 별번
燔造 번조　　燔鐵 번철　　燔土 번토

0506 | 번
蕃

蕃盛 번성　자손 등이 늘어 퍼짐 (盛 성할 성)
蕃殖 번식　불어나고 늘어나서 많이 퍼짐 (殖
　　　　　번성할 식)

불을 번
艹부 총16획

蕃息 번식　　蕃椒 번초　　蕃土 번토
生蕃 생번　　外蕃 외번　　曾國蕃 증국번

0507 | 번
藩

藩主 번주　제후 (主 주인 주)
蘆藩 노번　갈대로 엮은 울타리 (蘆 갈대 로)

울타리 번
艹부 총19획

藩鎭 번진　　大藩 대번　　吐藩 토번

0508 | 벌
閥

派閥 파벌　이해관계로 인해 따로따로 갈라진
　　　　　사람들의 무리 (派 갈래 파)
財閥 재벌　대자본가의 집안이나 그렇게 세력
　　　　　이 있는 자본가의 무리 (財 재물 재)

문벌 벌
門부 총14획

軍閥 군벌　　門閥 문벌　　學閥 학벌
族閥 족벌　　門閥家 문벌가　　派閥主義 파벌주의

0509 | 범
帆

出帆 출범　배가 돛을 달고 출발함 (出 날 출)
帆船 범선　돛단배 (船 배 선)

돛 범
巾부 총6획

帆柱 범주　　帆走 범주　　落帆 낙범
輕帆 경범　　滿帆 만범　　揚帆 양범

0510 | 범
梵

梵語 범어　산스크리트 어 (語 말씀 어)
梵書 범서　범어로 기록된 글로 불경을 이름
　　　　　(書 글 서)

불경 범
木부 총11획

梵鐘 범종　　梵殿 범전　　梵語寺 범어사
夜梵 야범　　梵文 범문　　大梵天王 대범천왕

· · · · 이 한 자 기 억 해 요 ? · · · · 정답 210

1 渤(　) 2 潑(　) 3 跋(　) 4 醱(　) 5 鉢(　) 6 坊(　) 7 幇(　) 8 彷(　) 9 枋(　) 10 榜(　)

여기는! 栢백 / 汎범

0511 | 범 汎
넓을 범 / 소리가늘 핍
氵=水부 총6획

- 汎濫범람 물이 넘쳐 흐름 (濫 퍼질 람)
- 大汎대범 현상이나 사물 등에 대하여 소심하거나 까다롭지 않음 (大 클 대)
- 汎溢범일
- 汎論범론
- 汎意범의
- 汎美범미
- 汎稱범칭
- 汎國民運動범국민운동

0512 | 범 泛
뜰 범 / 물소리 핍
氵=水부 총8획

- 大泛대범 현상이나 사물 등에 대하여 소심하거나 까다롭지 않음 (大 클 대)
- 泛舟범주 배를 물에 띄움 (舟 배 주)
- 泛論범론
- 泛讀범독
- 泛稱범칭
- 泛然범연
- 泛齊범제
- 泛聽범청

0513 | 범 范
성 범
艹=艸부 총9획

- 范浦湖범포호 함경남도 영흥군 동쪽에 있는 호수 (浦 개 포 湖 호수 호)
- 鎔范용범 활석으로 된 청동기 주물 기구 (鎔 쇠녹일 용)

0514 | 벽 僻
궁벽할 벽 / 피할 피
亻=人부 총15획

- 僻地벽지 도회지에서 멀리 떨어진 한적한 곳 (地 땅 지)
- 窮僻궁벽 따로 떨어져 구석지고 몹시 으슥함 (窮 다할 궁)
- 僻陋벽루
- 僻居벽거
- 僻論벽론
- 嗜僻기벽
- 偏僻편벽
- 山間僻地산간벽지

0515 | 벽 璧
구슬 벽
玉부 총18획

- 璧玉벽옥 벽과 옥 (玉 구슬 옥)
- 完璧완벽 완전하여 결점이 없음 (完 둥글 완)
- 金璧금벽
- 白璧백벽
- 雙璧쌍벽
- 連璧연벽
- 璧人벽인
- 和氏之璧화씨지벽

0516 | 벽 癖
버릇 벽
疒부 총18획

- 盜癖도벽 남의 것을 훔치는 버릇 (盜 도둑 도)
- 潔癖결벽 깨끗함을 유난하게 좋아하는 성벽 (潔 깨끗할 결)
- 奇癖기벽
- 性癖성벽
- 浪費癖낭비벽
- 怪癖괴벽
- 病癖병벽
- 感傷癖감상벽

0517 | 벽 闢
열 벽
門부 총21획

- 開闢개벽 천지가 처음으로 생김 (開 열 개)
- 闢土벽토 땅을 갈아 쓸모 있게 만드는 일 (土 흙 토)
- 闢異端벽이단
- 闢土地벽토지
- 天地開闢천지개벽

0518 | 변 卞
성 변 / 법 변
卜부 총4획

- 抗卞항변 항의 (抗 겨룰 항)
- 卞急변급 조급 (急 급할 급)
- 卞正변정
- 熟卞숙변

0519 | 변 弁
고깔 변 / 말씀 변
廾부 총5획

- 弁韓변한 우리나라의 삼한 중 하나 (韓 나라 한)
- 皮弁피변 임금이 조회 때 쓰는 관 (皮 가죽 피)
- 弁辰변진
- 弁辰韓변진한
- 武弁무변
- 突而弁돌이변
- 赤弁丈人적변장인

0520 | 병 倂
아우를 병
亻=人부 총10획

- 倂殺병살 더블 플레이 (殺 죽일 살)
- 合倂症합병증 한 질환에 관련하여 생겨난 다른 질환 (合 합할 합, 症 증세 증)
- 合倂합병
- 倂合병합
- 倂設병설
- 兼倂겸병
- 倂記병기
- 倂用병용

• • • 이 한 자 기 억 해 요 ? • • • 정답 211

1 紡( ) 2 肪( ) 3 俳( ) 4 盃( ) 5 胚( ) 6 裵( ) 7 賠( ) 8 陪( ) 9 帛( ) 10 栢( )

 2급 한자 1501 | 0521~0540

0521 | 병
并

아우를 병
干부 총8획

并作병작 땅주인과 소작인이 산출물을 평등하게 가지는 제도 (作 지을 작)
敎觀并修교관병수 경전을 읽고 참선을 수행하는 방법을 함께 닦아서 진리를 깨우침 (敎 가르칠 교, 觀 볼 관, 修 닦을 수)

0522 | 병
柄

자루 병
木부 총9획

身柄신병 구금 또는 보호의 대상으로서의 몸 (身 몸 신)
花柄화병 꽃자루 (花 꽃 화)
果柄과병　　權柄권병　　刀柄도병
無柄무병　　葉柄엽병　　執柄집병

0523 | 병
炳

불꽃 병/밝을 병
火부 총9획

炳然병연 빛이 비쳐 밝음 (然 그럴 연)
炳映병영 밝게 빛남 (映 비칠 영)
炳然변연　　時節炳시절병　　權炳이병
金炳淵김병연　　趙炳玉조병옥

0524 | 병
瓶

병 병
瓦부 총13획

藥瓶약병 약을 담는 병 (藥 약 약)
琉璃瓶유리병 유리로 만든 병 (琉 유리 유, 璃 유리 리)
燒酒瓶소주병　　寶瓶보병　　保溫瓶보온병
花瓶화병　　火焰瓶화염병　　金瓶梅금병매

0525 | 병
秉

잡을 병
禾부 총8획

秉權병권 권력을 잡음 (權 권세 권)
秉軸병축 정권을 잡음 (軸 굴대 축)
秉法병법　　秉彝병이　　秉彝之性병이지성
秉燭병촉　　秉燭夜遊병촉야유　　秉燭夜行병촉야행

0526 | 병
餠

떡 병
食부 총17획

引絶餠인절병
　인절미 (引 끌 인, 絶 끊을 절)
綠豆煎餠녹두전병
　빈자떡 (綠 푸를 녹, 豆 콩 두, 煎 달일 전)
煎餠전병　　羊羹餠양갱병　　蜀黍煎餠촉서전병
餠盤병반　　餠湯병탕　　貧者餠빈자병

0527 | 병
騈

나란히할 병/나란히할 변
馬부 총18획

騈儷文변려문
　네 글자와 여섯 글자로 된 구를 기본으로 대구법으로 지은 화려체 문장 (儷 짝 려, 文 글월 문)
騈指병지 선천적으로 손가락이 붙어있는 병 (指 가리킬 지)

0528 | 보
堡

작은성 보
土부 총12획

堡壘보루 적의 접근을 막기 위하여 돌, 흙, 콘크리트 등으로 만든 견고한 축물 (壘 진 루)
城堡성보 성과 요새 (城 성 성)
堡礁보초　　民堡민보　　廣城堡광성보
石堡석보　　敵堡적보　　橋頭堡교두보

0529 | 보
洑

보 보/스며흐를 복
氵=水부 총9획

洑水稅보수세
　봇물을 이용할 때에 그 값으로 내는 돈이나 곡식 (水 물 수, 稅 세금 세)
水中洑수중보
　수위를 일정하게 유지하기 위하여 만든 보 (水 물 수, 中 가운데 중)
洑稅보세　　民洑민보　　洑主보주
蠶室水中洑잠실수중보

0530 | 보
甫

클 보/채밭 포
用부 총7획

杜甫두보 중국 당나라 때의 시인 (杜 막을 두)
甫田보전 큰 밭 (田 밭 전)
完甫완보　　拙甫졸보　　濁甫탁보
甫老보로　　甫兒보아　　甫吉島보길도

• • • 이 한 자 기 억 해 요 ? • • • 정답 214

1 栢 ( )　2 魄 ( )　3 幡 ( )　4 樊 ( )　5 燔 ( )　6 蕃 ( )　7 藩 ( )　8 閥 ( )　9 帆 ( )　10 梵 ( )

여기는! 幷병 / 菩보

0531 | 보
菩 보살 보 / 향초이름 배
⺿=艸부 총12획

菩薩보살 깨달음을 구하고 중생을 교화하는 부처의 버금이 되는 성인 (薩 보살 살)
菩提보리 불교에서 최상의 이상인 불타 정각의 지혜 (提 끌 제)

觀世音菩薩관세음보살　彌勒菩薩미륵보살
普賢菩薩보현보살　文殊菩薩문수보살　菩提樹보제수

0532 | 보
褓 포대기 보
衤=衣부 총14획

床褓상보 음식을 차려 놓은 상을 덮는 보자기 (床 상 상)
褓負商보부상 봇짐 장수와 등짐 장수를 함께 일컫는 말 (負 질 부, 商 장사 상)

函褓함보　食卓褓식탁보　册床褓책상보
藥褓약보　鏡臺褓경대보　四柱褓사주보

0533 | 보
輔 도울 보
車부 총14획

輔助보조 보태어 도와 줌 (助 도울 조)
輔佐보좌 상관을 도와 일을 처리함 (佐 도울 좌)

輔弼보필　輔君보군　輔佐官보좌관
輔助敎材보조교재　　輔國安民보국안민

0534 | 복
輻 바퀴살 복 / 바퀴살 폭
車부 총16획

輻射복사 열이나 빛을 한 점으로부터 사방으로 쏨 또는 그런 현상 (射 쏠 사)
輻射熱복사열 방출된 전자기파가 물체에 흡수되어 그 물체를 뜨겁게 하는 에너지 (射 쏠 사, 熱 더울 열)

輻射霧복사무　輻射體복사체　輻射計복사계

0535 | 복
僕 종 복
亻=人부 총14획

婢僕비복 계집종과 사내종 (婢 계집종 비)
老僕노복 늙은 사내종 (老 늙을 노)

公僕공복　童僕동복　臣僕신복
從僕종복　僕役복역　僕虜복로

0536 | 복
茯 복령 복
⺿=艸부 총10획

茯神복신 소나무의 뿌리를 싸고 뭉키어서 생긴 복령 (神 귀신 신)
白茯神백복신 복신 (白 흰 백, 神 귀신 신)

0537 | 복
馥 향기 복 / 화살꽂히는소리 벽
香부 총18획

馥氣복기 향기 (氣 기운 기)
郁馥욱복 향기가 매우 짙음 (郁 성할 욱)

馥馥복복

0538 | 봉
峰 봉우리 봉
山부 총10획

雪峰설봉 눈으로 덮인 산봉우리 (雪 눈 설)
最高峰최고봉 가장 높은 봉우리 또는 가장 뛰어난 사람이나 그 수준 (最 가장 최, 高 높을 고)

巨峰거봉　孤峰고봉　天王峰천왕봉
雲峰운봉　花峰화봉　芝峰類說지봉유설

0539 | 봉
俸 녹 봉
亻=人부 총10획

俸給봉급 계속적 노무에 대한 보수 (給 줄 급)
減俸감봉 봉급을 줄임 (減 덜 감)

祿俸녹봉　薄俸박봉　年俸연봉
俸祿봉록　俸米봉미　號俸호봉

0540 | 봉
捧 받들 봉
扌=手부 총11획

捧場봉장 남을 받들어 도와줌 (場 마당 장)
捧銃봉총 받들어 총 (銃 총 총)

難捧난봉　收捧수봉　實捧실봉
捧納봉납　捧入봉입　捧呈봉정

・ ・ ・ 이 한 자 기 억 해 요 ? ・ ・ 정답 215

1 汎(　) 2 泛(　) 3 范(　) 4 僻(　) 5 璧(　) 6 癖(　) 7 闢(　) 8 卞(　) 9 弁(　) 10 倂(　)

2급 한자 1501 | 0541~0560

0541 | 봉

棍棒곤봉 나무를 짧고 둥글게 깎아 만든 몽둥이 (棍 몽둥이 곤)
指揮棒지휘봉 지휘자가 손에 들고 흔드는 막대기 (指 가리킬 지, 揮 휘두를 휘)

막대 봉
木부 총12획

綿棒면봉　木棒목봉　針小棒大침소봉대
鐵棒철봉　警察棒경찰봉　平行棒평행봉

0542 | 봉

烽燧봉수 봉화 (燧 부싯돌 수)
烽火봉화 옛날에 신호용으로 사용했던 횃불 (火 불 화)

봉화 봉
火부 총11획

烽臺봉대　烽燧臺봉수대　烽火臺봉화대
烽鼓봉고　烽樓봉루　烽燧軍봉수군

0543 | 봉

琫燧峴봉수현 함경남도 성진군에 있는 재 (燧 부싯돌 수, 峴 재 현)
全琫準전봉준 녹두장군으로 불리던 조선 말기 동학혁명의 지도자 (全 온전할 전, 準 준할 준)

칼집장식 봉
王=玉부 총12획

0544 | 봉

縫合봉합 수술 또는 외상으로 갈라진 자리를 꿰맴 (合 합할 합)
縫製봉제 미싱 따위로 박아서 만듦 (製 지을 제)

꿰맬 봉
糸부 총17획

裁縫師재봉사　裁縫針재봉침　縫針봉침
假縫가봉　裁縫재봉　縫製玩具봉제완구

0545 | 봉

蓬艾봉애 쑥 (艾 쑥 애)
轉蓬전봉 가을에 뿌리째 뽑히어 여기저기 굴러다니는 쑥, 고향을 떠나 이리저리 떠돌아다님의 비유 (轉 구를 전)

쑥 봉
艹=艸부 총15획

霜蓬상봉　蓬累봉루　麻中之蓬마중지봉
蓬頭봉두　蓬萊山봉래산　蓬頭亂髮봉두난발

0546 | 봉

銳鋒예봉 창이나 칼 등의 날카로운 끝 (銳 날카로울 예)
先鋒선봉 맨 앞장 (先 먼저 선)

칼날 봉
金부 총15획

軍鋒군봉　前鋒전봉　先鋒將선봉장
筆鋒필봉　論鋒논봉　才鋒재봉

0547 | 부

俯伏부복 고개를 숙이고 엎드림 (伏 엎드릴 복)
俯仰부앙 아래를 굽어봄과 위를 쳐다봄 (仰 우러를 앙)

구부릴 부
亻=人부 총10획

俯視부시　俯聽부청　俯察부찰
感恩俯伏감은부복　仰事俯育앙사부육

0548 | 부

師傅사부 가르치고 이끌어주는 스승 (師 스승 사)
世孫傅세손부 세손의 스승 (世 인간 세, 孫 손자 손)

스승 부
亻=人부 총12획

太傅태부　大傅대부　恩傅은부
少傅소부　傅育부육　傅會부회

0549 | 부

解剖해부 치료나 관찰을 위해 칼로 특정한 부위를 자르는 일 (解 풀 해)
剖檢부검 사망 원인을 밝히기 위해 시체를 해부하여 검사함 (檢 검사할 검)

쪼갤 부
刂=刀부 총10획

剖析부석　剖折부절　解剖學해부학
剖破부파　剖判부판　剖棺斬屍부관참시

0550 | 부

見孚견부 남에게서 신용을 얻음 (見 볼 견)
孚佑부우 믿고 도와 줌 (佑 도울 우)

미쁠 부
子부 총7획

· · · 이 한 자 기 억 해 요 ? · · · 정답 216

1 幷 ( )　2 柄 ( )　3 炳 ( )　4 瓶 ( )　5 秉 ( )　6 餅 ( )　7 騈 ( )　8 堡 ( )　9 洑 ( )　10 甫 ( )

여기는! 棒봉 / 敷부

0551 | 부
敷
펼 부
攵부 총15획

- 敷衍부연 자세한 설명을 덧붙여 알기 쉽게 함 (衍 넘칠 연)
- 敷設부설 다리나 철도 등을 설치함 (設 베풀 설)
- 敷演부연
- 敷地부지
- 敷土부토

0552 | 부
斧
도끼 부
斤부 총8획

- 大斧대부 큰 도끼 (大 클 대)
- 斤斧근부 도끼 (斤 도끼 근)
- 玉斧옥부
- 刀斧手도부수
- 磨斧爲針마부위침
- 握斧악부
- 斧藻부조
- 知斧斫足지부작족

0553 | 부
溥
펼 부 / 넓을 보
氵=水부 총13획

- 溥大부대 넓고 큼 (大 클 대)
- 溥被부피 두루 덮음 (被 이불 피)
- 溥博부박
- 溥長부장
- 溥暢부창
- 溥天부천
- 溥洽부흡
- 宏溥굉부

0554 | 부
腑
육부 부
月=肉부 총12획

- 六腑육부 여섯 가지 뱃속의 기관을 통칭 (六 여섯 육)
- 肺腑폐부 폐장 또는 마음 깊은 곳 (肺 허파 폐)
- 腑臟부장
- 臟腑장부
- 五臟六腑오장육부
- 肺腑之言폐부지언

0555 | 부

膚
살갗 부
月=肉부 총15획

- 皮膚피부 동물의 몸을 감싸고 있는 외피 (皮 가죽 피)
- 身體髮膚신체발부 머리부터 발끝까지의 몸 전체 (身 몸 신, 體 몸 체, 髮 터럭 발)
- 髮膚발부
- 氷膚빙부
- 玉膚옥부
- 切膚절부
- 膚淺부천
- 皮膚色피부색

0556 | 부
芙
연꽃 부
艹=艸부 총8획

- 芙蓉부용 연꽃 (蓉 연꽃 용)
- 玉芙蓉옥부용 아름다운 연꽃 (玉 구슬 옥, 蓉 연꽃 용)
- 金芙花금부화
- 芙蓉堂부용당
- 芙蓉峯부용봉
- 木芙蓉목부용

0557 | 부
訃
부고 부
言부 총9획

- 訃告부고 사람의 죽음을 알림 또는 그 글 (告 알릴 고)
- 訃音부음 사람이 죽었다고 기별 (音 소리 음)
- 訃聞부문
- 訃報부보
- 訃信부신
- 告訃고부
- 承訃승부
- 通訃통부

0558 | 부
趺
책상다리할 부
足부 총11획

- 趺坐부좌 두 다리를 틀어 얹고 앉는 자세 (坐 앉을 좌)
- 跏趺坐가부좌 책상다리를 하고 앉음 또는 부처의 앉은 모양 (跏 책상다리할 가, 坐 앉을 좌)
- 跏趺가부
- 龜趺귀부
- 石趺석부
- 結跏趺坐결가부좌
- 半跏趺坐반가부좌

0559 | 부

釜
가마 부
金부 총10획

- 釜山부산 경상남도에 있는 광역시 (山 메 산)
- 鹽釜염부 바닷물을 끓여서 소금을 만들 때에 쓰는 큰 가마 (鹽 소금 염)
- 瓦釜와부
- 釜島부도
- 釜底부저
- 壓力釜압력부
- 沈船破釜침선파부

0560 | 부
阜
언덕 부
阜부 총8획

- 高阜고부 높은 언덕 (高 높을 고)
- 丘阜구부 언덕 (丘 언덕 구)
- 岡阜강부
- 阜傍부방
- 大阜島대부도
- 陰阜음부
- 左阜傍좌부방
- 右阜傍우부방

· · · 이 한 자 기 억 해 요 ? · · · 정답 217

1 菩( ) 2 裸( ) 3 輔( ) 4 輻( ) 5 僕( ) 6 茯( ) 7 馥( ) 8 峰( ) 9 俸( ) 10 捧( )

2급 한자 /501/ | 0561~0580

0561 | 분 — 噴
- 噴霧 분무 물이나 약을 안개와 같이 뿜어냄 (霧 안개 무)
- 噴射 분사 세차게 내뿜음 (射 쏠 사)

뿜을 분 / 口부 총15획
- 噴水 분수
- 噴水臺 분수대
- 噴出 분출
- 噴沫 분말
- 噴霧器 분무기
- 噴火口 분화구

0562 | 분 — 忿
- 忿怒 분노 분하여 몹시 성냄 (怒 성낼 노)
- 激忿 격분 몹시 화를 냄 (激 격할 격)

성낼 분 / 心부 총8획
- 忿氣 분기
- 痛忿 통분
- 忿爭 분쟁
- 忿病 분병
- 忿慎 분분
- 愧忿 괴분

0563 | 분 — 汾
- 汾西王 분서왕 백제의 10대 임금 (西 서녘 서, 王 임금 왕)
- 郭汾陽傳 곽분양전 조선 후기의 국문소설 (郭 둘레 곽, 陽 볕 양, 傳 전할 전)

클 분 / 물구를 분 / 氵=水부 총7획
- 汾水 분수
- 汾陽 분양
- 汾酒 분주

0564 | 분 — 焚
- 焚身 분신 몸을 불사름 (身 몸 신)
- 焚香 분향 향을 피움 (香 향기 향)

불사를 분 / 火부 총12획
- 燒焚 소분
- 焚殺 분살
- 焚書 분서
- 焚滅 분멸
- 焚燒 분소
- 焚書坑儒 분서갱유

0565 | 분 — 盆
- 花盆 화분 화초를 심어 가꾸는 그릇 (花 꽃 화)
- 盆種 분종 화초를 화분에 심음 또는 그 화초 (種 씨 종)

동이 분 / 皿부 총9획
- 金盆 금분
- 盆栽 분재
- 瓶盆 병분
- 盆地 분지
- 水盆 수분
- 花草盆 화초분

0566 | 분 — 糞
- 人糞 인분 사람의 똥 (人 사람 인)
- 糞尿 분뇨 똥과 오줌 (尿 오줌 뇨)

똥 분 / 米부 총17획
- 漑糞 개분
- 糞土 분토
- 血糞 혈분
- 糞門 분문
- 馬糞紙 마분지
- 糞石 분석

0567 | 분 — 芬
- 芳芬 방분 향기로움 (芳 꽃다울 방)
- 芬皇寺 분황사 경상북도 경주시에 있는 절 (皇 임금 황, 寺 절 사)

향기 분 / 艹=艸부 총8획
- 芬國 분국
- 芬皇宗 분황종
- 芬蘭 분란
- 地芬子 지분자
- 芬芳 분방

0568 | 불 — 弗
- 弗素齒藥 불소치약 불화 알카리를 넣어서 만든 치약 (素 본디 소, 齒 이 치, 藥 약 약)
- 弗貨 불화 달러 (貨 재화 화)

아닐 불 / 말 불 / 弓부 총5획
- 美弗 미불
- 弗素 불소
- 貿易弗 무역불
- 弗化物 불화물
- 舍利弗 사리불
- 弗化銀 불화은

0569 | 붕 — 棚
- 氷棚 빙붕 거대한 얼음 덩어리 (氷 얼음 빙)
- 大陸棚 대륙붕 수심이 약 200미터 이내인 완만한 경사의 해저 (大 클 대, 陸 뭍 륙)

사다리 붕 / 木부 총12획
- 山棚 산붕
- 火棚 화붕
- 陸棚 육붕
- 關伽棚 알가붕
- 綵棚 채붕
- 海蝕棚 해식붕

0570 | 붕 — 鵬
- 大鵬 대붕 하루에 9만 리를 날아간다는 상상의 새 (大 클 대)
- 鵬程 붕정 붕새가 날아갈 길이라는 뜻에서 앞으로 가야 할 먼 길을 비유함 (程 단위 정)

새 붕 / 鳥부 총19획
- 鵬翼 붕익
- 鵬鳥 붕조
- 鵬圖 붕도
- 大鵬萬里 대붕만리
- 鵬飛 붕비
- 鵬程萬里 붕정만리

· · · 이 한 자 기 억 해 요 ? · · · 정답 218

1 棒( ) 2 烽( ) 3 琫( ) 4 縫( ) 5 蓬( ) 6 鋒( ) 7 俯( ) 8 傅( ) 9 剖( ) 10 孚( )

여기는! 噴분 / 丕비

0571 | 비 丕 클 비 一부 총5획
- 丕基비기 임금의 기업 (基 터 기)
- 丕績비적 훌륭하게 여길 만한 큰 공적 (績 길쌈할 적)
- 丕變비변
- 丕業비업
- 丕運비운
- 丕子비자
- 丕訓비훈
- 曹丕조비

0572 | 비 匪 비적 비 / 나눌 분 匚부 총10획
- 共匪공비 공산군 (共 한가지 공)
- 匪賊비적 무장을 하고 떼로 다니며 살인과 약탈을 하는 도둑 (賊 도둑 적)
- 匪魁비괴
- 匪徒비도
- 武裝共匪무장공비
- 團匪단비
- 賊匪적비
- 討匪토비

0573 | 비 庇 덮을 비 广부 총7획
- 庇護비호 뒤덮어서 보호함 (護 보호할 호)
- 庇佑비우 보호함 (佑 도울 우)
- 庇匿비닉
- 庇蔭비음
- 曲庇곡비
- 隱庇은비
- 陰庇음비
- 庇護者비호자

0574 | 비 扉 사립문 비 戶부 총12획
- 柴扉시비 사립문 (柴 섶 시)
- 竹扉죽비 대를 엮어 만든 사립문 (竹 대 죽)
- 開扉개비
- 門扉문비
- 鐵扉철비
- 扉紙비지
- 扉窓비창
- 荊扉형비

0575 | 비 泌 분비할 비 / 스며흐를 필 氵=水부 총8획
- 泌尿器科비뇨기과 비뇨기의 질환을 연구하고 치료하는 의학의 한 분야 (尿 오줌 뇨, 器 그릇 기, 科 품등 과)
- 內分泌線내분비선 내분비 작용을 하는 선 (內 안 내, 分 나눌 분, 線 줄 선)

0576 | 비 沸 끓을 비 용솟음할 불 氵=水부 총8획
- 沸騰비등 액체가 끓어 오름 (騰 오를 등)
- 沸流비류 고구려 동명성왕의 둘째 아들 (流 흐를 류)
- 沸騰點비등점
- 突沸돌비
- 煮沸자비
- 共沸공비
- 沸點法비점법
- 沸湯비탕

0577 | 비 琵 비파 비 王=玉부 총12획
- 琵琶비파 짧은 자루가 있는 타원형의 몸통을 가진 현악기의 하나 (琶 비파 파)
- 琵音비음 펼친 화음 (音 소리 음)
- 琵琶琴비파금
- 琵琶島비파도
- 琵琶聲비파성
- 琵琶行비파행
- 唐琵琶당비파
- 鄕琵琶향비파

0578 | 비 痲 저릴 비 왜소할 비 疒부 총13획
- 麻痺마비 신경계통의 이상으로 신체의 부분이나 장기의 기능이 정지되는 상태 또는 그러한 병 (麻 삼 마)
- 冷痺냉비 냉기로 인해 손발이 감각을 잃고 저리는 병 (冷 찰 냉)
- 骨痺골비
- 筋痺근비
- 心臟痲痺심장마비
- 痺疳비감
- 濕痺습비
- 神經痲痺신경마비

0579 | 비 砒 비상 비 石부 총9획
- 砒酸비산 비소 또는 무수아비산을 초산 등으로 산화시켜 생기는 맹독성의 무색 결정체 (酸 실 산)
- 砒素비소 비금속 원소의 한 가지로 그 화합물은 독성이 강하여 주로 농약이나 의약으로 쓰임 (素 본디 소)
- 砒霜비상
- 砒毒沙비독사
- 砒石비석
- 砒霜石비상석
- 砒霜藥비상약
- 砒石鑛비석광

0580 | 비 秘 숨길 비 禾부 총10획
- 秘密비밀 남 또는 세상에 알리거나 알려져서는 안 되는 것 (密 빽빽할 밀)
- 神秘신비 일반적인 이론이나 이치를 초월한 것 (神 귀신 신)
- 秘色비색
- 秘宗비종

· · · 이 한 자 기 억 해 요 ? · · · 정답 219

1 敷( )　2 斧( )　3 溥( )　4 腑( )　5 膚( )　6 芙( )　7 訃( )　8 趺( )　9 釜( )　10 阜( )

2급 한자 1501 | 0581~0600

0581 | 비 — 緋

緋緞비단 명주실로 윤이 나게 잘 짠 피륙의 통칭 (緞 비단 단)
緋甲비갑 붉은빛의 갑옷 (甲 갑옷 갑)

비단 비 糸부 총14획

緋玉비옥　　緋絨蝶科비융접과　　緋衿誓幢비금서당
緋衿監비금감　緋幢主비금당주

0582 | 비 — 翡

翡翠비취 보석으로 쓰이는 짙은 초록색의 경옥 (翠 물총새 취)
翡色비색 고려청자의 색깔과 같은 푸른 빛깔 (色 빛 색)

물총새 비 羽부 총14획

翡玉비옥　翡鳥비조　　翡翠色비취색
翡翠衾비취금　翡翠玉비취옥　翡翠釉비취유

0583 | 비 — 脾

脾臟비장 백혈구를 만들고 묵은 적혈구를 파괴하는 기능을 하는 척추동물의 내장의 하나 (臟 오장 장)
脾胃비위 지라와 위 또는 음식물이나 사물에 대해 먹거나 하고 싶은 마음 (胃 밥통 위)

지라 비 月=肉부 총12획

脾髓비수　脾熱비열　脾炎비염
脾腫비종　脾疳비감　脾胃難定비위난정

0584 | 비 — 臂

肩臂견비 어깨와 팔 (肩 어깨 견)
肩臂痛견비통 어깨 또는 어깨에서 팔까지가 저리고 아픈 신경통의 일종 (肩 어깨 견, 痛 아플 통)

팔 비 月=肉부 총17획

斷臂단비　　奮臂분비　　一臂일비
臂環비환　　臂力비력　　一臂之力일비지력

0585 | 비 — 裨

裨將비장 조선시대 때 지방의 장관을 수행하던 관원 중의 하나 (將 장수 장)
偏裨편비 대장의 아래에 딸린 부하 장수 (偏 치우칠 편)

도울 비 衤=衣부 총13획

門裨문비　補裨보비　偏裨편비
裨補비보　裨助비조　裨裨將傳배비장전

0586 | 비 — 鄙

鄙淺비천 지체가 낮고 천함 (淺 얕을 천)
鄙劣비열 성품이나 행동이 천하고 졸렬함 (劣 못할 열)

더러울 비 / 마을 비 阝=邑부 총14획

鄙陋비루　鄙語비어　鄙言비언
邊鄙변비　野鄙야비　貪鄙탐비

0587 | 비 — 毘

毘丘尼비구니 출가하여 불문에 들어 구족계를 받은 여승 (丘 언덕 구, 尼 여승 니)
茶毘다비 불교에서 화장하는 일 (茶 차 다)

도울 비 比부 총9획

毘藍비람　毘盧비로　毘盧峯비로봉
毘盧殿비로전　茶毘式다비식　茶毘所다비소

0588 | 빈 — 嬪

嬪宮빈궁 왕세자의 아내 (宮 집 궁)
嬪妾빈첩 임금의 첩 (妾 첩 첩)

궁녀벼슬이름 빈 女부 총17획

宮嬪궁빈　　妃嬪비빈　　元嬪원빈
嬪御빈어　　世孫嬪세손빈　張禧嬪장희빈

0589 | 빈 — 彬

彬蔚빈울 무늬 모양이 찬란함 (蔚 고을이름 울)
文質彬彬문질빈빈 외관의 모양뿐 아니라 내용도 충실하여 그 조화가 좋은 상태 (文 글 월 문, 質 바탕 질)

빛날 빈 / 밝을 반 彡부 총11획

0590 | 빈 — 斌

빛날 빈 文부 총12획

이 한 자 기 억 해 요?　　정답 220

1 噴(　) 2 忿(　) 3 汾(　) 4 焚(　) 5 盆(　) 6 糞(　) 7 芬(　) 8 弗(　) 9 棚(　) 10 鵬(　)

여기는! 緋비 / 殯빈

0591 | 빈 殯
殯所빈소 발인 때까지 관을 놓아두는 방 또는 그런 장소 (所 바 소)
殯禮빈례 장사 지낸 예식 (禮 예도 례)

빈소 빈 歹부 총18획
殯宮빈궁　殯殿빈전　臨殯임빈
家殯가빈　山殯산빈　草殯초빈

0592 | 빈 濱
海濱해빈 해변 (海 바다 해)
砂濱사빈 모래사장 또는 모래가 있는 바닷가의 땅 (砂 모래 사)

물가 빈 氵=水부 총17획
率濱솔빈　水濱수빈　率土之濱솔토지빈

0593 | 빙 憑
信憑신빙 믿어서 근거나 증거로 삼음 (信 믿을 신)
證憑증빙 사실이나 현상의 증거로 삼음 또는 그런 근거 (證 증거 증)

기댈 빙 心부 총16획
徵憑징빙　憑據빙거　神憑性신빙성
文憑문빙　依憑의빙　證憑書類증빙서류

0594 | 사 僿
星湖僿說성호사설
조선 후기의 학자 이익이 쓴 책 (星 별 성, 湖 호수 호, 說 말씀 설)

잘게부술 사
잘게부술 새 亻=人부 총15획

0595 | 사 唆
示唆시사 미리 암시하여 일러줌 (示 보일 시)
敎唆교사 남을 꼬여 못된 일을 하게 함 (敎 가르칠 교)

부추길 사 口부 총10획
唆囑사촉　敎唆犯교사범　敎唆罪교사죄

0596 | 사 嗣
後嗣후사 대를 잇는 자식 (後 뒤 후)
嗣續사속 대를 잇는 아들 (續 이을 속)

이을 사 口부 총13획
嗣孫사손　嗣位사위　嗣續之望사속지망
養嗣양사　胤嗣윤사　宗嗣종사

0597 | 사 奢
奢侈사치 필요 이상으로 돈이나 물건을 씀 (侈 사치할 치)
豪奢호사 호화스럽게 사치함 (豪 호걸 호)

사치할 사 大부 총12획
奢欲사욕　奢傲사오　奢僭사참
驕奢교사　奢侈品사치품　奢利사리

0598 | 사 娑
娑婆사바 번뇌가 많은 인간 세계 (婆 할미 파, 음역자 바)
娑娑파사 춤추는 소매가 나부끼는 모양 (婆 할미 파, 음역자 바)

춤출 사
사바세상 사 女부 총10획
娑磨사마　娑婆世界사바세계　娑羅雙樹사라쌍수

0599 | 사 徙
移徙이사 집을 옮김 (移 옮길 이)
三徙삼사 맹자의 좋은 습성을 위해 맹자의 모친이 세 번 이사를 함 (三 석 삼)

옮길 사 彳부 총11획
流徙유사　徙居사거　徙家忘妻사가망처
徙業사업　徙宅忘妻사택망처　徙木之信사목지신

0600 | 사 泗
泗上사상 공자의 문 (上 윗 상)
泗川市사천시 경상남도 남쪽에 있는 시 (川 내 천, 市 저자 시)

물이름 사 氵=水부 총8획
泗川睦사천목　泗水사수　泗水山사수산
泗川海戰사천해전　泗川사천　泗天郡사천군

· · · 이 한 자 기 억 해 요? · · · 정답 221

1 丕( ) 2 匪( ) 3 庇( ) 4 扉( ) 5 泌( ) 6 沸( ) 7 琵( ) 8 痺( ) 9 砒( ) 10 秕( )

연습문제 6 | 지금까지 배운 내용을 문제로 풀어보세요

[01-10] 다음 한자(漢字)의 음(音)은 무엇입니까?

01 樊 : ①번 ②범 ③벽 ④병 ⑤보
02 范 : ①반 ②방 ③번 ④범 ⑤벽
03 幷 : ①박 ②발 ③배 ④번 ⑤병
04 菩 : ①범 ②벽 ③병 ④보 ⑤복
05 敷 : ①부 ②분 ③붕 ④비 ⑤빙
06 臂 : ①보 ②부 ③비 ④빈 ⑤빙
07 彬 : ①빙 ②빈 ③불 ④분 ⑤봉
08 斌 : ①발 ②반 ③분 ④빈 ⑤복
09 僿 : ①사 ②삭 ③상 ④새 ⑤서
10 娑 : ①색 ②생 ③삽 ④산 ⑤사

[11-15] 다음의 음(音)을 가진 한자는 어느 것입니까?

11 벽 : ①栢 ②帆 ③壁 ④卞 ⑤秉
12 변 : ①魄 ②弁 ③燔 ④閥 ⑤倂
13 부 : ①梵 ②輻 ③忿 ④訃 ⑤庇
14 비 : ①憑 ②濱 ③剖 ④峰 ⑤琵
15 사 : ①徙 ②翡 ③泌 ④芙 ⑤棒

[16-25] 다음 한자(漢字)의 뜻은 무엇입니까?

16 炳 : ①병 ②자루 ③불꽃 ④비단 ⑤봉화
17 秉 : ①잡다 ②불다 ③넓다 ④돕다 ⑤아우르다
18 餠 : ①떡 ②쑥 ③병 ④막대 ⑤울타리
19 甫 : ①펴다 ②크다 ③열다 ④받들다 ⑤나란히하다
20 褓 : ①돛 ②비단 ③가마 ④포대기 ⑤사다리
21 馥 : ①배 ②쑥 ③구슬 ④향기 ⑤버릇
22 鋒 : ①병 ②칼날 ③도끼 ④봉우리 ⑤칼집장식
23 溥 : ①펴다 ②좁다 ③맑다 ④흐리다 ⑤쪼개다
24 脾 : ①팔 ②똥 ③지라 ④살갗 ⑤육부
25 毘 : ①잇다 ②돕다 ③기대다 ④더럽다 ⑤찡그리다

[26-30] 다음의 뜻을 가진 한자(漢字)는 어느 것입니까?

26 울타리 : ①翻 ②幡 ③燔 ④蕃 ⑤藩
27 불경 : ①汎 ②梵 ③泛 ④范 ⑤帆
28 사다리 : ①柄 ②棚 ③鵬 ④棒 ⑤扉
29 크다 : ①孚 ②阜 ③卞 ④丕 ⑤樊
30 스승 : ①傅 ②俯 ③俸 ④僕 ⑤倂

[31-40] 다음 단어들의 '□' 안에 공통으로 들어갈 알맞은 한자(漢字)는 어느 것입니까?

31 派□, 財□, 學□
 ①蕃 ②闢 ③閥 ④騈 ⑤輔

32 □地, 窮□, 偏□
 ①璧 ②癖 ③闢 ④碧 ⑤僻

33 藥□, 琉璃□, 保溫□

　①倂 ②瓶 ③幷 ④炳 ⑤秉

34 □助, □佐, □弼

　①庇 ②裨 ③嗣 ④輔 ⑤輻

35 婢□, 從□, □役

　①僕 ②茯 ③倂 ④洑 ⑤裸

36 □給, 減□, 薄□

　①俸 ②峰 ③捧 ④烽 ⑤琫

37 □霧, □水, □出

　①噴 ②砒 ③噴 ④斌 ⑤唆

38 □怒, 激□, □爭

　①秘 ②憑 ③徙 ④忿 ⑤鄙

39 人□, □尿, 馬□紙

　①盆 ②糞 ③焚 ④芬 ⑤汾

40 □侈, 豪□, □慾

　①跌 ②翡 ③殯 ④娑 ⑤奢

[41-50] 다음 단어를 한자(漢字)로 바르게 쓴 것은 어느 것입니까?

41 완벽 : ①完璧 ②雙璧 ③開闢 ④潔癖 ⑤奇癖

42 범선 : ①帆柱 ②梵殿 ③汎意 ④帆船 ⑤泛舟

43 번식 : ①樊祇 ②燔作 ③蕃殖 ④藩主 ⑤藩鎭

44 보루 : ①堡礁 ②洑主 ③菩薩 ④輔君 ⑤堡壘

45 봉애 : ①蓬艾 ②俸祿 ③烽燧 ④縫製 ⑤捧銃

46 분신 : ①噴射 ②忿氣 ③焚身 ④盆種 ⑤芬芳

47 시비 : ①共匪 ②柴扉 ③曹丕 ④曲庇 ⑤突沸

48 비등 : ①丕基 ②匪賊 ③琵音 ④沸騰 ⑤秘密

49 비단 : ①緋緞 ②琵琶 ③砒素 ④翡翠 ⑤神將

50 사빈 : ①妃嬪 ②宮嬪 ③山殯 ④海濱 ⑤砂濱

[51-60] 다음 한자어(漢字語)의 음(音)은 무엇입니까?

51 降幡 : ①항번 ②당번 ③기번 ④생번 ⑤노번

52 盜癖 : ①괴벽 ②도태 ③도박 ④도벽 ⑤병벽

53 炳然 : ①병영 ②병욱 ③병연 ④병표 ⑤병요

54 輻射 : ①거사 ②거적 ③복지 ④복적 ⑤복사

55 解剖 : ①해부 ②해골 ③해괄 ④각부 ⑤각골

56 敷衍 : ①보행 ②부진 ③부연 ④복연 ⑤복행

57 訃告 : ①복호 ②복고 ③부고 ④부혹 ⑤부호

58 鹽釜 : ①연부 ②연금 ③염금 ④염부 ⑤해부

59 庇匿 : ①비약 ②비닉 ③부금 ④부약 ⑤비금

60 敎唆 : ①교준 ②교재 ③교육 ④교리 ⑤교사

2급 한자 1501 | 0601~0620

0601 | 사

쏟을 사
氵=水부 총18획

瀉出사출 吐瀉토사 上吐下瀉상토하사
止瀉劑지사제 瀉血法사혈법
  疳瀉감사

泄瀉설사 배탈 또는 세균의 감염 등으로 인해 누는 묽은 똥 (泄 샐 설)
瀉血사혈 치료를 위해 적당한 양의 혈액을 주사기 등으로 정맥에서 뽑아냄 (血 피 혈)

0602 | 사
獅子사자 백수의 왕으로 불리는 포유류 고양이과의 맹수 (子 아들 자)
獅子座사자좌
  사자자리 (座 자리 좌)

사자 사
犭=犬부 총13획

獅孫사손 獅子宮사자궁 人中獅子인중사자
獅子伎사자기 獅子舞사자무 獅子星사자성

0603 | 사
砂漠사막 모래 또는 자갈 등으로 덮인 아득히 넓은 벌판 (漠 사막 막)
砂糖사탕 설탕 또는 엿 등을 끓여서 여러 가지 모양으로 만든 단 과자 (糖 엿 탕)

모래 사
石부 총9획

硅砂규사 白砂백사 黃砂現象황사현상
砂布사포 砂金사금 白砂靑松백사청송

0604 | 사
祠堂사당 조상의 신주를 모셔 놓은 집 (堂 집 당)
神祠신사 신령을 모셔 놓은 사당 (神 귀신 신)

사당 사
示부 총10획

祠院사원 祠宇사우 顯忠祠현충사
廟祠묘사 祠堂房사당방 忠烈祠충렬사

0605 | 사

비단 사
糸부 총10획

絹紗견사 羅紗나사 玉洋紗옥양사
紗扇사선 紗帽사모 紗帽冠帶사모관대

網紗망사 그물처럼 성기게 짠 깁 (網 그물 망)
面紗布면사포
  결혼식 때에 신부가 머리에 쓰는 흰 사로 만든 장식품 (面 낯 면, 布 베 포)

0606 | 사

방자할 사
聿부 총13획

驕肆교사 교만하고 방자함 (驕 교만할 교)
酒肆靑樓주사청루
  홍등가 (酒 술 주, 靑 푸를 청, 樓 다락 루)

矜肆긍사 放肆방사 從肆종사
肆毒사독 肆惡사악 肆虐사학

0607 | 사
莎草사초 무덤에 떼를 입히고 다듬음 (草 풀 초)
改莎草개사초
  흙이 드러난 무덤에 떼를 다시 입힘 (改 고칠 개, 草 풀 초)

사초 사
艹=艸부 총11획

金莎금사 浮莎부사 莎臺石사대석
莎鷄사계 山莎草산사초 漢拏莎草한라사초

0608 | 사

가사 사
衣부 총13획

袈裟가사 중이 입는 법의로 장삼 위에 왼쪽 어깨에서 오른쪽 겨드랑이 밑으로 걸치는 천 (袈 가사 가)
赤袈裟적가사
  붉은 가사 (赤 붉을 적, 袈 가사 가)

九條袈裟구조가사 滿繡袈裟만수가사

0609 | 사

용서할 사
赤부 총11획

大赦대사 恩赦은사 特赦특사
赦罪사죄 赦令사령 特別赦免특별사면

赦過사과 잘못을 용서함 (過 허물 과)
赦免사면 잘못을 용서하여 놓아 줌 (免 면할 면)

0610 | 사

기를 사
食부 총14획

放飼방사 乾飼건사 飼料田사료전
飼養사양 飼草사초 飼育場사육장

飼料사료 가축의 먹이 (料 헤아릴 료)
飼育사육 짐승을 기름 (育 기를 육)

· · · 이 한 자 기 억 해 요 ? · · · 정답 222

1 緋( ) 2 翡( ) 3 脾( ) 4 臂( ) 5 裨( ) 6 鄙( ) 7 毖( ) 8 嬪( ) 9 彬( ) 10 斌( )

여기는! 瀉사 / 麝사

0611 | 사 麝
- 麝香사향 사향노루 수컷의 향낭을 말린 흑갈색의 가루로 약재나 향료로 씀 (香 향기 향)
- 麝鹿사록 사향노루 (鹿 사슴 록)

사향노루 사
鹿부 총21획
- 蘭麝난사
- 紫麝자사
- 麝香囊사향낭
- 麝牛사우
- 唐麝香당사향
- 常麝香상사향

0612 | 산 傘
- 雨傘우산 비가 올 때에 펴서 머리 위를 가릴 수 있도록 펴고 접을 수 있게 만든 것 (雨 비 우)
- 陽傘양산 볕을 가리기 위하여 쓰는 우산 모양의 것 (陽 볕 양)

우산 산
人부 총12획
- 菌傘균산
- 日傘일산
- 落下傘낙하산
- 傘狀산상
- 傘下산하
- 傘下團體산하단체

0613 | 산 刪
- 刪減산감 깎아서 줄임 (減 덜 감)
- 刪削산삭 필요 없는 글자나 구절을 지움 (削 깎을 삭)

깎을 산
刂=刀부 총7획
- 改刪개산
- 增刪증산
- 刪去산거
- 刪修산수
- 刪改산개
- 刪除산제

0614 | 산 珊
- 珊瑚산호 바닷속에 서식하는 산호과에 속하는 강장동물로 모양과 빛깔이 아름다워서 장식용으로 주로 쓰임 (瑚 산호 호)
- 珊瑚礁산호초 석회질 성분으로 된 산호충의 유해가 쌓이고 쌓여서 된 바위 (珊 산호 산, 瑚 산호 호, 礁 암초 초)

산호 산
王=玉부 총9획
- 珊瑚色산호색
- 珊瑚島산호도
- 珊瑚珠산호주
- 珊瑚蟲산호충
- 珊瑚海산호해
- 白珊瑚백산호

0615 | 산 酸
- 酸性산성 수소 이온 농도 지수 pH 7 미만으로 물에 녹으면 신맛을 내는 화합물의 성질 (性 성품 성)
- 酸素산소 공기의 주 성분이며 무색 무미 무취인 원소 (素 본디 소)

실 산
酉부 총14획
- 鹽酸염산
- 黃酸황산
- 窒酸질산
- 胃酸위산
- 酸度산도
- 炭酸탄산

0616 | 살 撒
- 撒水살수 물을 흩어서 뿌림 (水 물 수)
- 撒布살포 공중으로 뿜어서 뿌림 또는 물건 등을 여러 사람에게 나누어 줌 (布 베 포)

뿌릴 살
扌=手부 총15획
- 撒肥살비
- 撒砂살사
- 撒水車살수차
- 撒播器살파기
- 撒布機살포기
- 撒水器살수기

0617 | 살 煞
- 急煞급살 갑자기 닥치는 재액 (急 급할 급)
- 驛馬煞역마살 이리저리 떠돌아다니게 된 액운 (驛 역참 역, 馬 말 마)

죽일 살 / 매우 쇄
灬=火부 총13획
- 劫煞겁살
- 毒煞독살
- 災煞재살
- 出煞출살
- 空房煞공방살
- 凶煞흉살

0618 | 살 薩
- 菩薩보살 중생을 교화하는 부처의 버금이 되는 성인 (菩 보살 보)
- 薩水살수 청천강의 옛 이름 (水 물 수)

보살 살
艹=艸부 총18획
- 菩薩僧보살승
- 布薩포살
- 薩水大捷살수대첩
- 大菩薩대보살
- 觀世音菩薩관세음보살

0619 | 삼 杉
- 杉松삼송 삼나무 (松 소나무 송)
- 杉板삼판 삼나무의 널빤지 (板 널빤지 판)

삼나무 삼
木부 총7획
- 春杉춘삼

0620 | 삼 森
- 森林삼림 나무가 많이 우거진 곳 (林 수풀 림)
- 森林浴삼림욕 건강 등을 위해 숲을 산책하는 방법 등으로 숲 기운을 쐬는 일 (林 수풀 림, 浴 목욕할 욕)

수풀 삼
木부 총12획
- 鬱森울삼
- 森羅삼라
- 森羅萬象삼라만상
- 森然삼연
- 森嚴삼엄
- 森林地삼림지

이 한 자 기억해요? 정답 223

1 殘( ) 2 濱( ) 3 憑( ) 4 儐( ) 5 嚬( ) 6 嗣( ) 7 奢( ) 8 娑( ) 9 徙( ) 10 泗( )

2급 한자 1501 | 0621~0640

0621 | 삼
蔘

人蔘인삼 두릅나뭇과의 여러해살이풀로 주로 약재나 강장제로 쓰임 (人 사람 인)
山蔘산삼 깊은 산속에 야생하는 삼 (山 메 산)

삼 삼
艹=艸부 총15획

乾蔘건삼　水蔘수삼　紅蔘홍삼
尾蔘미삼　沙蔘사삼　海蔘해삼

0622 | 삼
衫

長衫장삼 검은 베로 품과 소매를 넓게 만든 중의 웃옷 (長 길 장)
圓衫원삼 아녀자의 예복으로 갖추는 웃옷의 한 종류 (圓 둥글 원)

적삼 삼
衤=衣부 총8획

葛衫갈삼　羅衫나삼　錦衫금삼
油衫유삼　偏衫편삼　紅衫홍삼

0623 | 삼
滲

滲透삼투 스며듦 또는 농도가 다른 반투막으로 막아 놓은 두 용액에서 농도가 낮은 쪽으로 용매가 옮겨 가는 현상 (透 사무칠 투)
滲透壓삼투압 삼투현상이 일어날 때 생기는 압력 (透 사무칠 투, 壓 누를 압)

스며들 삼
氵=水부 총14획

滲漏삼루　滲水삼수　滲入삼입
滲泄삼설　滲出삼출　滲出液삼출액

0624 | 삽
插

插入삽입 끼워 넣음 (入 들 입)
插畵삽화 문장의 내용을 보완 또는 이해를 돕기 위해 장면을 묘사하여 그린 그림 (畵 그림 화)

꽂을 삽
扌=手부 총12획

斜插사삽　插抹삽말　插橋川삽교천
插木삽목　插植삽식　插枝삽지

0625 | 삽
澁

澁味삽미 떫은 맛 (味 맛 미)
澁柹삽시 떫은 감 (柹 감나무 시)

떫을 삽
氵=水부 총15획

苦澁고삽　晦澁회삽　訥澁눌삽
疏澁소삽　澁滯삽체　澁尿症삽뇨증

0626 | 상
庠

庠校상교 중국 주나라 때 학교를 일컫는 말 (校 학교 교)
庠序상서 주나라와 은나라의 향교라는 뜻에서 학교를 뜻함 (序 차례 서)

학교 상
广부 총9획

庠謝禮상사례

0627 | 상
湘

湘江상강 중국 호남성에 있는 강 (江 강 강)
湘君상군 상강의 신 (君 임금 군)

강이름 상
氵=水부 총12획

湘水상수　湘潭상담　湘流상류
瀟湘소상　臨湘임상　湘夫人상부인

0628 | 상
箱

箱子상자 나무나 종이 등으로 만든 손그릇 (子 아들 자)
蜂箱봉상 벌통 (蜂 벌 봉)

상자 상
竹부 총15획

巢箱소상　藥箱약상　百葉箱백엽상
潛箱잠상　木箱子목상자　石箱墳석상분

0629 | 상
翔

飛翔비상 공중을 날아다님 (飛 날 비)
滑翔활상 새가 날갯짓 없이 미끄러지듯이 나는 모양 (滑 미끄러울 활)

날 상
羽부 총12획

高翔고상　雲翔운상　回翔회상
翔空상공　翔貴상귀　飛翔力비상력

0630 | 새
璽

玉璽옥새 옥으로 만든 국새 (玉 구슬 옥)
國璽국새 대한민국의 국가 인장 (國 나라 국)

옥새 새
玉부 총19획

信璽신새　寶璽보새　印璽인새
御璽어새　靈璽영새　掌璽官장새관

•　•　•　이　한　자　기　억　해　요　?　•　•　•　　정답 226

1 瀉(　)　2 獅(　)　3 砂(　)　4 祠(　)　5 紗(　)　6 肆(　)　7 莎(　)　8 裟(　)　9 赦(　)　10 飼(　)

여기는! 蔘삼 / 穡색

0631 | 색 穡
- 稼穡가색 곡식 농사 (稼 심을 가)
- 李穡이색 고려시대 문신 (李 오얏 이)

거둘 색 / 禾부 총18획
- 務玆稼穡무자가색
- 稼穡之艱難가색지간난

0632 | 생 牲
- 犧牲희생 사람 또는 다른 것을 위해서 자기를 돌보지 않고 자신의 것을 받치거나 버림 (犧 희생 희)
- 獻牲헌생 신에게 산 짐승을 제물로 바침 (獻 드릴 헌)

희생 생 / 牛부 총9획
- 牢牲뇌생 三牲삼생 特牲특생
- 牲匣생갑 牲牢생뢰 犧牲打희생타

0633 | 생 笙
- 琴笙금생 거문고와 생황 (琴 거문고 금)
- 笙歌생가 생황과 노래 (歌 노래 가)

생황 생 / 竹부 총11획
- 笙鼓생고 巢笙소생 笙簧醬생황장
- 笙簫생소 鼓瑟吹笙고슬취생

0634 | 서 壻
- 國壻국서 임금의 사위 (國 나라 국)
- 壻郞서랑 남의 사위를 높이어 부르는 말 (郞 사나이 랑)

사위 서 / 士부 총12획
- 佳壻가서 夫壻부서 孫壻손서
- 子壻자서 堂姪壻당질서 豫壻예서

0635 | 서 嶼
- 島嶼도서 크고 작은 섬 (島 섬 도)
- 綠嶼녹서 초목이 우거진 작은 섬 (綠 푸를 녹)

섬 서 / 山부 총17획
- 蘭嶼난서 草嶼초서 紅頭嶼홍두서

0636 | 서 抒
- 抒事서사 사실을 있는 그대로 적음 (事 일 사)
- 抒情서정 자기의 감정과 정서를 나타냄 (情 뜻 정)

풀 서 / 扌=手부 총7획
- 抒事體서사체 抒情文서정문 抒情詩서정시
- 抒情體서정체 抒情味서정미 抒情性서정성

0637 | 서 曙
- 曙光서광 동틀 때의 빛이란 뜻으로 어떤 일의 가능성을 나타냄 (光 빛 광)
- 曙天서천 새벽 하늘 (天 하늘 천)

새벽 서 / 日부 총18획
- 曙景서경 曙鼓서고 曙月서월
- 曙雲서운 曙鐘서종 達曙달서

0638 | 서 棲
- 棲息서식 동물이 깃들여 삶 (息 숨쉴 식)
- 兩棲양서 동물이 물 속과 땅 위의 양쪽에서 다 삶 (兩 두 량)

깃들여살 서 / 木부 총12획
- 棲宿서숙 棲息地서식지 兩棲類양서류
- 共棲공서 同棲동서 陸棲動物육서동물

0639 | 서 犀
- 犀角서각 무소의 뿔 (角 뿔 각)
- 犀科서과 코뿔소과 (科 품등 과)

무소 서 / 牛부 총12획
- 犀牛서우 犀皮서피 烏犀角오서각
- 靈犀영서 犀利서리 一角犀일각서

0640 | 서 瑞
- 祥瑞상서 경사롭고 길한 징조 (祥 상서 상)
- 瑞光서광 상서로운 빛 (光 빛 광)

상서 서 / 王=玉부 총13획
- 慶瑞경서 靈瑞영서 金宗瑞김종서
- 瑞氣서기 瑞夢서몽 瑞祥木서상목

• • • 이 한 자 기 억 해 요 ? • • • 정답 227

1 驛( ) 2 傘( ) 3 刪( ) 4 珊( ) 5 酸( ) 6 撒( ) 7 煞( ) 8 薩( ) 9 杉( ) 10 森( )

2급 한자 1501 | 0641~0660

0641 | 서

卦筮괘서 점을 침 또는 그런 일 (卦 점괘 괘)
卜筮복서 점을 침 또는 그 점 (卜 점 복)

점 서
竹부 총13획
筮仕서사　占筮점서　錢筮法전서법
筮卜서복　筮書서서　筮子서자

0642 | 서

胥失서실 서로 잘못한 허물 (失 잃을 실)
胥吏서리 관아의 말단 행정 실무에 종사하는 사람 (吏 벼슬아치 리)

서로 서 / 모두 서
月=肉부 총9획
象胥상서　吏胥이서　快胥쾌서
蟹胥해서　華胥之夢화서지몽

0643 | 서

卷舒권서 말았다 폈다 함 (卷 책 권)
舒雁서안 거위 (雁 기러기 안)

펼 서
舌부 총12획
急舒급서　振舒진서　安舒안서
舒遲서지　舒暢서창　舒川郡서천군

0644 | 서
甘薯감서 고구마 (甘 달 감)
薯童謠서동요
　백제 무왕이 선화공주를 얻기 위해 만들었다는 향가 (童 아이 동, 謠 노래 요)

감자 서
艹=艸부 총18획
蕃薯번서　馬鈴薯마령서　佛掌薯불장서
山薯麵산서면

0645 | 서

鋤骨서골 척추동물의 콧마루를 이루는 뼈 (骨 뼈 골)

호미 서
金부 총15획

0646 | 서
黍離서리 기장 같은 식물이 자라 쓸쓸한 광경 (離 떠날 리)
黍穀서곡 조·수수·옥수수 따위의 잡곡 (穀 곡식 곡)

기장 서
黍부 총12획
黍粟서속　黍稷서직　鷄黍계서
蜀黍촉서　禾黍화서　唐黍당서

0647 | 서

栗鼠율서 다람쥐 (栗 밤 율)
鼠生員서생원
　쥐를 의인화하여 부르는 말 (生 날 생, 員 인원 원)

쥐 서
鼠부 총13획
袋鼠대서　飛鼠비서　田鼠전서
黃鼠황서　鼠婦서부　窮鼠莫追궁서막추

0648 | 석

클 석 / 쌩백 석
大부 총15획

0649 | 석

明晳명석 분명하고 똑똑함 (明 밝을 명)
白晳백석 얼굴빛이 희고 잘 생김 (白 흰 백)

밝을 석
日부 총12획

0650 | 석
潮汐조석 달과 태양 등의 인력으로 해수면이 주기적으로 높아졌다 낮아졌다 하는 현상 (潮 밀물 조)
潮汐表조석표
　밀물과 썰물의 시각을 예측하여 만든 표 (潮 밀물 조, 表 겉 표)

조수 석 / 뼈를 계
氵=水부 총6획
汐曇석담　汐水석수　海汐해석
潮汐設조석설　潮汐水조석수

・　・　・　이　한　자　기　억　해　요　?　・　・　・　정답 228

1 蔘(　) 2 衫(　) 3 滲(　) 4 揷(　) 5 澁(　) 6 庠(　) 7 湘(　) 8 箱(　) 9 翔(　) 10 璽(　)

여기는! 筮서 / 潟석

0651 | 석

潟湖석호 사취나 사주 등이 바다를 막아서 생긴 호수 (湖 호수 호)
干潟地간석지 조수가 드나드는 개펄 (干 방패 간, 地 땅 지)

개펄 석
氵=水부 총15획

0652 | 석
碩師석사 훌륭한 학자 (師 스승 사)
碩學석학 학문이 높은 경지에 이른 사람의 경칭 (學 배울 학)

클 석
石부 총14획
宿碩숙석　　碩德석덕　　碩座教授석좌교수
碩望석망　　碩材석재　　碩士課程석사과정

0653 | 석

朱錫주석 놋쇠 (朱 붉을 주)
錫鑛석광 주석을 캐는 광산 또는 주석이 있는 광석 (鑛 쇳돌 광)

주석 석
金부 총16획
九錫구석　　砂錫사석　　鹽化錫염화석
錫杖석장　　錫婚式석혼식　　池錫永지석영

0654 | 선
太極扇태극선 태극 모양을 그린 부채 (太 클 태, 極 극진할 극)
合竹扇합죽선 얇게 깎은 겉대를 맞붙여 살을 만든 쥘부채 (合 합할 합, 竹 대 죽)

부채 선
戶부 총10획
翠扇취선　　芭蕉扇파초선　　扇風機선풍기
扇形선형　　扇狀地선상지　　夏爐冬扇하로동선

0655 | 선
璿板선판 현판 (板 널빤지 판)
天璿천선 북두칠성의 두 번째 별 (天 하늘 천)

구슬 선
王=玉부 총18획

0656 | 선
乾癬건선 마름버짐 (乾 마를 건)
濕癬습선 진버짐 (濕 젖을 습)

옴 선
疒부 총22획
白癬백선　　牛癬우선　　頑癬완선
癬瘡선창　　苔癬태선　　苔癬類태선류

0657 | 선

修繕수선 낡거나 불완전한 것을 새롭게 고침 (修 닦을 수)
補繕보선 고치고 보충함 (補 기울 보)

기울 선
糸부 총18획
營繕영선　　弦繕현선　　營繕費영선비
繕寫선사　　繕匠선장　　修繕工수선공

0658 | 선

羨望선망 부러워함 (望 바랄 망)
羨慕선모 부러워하여 사모함 (慕 그리워할 모)

**부러워할 선
무덤길 연**
羊부 총13획
羨道선도　　健羨건선　　仰羨앙선
艶羨염선　　欽羨흠선
白髮悲花落靑雲羨鳥飛백발비화락청운선조비

0659 | 선
乳腺유선 젖샘 (乳 젖 유)
扁桃腺편도선 사람 입 속 양쪽에 하나씩 있는 타원형의 림프샘 (扁 작을 편, 桃 복숭아 도)

샘 선
月=肉부 총13획
淚腺누선　　甲狀腺갑상선　　淋巴腺임파선
腺熱선열　　腺腫선종　　前立腺전립선

0660 | 선

膳物선물 남에게 주는 물품 (物 만물 물)
膳賜선사 남에게 물품을 줌 (賜 줄 사)

선물 선 / 반찬 선
月=肉부 총16획
物膳물선　　復膳복선　　尙膳상선
膳官선관　　膳夫선부　　減膳감선

• • • 이 한 자 기 억 해 요 ? • • • 정답 229

1 稿(　) 2 牲(　) 3 笙(　) 4 堉(　) 5 嶼(　) 6 抒(　) 7 曙(　) 8 棲(　) 9 犀(　) 10 瑞(　)

2급 한자 1501 | 0661~0680

0661 | 선 蟬
- 蟬退선퇴 매미가 변태할 때 벗은 허물 (退 물러날 퇴)
- 蟬鳴선명 매미가 욺, 귀찮게 자꾸 지껄이는 소리 (鳴 울 명)

매미 선 / 虫부 총18획
- 高蟬고선
- 秋蟬추선
- 寒蟬한선
- 蟬殼선각
- 蟬聲선성
- 蟬脫선탈
- 蟬蟲선충

0662 | 선 詵
- 道詵寺도선사 신라시대 중 도선이 세운 서울시의 삼각산에 있는 절 (道 길 도, 寺 절 사)
- 詵詵선선 수가 많은 모양

많을 선 / 많을 신 / 言부 총13획

0663 | 선 銑
- 銑鐵선철 무쇠 (鐵 쇠 철)
- 鎔銑爐용선로 주물공장에서 주철을 녹이는 가마 (鎔 쇠녹일 용, 爐 화로 로)

무쇠 선 / 金부 총14획
- 白銑백선
- 鼠銑서선
- 混銑爐혼선로

0664 | 설 卨

사람이름 설 / 卜부 총11획

0665 | 설 屑
- 屑糖설탕 사탕수수나 사탕무우 등을 원료로 만든 단맛이 나는 무색 또는 갈색의 결정 (糖 엿 탕)
- 碎屑쇄설 깨진 부스러기 (碎 부술 쇄)

가루 설 / 달갑게여길 설 / 尸부 총10획
- 金屑금설
- 木屑목설
- 玉屑옥설
- 屑塵설진
- 角屑糖각설탕
- 廢屑物폐설물

0666 | 설 楔
- 楔子설자 쐐기 (子 아들 자)
- 楔形설형 쐐기꼴 (形 형상 형)

문설주 설 / 木부 총13획
- 楔狀설상
- 楔齒설치
- 楔形文字설형문자
- 雷楔뇌설
- 綽楔작설
- 楔狀骨설상골

0667 | 설 泄
- 漏泄누설 사물이나 비밀 등이 밖으로 새어 나감 (漏 샐 누)
- 排泄배설 사람이나 동물이 음식을 먹고 그 찌꺼기를 몸 밖으로 내보내는 일 (排 밀칠 배)

샐 설 / 흩어질 예 / 氵=水부 총8획
- 泄氣설기
- 泄露설로
- 泄瀉설사
- 夢泄몽설
- 泄瀉藥설사약
- 排泄腔배설강

0668 | 설 薛
- 薛聰설총 이두를 집대성한 원효대사의 아들 (聰 귀 밝을 총)
- 薛羅설라 신라를 중국에서 일컫던 말 (羅 그물 라)

성 설 / 艹=艸부 총17획
- 薛里설리
- 薛羅馬설라마
- 薛延陀설연타
- 薛仁貴설인귀
- 薛義植설의식
- 怯薛겁설

0669 | 섬 暹

햇살치밀 섬 / 나라이름 섬 / 日부 총16획

0670 | 섬 纖
- 纖細섬세 매우 가냘픔 또는 매우 세밀함 (細 가늘 세)
- 纖纖玉手섬섬옥수 가냘프고 옥 같은 손이라는 뜻에서 여자의 가냘프고 고운 손을 뜻함 (玉 구슬 옥, 手 손 수)

가늘 섬 / 糸부 총23획
- 纖麗섬려
- 纖毛섬모
- 纖度計섬도계
- 纖纖섬섬
- 纖維섬유
- 纖維工業섬유공업

이 한 자 기 억 해 요 ?   정답 230

1 筮 ( ) 2 胥 ( ) 3 舒 ( ) 4 薯 ( ) 5 鋤 ( ) 6 黍 ( ) 7 鼠 ( ) 8 奭 ( ) 9 晳 ( ) 10 汐 ( )

여기는! 蟬선 / 蟾섬

0671 | 섬 蟾
- 玉蟾옥섬 전설에서 달에 있는 두꺼비 (玉 구슬 옥)
- 銀蟾은섬 달 (銀 은 은)

두꺼비 섬 虫부 총19획
- 蟾灰섬회
- 素蟾소섬
- 蟾注섬주
- 蟾兎섬토
- 蟾蛇섬사
- 蟾津江섬진강

0672 | 섬 贍
- 不贍불섬 넉넉지 못함 (不 아닐 불)
- 贍富섬부 재산이 넉넉하고 풍족함 (富 부유할 부)

넉넉할 섬 貝부 총20획
- 贍足섬족
- 贍賑섬진
- 富贍부섬
- 贍學錢섬학전
- 華贍화섬
- 力不贍역불섬

0673 | 섬 閃
- 閃光섬광 순간적으로 번쩍이는 빛 (光 빛 광)
- 燦閃찬섬 번쩍번쩍 빛남 (燦 빛날 찬)

번쩍일 섬 門부 총10획
- 一閃일섬
- 閃電섬전
- 閃光信號섬광신호
- 閃絡섬락
- 閃搖섬요
- 角閃巖각섬암

0674 | 섬 陝
- 陝西省섬서성 중국 중북부의 성 (西 서녘 서, 省 살필 성)
- 陝省섬성 섬서성 (省 살필 성)

땅이름 섬 阝=阜부 총10획

0675 | 섭 燮
- 燮理섭리 음양을 고르게 다스림 (理 다스릴 리)
- 燮伐섭벌 협동하여 정벌함 (伐 칠 벌)

불꽃 섭 火부 총17획

0676 | 성 惺

깨달을 성 忄=心부 총12획

0677 | 성 晟

밝을 성 日부 총11획

0678 | 성 醒
- 覺醒각성 눈을 떠서 정신을 차림 또는 잘못을 깨달음 (覺 깨달을 각)
- 醒酒湯성주탕 해장국 (酒 술 주, 湯 끓일 탕)

깰 성 酉부 총16획
- 警醒경성
- 獨醒독성
- 蘇醒소성
- 醒覺성각
- 醒醉성취
- 覺醒劑각성제

0679 | 세 貰
- 月貰월세 다달이 내는 집세 또는 방세 (月 달 월)
- 傳貰房전세방 전세로 빌려주고 빌리는 방 (傳 전할 전, 房 방 방)

세놓을 세 貝부 총12획
- 專貰전세
- 傳貰전세
- 專貰機전세기
- 房貰방세
- 朔月貰삭월세
- 貰入者세입자

0680 | 소 塑
- 彫塑조소 조각의 원형이 되는 형상을 만듦 또는 그렇게 형상 (彫 새길 조)
- 塑造소조 진흙이나 나무 등을 이용하여 형상을 조각해 냄 (造 지을 조)

흙빚을 소 土부 총13획
- 泥塑이소
- 繪塑회소
- 泥塑人이소인
- 塑像소상
- 塑性소성
- 可塑性가소성

• • • 이 한 자 기 억 해 요 ? • • • 정답 231

1 潟( ) 2 碩( ) 3 錫( ) 4 扇( ) 5 璿( ) 6 癬( ) 7 繕( ) 8 羨( ) 9 腺( ) 10 膳( )

2급 한자 1501 | 0681~0700

0681 | 소
宵

밤 소 / 닮을 초
宀부 총10획

- 今宵금소 오늘 밤 (今 이제 금)
- 宵火소화 반딧불 (火 불 화)
- 佳宵가소
- 元宵원소
- 昨宵작소
- 宵衣소의
- 宵人소인
- 宵行소행

0682 | 소
巢

새집 소
巛=川부 총11획

- 巢窟소굴 나쁜 사람들의 활동 근거지 (窟 굴 굴)
- 燕巢연소 제비집 (燕 제비 연)
- 蜂巢봉소
- 卵巢난소
- 精巢정소
- 巢卵소란
- 歸巢本能귀소본능

0683 | 소
梳

얼레빗 소
木부 총10획

- 細梳세소 참빗 (細 가늘 세)
- 月梳월소 얼레빗 (月 달 월)
- 木梳목소
- 僧梳승소
- 竹梳죽소
- 梳髮소발
- 梳毛소모
- 梳毛絲소모사

0684 | 소
沼

못 소
氵=水부 총8획

- 沼澤소택 못 (澤 못 택)
- 龍沼용소 폭포가 떨어지는 바로 밑의 깊은 웅덩이 (龍 용 용)
- 苑沼원소
- 泥沼이소
- 湖沼호소
- 沼畔소반
- 沼上소상
- 沼澤地소택지

0685 | 소
瀟

강이름 소
氵=水부 총20획

- 瀟湖소호 중국의 소수와 동정호를 함께 일컫는 말 (湖 호수 호)
- 瀟湘八景歌소상팔경가 중국 소상 지방에 있는 여덟 가지 승경을 노래한 가사 (湘 강이름 상, 八 여덟 팔, 景 경치 경, 歌 노래 가)

0686 | 소
疎

성길 소
疋부 총12획

- 生疎생소 마주한 적이 없어 느끼는 서먹한 감정 또는 익숙치 못하여 서투름 (生 날 생)
- 疎外소외 사이가 가깝지 않고 외떨어짐 (外 바깥 외)
- 過疎과소
- 親疎친소
- 疎外感소외감
- 疎薄소박
- 疎忽소홀
- 疎明資料소명자료

0687 | 소
簫

퉁소 소
竹부 총19획

- 洞簫통소 퉁소 (洞 밝을 통)
- 太平簫태평소 날라리 (太 클 태, 平 평평할 평)
- 短簫단소
- 鳳簫봉소
- 玉簫옥소
- 敎坊簫교방소
- 大平簫대평소

0688 | 소
紹

이을 소 / 느슨할 초
糸부 총11획

- 紹介소개 서로 관계를 맺어 줌 또는 알지 못하는 것을 다른 사람들에게 알림 (介 낄 개)
- 紹絶소절 끊어진 대를 이어줌 (絶 끊을 절)
- 繼紹계소
- 紹復소복
- 紹介所소개소
- 紹述소술
- 紹介狀소개장
- 自己紹介자기소개

0689 | 소
蕭

쓸쓸할 소 / 맑은대쑥 소
艹=艸부 총17획

- 蕭冷소랭 쓸쓸하고 싸늘함 (冷 찰 랭)
- 蕭森소삼 가을바람이 불어 마음이 쓸쓸함 (森 수풀 삼)
- 蕭關소관
- 蕭林소림
- 蕭散소산
- 蕭寂소적
- 蕭條소조
- 蕭何소하

0690 | 소
逍

노닐 소
辶=辵부 총11획

- 逍風소풍 견학 및 단련을 위해 학생들이 단체로 야외의 먼 길을 다녀오는 일 (風 바람 풍)
- 逍遙소요 거닐며 돌아다님 (遙 멀 요)
- 逍遙巾소요건
- 逍遙山소요산
- 逍遙散소요산

・ ・ ・ ・ 이 한 자 기 억 해 요 ? ・ ・ ・ 정답 232

1 蟬( ) 2 詵( ) 3 銑( ) 4 商( ) 5 屑( ) 6 楔( ) 7 泄( ) 8 薛( ) 9 暹( ) 10 纖( )

여기는! 宵소 / 遡소

0691 | 소 遡 거스를 소 (辶=辵부 총14획)
- 遡及소급 지나간 일에까지 거슬러 올라가서 미치게 함 (及 미칠 급)
- 遡求소구 거슬러 구함 (求 구할 구)
- 遡上소상
- 遡流소류
- 遡遊소유
- 不遡及불소급
- 遡求權者소구권자
- 遡及力소급력

0692 | 소 邵 땅이름 소 / 성 소 (阝=邑부 총8획)
- 邵康節소강절 중국 송나라 때의 유학자 (康 편안 강, 節 마디 절)
- 邵齡소령 나이가 많음 (齡 나이 령)

0693 | 소 韶 풍류이름 소 (音부 총14획)
- 韶顔소안 젊은이와 같이 반듯한 늙은이의 얼굴 (顔 얼굴 안)
- 韶和소화 아름답고 부드러움 (和 화할 화)
- 韶光소광
- 韶腦소뇌
- 韶陽魚소양어
- 韶容소용
- 韶華소화
- 韶護堂集소호당집

0694 | 속 贖 속죄할 속 (貝부 총22획)
- 贖罪속죄 지은 죄를 공을 세워 비겨 없앰 (罪 죄 죄)
- 贖還속환 지은 죄를 면하게 하여 다시 찾아 옴 (還 돌아올 환)
- 救贖구속
- 納贖납속
- 代贖대속
- 贖金속금
- 贖物속물
- 贖錢속전

0695 | 손 巽 부드러울 손 (己부 총12획)
- 謙巽겸손 공손한 자세와 마음으로 자신을 낮춤 (謙 겸손할 겸)
- 巽與之言손여지언 부드럽고 온화한 말 (與 더불 여, 之 갈 지, 言 말씀 언)
- 巽卦손괘
- 巽方손방
- 巽時손시
- 巽羽손우
- 巽二손이
- 巽坐손좌

0696 | 손 遜 겸손할 손 (辶=辵부 총14획)
- 恭遜공손 공경하는 마음가짐으로 겸손함 (恭 공손할 공)
- 不遜불손 공손하거나 겸손하지 않고 거만함 (不 아닐 불)
- 謙遜겸손
- 遜恭손공
- 揖遜읍손
- 遜讓손양
- 傲慢不遜오만불손
- 遜位손위

0697 | 손 飡 저녁밥 손 먹을 찬 (食부 총11획)
- 沙飡사찬 신라 때 17관등의 여덟째 벼슬 (沙 모래 사)
- 波珍飡파진찬 고려 태조 때의 다섯째 등급 (波 물결 파, 珍 보배 진)
- 干罰飡간벌찬
- 級伐飡급벌찬

0698 | 송 宋 성 송 (宀부 총7획)
- 宋錢송전 중국 송나라 때의 돈 (錢 돈 전)
- 宋版송판 중국 송나라 때 발간된 책 (版 판목 판)
- 南宋남송
- 宋朝송조
- 北宋북송
- 宋學송학
- 宋襄之仁송양지인
- 呂宋煙여송연

0699 | 쇄 碎 부술 쇄 (石부 총13획)
- 分碎분쇄 가루처럼 되게 잘게 부숨 또는 적을 쳐부숨 (分 나눌 분)
- 碎氷쇄빙 얼음을 깨서 부숨 (氷 얼음 빙)
- 破碎파쇄
- 碎石쇄석
- 破碎機파쇄기
- 碎金쇄금
- 粉骨碎身분골쇄신
- 碎氷船쇄빙선

0700 | 수 嫂 형수 수 (女부 총13획)
- 兄嫂형수 형의 아내 (兄 형 형)
- 弟嫂제수 아우의 아내 (弟 아우 제)
- 家嫂가수
- 長嫂장수
- 季嫂계수
- 尊嫂존수
- 從嫂종수
- 嫂氏수씨

이 한 자 기 억 해 요 ? 정답 233

1 蟾( ) 2 瞻( ) 3 閃( ) 4 陝( ) 5 燮( ) 6 惺( ) 7 晟( ) 8 醒( ) 9 貰( ) 10 塑( )

연습문제 7 | 지금까지 배운 내용을 문제로 풀어보세요

[01-10] 다음 한자(漢字)의 음(音)은 무엇입니까?

01 莎 : ①산 ②사 ③삼 ④상 ⑤새
02 刪 : ①사 ②산 ③삽 ④새 ⑤색
03 撒 : ①살 ②삼 ③생 ④서 ⑤석
04 犀 : ①산 ②상 ③서 ④선 ⑤섬
05 瀉 : ①사 ②삼 ③새 ④생 ⑤석
06 璿 : ①선 ②설 ③성 ④세 ⑤소
07 楔 : ①송 ②손 ③소 ④설 ⑤섭
08 陝 : ①서 ②섬 ③성 ④손 ⑤송
09 宵 : ①사 ②서 ③소 ④수 ⑤쇄
10 巽 : ①산 ②서 ③선 ④손 ⑤송

[11-15] 다음의 음(音)을 가진 한자는 어느 것입니까?

11 삽 : ①澁 ②瀉 ③滲 ④湘 ⑤汐
12 상 : ①扇 ②鼠 ③杉 ④衫 ⑤翔
13 새 : ①薩 ②璽 ③穡 ④笙 ⑤塑
14 소 : ①屑 ②陝 ③邵 ④碎 ⑤錫
15 설 : ①遡 ②飡 ③貰 ④詵 ⑤楔

[16-25] 다음 한자(漢字)의 뜻은 무엇입니까?

16 肆 : ①쏟다 ②꽂다 ③깎다 ④뿌리다 ⑤방자하다
17 壻 : ①섬 ②보살 ③형수 ④사위 ⑤사자
18 曙 : ①못 ②샘 ③개펄 ④새벽 ⑤모래

19 箱 : ①우산 ②산호 ③학교 ④퉁소 ⑤상자
20 鼠 : ①쥐 ②사자 ③무소 ④두꺼비 ⑤사향노루
21 蟬 : ①나방 ②소라 ③매미 ④나비 ⑤개구리
22 梳 : ①새집 ②적삼 ③문설주 ④얼레빗 ⑤삼나무
23 逍 : ①깨다 ②노닐다 ③부수다 ④부드럽다 ⑤부러워하다
24 爍 : ①가루 ②불꽃 ③주석 ④밝다 ⑤번쩍이다
25 遜 : ①성기다 ②속죄하다 ③겸손하다 ④쓸쓸하다 ⑤거스르다

[26-30] 다음의 뜻을 가진 한자(漢字)는 어느 것입니까?

26 가사 : ①砂 ②紗 ③裟 ④莎 ⑤裟
27 산호 : ①刪 ②蔘 ③瑞 ④珊 ⑤璿
28 학교 : ①庠 ②麝 ③宋 ④塑 ⑤宵
29 기울다 : ①癬 ②繕 ③膳 ④纖 ⑤屑
30 퉁소 : ①箱 ②笙 ③瀟 ④蕭 ⑤簫

[31-40] 다음 단어들의 '□' 안에 공통으로 들어갈 알맞은 한자(漢字)는 어느 것입니까?

31 □漠, □糖, 白□
①砂 ②獅 ③祠 ④莎 ⑤麝
32 □過, □免, □罪
①瀉 ②肆 ③撒 ④赦 ⑤煞

33 □料, □育, 放□
　①酸　②祠　③飼　④貰　⑤蟾

34 雨□, 陽□, 落下□
　①巢　②宵　③高　④奭　⑤傘

35 □入, □畵, □枝
　①牲　②抒　③撒　④插　⑤澁

36 □師, □學, 宿□
　①砂　②碩　③碎　④暹　⑤羨

37 漏□, 排□, □瀉
　①高　②屑　③泄　④薛　⑤楔

38 □細, □麗, □維
　①纖　②瞻　③醒　④紹　⑤繕

39 生□, □外, □忽
　①梳　②逍　③遡　④疎　⑤蕭

40 □罪, 救□, □物
　①惺　②貰　③贖　④瞻　⑤湌

[41-50] 다음 단어를 한자(漢字)로 바르게 쓴 것은 어느 것입니까?

41 망사 : ①金莎 ②驕肆 ③硅砂 ④吐瀉 ⑤網紗
42 사향 : ①麝香 ②祠堂 ③獅孫 ④裟婆 ⑤敕令
43 산삭 : ①刪減 ②刪削 ③珊瑚 ④酸性 ⑤酸素
44 재살 : ①菩薩 ②急煞 ③劫煞 ④災煞 ⑤出煞
45 삼투 : ①杉松 ②滲透 ③森林 ④滲漏 ⑤森嚴
46 희생 : ①稼穡 ②獻牲 ③犧牲 ④巢笙 ⑤琴笙
47 섭리 : ①贍富 ②陝省 ③燮理 ④閃絡 ⑤薛里

48 각성 : ①燦閃 ②玉蟾 ③綽楔 ④碎屑 ⑤覺醒
49 공손 : ①謙遜 ②沙汰 ③揖遜 ④恭遜 ⑤納贖
50 제수 : ①弟嫂 ②破碎 ③南宋 ④繼紹 ⑤蜂巢

[51-60] 다음 한자어(漢字語)의 음(音)은 무엇입니까?

51 森羅 : ①삼엄 ②삼림 ③삼라 ④삼려 ⑤삼연
52 飛翔 : ①활개 ②활상 ③비우 ④비양 ⑤비상
53 抒事 : ①서식 ②서사 ③서정 ④모사 ⑤모순
54 祥瑞 : ①상서 ②양서 ③영서 ④상단 ⑤양단
55 朱錫 : ①구석 ②조석 ③주석 ④주역 ⑤조역
56 羨慕 : ①양모 ②천막 ③선막 ④선모 ⑤선망
57 蟾蛇 : ①섬시 ②섬사 ③담나 ④담비 ⑤담사
58 閃光 : ①전광 ②후광 ③섬광 ④측광 ⑤일광
59 塑造 : ①소조 ②소상 ③조소 ④구조 ⑤망조
60 膳賜 : ①선모 ②선부 ③선도 ④선사 ⑤선물

2급 한자 1501 | 0701~0720

0701 | 수 戍
衛戍위수 일정한 지역에 오랫동안 주둔하여 경비함 (衛 지킬 위)
戍樓수루 위수지에 지은 망루 (樓 다락 루)

수자리 수
戈부 총6획
屯戍둔수 邊戍변수 鎭戍진수
戍軍수군 戍將수장 衛戍地위수지

0702 | 수 洙
泗洙사수 중국 산둥성의 주수이 강과 쓰수이 강을 함께 일컫는 말 (泗 물이름 사)

물가 수
氵=水부 총9획

0703 | 수 漱
養漱양수 양치질 (養 기를 양)
含漱함수 양치질을 함 (含 머금을 함)

양치질할 수
氵=水부 총14획
含漱劑함수제 解慕漱해모수 漱石枕流수석침류

0704 | 수 燧
燧石수석 부싯돌 (石 돌 석)
烽燧臺봉수대 봉화를 올리는 곳 (烽 봉화 봉, 臺 대 대)

부싯돌 수
火부 총17획
烽燧봉수 燧金수금 燧煙수연
燧火수화 燧人氏수인씨 烽燧軍봉수군

0705 | 수 狩
狩獵수렵 사냥 (獵 사냥할 렵)
巡狩碑순수비 임금이 국경을 순회하며 보살핀 기념으로 세운 비 (巡 돌 순, 碑 비석 비)

사냥할 수
犭=犬부 총9획
巡狩순수 野狩야수 狩犬수견
狩漁수어 狩獵期수렵기 狩獵地수렵지

0706 | 수 瘦
瘦削수삭 몹시 여윔 (削 깎을 삭)
瘦軀수구 수척한 몸 (軀 몸 구)

여윌 수
疒부 총15획
瘦硬수경 瘦鶴수학 瘦面수면
瘦肥수비 瘦損수손 瘦身수신

0707 | 수 穗
出穗期출수기 곡식의 이삭이 패는 시기 (出 날 출, 期 기약할 기)
落穗낙수 추수 후에 논밭에 떨어진 곡식의 이삭 (落 떨어질 낙)

이삭 수
禾부 총17획
麥穗맥수 揷穗삽수 密穗밀수
穗狀수상 穗波수파 穗狀花수상화

0708 | 수 竪
竪立수립 꼿꼿이 세움 (立 설 립)
竪穴수혈 아래로 판 구멍 (穴 구멍 혈)

세울 수
立부 총13획
竪坑수갱 竪爐수로 竪窯수요
童竪동수 麗竪여수 橫說竪說횡설수설

0709 | 수 粹
純粹순수 다른 것이 조금도 섞이지 않음 (純 순수할 순)
精粹정수 순수하고 깨끗함 (精 정할 정)

순수할 수
부술 쇄
米부 총14획
粹然수연 國粹국수 國粹主義국수주의
粹集수집 粹美수미 粹學수학

0710 | 수 綏
綏安수안 다스리어 평안하게 함 (安 편안 안)
綏邊수변 변경의 백성을 편안하게 함 (邊 가 변)

편안할 수
糸부 총13획
綏遠수원 綏靖수정 綏懷수회
交綏교수 歸綏귀수 靖綏정수

• • • 이 한 자 기 억 해 요 ? • • •   정답 234

1 宵( ) 2 巢( ) 3 梳( ) 4 沼( ) 5 瀟( ) 6 疎( ) 7 簫( ) 8 紹( ) 9 蕭( ) 10 逍( )

 戌수 / 綏수

0711 | 수 綏

印綬인수 벼슬의 지위를 나타내는 관인을 몸에 차기 위한 끈 (印 도장 인)
後綬후수 옛날 예복이나 제복의 뒤에 늘어뜨리는 띠 (後 뒤 후)

끈 수
糸부 총14획

網綬망수　略綬약수　紫綬자수
縮綬축수　銀環綬은환수

0712 | 수 繡

錦繡금수 수를 놓은 비단 (錦 비단 금)
十字繡십자수
　실을 십자형으로 교차시켜 놓는 수
　(十 열 십, 字 글자 자)

수놓을 수
糸부 총19획

紋繡문수　刺繡자수　錦繡江山금수강산
繡裳수상　繡枕수침　繡方席수방석

0713 | 수 羞

羞惡수오 부끄러워하고 미워함 (惡 미워할 오)
羞恥수치 떳떳하지 못하여 느껴지는 부끄러움 (恥 부끄러울 치)

부끄러울 수
羊부 총11획

羞態수태　羞悔수회　羞惡之心수오지심
慙羞참수　羞恥心수치심　珍羞盛饌진수성찬

0714 | 수 蒐

蒐輯수집 취미 또는 목적을 위해 특정한 물건이나 재료 등을 구하여 모음 (輯 모을 집)
蒐錄수록 수집하여서 기록함 (錄 기록할 록)

모을 수
艹=艸부 총14획

蒐羅수라　蒐補수보　蒐輯家수집가
蒐荷수하　蒐荷物수하물　蒐輯機關수집기관

0715 | 수 藪

淵藪연수 여러 종류의 물건이 많이 모인 곳 (淵 못 연)
利藪이수 이익이 많은 잇구멍 (利 이로울 리)

늪 수
艹=艸부 총19획

藪後山수후산　葡萄藪포도수

0716 | 수 袖

袖納수납 편지 등을 가지고 가서 드림 (納 들일 납)
袖手수수 팔짱을 낌 또는 어떤 일에 직접 나서지 않음 (手 손 수)

소매 수
衤=衣부 총10획

舞袖무수　雙袖쌍수　袖手傍觀수수방관
窄袖착수　領袖영수　領袖會談영수회담

0717 | 수 讎

怨讎원수 자기 또는 자기 나라에 해를 끼친 사람 또는 사무친 원한의 대상 (怨 원망할 원)
復讎복수 원수를 갚음 (復 회복할 복)

원수 수
言부 총23획

國讎국수　報讎보수　徹天之怨讎철천지원수
血讎혈수　不共戴天之怨讎불공대천지원수

0718 | 수 酬

報酬보수 고마움을 갚음 또는 대가로 주는 금전이나 물품 (報 갚을 보)
應酬응수 말을 되받거나 대립되는 의견 등으로 맞섬 (應 응할 응)

갚을 수 / 갚을 주
酉부 총13획

答酬답수　唱酬창수　厚酬후수
酬答수답　酬酢수작　酬接수접

0719 | 수 銖

五銖錢오수전
　전한의 무제 때 사용하던 동전 (五 다섯 오, 錢 돈 전)
銖積寸累수적촌루
　아주 적은 것도 쌓이면 큰 것이 됨
　(積 쌓을 적, 寸 마디 촌, 累 묶을 루)

저울눈 수
金부 총14획

0720 | 수 隋

隋書수서 중국 수나라의 역사를 기록한 정사 (書 글 서)
隋侯之珠수후지주
　수나라 임금이 뱀을 도와준 공으로 얻은 보배로운 구슬 (侯 제후 후, 之 갈 지, 珠 구슬 주)

수나라 수 / 떨어질 타
阝=阜부 총12획

附隋부수　隋珠수주　隋和之材수화지재
隋文帝수문제　遣隋使견수사

· · · 이 한 자 기 억 해 요 ? · · · 정답 235

1 遡(　) 2 邵(　) 3 韶(　) 4 贖(　) 5 巽(　) 6 遜(　) 7 飡(　) 8 宋(　) 9 碎(　) 10 嫂(　)

2급 한자 1501 | 0721~0740

0721 | 수

骨髓골수 뼈의 안쪽에 있는 연한 조직으로 조혈기능을 함 (骨 뼈 골)
精髓정수 뼈 속에 있는 골 또는 사물에서 가장 중요한 핵심 (精 정할 정)

뼛골 수
骨부 총23획

延髓연수　　眞髓진수　　腦髓膜炎뇌수막염
髓液수액　　脊髓척수　　腦脊髓뇌척수

0722 | 수

鬚髥수염 성인 남자의 입과 턱 주위에 나는 털 (髥 구레나룻 염)
觸鬚촉수 곤충이나 새우 등의 입 주위에 있는 수염 모양의 감각기 (觸 닿을 촉)

수염 수 / 모름지기 수
髟부 총22획

美鬚미수　　白鬚백수　　龍鬚용수
花鬚화수　　美鬚髥미수염　　龍鬚鐵용수철

0723 | 숙

書塾서숙 글방 (書 글 서)
塾堂숙당 학문을 연구하는 곳 (堂 집 당)

글방 숙
土부 총14획

家塾가숙　　門塾문숙　　私塾사숙
塾生숙생　　塾師숙사　　塾長숙장

0724 | 순

劍楯검순 칼과 방패 (劍 칼 검)
楯狀순상 방패의 모양 (狀 형상 상)

난간 순
木부 총13획

芳楯방순　　楯形순형　　楯鱗순린
楯板순판　　楯狀葉순상엽　　小楯板소순판

0725 | 순

蘇洵소순 중국 북송의 문인 (蘇 깨어날 소)

참으로 순 / 멀 현
氵=水부 총 9획

0726 | 순

淳朴순박 소박하고 순진함 (朴 소박할 박)
淳厚순후 순수하고 인정이 두터움 (厚 두터울 후)

순박할 순 / 폭 준
氵=水부 총11획

淳淳순순　　淳良순량　　淳美순미
淳實순실　　淳風美俗순풍미속

0727 | 순

矛盾모순 두 가지의 것이 이치상 어긋나서 서로 맞지 않음 (矛 창 모)

방패 순 / 사람이름 돈
目부 총9획

戟盾극순　　戈盾과순　　圓盾원순
盾戈순과　　盾鼻순비　　自己矛盾자기모순

0728 | 순

竹筍죽순 땅속의 줄기에서 돋는 대나무의 어린 싹 (竹 대 죽)
稚筍치순 어린 죽순 (稚 어릴 치)

죽순 순
竹부 총12획

薑筍강순　　石筍석순　　種子筍종자순
筍皮순피　　筍湖순호　　雨後竹筍우후죽순

0729 | 순

堯舜요순 중국의 요 임금과 순 임금을 함께 일컫는 말 (堯 요임금 요)
李舜臣이순신 거북선을 창안한 조선의 명장 (李 오얏 리, 臣 신하 신)

순임금 순
舛부 총12획

大舜대순　　舜民순민　　舜花순화
堯舜時代요순시대　　堯舜之節요순지절

0730 | 순

荀子순자 성악설을 제창한 중국의 유학자 (子 아들 자)
松荀송순 소나무에 돋아난 새 순 (松 소나무 송)

풀이름 순
艹=艸부 총10획

孟荀맹순　　荀卿순경　　荀悅순열
松荀酒송순주

이 한 자 기 억 해 요 ?　　정답 238

1 戍(　) 2 洙(　) 3 漱(　) 4 燧(　) 5 狩(　) 6 瘦(　) 7 穗(　) 8 竪(　) 9 粹(　) 10 綏(　)

여기는! 髓수 / 詢순

0731 | 순 詢

下詢하순 임금이 신하나 백성에게 물음 (下 아래 하)
詢問순문 임금이 신하나 백성에게 물음 (問 물을 문)

물을 순
言부 총13획

廣詢광순　　交詢교순　　謹詢근순
諮詢자순

0732 | 순 醇

醇醴순례 좋은 술과 감주 (醴 단술 례)
醇熟순숙 술이 잘 익음 또는 인정스럽고 온화함 (熟 익을 숙)

전국술 순
酉부 총15획

醇白순백　　醇酒순주　　麴醇傳국순전
醇謹순근　　醇味순미　　醇雅순아

0733 | 순 馴

馴化순화 생물이 새로운 환경에 적응하여 유전적으로 변화함 (化 될 화)
馴養순양 길을 들여서 기름 (養 기를 양)

길들일 순 / 가르칠 훈
馬부 총13획

飼馴사순　　雅馴아순　　馴育순육
馴鹿순록　　馴象순상　　馴性순성

0734 | 숭 嵩

崧(우뚝 솟을 숭)과 동자
嵩峻숭준 높고 험함 (峻 높을 준)
嵩華숭화 숭산과 화산 (華 꽃 화)

높은산 숭
山부 총13획

嵩高숭고　　嵩丘숭구　　嵩山숭산
嵩衡숭형

0735 | 슬 瑟

琴瑟금슬 거문고와 비파 또는 부부 사이의 정 (琴 거문고 금)
淸瑟청슬 맑은 거문고 소리 (淸 맑을 청)

큰거문고 슬
王=玉부 총13획

瑟瑟슬슬　　膠瑟교슬　　膠柱鼓瑟교주고슬
琴瑟之樂금슬지락　　如鼓琴瑟여고금슬

0736 | 슬 膝

膝蓋骨슬개골 무릎 앞쪽 가운데에 있는 둥그렇고 오목한 뼈 (蓋 덮을 개, 骨 뼈 골)
膝下슬하 무릎의 아래라는 뜻에서 보호자의 보살핌 아래를 나타냄 (下 아래 하)

무릎 슬
月=肉부 총15획

屈膝굴슬　　壓膝압슬　　接膝접슬
膝骨슬골　　膝關節슬관절　　偏母膝下편모슬하

0737 | 습 褶

褶曲습곡 지각에 횡으로 작용하는 압력으로 지층이 주름지게 구부러진 것 (曲 굽을 곡)
褶曲山脈습곡산맥 습곡의 영향으로 지층이 이루어진 산맥 (曲 굽을 곡, 山 메 산, 脈 줄기 맥)

주름 습 / 덧옷 첩
衤=衣부 총16획

褶壁습벽　　褶曲谷습곡곡　　菌褶균습
線狀褶曲선상습곡

0738 | 승 丞

丞相승상 옛날 중국의 벼슬 이름 (相 서로 상)
政丞정승 영의정·좌의정·우의정을 함께 일컫는 말 (政 정사 정)

정승 승 / 도울 승
一부 총6획

大丞대승　　渡丞도승　　三政丞삼정승
祀丞사승　　右丞相우승상　　左丞相좌승상

0739 | 승 升

上升상승 위로 올라감 (上 위 상)
斗升두승 말과 되 (斗 말 두)

되승 / 오를 승
十부 총4획

舊升구승　　升降승강　　市升시승
升騰승등　　升轉승전　　道有升降도유승강

0740 | 승 繩

捕繩포승 죄인을 묶는 끈 (捕 잡을 포)
救命繩구명승 사람을 구하기 위해 사용되는 끈 (救 건질 구, 命 목숨 명)

노끈 승
糸부 총19획

結繩결승　　腐繩부승　　細繩세승
赤繩적승　　繩尺승척　　火繩銃화승총

· · · 이 한 자 기 억 해 요 ? · · · 정답 239

1 綏(　)　2 繼(　)　3 羞(　)　4 蒐(　)　5 藪(　)　6 袖(　)　7 讐(　)　8 酬(　)　9 銖(　)　10 隋(　)

 2급 한자 1501 | 0741~0760

0741 | 승

陞降승강 오르내림 (降 내릴 강)
陞進승진 직위가 오름 (進 나아갈 진)

오를 승
阝(阜)부 총10획

陞階승계　陞級승급　陞等승등
陞爵승작　陞補試승보시　陞降機승강기

0742 | 시

匙箸시저 수저 (箸 젓가락 저)
茶匙다시 찻숟가락 (茶 차 다)

숟가락 시
匕부 총11획

飯匙반시　沙匙사시　銀匙箸은시저
杖匙장시　插匙삽시　十匙一飯십시일반

0743 | 시
媤父母시부모 남편의 부모 (父 아비 부, 母 어미 모)
媤宅시댁 시집의 존칭 (宅 집 택)

시집 시 / 여자이름 사
女부 총12획

媤家시가　媤家族시가족　媤同生시동생
媤叔시숙　媤三寸시삼촌　媤外家시외가

0744 | 시
尸蟲시충 시체에 생기는 벌레 (蟲 벌레 충)
尸解시해 혼백이 빠져나가 육신만 남음 (解 풀 해)

주검 시
尸부 총3획

尸厥시궐　尸童시동　尸毘迦시비가
三尸삼시　傳尸전시　尸位素餐시위소찬

0745 | 시

屍體시체 사람 또는 생물의 죽은 몸뚱이 (體 몸 체)
屍身시신 사람 또는 생물의 죽은 몸뚱이 (身 몸 신)

주검 시
尸부 총9획

檢屍검시　戮屍육시　剖棺斬屍부관참시
屍軀시구　屍班시반　腹上屍복상시

0746 | 시

弑害시해 부모나 임금을 죽임 (害 해칠 해)
弑殺시살 부모나 임금을 죽임 (殺 죽일 살)

윗사람죽일 시
弋부 총13획

毒弑독시　被弑피시　弑君시군
弑逆시역

0747 | 시

柴草시초 땔나무로 쓰는 풀 (草 풀 초)
柴木시목 땔나무 (木 나무 목)

섶시 / 울짱 채
木부 총9획

薪柴신시　貯柴저시　過冬柴과동시
柴奴시노　柴薪시신　柴炭시탄

0748 | 시
翅翼시익 날개 (翼 날개 익)
金翅鳥금시조 매의 머리에 금빛 날개가 있고 용을 잡아먹는다는 불경에 나오는 상상의 큰 새 (金 쇠 금, 鳥 새 조)

날개 시
羽부 총10획

膜翅막시　前翅전시　展翅전시
翅果시과　翅脈시맥　隱翅蟲은시충

0749 | 시
諡號시호 명인이 죽은 후 그의 공덕을 추앙하여 내리던 관위의 칭호 (號 이름 호)
贈諡증시 임금이 신하에게 시호를 내려 줌 (贈 줄 증)

시호 시
言부 총16획

私諡사시　上諡상시　延諡연시
諡望시망　諡寶시보　諡册文시책문

0750 | 시

紅柹홍시 잘 익어 물컹한 감 (紅 붉을 홍)
乾柹건시 곶감 (乾 마를 건)

감나무 시 / 대패밥 폐
木부 총9획

甘柹감시　串柹관시　澁柹삽시
熟柹숙시　盆柹분시　柹餠시병

• • 이 한 자 기 억 해 요 ? • • 정답 240

1 髓 (　) 2 鬚 (　) 3 塾 (　) 4 楯 (　) 5 洵 (　) 6 淳 (　) 7 盾 (　) 8 筍 (　) 9 舜 (　) 10 荀 (　)

여기는! 陞승 / 殖식

0751 | 식 殖
- 繁殖번식 불어나고 늘어나서 많이 퍼짐 (繁 번성할 번)
- 增殖증식 더하여 늘리고 불림 (增 더할 증)

불릴 식 歹부 총12획
- 生殖생식
- 殖民식민
- 養殖양식
- 殖民地식민지
- 繁殖期번식기
- 養殖場양식장

0752 | 식 湜
- 湜湜식식 물이 맑아 물속이 훤히 보이는 모양

물맑을 식 氵=水부 총12획

0753 | 식 蝕
- 日蝕일식 달이 태양의 일부 또는 전부를 가림 (日 날 일)
- 腐蝕부식 썩어서 좀 먹은 것처럼 됨 (腐 썩을 부)

좀먹을 식 虫부 총15획
- 月蝕월식
- 風蝕풍식
- 浸蝕침식
- 蝕年식년
- 皆旣日蝕개기일식
- 海蝕崖해식애

0754 | 식 軾

수레앞턱가로나무 식 車부 총13획

0755 | 신 娠
- 姙娠婦임신부 아이를 밴 부인 (姙 아이밸 임, 婦 며느리 부)
- 姙娠임신 아이를 뱀 (姙 아이밸 임)

아이밸 신 女부 총10획
- 有娠유신

0756 | 신 紳
- 紳士신사 점잖고 예의 바르며 교양 있는 남자 (士 선비 사)
- 高紳고신 신분이 높은 사람 (高 높을 고)

띠 신 糸부 총11획
- 紳商신상
- 貴紳귀신
- 紳士道신사도
- 簪紳잠신
- 紳士服신사복
- 紳士錄신사록

0757 | 신 腎
- 腎臟신장 콩팥 (臟 오장 장)
- 海狗腎해구신 수컷 물개의 생식기 (海 바다 해, 狗 개 구)

콩팥 신 月=肉부 총12획
- 肝腎간신
- 腎熱신열
- 副腎부신
- 腎盂신우
- 腎不全症신부전증
- 腎臟結石신장결석

0758 | 신 薪
- 薪木신목 땔나무 (木 나무 목)
- 薪樵신초 땔나무 (樵 땔나무 초)

섶 신 艹=艸부 총17획
- 薪水신수
- 柴薪시신
- 薪柴신시
- 積薪적신
- 薪炭신탄
- 薪炭林신탄림

0759 | 신 訊
- 訊問신문 캐어 물음 또는 피고인이나 증인 등에게 구두로 물어 조사함 (問 물을 문)
- 鞫訊국신 죄인을 국청에서 임금이 직접 신문함 (鞫 국문할 국)

물을 신 / 말할 신 言부 총10획
- 拷訊고신
- 訊檢신검
- 審訊심신
- 訊訪신방
- 刑訊형신
- 訊杖신장

0760 | 신 迅
- 迅速신속 날쌔고 빠름 (速 빠를 속)
- 迅雷신뢰 몹시 맹렬한 우레 (雷 우레 뢰)

빠를 신 辶=辵부 총7획
- 迅急신급
- 迅傳신전
- 迅速性신속성
- 迅走신주
- 迅雨신우
- 迅疾신질

• • • 이 한 자 기 억 해 요 ? • • • 정답 241

1 詢 ( ) 2 醇 ( ) 3 馴 ( ) 4 嵩 ( ) 5 瑟 ( ) 6 膝 ( ) 7 褶 ( ) 8 丞 ( ) 9 升 ( ) 10 繩 ( )

2급 한자 1501 | 0761~0780

0761 | 실
悉
悉皆실개 모두 또는 다 (皆 모두 개)
悉心실심 마음을 다함 (心 마음 심)

다 실
心부 총11획
悉多실다　悉檀실단　悉達실달
悉地실지　謹悉근실　詳悉상실

0762 | 심
瀋
瀋陽심양 중국 요동성에 있는 도시 (陽 볕 양)
瀋陽王심양왕　원나라 때 고려를 견제할 목적으로 심양에 두었던 왕 (陽 볕 양, 王 임금 왕)

즙낼 심 / 성 심
氵=水부 총18획

0763 | 십
什
什長십장 인부의 우두머리 또는 열 명의 병졸 중 우두머리 (長 길 장)
珍什진집 진귀한 기구 (珍 보배 진)

열사람 십 / 세간 집
亻=人부 총4획
什器집기　什物집물　佳什가집

0764 | 아
俄
俄頃아경 아까 또는 조금 있다가 (頃 이랑 경)
俄館아관 조선 시대 말기의 러시아 공사관의 이름 (館 객사 관)

아까 아
亻=人부 총9획
俄間아간　俄國아국　俄羅斯아라사
俄然아연　俄語아어　俄館播遷아관파천

0765 | 아
啞
聾啞농아 듣고 말하지 못함 또는 그런 사람 (聾 귀먹을 농)
啞鈴아령 양끝을 공처럼 만든 운동기구의 한 가지 (鈴 방울 령)

벙어리 아 / 웃을 액
口부 총11획
盲啞맹아　食蜜啞식밀아　聾盲啞농맹아
啞然아연　啞子아자　聾啞學校농아학교

0766 | 아
娥
宮娥궁아 궁녀 (宮 집 궁)
仙娥선아 선녀, 달을 달리 이르는 말 (仙 신선 선)

예쁠 아
女부 총10획
宮娥章궁아장　素娥소아

0767 | 아
峨
峨冠아관 이름 높은 선비의 관 (冠 갓 관)
岑峨잠아 높은 모양 (岑 봉우리 잠)

높을 아
山부 총10획
堂峨峴당아현　峨峨아아

0768 | 아
蛾
燈蛾등아 불나방 (燈 등 등)
蛾眉아미 나방의 눈썹이라는 뜻에서 고운 눈썹 또는 미인을 비유함 (眉 눈썹 미)

나방 아 / 개미 의
虫부 총13획
毒蛾독아　雙蛾쌍아　火蛾화아
蛾類아류　蛾賊아적　蛾黃아황

0769 | 아
衙
官衙관아 벼슬아치들이 공무를 처리하던 곳 (官 벼슬 관)
衙前아전 벼슬아치 밑에서 공무를 처리하는 중인 (前 앞 전)

마을 아 / 갈 어
彳부 총13획
軍衙군아　殿衙전아　懸衙현아
衙祿田아록전　衙門아문　統理衙門통리아문

0770 | 아
鵝
鵝鳥아조 거위 (鳥 새 조)
鵝鴨아압 거위와 오리 (鴨 오리 압)

거위 아
鳥부 총18획
鵝脯아포　白鵝백아　天鵝천아

• • • 이 한 자 기 억 해 요 ? • • • 정답 242

1 陞 (　) 2 匙 (　) 3 媤 (　) 4 尸 (　) 5 屍 (　) 6 弒 (　) 7 柴 (　) 8 翅 (　) 9 諡 (　) 10 柿 (　)

悉실 / 嶽악

0771 | 악 嶽
- 山嶽산악 산 (山 메 산)
- 松嶽송악 개성 (松 소나무 송)

큰산 악
山부 총17획
- 五嶽오악
- 楓嶽풍악
- 內雪嶽내설악
- 北嶽山북악산
- 山嶽會산악회

0772 | 악 堊
- 堊次악차 삼년 거상의 상제가 거처하는 무덤 옆의 초막 (次 버금 차)
- 白堊백악 백색의 석회질 암석 (白 흰 백)

흰흙 악 / 성인 성
土부 총11획
- 丹堊단악
- 素堊소악
- 白堊館백악관
- 白堊紀백악기
- 白堊質백악질
- 白堊層백악층

0773 | 악 握
- 掌握장악 손에 쥠 또는 세력이나 권력 등을 잡음 (掌 손바닥 장)
- 握手악수 인사나 화친 등의 표시로 손을 내어 마주 잡음 (手 손 수)

쥘 악 / 작을 옥
扌=手부 총12획
- 固握고악
- 柔握유악
- 把握파악
- 握拳악권
- 握力악력
- 握髮吐哺악발토포

0774 | 악 顎
- 顎骨악골 턱뼈 (骨 뼈 골)
- 顎關節악관절 턱관절 (關 관계할 관, 節 마디 절)

턱 악 / 엄할 악
頁부 총18획
- 上顎상악
- 下顎하악
- 兩顎양악
- 顎板악판
- 顎下腺악하선
- 上顎骨상악골

0775 | 안 按
- 按摩안마 몸을 두드리거나 주물러서 피의 순환을 도와 피로를 풀어줌 또는 그런 일 (摩 문지를 마)
- 按舞안무 무용을 기획하고 창작함 (舞 춤출 무)

누를 안 / 막을 알
扌=手부 총9획
- 按配안배
- 按手안수
- 按酒안주
- 按察使안찰사
- 按劍안검
- 按脈안맥

0776 | 안 晏
- 晏寧안녕 평안하고 태평함 (寧 편안 녕)
- 晏息안식 편히 쉼 (息 쉴 식)

늦을 안
日부 총10획
- 晏駕안가
- 晏眠안면
- 晏晏안안
- 晏如안여
- 晏然안연
- 晏娛안오

0777 | 안 鞍
- 鞍裝안장 사람이 타기 편하도록 말이나 나귀 등에 얹는 가죽으로 된 것 (裝 꾸밀 장)
- 鞍具안구 말안장과 연관된 여러 기구 (具 갖출 구)

안장 안
革부 총15획
- 金鞍금안
- 玉鞍옥안
- 銀鞍은안
- 鞍匣안갑
- 鞍馬안마
- 鞍銜안함

0778 | 알 閼
- 夭閼요알 억눌러 제지함 (夭 일찍 죽을 요)
- 閼伽알가 부처나 보살에게 공양하는 물 또는 그 그릇 (伽 절 가)

가로막을 알
흉노왕비 연
門부 총16획
- 閼伽杯알가배
- 閼伽棚알가붕
- 閼伽水알가수

0779 | 암 庵
- 庵子암자 큰 절에 딸린 작은 절 (子 아들 자)
- 草庵초암 지붕을 풀이나 짚으로 이은 암자 (草 풀 초)

암자 암
广부 총11획

0780 | 암 癌
- 發癌발암 암이 발생함 (發 필 발)
- 抗癌항암 암세포를 죽이거나 증식을 억제함 (抗 겨룰 항)

암 암
疒부 총17획
- 癌腫암종
- 癌汁암즙
- 發癌物質발암물질
- 癌細胞암세포
- 抗癌劑항암제
- 癌保險암보험

• • • • 이 한 자 기 억 해 요 ? • • • 정답 243

1 殖( ) 2 湜( ) 3 蝕( ) 4 軾( ) 5 娠( ) 6 紳( ) 7 腎( ) 8 薪( ) 9 訊( ) 10 迅( )

 **2급 한자 1501 | 0781~0800**

0781 | 암
菴閭 암려 맑은대쑥 (閭 이문 려)
菴閭子 암려자 맑은대쑥의 씨 (閭 이문 려, 子 아들 자)

菴
암자 암
艹=艸부 총12획

0782 | 압
家鴨 가압 집오리 (家 집 가)
鴨綠江 압록강 백두산에서 발원하여 황해로 흘러가는 우리나라에서 제일 긴 강 (綠 푸를 록, 江 강 강)

鴨
오리 압
鳥부 총16획

溪鴨 계압　鵝鴨 아압　野鴨 야압
鴨獵 압렵　鴨蒸 압증　雁鴨池 안압지

0783 | 앙
激昂 격앙 격렬히 일어나 높아짐 (激 격할 격)
昂騰 앙등 물건 값이 오름 (騰 오를 등)

밝을 앙
日부 총9획

低昂 저앙　豪昂 호앙　昂貴 앙귀
昂奮 앙분　昂揚 앙양　物價昂騰 물가앙등

0784 | 앙
移秧 이앙 모내기 (移 옮길 이)
秧苗 앙묘 벼의 싹 (苗 싹 묘)

秧
모 앙
禾부 총10획

插秧 삽앙　早秧 조앙　注秧 주앙
秧稻 앙도　秧板 앙판　移秧機 이앙기

0785 | 애
西厓集 서애집 조선 중기의 문신이자 학자인 서애 유성룡의 문집 (西 서녘 서, 集 모을 집)
層厓 층애 층층이 바위가 쌓인 언덕 (層 층 층)

厓
언덕 애
厂부 총8획

0786 | 애
塵埃 진애 티끌 (塵 티끌 진)
埃滅 애멸 티끌처럼 없어짐 (滅 멸할 멸)

埃
티끌 애
土부 총10획

芳埃 방애　埃及 애급　汚埃 오애
黃埃 황애　出埃及記 출애급기

0787 | 애
斷崖 단애 낭떠러지 (斷 끊을 단)
磨崖 마애 석벽을 쪼아서 글자나 그림을 새김 (磨 갈 마)

언덕 애
山부 총11획

高崖 고애　絶崖 절애　層崖 층애
崖路 애로　磨崖三尊佛 마애삼존불

0788 | 애
障碍 장애 제 기능을 못하게 함 또는 신체기관이나 정신능력이 제 기능을 못함 (障 막을 장)
無碍 무애 하는 일에 막힘이 없음 (無 없을 무)

거리낄 애 / 푸른돌 의
石부 총13획

拘碍 구애　妨碍 방애　沮碍 저애
阻碍 조애　碍子 애자　阻碍力 조애력

0789 | 애
艾草 애초 쑥 (草 풀 초)
蘭艾 난애 난초와 쑥, 군자와 소인 (蘭 난초 란)

艾
쑥 애 / 다스릴 예
艹=艸부 총6획

小艾 소애　蓬艾 봉애　針艾 침애
艾年 애년　艾葉 애엽　艾菊榮 애국채

0790 | 액
掖門 액문 궁중의 양쪽에 있는 문 (門 문 문)
掖庭 액정 대궐 안 (庭 뜰 정)

겨드랑이 액 / 낄 액
扌=手부 총11획

宮掖 궁액　闕掖 궐액　誘掖 유액
掖隸 액례　掖省 액성　掖垣 액원

• • 이 한 자 기 억 해 요 ? • • 정답 244

1 悉 (　) 2 潘 (　) 3 什 (　) 4 俄 (　) 5 啞 (　) 6 娥 (　) 7 峨 (　) 8 蛾 (　) 9 衙 (　) 10 鵝 (　)

菴암 / 液액

0791 | 액 液
液體액체 물이나 기름처럼 부피는 있으나 모양이 없이 움직이는 물체 (體 몸 체)
水液수액 물 또는 액체 (水 물 수)

진액 / 담글 석
氵=水부 총11획

溶液용액   粘液점액   血液혈액
液狀액상   液晶액정   不凍液부동액

0792 | 액 腋
腋臭액취 암내 (臭 냄새 취)
腋毛액모 겨드랑이에 난 털 (毛 털 모)

겨드랑이 액
月=肉부 총12획

葉腋엽액   腋氣액기   腋導액도
腋芽액아   腋出액출   腋汗액한

0793 | 앵 櫻
櫻桃앵도 앵두 (桃 복숭아 도)
櫻花앵화 앵두나무의 꽃 (花 꽃 화)

앵두 앵
木부 총21획

山櫻산앵   朱櫻주앵   黑櫻흑앵
櫻脣앵순   櫻實앵실   山櫻桃산앵도

0794 | 앵 鶯
黃鶯황앵 꾀꼬리 (黃 누를 황)
鶯歌앵가 꾀꼬리의 노래 (歌 노래 가)

꾀꼬리 앵
鳥부 총21획

老鶯노앵   晚鶯만앵   鶯舌앵설
鶯谷앵곡   鶯兒앵아   鶯蝶앵접

0795 | 야 倻
伽倻가야 경상남도 함안군의 군청 소재지 또는 가야국 (伽 절 가)
伽倻琴가야금 가야의 우륵이 만든 우리나라 고유의 현악기 (伽 절 가, 琴 거문고 금)

가야 야
亻=人부 총11획

伽倻國가야국   大伽倻대가야   小伽倻소가야

0796 | 야 冶
冶工야공 대장장이 (工 장인 공)
冶匠야장 대장장이 (匠 장인 장)

풀무 야
氵=水부 총7획

鍛冶단야   陶冶도야   鎔冶용야
冶金야금   冶爐야로   冶坊야방

0797 | 양 孃
老孃노양 혼기가 지난 여자 (老 늙을 노)
令孃영양 남의 딸의 존칭 (令 하여금 영)

아가씨 양
女부 총20획

野孃야양   桃金孃科도금양과

0798 | 양 攘
攘夷양이 외국인을 오랑캐로 여겨 얕보고 배척함 (夷 오랑캐 이)
攘伐양벌 처서 물리침 (伐 칠 벌)

물리칠 양
어지러울 녕(영)
扌=手부 총20획

攘竊양절   攘斥양척   攘奪양탈
擊攘격양   攘夷論양이론

0799 | 양 瘍
潰瘍궤양 피부나 점막이 짓무르거나 허는 병 (潰 무너질 궤)
腫瘍종양 기하학적으로 세포가 증식하여 쓸모없는 조직괴를 만드는 병 (腫 부스럼 종)

헐 양
疒부 총14획

骨瘍골양   膿瘍농양   瘡瘍창양
胃潰瘍위궤양   腦腫瘍뇌종양

0800 | 양 襄
襄禮양례 장례 (禮 예도 례)
襄奉양봉 장례를 지냄의 존칭 (奉 받들 봉)

도울 양
衣부 총17획

宋襄公송양공   宋襄之仁송양지인

· · · 이 한 자 기 억 해 요 ? · · · 정답 245
1 嶽( ) 2 堊( ) 3 握( ) 4 顎( ) 5 按( ) 6 晏( ) 7 鞍( ) 8 閼( ) 9 庵( ) 10 癌( )

연습문제 8 | 지금까지 배운 내용을 문제로 풀어보세요

[01-10] 다음 한자(漢字)의 음(音)은 무엇입니까?

01 洒 : ①사 ②서 ③소 ④수 ⑤시
02 藪 : ①선 ②성 ③손 ④송 ⑤수
03 塾 : ①수 ②숙 ③순 ④숭 ⑤습
04 丞 : ①승 ②습 ③숭 ④슬 ⑤시
05 柴 : ①십 ②시 ③식 ④신 ⑤심
06 諡 : ①숙 ②슬 ③습 ④시 ⑤실
07 瀋 : ①심 ②신 ③실 ④식 ⑤십
08 峨 : ①시 ②십 ③아 ④암 ⑤애
09 嶽 : ①아 ②악 ③안 ④알 ⑤암
10 孃 : ①앙 ②애 ③앵 ④야 ⑤양

[11-15] 다음의 음(音)을 가진 한자는 어느 것입니까?

11 수 : ①盾 ②嵩 ③羞 ④蝕 ⑤悉
12 순 : ①軾 ②陞 ③袖 ④舜 ⑤戍
13 시 : ①匙 ②竪 ③洵 ④湜 ⑤迅
14 애 : ①菴 ②厓 ③晏 ④堊 ⑤掖
15 야 : ①啞 ②癌 ③鶯 ④襄 ⑤冶

[16-25] 다음 한자(漢字)의 뜻은 무엇입니까?

16 穗 : ①벼 ②곡식 ③이삭 ④밭갈다 ⑤김메다
17 漱 : ①맑다 ②담그다 ③여위다 ④순박하다 ⑤양치질하다
18 粹 : ①세우다 ②모으다 ③편안하다 ④부끄럽다 ⑤순수하다

19 詢 : ①묻다 ②불리다 ③오르다 ④길들이다 ⑤순박하다
20 翅 : ①끈 ②날개 ③수염 ④거위 ⑤티끌
21 腎 : ①턱 ②무릎 ③콩팥 ④뼛골 ⑤겨드랑이
22 鵝 : ①참새 ②거위 ③오리 ④꾀꼬리 ⑤뻐꾸기
23 塾 : ①섶 ②늪 ③흰흙 ④글방 ⑤큰산
24 閼 : ①쥐다 ②늦다 ③밝다 ④물리치다 ⑤가로막다
25 崖 : ①쑥 ②안장 ③암자 ④언덕 ⑤높은산

[26-30] 다음의 뜻을 가진 한자(漢字)는 어느 것입니까?

26 소매 : ①膝 ②柴 ③楯 ④褶 ⑤袖
27 띠 : ①綏 ②紳 ③絞 ④繩 ⑤繡
28 빠르다 : ①燧 ②蒐 ③迅 ④馴 ⑤淳
29 모 : ①秧 ②穗 ③筍 ④薪 ⑤艾
30 아가씨 : ①娥 ②媤 ③攘 ④襄 ⑤孃

[31-40] 다음 단어들의 '□' 안에 공통으로 들어갈 알맞은 한자(漢字)는 어느 것입니까?

31 錦□, 刺□, □枕
①狩 ②瘦 ③綏 ④繡 ⑤銖

32 □輯, □錄, □荷物
①藪 ②荀 ③蒐 ④薪 ⑤艾

33 怨□, 復□, 報□
① 諡 ② 訊 ③ 嵩 ④ 詢 ⑤ 讐

34 骨□, 精□, 脊□
① 髓 ② 腎 ③ 腋 ④ 顎 ⑤ 膝

35 □髥, 觸□, 白□
① 鬚 ② 屍 ③ 髓 ④ 綏 ⑤ 娥

36 □降, 上□, 市□
① 丞 ② 升 ③ 陞 ④ 尸 ⑤ 什

37 □害, □殺, 毒□
① 嶽 ② 蝕 ③ 尸 ④ 屍 ⑤ 弑

38 繁□, 增□, 生□
① 柿 ② 軾 ③ 殖 ④ 蝕 ⑤ 娠

39 掌□, □手, 把□
① 罡 ② 顎 ③ 握 ④ 嶽 ⑤ 俄

40 □摩, □舞, □酒
① 晏 ② 鞍 ③ 挼 ④ 按 ⑤ 攮

[41-50] 다음 단어를 한자(漢字)로 바르게 쓴 것은 어느 것입니까?

41 순수 : ① 純粹 ② 靖綏 ③ 精粹 ④ 歸綏 ⑤ 國粹

42 수렵 : ① 狩漁 ② 狩獵 ③ 戍樓 ④ 戍將 ⑤ 瘦削

43 순박 : ① 舜民 ② 盾鼻 ③ 筍湖 ④ 荀子 ⑤ 淳樸

44 습곡 : ① 崇峻 ② 膝骨 ③ 褶曲 ④ 丞相 ⑤ 升降

45 포승 : ① 捕繩 ② 結繩 ③ 細繩 ④ 舊升 ⑤ 市升

46 시저 : ① 媤宅 ② 尸蟲 ③ 匙箸 ④ 屍班 ⑤ 柴草

47 홍시 : ① 贈諡 ② 腐蝕 ③ 貯柴 ④ 紅柿 ⑤ 飯匙

48 안녕 : ① 按摩 ② 晏寧 ③ 晏如 ④ 鞍具 ⑤ 鞍匣

49 항암 : ① 草庵 ② 抗癌 ③ 夭閼 ④ 鵝鴨 ⑤ 菴閭

50 격앙 : ① 移秧 ② 揷秧 ③ 早秧 ④ 低昂 ⑤ 激昂

[51-60] 다음 한자어(漢字語)의 음(音)은 무엇입니까?

51 養漱 : ① 관수 ② 권속 ③ 권수 ④ 양수 ⑤ 양속

52 羞惡 : ① 착악 ② 차악 ③ 착오 ④ 수오 ⑤ 수악

53 矛盾 : ① 모준 ② 모순 ③ 여준 ④ 여순 ⑤ 과순

54 琴瑟 : ① 검술 ② 검슬 ③ 금슬 ④ 금술 ⑤ 김술

55 尸解 : ① 시해 ② 시우 ③ 시현 ④ 시흠 ⑤ 시후

56 悉皆 : ① 실다 ② 실단 ③ 실개 ④ 실달 ⑤ 실지

57 蛾眉 : ① 아문 ② 아령 ③ 아장 ④ 아류 ⑤ 아미

58 菴閭 : ① 곤궁 ② 염려 ③ 엄려 ④ 암려 ⑤ 암궁

59 腋臭 : ① 야후 ② 야매 ③ 액취 ④ 액후 ⑤ 야취

60 伽倻 : ① 아아 ② 아정 ③ 가정 ④ 가아 ⑤ 가야

2급 한자 1501 | 0801~0820

0801 | 양 釀造양조 술이나 간장 등을 담가서 만듦 (造 만들 조)
釀蜜양밀 꿀을 만듦 (蜜 꿀 밀)

술빚을 양 — 酉부 총24획
家釀가양　野釀야양　釀造場양조장
釀家양가　釀母양모　蓮葉酒연엽주

0802 | 어 防禦방어 상대의 공격을 막음 (防 막을 방)
禦敵어적 외적을 막음 (敵 원수 적)

막을 어 — 示부 총16획
强禦강어　守禦수어　抗禦항어
禦冬어동　禦侮어모　禦寒어한

0803 | 언 堰塞언색 물의 흐름을 막음 (塞 막을 색)
海堰해언 조수를 막는 둑 (海 바다 해)

둑 언 — 土부 총12획
堰堤언제　堰柱언주　土堰堤토언제
石堰석언　廢堰폐언　堰塞湖언색호

0804 | 언 彦士언사 훌륭한 인물 (士 선비 사)
彦聖언성 뛰어나고 사리에 밝음 (聖 성인 성)

선비 언 — 彡부 총9획
彦俊언준　彦會언회　諸彦제언
英彦영언　偉彦위언　俊彦준언

0805 | 언 諺文언문 한글을 낮추어 부르던 말 (文 글월 문)
俗諺속언 속담 (俗 풍속 속)

언문 언 / 속담 언 — 言부 총16획
諺簡언간　諺書언서　諺解언해
杜詩諺解두시언해　小學諺解소학언해

0806 | 얼 庶孼서얼 서자와 그 자손 (庶 여러 서)
孼子얼자 첩에게서 태어난 아들 (子 아들 자)

서자 얼 — 子부 총19획
孤孼고얼　餘孼여얼　遺孼유얼
孼妾얼첩　孼孫얼손　作孼작얼

0807 | 엄 儼然엄연 부인할 수 없을 만큼 분명함 (然 그럴 연)
儼恪엄각 공경하고 삼감 (恪 삼갈 각)

엄연할 엄 — 亻=人부 총22획
儼雅엄아　儼存엄존　儼乎엄호

0808 | 엄 掩蔽엄폐 보이지 않도록 가려서 숨김 (蔽 덮을 폐)
掩心甲엄심갑 가슴을 가리는 갑옷 (心 마음 심, 甲 갑옷 갑)

가릴 엄 — 扌=手부 총11획
掩襲엄습　掩身엄신　掩護엄호
掩匿엄닉　掩塞엄색　掩蔽壕엄폐호

0809 | 역 演繹연역 일반적 명제에서 보다 특수한 명제를 이끌어냄 또는 그런 과정 (演 펼 연)
尋繹심역 사물의 이치를 찾아 연구함 (尋 찾을 심)

풀 역 — 糸부 총19획
絡繹낙역　玩繹완역　紬繹주역
演繹法연역법　海東繹史해동역사

0810 | 연 捐棄연기 버림 (棄 버릴 기)
捐納연납 돈 또는 물건 또는 곡식을 바치고 벼슬자리나 지위를 얻는 일 (納 들일 납)

버릴 연 — 扌=手부 총10획
捐軀연구　捐金연금　捐補연보
捐助연조　義捐의연　出捐출연

· · · 이 한 자 기 억 해 요 ? · · · 정답 246

1 菴( )　2 鴨( )　3 昻( )　4 秧( )　5 厓( )　6 埃( )　7 崖( )　8 碍( )　9 艾( )　10 掖( )

> 여기는! 釀양 / 椽연

0811 | 연

서까래 연
木부 총13획

椽端연단 서까래 끝 (端 끝 단)
椽木연목 서까래 (木 나무 목)

椽大연대　　椽廳연청　　椽燭연촉
短椽단연　　附椽부연　　屋椽옥연

0812 | 연
深淵심연 깊은 못 (深 깊을 심)
淵蓋蘇文연개소문
　고구려 5부의 한 사람으로 장군이
　며 정치가 (蓋 덮을 개, 蘇 깰 소,
　文 글월 문)

못 연
氵=水부 총12획

淵洞연동　　淵謨연모　　淵博연박
淵源연원　　淵靜연정　　淵叢연총

0813 | 연

연기 연 / 김 인
부 총10획

烟霧연무 연기와 안개 (霧 안개 무)
烟硝연초 화약 (硝 초석 초)

烟軍연군　　烟臺연대　　鼻烟비연
烟村연촌　　烟月연월　　烟滓연재
淸烟청연

0814 | 연
硯水연수 벼루에 먹을 갈려고 붓는 물 (水
　　　　　물 수)
硯滴연적 벼룻물을 담는 그릇 (滴 물방울 적)

벼루 연
石부 총12획

硯匣연갑　　硯材연재　　硯池연지
同硯동연　　筆硯필연　　硯床연상

0815 | 연

대자리 연
竹부 총13획

筵奏연주 임금의 면전에서 사연을 아룀 (奏
　　　　　아뢸 주)
舞筵무연 춤추는 자리 (舞 춤출 무)

筵席연석　　賀筵하연　　講筵강연
法筵법연　　賓筵빈연　　筵中연중

0816 | 연
衍喜宮연희궁
　조선 2대 임금인 정종이 임금 자리
　를 내놓은 뒤에 살던 궁 (喜 기쁠
　희, 宮 집 궁)
敷衍부연 알기 쉽게 자세히 설명을 늘어놓음
　　　　　(敷 펼 부)

넓을 연
行부 총9획

衍文연문　　衍義연의　　衍字연자
蔓衍만연　　紛衍분연　　鄒衍추연

0817 | 연

솔개 연
鳥부 총14획

鳶絲연사 연줄로 쓰는 실. 연실 (絲 실 사)
鳶目兎耳연목토이
　솔개 눈에 토끼 귀. 즉 잘 보이는
　눈과 잘 들리는 귀 (目 눈 목, 兎 토
　끼 토, 耳 귀 이)

鳶肩연견　　鳴鳶명연　　木鳶목연
飛鳶비연　　紙鳶지연　　風鳶풍연

0818 | 열
涅槃열반 불교의 도를 완전히 깨달아 모든
　　　　　번뇌를 해탈한 최고의 경지 (槃 쟁
　　　　　반 반)
涅槃堂열반당
　승려가 죽을 때에 기거하는 곳 (槃
　쟁반 반, 堂 집 당)

개흙 열 / 앙금흙 날
氵=水부 총10획

無餘涅槃무여열반　涅墨열묵　　涅髮열발
涅槃門열반문　　　涅槃宗열반종　涅汚열오

0819 | 염

싫어할 염 / 누를 엽
厂부 총14획

厭世염세 인생과 삶 또는 세상살이를 괴롭게
　　　　　여기고 싫증을 냄 (世 세상 세)
厭症염증 열이 나고 빨갛게 부어오르는 증
　　　　　상. 또는 싫증 (症 증세 증)

厭忌염기　　厭苦염고　　厭世家염세가
倦厭권염　　嫌厭혐염　　無厭之慾무염지욕

0820 | 염
氣焰기염 대단한 기세 (氣 기운 기)
火焰甁화염병
　휘발유나 시나 등의 화염제를 혼합
　하여 유리병에 넣어서 만든 화학
　수류탄 (火 불 화, 甁 병 병)

불꽃 염
火부 총12획

光焰광염　　救命焰구명염　　火焰화염
紅焰홍염　　陽焰양염　　　　焰硝염초

・・・이 한 자 기 억 해 요 ?・・・　정답 247

1 液 (　) 2 腋 (　) 3 櫻 (　) 4 鶯 (　) 5 倻 (　) 6 冶 (　) 7 孃 (　) 8 攘 (　) 9 瘍 (　) 10 襄 (　)

2급 한자 1501 | 0821~0840

0821 | 염
艷聞염문 남녀 간의 연애에 관한 소문 (聞 들을 문)
妖艷요염 사람을 호릴 만큼 아름다움 (妖 요사할 요)

艶

고울 염
色부 총19획
艷歌염가　艷曲염곡　艷文염문
艷色염색　濃艷농염　豊艷풍염

0822 | 염
閭閻여염 백성의 집들이 많이 모여 있는 곳 (閭 마을 려)
閻羅염라 염라대왕(大王) (羅 벌릴 라)

閻

마을 염
門부 총16획
閻魔염마　閻魔王염마왕　閻羅國염라국
閻羅人염라인

0823 | 염
鬚髥수염 성인 남자의 턱 또는 뺨에 나는 털 (鬚 수염 수)
霜髥상염 흰 수염 (霜 서리 상)

구레나룻 염
髟부 총14획
美鬚髥미수염　衰髥쇠염　疏髥소염
虎髥호염　美髥미염　霜髥舞상염무

0824 | 엽
燁然엽연 빛나는 모양 (然 그럴 연)
燁燁엽엽 반짝반짝 빛남

燁

빛날 엽
火부 총16획

0825 | 영
暎發영발 번쩍번쩍 빛남 (發 필 발)
暎畫영화 활동사진 (畫 그림 화)

暎

비칠 영
日부 총13획
淵澄取暎연징취영

0826 | 영
瑩鏡영경 맑은 거울 (鏡 거울 경)
瑩澈형철 훤히 보이도록 밝고 맑음 또는 사리가 밝고 투철함 (澈 물맑을 철)

瑩

옥돌 영/의혹할 형
玉부 총15획
未瑩미형　瑩角영각　瑩潔영결
瑩淨영정　瑩澤영택

0827 | 영
瀛閣영각 홍문관을 달리 이르는 말 (閣 집 각)
瀛海영해 큰 바다 (海 바다 해)

바다 영
氵=水부 총19획
大瀛대영　東瀛동영　臨瀛임영
登瀛州등영주　瀛州영주　瀛表영표

0828 | 영
瓔珞영락 구슬을 꿰어 만든 목걸이 (珞 구슬 락)
落瓔낙영 연 같은 데에 장식으로 드리운 주렴 (落 떨어질 락)

瓔

옥돌 영
王=玉부 총21획

0829 | 영
盈溢영일 가득 차서 넘침 (溢 넘칠 일)
盈月영월 둥근 달, 즉 만월(滿月) (月 달 월)

盈

찰 영
皿부 총9획
盈德영덕　盈滿영만　盈盈영영
盈車영차　豊盈풍영　盈盛영성

0830 | 영
穎果영과 벼나 보리와 같은 견과의 하나 (果 과실 과)
穎敏영민 기지가 날카롭고 민첩함 (敏 민첩할 민)

穎

이삭 영
禾부 총16획
穎哲영철　穎花영화　穎悟영오
穎異영이　奇穎기영　秀穎수영

· · · 이 한 자 기 억 해 요 ? · · · 정답 250

1 釀( ) 2 禦( ) 3 堰( ) 4 彦( ) 5 諺( ) 6 孼( ) 7 儼( ) 8 掩( ) 9 繹( ) 10 捐( )

여기는! 艶염 / 纓영

0831 | 영 纓
纓冠영관 갓끈을 맴 (冠 갓 관)
纓紳영신 갓끈과 대대, 즉 높은 벼슬 (紳 펼 신)

갓끈 영
糸부 총23획
冠纓관영 簪纓잠영 木纓목영
笠纓입영 纓絡영락 纓子영자

0832 | 예 叡
叡感예감 임금이 감동함 (感 느낄 감)
叡覽예람 임금이 열람함 (覽 볼 람)

밝을 예
又부 총16획
叡斷예단 叡智예지 叡嘆예탄
叡聞예문 叡敏예민

0833 | 예 曳
曳引예인 끌어 당김 (引 끌 인)
曳引船예인선 다른 배를 끌고 가는 배 (引 끌 인, 船 배 선)

끌 예
曰부 총6획
牽曳견예 曳索예삭 曳線器예선기
曳網예망

0834 | 예 濊
濊貊예맥 고구려가 부족 국가일 때의 이름 (貊 예맥 맥)
濊國예국 삼국 시대 초기의 부족 국가 (國 나라 국)

종족이름 예
그물던지는소리 활
氵=水부 총16획
東濊동예 汚濊오예

0835 | 예 睿
睿德예덕 몹시 뛰어난 덕망 (德 덕 덕)
睿智예지 뛰어난 깊은 지혜 (智 슬기 지)

슬기 예
目부 총14획
睿達예달 睿覽예람 睿筵예연
睿宗예종 聰睿총예

0836 | 예 穢
蕪穢무예 잡초가 무성해져 어지럽고 거칠게 됨 (蕪 거칠어질 무)
汚穢오예 더럽고 지저분함 (汚 더러울 오)

더러울 예
禾부 총18획
穢國예국 穢氣예기 穢德예덕
穢心예심 穢慾예욕 穢濁예탁

0837 | 예 芮
芮芮예예 풀이나 싹이 뾰족뾰족 자라는 모양
石龍芮석룡예 개구리자리 (石 돌 석, 龍 용 룡)

성 예
나라이름 열
艹=艸부 총8획
芮鞠여국

0838 | 예 裔
弓裔궁예 후고구려를 세운 왕 (弓 활 궁)
後裔후예 후손 (後 뒤 후)

후손 예
衣부 총13획
來裔내예 裔孫예손 裔胄예주
裔土예토 容裔용예 醜裔추예

0839 | 예 預
豫(미리 예)와 통자(通字)
預金예금 돈을 은행 등에 맡김 또는 그 돈 (金 쇠 금)
預備예비 미리 갖추어 준비함 (備 갖출 비)

맡길 예 / 미리 예
頁부 총13획
預買예매 預想예상 預入예입
預置예치 預託예탁 預妓예기

0840 | 오 伍
軍伍군오 군의 부대별 또는 병사의 대열 (軍 군사 군)
落伍낙오 대오에서 뒤떨어짐 (落 떨어질 락)

다섯사람 오
亻=人부 총6획
伍符오부 伍長오장 伍列오열
部伍부오 編伍편오 行伍행오

• • • 이 한 자 기 억 해 요 ? • • • 정답 251

1 椽( ) 2 淵( ) 3 烟( ) 4 硯( ) 5 筵( ) 6 衍( ) 7 鳶( ) 8 涅( ) 9 厭( ) 10 焰( )

2급 한자 1501 | 0841~0860

0841 | 오

성 오
口부 총7획

孫吳손오 중국의 병법가인 손자와 오자 (孫 손자 손)
吳越오월 중국 춘추 시대의 오나라와 월나라 (越 넘을 월)

吳子오자   吳鉤오구   吳越同舟오월동주
吳越春秋오월춘추

0842 | 오

**깊을 오
따뜻할 욱**
大부 총13획

深奧심오 이론 등이 매우 깊고 오묘함 (深 깊을 심)
奧妙오묘 심오하고 묘함 (妙 묘할 묘)

奧地오지   奧密稠密오밀조밀   險奧험오
奧域오역   奧藏오장   潭奧담오

0843 | 오

밝을 오
日부 총8획

0844 | 오

오동나무 오
木부 총11획

梧桐오동 벽오동나무 (桐 오동 동)
梧月오월 음력 7월의 다른 말 (月 달 월)

梧右오우   梧鼠오서   梧桐斷角오동단각
梧下오하   碧梧桐벽오동   鳳梧洞戰鬪봉오동전투

0845 | 오

자라 오
魚부 총22획

鼇(자라 오)의 속자(俗字)
鰲山오산 큰 자라의 등에 얹혀있는 바다 속의 산 (山 뫼 산)
金鰲新話금오신화 김시습이 지은 우리나라 최초의 한문 소설 (金 쇠 금, 新 새 신, 話 말할 화)

鰲禁오금   鰲戴오대   鰲頭오두
鰲峯오봉

0846 | 옥

기름질 옥
氵=水부 총7획

沃畓옥답 기름진 논 (畓 논 답)
肥沃비옥 땅이 걸고 기름짐 (肥 살찔 비)

沃度옥도   沃野옥야   沃饒옥요
沃沮옥저   沃田옥전   沃土옥토

0847 | 옥

보배 옥
金부 총13획

鈺圭옥규 보배처럼 귀한 옥 홀 (圭 홀 규)

0848 | 온

염병 온
疒부 총15획

瘟鬼온귀 역신(疫神) (鬼 귀신 귀)
瘟疫온역 돌림병 (疫 염병 역)

瘟黃온황   五瘟神오온신   犬瘟病견온병

0849 | 온

편안할 온
禾부 총19획

穩全온전 원래대로 고스란히 있음 (全 완전할 전)
穩當온당 사리에 맞음 (當 마땅 당)

不穩불온   穩健온건   穩婆온파
平穩평온   深穩심온   穩健派온건파

0850 | 온
쌓을 온
卄=艸부 총20획

蘊蓄온축 마음 속에 깊이 쌓아둠 (蓄 쌓을 축)
蘊抱온포 포부를 깊이 품음 (抱 안을 포)

蘊結온결   蘊暑온서   蘊藉온자
蘊合온합   密蘊밀온   幻蘊환온

이 한 자 기 억 해 요 ?   정답 252

1 艶( )   2 閻( )   3 鹽( )   4 燁( )   5 暎( )   6 瑩( )   7 瀛( )   8 瓔( )   9 盈( )   10 穎( )

여기는! 吳오 / 兀올

0851 | 올 兀
우뚝할 올 / 儿부 총3획
- 兀立올립 우뚝 솟음 (立 설 립)
- 突兀돌올 높이 솟아 오똑함 (突 갑자기 돌)
- 兀山올산
- 兀僧올승
- 兀刑올형
- 兀然올연
- 羅兀나올
- 兀坐올좌

0852 | 옹 甕
독 옹 / 瓦부 총18획
- 甕器옹기 옹기그릇 (器 그릇 기)
- 甕天옹천 항아리 안에서 천지를 봄. 즉, 우물 안 개구리를 뜻함 (天 하늘 천)
- 甕棺葬옹관장
- 甕家옹가
- 甕雞옹계
- 甕城옹성
- 甕頭옹두
- 甕算옹산

0853 | 옹 雍
화할 옹 / 隹부 총13획
- 雍睦옹목 화목함 (睦 화목할 목)
- 雍齒옹치 항상 싫어하고 미워하는 사람 (齒 이 치)
- 雍渠옹거
- 雍丘옹구
- 雍閼옹알
- 雍雍옹옹
- 雍容옹용
- 雍蔽옹폐

0854 | 옹 饔
아침밥 옹 / 食부 총22획
- 饔膳옹선 맛 좋은 음식 (膳 반찬 선)
- 司饔사옹 조선 시대 때 대궐 안에서 쓸 음식을 만들던 궁중 요리인 (司 맡을 사)
- 司饔院사옹원
- 別司饔별사옹

0855 | 와 渦
소용돌이 와 / 氵=水부 총12획
- 旋渦선와 소용돌이 (旋 돌 선)
- 渦中와중 소용돌이의 가운데 (中 가운데 중)
- 渦旋와선
- 渦流와류
- 渦紋와문
- 渦水와수
- 潭渦담와
- 渦狀와상

0856 | 와 窩
움집 와 / 穴부 총14획
- 窩窟와굴 소굴 (窟 굴 굴)
- 窩中와중 굴 속 (中 가운데 중)
- 窩主와주
- 心窩심와
- 眼窩안와
- 强窩강와
- 腋窩액와
- 燕窩연와

0857 | 와 蛙
개구리 와 / 개구리 왜 / 虫부 총12획
- 蛙鳴와명 개구리가 우는 소리 (鳴 울 명)
- 蛙泳와영 개구리 헤엄 (泳 헤엄칠 영)
- 金蛙금와
- 靑蛙청와
- 蛙聲와성
- 蛙市와시
- 泮蛙반와
- 井底之蛙정저지와

0858 | 와 訛
그릇될 와 / 言부 총11획
- 訛傳와전 원래의 뜻이나 내용을 잘못되게 바꾸어 전함 (傳 전할 전)
- 訛語와어 사투리 (語 말씀 어)
- 訛謬와류
- 訛設와설
- 訛言와언
- 訛僞와위
- 浮訛부와
- 轉訛전와

0859 | 완 婉
순할 완 / 女부 총11획
- 婉曲완곡 말씨 등의 표현이 노골적이 아님 (曲 굽을 곡)
- 淸婉청완 맑고 예쁨 (淸 맑을 청)
- 婉婉완완
- 婉麗완려
- 婉穆완목
- 婉順완순
- 婉弱완약
- 淑婉숙완

0860 | 완 浣
빨 완 / 氵=水부 총10획
- 浣染완염 세탁하여 염색함 (染 물들일 염)
- 浣衣완의 옷을 빪 (衣 옷 의)
- 浣沐완목
- 浣紗완사
- 浣慰완위
- 浣滌완척
- 浣草완초
- 上浣상완

• • 이 한 자 기 억 해 요 ? • • 정답 253

1 纓( ) 2 叡( ) 3 曳( ) 4 濊( ) 5 睿( ) 6 穢( ) 7 芮( ) 8 裔( ) 9 預( ) 10 伍( )

 2급 한자 1501 | 0861~0880

0861 | 완
玩

玩具완구 장난감 (具 갖출 구)
愛玩動物애완동물
　　가까이 두고 예뻐하며 기르는 동물
　　(愛 사랑 애, 動 움직일 동, 物 만물 물)

희롱할 완
王=玉부 총8획

玩讀완독　玩弄완롱　玩物완물
玩味완미　愛玩애완　雜玩잡완

0862 | 완
阮

阮籍완적 위나라의 죽림칠현의 으뜸으로 거문고를 잘탔음 (籍 문서 적)
阮堂集완당집
　　추사 김정희의 시문집 (堂 집 당, 集 모일 집)

성 완 / 나라이름 원
阝=阜부 총7획

阮元완원　阮丈완장　阮咸완함
阮大鋮완대성

0863 | 완
腕

腕力완력 팔의 힘 또는 육체적으로 발휘하는 힘 (力 힘 력)
手腕수완 일이나 계획을 만들고 헤쳐 나가는 재능 (手 손 수)

팔뚝 완
月=肉부 총12획

腕車완거　腕骨완골　腕木완목
腕部완부　怪腕괴완　弱腕약완

0864 | 완
莞

莞爾완이 빙그레 웃는 모양 (爾 너 이)
莞草완초 왕골 (草 풀 초)

빙그레할 완 / 왕골 관
艹=艸부 총11획

莞島완도　莞枕완침　莞花완화
莞蒲완포　莞然완연

0865 | 완
頑

頑強완강 성품이 완고하고 의지가 강함 (強 강할 강)
頑固완고 성질이 완강하고 고지식함 (固 굳을 고)

완고할 완
頁부 총13획

頑拒완거　頑鈍완둔　頑昧완매
頑守완수　頑敵완적　命頑명완

0866 | 왕
旺

旺氣왕기 왕성하게 될 징조 (氣 기운 기)
旺盛왕성 한창 성함 (盛 성할 성)

왕성할 왕
日부 총8획

旺運왕운　儀旺의왕　盛旺성왕
興旺흥왕

0867 | 왕
汪

汪洋왕양 바다가 한없이 넓음 (洋 바다 양)
汪浪왕랑 눈물이 흐르는 모양 (浪 물결 랑)

넓을 왕
氵=水부 총7획

汪倫왕륜　汪罔왕망　汪茫왕망
汪然왕연　汪汪왕왕　汪濊왕회

0868 | 왜
倭

倭國왜국 일본을 낮추어 부르는 말 (國 나라 국)
倭兵왜병 일본군을 낮추어 부르는 말 (兵 병사 병)

왜나라 왜
亻=人부 총10획

倭劍왜검　倭女왜녀　倭刀왜도
倭敵왜적　倭人왜인　壬辰倭亂임진왜란

0869 | 왜

歪曲왜곡 비틀어 곱새김 (曲 굽을 곡)
歪力왜력 변형력 (力 힘 력)

기울 왜 / 기울 외
止부 총9획

歪調왜조　舌歪설왜　歪形왜형

0870 | 왜
矮

矮小왜소 작고 초라함 (小 작을 소)
矮軀왜구 작은 체구 (軀 몸 구)

난쟁이 왜
矢부 총13획

矮鷄왜계　矮陋왜루　矮林왜림
矮屋왜옥　矮簷왜첨　矮縮왜축

• • • 이 한 자 기 억 해 요 ? • • • 정답 254

1 吳( )　2 奧( )　3 昨( )　4 梧( )　5 鰲( )　6 沃( )　7 鈺( )　8 瘟( )　9 穩( )　10 蘊( )

256

여기는! 玩완 / 巍외

0871 | 외

巍然 외연 외외(巍巍) (然 그럴 연)
巍巍 외외 뛰어나게 높고 우뚝 솟은 모양, 인격이 높고 뛰어남

높고클 외
山부 총21획
巍勳 외훈   崔巍 최외

0872 | 요

凹鏡 요경 오목거울 (鏡 거울 경)
凹凸 요철 오목함과 볼록함 (凸 볼록할 철)

오목할 요
凵부 총5획
凹角 요각   凹面 요면   凹處 요처
平凹版 평요판   凹面鏡 요면경   凹彫 요조

0873 | 요

堯年 요년 요 임금이 재위한 해, 즉 태평세대를 뜻함 (年 해 년)
堯舜 요순 중국의 요 임금과 순 임금, 즉 성군을 뜻함 (舜 순 임금 순)

요임금 요
土부 총12획
堯渚 요저   堯堯 요요   見堯於墙 견요어장
堯天 요천   堯舜之節 요순지절

0874 | 요

夭死 요사 일찍 죽음 (死 죽을 사)
夭折 요절 젊은 나이에 죽음 (折 꺾을 절)

일찍죽을 요
어린아이 오
大부 총4획
夭桃 요도   夭斜 요사   夭逝 요서
壽夭 수요   夭閼 요알   夭札 요찰

0875 | 요
妖怪 요괴 요사스럽고 괴이함 (怪 괴이할 괴)
妖邪 요사 요사스럽고 간사함 (邪 간사할 사)

요사할 요
女부 총7획
妖鬼 요귀   妖女 요녀   妖妄 요망
妖物 요물   妖艶 요염   妖精 요정

0876 | 요

姚江 요강 절강성 남쪽에 있는 강 (江 강 강)
姚冶 요야 예쁘고 요염함 (冶 불릴 야)

예쁠 요
女부 총9획
姚姚 요요   姚遠 요원   姚合 요합
姚黃 요황   輕姚 경요   姚江學 요강학

0877 | 요
擾亂 요란 시끄럽고 어지러움 (亂 어지러울 난)
騷擾 소요 여러 사람이 요란스럽게 들고 일어남 (騷 떠들 소)

시끄러울 요
扌=手부 총18획
擾攘 요양   擾奪 요탈   輕擾 경요
騰擾 등요   辛未洋擾 신미양요   丙寅洋擾 병인양요

0878 | 요

曜日 요일 1주일의 각 날 (日 날 일)
黑曜石 흑요석 화산암의 한 가지로 장식용, 도장 등에 쓰임 (黑 검을 흑, 石 돌 석)

빛날 요
日부 총18획
曜魄 요백   曜靈 요령   曜曜 요요
芒曜 망요

0879 | 요
瑤顏 요안 아름다운 얼굴 (顏 얼굴 안)
瑤池鏡 요지경
앞면에 확대경을 통해 그 안의 여러 그림을 볼 수 있게한 장난감 (池 못 지, 鏡 거울 경)

아름다운옥 요
王=玉부 총14획
瑤玉 요옥   瑤池 요지   江瑤珠 강요주
招瑤旗 초요기

0880 | 요

陶窯 도요 도기를 굽는 가마 (陶 질그릇 도)
瓦窯 와요 기와를 굽는 굴 (瓦 기와 와)

기와가마 요
穴부 총15획
窯法 요법   窯業 요업   窯戶 요호
靑窯 청요   年窯 연요   炭窯 탄요

· · · 이 한 자 기 억 해 요 ? · · · 정답 255
1 兀( ) 2 甕( ) 3 雍( ) 4 饕( ) 5 渦( ) 6 窩( ) 7 蛙( ) 8 訛( ) 9 婉( ) 10 浣( )

2급 한자 1501 | 0881~0900

0881 | 요 耀
값을 높임 (價 값 가) — 耀價요가
덕을 빛나게 함 (德 덕 덕) — 耀德요덕

빛날 요 羽부 총20획
光耀광요　晶耀정요　照耀조요
榮耀영요　眩耀현요　輝耀휘요

0882 | 요 饒
饒居요거 넉넉하게 삶 (居 거할 거)
饒多요다 물건 등이 풍부함 (多 많을 다)

넉넉할 요 食부 총21획
肥饒비요　饒給요급　饒貸요대
饒富요부　饒足요족　豊饒풍요

0883 | 욕 褥
産褥산욕 아이를 낳을 때에 산모 아래에 까는 요 (産 낳을 산)
病褥병욕 병석 (病 병 병)

요 욕 糸부 총15획
褥婦욕부　褥席욕석　褥奢욕사
褥薩욕살　衾褥금욕　坐褥좌욕

0884 | 용 傭
傭兵용병 봉급을 주어 고용한 병사 (兵 병사 병)
雇傭고용 삯을 주고 일할 사람을 구함 (雇 품살 고)

품팔 용 / 고를 총 亻=人부 총13획
私傭사용　常傭상용　日傭일용
傭客용객　傭工용공　傭船용선

0885 | 용 湧
湧出용출 솟아 나옴 (出 나갈 출)
湧泉용천 물이 솟아나오는 샘 (泉 샘 천)

물솟을 용 氵=水부 총12획
湧起용기　湧沫용말　湧昇용승
瀑湧폭용　沸湧비용　水湧山出수용산출

0886 | 용 溶
溶液용액 두 가지 이상의 물질이 섞여 있는 액체 (液 진 액)
溶解용해 녹거나 녹임 (解 풀 해)

녹을 용 氵=水부 총13획
溶媒용매　溶質용질　溶溶용용
水溶수용　可溶가용　溶血용혈

0887 | 용 熔
熔巖용암 화산이 폭발할 때 뿜어낸 마그마 또는 마그마가 식어서 굳어진 바위 (巖 바위 암)
熔鑛爐용광로 금속 광석을 녹여 금속을 추출하기 위한 가마 (鑛 쇳돌 광, 爐 화로 로)

쇠녹일 용 火부 총14획
熔巖窟용암굴　熔巖層용암층　熔石용석
熔着용착　熔解용해　熔化용화

0888 | 용 茸
鹿茸녹용 사슴의 새로 난 연한 뿔 보약으로 씀 (鹿 사슴 록)
茸茂용무 초목이 우거짐 (茂 무성할 무)

풀날 용 / 버섯 이 ⺾=艸부 총10획
茸茸용용　蒙茸몽용　蔘茸삼용
切茸절용　火茸화용　叢茸총용

0889 | 용 蓉
芙蓉부용 연꽃 (芙 부용 부)
玉芙蓉옥부용 아름다운 연꽃, 눈을 멋스럽게 이르는 말 (玉 구슬 옥, 芙 부용 부)

연꽃 용 ⺾=艸부 총14획
木芙蓉목부용　玉芙蓉옥부용　芙蓉峯부용봉
芙蓉堂부용당

0890 | 용 踊
踊躍용약 좋아서 뜀 (躍 뛸 약)
舞踊무용 춤 (舞 춤출 무)

뛸 용 足부 총14획
踊貴용귀　踊溢용일　踊現용현
舞踊手무용수　翔踊상용　喜踊희용

• • • 이 한 자 기 억 해 요 ? • • • 정답 256

1 玩( )　2 阮( )　3 腕( )　4 莞( )　5 頑( )　6 旺( )　7 汪( )　8 倭( )　9 歪( )　10 矮( )

여기는! 耀요 / 鎔용

0891 | 용
鎔解용해 쇠를 녹임 (解 풀 해)
鎔鑛爐용광로 쇠 등의 광석을 녹이는 가마 (鑛 쇳돌 광, 爐 화로 로)

쇠녹일 용
金부 총18획

鎔鑛용광　鎔球용구　鎔度용도
鎔冶용야　鎔爐용로　鎔石용석

0892 | 용
鏞鼓용고 종과 북 (鼓 북 고)
大鏞대용 큰 쇠북 (大 큰 대)

쇠북 용
金부 총19획

金鏞금용　笙鏞생용

0893 | 우
保佑보우 보호하여 도와줌 (保 보호할 보)
天佑神助천우신조 하늘이 돕고 신이 도움 (天 하늘 천, 神 귀신 신, 助 도울 조)

도울 우
亻=人부 총7획

佑啓우계　佑命우명　佑助우조
光佑광우　眷佑권우　不佑불우

0894 | 우
寓居우거 정착하지 않고 임시로 거처함 (居 거할 거)
寓書우서 편지를 써서 보냄 (書 글 서)

부칠 우
宀부 총12획

客寓객우　羇寓기우　旅寓여우
寓舍우사　寓生우생　避寓피우

0895 | 우

패옥 우
王=玉부 총13획

※ 왕과 벼슬아치의 예복 허리 양옆에 늘어어 차던 옥을 패옥이라 하는데, 우(瑀)는 왕의 패옥 중에 있는 옥을 뜻함

0896 | 우
飯盂반우 밥을 담는 그릇 (飯 밥 반)
盂鉢우발 밥 그릇 (鉢 바리때 발)

사발 우
皿부 총8획

鉢盂발우　腎盂신우　盂蘭盆우란분
盂方水方우방수방　盂只우지　腎盂炎신우염

0897 | 우
祐助우조 도움 (助 도울 조)
保祐보우 보호하여 도움 (保 지킬 보)

복 우
示부 총10획

嘉祐가우　降祐강우　福祐복우
祥祐상우　天祐천우　皇祐황우

0898 | 우
禑王우왕 고려 공민왕의 장남으로서 32대 임금 (王 임금 왕)

복 우
示부 총14획

0899 | 우
禹域우역 중국 영토를 뜻하는 말 (域 지경 역)
大禹대우 중국의 우왕(禹王)을 높여 부르는 말 (大 큰 대)

성 우
内부 총9획

禹跡우적　禹貢우공　九州禹跡구주우적
夏禹하우　禹行舜趨우행순추　田禹治傳전우치전

0900 | 우
虞犯우범 범죄를 저지를 가능성이 있음 (犯 범할 범)
虞人우인 경험이 많고 능숙한 사람 (人 사람 인)

염려할 우 / 나라이름 우
虍부 총13획

虞唐우당　虞殯우빈　虞侯우후
無虞무우　外虞외우　患虞환우

・ ・ ・ 이　한　자　기　억　해　요 ? ・ ・ ・ 정답 257
1 巍 (　) 2 凹 (　) 3 堯 (　) 4 夭 (　) 5 妖 (　) 6 姚 (　) 7 擾 (　) 8 曜 (　) 9 瑤 (　) 10 窯 (　)

연습문제 9 | 지금까지 배운 내용을 문제로 풀어보세요

[01-10] 다음 한자(漢字)의 음(音)은 무엇입니까?

01 彦 : ①어 ②언 ③엄 ④염 ⑤영
02 筵 : ①엄 ②역 ③연 ④엽 ⑤예
03 涅 : ①열 ②영 ③오 ④온 ⑤와
04 叡 : ①연 ②예 ③옥 ④옹 ⑤완
05 鰲 : ①엄 ②염 ③완 ④오 ⑤옥
06 訛 : ①온 ②와 ③왜 ④왕 ⑤요
07 莞 : ①욕 ②요 ③왕 ④와 ⑤완
08 窯 : ①오 ②옹 ③요 ④용 ⑤우
09 巍 : ①온 ②완 ③왜 ④외 ⑤요
10 禑 : ①우 ②용 ③왕 ④와 ⑤오

[11-15] 다음의 음(音)을 가진 한자는 어느 것입니까?

11 어 : ①醸 ②禦 ③孼 ④衍 ⑤盈
12 영 : ①堰 ②裔 ③鈺 ④甕 ⑤瑩
13 옹 : ①蘊 ②窩 ③雍 ④阮 ⑤矮
14 왜 : ①盂 ②蓉 ③瑤 ④歪 ⑤妖
15 용 : ①茸 ②祐 ③褥 ④旺 ⑤兀

[16-25] 다음 한자(漢字)의 뜻은 무엇입니까?

16 掩 : ①풀다 ②넓다 ③가리다 ④버리다 ⑤엄연하다
17 椽 : ①못 ②언문 ③벼루 ④대자리 ⑤서까래
18 瓔 : ①독 ②옥돌 ③바다 ④마을 ⑤패옥
19 暎 : ①밝다 ②차다 ③곱다 ④비치다 ⑤더럽다
20 瀛 : ①거품 ②씻다 ③바다 ④물솟다 ⑤흐리다
21 婉 : ①빨다 ②순하다 ③희롱하다 ④완고하다 ⑤왕성하다
22 腕 : ①독 ②팔뚝 ③사발 ④그릇 ⑤아침밥
23 褥 : ①요 ②마 ③치마 ④적삼 ⑤베개
24 鏞 : ①녹 ②철 ③쇠북 ④땜납 ⑤기와가마
25 祐 : ①복 ②돕다 ③넉넉하다 ④요사하다 ⑤염려하다

[26-30] 다음의 뜻을 가진 한자(漢字)는 어느 것입니까?

26 서자 : ①禦 ②彦 ③伍 ④孼 ⑤倭
27 못 : ①涅 ②醸 ③淵 ④瀛 ⑤渦
28 후손 : ①裔 ②睿 ③閻 ④奧 ⑤雍
29 녹다 : ①湧 ②鎔 ③蓉 ④熔 ⑤溶
30 부치다 : ①禑 ②寓 ③瑀 ④禹 ⑤佑

[31-40] 다음 단어들의 '□' 안에 공통으로 들어갈 알맞은 한자(漢字)는 어느 것입니까?

31 □文, 俗□, □解
①儼 ②訛 ③諺 ④彦 ⑤虞

32 □棄, □納, □金
①捐 ②繹 ③擾 ④傭 ⑤浣

33 妖□, □色, 濃□
   ①燁 ②焰 ③閣 ④艶 ⑤髣

34 □世, □症, □忌
   ①曳 ②盈 ③暎 ④鳶 ⑤厭

35 □金, □備, □買
   ①濊 ②預 ③睿 ④芮 ⑤叡

36 □全, 平□, □健
   ①昕 ②蘊 ③穩 ④曳 ⑤燁

37 □强, □固, □守
   ①頑 ②莞 ③玩 ④浣 ⑤阮

38 □氣, □盛, 興□
   ①汪 ②旺 ③歪 ④瑤 ⑤瑀

39 □怪, □艶, □精
   ①堯 ②夭 ③姚 ④妖 ⑤凹

40 □兵, 雇□, 私□
   ①頑 ②擾 ③饒 ④褥 ⑤傭

[41-50] 다음 단어를 한자(漢字)로 바르게 쓴 것은 어느 것입니까?

41 방어 : ①强禦 ②諸彦 ③防禦 ④俊彦 ⑤抗禦

42 연역 : ①演繹 ②尋繹 ③絡繹 ④玩繹 ⑤紬繹

43 부연 : ①同硯 ②飛鳶 ③紛衍 ④附椽 ⑤短椽

44 여염 : ①衰髣 ②陽焰 ③嫌厭 ④妖艶 ⑤閭閻

45 수영 : ①豊盈 ②冠纓 ③秀穎 ④未瑩 ⑤大瀛

46 총예 : ①柬濊 ②聰睿 ③蕪穢 ④芮芮 ⑤弓裔

47 왜구 : ①巍然 ②歪曲 ③妖怪 ④倭國 ⑤矮軀

48 요절 : ①夭折 ②妖妄 ③擾亂 ④曜魄 ⑤瑤顔

49 부용 : ①鹿茸 ②舞踊 ③芙蓉 ④雇傭 ⑤笙鏞

50 우범 : ①寓居 ②盂鉢 ③祐助 ④虞犯 ⑤禹域

[51-60] 다음 한자어(漢字語)의 음(音)은 무엇입니까?

51 釀造 : ①양조 ②양모 ③암조 ④암모 ⑤엄조

52 深淵 : ①탐구 ②심구 ③심연 ④침연 ⑤침구

53 瀛海 : ①고매 ②고해 ③영매 ④영해 ⑤형해

54 濊貊 : ①후역 ②후백 ③예맥 ④예백 ⑤세역

55 汚穢 : ①우연 ②우세 ③오수 ④오해 ⑤오예

56 奥妙 : ①오소 ②오묘 ③소묘 ④묘소 ⑤묘사

57 阮籍 : ①완적 ②완자 ③원적 ④원자 ⑤원척

58 踊躍 : ①족요 ②족약 ③박약 ④용요 ⑤용약

59 鎔鑛 : ①골광 ②곡광 ③곡황 ④용광 ⑤용황

60 飯盂 : ①번혜 ②본우 ③반우 ④발우 ⑤발해

2급 한자 1501 | 0901~0920

0901 | 우

迂餘曲折 우여곡절 여러 가지가 얽힌 복잡한 사정 (餘 남을 여, 曲 굽을 곡, 折 꺾을 절)
迂回 우회 곧장 가지 않고 돌아서 감 (回 돌 회)

에돌 우 / 굽을 오
辶=辵부 총7획

迂曲 우곡　　迂怪 우괴　　迂路 우로
迂妄 우망　　迂疏 우소　　迂廻路 우회로

0902 | 우

隅角 우각 모퉁이 또는 구석 (角 뿔 각)
隅石 우석 귓돌 (石 돌 석)

모퉁이 우
阝=阜부 총12획

隅目 우목　　隅反 우반　　隅塵 우진
角隅 각우　　僻隅 벽우　　四隅 사우

0903 | 욱

旭光 욱광 솟아오르는 아침 햇빛 (光 빛 광)
旭日 욱일 아침에 돋는 해 (日 날 일)

아침해 욱
日부 총6획

旭暉 욱휘　　張旭 장욱　　旭日昇天 욱일승천
旭旦 욱단　　朗旭 랑욱　　晴旭 청욱

0904 | 욱

昱耀 욱요 밝게 빛남 (耀 빛날 요)
昱昱 욱욱 햇빛이 밝은 모양

햇빛밝을 욱
日부 총9획

玄昱 현욱　　晃昱 황욱

0905 | 욱

郁馥 욱복 향기가 매우 짙음 (馥 향기 복)
郁烈 욱렬 매우 향기로움 (烈 세찰 렬)

성할 욱
阝=邑부 총9획

郁文 욱문　　郁李子 욱리자　　郁李 욱리
馥郁 복욱　　鬱郁 울욱　　郁郁靑靑 욱욱청청

0906 | 운
耕耘機 경운기 논밭을 가는 데 쓰는 농사 기계 (耕 밭갈 경, 機 틀 기)
耘穫 운확 풀을 베고 곡식을 거두어들임 (穫 거둘 확)

김맬 운
耒부 총10획

耘培 운배　　耘耘 운운　　耕耘船 경운선
決耘 결운　　耕耘 경운

0907 | 운
芸館 운관 조선시대 때의 교서관 (館 집 관)
芸夫 운부 풀을 베는 사람 (夫 사내 부)

향풀 운
艹=艸부 총8획

芸閣 운각　　芸芸 운운　　芸窓 운창
芸草 운초　　芸香 운향　　芸穫 운확

0908 | 운

隕命 운명 사람의 목숨이 끊어짐 (命 목숨 명)
隕石 운석 지구상에 떨어진 다 타지 않은 유성 (石 돌 석)

떨어질 운 / 둘레 원
阝=阜부 총13획

隕淚 운루　　隕星 운성　　隕越 운월
隕絶 운절　　飛隕 비운　　天隕石 천운석

0909 | 울

蔚山 울산 경상남도에 있는 우리나라의 광역시 중 하나 (山 메 산)
彬蔚 빈울 문채가 찬란함 (彬 빛날 빈)

고을이름 울 / 제비쑥 위
艹=艸부 총15획

蔚嶼 울서　　蔚然 울연　　充蔚 충울

0910 | 울

憂鬱 우울 마음이 어둡고 가슴이 답답함 (憂 근심 우)
抑鬱 억울 답답하고 원통함 (抑 누를 억)

답답할 울
鬯부 총29획

鬱結 울결　　鬱金 울금　　鬱林 울림
鬱憤 울분　　沈鬱 침울　　憂鬱症 우울증

• • • 이 한 자 기 억 해 요 ? • • • 정답 258

1 耀( )　2 饒( )　3 褥( )　4 傭( )　5 湧( )　6 溶( )　7 熔( )　8 茸( )　9 蓉( )　10 踊( )

여기는! 迂우 / 熊웅

0911 | 웅

熊掌웅장 곰의 발바닥 (掌 손바닥 장)
熊膽웅담 곰의 쓸개 (膽 쓸개 담)

곰 웅
灬=火부 총14획
熊女웅녀　熊州웅주　熊皮웅피
白熊백웅　熊津웅진

0912 | 원

垣衣원의 담쟁이 또는 이끼 (衣 옷 의)
垣墻원장 울타리 (墻 담 장)

담 원
土부 총9획
草垣초원　土垣토원　藩垣번원
壇垣단원　戎垣융원　三垣삼원

0913 | 원

媛妃원비 예쁜 여자 (妃 왕비 비)
淑媛숙원 임금의 후궁으로 종4품 벼슬 (淑 맑을 숙)

계집 원
女부 총12획
媛女원녀　歌媛가원　良媛양원
邦媛방원　才媛재원

0914 | 원

冤痛원통 몹시 분하고 억울함 (痛 아플 통)
冤魂원혼 원통하게 죽은 사람의 넋 (魂 넋 혼)

원통할 원
冖부 총11획
冤鬼원귀　冤死원사　冤罪원죄
訴冤소원　徹天之冤철천지원　稱冤칭원

0915 | 원
猿
犬猿견원 개와 원숭이 (犬 개 견)
類人猿유인원 꼬리 없는 원숭이의 통칭 (類 무리 류, 人 사람 인)

원숭이 원
犭=犬부 총13획
猿臂원비　飛猿비원　犬猿之間견원지간
愁猿수원　眞猿진원　長尾猿장미원

0916 | 원
苑
秘苑비원 창경궁과 붙어있는 창덕궁 북쪽의 후원 (秘 숨길 비)
鹿苑녹원 사슴을 기르는 뜰 (鹿 사슴 록)

나라동산 원
막힐 울
艹=艸부 총9획
苑臺원대　苑沼원소　仙苑선원
宮苑궁원　禁苑금원　藝苑예원

0917 | 원

袁紹원소 후한 말기 군웅의 한 사람으로 조조에게 관도에서 패해 병들어 죽음 (紹 이을 소)
袁世凱원세개 중화민국 초대 대총통 (世 세상 세, 凱 즐길 개)

성 원
衣부 총10획

0918 | 위
尉
尉官위관 소위·중위·대위의 계급을 일컬음 (官 벼슬 관)
都尉도위 부마도위의 준말 즉 임금의 사위 (都 도읍 도)

벼슬 위
다리미 울
寸부 총11획
校尉교위　副尉부위　少尉소위
正尉정위　准尉준위　尉級위급

0919 | 위

渭水위수 감숙성에서 발원하여 섬서성을 거쳐 황해로 흐르는 강 (水 물 수)
渭陽丈위양장 남의 외숙을 높여 부르는 말 (陽 볕 양, 丈 어른 장)

물이름 위
氵=水부 총12획
渭流위류　渭城위성　渭陽위양
渭河위하　沒經渭몰경위　沸渭비위

0920 | 위

萎落위락 시들어 떨어짐 (落 떨어질 락)
衰萎쇠위 쇠하여 시듦 (衰 쇠할 쇠)

시들 위
艹=艸부 총12획
萎病위병　萎縮위축　萎陵菜위릉채
枯萎고위　骨萎골위　萎縮感위축감

・ ・ ・ 이　한　자　기　억　해　요　? ・ ・ ・　정답 259

1 鎔(　) 2 鋪(　) 3 佑(　) 4 寓(　) 5 瑀(　) 6 盂(　) 7 祐(　) 8 禑(　) 9 禹(　) 10 虞(　)

2급 한자 1501 | 0921~0940

0921 | 위
葦蘆 위로 갈대 (蘆 갈대 로)
葦席 위석 갈대로 엮은 자리 (席 자리 석)

葦
갈대 위
艹(=艸)부 총13획
瓦葦 와위   葦魚所 위어소   葦蒲 위포
剖葦 부위   石葦 석위   葦魚 위어

0922 | 위
韋衣 위의 가죽 옷 (衣 옷 의)
韋編 위편 책을 엮어 매는 가죽 끈 (編 엮을 편)

韋
가죽 위
韋부 총9획
韋帶 위대   韋陀 위타   韋布 위포
韋編三絶 위편삼절   韋革 위혁

0923 | 위
魏闕 위궐 대궐의 정문 즉, 조정을 이름 (闕 대궐 궐)
曹魏 조위 삼국지의 위나라를 조조가 세웠다는 의미로 부르는 말 (曹 마을 조)

魏
성 위
빼어날 외
鬼부 총18획
魏徵 위징   魏書 위서   東魏 동위
北魏 북위   西魏 서위   後魏 후위

0924 | 유
兪兪 유유 온화하고 공손한 모양
兪音 유음 신하가 하는 말에 대해 임금이 내리는 대답 (音 소리 음)

兪
대답할 유
나라이름 수
入부 총9획
兪騎 유기   兪兒 유아   兪月 유월
允兪 윤유   兪扁之術 유편지술

0925 | 유
喩勸 유권 깨우치고 권함 (勸 권할 권)
喩喩 유유 기뻐하는 모양

喩
깨우칠 유
口부 총12획
諫喩 간유   敎喩 교유   比喩 비유
善喩 선유   直喩 직유   訓喩 훈유

0926 | 유
宥罪 유죄 죄를 너그러이 용서함 (罪 허물 죄)
宥旨 유지 임금이 죄인을 특별히 사면하는 명령 (旨 뜻 지)

宥
너그러울 유
宀부 총9획
宥貸 유대   宥恕 유서   宥弼 유필
保宥 보유   恕宥 서유   蕩宥 탕유

0927 | 유
庾廩 유름 곡식 창고 (廩 곳집 름)
庾積 유적 창고에 쌓아 둔 곡식 (積 쌓을 적)

곳집 유
노적가리 유
广부 총12획
庾樓 유루   庾倉 유창   釜庾 부유
積庾 적유   種庾 종유

0928 | 유
愉色 유색 유쾌하고 즐거운 얼굴빛 (色 빛 색)
愉愉 유유 좋아하는 모양

즐거울 유
구차할 투
忄(=心)부 총12획
愉悅 유열   愉逸 유일   愉歡 유환
寬愉 관유   怡愉 이유   不愉快 불유쾌

0929 | 유
楡皮 유피 느릅나무의 껍질 (皮 가죽 피)
白楡 백유 껍질이 흰 느릅나무 (白 흰 백)

楡
느릅나무 유
木부 총13획
山楡 산유   桑楡 상유   紫楡 자유
地楡 지유   楡根 유근   楡莢錢 유협전

0930 | 유
游泳 유영 헤엄치며 놂 (泳 헤엄칠 영)
優游 우유 하는 일 없이 한가롭게 지냄 (優 넉넉할 우)

헤엄칠 유
깃발 류
氵(=水)부 총12획
游冬 유동   游牧 유목   游移 유이
游兆 유조   游閑 유한   回游 회유

• 이 한 자 기 억 해 요 ? • 정답 262

1 迂 (   ) 2 隅 (   ) 3 旭 (   ) 4 昱 (   ) 5 郁 (   ) 6 耘 (   ) 7 芸 (   ) 8 隕 (   ) 9 蔚 (   ) 10 鬱 (   )

여기는! 葦위 / 濡유

0931 | 유

적실 유
氵=水부 총17획

濡染유염 젖어서 물이 듦 (染 물들일 염)
濡潤유윤 적셔서 빪 (潤 젖을 윤)

濡桑유상　濡佛유불　爭魚者濡쟁어자유
濡泄유설　濡滯유체

0932 | 유

아름다운옥 유
王=玉부 총13획

瑕瑜하유 미덕과 과실 (瑕 티 하)
瑜珥유이 아름다운 옥의 일종 (珥 귀고리 이)

瑜伽유가　瑾瑜근유　瑜伽敎유가교
瑜伽宗유가종　瑜伽師유가사

0933 | 유

병나을 유
疒부 총18획

治癒치유 병이 나음 (治 다스릴 치)
快癒쾌유 병이 차차 나아짐 (快 상쾌할 쾌)

神癒신유　全癒전유　漸癒점유
癒着유착　政經癒着정경유착

0934 | 유

타이를 유
言부 총16획

勸諭권유 어떤 일을 하도록 타이름 (勸 권할 권)
告諭고유 타이름 또는 널리 알림 (告 고할 고)

諭敎유교　諭示유시　諭旨유지
面諭면유　誨諭회유　諷諭풍유

0935 | 유

넘을 유/멀 요
足부 총16획

踰年유년 해를 넘김 (年 해 년)
踰限유한 기한을 넘김 (限 한정 한)

踰歷유력　踰嶺유령　踰獄유옥
踰月유월　踰制유제　狄踰嶺적유령

0936 | 유
釉藥유약 도자기에 윤이 나게 바르는 약 (藥 약 약)
釉裏靑유리청
　　청화 자기 (裏 속 리, 靑 푸를 청)

광택 유
釆부 총12획

汁釉즙유　靑釉청유　積紅釉적홍유
霽靑釉제청유　靑瓷釉청자유

0937 | 유

놋쇠 유
金부 총17획

鍮器유기 놋 그릇 (器 그릇 기)
鍮盤유반 놋쇠로 만든 쟁반 (盤 쟁반 반)

鍮石유석　鍮刀유도　鍮硯유연
眞鍮진유　鍮尺유척　鐵鍮典철유전

0938 | 육
기름진땅 육
土부 총11획

※ 李堉(이육) : 조선 26대 고종의 서 4남의 이름. 고종의 나이 63세에 광화당 이씨에게 태어났으나 2세까지 밖에 살지 못하고 어린 나이에 세상을 떠남

0939 | 육

기를 육
毋부 총14획

育(기를 육)과 동자(同字)
毓德육덕 덕을 기름 (德 덕 덕)
毓精육정 정기를 받음 (精 자세할 정)

都毓도육　産毓산육　養毓양육

0940 | 윤

맏 윤
儿부 총4획

允可윤가 임금이 허가함 (可 옳을 가)
允許윤허 임금이 허가함 (許 허락할 허)

允恭윤공　允納윤납　允當윤당
不允불윤　承允승윤　允友윤우

이　한　자　기　억　해　요　?　　　정답 263

1 熊(　) 2 垣(　) 3 媛(　) 4 冤(　) 5 猿(　) 6 苑(　) 7 袁(　) 8 尉(　) 9 渭(　) 10 萎(　)

2급 한자 1501 | 0941~0960

0941 | 윤
尹

卿尹경윤 재상 (卿 벼슬 경)
令尹영윤 지방의 장관을 이름 (令 하여금 령)

성 윤
尸부 총4획

官尹관윤　庶尹서윤　左尹좌윤
中尹중윤　判尹판윤　京兆尹경조윤

0942 | 윤
胤

胤嗣윤사 대를 이을 자손 (嗣 이을 사)
胤子윤자 맏아들 (子 아들 자)

자손 윤
月=肉부 총9획

胤君윤군　胤文윤문　胤玉윤옥
令胤영윤　祚胤조윤　車胤차윤

0943 | 융
戎

戎車융거 싸움에 쓰는 수레 (車 수레 거)
西戎서융 중국 한인이 서쪽 이민족을 일컫던 말 (西 서녘 서)

병장기 융
오랑캐 융
戈부 총6획

戎功융공　戎馬융마　戎場융장
犬戎견융　山戎산융　興戎흥융

0944 | 융
絨

絨緞융단 색실로 짜고 끝을 잘라 모양을 낸 두꺼운 직물 (緞 비단 단)
絨衣융의 양털로 만든 옷 (衣 옷 의)

가는베 융
糸부 총12획

絨毛융모　絨緞爆擊융단폭격　絨氈융전
石絨석융　洋絨양융　製絨제융

0945 | 융
融

融通융통 금전 또는 물품 따위를 돌려씀 (通 통할 통)
金融금융 돈의 융통 (金 쇠 금)

녹을 융
虫부 총16획

融液융액　融合융합　融解융해
可融가융　溶融용융　核融合핵융합

0946 | 은
殷

朱殷주은 검붉은 색 (朱 붉을 주)
殷富은부 풍성하고 넉넉함 (富 부자 부)

은나라 은
검붉은빛 안
殳부 총10획

殷起은기　殷繁은번　殷盛은성
殷相은상　殷奠은전　殷昌은창

0947 | 음
蔭

蔭德음덕 조상의 덕 (德 덕 덕)
茂蔭무음 우거진 나무의 그늘(茂 우거질 무)

그늘 음
艹=艸부 총15획

蔭官음관　蔭補음보　蔭覆음부
木蔭목음　門蔭문음　庇蔭비음

0948 | 읍
揖

拱揖공읍 두 손을 모아 잡고 인사함 (拱 두 손 마주 잡을 공)
揖禮읍례 읍을 하는 예 (禮 예도 례)

읍할 읍 / 모일 집
扌=手부 총12획

揖菊읍국　揖遜읍손　揖讓읍양
答揖답읍　拜揖배읍　長揖장읍

0949 | 응
膺

膺受응수 선물을 받음 또는 의무나 책임을 짐 (受 받을 수)
膺懲응징 잘못을 뉘우치도록 크게 징계함 (懲 징계할 징)

가슴 응
月=肉부 총17획

膺圖응도　光膺광응　服膺복응
篤膺독응　煩膺번응　懲膺징응

0950 | 응
鷹

白鷹백응 흰 매 (白 흰 백)
放鷹방응 매를 놓아 사냥함 (放 놓을 방)

매 응
鳥부 총24획

鷹犬응견　鷹視응시　鷹揚응양
角鷹각응　大鷹대응　新鷹신응

• • • 이 한 자 기 억 해 요 ? • • • 정답 264

1 葦( ) 2 韋( ) 3 魏( ) 4 兪( ) 5 喩( ) 6 宥( ) 7 庾( ) 8 愉( ) 9 楡( ) 10 游( )

여기는! 尹윤 / 倚의

0951 | 의

의지할 의 / 기이할 기
亻=人부 총10획

倚人기인 불구자 (人 사람 인)
倚傾의경 기울어짐 (傾 기울 경)

倚閭의려　　倚毘의비　　倚愛의애
親倚친의　　偏倚편의　　倚附의부

0952 | 의

아름다울 의
心부 총22획

懿軌의궤 좋은 표본 (軌 바퀴자국 궤)
懿德의덕 좋은 덕행 (德 덕 덕)

懿戒의계　　懿陵의릉　　懿文의문
懿範의범　　懿績의적　　懿戚의척

0953 | 의

비길 의
扌=手부 총17획

模擬모의 실제처럼 따라하여 시험적으로 해
　　　　보는 일 (模 본뜰 모)
擬古의고 옛 것을 본뜸 (古 옛 고)

擬律의율　　擬作의작　　擬態의태
比擬비의　　注擬주의　　狐擬호의

0954 | 의

의자 의
木부 총12획

椅子의자 엉덩이를 대고 앉을 수 있는 기구
　　　　(子 아들 자)
高椅고의 높은 의자 (高 높을 고)

竹椅죽의　　雲椅운의　　交椅교의
曲交椅곡교의　　坐椅子좌의자

0955 | 의

굳셀 의
殳부 총15획

毅然의연 의지가 강한 모양 (然 그럴 연)
忠毅충의 충성스럽고 꿋꿋함 (忠 충성할 충)

毅武의무　　毅魄의백　　毅勇의용
剛毅강의　　猛毅맹의　　嚴毅엄의

0956 | 의

개미 의
虫부 총19획

蟻孔의공 개미 구멍 (孔 구멍 공)
蟻軍의군 개미 떼 (軍 군사 군)

蟻徑의경　　蟻封의봉　　蟻寇의구
馬蟻마의　　酒蟻주의　　火蟻화의

0957 | 의

정 의
言부 총15획

誼分의분 의좋게 지내는 정분 (分 나눌 분)
高誼고의 옛 뜻 (高 높을 고)

誼士의사　　誼主의주　　大誼대의
禮誼예의　　情誼정의　　行誼행의

0958 | 이

저 이
亻=人부 총6획

伊時이시 그때 (時 때 시)
伊昔이석 옛날 (昔 예 석)

伊吾이오　　伊優이우　　伊鬱이울
亡伊망이　　亡所伊망소이　　黃眞伊황진이

0959 | 이

늦출 이 / 떨어질 치
弓부 총6획

弛緩이완 풀려 늦추어짐 (緩 느릴 완)
崩弛붕이 무너져 풀어짐 (崩 무너질 붕)

弛期이기　　張弛장이　　弛惰이타
傾弛경이　　倫弛윤이　　逋弛포이

0960 | 이
떳떳할 이
彐부 총16획

彛倫이륜 사람으로서 마땅히 지켜야 할 도
　　　　리 (倫 인륜 륜)
彛器이기 종묘 제사에 쓰는 그릇 (器 그릇 기)

彛性이성　　彛鼎이정　　彛則이칙
彛品이품　　秉彛병이　　黃彛황이

・　　・　　이　한　자　기　억　해　요?　　・　　・　　정답 265

1 濡(　) 2 瑜(　) 3 癒(　) 4 諭(　) 5 踰(　) 6 釉(　) 7 鍮(　) 8 堉(　) 9 毓(　) 10 允(　)

2급 한자 /501/ | 0961~0980

0961 | 이

怡穆이목 기쁘고 화목함 (穆 화목할 목)
怡顔이안 기쁜 얼굴 또는 그렇게 함 (顔 얼굴 안)

기쁠 이
忄=心부 총8획

怡聲이성　怡神이신　怡悅이열
怡愉이유　怡怡이이　南怡남이

0962 | 이

爾來이래 가까운 때 (來 올 래)
爾時이시 그때 (時 때 시)

너 이
爻부 총14획

爾今이금　爾夕이석　率爾솔이
爾汝이여　爾馨이형　云爾운이

0963 | 이

玉珥옥이 옥으로 만든 귀고리 (玉 구슬 옥)
李珥이이 조선 중종, 선조 때의 문신·학자 (李 성 이)

귀고리 이
王=玉부 총10획

日珥일이　珥筆이필　金珥금이

0964 | 이

貳車이거 버금으로 따르는 수레 (車 수레 거)
懷貳회이 두 가지 마음을 품음 (懷 품을 회)

두 이 / 갖은두 이
貝부 총12획

佐貳좌이　貳極이극　貳相이상
貳心이심　岐貳기이

0965 | 이

餌乞이걸 먹이를 구걸함 (乞 빌 걸)
粉餌분이 가루로 된 모이 (粉 가루 분)

미끼 이
食부 총15획

餌口이구　餌料이료　餌藥이약
釣餌조이　藥餌약이　香餌향이

0966 | 이

支頤지이 손으로 턱을 바침 (支 지탱할 지)
頤使이사 턱으로 부림의 뜻에서 남을 마음대로 부림을 뜻함 (使 하여금 사)

턱 이
頁부 총16획

頤神이신　頤養이양　頤指이지
期頤기이　垂頤수이　脫頤탈이

0967 | 익

李瀷이익 조선 후기의 실학자. 호는 성호(星湖). 유형원의 학문을 계승하고 발전시켜 정약용 등의 후대 실학자들에게 커다란 영향을 줌 (李 오얏 이)

강이름 익
氵=水부 총20획

0968 | 익

翊戴익대 정성스럽게 모심 (戴 일 대)
翊成익성 도와주어 이루게 함 (成 이룰 성)

도울 익
羽부 총11획

翊禮익례　輔翊보익　翊翊익익
左馮翊좌풍익　左翊善좌익선　忠翊府충익부

0969 | 인

耳鼻咽喉科이비인후과
귀·코·목구멍·식도를 연구하는 의학의 분과 (耳 귀 이, 鼻 코 비, 喉 목구멍 후, 科 과목 과)
咽喉인후 목구멍 (喉 목구멍 후)

목구멍 인 / 목멜 열
口부 총9획

咽頭인두　咽領인령　咽咽인인
咽下연하　感咽감인　悲咽비열

0970 | 인

刃傷인상 칼로 상하게 함 (傷 다칠 상)
毒刃독인 독을 바른 칼 (毒 독 독)

칼(날) 인
刀부 총3획

刃器인기　刃創인창　白刃백인
鋒刃봉인　袖刃수인　凶刃흉인

・ ・ ・ 이 한 자 기 억 해 요 ? ・ ・ ・ 　정답 266

1 尹(　) 2 胤(　) 3 戎(　) 4 絨(　) 5 融(　) 6 殷(　) 7 蔭(　) 8 揖(　) 9 膺(　) 10 鷹(　)

여기는! 怡이 / 靭인

0971 | 인

強靭강인 강하여 질김 (强 강할 강)
靭帶인대 질긴 띠 (帶 띠 대)

질길 인
革부 총12획
靭皮인피　　靭性인성　　堅靭견인

0972 | 일
佾舞일무 사람들이 여러 줄로 벌여 추는 춤 (舞 춤출 무)
八佾舞팔일무 나라의 큰 제사 때 추는 춤 (八 여덟 팔, 舞 춤출 무)

춤 줄 일
亻=人부 총8획
八佾팔일　　八佾舞於庭팔일무어정
論語八佾논어팔일

0973 | 일

壹是일시 모두 또는 오로지 (是 옳을 시)
壹意일의 한 가지에만 정신을 쏟음 (意 뜻 의)

한 일 / 갖은한 일
士부 총12획
壹萬일만　　壹代일대

0974 | 일
溢流일류 넘쳐 흐름 (流 흐를 류)
海溢해일 바닷물이 육지로 넘쳐 흐름 (海 바다 해)

넘칠 일
氵=水부 총13획
溢味일미　　溢譽일예　　溢血일혈
滿溢만일　　充溢충일　　汎溢범일

0975 | 일
鎰(무게이름 일)은 무게의 단위로 스물 넉 냥(兩)을 뜻하였으나 일설에는 스무 냥 혹은 서른 냥이라고도 함
李鎰이일 조선 중기의 무신으로 이탕개가 침입하자 이를 격퇴함 (李 오얏 이)

무게이름 일
金부 총18획
萬鎰만일

0976 | 일

馹召일소 지방의 관원에게 마패를 주어 역마를 타고서 오게 부르는 일 (召 부를 소)
乘馹승일 왕명을 받은 벼슬아치가 역마를 타던 일 (乘 탈 승)

역말 일
馬부 총14획

0977 | 임

姙婦임부 임신한 부인 (婦 며느리 부)
姙娠임신 아이를 뱀 (娠 아이밸 신)

아이밸 임
女부 총9획
姙產임산　　姙性임성　　避姙피임
不姙불임

0978 | 임
荏苒임염 들깨 (野 들 야)
荏子임자 들깨 (子 아들 자)

들깨 임
艹=艸부 총10획
黑荏子흑임자　　桂荏계임　　水荏수임
眞荏진임　　荏染임염　　荏弱임약

0979 | 잉
後仍후잉 후손 (後 뒤 후)
貧仍빈잉 몸가짐이 무겁고 신중함 (貧 가난할 빈)

인할 잉
亻=人부 총4획
仍帶잉대　　仍舊잉구　　仍舊貫잉구관
雲仍운잉

0980 | 잉

過剩과잉 필요한 수량보다 많음 (過 지날 과)
剩餘잉여 나머지 (餘 남을 여)

남을 잉
刂=刀부 총12획
剩數잉수　　剩額잉액　　餘剩여잉
供給過剩공급과잉　　過剩齒과잉치

이 한 자 기 억 해 요 ?　　　　정답 267

1 倚( )　2 懿( )　3 擬( )　4 椅( )　5 毅( )　6 蟻( )　7 誼( )　8 伊( )　9 弛( )　10 彛( )

2급 한자 1501 | 0981~1000

0981 | 자

膾炙회자 구운 고기라는 뜻이 발전하여 널리 칭찬의 말이 일컬어짐을 뜻함 (膾 회 회)
燒炙소자 불에 사르고 구음 (燒 사를 소)

구울 자 / 구울 적
火부 총8획
炙背자배 炙手자수 親炙친자
炙鐵적철 薰炙훈자 醬散炙장산적

0982 | 자

咨文자문 조선시대에 중국과 외교에 사용되던 문서 (文 글월 문)
咨歎자탄 가엾게 여겨 탄식함 (歎 탄식할 탄)

물을 자
口부 총9획
咨放자방 咨文紙자문지 齊咨官제자관
文咨王문자왕

0983 | 자
姉妹자매 손윗누이와 손아랫누이 (妹 손아랫누이 매)
母姉모자 어머니와 윗누이 (母 어미 모)

손윗누이 자
女부 총8획
姉兄자형 伯姉백자 實姉실자
愚姉우자 義姉의자 令姉영자

0984 | 자
滋蔓자만 점점 늘어서 퍼짐 (蔓 덩굴 만)
滋茂자무 몹시 무성함 (茂 우거질 무)

불을 자
氵=水부 총12획
滋味자미 滋繁자번 滋殖자식
滋甚자심 滋雨자우 月滋월자

0985 | 자
煮沸자비 펄펄 끓음 (沸 끓을 비)
煮乾자건 삶아서 말림 (乾 마를 건)

삶을 자
灬=火부 총13획
煮繭자견 煮醬자장 煮字자자
煮湯자탕 雜煮잡자 班煮반자

0986 | 자
白瓷백자 백사기 (白 흰 백)
瓷器자기 사기그릇 (器 그릇 기)

사기그릇 자
瓦부 총11획
陶瓷도자 青瓷청자 綠瓷녹자
瓷鼓자고 紫瓷자자 花瓷화자

0987 | 자

磁石자석 자기적 성질을 띤 광석 (石 돌 석)
磁氣자기 자석과 자석 사이 또는 자석과 전류 사이에 생기는 힘 (氣 기운 기)

자석 자
石부 총14획
磁極자극 電磁전자 磁力자력
磁性자성 界磁계자 陶磁도자

0988 | 자

憑藉빙자 남의 힘을 빌려서 의지함 (憑 기댈 빙)
慰藉위자 위로하고 도와 줌 (慰 위로할 위)

깔 자 / 짓밟을 적
艹=艸부 총18획
藉口자구 藉令자령 藉心자심
藉藉자자 狼藉낭자 崩藉붕자

0989 | 자
諮問자문 일을 하기 전에 다른 사람이나 기관에 의견을 물어봄 (問 물을 문)
諮議자의 자문하여 의논함 (議 의논할 의)

물을 자
言부 총16획
諮決자결 諮謀자모 諮詢자순
左諮議좌자의 右諮議우자의

0990 | 자

雌雄자웅 암컷과 수컷 (雄 수컷 웅)
雌伏자복 굴복하여 좇음 (伏 엎드릴 복)

암컷 자
隹부 총13획
孤雌고자 雌花자화 雌蝶자접
黃雌鷄황자계 雌犬자견 雌蜂자봉

• • • 이 한 자 기 억 해 요 ? • • • 정답 268

1 怡(　) 2 爾(　) 3 珥(　) 4 貳(　) 5 餌(　) 6 頤(　) 7 瀷(　) 8 翊(　) 9 咽(　) 10 刃(　)

여기는! 炙자 / 灼작

0991 | 작
焦灼초작 근심하여 속이 탐 (焦 그을릴 초)
赫灼혁작 반짝이며 빛남 (赫 붉을 혁)

불사를 작
火부 총7획
- 灼骨작골
- 灼灼작작
- 灼爛작란
- 灼鐵작철
- 灼艾작애
- 照灼조작

0992 | 작
餘裕綽綽여유작작
　여유있고 넉넉함 (餘 남을 여, 裕 넉넉할 유)
綽態작태 여유 있고 침착한 모양 (態 모습 태)

너그러울 작
糸부 총14획
- 綽名작명
- 綽楔작설
- 綽約작약
- 綽然작연
- 綽號작호
- 卓綽탁작

0993 | 작
芍藥작약 작약과에 딸린 식물 전부를 일컬음 (藥 약 약)
木芍藥목작약
　모란 (木 나무 목, 藥 약 약)

함박꽃 작 연밥 적
艹(艸)부 총7획
- 赤芍藥적작약
- 家白芍藥가백작약
- 胡芍葯호작약
- 家芍藥가작약

0994 | 작
雀羅작라 새를 잡는 그물 (羅 그물 라)
孔雀공작 꿩과의 큰 새 (孔 구멍 공)

참새 작
隹부 총11획
- 雀科작과
- 麻雀마작
- 雀盲작맹
- 賓雀빈작
- 雀斑작반
- 燕雀연작

0995 | 작
烏鵲오작 까마귀와 까치 (烏 까마귀 오)
練鵲연작 때까치 (練 익힐 연)

까치 작
鳥부 총19획
- 烏鵲橋오작교
- 山鵲산작
- 鵲報작보
- 南鵲남작
- 鵲聲작성
- 扁鵲편작

0996 | 잔
客棧객잔 중국의 여관 또는 하숙집 (客 손 객)
棧道잔도 산 사이에 놓여 있는 다리처럼 생긴 길 (道 길 도)

사다리 잔 성할 진
木부 총12획
- 棧閣잔각
- 木棧목잔
- 棧橋잔교
- 飛棧비잔
- 棧房잔방
- 虹棧홍잔

0997 | 잔
金盞금잔 금으로 만든 술잔 (金 쇠 금)
茶盞차잔 차를 마시는 잔 (茶 차 차)

잔 잔
皿부 총13획
- 玉盞옥잔
- 添盞첨잔
- 酒盞주잔
- 盞臺잔대
- 祭酒盞제주잔
- 盞面잔면

0998 | 잠
岑寂잠적 외로이 솟아 있는 모양, 쓸쓸하고 적막한 모양 (寂 고요할 적)
岑樓잠루 높고 뾰족한 누각 (樓 다락 루)

봉우리 잠
山부 총7획
- 岑蓥잠경
- 岑城잠성
- 南岑城남잠성
- 岑峨잠아
- 岑參잠삼
- 寸木岑樓촌목잠루

0999 | 잠
箴言잠언 가르쳐서 훈계가 되는 말 (言 말씀 언)
箴諫잠간 훈계하여 간함 (諫 간할 간)

경계 잠
竹부 총15획
- 箴警잠경
- 動箴동잠
- 箴戒잠계
- 四箴사잠
- 酒箴주잠
- 言箴언잠

1000 | 잠
金簪금잠 금비녀 (金 쇠 금)
刻簪각잠 여러 가지 무늬를 새겨 넣은 비녀 (刻 새길 각)

비녀 잠
竹부 총18획
- 菊簪국잠
- 風簪풍잠
- 木簪목잠
- 胡桃簪호도잠
- 珠簪주잠
- 花簪화잠

• • • 이 한 자 기 억 해 요 ? • • • 정답 269

1 靭 ( )　2 佾 ( )　3 壹 ( )　4 溢 ( )　5 鎰 ( )　6 馹 ( )　7 姙 ( )　8 荏 ( )　9 仍 ( )　10 剩 ( )

연습문제 10 | 지금까지 배운 내용을 문제로 풀어보세요

[01-10] 다음 한자(漢字)의 음(音)은 무엇입니까?

01 昱 : ①원 ②울 ③운 ④욱 ⑤우
02 蔚 : ①우 ②운 ③울 ④웅 ⑤위
03 袁 : ①욱 ②원 ③위 ④유 ⑤육
04 楡 : ①음 ②응 ③융 ④윤 ⑤유
05 毓 : ①유 ②육 ③은 ④응 ⑤의
06 尉 : ①위 ②유 ③읍 ④의 ⑤이
07 弛 : ①유 ②의 ③이 ④익 ⑤인
08 佾 : ①응 ②이 ③익 ④인 ⑤일
09 岑 : ①자 ②작 ③잔 ④잠 ⑤잉
10 岑 : ①은 ②음 ③자 ④잠 ⑤잔

[11-15] 다음의 음(音)을 가진 한자는 어느 것입니까?

11 우 : ①隅 ②旭 ③芸 ④寃 ⑤葦
12 유 : ①膺 ②誼 ③庚 ④爾 ⑤翊
13 은 : ①蔭 ②殷 ③揖 ④鍮 ⑤渭
14 자 : ①煮 ②灼 ③盞 ④剩 ⑤溢
15 작 : ①刃 ②壹 ③藉 ④綽 ⑤簪

[16-25] 다음 한자(漢字)의 뜻은 무엇입니까?

16 隕 : ①담 ②넘다 ③모퉁이 ④기름지다 ⑤떨어지다
17 媛 : ①벼슬 ②계집 ③그늘 ④가슴 ⑤병장기
18 宥 : ①즐겁다 ②깨우치다 ③너그럽다 ④대답하다 ⑤타이르다
19 擬 : ①돕다 ②늦추다 ③비기다 ④굳세다 ⑤떳떳하다
20 怡 : ①기쁘다 ②춤추다 ③아름답다 ④아이배다 ⑤의지하다
21 爾 : ①너 ②저 ③치아 ④놋쇠 ⑤갈대
22 姉 : ①암컷 ②자손 ③비녀 ④귀고리 ⑤손윗누이
23 翊 : ①돕다 ②날다 ③깃털 ④날개 ⑤넘치다
24 雀 : ①매 ②제비 ③까치 ④참새 ⑤갈매기
25 諮 : ①묻다 ②깔다 ③불다 ④삶다 ⑤너그럽다

[26-30] 다음의 뜻을 가진 한자(漢字)는 어느 것입니까?

26 모퉁이 : ①郁 ②隕 ③隅 ④蔭 ⑤殷
27 가죽 : ①靭 ②允 ③芸 ④葦 ⑤韋
28 의자 : ①垣 ②椅 ③苑 ④楡 ⑤磁
29 미끼 : ①餌 ②珥 ③熊 ④猿 ⑤堉
30 사다리 : ①馹 ②瓮 ③芍 ④棧 ⑤盞

[31-40] 다음 단어들의 '□' 안에 공통으로 들어갈 알맞은 한자(漢字)는 어느 것입니까?

31 □回, □曲, □餘曲折
①耘 ②寃 ③渭 ④迂 ⑤濡

32 憂□, 抑□, 沈□
①蔚 ②誼 ③鬱 ④懿 ⑤毅

33 □痛, □魂, □鬼
① 貳 ② 溢 ③ 咨 ④ 彝 ⑤ 寃

34 □落, 衰□, □縮
① 萎 ② 苑 ③ 蔚 ④ 芸 ⑤ 葦

35 治□, 快□, □着
① 瘉 ② 瑜 ③ 癒 ④ 諭 ⑤ 鍮

36 □通, 金□, 核□合
① 絨 ② 融 ③ 戎 ④ 蟻 ⑤ 翎

37 拱□, □禮, 拜□
① 姙 ② 雌 ③ 棧 ④ 擬 ⑤ 揖

38 □然, 忠□, □魄
① 毅 ② 耘 ③ 愉 ④ 游 ⑤ 毓

39 過□, □餘, □數
① 剩 ② 仍 ③ 溢 ④ 喩 ⑤ 弛

40 □石, □氣, 電□
① 盞 ② 瓷 ③ 磁 ④ 滋 ⑤ 鍮

48 인후 : ① 咽喉 ② 刃傷 ③ 靭帶 ④ 咽頭 ⑤ 靭皮
49 자웅 : ① 炙背 ② 咨歎 ③ 滋繁 ④ 雌雄 ⑤ 藉令
50 주잔 : ① 動箴 ② 玉盞 ③ 酒盞 ④ 虹棧 ⑤ 珠簪

[51-60] **다음 한자어(漢字語)의 음(音)은 무엇입니까?**

51 郁馥 : ① 유분 ② 유기 ③ 욱복 ④ 욱기 ⑤ 우기
52 隕石 : ① 운명 ② 운석 ③ 우석 ④ 원석 ⑤ 원명
53 魏闕 : ① 이궐 ② 유관 ③ 위관 ④ 위궐 ⑤ 유궐
54 積庾 : ① 적유 ② 적름 ③ 책유 ④ 책름 ⑤ 적이
55 優游 : ① 여유 ② 우유 ③ 우여 ④ 수유 ⑤ 수여
56 絨緞 : ① 유단 ② 유의 ③ 융단 ④ 융의 ⑤ 양단
57 袖刃 : ① 수연 ② 자인 ③ 수인 ④ 유인 ⑤ 유연
58 壹萬 : ① 일만 ② 만일 ③ 등만 ④ 등우 ⑤ 일우
59 姙娠 : ① 임장 ② 임신 ③ 임진 ④ 인신 ⑤ 인진
60 憑藉 : ① 영적 ② 위자 ③ 낭자 ④ 빙자 ⑤ 낭적

[41-50] **다음 단어를 한자(漢字)로 바르게 쓴 것은 어느 것입니까?**

41 욱일 : ① 郁馥 ② 旭日 ③ 昱耀 ④ 郁烈 ⑤ 隅目
42 운학 : ① 殞絶 ② 芸館 ③ 隕命 ④ 耘穫 ⑤ 芸香
43 웅장 : ① 彬蔚 ② 稱寃 ③ 邦媛 ④ 熊掌 ⑤ 草垣
44 원비 : ① 猿臂 ② 冤罪 ③ 媛女 ④ 苑沼 ⑤ 袁紹
45 위로 : ① 葦帶 ② 葦蘆 ③ 魏徵 ④ 萎落 ⑤ 渭陽
46 간유 : ① 種庾 ② 恕宥 ③ 寬愉 ④ 允俞 ⑤ 諫喩
47 이걸 : ① 珥筆 ② 貳車 ③ 餌乞 ④ 李漢 ⑤ 怡穆

2급 한자 1501 | 1001~1020

1001 | 잠

蠶食잠식 남의 것을 차츰차츰 먹거나 침략함 (食 먹을 식)
養蠶양잠 누에를 기름 (養 기를 양)

누에 잠
虫부 총24획

蠶蛾잠아　蠶事잠사　蠶室잠실
家蠶가잠　繭蠶견잠　天蠶천잠

1002 | 장
儀仗의장 나라의 의식에 사용하는 무기 (儀 거동 의)
仗劍장검 칼을 휴대함 (劍 칼 검)

의장 장
亻=人부 총5획

仗器장기　仗鉢장발　仗殺장살
禁仗금장　器仗기장　兵仗병장

1003 | 장

巨匠거장 어떤 분야에서 뛰어난 재능이 인정되는 사람 (巨 클 거)
明匠명장 뛰어나 훌륭한 사람 (明 밝을 명)

장인 장
匚부 총6획

匠心장심　匠意장의　匠人장인
刀匠도장　木匠목장　良匠양장

1004 | 장
農庄농장 농장과 함께 있는 집 (農 농사 농)
宮庄궁장 궁궐 (宮 집 궁)

전장 장 / 평평할 팽
广부 총6획

京庄경장　田庄전장　村庄촌장
庄土장토　庄家장가　廢庄폐장

1005 | 장

棍杖곤장 죄인을 때리던 형구 또는 그렇게 때리는 벌 (棍 몽둥이 곤)
竹杖죽장 대지팡이 (竹 대 죽)

지팡이 장
木부 총7획

法杖법장　刑杖형장　賊反荷杖적반하장
杖家장가　杖罰장벌　杖罪장죄

1006 | 장

壁欌벽장 벽을 뚫어 문을 달아 안에 물건을 넣을 수 있게 한 곳 (壁 벽 벽)
欌籠장롱 옷 따위를 넣어 두는 장과 농의 총칭 (籠 대바구니 롱)

장롱 장
木부 총22획

陳列欌진열장　饌欌찬장　册欌책장
欌匿장닉　欌門장문　欌塵장전

1007 | 장

漿果장과 즙이 많은 과실의 열매 (果 과실 과)
血漿혈장 혈액의 액상 성분 (血 피 혈)

즙 장
水부 총15획

酪漿낙장　腦漿뇌장　酒漿주장
地漿지장　鐵漿철장　土漿토장

1008 | 장
香獐향장 사향노루 (香 향기 향)
牙獐아장 사향노루 (牙 어금니 아)

노루 장
犭=犬부 총14획

獐角장각　獐肝장간　獐林장림

1009 | 장

圭璋규장 옥으로 만든 귀한 그릇 (圭 홀 규)
珪璋규장 옥으로 만든 귀한 그릇 (珪 홀 규)

홀 장
王=玉부 총15획

弄璋농장　弄璋之慶농장지경
弄璋之喜농장지희

1010 | 장

蔣介石장개석 중화민국 국민 정부 때의 총통 (介 끼일 개, 石 돌 석)
蔣英實장영실 조선시대 세종 때의 과학자 (英 꽃부리 영, 實 열매 실)

성 장
艹=艸부 총15획

虛空蔣허공장　荒蔣황장

· · · · 이 한 자 기 억 해 요 ? · · · · 정답 270

1 炙(　) 2 咨(　) 3 姉(　) 4 滋(　) 5 煮(　) 6 瓷(　) 7 磁(　) 8 藉(　) 9 諮(　) 10 雌(　)

여기는! 蠶잠 / 薔장

1011 | 장

薔棘장극 장미 가시 (棘 가시 극)
薔薇장미 장미 (薇 고비 미)

장미 장 / 여뀌 색
艹=艸부 총17획

野薔薇야장미 　薔薇果장미과 　薔薇科장미과
薔薇色장미색 　薔薇水장미수

1012 | 장

贓物장물 부당하게 얻은 남의 물건 (物 물건 물)
贓罪장죄 관리가 뇌물을 받은 죄 (罪 허물 죄)

장물 장
貝부 총21획

贓吏장리 　贓法장법 　贓品장품
眞贓진장 　追贓추장 　貪贓탐장

1013 | 장
醋醬초장 간장에 초를 타고 깨소금이나 잣가루를 뿌린 양념장의 한 가지 (醋 초 초)
豆醬두장 콩장 (豆 콩 두)

장 장
酉부 총18획

甘醬감장 　鹽醬염장 　醬肉장육
醬油장유 　麥醬맥장 　肉醬육장

1014 | 재
梓里재리 고향의 다른 말 (里 마을 리)
桐梓동재 오동나무와 가래나무 즉 좋은 재목 (桐 오동 동)

가래나무 재
木부 총11획

梓室재실 　上梓상재 　登梓등재
鼠梓木서재목 　梓宮재궁

1015 | 재
殘滓잔재 골라 쓰고 남은 못 쓸 것 (殘 남을 잔)
去滓거재 찌끼를 골라 버림 (去 갈 거)

찌끼 재
氵=水부 총13획

鑛滓광재 　醬滓장재 　壓滓압재
烟滓연재 　鎔滓용재 　沈滓침재

1016 | 재

齋潔재결 근신하여 몸을 깨끗하게 함 (潔 깨끗할 결)
齋戒재계 부정한 일을 멀리하고 심신을 깨끗이 함 (戒 지경 계)

재계할 재 / 집 재
齊부 총17획

開齋개재 　國齋국재 　封齋봉재
僧齋승재 　淨齋정재 　破齋파재

1017 | 쟁
諍亂쟁란 소란 (亂 어지러울 란)
諫諍간쟁 말로 간하여 잘못을 고치게 함 (諫 간할 간)

간할 쟁
言부 총15획

諍臣쟁신 　諍友쟁우 　諍子쟁자

1018 | 저

儲廩저름 쌀을 쌓아 두는 창고 (廩 곳집 름)
儲置저치 저축하여 둠 (置 둘 치)

쌓을 저
亻=人부 총18획

儲君저군 　儲宮저궁 　儲留저류
儲嗣저사 　儲位저위 　儲積저적

1019 | 저
石咀子석저자 중국 영하성의 동경, 은천 북방에 있는 황하 조운의 중심지 (石 돌 석, 子 아들 자)
咀呪저주 상대가 불행이나 재앙을 당하도록 빎 (呪 빌 주)

씹을 저
口부 총8획

涵咀함저

1020 | 저

杵聲저성 다듬이질하는 소리 (聲 소리 성)
臼杵구저 절구와 공이 (臼 절구 구)

공이 저
木부 총8획

杵孫저손 　杵聲저성 　木杵목저
鈴杵영저 　磨鐵杵마철저 　山底貴杵산저귀저

• • • 이 한 자 기 억 해 요 ? • • • 정답 271

1 灼( ) 2 綽( ) 3 芍( ) 4 雀( ) 5 鵲( ) 6 棧( ) 7 盞( ) 8 岑( ) 9 箴( ) 10 簪( )

275

2급 한자 1501 | 1021~1040

1021 | 저
楮錢저전 종이로 만든 돈, 즉 지폐 (錢 돈 전)
楮李저리 갈매나무 (李 오얏 리)

닥나무 저
木부 총13획
楮册저책   楮墨저묵   楮實저실
楮田저전   寸楮촌저   片楮편저

1022 | 저
沮抑저억 억지로 누름 (抑 누를 억)
沮止저지 막아서 그치게 함 (止 그칠 지)

막을 저
氵=水부 총8획
沮害저해   沮氣저기   沮喪저상
沮色저색   沮礙저애   沮澤저택

1023 | 저
渚崖저애 물가와 냇가 (崖 벼랑 애)
沙渚사저 모래톱 (沙 모래 사)

물가 저
氵=水부 총12획
汀渚정저   釣渚조저   洲渚주저
砂渚사저

1024 | 저
猪突저돌 이것저것 가리지 않고 대뜸 돌진함
(突 갑자기 돌)
山猪산저 멧돼지 (山 메 산)

돼지 저
犭=犬부 총12획
猪臼저구   猪膽저담   猪脂저지
猪毛저모   凍猪동저   土猪토저

1025 | 저
石疽석저 살이 돌처럼 단단하게 되는 종기
(石 돌 석)
炭疽탄저 탄저병 (炭 숯 탄)

등창 저
疒부 총10획
鼻疽비저   舌疽설저   緩疽완저
骨疽골저   壞疽괴저   炭疽病탄저병

1026 | 저
箸筒저통 수저통 (筒 대통 통)
匙箸시저 수저 (匙 숟가락 시)

젓가락 저 / 붙을 착
竹부 총15획
高箸고저   木箸목저   玉箸옥저
竹箸죽저   特箸특저   下箸하저

1027 | 저
苧麻저마 모시풀 (麻 삼 마)
生苧생저 생모시 (生 날 생)

모시풀 저
艹=艸부 총9획
唐苧당저   白苧백저   細苧세저
改良苧개량저   苧麻絲저마사   苧麻布저마포

1028 | 저
北甘藷북감저
         감자 (北 북녘 북, 甘 달 감)
南甘藷남감저
         고구마 (南 남쪽 남, 甘 달 감)

마 저
艹=艸부 총20획
甘藷감저   藷類저류   南甘藷糖남감저당
甘藷飯감저반   甘藷湯감저탕

1029 | 저
邸宅저택 규모가 아주 큰 집 (宅 집 택)
私邸사저 개인의 주택 (私 사사 사)

집 저
阝=邑부 총8획
官邸관저   別邸별저   邸吏저리
邸舍저사   邸債저채   邸下저하

1030 | 적
嫡子적자 정실의 몸에서 태어난 아들 (子 아들 자)
嫡統적통 정실에서 태어난 계통 (統 계통 통)

정실 적
女부 총14획
嫡女적녀   嫡孫적손   嫡室적실
世嫡세적   承嫡승적   長嫡장적

• • • 이 한 자 기 억 해 요 ? • • • 정답 274

1 蠻( ) 2 仗( ) 3 匠( ) 4 庄( ) 5 杖( ) 6 樟( ) 7 漿( ) 8 獐( ) 9 璋( ) 10 蔣( )

여기는! 楮저 / 狄적

1031 | 적 狄 오랑캐 적 (犭=犬부 총7획)

夷狄이적 오랑캐 (夷 오랑캐 이)
戎狄융적 오랑캐 (戎 오랑캐 융)

北狄북적　胡狄호적　狄成적성
狄牙적아　狄卒적졸　闕狄궐적

1032 | 적 笛 피리 적 (竹부 총11획)

警笛경적 경계나 주의를 위해 울리는 신호음 (警 경계할 경)
鼓笛고적 북과 피리 (鼓 북 고)

笛聲적성　笛手적수　竹笛죽적
口笛구적　角笛각적　麥笛맥적

1033 | 적 翟 꿩 적 / 고을이름 책 (羽부 총14획)

翟車적거 황후가 타는 수레 (車 수레 거)
翟衣적의 황후가 입던, 붉은 비단 바탕에 청색의 꿩을 수놓고 깃고대 둘레에 붉은 선은 두르고, 선 위에는 용이나 봉을 그린 옷 (衣 옷 의)

舞翟무적　翟羽적우　墨翟之守묵적지수

1034 | 적 謫 귀양갈 적 (言부 총18획)

謫所적소 귀양살이하는 곳 (所 바 소)
謫死적사 귀양 간 곳에서 죽음 (死 죽을 사)

謫居적거　謫落적락　謫中적중
配謫배적　竄謫찬적　貶謫폄적

1035 | 적 蹟 자취 적 (足부 총18획)

古蹟고적 옛 시설이 있던 자리 (古 옛 고)
史蹟사적 역사적인 가치가 있는 사건이나 사실의 자취가 있는 자리 (史 역사 사)

行蹟행적　舊蹟구적　名蹟명적
文蹟문적　聖蹟성적　脛蹟승적

1036 | 적 迪 나아갈 적 (辶=辵부 총9획)

迪化적화 우룸치(Urumchi) (化 될 화)
啓迪계적 가르쳐 길을 열어줌 (啓 열 계)

迪哲적철　由迪유적　訓迪훈적

1037 | 적 迹 자취 적 (辶=辵부 총10획)

軌迹궤적 수레바퀴가 지나간 자국 (軌 길 궤)
戰迹전적 전쟁을 한 자취 (戰 싸움 전)

古迹고적　人迹인적　情迹정적
隱迹은적　潛迹잠적　絶迹절적

1038 | 전 佃 밭갈 전 (亻=人부 총7획)

佃夫전부 농부 (夫 지아비 부)
佃作전작 농사를 지음 (作 지을 작)

佃器전기　佃客전객　佃具전구
佃民전민　佃漁전어　佃戶전호

1039 | 전 剪 가위 전 (刀부 총11획)

剪刀전도 가위 (刀 칼 도)
剪毛전모 털 깎기 (毛 털 모)

剪滅전멸　剪伐전벌　剪芽전아
剪截전절　剪刀草전도초　剪燈新話전등신화

1040 | 전 塡 메울 전 / 진정할 진 (土부 총13획)

裝塡장전 총포에 탄약을 재움 (裝 꾸밀 장)
充塡충전 빈 공간 등을 채움 (充 찰 충)

塡代전대　塡足전족　損害補塡손해보전
塡然전연　塡塡전전　塡差전차

・　・　・　이　한　자　기　억　해　요？　・　・　・　정답 275

1 薔(　) 2 贓(　) 3 醬(　) 4 梓(　) 5 滓(　) 6 齋(　) 7 諍(　) 8 儲(　) 9 咀(　) 10 杵(　)

2급 한자 1501 | 1041~1060

1041 | 전 塼
벽돌 전 / 土부 총14획
- 塼槨전곽 벽돌로 쌓아 만든 옛 무덤의 현실 벽 (槨 외관 곽)
- 塼塗단도 이겨서 뭉친 진흙 (塗 진흙 도)
- 模塼塔모전탑
- 塼墓전묘
- 塼塔전탑
- 塼室墓전실묘
- 塼室墳전실분

1042 | 전 奠
정할 전 / 제사 전 / 大부 총12획
- 奠都전도 나라의 도읍을 정함 (都 도읍 도)
- 別奠별전 임시로 지내는 제사 (別 다를 별)
- 奠居전거
- 奠爐전로
- 奠物전물
- 奠雁전안
- 奠接전접
- 進奠진전

1043 | 전 廛
가게 전 / 广부 총15획
- 魚物廛어물전 생선이나 어물을 파는 가게 (魚 물고기 어, 物 만물 물)
- 雜貨廛잡화전 여러 가지 물건을 파는 가게 (雜 섞일 잡, 貨 재물 화)
- 商廛상전
- 鹽廛염전
- 紙廛지전
- 冊廛책전
- 故物廛고물전
- 布木廛포목전

1044 | 전 栓
마개 전 / 木부 총10획
- 栓木전목 코르크(cork) (木 나무 목)
- 密栓밀전 새지 않게 단단히 마개로 막음, 또는 그 막은 마개 (密 빽빽할 밀)
- 膿栓농전
- 音栓음전
- 打栓타전
- 血栓혈전
- 活栓활전
- 點火栓점화전

1045 | 전 氈
담 전 / 毛부 총17획
- 鋪氈포전 양탄자 (鋪 펼 포)
- 毛氈모전 짐승의 털로 짠 모직물의 한 가지 (毛 털 모)
- 洋氈양전
- 靑氈청전
- 紅氈홍전
- 氈笠전립
- 氈帽전모
- 氈衣전의

1046 | 전 澱
앙금 전 / 氵=水부 총16획
- 沈澱침전 액체 중의 작은 고체가 가라앉음 (沈 가라앉을 침)
- 澱粉전분 감자 또는 고구마 등을 갈아서 가라앉힌 앙금을 말린 가루 (粉 가루 분)
- 沈澱物침전물
- 澱粉糖전분당
- 澱粉質전분질

1047 | 전 煎
달일 전 / 졸일 전 / ⺣=火부 총13획
- 煎茶전다 차를 달임 (茶 차 다)
- 再煎재전 재탕 (再 두 재)
- 煎督전독
- 煎迫전박
- 煎藥전약
- 煎調전조
- 甲煎갑전
- 馬煎마전

1048 | 전 甸
경기 전 / 田부 총7획
- 畿甸기전 수도를 중심으로 한 가까운 행정 구역의 안 (畿 경기 기)
- 樺甸화전 중국 길림성 중부에 있는 도시 (樺 벚나무 화)
- 甸服전복
- 羅甸나전
- 羅甸語나전어

1049 | 전 箋
기록할 전 / 竹부 총14획
- 箋註전주 본문의 뜻을 설명한 주석 (註 주낼 주)
- 短箋단전 짧은 편지 (短 짧을 단)
- 箋筒전통
- 箋注전주
- 牘箋독전
- 附箋부전
- 宣箋선전

1050 | 전 箭
살 전 / 竹부 총15획
- 毒箭독전 독화살 (毒 독 독)
- 神機箭신기전 불꽃놀이 또는 신호용으로 공중에서 폭발하도록 만든 화살 (神 귀신 신, 機 틀 기)
- 箭幹전간
- 箭狀전상
- 箭鏃전촉
- 弓箭궁전
- 弩箭노전
- 竹箭죽전

이 한자 기억해요? 정답 276

1 楮( ) 2 沮( ) 3 渚( ) 4 猪( ) 5 疽( ) 6 箸( ) 7 苧( ) 8 諸( ) 9 邸( ) 10 嫡( )

여기는! 塼전 / 篆전

1051 | 전
篆 篆刻전각 나무나 옥 등에 도장을 새김 (刻 새길 각)
楷篆해전 해서와 전서 (楷 해서 해)

전자 전 / 도장 전
竹부 총15획
篆文전문　篆書전서　篆字전자
篆畫전획　隸篆예전　印篆인전

1052 | 전
纏 纏結전결 얽어 맺음 매어 묶음 (結 맺을 결)
糾纏규전 서로 뒤얽힘 (糾 꼴 규)

얽을 전
糸부 총21획
纏帶전대　纏綿전면　纏縛전박
齋纏재전　纏足전족　盤纏반전

1053 | 전
詮 詮考전고 의논하여 상고함 (考 생각할 고)
詮議전의 사리를 따져 논의함 (議 의논할 의)

설명할 전
言부 총13획
詮堂전당　詮次전차　眞詮진전
明詮自性명전자성

1054 | 전
鈿 螺鈿나전 자개를 종이나 나무에 박아서 만든 공예품 (螺 소라 나(라))
花鈿화전 꽃비녀 (花 꽃 화)

비녀 전
金부 총13획
鈿瓔전영　鈿車전차　鈿螺전라
金鈿금전　華鈿화전

1055 | 전
銓 銓考전고 대상자를 여러 모로 따져 고름 (考 생각할 고)
亞銓아전 이조 참판의 딴 이름 (亞 버금 아)

사람가릴 전
金부 총14획
銓官전관　銓堂전당　銓郎전랑
銓補전보　銓部전부　銓敍전서

1056 | 전
顚 顚覆전복 뒤집혀 엎어짐 (覆 다시 복)
顚倒전도 엎어져서 넘어짐 또는 위와 아래를 바꿈 (倒 넘어질 도)

엎드러질 전
이마 전
頁부 총19획
顚連전련　顚末전말　顚錯전착
顚落전락　白顚백전　酒顚주전

1057 | 절
截 半截반절 절반으로 자름 또는 그 절반 (半 반 반)
截斷절단 끊어 냄. 끊어짐. 잘라 냄 (斷 끊을 단)

끊을 절
戈부 총14획
截脚절각　截句절구　截頭절두
截嚴절엄　截然절연　截破절파

1058 | 절
浙 浙江省절강성
　중국 남동부의 성 (江 강 강, 省 살필 성)
浙派절파 명나라 말기 산수화의 한 파 (派 물갈래 파)

강이름 절
氵=水부 총10획
浙瀝절력　浙省절성　浙江절강

1059 | 점
岾 楡岾寺유점사
　강원도 고성군에 있는 절의 이름 (楡 느릅나무 유, 寺 절 사)
河岾面하점면
　인천시 강화군에 있는 지명 (河 물 하, 面 낯 면)

땅이름 점
고개 재
山부 총8획

1060 | 점
点 點(점 점)의 속자(俗字)

점찍을 점
灬=火부 총9획

· · · 이 한 자 기 억 해 요 ? · · · 정답 277
1 狄(　) 2 笛(　) 3 翟(　) 4 謫(　) 5 蹟(　) 6 迪(　) 7 迹(　) 8 佃(　) 9 剪(　) 10 塡(　)

2급 한자 1501 | 1061~1080

1061 | 점

粘土점토 흙의 한 종류. 찰흙 (土 흙 토)
粘液점액 끈끈한 액체 (液 진 액)

붙을 점
米부 총11획

粘膜점막　粘塊점괴　粘力점력
粘度점도　粘土質점토질

1062 | 정

偵 밀정 남 몰래 염탐함 또는 그런 일을 하는 사람 (密 빽빽할 밀)
探偵탐정 사실을 밝히려고 탐지함 또는 그런 일을 하는 사람 (探 찾을 탐)

염탐할 정
亻=人부 총11획

偵客정객　偵察정찰　偵察隊정찰대
偵探정탐　偵察機정찰기

1063 | 정

贈呈증정 남에게 물건을 줌 (贈 보낼 증)
獻呈헌정 물건을 올림 (獻 바칠 헌)

드릴 정
口부 총7획

呈官정관　呈納정납　呈露정로
呈文정문　呈上정상　呈才정재

1064 | 정

幀畵탱화 그림으로 그려서 벽에 거는 불상 (畵 그림 화)
影幀영정 그림으로 그린 사람의 얼굴 모습 (影 그림자 영)

그림족자 정
그림족자 탱
巾부 총12획

裝幀장정　晦軒影幀회헌영정
七星幀畵칠성탱화

1065 | 정

挺傑정걸 훨씬 뛰어난 걸출 (傑 뛰어날 걸)
挺身隊정신대 목적달성을 위해 몸을 바치는 부대 또는 일제시대에 위안부로 강제로 종군당한 여성 부대 (身 몸 신, 隊 무리 대)

빼어날 정
扌=手부 총10획

挺立정립　挺秀정수　挺然정연
挺爭정쟁　挺戰정전　挺節정절

1066 | 정

旌鼓정고 기와 북 (鼓 북 고)
弓旌궁정 활과 깃발 (弓 활 궁)

기 정
方부 총11획

旌旗정기　旌閭정려　旌顯정현
旌銘정명　旌門정문　旌賞정상

1067 | 정

水晶수정 투명한 차돌로 장식용으로 쓰임 (水 물 수)
液晶액정 액체와 고체의 중간 상태에 있는 물질 (液 진 액)

맑을 정
日부 총12획

結晶결정　水晶빙정　紫水晶자수정
鮮晶선정　晶系정계　晶相정상

1068 | 정

楨幹정간 자세하고 친절함 (幹 줄기 간)

※ 광나무 : 물푸레나무과에 속하며 남쪽의 해풍을 맞고 자라고, 잎의 앞면에 윤기가 흐르는 반짝임이 있음. 겨울에도 푸른 잎을 가져서 동청(冬靑)이라고 함

광나무 정
木부 총13획

家楨가정　國楨국정　基楨기정

1069 | 정

汀岸정안 물가 (岸 언덕 안)
蘆汀노정 갈대가 우거진 물가 (蘆 갈대 로 (노))

물가 정
氵=水부 총5획

砂汀사정　汀蘭정란　汀線정선
汀渚정저　汀洲정주　沙汀사정

1070 | 정

町當정당 수량이 1정보에 해당함 (當 마땅할 당)
町步정보 땅의 넓이가 정으로 끝이 나고 끝수가 없을 때의 단위 (步 걸음 보)

밭두둑 정
田부 총7획

接町접정　町米정미　鉤町구정

이 한 자 기 억 해 요 ? 　　　　정답 278

1 堉( ) 2 奠( ) 3 塵( ) 4 栓( ) 5 氈( ) 6 澱( ) 7 煎( ) 8 甸( ) 9 箋( ) 10 箭( )

여기는! 粘점 / 禎정

1071 | 정 禎
- 禎祥 정상 경사스럽고 복스러운 조짐 (祥 상서 상)
- 禎瑞 정서 상서로움 (瑞 상서 서)
- 祥禎 상정
- 禎闡 정천

상서로울 정 / 示부 총14획

1072 | 정 艇
- 潛水艇 잠수정 잠수함의 다른 말 (潛 잠길 잠, 水 물 수)
- 警備艇 경비정 항만과 하천 등에서 경비 업무를 하는 작고 빠른 배 (警 깨우칠 경, 備 갖출 비)
- 艦艇 함정
- 救命艇 구명정
- 飛行艇 비행정
- 快速艇 쾌속정
- 魚雷艇 어뢰정

배 정 / 舟부 총13획

1073 | 정 鄭
- 鄭夢周 정몽주 고려 말의 충신 (夢 꿈 몽, 周 두루 주)
- 鄭寅普 정인보 독립운동가 호는 위당(爲堂) (寅 범 인, 普 넓을 보)

나라 정 / 阝=邑부 총15획

1074 | 정 釘
- 押釘 압정 손가락으로 눌러 박을 수 있는 작은 쇠못 (押 누를 압)
- 螺絲釘 나사정 나사못 (螺 소라 나, 絲 실 사)
- 曲釘 곡정
- 大釘 대정
- 木釘 목정
- 小釘 소정
- 釘頭 정두
- 切釘 절정

못 정 / 金부 총10획

1075 | 정 錠
- 錠劑 정제 가루약을 뭉쳐서 만든 약 (劑 벨 제)
- 打錠 타정 정제를 찍어냄 (打 칠 타)
- 錠製 정제
- 手錠 수정
- 錠玉沙 정옥사
- 糖衣錠 당의정

덩이 정 / 金부 총16획

1076 | 정 靖
- 靖匡 정광 천하를 편안하게 함 (匡 바를 광)
- 靖國 정국 나라를 태평하게 함 (國 나라 국)
- 靖難 정난
- 靖亂 정란
- 靖邊 정변
- 綏靖 수정
- 巡靖 순정
- 安靖 안정

편안할 정 / 靑부 총13획

1077 | 정 鼎
- 石鼎 석정 돌로 만든 솥 (石 돌 석)
- 鼎爐 정로 세 발 달린 솥 모양으로 생긴 향로 (爐 화로 로)
- 槐鼎 괴정
- 鐵鼎 철정
- 香鼎 향정
- 鼎立 정립
- 鼎銘 정명
- 鼎席 정석

솥 정 / 鼎부 총13획

1078 | 제 劑
- 調劑 조제 여러 약을 잘 조합하여 한 가지의 약제로 만듦 (調 고를 조)
- 接着劑 접착제 두 물체를 접착하는 데 사용하는 물질 (接 이을 접, 着 붙을 착)
- 藥劑 약제
- 湯劑 탕제
- 丸劑 환제
- 覺醒劑 각성제
- 枯葉劑 고엽제
- 發毛劑 발모제

약제 제 / 刂=刀부 총16획

1079 | 제 悌
- 悌友 제우 형제 및 어른과 아이 사이에 우애가 두터움 (友 벗 우)
- 孝悌 효제 효도와 우애 (孝 효도 효)
- 仁悌 인제
- 林悌 임제
- 不悌 부제
- 孝悌忠信 효제충신

공손할 제 / 忄=心부 총10획

1080 | 제 梯
- 階梯 계제 계단과 사다리 (階 섬돌 계)
- 船梯 선제 배에 오르내릴 때 쓰는 사다리 (船 배 선)
- 梯級 제급
- 梯團 제단
- 梯隊 제대
- 石梯 석제
- 雲梯 운제
- 梯子段 제자단

사다리 제 / 木부 총11획

• • • 이 한 자 기 억 해 요 ? • • • 정답 279

1 篆( ) 2 纏( ) 3 詮( ) 4 鈿( ) 5 銓( ) 6 顚( ) 7 截( ) 8 浙( ) 9 岾( ) 10 点( )

2급 한자 /501/ 1081~1100

1081 | 제 臍
臍帶제대 탯줄 (帶 띠 대)
臍帶血제대혈 태반이나 탯줄에 들어 있는 피 (帶 띠 대, 血 피 혈)

배꼽 제
月=肉부 총18획
臍囊제낭 臍緒제서 臍炎제염
臍腫제종 臍帶炎제대염 臍動脈제동맥

1082 | 제 蹄
馬蹄마제 말 굽 (馬 말 마)
鐵蹄철제 마소의 발바닥에 대는 쇠 (鐵 쇠 철)

굽 제
足부 총16획
霜蹄상제 裝蹄장제 削蹄삭제
蹄鐵제철 蹄形제형

1083 | 제 霽
開霽개제 비가 멎고 하늘이 활짝 갬 (開 열 개)
霽天제천 맑게 갠 하늘 (天 하늘 천)

비갤 제
雨부 총22획
霽靑제청 霽威제위 光霽광제
霽月제월 霽藍色제남색 霽月光風제월광풍
霽靑釉제청유

1084 | 조 俎
俎刀조도 도마와 칼 (刀 칼 도)
鼎俎정조 솥과 도마 또는 솥에 삶아져 도마에서 잘려지는 몹시 위험한 상황 (鼎 솥 정)

도마 조
人부 총9획
俎豆조두 俎上조상 俎肉조육
俎尊조준 越俎之嫌월조지혐 不免鼎俎불면정조

1085 | 조 嘲
嘲弄조롱 희롱하여 비웃고 놀림 (弄 희롱할 롱)
嘲笑조소 조롱하여 비웃는 웃음 (笑 웃음 소)

비웃을 조
口부 총15획
冷嘲냉조 自嘲자조 海嘲해조
嘲名조명 嘲謔조학 自嘲的자조적

1086 | 조 彫
彫刻조각 나무나 금속 등에 무늬를 새기거나 빚는 일 또는 그런 작품 (刻 새길 각)
木彫목조 나무에 여러 무늬를 새김 또는 그렇게 새겨 놓은 작품 (木 나무 목)

새길 조
彡부 총11획
毛彫모조 石彫석조 凹彫요조
彫琢조탁 彫版조판 彫刻家조각가

1087 | 조 措
失措실조 조치를 잘못함 (失 잃을 실)
措置조치 일을 잘 정돈하여 처치함 (置 둘 치)

둘 조
섞을 착
扌=手부 총11획
措大조대 措辭조사 措語조어
措定조정 措處조처 罔知所措망지소조

1088 | 조 曹
曹晩植조만식
항일 독립 운동가이며 정치가. 호는 고당(古堂) (晩 저물 만, 植 심을 식)
曹偉조위 조선 시대 성종 때의 시인이며 학자. 호는 매계(梅溪) (偉 훌륭할 위)

성 조
日부 총10획
曹匡振조광진 昌寧曹창녕조 曹植조식

1089 | 조 曹
三曹삼조 호조·형조·공조 셋을 합쳐서 이르는 말 (三 석 삼)
曹溪寺조계사 우리나라 불교의 중앙기관 역할을 하는 서울시 종로구 수송동에 있는 절 (溪 시내 계, 寺 절 사)

무리 조
日부 총11획
法曹人법조인 六曹육조 曹操조조
曹郞조랑 曹參조참 禮曹예조

1090 | 조 棗
棗木조목 대추나무 (木 나무 목)
乾棗건조 말린 대추 (乾 마를 건)

대추 조
木부 총12획
蜜棗밀조 石棗석조 棗卵조란
棗栗조율 幣棗폐조 棗玉조옥

· · · 이 한 자 기 억 해 요 ? · · · 정답 280

1 粘( ) 2 偵( ) 3 呈( ) 4 幀( ) 5 挺( ) 6 旌( ) 7 晶( ) 8 楨( ) 9 汀( ) 10 町( )

여기는! 臍제 / 槽조

1091 | 조

구유 조
木부 총15획

水槽수조 물을 담아 두는 큰 통 (水 물 수)
浴槽욕조 목욕을 할 수 있도록 물을 담는 통 (浴 목욕할 욕)

木槽목조　蜜槽밀조　石槽석조
油槽유조　溜槽유조　電槽전조

1092 | 조

배로실어나를 조
氵=水부 총14획

漕渠조거 배를 대기 위해 파서 만든 깊은 개울 (渠 도랑 거)
運漕운조 배로 짐을 실어 나름 또는 그 일 (運 옮길 운)

漕溝조구　漕軍조군　競漕경조
轉漕전조　漕運조운　回漕회조

1093 | 조

손톱 조
爪부 총4획

爪牙조아 손톱과 어금니 (牙 어금니 아)
美爪미조 손톱을 예쁘게 다듬음 (美 아름다울 미)

爪毒조독　爪傷조상　鋼爪강조
鉤爪구조　手爪수조　銳爪예조

1094 | 조

복 조
示부 총10획

景祚경조 커다란 행복 (景 볕 경)
祚命조명 하늘의 복으로 도움을 받음 (命 목숨 명)

國祚국조　登祚등조　寶祚보조
福祚복조　祚業조업　祚胤조윤

1095 | 조

빽빽할 조
禾부 총13획

稠密조밀 성기지 않고 빽빽함 (密 빽빽할 밀)
稠林조림 나무가 빽빽한 산림 (林 수풀 림)

奧密稠密오밀조밀　粘稠점조　稠雜조잡
稠座조좌　稠疊조첩　稠厚조후

1096 | 조

거칠 조
米부 총11획

粗糖조당 가공하지 않은 설탕 (糖 엿 당)
粗惡조악 거칠고 나쁨 (惡 악할 악)

粗米조미　粗布조포　粗炭조탄
簡粗간조　執粗집조　粗雜性조잡성

1097 | 조

肇
비롯할 조
聿부 총14획

肇國조국 건국 (國 나라 국)
肇冬조동 초겨울 (冬 겨울 동)

肇基조기　肇歲조세　肇始조시
肇業조업　肇域조역　肇造조조

1098 | 조

藻
마름 조
艹=艸부 총20획

藻文조문 잘 지은 글 (文 글월 문)
藻思조사 글을 잘 짓는 재주 (思 생각 사)

藻飾조식　藻雅조아　藻魚조어
浮藻부조　鳳藻봉조　翰藻한조

1099 | 조

詔
조서 조
소개할 소
言부 총12획

詔書조서 제왕의 선지를 일반에게 알릴 목적으로 적은 문서 (書 글 서)
詔勅조칙 조서 (勅 조서 칙)

詔令조령　詔命조명　詔使조사
詔諭조유　詔旨조지　詔册조책

1100 | 조

趙
나라 조
走부 총14획

趙光祖조광조
　조선시대 중종 때의 성리학자이며 정치가 (光 빛 광, 祖 할아버지 조)
趙生員傳조생원전
　조선시대 때의 한글 소설 (生 낳을 생, 員 수효 원, 傳 전할 전)

後趙후조　趙璧조벽　前趙전조
趙雲조운　趙子龍조자룡

・ ・ ・ 이 한 자 기 억 해 요 ? ・ ・ ・ 정답 281

1 禎 ( )　2 艇 ( )　3 鄭 ( )　4 釘 ( )　5 錠 ( )　6 靖 ( )　7 鼎 ( )　8 劑 ( )　9 悌 ( )　10 梯 ( )

연습문제 11 | 지금까지 배운 내용을 문제로 풀어보세요

[01-10] 다음 한자(漢字)의 음(音)은 무엇입니까?

01 璋 : ①자 ②잔 ③장 ④재 ⑤쟁
02 杵 : ①저 ②적 ③전 ④절 ⑤점
03 剪 : ①잔 ②잠 ③점 ④전 ⑤정
04 点 : ①전 ②장 ③조 ④점 ⑤제
05 旌 : ①절 ②정 ③제 ④적 ⑤조
06 截 : ①조 ②제 ③절 ④쟁 ⑤재
07 鼎 : ①정 ②전 ③저 ④재 ⑤장
08 蹄 : ①저 ②절 ③전 ④정 ⑤제
09 俎 : ①재 ②적 ③제 ④조 ⑤족
10 肇 : ①장 ②점 ③정 ④제 ⑤조

[11-15] 다음의 음(音)을 가진 한자는 어느 것입니까?

11 잠 : ①蠶 ②庄 ③梓 ④咀 ⑤楮
12 저 : ①諸 ②蔣 ③謫 ④藻 ⑤篆
13 정 : ①氈 ②纏 ③鄭 ④粘 ⑤截
14 제 : ①趙 ②霽 ③槽 ④禎 ⑤呈
15 조 : ①謫 ②甸 ③艇 ④靖 ⑤棗

[16-25] 다음 한자(漢字)의 뜻은 무엇입니까?

16 咀 : ①도마 ②막다 ③씹다 ④쌓다 ⑤비웃다
17 諍 : ①간하다 ②귀양가다 ③설명하다 ④소개하다 ⑤공손하다
18 苧 : ①마 ②장미 ③마름 ④모시풀 ⑤닥나무
19 嫡 : ①몸종 ②동서 ③정실 ④장인 ⑤오랑캐
20 塡 : ①쌓다 ②벽돌 ③막다 ④두다 ⑤메우다
21 煎 : ①붙다 ②얽다 ③횃불 ④달이다 ⑤녹이다
22 詮 : ①밭갈다 ②재계하다 ③경계하다 ④맹세하다 ⑤설명하다
23 釘 : ①솥 ②못 ③굽 ④비녀 ⑤젓가락
24 臍 : ①약제 ②배꼽 ③비개다 ④사다리 ⑤공손하다
25 稠 : ①덩이 ②빽빽하다 ③편안하다 ④상서롭다 ⑤비롯하다

[26-30] 다음의 뜻을 가진 한자(漢字)는 어느 것입니까?

26 누에 : ①檥 ②薔 ③翟 ④蠶 ⑤点
27 장물 : ①匠 ②贓 ③儲 ④蹟 ⑤幀
28 돼지 : ①猪 ②楮 ③箸 ④渚 ⑤獐
29 벽돌 : ①蹟 ②甸 ③塼 ④氈 ⑤町
30 무리 : ①措 ②曺 ③漕 ④槽 ⑤曹

[31-40] 다음 단어들의 '□' 안에 공통으로 들어갈 알맞은 한자(漢字)는 어느 것입니까?

31 巨□, 木□, □人
①匠 ②仗 ③庄 ④杖 ⑤漿

32 壁□, □籠, 陳列□
①蔣 ②檥 ③贓 ④醬 ⑤薔

33 □抑, □止, □碍
　①疸　②奠　③杵　④沮　⑤迪

34 □宅, 官□, 別□
　①笛　②邸　③栓　④澱　⑤旌

35 贈□, 獻□, □納
　①苧　②偵　③笛　④晶　⑤呈

36 □土, □液, □膜
　①澱　②点　③粘　④岾　⑤篆

37 半□, □斷, □然
　①諍　②迪　③煎　④截　⑤浙

38 □覆, □倒, □末
　①銓　②顚　③纏　④詮　⑤箋

39 調□, 藥□, 湯□
　①霽　②悌　③膽　④梯　⑤劑

40 □弄, □笑, 自□
　①嘲　②詔　③爪　④靖　⑤挺

[41-60] **다음 단어를 한자(漢字)로 바르게 쓴 것은 어느 것입니까?**

41 곤장 : ①儀仗 ②明匠 ③棍杖 ④饌犧 ⑤酪漿
42 재결 : ①梓里 ②齋潔 ③諍亂 ④儲置 ⑤涵咀
43 저애 : ①渚崖 ②楮錢 ③猪膽 ④箸筒 ⑤苧麻
44 구저 : ①生苧 ②片楮 ③臼杵 ④汀渚 ⑤石疽
45 폄적 : ①貶謫 ②承嫡 ③夷狄 ④史蹟 ⑤啓迪
46 궤적 : ①聖迹 ②舊迹 ③行迹 ④戰迹 ⑤軌迹
47 침전 : ①鋪氈 ②再煎 ③畿甸 ④沈澱 ⑤短箋

48 조탁 : ①彫刻 ②彫琢 ③措置 ④嘲譏 ⑤彫版
49 욕조 : ①運漕 ②蜜棗 ③浴槽 ④銳爪 ⑤景祚
50 조당 : ①粗糖 ②趙壁 ③藻雅 ④詔書 ⑤稠林

[51-60] **다음 한자어(漢字語)의 음(音)은 무엇입니까?**

51 農庄 : ①농장 ②농압 ③농토 ④풍작 ⑤풍압
52 薔薇 : ①새미 ②재미 ③장극 ④장미 ⑤장징
53 殘滓 : ①잔여 ②잔재 ③잔약 ④쇠약 ⑤쇠잔
54 儲廩 : ①저창 ②적창 ③저름 ④조름 ⑤저고
55 猪突 : ①좌충 ②저충 ③추돌 ④충돌 ⑤저돌
56 戎狄 : ①융적 ②융백 ③계화 ④귀화 ⑤융화
57 糾纏 : ①나염 ②나전 ③규전 ④규격 ⑤규탄
58 鼎爐 : ①정려 ②정로 ③정석 ④등석 ⑤등려
59 馬蹄 : ①마로 ②마조 ③마제 ④마적 ⑤마진
60 稠密 : ①화조 ②주밀 ③면밀 ④주도 ⑤조밀

2급 한자 1501 | 1101~1120

1101 | 조

躁狂조광 미쳐서 떠들고 날뜀 (狂 미칠 광)
躁急조급 참을성이 없이 매우 급함 (急 급할 급)

조급할 조
足부 총20획

矜躁긍조　　浮躁부조　　躁躁조조
躁急症조급증　躁鬱病조울병　躁進조진

1102 | 조
遭難조난 재난을 만남 (難 어려울 난)
遭遇조우 만남 또는 우연히 서로 만남 (遇 만날 우)

만날 조
辶=辵부 총15획

遭艱조간　　遭故조고　　遭逢조봉
遭禍조화　　遭難船조난선　遭難者조난자

1103 | 조

釣竿조간 낚싯대 (竿 장대 간)
釣鉤조구 낚시 (鉤 갈고리 구)

낚을 조 / 낚시 조
金부 총11획

釣艇조정　　釣渚조저　　釣餌조이
釣臺조대　　釣藤조등　　釣綸조륜

1104 | 조
阻碍조애 어떤 일이나 행동이 진행되지 않도록 막아서 방해함 (碍 거리낄 애)
阻隔조격 막혀서 서로 통하지 못함 (隔 사이 뜰 격)

막힐 조
阝=阜부 총8획

阻面조면　　阻卜조복　　阻碍力조애력
阻止조지　　阻害조해　　阻險조험

1105 | 조

雕梁조량 조각한 것이 있는 대들보 (梁 기장 량)
雕刻조각 나무나 흙, 돌 등에 그림이나 글씨 등을 새겨 넣는 일 (刻 새길 각)

독수리 조
隹부 총16획

雕版조판　　雕朽조후　　談天雕龍담천조룡
雕板조판　　朽木難雕후목난조

1106 | 족
簇出족출 떼를 지어 잇달아 생겨남 (出 날 출)
簇子족자 두루마리처럼 말아두거나 걸 수 있도록 그림이나 글씨를 표구한 것 (子 아들 자)

가는대 족
竹부 총17획

簇生족생　　簇擁족옹　　簇簇족족
上簇상족　　晶簇정족

1107 | 족

石鏃석촉 돌로 만든 화살촉 (石 돌 석)
矢鏃시촉 화살촉 (矢 화살 시)

살촉 족 / 화살촉 촉
金부 총19획

沒鏃몰촉　　箭鏃전촉　　無莖鏃무경촉

1108 | 종
大倧敎대종교
우리나라 고유 종교의 하나로 삼진귀일과 삼법이 근본 교리이며 나철이 개종했음 (大 큰 대, 敎 가르칠 교)
元倧敎원종교
최제우를 교조로 하는 동학 계통의 교 (元 으뜸 원, 敎 가르칠 교)

상고신인 종
亻=人부 총10획

1109 | 종

綜詳종상 치밀하고 자세함 (詳 자세할 상)
綜合종합 여러 가지 것을 한데 모아 합함 (合 모을 합)

모을 종
糸부 총14획

綜理종리　　綜絲종사　　綜核종핵
綜合病院종합병원　綜合藝術종합예술

1110 | 종
腫氣종기 살갗에 생기는 곪는 병 (氣 기운 기)
腫瘍종양 기하학적으로 세포가 증식하여 쓸모없는 조직괴를 만드는 병 (瘍 종기 양)

종기 종
月=肉부 총13획

腦腫瘍뇌종양　肺水腫폐수종　髓膜腫수막종
腫醫종의　　腫脹종창　　腫患종환

여기는! 躁조 / 鍾종

1111 | 종 鍾
- 鍾路종로 서울시의 종각이 있는 네 거리 (路 길 로)
- 鍾鉢종발 작은 밥그릇의 한 가지 (鉢 바리때 발)

쇠북 종
金부 총17획

- 鍾愛종애
- 晩鍾만종
- 晨鍾신종
- 下學鍾하학종
- 曉鍾효종

1112 | 좌 挫
- 挫折좌절 마음과 기운이 꺾임 (折 꺾을 절)
- 挫北좌배 꺾이어 달아남 (北 달아날 배)

꺾을 좌
扌=手부 총10획

- 挫頓좌돈
- 挫氣좌기
- 挫傷좌상
- 挫閃좌섬
- 挫創좌창
- 挫折感좌절감

1113 | 주 做
- 看做간주 그러한 것으로 여김 (看 볼 간)
- 做去주거 실행하여 나감 (去 갈 거)

지을 주
亻=人부 총11획

- 做恭주공
- 做度주도
- 做事주사
- 做業주업
- 做作주작
- 做錯주착

1114 | 주 呪
- 呪文주문 술법을 할 때 외는 글귀 (文 글월 문)
- 咀呪저주 남에게 재앙이나 불행이 일어나도록 비는 것 (咀 씹을 저)

빌 주
口부 총8획

- 呪具주구
- 呪力주력
- 呪術주술
- 呪物주물
- 念呪염주
- 呪術師주술사

1115 | 주 廚
- 廚房주방 음식을 차리는 방 (房 방 방)
- 燒廚房소주방 대궐 안의 음식을 만들던 곳 (燒 사를 소, 房 방 방)

부엌 주
广부 총15획

- 廚院주원
- 廚子주자
- 廚下주하
- 鼎廚間정주간
- 內廚房내주방
- 外廚房외주방

1116 | 주 疇
- 田疇전주 밭두둑 (田 밭 전)
- 荒疇황주 거친 밭 (荒 거칠 황)

이랑 주
田부 총19획

- 範疇범주
- 西疇서주
- 疇囊주낭
- 疇壟주롱
- 疇輩주배
- 疇生주생

1117 | 주 籌
- 籌算주산 주판으로 하는 셈 (算 셀 산)
- 籌略주략 계책과 모략 (略 간략할 략)

살 주
竹부 총20획

- 籌謀주모
- 運籌운주
- 籌板주판
- 籌策주책
- 牙籌아주
- 一籌일주

1118 | 주 紂
- 紂王주왕 고대 중국 은나라 최후의 임금 (王 임금 왕)
- 殷紂은주 은나라와 주나라 (殷 은나라 은)

주임금 주
糸부 총9획

1119 | 주 紬
- 紬緞주단 명주와 비단 (緞 비단 단)
- 白紬백주 하얀 명주 (白 흰 백)

명주 주
糸부 총11획

- 甲紬갑주
- 明紬명주
- 生綿紬생면주
- 紬絲주사
- 紬衣주의
- 紬亢羅주항라

1120 | 주 蛛
- 蛛網주망 거미집 거미줄 (網 그물 망)
- 蛛絲주사 거미줄 (絲 실 사)

거미 주
虫부 총12획

• • • 이 한 자 기 억 해 요 ? • • • 정답 283

1 槽( ) 2 漕( ) 3 爪( ) 4 祚( ) 5 稠( ) 6 粗( ) 7 肇( ) 8 藻( ) 9 詔( ) 10 趙( )

2급 한자 1501 | 1121~1140

1121 | 주 註
- 註釋주석 낱말이나 문장의 뜻을 자세하게 풀이함 (釋 풀 석)
- 註譯주역 주를 달면서 번역함 (譯 번역할 역)

글뜻풀 주
言부 총12획
- 脚註각주
- 譯註역주
- 註文주문
- 註明주명
- 註解주해
- 註說주설
- 疏註소주

1122 | 주 誅
- 誅滅주멸 죽여 없앰 (滅 멸할 멸)
- 誅殺주살 죄를 물어 죽임 (殺 죽일 살)

벨 주
言부 총13획
- 誅求주구
- 誅責주책
- 誅罰주벌
- 誅戮주육
- 詰誅힐주
- 誅竄주찬

1123 | 주 週
- 今週금주 이번 주 (今 이제 금)
- 週給주급 한 주일 단위로 지불되는 급료 (給 넉넉할 급)

주일 주
辶=辵부 총12획
- 週刊주간
- 來週내주
- 週期주기
- 隔週격주
- 每週매주
- 週末주말

1124 | 주 駐
- 駐屯주둔 군대가 한 지역에 머무르는 것 (屯 진칠 둔)
- 常駐상주 항상 주둔함 (常 항상 상)

머무를 주
馬부 총15획
- 駐車주차
- 駐屯地주둔지
- 駐在주재
- 駐在員주재원
- 駐韓美軍주한미군
- 駐美주미

1125 | 주 胄
- 甲胄갑주 갑옷. 투구 (甲 갑옷 갑)

투구 주
冂부 총9획

1126 | 죽 粥
- 魚粥어죽 생선죽 (魚 물고기 어)
- 冬至粥동지죽 동지 때 먹는 팥죽 (冬 겨울 동, 至 이를 지)

죽 죽 / 팔 육
米부 총12획
- 粥飯주반
- 鷄卵粥계란죽
- 綠豆粥녹두죽
- 石花粥석화죽
- 胡桃粥호도죽
- 粥沙鉢죽사발

1127 | 준 准
- 批准비준 조약 체결에 대한 당사국의 최종 확인·동의 절차 (批 칠 비)
- 認准인준 공무원 임명에 대한 입법부의 승인 (認 깨달을 인)

비준 준
冫부 총10획
- 准可준가
- 准擬준의
- 准理준리
- 准將준장
- 准尉준위
- 准請준청

1128 | 준 埈

높을 준
土부 총10획

1129 | 준 峻
- 險峻험준 지세가 험하고 높고 가파름 (險 험할 험)
- 峻嚴준엄 매우 엄격함 (嚴 엄할 엄)

높을 준 / 준엄할 준
山부 총10획
- 奇峻기준
- 峻嚴性준엄성
- 峻嶺준령
- 高峯峻嶺고봉준령
- 峻法준법

1130 | 준 浚
- 浚照준조 물이 깊고 맑음 (照 비칠 조)
- 浚井준정 우물 안의 흙이나 모래 따위를 깨끗이 치우는 일 (井 우물 정)

깊게할 준
氵=水부 총10획
- 許浚허준
- 趙浚조준
- 浚巡준순

• • • 이 한 자 기 억 해 요 ? • • • 정답 286

1 躁( ) 2 遭( ) 3 釣( ) 4 阻( ) 5 雕( ) 6 簇( ) 7 鏃( ) 8 倧( ) 9 綜( ) 10 腫( )

여기는! 註주 / 濬준

1131 | 준
濬源준원 깊은 근원 (源 근원 원)
濬川준천 개천을 파서 쳐 냄 (川 내 천)

깊을 준
氵=水부 총17획
濬潭준담　濬池준지　濬哲준철

1132 | 준
駿馬준마 걸음이 빠르고 훌륭한 말 (馬 말 마)
駿足준족 다리가 빨라 잘 달림 (足 발 족)

준마 준
馬부 총17획
駿驥준기　駿良준량　駿犬준견
駿骨준골　駿敏준민　駿逸준일

1133 | 즐
櫛沐즐목 머리를 빗고 목욕을 함 (沐 머리감을 목)
櫛比즐비 많은 것이 빽빽하게 늘어섬 (比 견줄 비)

빗 즐
木부 총19획
梳櫛소즐　巾櫛건즐　象櫛상즐
櫛膜즐막　櫛齒즐치　櫛板즐판

1134 | 즙
汁液즙액 즙을 짜내서 된 액 즙 (液 진 액)
果汁과즙 과실즙 (果 과실 과)

즙 즙 / 맞을 협
氵=水부 총5획
薑汁강즙　膽汁담즙　生汁생즙
果實汁과실즙　沙果汁사과즙　葡萄汁포도즙

1135 | 증
拯米증미 물에서 건져 낸 젖은 쌀 (米 쌀 미)
拯恤증휼 구하여 도와줌 (恤 구휼할 휼)

건질 증
扌=手부 총9획
拯濟증제　救拯구증　拯劣米증렬미

1136 | 증
甑餅증병 시루떡 (餅 떡 병)
破甑파증 깨어진 시루 (破 깨뜨릴 파)

시루 증
瓦부 총17획
甑峯증봉　甑山증산　歲時甑세시증
盆甑草분증초

1137 | 지
寺址사지 절터 (寺 절 사)
城址성지 성터 (城 성 성)

터 지
土부 총7획
基址기지　窯址요지　址臺지대
陶窯址도요지　住居址주거지

1138 | 지
敎旨교지 교육의 취지 또는 임금의 명령 (敎 가르칠 교)
趣旨취지 어떤 일의 목적이나 의도 (趣 달릴 취)

뜻 지
日부 총6획
旨義지의　論旨논지　奉旨봉지
龜旨歌구지가　都承旨도승지　趣旨書취지서

1139 | 지
砥鍊지련 갈고 단련함 (鍊 불릴 련)
革砥혁지 가죽숫돌 (革 가죽 혁)

숫돌 지
石부 총10획
砥礪지려　砥石지석　砥平지평
金剛砥금강지

1140 | 지
福祉복지 행복과 이익 (福 복 복)
祥祉상지 경사스러움 (祥 상서로울 상)

복 지
示부 총9획
新祉신지　社會福祉사회복지

・ ・ ・ 이　한　자　기　억　해　요 ?　・ ・ ・　정답 287
1 鍾( )　2 挫( )　3 做( )　4 呪( )　5 廚( )　6 疇( )　7 籌( )　8 紂( )　9 紬( )　10 蛛( )

 2급 한자 1501 | 1141~1160

1141 | 지

공경할 지 / 땅귀신 기
示부 총10획

祗送지송 공경하여 보냄 (送 보낼 송)
樊祗번지 삼한시대 군장의 한 칭호 (樊 울 번)
攀砂祗반사지 訥祗王눌지왕 祗受지수
祗迎지영 祗支지지 祗侯지후

1142 | 지
肢
팔다리 지
月=肉부 총8획

四肢사지 사람의 두 팔과 두 다리 (四 넉 사)
下肢하지 궁둥이에서 발까지의 부분 (下 아래 하)
上肢상지 肢骨지골 肢端지단
肢勢지세 肢節지절 肢體지체

1143 | 지
脂
기름 지
月=肉부 총10획

脂肪지방 지방산과 글리세롤의 에스테르 중 상온에서 고체인 것 (肪 기름 방)
脫脂綿탈지면 지방이나 불순물을 제거하고 소독된 흡수성의 솜 (脫 벗을 탈, 綿 이어질 면)
牛脂우지 皮脂腺피지선 天然樹脂천연수지

1144 | 지
芝
지초 지
艹=艸부 총8획

芝蘭지란 지초와 난초 (蘭 난초 란)
土芝토지 토란 (土 흙 토)
芝草지초 芝麻지마 雷芝뇌지
石芝석지 靈芝영지 芝蘭之交지란지교

1145 | 지

발 지
足부 총11획

斷趾단지 형벌로 발뒤꿈치를 자름 (斷 끊을 단)
足趾족지 발뒤꿈치 (足 발 족)
趾間지간 趾骨지골 交趾교지
宮趾궁지 騈趾병지 玉趾옥지

1146 | 직
稙
올벼 직
禾부 총13획

稙稚직치 먼저 심은 곡식을 직, 나중에 심은 곡식을 치라고 함 (稚 어릴 치)
稙禾직화 일찍 심은 벼 (禾 벼 화)

1147 | 직

피 직
禾부 총15획

宗廟社稷종묘사직 왕실과 나라를 함께 이르는 말 (宗 마루 종, 廟 사당 묘, 社 모일 사)
稷神직신 곡식을 맡아본다는 신령 (神 귀신 신)
稷檀직단 稷山직산 國稷국직
太稷태직 黍稷서직 后稷후직

1148 | 진

나아갈 진
日부 총10획

晉書진서 진나라 때의 정사(正史) (書 글 서)
晉察진찰 조선시대 때 경상남도 관찰사의 다른 이름 (察 살필 찰)
晉鼓진고 晉山진산 晉接진접

1149 | 진
塵
티끌 진
土부 총14획

粉塵분진 티끌 (粉 가루 분)
風塵풍진 바람과 티끌. 세상의 어지러운 일 (風 바람 풍)
車塵거진 落塵낙진 微塵미진
防塵방진 塵境진경 屑塵설진

1150 | 진

나루 진
氵=水부 총9획

注文津주문진 강원도에 있는 항구의 이름 (注 물 댈 주, 文 글월 문)
津口진구 나룻터 (口 입 구)
正東津정동진 鷺梁津노량진 方魚津방어진
三浪津삼랑진 通津통진 興味津津흥미진진

• • • • 이 한 자 기 억 해 요 ? • • • 정답 288

1 註 (　)　2 誅 (　)　3 週 (　)　4 駐 (　)　5 胄 (　)　6 粥 (　)　7 准 (　)　8 埈 (　)　9 峻 (　)　10 浚 (　)

> 여기는! 祗지 / 疹진

1151 | 진

發疹발진 열병 등으로 피부 등에 종기가 돋는 일 (發 필 발)
風疹풍진 발진성의 급성 피부 전염병 (風 바람 풍)

마마 진
疒부 총10획
濕疹습진　紅疹홍진　痲疹마진
疹粟진속　汗疹한진　疹疾진질

1152 | 진

秦始皇진시황 중국을 통일한 진 왕조의 시조 (始 처음 시, 皇 임금 황)
西秦서진 중국의 오호십육국 중 하나 (西 서녘 서)

성 진
禾부 총10획
大秦대진　前秦전진　後秦후진
蘇秦소진　秦開진개　秦聲진성

1153 | 진
診
診斷진단 의사가 환자를 진찰하여 판단함 (斷 끊을 단)
診療진료 진찰과 치료 (療 병고칠 료)

진찰할 진
言부 총12획
診脈진맥　診察진찰　檢診검진
往診왕진　誤診오진　回診회진

1154 | 진
賑
賑貸진대 흉년이 든 해에 나라의 곡식을 풀어서 백성에게 꾸어주던 일 (貸 빌릴 대)
賑恤진휼 흉년이 든 해에 불쌍한 백성을 도와줌 (恤 불쌍할 휼)

구휼할 진
貝부 총14획
賑撫진무　賑財진재　賑救진구
賑貸法진대법　賑恤金진휼금　賑恤廳진휼청

1155 | 질
叱
叱責질책 꾸짖어서 나무람 (責 꾸짖을 책)
面叱면질 마주 대하여 꾸짖음 (面 낯 면)

꾸짖을 질
口부 총5획
叱號질호　憤叱분질　叱正질정
叱罵질매　叱辱질욕

1156 | 질
帙
帙冊질책 한 벌이 여러 권으로 이루어진 책 (冊 책 책)
卷帙권질 책의 권과 질 (卷 문서 권)

책권차례 질
巾부 총8획
落帙낙질　部帙부질　一帙일질
逸帙일질　全帙전질　竹帙죽질

1157 | 질

窒息질식 숨이 막힘 (息 쉴 식)
昏窒혼질 혼미할 정도로 숨이 막힘 (昏 어두울 혼)

막힐 질
穴부 총11획
窒氣질기　窒急질급　窒息死질식사
窒素질소　窒酸질산　二酸化窒素이산화질소

1158 | 질

膣炎질염 질 점막에 생기는 염증 (炎 불꽃 염)
膣鏡질경 자궁경 (鏡 거울 경)

음도 질
月=肉부 총15획
膣頸질경　膣口질구

1159 | 집

蒐輯수집 취미 또는 연구를 위해 물건 등을 찾아 모음 (蒐 모을 수)
特輯특집 신문 또는 잡지 등에서 특정 문제를 중심으로 편집함 (特 특별할 특)

모을 집
車부 총16획
編輯편집　續輯속집　綴輯철집
輯要집요　輯錄집록　輯載집재

1160 | 징

澄潭징담 물이 맑은 못 (潭 깊을 담)
淸澄청징 맑고 깨끗함 (淸 맑을 청)

맑을 징
氵=水부 총15획
澄高징고　澄明징명　澄碧징벽
澄澈징철　澄水징수　淵澄取暎연징취영

· · · 이 한 자 기 억 해 요 ? · · · 정답 289

1 澔(　) 2 駿(　) 3 櫛(　) 4 汁(　) 5 拯(　) 6 甑(　) 7 址(　) 8 旨(　) 9 砥(　) 10 祉(　)

2급 한자 1501 | 1161~1180

1161 | 차

交叉교차 2개 이상의 선 또는 상이 한 곳에서 마주침 (交 사귈 교)
三叉삼차 세 갈래로 갈림 또는 그 세 갈래 (三 석 삼)

갈래 차
又부 총3획

叉路차로   叉乘차승   鐵叉철차
了叉요차   音叉음차   落叉낙차

1162 | 차

袖箚수차 임금을 뵙고 직접 바치는 상소 (袖 소매 수)
疏箚소차 상소와 차자 (疏 소통할 소)

찌를 차
竹부 총14획

箚子房차자방   箚刺차자   聯箚연차
駐箚주차   箚記차기

1163 | 차

遮斷차단 막아서 멈추게 함 (斷 끊을 단)
遮光차광 빛을 막아 가림 (光 빛 광)

가릴 차
辶=辵부 총15획

遮光幕차광막   遮斷器차단기   遮陽차양
遮日차일   遮蔽차폐

1164 | 착

搾取착취 꽉 누르거나 비틀어서 짬 또는 악덕 자본가가 임금의 시간보다 많이 부려서 생기는 이익을 독식함 (取 가질 취)
壓搾압착 눌러서 짜냄 (壓 누를 압)

짤 착
扌=手부 총13획

搾油착유   搾乳機착유기   搾油量착유량
被搾取피착취

1165 | 착

窄袖착수 좁은 소매 (袖 소매 수)
狹窄협착 차지하고 있는 자리가 몹시 좁음 (狹 좁을 협)

좁을 착
穴부 총10획

量窄양착   狹窄彈협착탄   窄迫착박
窄小착소   窄汁착즙   窄汁機착즙기

1166 | 착

鑿巖착암 바위를 뚫음 (巖 바위 암)
掘鑿굴착 땅을 파거나 바위 등을 뚫음 (掘 팔 굴)

뚫을 착 / 구멍 조
金부 총28획

掘鑿機굴착기   鑿巖機착암기   鑿空착공
鑿路착로   鑿山착산   開鑿개착

1167 | 찬

撰述찬술 학문이나 문예 등에 관한 책이나 글을 씀 (述 지을 술)
改撰개찬 책을 다시 고쳐 지음 (改 고칠 개)

지을 찬 / 가릴 선
扌=手부 총15획

官撰관찬   私撰사찬   自撰자찬
撰干찬간   撰文찬문   撰修찬수

1168 | 찬

燦爛찬란 눈부시게 훌륭하고 빛이 남 (爛 빛날 란)
燦閃찬섬 번쩍번쩍 빛남 (閃 번쩍일 섬)

빛날 찬
火부 총17획

燦然찬연   燦燦찬찬   燦煥찬환
閃燦섬찬

1169 | 찬

圭瓚규찬 종묘와 문묘에 쓰이는 제기의 하나 (圭 홀 규)
黃瓚황찬 요동에 귀양 왔던 명나라 초엽의 한림학사 (黃 누를 황)

옥잔 찬
王=玉부 총23획

玉瓚옥찬

1170 | 찬

竄奔찬분 도망침 (奔 달릴 분)
潛竄잠찬 달아나 깊이 숨음 (潛 잠길 잠)

숨을 찬
穴부 총18획

塗竄도찬   誅竄주찬   逋竄포찬
竄逃찬도   竄配찬배   竄走찬주

• • • 이 한 자 기 억 해 요 ? • • • 정답 290

1 祇( ) 2 肢( ) 3 脂( ) 4 芝( ) 5 趾( ) 6 種( ) 7 稷( ) 8 晉( ) 9 塵( ) 10 津( )

여기는! 叉차 / 纂찬

1171 | 찬 纂
纂錄찬록 모아 기록함 (錄 기록할 록)
編纂편찬 자료를 수집하고 정리하여 책을 만듦 (編 엮을 편)

모을 찬
糸부 총20획
纂修찬수 纂輯찬집 纂次찬차
纂集찬집 纂輯所찬집소 編纂室편찬실

1172 | 찬 纘
纘繼찬계 이어 받음 (繼 이을 계)
纘緒찬서 전인의 사업을 이어받음 (緒 실마리 서)

이을 찬
糸부 총25획
纘續찬속 纘述찬술 纘承찬승

1173 | 찬 餐
午餐오찬 잘 차린 점심 (午 낮 오)
朝餐조찬 손님을 초대하여 함께 하는 아침 식사 (朝 아침 조)

밥 찬
물말이할 손
食부 총16획
加餐가찬 晩餐만찬 夕餐석찬
聖餐성찬 夜餐야찬 常餐상찬

1174 | 찬 饌
饌盒찬합 음식을 담는 여러 층으로 된 그릇 (盒 합 합)
飯饌반찬 밥에 곁들여 먹는 음식 (飯 밥 반)

반찬 찬
食부 총21획
素饌소찬 饌欌찬장 珍羞盛饌진수성찬
粗饌조찬 供饌공찬 饌房찬방

1175 | 찰 刹
刹那찰나 극히 짧은 시간 (那 어찌 나)
寺刹사찰 절. 사원 (寺 절 사)

절 찰
刂=刀부 총8획
刹竿찰간 羅刹나찰 大刹대찰
名刹명찰 梵刹범찰 寶刹보찰

1176 | 찰 擦
擦過傷찰과상 스쳐서 살갗이 벗겨진 상처 (過 지날 과, 傷 상처 상)
摩擦마찰 물건과 물건이 서로 닿아서 비빔 (摩 문지를 마)

문지를 찰
扌=手부 총17획
擦傷찰상 擦劑찰제 擦柱찰주
擦筆찰필 摩擦音마찰음 破擦音파찰음

1177 | 찰 札
書札서찰 편지 (書 글 서)
現札현찰 현금 (現 나타날 현)

편지 찰
木부 총5획
改札개찰 落札낙찰 短札단찰
名札명찰 請札청찰 札翰찰한

1178 | 참 僭
僭稱참칭 자기 신분에 넘치는 칭호를 자칭함 (稱 일컬을 칭)
僭濫참람 분수에 지나침 (濫 넘칠 람)

주제넘을 참
亻=人부 총14획
僭奢참사 僭亂참란 僭禮참례
僭用참용 僭主참주 僭號참호

1179 | 참 懺
懺悔참회 과거의 잘못을 깨닫고 뉘우쳐 고침 (悔 뉘우칠 회)
修懺수참 참회하는 법을 닦음 (修 닦을 수)

뉘우칠 참
忄=心부 총20획
事懺사참 禮懺예참 懺禮참례
懺洗참세 懺除참제 愧懺괴참

1180 | 참 斬
腰斬요참 허리를 베어 죽이던 형벌 (腰 허리 요)
斬刑참형 목을 베어 죽임 또는 그 형벌 (刑 형벌 형)

벨 참
斤부 총11획
陵遲處斬능지처참 斬首참수 斬殺참살
斬髮참발 斬頭참두 斬死참사

• • • 이 한 자 기 억 해 요 ? • • • 정답 291

1 疹( ) 2 秦( ) 3 診( ) 4 賑( ) 5 叱( ) 6 帙( ) 7 窒( ) 8 膣( ) 9 輯( ) 10 澄( )

2급 한자 1501 | 1181~1200

1181 | 참

역마을 참 立부 총10획
- 站路 참로 역참을 지나는 길 (路 길 로)
- 驛站 역참 역마를 바꾸어 타던 곳 (驛 역참 역)
- 站役 참역
- 站運 참운
- 站站 참참
- 兵站 병참
- 車站 거참
- 先站 선참

1182 | 참
참소할 참 言부 총24획
- 廳讒 청참 참언을 들음 (廳 들을 청)
- 讒構 참구 남을 헐뜯어 못된 곳에 얽어 넣음 (構 얽을 구)
- 讒者 참자
- 廳讒 청참
- 毁讒 훼참
- 讒構 참구
- 讒口 참구
- 讒訴 참소

1183 | 참

예언 참 言부 총24획
- 讖書 참서 참언을 기록한 책 (書 글 서)
- 詩讖 시참 무심히 지은 자기의 시가 우연히 뒷일과 꼭 맞는 일 (詩 시 시)
- 讖文 참문
- 讖語 참어
- 讖言 참언
- 讖謠 참요
- 讖緯 참위
- 言讖 언참

1184 | 창
광대 창 亻=人부 총10획
- 倡道 창도 앞장을 서서 부르짖음 (道 길 도)
- 俳倡 배창 광대 (俳 배우 배)
- 倡師 창사
- 倡率 창수
- 倡隨 창수
- 倡優 창우
- 倡義 창의

1185 | 창

창녀 창 女부 총11획
- 娼妓 창기 노래와 춤과 몸을 파는 기생 (妓 기생 기)
- 名娼 명창 이름난 창기 (名 이름 명)
- 公娼 공창
- 私娼 사창
- 廢娼 폐창
- 娼女 창녀
- 娼男 창남
- 娼婦 창부

1186 | 창

공장 창 广부 총15획
- 工廠 공창 철공물을 만드는 공장 (工 장인 공)
- 木廠 목창 목재를 쌓아 두는 창고 (木 나무 목)
- 船廠 선창
- 西廠 서창
- 東廠 동창
- 兵器廠 병기창
- 軍器廠 군기창
- 機器廠 기기창

1187 | 창

드러날 창 彡부 총14획
- 表彰 표창 남의 선행을 세상에 드러내어 밝힘 (表 겉 표)
- 顯彰 현창 밝게 나타남 (顯 나타날 현)
- 彰德 창덕
- 彰惡 창악
- 彰善 창선
- 表彰狀 표창장

1188 | 창

시원할 창 攵부 총12획
- 敞然 창연 시원함 (然 그러할 연)
- 高敞 고창 높고 시원함 (高 높을 고)
- 敞衣 창의
- 開敞 개창
- 宏敞 굉창
- 通敞 통창
- 軒敞 헌창
- 開敞地 개창지

1189 | 창

해길 창 日부 총9획
- 和昶 화창 맑음 (和 화할 화)

1190 | 창

창 창 木부 총14획
- 槍劍 창검 창과 검 (劍 칼 검)
- 短槍 단창 짧은 창 (短 짧을 단)
- 竹槍 죽창
- 長槍 장창
- 槍刃 창인
- 投槍 투창
- 三枝槍 삼지창
- 槍軍 창군

이 한자 기억해요? 정답 292

1 叉( ) 2 箚( ) 3 遮( ) 4 搾( ) 5 窄( ) 6 鑿( ) 7 撰( ) 8 燦( ) 9 瓚( ) 10 竄( )

여기는! 站참 / 滄창

1191 | 창 滄

滄茫창망 물이 푸르고 아득하게 넓은 모양 (茫 아득할 망)
滄浪창랑 큰 바다의 푸른 물결 (浪 물결 랑)

큰바다 창
氵=水부 총13획

滄據창거 滄溟창명 滄兵창병
滄桑창상 滄波창파 滄海창해

1192 | 창 瘡

金瘡금창 칼이나 창·화살 등의 쇠에 다친 상처 (金 쇠 금)
禿瘡독창 독기가 있는 큰 종기 (禿 대머리 독)

부스럼 창
疒부 총15획

痘瘡두창 口瘡구창 狼瘡낭창
凍瘡동창 臥瘡와창 杖瘡장창

1193 | 창 脹

穀脹곡창 헛배가 부르는 병의 한 가지 (穀 곡식 곡)
膨脹팽창 부풀어 팽팽하게 됨. 발전하여 퍼짐 (膨 부풀 팽)

부을 창
月=肉부 총12획

鼓脹고창 腹脹복창 水脹수창
脹鬼창귀 脹症창증 脹設창설
腫脹종창

1194 | 창 菖

菖蒲창포 향기가 있는 천남성과의 여러해살이 풀 (蒲 물가 포)
修禪菖수선창 수선화 (修 닦을 수, 禪 선 선)

창포 창
艹=艸부 총12획

白菖백창 石菖석창 泥菖이창
菖蒲根창포근 菖蒲湯창포탕 菖蒲酒창포주

1195 | 채 綵

綵緞채단 온갖 비단의 통칭 (緞 비단 단)
綵帳채장 오색 찬란한 장막 (帳 장막 장)

비단 채
糸부 총14획

結綵결채 先綵선채 送綵송채
綵淡채담 綵鳳채봉 綵繩채승

1196 | 채 蔡

蔡襄채양 중국 북송 때의 문인. 서예가 (襄 도울 양)
蔡壽채수 조선 중종 때의 문신 (壽 목숨 수)

성채 / 내칠 살
艹=艸부 총15획

靈蔡영채 蔡倫채륜 蔡萬植채만식
神蔡신채 陳蔡之厄진채지액

1197 | 채 采

風采풍채 눈에 보이는 사람의 의젓한 겉모양 (風 바람 풍)
采取채취 골라서 캐어 냄 (取 취할 취)

풍채 채
采부 총8획

喝采갈채 光采광채 受采수채
采詩채시 采色채색 采箋채전

1198 | 책 柵

防柵방책 적의 침입을 막기 위하여 세운 울타리 (防 둑 방)
鐵柵철책 쇠살로 만든 울타리 (鐵 쇠 철)

울타리 책
木부 총9획

豚柵돈책 木柵목책 竹柵죽책
重柵중책 柵狀책상 鐵柵線철책선

1199 | 척 擲

快擲쾌척 금품을 써야 할 곳에 시원하게 내놓음 (快 쾌할 쾌)
投擲투척 물체를 힘껏 던짐 (投 던질 투)

던질 척
扌=手부 총18획

棄擲기척 放擲방척 一擲일척
擲柶척사 擲彈척탄 乾坤一擲건곤일척

1200 | 척 滌

洗滌세척 깨끗이 씻음 (洗 씻을 세)
滌去척거 씻어 버림 (去 갈 거)

씻을 척
氵=水부 총14획

掃滌소척 蕩滌탕척 雪滌설척
滌署척서 滌淨척정 滌除척제

· · · 이 한 자 기 억 해 요 ? · · · 정답 293

1 纂( ) 2 續( ) 3 餐( ) 4 饌( ) 5 刹( ) 6 擦( ) 7 札( ) 8 僭( ) 9 懺( ) 10 斬( )

연습문제 12 | 지금까지 배운 내용을 문제로 풀어보세요

[01-10] 다음 한자(漢字)의 음(音)은 무엇입니까?

01 鏃 : ①조 ②족 ③종 ④주 ⑤죽
02 疇 : ①지 ②종 ③족 ④준 ⑤주
03 濬 : ①증 ②즙 ③준 ④지 ⑤진
04 叱 : ①직 ②질 ③집 ④차 ⑤착
05 澄 : ①지 ②진 ③질 ④징 ⑤차
06 箚 : ①차 ②착 ③찬 ④찰 ⑤참
07 鑿 : ①진 ②차 ③착 ④채 ⑤책
08 懺 : ①차 ②참 ③창 ④책 ⑤척
09 廠 : ①주 ②죽 ③차 ④착 ⑤창
10 擲 : ①증 ②직 ③착 ④척 ⑤천

[11-15] 다음의 음(音)을 가진 한자는 어느 것입니까?

11 조 : ①阻 ②鏃 ③挫 ④做 ⑤粥
12 주 : ①浚 ②拯 ③肢 ④津 ⑤註
13 지 : ①櫛 ②塵 ③祉 ④澄 ⑤刹
14 찬 : ①遮 ②搾 ③札 ④瓚 ⑤彰
15 채 : ①站 ②蔡 ③滌 ④柵 ⑤僭

[16-25] 다음 한자(漢字)의 뜻은 무엇입니까?

16 躁 : ①짓다 ②꺾다 ③만나다 ④모으다 ⑤조급하다
17 冑 : ①거미 ②투구 ③이랑 ④쇠북 ⑤화살촉
18 甑 : ①빗 ②부엌 ③시루 ④숫돌 ⑤비단
19 祗 : ①맑다 ②건지다 ③막히다 ④나아가다 ⑤공경하다
20 窄 : ①짜다 ②숨다 ③뚫다 ④넓다 ⑤좁다
21 刹 : ①절 ②베다 ③깎다 ④형벌 ⑤찌르다
22 倡 : ①창 ②창녀 ③창포 ④광대 ⑤부스럼
23 僭 : ①던지다 ②뉘우치다 ③주제넘다 ④드러나다 ⑤참소하다
24 敞 : ①씻다 ②숨다 ③빛나다 ④문지르다 ⑤시원하다
25 疹 : ①종기 ②티끌 ③마마 ④부스럼 ⑤진찰하다

[26-30] 다음의 뜻을 가진 한자(漢字)는 어느 것입니까?

26 명주 : ①紬 ②紆 ③綜 ④纘 ⑤綵
27 낚시 : ①簇 ②鏃 ③鍾 ④釣 ⑤砥
28 갈래 : ①膣 ②叉 ③秦 ④津 ⑤址
29 반찬 : ①竄 ②瓚 ③餐 ④饌 ⑤簒
30 예언 : ①彰 ②懺 ③讖 ④脹 ⑤滌

[31-40] 다음 단어들의 '□' 안에 공통으로 들어갈 알맞은 한자(漢字)는 어느 것입니까?

31 □氣, □瘍, □脹
①遭 ②雕 ③鍾 ④做 ⑤腫

32 □文, 咀□, □術
①蛛 ②准 ③呪 ④汁 ⑤旨

33 魚□, 被□, □沙鉢
　①粥 ②疇 ③駿 ④肢 ⑤芝

34 險□, □嚴, 奇□
　①峻 ②埈 ③浚 ④駿 ⑤濬

35 果□, 膽□, 生□
　①津 ②汁 ③週 ④澄 ⑤浚

36 四□, 下□, □體
　①腔 ②腫 ③旨 ④肢 ⑤脂

37 □斷, □療, □脈
　①疹 ②秦 ③診 ④賑 ⑤箚

38 特□, 蒐□, 編□
　①駐 ②誅 ③綜 ④撰 ⑤輯

39 □斷, □光, □陽
　①斬 ②遮 ③遭 ④昶 ⑤週

40 風□, 喝□, □色
　①采 ②綵 ③滌 ④槍 ⑤站

[41-50] 다음 단어를 한자(漢字)로 바르게 쓴 것은 어느 것입니까?

41 조우 : ①躁狂 ②釣竿 ③阻碍 ④遭遇 ⑤雕梁
42 종상 : ①綜詳 ②腫瘍 ③鐘鉢 ④簇出 ⑤挫折
43 좌절 : ①看做 ②廚院 ③挫折 ④殷紂 ⑤阻隔
44 주둔 : ①做去 ②疇輩 ③週給 ④誅滅 ⑤駐屯
45 증휼 : ①櫛比 ②拯恤 ③汁液 ④甑餠 ⑤浚照
46 지려 : ①旨義 ②肢端 ③砥礪 ④脂肪 ⑤芝蘭
47 진대 : ①賑貸 ②晉書 ③津口 ④稷神 ⑤疹粟

48 찬록 : ①撰述 ②燦爛 ③竄奔 ④纂錄 ⑤纘緖
49 청참 : ①僭稱 ②懺悔 ③廳讒 ④斬刑 ⑤站路
50 방책 : ①穀脹 ②防柵 ③表彰 ④靈蔡 ⑤快擲

[51-60] 다음 한자어(漢字語)의 음(音)은 무엇입니까?

51 遭難 : ①종난 ②추간 ③추난 ④조난 ⑤조간
52 廚房 : ①주방 ②주병 ③도병 ④다방 ⑤다병
53 籌算 : ①주창 ②조창 ③주장 ④조산 ⑤주산
54 駿馬 : ①준마 ②주마 ③처마 ④수마 ⑤추마
55 祥祉 : ①양지 ②상지 ③상사 ④영지 ⑤영사
56 稚稚 : ①직추 ②적치 ③직치 ④직접 ⑤적지
57 昏窒 : ①혼질 ②혼사 ③곤지 ④곤욕 ⑤혼실
58 娼妓 : ①차기 ②정사 ③정기 ④창기 ⑤창녀
59 和昶 : ①화일 ②화영 ③화창 ④화찬 ⑤화길
60 菖浦 : ①정포 ②차포 ③주포 ④장포 ⑤창포

2급 한자 1501 | 1201~1220

1201 | 척

脊椎척추 등뼈를 이루는 낱낱의 뼈 (椎 쇠몽치 추)
脊髓척수 척추 속에 있는 신경 중추 (髓 뼛골 수)

등마루 척
月=肉부 총10획

鼻脊비척 山脊산척 屋脊옥척
脊骨척골 脊髓炎척수염 脊椎動物척추동물

1202 | 척

進陟진척 일이 진행되어짐 (進 나아갈 진)
登陟등척 산의 높은 곳에 오름 (登 오를 등)

오를 척
阝=阜부 총10획

陟降척강 陟方척방 陟罰척벌
三陟삼척 禮陟예척 黜陟출척

1203 | 척

隻脚척각 외다리 (脚 다리 각)
隻身척신 홀몸 (身 몸 신)

외짝 척
隹부 총10획

隻騎척기 隻分척푼 隻手척수
隻眼척안 隻愛척애 隻影척영

1204 | 천
喘息천식 기관지의 병으로 숨이 가쁘고 기침과 가래가 심함 (息 쉴 식)
咳喘해천 기침과 천식 (咳 기침 해)

숨찰 천
口부 총12획

喘急천급 喘氣천기 喘滿천만
懼喘구천 痰喘담천 水喘수천

1205 | 천
穿孔천공 구멍을 뚫음 (孔 구멍 공)
貫穿관천 꿰뚫음. 학문에 두루 능통함 (貫 꿸 관)

뚫을 천
穴부 총9획

穿結천결 穿刺천자 穿墻천장
穿鑿천착 穿幣천폐 穿山甲천산갑

1206 | 천
闡明천명 의사 등을 분명하게 밝힘 (明 밝을 명)
發闡발천 가려진 것이 열려서 드러남 (發 필 발)

밝힐 천
門부 총20획

闡揚천양 闡幽천유 闡提천제
大闡대천

1207 | 철
凹凸요철 오목함과 볼록함 또는 울퉁불퉁함 (凹 오목할 요)
凸面鏡철면경 볼록 거울 (面 낯 면, 鏡 거울 경)

볼록할 철
凵부 총5획

凸角철각 凸面철면 凸凹철요
凸彫철조 凸版철판 凸形철형

1208 | 철
哲(밝을 철)의 속자(俗字)
羅喆나철 대종교를 중창한 사람 (羅 그물 라)

밝을 철
口부 총12획

1209 | 철
撤去철거 건물·시설 등을 치움 (去 갈 거)
毀撤훼철 헐어 내어 걷어 버림 (毀 헐 훼)

거둘 철
扌=手부 총15획

撤捕철포 撤軍철군 撤歸철귀
撤農철농 撤排철배 撤去民철거민

1210 | 철
澄澈징철 속이 다 보이도록 맑음 (澄 맑을 징)
瑩澈형철 환하게 보이도록 맑음 (瑩 의혹할 형)

맑을 철
氵=水부 총15획

鄭澈정철 淸澈청철

• • • 이 한 자 기 억 해 요 ? • • • 정답 294

1 站(　) 2 讒(　) 3 識(　) 4 倡(　) 5 娼(　) 6 廠(　) 7 彰(　) 8 敞(　) 9 衩(　) 10 槍(　)

여기는! 脊척 / 綴철

1211 | 철 綴
書類綴 서류철 : 여러 서류를 모아서 책처럼 매어둔 것 (書 글 서, 類 무리 류)
綴字 철자 : 자음과 모음을 맞추어 글자를 만듦 (字 글자 자)

엮을 철 糸부 총14획
假綴 가철　點綴 점철　編綴 편철
補綴 보철　新聞綴 신문철　綴字法 철자법

1212 | 철 轍
轍迹 철적 : 수레바퀴의 자국이나 흔적 (迹 자취 적)
軌轍 궤철 : 차가 지나간 바퀴 자국 (軌 바퀴자국 궤)

바퀴자국 철 車부 총19획
覆轍 복철　前轍 전철　轉轍 전철
故轍 고철　轍叉 철차　車轍馬跡 거철마적

1213 | 첨 僉
僉員 첨원 : 여러분 (員 인원 원)
僉意 첨의 : 여러 사람의 의견 (意 뜻 의)

다 첨 / 여러 첨 人부 총13획
僉謀 첨모　僉事 첨사　僉使 첨사
僉位 첨위　僉尉 첨위　僉尊 첨존

1214 | 첨 瞻
瞻仰 첨앙 : 우러러 봄 (仰 우러를 앙)
觀瞻 관첨 : 여러 사람이 봄 (觀 볼 관)

볼 첨 目부 총18획
具瞻 구첨　瞻禮 첨례　瞻望 첨망
瞻拜 첨배　瞻想 첨상　瞻視 첨시

1215 | 첨 簽
簽揭 첨게 : 찌를 붙임 (揭 들 게)
簽記 첨기 : 기록함 (記 기록할 기)

농 첨 竹부 총19획
簽名 첨명　簽書 첨서　黃口簽丁 황구첨정
簽字 첨자　簽押 첨압　簽刺傷 첨자상

1216 | 첨 籤
當籤 당첨 : 제비에 뽑힘 (當 당할 당)
抽籤 추첨 : 어떤 일의 당락이나 분배 등을 무작위로 뽑아 결정하는 것 (抽 뺄 추)

제비 첨 竹부 총23획
福籤 복첨　典籤 전첨　當籤金 당첨금
籤紙 첨지　籤筒 첨통　抽籤券 추첨권

1217 | 첨 詹
詹事 첨사 : 구 한국 때 왕태자궁·왕태자 시강원·황태자 시강원의 칙임 벼슬 (事 일 사)
詹詹 첨첨 : 수다스러운 모양

이를 첨 / 넉넉할 담 言부 총13획
詹尹 첨윤　詹諸 첨저　詹何 첨하
內詹事 내첨사　右詹事 우첨사　知詹事府事 지첨사부사

1218 | 첩 帖
手帖 수첩 : 휴대하면서 적을 수 있도록 만든 조그마한 공책 (手 손 수)
圖帖 도첩 : 그림첩 (圖 그림 도)

문서 첩 / 체지 체 巾부 총8획
帖裡 첩리　帖文 체문　帖詩 첩시
帖子 첩자　帖字 체자　帖紙 체지

1219 | 첩 捷
捷徑 첩경 : 지름길 (徑 지름길 경)
大捷 대첩 : 전투나 경기에서 크게 이김 (大 큰 대)

빠를 첩 / 이길 첩 扌=手부 총11획
捷給 첩급　捷路 첩로　捷報 첩보
捷速 첩속　捷音 첩음　捷快 첩쾌

1220 | 첩 牒
請牒 청첩 : 경사에 초청하는 글 (請 청할 청)
公牒 공첩 : 관청 등에서 내는 공사에 관한 의사 통지 (公 공적공)

편지 첩 片부 총13획
移牒 이첩　通牒 통첩　請牒狀 청첩장
牒報 첩보　牒呈 첩정　通牒文 통첩문

・　・　이　한　자　기　억　해　요?　・　・　정답 295

1 滄(　) 2 瘡(　) 3 脹(　) 4 菖(　) 5 綵(　) 6 蔡(　) 7 采(　) 8 柵(　) 9 擲(　) 10 滌(　)

 2급 한자 1501 | 1221~1240

1221 | 첩

疊疊첩첩 쌓여 겹치는 모양
重疊중첩 거듭 겹쳐짐 (重 무거울 중)

거듭 첩
田부 총22획

疊疊山中첩첩산중 重重疊疊중중첩첩 疊鼓첩고
疊峰첩봉 疊書첩서

1222 | 첩

間諜간첩 비밀리에 적 또는 상대의 정보를 탐지하여 자기편에 알려주는 사람 (間 사이 간)
諜者첩자 간첩 (者 놈 자)

염탐할 첩
言부 총16획

防諜방첩 諜報첩보 諜知첩지
女間諜여간첩 諜報戰첩보전

1223 | 첩

貼付첩부 착 달라붙게 함 (付 줄 부)
分貼분첩 약재를 나누어서 첩약을 만듦 (分 나눌 분)

붙일 첩
貝부 총12획

公貼공첩 粉貼분첩 成貼성첩
貼聯첩련 貼示첩시 貼藥첩약

1224 | 청

菁根청근 무우 (根 뿌리 근)
蔓菁만청 순무 (蔓 덩굴 만)

우거질 청 / 순무 정
艹(艸)부 총12획

蕪菁무청 天蔓菁천만청 菁根飯청근반
菁根菜청근채 菁煎청전 菁華청화

1225 | 체

締結체결 계약이나 조약 등을 맺음 (結 맺을 결)
締約체약 조약·계약 등을 맺음 (約 묶을 약)

맺을 체
糸부 총15획

締交체교 締盟체맹 締姻체인
取締취체 締奪체탈 締結國체결국

1226 | 체

要諦요체 중요한 점. 중요한 깨달음 (要 구할 요)
諦念체념 도리를 깨닫는 마음. 아주 단념함 (念 생각 념)

살필 체 / 진리 제
言부 총16획

諦觀체관 諦思체사 諦聽체청
世諦세제 俗諦속제 眞諦진제

1227 | 초

哨兵초병 초소를 지키는 병사 (兵 병사 병)
步哨보초 군대의 최전선에서 경계의 책임을 맡은 병사 (步 걸음 보)

망볼 초 / 경계할 초
口부 총10획

動哨동초 立哨입초 哨所초소
監視哨감시초 哨戒機초계기 哨戒艦초계함

1228 | 초

椒酒초주 조피 열매를 섞어서 빚은 술 (酒 술 주)
山椒산초 산초나무의 열매 (山 메 산)

산초나무 초
木부 총12획

椒蘭초란 椒林초림 椒目초목
椒房초방 崖椒애초 粘椒점초

1229 | 초

楚歌초가 초나라의 노래 (歌 노래 가)
苦楚고초 괴로움과 어려움 (苦 쓸 고)

초나라 초
木부 총13획

艱楚간초 淸楚청초 辛楚신초
楚覇王초패왕 楚漢歌초한가 四面楚歌사면초가

1230 | 초

樵歌초가 나무꾼들이 부르는 노래 (歌 노래 가)
採樵채초 땔나무를 베어 가져옴 (採 캘 채)

나무할 초
木부 총16획

樵軍초군 樵汲초급 樵奴초노
樵牧초목 樵夫초부 樵童초동

• • • 이 한 자 기 억 해 요 ? • • • 정답 298

1 舂( ) 2 陟( ) 3 隻( ) 4 喘( ) 5 穿( ) 6 闡( ) 7 凸( ) 8 喆( ) 9 撤( ) 10 澈( )

여기는! 疊첩 / 炒초

1231 | 초
- 鷄炒계초 닭볶음 (鷄 닭 계)
- 炒醬초장 볶은 장 (醬 장 장)

炒
볶을 초
火부 총8획
- 鴨炒압초
- 炒麵초면
- 炒研초연
- 蛙炒와초
- 生鮮炒생선초
- 炒黃초황

1232 | 초
- 焦勞초로 마음을 태우고 애씀 (勞 일할 로)
- 焦眉초미 눈썹에 불이 붙은 것처럼 매우 절박함 (眉 눈썹 미)

焦
탈 초
灬=火부 총12획
- 焦爛초란
- 焦思초사
- 焦慮초려
- 三焦삼초
- 焦悶초민

1233 | 초
- 硝藥초약 화약 (藥 약 약)
- 硝煙초연 화약 연기 (煙 연기 연)

硝
화약 초
石부 총12획
- 烟硝연초
- 硝石초석
- 英硝영초
- 硝子초자
- 硝酸초산
- 硝酸鹽초산염

1234 | 초
- 坐礁좌초 배가 암초에 얹힘 (坐 앉을 좌)
- 暗礁암초 해면 아래에 숨어 있어 보이지 않는 바위 (暗 어두울 암)

礁
암초 초
石부 총17획
- 礁標초표
- 沙礁사초
- 露礁노초
- 環礁환초
- 堡礁보초
- 珊瑚礁산호초

1235 | 초
- 芭蕉파초 파초과에 딸린 여러해살이 풀 (芭 파초 파)
- 甘蕉감초 파초 또는 바나나 (甘 달 감)

蕉
파초 초
艹=艸부 총16획
- 蕉葉초엽
- 牙蕉아초
- 蕉布초포
- 美人蕉미인초
- 綠蕉녹초
- 芭蕉扇파초선

1236 | 초
- 醋酸초산 아세트산. 강한 냄새와 신맛이 나는 무색의 액체 (酸 초 산)
- 食醋식초 초산이 들어 있어 신맛이 나는 액체 조미료 (食 밥 식)

醋
초 초 / 잔돌릴 작
酉부 총15획
- 果實醋과실초
- 醋瓶초병
- 木醋목초
- 醋醬초장
- 氷醋酸빙초산
- 醋鷄湯초계탕

1237 | 초
- 醮禮초례 혼인을 치르는 예식 (禮 예도 례)
- 醮行초행 신랑이 초례를 치르기 위해 처가로 가는 일 (行 다닐 행)

醮
제사지낼 초
酉부 총19획
- 醮石초석
- 再醮婦재초부
- 醮祭초제
- 醮禮廳초례청
- 再醮재초

1238 | 초

鈔
좋은쇠 초
金부 총11획

1239 | 촉
- 委囑위촉 다른 사람에게 부탁하여 맡김 (委 맡길 위)
- 囑望촉망 잘 되기를 바라고 기대함 (望 바랄 망)

囑
부탁할 촉
口부 총24획
- 懇囑간촉
- 囑目촉목
- 依囑의촉
- 囑言촉언
- 遺囑유촉
- 囑託촉탁

1240 | 촉
- 蜀路촉로 촉나라에 이르는 험한 길 또는 거친 인생을 뜻함 (路 길 로)
- 蜀相촉상 촉나라의 재상, 즉 제갈공명을 일컫는 말 (相 서로 상)

蜀
나라이름 촉
虫부 총13획
- 望蜀망촉
- 蜀道촉도
- 前蜀전촉
- 蜀漢촉한
- 後蜀후촉
- 歸蜀道귀촉도

・ ・ ・ 이 한 자 기 억 해 요 ? ・ ・ ・ 정답 299

1 綴( ) 2 轍( ) 3 僉( ) 4 瞻( ) 5 簽( ) 6 籤( ) 7 詹( ) 8 帖( ) 9 捷( ) 10 牒( )

2급 한자 1501 | 1241~1260

1241 | 총
叢
떨기 총 / 모일 총
又부 총18획

叢記총기 여러 가지를 모아서 기록함 또는 그 서적 (記 기록할 기)
古今笑叢고금소총 조선시대 때의 음담 패설집 (古 예 고, 今 이제 금, 笑 웃음 소)

叢論총론   叢嶺총령   叢林총림
蘭叢난총   葉叢엽총   竹叢죽총

1242 | 총
塚
무덤 총
土부 총13획

古塚고총 오래 된 무덤 (古 옛 고)
石塚석총 돌무덤 (石 돌 석)

掘塚굴총   義塚의총   貝塚패총
金冠塚금관총   舞踊塚무용총   將軍塚장군총

1243 | 총
寵
사랑할 총
현이름 룡
宀부 총19획

寵愛총애 남달리 귀엽게 여겨 사랑함 (愛 사랑 애)
恩寵은총 높은 사람에게서 받는 특별한 은혜와 사랑 (恩 은혜 은)

聖寵성총   靈寵영총   天寵천총
寵光총광   寵命총명   寵臣총신

1244 | 총
摠
모두 총
扌=手부 총14획

摠監총감 대한제국 때 교육부의 으뜸 벼슬 (監 볼 감)
百摠백총 조선시대 때 정3품 벼슬의 하나 (百 일백 백)

摠管총관   摠裁총재   軍摠군총
千摠천총   把摠파총   都摠管도총관

1245 | 촬
撮
모을 촬
사진찍을 촬
扌=手부 총15획

撮影촬영 모습을 사진 또는 영화로 찍음 (影 그림자 영)
撮土촬토 한 줌의 흙 (土 흙 토)

撮影家촬영가   撮影機촬영기   撮影場촬영장
主撮주촬   搏撮박촬   一撮일촬

1246 | 최
崔
성 최 / 높을 최
山부 총11획

崔瑩최영 고려 말기의 명장 (瑩 밝을 영)
崔崔최최 산이 우뚝하게 섬

崔北최북   三崔삼최   斬崔참최
崔致遠최치원

1247 | 추
椎
쇠몽치 추
등골 추
木부 총12획

脊椎척추 등뼈를 이루는 낱낱의 뼈 (脊 등성마루 척)
腰椎요추 허리 뼈 (腰 허리 요)

頸椎경추   尾椎미추   胸椎흉추
無脊椎무척추   椎骨추골   脊椎動物척추동물

1248 | 추
楸
가래 추
木부 총13획

楸木추목 가래나무 (木 나무 목)
松楸송추 산소의 둘레에 심는 나무 (松 소나무 송)

省楸성추   楸島추도   楸子추자
楸板추판   楸皮추피   楸地嶺추지령

1249 | 추
樞
지도리 추
나무이름 우
木부 총15획

樞管추관 추측 (管 피리 관)
中樞중추 사물의 중심 또는 중요한 부분이나 자리 (中 가운데 중)

樞路추로   樞機추기   樞密院추밀원
極樞극추   同樞동추   樞機卿추기경

1250 | 추
蒭
꼴 추
艹=艸부 총10획

蒭蕘추요 꼴과 땔나무 (蕘 땔나무 요)
蒭糧추량 꼴과 군량, 즉 사람과 말의 식량 (糧 양식 량)

反蒭반추   石龍蒭석룡추   騎蒭기추
反蒭胃반추위   蒭言추언   蒭靈추령
蒭狗추구

· · · 이 한 자 기 억 해 요 ? · · · 정답 300

1 疊 (   )   2 諜 (   )   3 貼 (   )   4 菁 (   )   5 締 (   )   6 諦 (   )   7 哨 (   )   8 椒 (   )   9 楚 (   )   10 樵 (   )

여기는! 叢총 / 趨추

1251 | 추
趨 달아날 추 / 재족할 촉
走부 총17획

- 歸趨귀추 사람의 마음이나 사물의 돌아가는 형편 (歸 돌아갈 귀)
- 趨勢추세 어떤 현상이 일정한 방향으로 움직여 나가는 힘 또는 그 형편 (勢 형세 세)
- 奔趨분추 疾趨질추 趨利추리
- 趨拜추배 趨翔추상 趨迎추영

1252 | 추
鄒 추나라 추
阝=邑부 총13획

- 鄒魯추로 공자는 노(魯)나라, 맹자는 추(鄒)나라의 사람이라는 뜻으로 공자와 맹자를 일컫는 말 (魯 노나라 노)
- 鄒衍추연 중국 전국시대 제나라 사상가 (衍 넘칠 연)
- 鄒魯學추로학 彌鄒忽미추홀 古鄒加고추가

1253 | 추
酋 우두머리 추
酉부 총9획

- 酋長추장 씨족사회에서 의사결정권이 있는 우두머리 (長 길 장)
- 巨酋거추 거물이라 할 만한 추장 (巨 클 거)
- 群酋군추 大酋대추 諸酋제추
- 酋領추령 酋矛추모 酋帥추수

1254 | 추
錐 송곳 추
金부 총16획

- 試錐시추 땅 속 깊은 곳의 구조를 알아보거나 채취 또는 공사 등을 위해 땅속에 구멍을 깊이 뚫는 작업 (試 시험할 시)
- 三角錐삼각추 네 개의 삼각형으로 둘러싸인 입체, 즉 세모뿔 (三 석 삼, 角 뿔 각)
- 圓錐원추 角錐각추 八角錐팔각추
- 試錐孔시추공 試錐船시추선 圓錐形원추형

1255 | 추
錘 저울추 추 / 드리울 수
金부 총16획

- 錘線추선 추에 맨 줄 (線 줄 선)
- 錘鉛추연 납으로 만든 추 (鉛 납 연)
- 錘鐘추종 紡錘방추 扇錘선추
- 鉛錘연추 秤錘칭추 垂直錘수직추

1256 | 축
竺 나라이름 축 / 두터울 독
竹부 총8획

- 竺經축경 불경 (經 글 경)
- 天竺천축 인도 (天 하늘 천)
- 竺學축학 入竺입축 南天竺남천축
- 五天竺오천축 中天竺중천축 天竺寺천축사

1257 | 축
蹴 찰 축
足부 총19획

- 蹴球축구 11명이 한 팀으로 공을 발로 차서 상대편의 골 속에 넣음으로써 승부를 겨루는 경기 (球 공 구)
- 一蹴일축 한 번 참 또는 상대방의 의견이나 요구 등을 단번에 거절함 (一 한 일)
- 蹴鞠축국 蹴踏축답 蹴殺축살
- 蹴蛾축아 蹴彫축조 蹴球場축구장

1258 | 축
軸 굴대 축
車부 총12획

- 主軸주축 여러 개의 축 중에서 가장 주가 되는 축 (主 주인 주)
- 地軸지축 지구의 자전축 (地 땅 지)
- 對稱軸대칭축 水平軸수평축 推進軸추진축
- 回轉軸회전축 軸率축률 軸面축면

1259 | 춘
椿 참죽나무 춘
木부 총13획

- 椿堂춘당 편지 등에서 남의 아버지를 높여 이르는 말 (堂 집 당)
- 椿府丈춘부장 남의 아버지를 높여 이르는 말 (府 곳집 부, 丈 어른 장)
- 椿府춘부 椿事춘사 椿壽춘수
- 大椿대춘 香椿향춘 椿葉菜춘엽채

1260 | 출
朮 차조 출
木부 총5획

- 白朮백출 삽주의 덩어리진 뿌리. 약용으로 씀 (白 흰 백)
- 蒼白朮창백출 창출과 백출을 아울러 이르는 말 (蒼 푸를 창)
- 蓬朮봉출 赤朮적출 蒼朮창출
- 白朮酒백출주

이 한 자 기 억 해 요 ?   정답 301

1 炒(　) 2 焦(　) 3 硝(　) 4 礁(　) 5 蕉(　) 6 醋(　) 7 醮(　) 8 鈔(　) 9 囑(　) 10 蜀(　)

2급 한자 /501/ | 1261~1280

| 1261 | 출 |
黜責출책 내쫓고 책임을 물음 (責 꾸짖을 책)
放黜방출 쫓아 치워 버림 (放 놓을 방)

내칠 출
黑부 총17획

降黜강출 斥黜척출 罷黜파출
黜去출거 黜黨출당 黜罰출벌

| 1262 | 충 |
沖寂충적 고상하고 고요함 (寂 고요할 적)
和沖화충 진정으로 화목함 (和 화할 화)

화할 충
氵=水부 총7획

沖澹충담 沖幼충유 對沖대충
沖積世충적세 沖積土충적토 沖積物충적물

| 1263 | 충 |
苦衷고충 괴로운 심경 (苦 쓸 고)
折衷절충 어느 편으로 치우치지 않고 잘 취사하여 알맞게 함 (折 꺾을 절)

속마음 충
衣부 총10획

衷情충정 衷心충심 衷懷충회
折衷案절충안 折衷說절충설 衷曲충곡

| 1264 | 취 |
娶禮취례 아내를 맞는 예 (禮 예도 례)
再娶재취 아내를 여읜 뒤에 두 번째 장가듦 또는 그렇게 맞이한 아내 (再 두 재)

장가들 취
女부 총11획

嫁娶가취 旣娶기취 班娶반취
成娶성취 娶嫁취가 娶妻취처

| 1265 | 취 |
翠空취공 푸른 하늘 (空 빌 공)
翠光취광 푸른 빛 (光 빛 광)

푸를 취
물총새 취
羽부 총14획

翠菊취국 翠扇취선 翠綠취록
翡翠色비취색 翡翠玉비취옥 翡翠衾비취금

| 1266 | 취 |
收聚수취 거두어 모음 (收 거둘 수)
聚合취합 한데 모아서 합침 (合 합할 합)

모을 취
耳부 총14획

聚軍취군 聚散취산 聚集취집
鳩聚구취 積聚적취 合聚합취

| 1267 | 취 |
禿鷲독취 독수리 (禿 대머리 독)
鷲鷹科취응과 매과 (鷹 매 응, 科 과정 과)

수리 취
鳥부 총23획

鷲頭취두 鷲峯취봉 鷲瓦취와
鷲座취좌 禿鷲科독취과

| 1268 | 측 |
仄聞측문 얼핏 풍문으로 들음 (聞 들을 문)
傾仄경측 한쪽으로 기울어져 있음 (傾 기울 경)

기울 측
人부 총4획

仄起측기 仄聲측성 仄韻측운
仄日측일 仄字측자 仄行측행

| 1269 | 치 |
奢侈사치 돈이나 물건을 필요 이상으로 많이 씀 (奢 사치할 사)
侈麗치려 크고 아름다움 (麗 고울 려)

사치할 치
亻=人부 총8획

侈件치건 侈濫치람 侈習치습
侈心치심 侈傲치오 奢侈品사치품

| 1270 | 치 |
峙積치적 높이 쌓거나 쌓임 (積 쌓을 적)
對峙대치 서로 마주 대하여 버팀 (對 대할 대)

언덕 치
山부 총9획

高峙고치 棋峙기치 鳳峙봉치
摩峙마치 峙立치립 如山積峙여산적치

· · · 이 한 자 기 억 해 요 ? · · · 정답 302

1 叢(   ) 2 塚(   ) 3 寵(   ) 4 摠(   ) 5 撮(   ) 6 崔(   ) 7 椎(   ) 8 楸(   ) 9 樞(   ) 10 芻(   )

여기는! 黜출 / 痴치

1271 | 치 痴
- 白痴백치 정신 발달이 안되어 연령에 비하여 지능 단계가 낮은 사람 (白 흰 백)
- 情痴정치 색정에 빠져서 이성을 잃어버림 (情 뜻 정)

어리석을 치
疒부 총13획
天痴천치 狂痴광치 白痴美백치미

1272 | 치 癡
- 癡漢치한 여자를 희롱하는 남자 (漢 한수 한)
- 音癡음치 음의 감각과 지각이 무디어 음정과 박자를 맞추지 못하고 노래를 부르는 사람 (音 소리 음)

어리석을 치
疒부 총19획
書癡서치 我癡아치 白癡백치
天癡천치 愚癡우치 癡情치정

1273 | 치 稚
- 幼稚유치 생각이나 행위 등의 수준이 낮아 얕볼 만한 상태 (幼 어릴 유)
- 稚漁치어 물고기의 새끼 (漁 고기잡을 어)

어릴 치
禾부 총13획
幼稚園유치원 稚氣치기 稚心치심
稚筍치순 稚兒치아 稚拙치졸

1274 | 치 穉
- 穉木치목 어린 나무 (木 나무 목)
- 童穉동치 어린아이 (童 아이 동)

어릴 치
禾부 총17획
穉樹치수 穉心치심 穉兒치아
穉魚치어 穉子치자 穉拙치졸

1275 | 치 緻
- 緻密치밀 자세하고 꼼꼼함 (密 빽빽할 밀)
- 細緻세치 세세하고 면밀함 (細 가늘 세)

빽빽할 치
糸부 총16획
緻巧치교 緻拙치졸 精緻정치
堅緻견치 巧緻교치 密緻밀치

1276 | 치 雉
- 雉科치과 꿩과 (科 과정 과)
- 雉兎치토 꿩과 토끼 (兎 토끼 토)

꿩 치
隹부 총13획
雉灸치구 雉鷄치계 雉城치성
乾雉건치 白雉백치 雄雉웅치

1277 | 치 馳
- 馳到치도 달리어 도착함 (到 이를 도)
- 馳突치돌 매우 세차게 달려들어 부딪침 (突 갑자기 돌)

달릴 치
馬부 총13획
馳驅치구 馳道치도 馳獵치렵
馳報치보 相馳상치 東馳西走동치서주

1278 | 칙 勅
- 勅使칙사 임금의 명령을 받은 사신 (使 하여금 사)
- 勅書칙서 임금이 특정인에게 명하는 일을 적은 문서 (書 글 서)

칙서 칙 / 신칙할 칙
力부 총9획
密勅밀칙 詔勅조칙 皇勅황칙
勅命칙명 勅旨칙지 勅詔칙조

1279 | 침 鍼
- 鍼術침술 침을 놓아 병을 다스리는 의술 (術 꾀 술)
- 施鍼시침 몸에 침을 놓음 (施 베풀 시)

침 침
金부 총17획
大鍼대침 毒鍼독침 藥鍼약침
一鍼일침 鍼灸침구 鍼醫침의

1280 | 칭 秤
- 秤錘칭추 저울 추 (錘 저울 추)
- 天秤천칭 가운데에 세운 줏대의 가로장 양 끝에 저울판이 달려 있는 저울 (天 하늘 천)

저울 칭
禾부 총10획
秤竿칭간 秤心칭심 秤板칭판
大秤대칭 小秤소칭 天平秤천평칭

• • 이 한 자 기 억 해 요 ? • • • 정답 303
1 趨( ) 2 鄒( ) 3 酋( ) 4 錐( ) 5 錘( ) 6 竺( ) 7 蹴( ) 8 軸( ) 9 椿( ) 10 朮( )

2급 한자 1501 | 1281~1300

1281 | 타

침 타
口부 총11획

唾液타액 침 (液 진 액)
唾棄타기 침을 뱉음 (棄 버릴 기)

痰唾담타　憎唾증타　咳唾해타
唾具타구　唾罵타매　唾線타선

1282 | 타

게으를 타
忄=心부 총12획

惰性타성 변화나 새로움이 없어서 나태하게
　　　 굳어져 버린 습성 (性 성품 성)
倦惰권타 싫어져서 태만함 (倦 게으를 권)

驕惰교타　放惰방타　怠惰태타
惰力타력　惰容타용　勤惰簿근타부

1283 | 타

키 타
舟부 총11획

操舵조타 키를 조종함 (操 잡을 조)
舵器타기 배의 키 (器 그릇 기)

舵輪타륜　方向舵방향타　昇降舵승강타
操縱舵조종타　操舵室조타실　操舵手조타수

1284 | 타

**비탈질 타
부처 타**
阝=阜부 총8획

陀佛타불 아미타불 (佛 부처 불)
盤陀반타 바위가 반듯하지 않음 (盤 소반 반)

伽陀가타　難陀난타　頭陀두타
佛陀불타　沙陀사타　華陀화타

1285 | 타

낙타 타
馬부 총15획

駝鳥타조 조류 중 가장 큰 타조과에 딸린 새
　　　 (鳥 새 조)
駱駝낙타 등에 지방을 저장하는 혹 모양의
　　　 육봉이 있는 포유류 낙타과의 동물
　　　 (駱 낙타 락)

海駝해타　駝魚타어　駝鳥果타조과
駱駝科낙타과　單峰駱駝단봉낙타　雙峯駱駝쌍봉낙타

1286 | 탁

뽑을 탁
扌=手부 총17획

拔擢발탁 사람을 뽑아 씀 (拔 뽑을 발)
簡擢간탁 인재를 골라서 추림 (簡 대쪽 간)

甄擢견탁　燈擢등탁　擢賞탁상
擢昇탁승　擢用탁용　擢第탁제

1287 | 탁

다듬을 탁
王=玉부 총12획

琢磨탁마 옥 따위를 갈고 닦음 또는 학문이
　　　 나 기술 등을 갈고 닦음 (磨 갈 마)
彫琢조탁 보석 등을 새기거나 쪼는 일 또는
　　　 문장의 글귀를 다듬음 (彫 새길 조)

磨琢마탁　鄭琢정탁　抽琢추탁
琢器탁기　琢美탁미　上色琢器상색탁기

1288 | 탁

부탁할 탁
言부 총10획

寄託기탁 부탁하여 맡기어 둠 (寄 부칠 기)
付託부탁 어떤 일을 해 달라고 맡기거나 청
　　　 함 (付 줄 부)

結託결탁　信託신탁　委託위탁
請託청탁　外託외탁　親託친탁

1289 | 탁

방울 탁
金부 총21획

鐸鈴탁령 방울 (鈴 방울 령)
木鐸목탁 절에서 불공이나 경을 읽을 때 치
　　　 는 나무로 만든 도구 (木 나무 목)

鈴鐸영탁　金鐸금탁　風鐸풍탁
釋木鐸석목탁

1290 | 탄

삼킬 탄
口부 총7획

甘吞苦吐감탄고토
　달면 삼키고 쓰면 뱉음 (甘 달 감,
　苦 쓸 고, 吐 토할 토)
倂吞병탄 남의 재물이나 토지 등을 강제로
　　　 제 것으로 함 (倂 아우를 병)

鯨吞경탄　沒吞몰탄　吐吞토탄
吞吐탄토　吞下탄하　吞舟之魚탄주지어

・ ・ ・ 이 한 자 기 억 해 요 ? ・ ・ ・　정답 304

1 黜( )　2 沖( )　3 衷( )　4 娶( )　5 翠( )　6 聚( )　7 鷲( )　8 仄( )　9 侈( )　10 峙( )

여기는! 唾타 / 嘆탄

1291 | 탄 嘆

탄식할 탄
口부 총14획

- 嘆息 탄식 한숨을 쉬면서 한탄함 (息 숨쉴 식)
- 悲嘆 비탄 슬피 탄식함 (悲 슬플 비)
- 慨嘆 개탄
- 贊嘆 찬탄
- 風樹之嘆 풍수지탄
- 嘆願 탄원
- 嘆聲 탄성
- 麥秀之嘆 맥수지탄

1292 | 탄 坦

평탄할 탄
土부 총8획

- 坦坦 탄탄 평평하고 넓음
- 平坦 평탄 지면이 평평함 또는 일이 순조롭게 됨 (平 평평할 평)
- 純坦 순탄
- 順坦 순탄
- 坦道 탄도
- 坦路 탄로
- 坦腹 탄복
- 坦坦大路 탄탄대로

1293 | 탄 灘

여울 탄
氵=水부 총22획

- 灘聲 탄성 여울물이 흐르는 소리 (聲 소리 성)
- 沙灘 사탄 바닥에 모래가 깔린 여울 (沙 모래 사)
- 砂灘 사탄
- 新灘 신탄
- 險灘 험탄
- 玄海灘 현해탄
- 漢灘江 한탄강

1294 | 탐 耽

즐길 탐
耳부 총10획

- 耽溺 탐닉 어떤 일을 몹시 즐겨서 거기에 빠짐 (溺 빠질 닉)
- 耽讀 탐독 어떤 글이나 책을 특별히 즐겨서 열중하여 읽음 (讀 읽을 독)
- 耽羅 탐라
- 耽樂 탐락
- 耽戀 탐련
- 耽美 탐미
- 耽羅國 탐라국
- 耽美主義 탐미주의

1295 | 탕 蕩

방탕할 탕
艹=艸부 총16획

- 放蕩 방탕 주색잡기에 빠져서 행실이 좋지 못함 (放 놓을 방)
- 掃蕩 소탕 휩쓸어 모조리 없애 버림 (掃 쓸 소)
- 弄蕩 농탕
- 焚蕩 분탕
- 淫蕩 음탕
- 蕩婦 탕부
- 蕩心 탕심
- 蕩兒 탕아

1296 | 태 兌

바꿀 태 / 기쁠 태
儿부 총7획

- 兌換 태환 서로 바꿈 (換 바꿀 환)
- 發兌 발태 서적 등을 출판하여 널리 팖 (發 필 발)
- 兌管 태관
- 兌卦 태괘
- 兌方 태방
- 兌換券 태환권

1297 | 태 台

별 태 / 나이
口부 총5획

- 台臨 태림 지체가 높은 어른이 출타함 (臨 임할 림)
- 台位 태위 삼공의 자리라는 뜻으로 재상을 뜻함 (位 자리 위)
- 三台 삼태
- 牛台 우태
- 主台 주태
- 台監 태감
- 台命 태명
- 台鼎 태정

1298 | 태 汰

일 태
氵=水부 총7획

- 沙汰 사태 비로 인해 언덕이나 산비탈이 무너지는 일 (沙 모래 사)
- 陶汰 도태 환경이나 조건에 적응하지 못한 것은 멸망함 (陶 질그릇 도)
- 見汰 견태
- 砂汰 사태
- 除汰 제태
- 汰去 태거
- 山沙汰 산사태
- 汰沙 태사

1299 | 태 笞

볼기칠 태
竹부 총11획

- 笞刑 태형 매로 볼기를 치는 형벌 (刑 형벌 형)
- 鞭笞 편태 채찍 또는 회초리 (鞭 채찍 편)
- 甲笞 갑태
- 猛笞 맹태
- 掠笞 약태
- 笞罰 태벌
- 笞杖 태장
- 笞罪 태죄

1300 | 태 胎

아이밸 태
月=肉부 총9획

- 胎敎 태교 태중의 가르침이라는 뜻으로, 임산부가 행동을 단정히 하고, 언행을 삼가서 태아를 감화시키는 일 (敎 가르칠 교)
- 胎動 태동 모태 안에서 태아가 움직이는 일. 어떤 사물 현상이 생기려고 싹트기 시작하는 것 (動 움직일 동)
- 胎氣 태기
- 胎囊 태낭
- 胎丹 태단
- 胎毒 태독
- 落胎 낙태
- 胎盤 태반

• • • 이 한 자 기 억 해 요 ? • • • 정답 305

1 痴 (   ) 2 癡 (   ) 3 稚 (   ) 4 穉 (   ) 5 緻 (   ) 6 雉 (   ) 7 馳 (   ) 8 勅 (   ) 9 鍼 (   ) 10 秤 (   )

연습문제 13 | 지금까지 배운 내용을 문제로 풀어보세요

[01-10] 다음 한자(漢字)의 음(音)은 무엇입니까?

01 喘 : ①체 ②청 ③첨 ④철 ⑤천
02 僉 : ①천 ②첨 ③첩 ④초 ⑤촉
03 捷 : ①첩 ②체 ③초 ④총 ⑤충
04 囑 : ①척 ②초 ③촉 ④추 ⑤축
05 撮 : ①철 ②촉 ③총 ④찰 ⑤최
06 竺 : ①취 ②충 ③출 ④춘 ⑤축
07 尤 : ①추 ②출 ③취 ④측 ⑤치
08 勅 : ①취 ②치 ③칙 ④측 ⑤침
09 鐸 : ①탁 ②타 ③탄 ④탐 ⑤탕
10 兌 : ①탕 ②탄 ③탁 ④태 ⑤타

[11-15] 다음의 음(音)을 가진 한자는 어느 것입니까?

11 척 : ①穿 ②綴 ③隻 ④簽 ⑤牒
12 추 : ①礁 ②趨 ③醋 ④蹴 ⑤沖
13 취 : ①衷 ②尤 ③侈 ④稚 ⑤翠
14 탁 : ①託 ②吞 ③眈 ④蕩 ⑤胎
15 탄 : ①灘 ②秤 ③駝 ④琢 ⑤汰

[16-25] 다음 한자(漢字)의 뜻은 무엇입니까?

16 貼 : ①엮다 ②뚫다 ③붙이다 ④오르다 ⑤망보다
17 炒 : ①타다 ②찌다 ③볶다 ④빠르다 ⑤밝히다
18 蕉 : ①파초 ②암초 ③가래 ④참죽나무 ⑤산초나무
19 塚 : ①그네 ②제비 ③언덕 ④무덤 ⑤모두
20 酋 : ①꿀 ②외짝 ③편지 ④거듭 ⑤우두머리
21 娶 : ①차다 ②기울다 ③달아나다 ④어리석다 ⑤장가들다
22 聚 : ①모으다 ②어리다 ③사치하다 ④어리석다 ⑤게으르다
23 馳 : ①뽑다 ②낙타 ③달리다 ④빽빽하다 ⑤부탁하다
24 舵 : ①키 ②침 ③저울 ④방울 ⑤부처
25 吞 : ①다듬다 ②즐기다 ③바꾸다 ④삼키다 ⑤아이배다

[26-30] 다음의 뜻을 가진 한자(漢字)는 어느 것입니까?

26 타다 : ①樵 ②焦 ③硝 ④哨 ⑤礁
27 문서 : ①帖 ②闡 ③喆 ④蕉 ⑤崔
28 송곳 : ①鐸 ②錐 ③鍼 ④鈔 ⑤錘
29 어리다 : ①雉 ②秤 ③台 ④稚 ⑤瞻
30 언덕 : ①陟 ②礁 ③峙 ④鄒 ⑤坦

[31-40] 다음 단어들의 '□' 안에 공통으로 들어갈 알맞은 한자(漢字)는 어느 것입니까?

31 當□, 抽□, □紙
①喘 ②撤 ③轍 ④瞻 ⑤籤

32 請□, 通□, □報
①諜 ②貼 ③牒 ④帖 ⑤疊

33 □結, □約, □盟
　①諦　②締　③諜　④綴　⑤緻

34 □酸, 食□, □醬
　①硝　②醮　③醋　④酋　⑤黜

35 委□, □望, □言
　①嘆　②哨　③喘　④囑　⑤蜀

36 □愛, 恩□, □臣
　①寵　②菁　③簽　④穿　⑤衷

37 主□, 對稱□, 回轉□
　①趨　②蹴　③轍　④馳　⑤軸

38 □錘, 天□, 大□
　①穉　②稚　③汰　④秤　⑤惰

39 拔□, 簡□, □用
　①撤　②捷　③擢　④摠　⑤撮

40 付□, 請□, 委□
　①琢　②託　③鐸　④灘　⑤耽

[41–50] 다음 단어를 한자(漢字)로 바르게 쓴 것은 어느 것입니까?

41 추천 : ①咳喘 ②貫穿 ③發闡 ④鞦韆 ⑤進陟
42 요철 : ①凹凸 ②毀撤 ③羅喆 ④凸凹 ⑤澄澈
43 궤철 : ①觀瞻 ②抽籤 ③軌轍 ④手帖 ⑤請牒
44 첩경 : ①帖裡 ②籤紙 ③牒呈 ④疊書 ⑤捷徑
45 체념 : ①締姻 ②椒酒 ③焦勞 ④諦念 ⑤楚歌
46 출책 : ①錘線 ②椿堂 ③黜責 ④竺經 ⑤冲寂
47 백치 : ①白痴 ②奢侈 ③對峙 ④音癡 ⑤幼稚
48 낙타 : ①倦惰 ②咳唾 ③操舵 ④盤陀 ⑤駱駝
49 탁마 : ①擢昇 ②琢磨 ③鐸鈴 ④歎息 ⑤灘聲
50 사태 : ①沙汰 ②發兌 ③牛台 ④鞭笞 ⑤落胎

[51–60] 다음 한자어(漢字語)의 음(音)은 무엇입니까?

51 脊椎 : ①배추 ②척수 ③척추 ④유치 ⑤유추
52 請牒 : ①정엽 ②정찰 ③청엽 ④청첩 ⑤정첩
53 樵汲 : ①취급 ②자급 ③추급 ④조급 ⑤초급
54 坐礁 : ①좌추 ②좌초 ③자초 ④자치 ⑤좌석
55 芻糧 : ①충당 ②충량 ③추량 ④추중 ⑤추리
56 蹴球 : ①축구 ②족구 ③치욕 ④치구 ⑤취지
57 禿鷲 : ①독취 ②독오 ③독초 ④화랑 ⑤화목
58 癡漢 : ①질환 ②의한 ③애환 ④치한 ⑤지한
59 耽溺 : ①취약 ②침략 ③침식 ④탐약 ⑤탐닉
60 胎敎 : ①대교 ②태교 ③지교 ④치교 ⑤개교

2급 한자 1501 | 1301~1320

1301 | 태

舊苔구태 오래 묵은 이끼 (舊 예 구)
白苔백태 열 등으로 혓바닥에 끼는 누르스름한 물질 (白 흰 백)

이끼 태
艹=艸부 총9획

江苔강태　碧苔벽태　舌苔설태
苔石태석　綠苔녹태　翠苔취태

1302 | 탱

支撐지탱 쓰러지지 않도록 받치거나 버팀 (支 가지 지)
撐中탱중 (화 또는 욕심이) 가슴 속에 가득 차 있음 (中 가운데 중)

버틸 탱
扌=手부 총15획

上下撐石상하탱석

1303 | 토

野兎야토 야생하는 토끼 (野 들 야)
山兎산토 산토끼 (山 메 산)

토끼 토
儿부 총8획

家兎가토　玉兎옥토　雉兎치토
守株待兎수주대토　　兎營三窟토영삼굴

1304 | 통

鐵桶철통 쇠로 만든 통 (鐵 쇠 철)
巨桶거통 크게 만든 통 (巨 클 거)

통 통 / 되 용
木부 총11획

講桶강통　大桶대통　浴桶욕통
木桶목통　石油桶석유통　休紙桶휴지통

1305 | 통

筆筒필통 연필, 지우개 등을 넣는 문방구 (筆 붓 필)
箸筒저통 수저 등을 꽂아 두는 통 (箸 젓가락 저)

통 통
竹부 총12획

算筒산통　水筒수통　竹筒죽통
箋筒전통　圓筒원통　貯金筒저금통

1306 | 퇴
堆肥퇴비 짚, 풀 등에 가축의 분뇨를 함께 섞어 썩힌 거름 (肥 살찔 비)
堆積퇴적 많이 덮쳐 쌓임 (積 쌓을 적)

쌓을 퇴
土부 총11획

穀堆곡퇴　堆石퇴석　堆積物퇴적물
堆朱퇴주　堆紅퇴홍　堆石層퇴석층

1307 | 퇴

腿骨퇴골 다리뼈 (骨 뼈 골)
大腿대퇴 넓적다리 (大 큰 대)

넓적다리 퇴
月=肉부 총14획

腿節퇴절　下腿하퇴　火腿화퇴
燻腿훈퇴　大腿骨대퇴골　大腿部대퇴부

1308 | 퇴
衰頹쇠퇴 쇠하여 퇴폐함 (衰 쇠할 쇠)
頹廢퇴폐 미풍양속이나 도리 등이 무너져 엉망이 됨 (廢 폐할 폐)

무너질 퇴
頁부 총16획

傾頹경퇴　崩頹붕퇴　頹壞퇴괴
頹落퇴락　頹齡퇴령　頹俗퇴속

1309 | 투

封套봉투 편지나 서류 등을 넣을 수 있게 비닐이나 종이로 만든 주머니 (封 봉할 봉)
外套외투 겉옷 위에 덧입는 길이가 길고 두꺼운 옷 (外 바깥 외)

씌울 투
大부 총10획

語套어투　洋封套양봉투　常套的상투적
常套상투　套式투식　氈笠套전립투

1310 | 투
妬忌투기 남편이나 애인이 다른 여자를 좋아하거나 그런 감정을 가질 때, 싫어하거나 화를 내는 것 (忌 꺼릴 기)
妬婦투부 강샘이 많은 여자 (婦 지어미 부)

샘낼 투
女부 총8획

妬視투시　妬心투심　妬妻투처
妬狹투협　忌妬기투　妬賢투현

이 한 자 기 억 해 요 ? 　　　정답 306

1 唾(　)　2 惰(　)　3 舵(　)　4 陀(　)　5 駝(　)　6 擢(　)　7 琢(　)　8 託(　)　9 鐸(　)　10 呑(　)

여기는! 苔태 / 坡파

1311 | 파 坡

坡州파주 경기도에 소재한 시의 이름 (州 고을 주)
洪蘭坡홍난파 우리나라 근대 음악의 선구자이며 작곡가 (洪 큰물 홍, 蘭 난초 란)

언덕 파 土부 총8획
坡塘파당 坡岸파안 靑坡청파
松坡區송파구 坡州市파주시 彌時坡嶺미사파령

1312 | 파 婆

老婆노파 할머니 (老 늙을 로)
媒婆매파 혼인을 중매하는 할멈 (媒 중매 매)

할미 파 女부 총11획
産婆산파 婆心파심 老婆心노파심
娑婆사파 牙婆아파 産婆法산파법

1313 | 파 巴

歐羅巴구라파 유럽 (歐 게워낼 구, 羅 벌릴 라)
淋巴임파 림프 (淋 물뿌릴 임)

꼬리 파 己부 총4획
巴戟파극 巴塘파당 巴豆파두
三巴戰삼파전 淋巴腺임파선 巴西國파서국

1314 | 파 琵

琵琶비파 타원형의 몸통에 곧고 짧은 자루가 달린 현악기의 하나 (琶 비파 비)
琵琶琴비파금 비파를 달리 이르는 말 (琴 거문고 금)

비파 파 王=玉부 총12획
唐琵琶당비파 鄕琵琶향비파 琵琶聲비파성

1315 | 파 芭

芭蕉파초 파초과에 속하는 열대산의 다년초 (蕉 파초 초)
芭蕉扇파초선 파초의 잎 모양처럼 만든 부채 (扇 부채 선)

파초 파 ⺿=艸부 총8획
芭蕉科파초과 芭蕉一葉파초일엽
芭蕉葉之夢파초엽지몽

1316 | 판 坂

坂路판로 비탈진 길 (路 길 로)
險坂험판 험준한 고개 (險 험할 험)

고개 판 土부 총7획
丘坂구판 山坂산판 九折坂구절판
大陸坂대륙판 山坂業산판업 走坂之勢주판지세

1317 | 판 瓣

瓣膜판막 판 (膜 막 막)
瓣狀판상 꽃잎처럼 된 형상 (狀 형상 상)

외씨 판 瓜부 총19획
瓣償판상 瓣壽판수 瓣裂판열
花瓣화판 旗瓣기판 單瓣단판

1318 | 판 辦

自辦자판 자기 스스로 처리함 (自 스스로 자)
買辦매판 사리사욕으로 외국 자본에 붙어 자기 나라의 이익을 억누르는 일 또는 그런 사람 (買 살 매)

힘들일 판 辛부 총16획
供辦공판 籌辦주판 辦務판무
辦公판공 辦公費판공비 辦務官판무관

1319 | 판 阪

阪路판로 비탈진 길 (路 길 로)
阪田판전 돌이 많은 비탈 밭 (田 밭 전)

언덕 판 阝=阜부 총7획
阪險판험 嶮阪험판 峻阪준판
大阪대판 盤阪반판

1320 | 패 佩

佩劍패검 차는 칼 또는 긴 칼을 참 (劍 칼 검)
佩物패물 몸에 차는 장식물 (物 물건 물)

찰 패 亻=人부 총8획
佩服패복 佩玉패옥 佩用패용
銘佩명패 服佩복패 魚佩어패

• • • 이 한 자 기 억 해 요 ? • • •   정답 307

1 嘆( ) 2 坦( ) 3 灘( ) 4 耽( ) 5 蕩( ) 6 兌( ) 7 台( ) 8 汰( ) 9 答( ) 10 胎( )

2급 한자 1501 | 1321~1340

1321 | 패
唄
- 歌唄가패 범패를 부르며 불덕을 찬미함 (歌 노래 가)
- 梵唄범패 석가여래의 공덕을 찬미하는 노래 (梵 범어 범)

염불소리 패
口부 총10획
如來唄여래패

1322 | 패
悖
- 悖倫패륜 인간의 도리에 어긋남 (倫 인륜 륜)
- 淫談悖說음담패설 음탕한 이야기와 도리에 벗어나는 말 (淫 음란할 음, 談 말씀 담, 說 말씀 설)

거스를 패 / 우쩍일어날 발
忄=心부 총10획
悖君패군　悖德패덕　悖談패담
危悖위패　行悖행패　悖倫兒패륜아

1323 | 패
浿
- 浿江패강 대동강의 옛 이름 (江 강 강)
- 浿西패서 평안도의 옛 이름 (西 서녘 서)

강이름 패
氵=水부 총10획
浿水패수　浿營패영　浿西道패서도

1324 | 패
牌
- 防牌방패 적과 싸울 때 공격을 막는 데 쓰던 물건 (防 막을 방)
- 馬牌마패 지방 출장의 관원에게 역마 사용을 위해 주던 말을 새긴 패로 암행어사의 도장으로도 사용됨 (馬 말 마)

패 패
片부 총12획
骨牌골패　名牌명패　位牌위패
號牌호패　感謝牌감사패　功牌공패

1325 | 패
稗
- 稗官패관 임금이 민정을 살피기 위해 가설항담을 모아 기록시키던 벼슬아치 (官 벼슬 관)
- 稗說패설 일상 속의 교훈적 또는 기이한 내용의 이야기 (說 말씀 설)

피 패
禾부 총13획
諺稗언패　稗飯패반　稗史패사
稗官雜記패관잡기　摘奸稗적간패

1326 | 패
覇
- 覇氣패기 패권을 잡으려는 기상 (氣 기운 기)
- 制覇제패 패권을 잡음 (制 절제할 제)

으뜸 패
襾부 총19획
覇權패권　覇道패도　覇者패자
王覇왕패　爭覇쟁패　楚覇王초패왕

1327 | 팽
彭
- 彭排팽배 조선 시대 때 오위의 하나인 호분위에 딸린 잡종의 군병 (排 물리칠 배)
- 彭殤팽상 오래 삶과 일찍 죽음 (殤 다칠 상)

성 팽 / 곁 방
彡부 총12획
彭祖팽조　彭月팽월

1328 | 팽
膨
- 膨大팽대 부풀어 올라 커짐 (大 큰 대)
- 膨脹팽창 부풀어 띵띵하게 됨 (脹 배부를 창)

불을 팽
月=肉부 총16획
膨滿팽만　膨壓팽압　膨潤팽윤
膨銃팽총　膨出팽출　膨膨팽팽

1329 | 편
扁
- 扁舟편주 조각배 (舟 배 주)
- 扁桃腺편도선 사람의 입 속 양쪽 구석에 하나씩 있는 림프샘 (桃 복숭아 도, 腺 샘 선)

작을 편
戶부 총9획
扁桃편도　扁豆편두　扁額편액
扁鵲편작　扁平편평　扁蟲類편충류

1330 | 편
鞭
- 刀鞭도편 무장할 때 쓰는 칼과 채찍 (刀 칼 도)
- 敎鞭교편 교사가 가르치는 데 사용하기 위해 갖고 다니는 가느다란 막대기, 또는 교직 (敎 가르칠 교)

채찍 편
革부 총18획
雷鞭뇌편　鐵鞭철편　鞭笞편태
鞭蟲편충　鞭蹴편축　鞭毛植物편모식물

· · · 이 한 자 기 억 해 요 ? · · · 정답 310

1 苔(　) 2 撑(　) 3 兎(　) 4 桶(　) 5 筒(　) 6 堆(　) 7 腿(　) 8 頹(　) 9 套(　) 10 妬(　)

여기는! 唄패 / 貶폄

1331 | 폄 貶

貶下 폄하 아래 등급으로 깎아내림 (下 아래 하)
貶毁 폄훼 남을 깎아내리고 헐뜯음 (毁 헐 훼)

폄할 폄 / 낮출 폄
貝부 총12획

懲貶 징폄   竄貶 찬폄   瑕貶 하폄
貶格 폄격   貶辭 폄사   貶職 폄직

1332 | 평 坪

建坪 건평 건물이 차지한 바닥의 넓이 (建 세울 건)
坪當 평당 한 평에 대한 율 (當 마땅 당)

들 평
土부 총8획

每坪 매평   地坪 지평   坪數 평수
曾坪 증평   延坪島 연평도   當坪錢 당평전

1333 | 포 哺

哺乳 포유 제 몸의 젖으로 새끼를 먹여 기름 (乳 젖 유)
哺育 포육 먹여 기름 (育 기를 육)

먹일 포
口부 총10획

反哺 반포   仰哺 앙포   哺養 포양
拘哺 구포   乳哺 유포   哺乳類 포유류

1334 | 포 圃

苗圃 묘포 묘목을 기르는 밭 (苗 모 묘)
農圃 농포 농작물을 가꾸는 밭 (農 농사 농)

채마밭 포
囗부 총10획

蘭圃 난포   蔘圃 삼포   田圃 전포
花圃 화포   育種圃 육종포   圃隱集 포은집

1335 | 포

恐怖 공포 무서움과 두려움 (恐 두려울 공)
畏怖 외포 매우 두려워함 (畏 두려워할 외)

두려워할 포
忄=心부 총8획

怖悸 포계   怖伏 포복   怖慄 포율
怯怖 겁포   驚怖 경포   恐怖心 공포심

1336 | 포 拋

拋棄 포기 하던 일을 중도에 그만둠 (棄 버릴 기)
拋物線 포물선
  원추 곡선의 한 가지 (物 물건 물, 線 줄 선)

던질 포
扌=手부 총7획

拋車 포거   拋擲 포척   拋置 포치
拋徹 포철   拋射體 포사체   拋物線形 포물선형

1337 | 포

泡沫 포말 물거품 (沫 거품 말)
氣泡 기포 액체 또는 고체 속에 공기가 들어가 둥그렇게 거품처럼 되어 있는 것 (氣 기운 기)

거품 포
氵=水부 총8획

發泡 발포   水泡 수포   淸泡 청포
泡影 포영   起泡劑 기포제   軟泡湯 연포탕

1338 | 포 疱

疱瘡 포창 천연두 (瘡 부스럼 창)
水疱 수포 살가죽이 부풀어 속에 물이 생기는 것 (水 물 수)

물집 포
疒부 총10획

膿疱 농포   發疱 발포   漿疱 장포
汗疱 한포   膿疱疹 농포진   水疱劑 수포제

1339 | 포

大砲 대포 커다란 탄환을 멀리 내 쏘는 큰 화기 (大 큰 대)
發砲 발포 총포를 쏨 (發 필 발)

대포 포
石부 총10획

巨砲 거포   野砲 야포   禮砲 예포
祝砲 축포   砲兵 포병   自走砲 자주포

1340 | 포 脯

肉脯 육포 소고기를 얇게 썰어 말려 만든 포 (肉 고기 육)
大口脯 대구포
  대구를 얇게 썰어 말려 만든 포 (大 클 대, 口 입 구)

포 포 / 회식할 보
月=肉부 총11획

乾脯 건포   魚脯 어포   脯脩 포수
脯肉 포육   鹽脯 염포

・・・ 이 한 자 기 억 해 요 ? ・・・ 정답 311

1 坡 ( ) 2 婆 ( ) 3 巴 ( ) 4 琶 ( ) 5 芭 ( ) 6 坂 ( ) 7 瓣 ( ) 8 辦 ( ) 9 阪 ( ) 10 佩 ( )

2급 한자 /501/ | 1341~1360

1341 | 포
苞
쌀 포
艹=艸부 총9획

苞葉포엽 - 잎의 변태로 꽃의 바로 아래나 그 가까이에서 봉오리를 싸서 보호하는 작은 잎 (葉 잎 엽)
總苞총포 - 꽃의 밑둥을 싸고 있는 비늘 모양의 조각 (總 거느릴 총)

花苞화포　辛夷苞신이포　小苞葉소포엽

1342 | 포
葡
포도 포
艹=艸부 총13획

葡萄포도 - 포도나무의 열매 (萄 포도 도)
葡萄糖포도당 - 단당류의 하나 (萄 포도 도, 糖 사탕 당)

乾葡萄건포도　靑葡萄청포도　葡萄酒포도주

1343 | 포
蒲
부들 포
艹=艸부 총14획

蒲團포단 - 부들로 둥글게 틀어 만들어서 깔고 앉는 방석 (團 둥글 단)
蒲柳포류 - 갯버들 (柳 버들 류)

香蒲향포　唐菖蒲당창포　水菖蒲수창포
蒲團포단　蒲月포월　泥菖蒲이창포

1344 | 포
袍
도포 포
衤=衣부 총10획

道袍도포 - 옛날 예복으로 입던 남자의 겉옷 (道 길 도)
袞龍袍곤룡포 - 임금이 입는 정복 (袞 곤룡포 곤, 龍 용 룡)

錦袍금포　戰袍전포　白袍백포
紫袍자포　靑袍청포　紅袍홍포

1345 | 포
褒
기릴 포 / 모을 부
衣부 총15획

褒賞포상 - 포장하여 상을 줌 (賞 상줄 상)
褒寵포총 - 칭찬하여 총애함 (寵 사랑할 총)

褒慰포위　褒章포장　褒稱포칭
褒貶포폄　褒顯포현　褒賞金포상금

1346 | 포
逋
도망갈 포
辶=辵부 총11획

逋脫포탈 - 조세를 피하여 면함 (脫 벗을 탈)
逋稅포세 - 세금을 내지 않고 법에 어긋나게 면함 (稅 세금 세)

逋徒포도　逋吏포리　逋亡포망
逋租포조　逋竄포찬　逋脫罪포탈죄

1347 | 포
鋪
펼 포 / 가게 포
金부 총15획

店鋪점포 - 가게 또는 상점 (店 가게 점)
鋪裝포장 - 길에 아스팔트 등을 깔아 단단히 다짐 (裝 꾸밀 장)

鋪道포도　鋪陳포진　鋪氈포전
典當鋪전당포　紙物鋪지물포　自轉車鋪자전거포

1348 | 포
鮑
절인물고기 포
魚부 총16획

管鮑관포 - 관중과 포숙 (管 대롱 관)
生鮑생포 - 전복 (生 날 생)

鮑尺포척　全鮑전포　鮑叔牙포숙아
管鮑之交관포지교

1349 | 폭
曝
쬐일 폭 / 쬐일 포
日부 총19획

曝陽폭양 - 뜨겁게 내리 쬐는 볕 (陽 볕 양)
曝書폭서 - 서책을 볕에 쬐고 바람에 쐬는 일 (書 글 서)

曝氣포기　曝白포백　曝白契포백계
曝葬폭장　一曝十寒일폭십한

1350 | 폭
瀑
폭포 폭 / 소나기 포
氵=水부 총18획

瀑布폭포 - 절벽에서 흘러 쏟아지는 물 (布 베 포)
飛瀑비폭 - 높은 곳에서 세차게 떨어지는 폭포 (飛 날 비)

瀑潭폭담　瀑泉폭천　落瀑낙폭
懸瀑현폭　九龍瀑구룡폭　瀑布水폭포수

・ ・ ・ ・ 이 한 자 기 억 해 요 ? ・ ・ ・ 정답 312

1 唄(　) 2 悖(　) 3 浿(　) 4 牌(　) 5 稗(　) 6 覇(　) 7 彭(　) 8 膨(　) 9 扁(　) 10 鞭(　)

| 여기는! 苞포 / 杓표

1351 | 표

북두자루 표 / 구기 작
木부 총7획

杓子작자 술이나 기름, 죽 따위를 풀 때에 쓰는 기구 (子 아들 자)
漏杓누표 석자. 철사를 그물처럼 엮어서 바가지 모양으로 만들어 긴 손잡이를 단 조리 기구 (漏 샐 누)

斗杓두표 炳杓병표 杓子定規표자정규
玉杓옥표 杓庭扇표정선

1352 | 표

바가지 표
瓜부 총16획

瓢散표산 펄럭이며 날아 흩어짐 (散 흩을 산)
瓢舟표주 표주박처럼 만든 작은 배 (舟 배 주)

瓢蟲표충 瓢壺표호 許由掛瓢허유괘표
佩瓢패표 酒瓢주표 日瓢飮일표음

1353 | 표

표범 표
豸부 총10획

豹皮표피 표범의 가죽 (皮 가죽 피)
海豹해표 바다표범 (海 바다 해)

水豹수표 土豹토표 虎豹호표
豹紋표문 豹變표변 豹豹표표

1354 | 품

여쭐 품 / 곳집 름
禾부 총13획

稟性품성 타고난 성품 (性 성품 성)
氣稟기품 타고난 기질과 성품 (氣 기운 기)

性稟성품 天稟천품 稟告품고
稟吏품리 稟賦품부 稟受품수

1355 | 풍

단풍 풍
木부 총13획

楓嶽풍악 금강산의 가을 명칭 (嶽 큰산 악)
丹楓단풍 가을에 녹색을 잃고 붉고 누르게 된 나뭇잎 (丹 붉을 단)

楓菊풍국 楓林풍림 楓葉풍엽
楓嶽山풍악산 觀楓관풍 丹楓木단풍목

1356 | 풍

풍자할 풍
言부 총16획

諷喩풍유 돌려 타이르거나 빗대어 말함 (喩 깨우칠 유)
諷刺풍자 빗대어 재치 있게 비판함 (刺 찌를 자)

諷經풍경 諷戒풍계 諷讀풍독
諷誦풍송 諷詠풍영 諷刺劇풍자극

1357 | 풍
豊年풍년 곡식이 잘 되고도 잘 여무는 일 또 그런 해 (年 해 년)
大豊대풍 큰 풍년 (大 큰 대)

풍년 풍
豆부 총13획

連豊연풍 凶豊흉풍 豊滿풍만
豊味풍미 豊富풍부 豊盛풍성

1358 | 풍

성 풍 / 업신여길 빙
馬부 총12획

馮夷풍이 하백을 달리 이르는 말 (夷 오랑캐 이)
暴虎馮河포호빙하 범을 맨손으로 두드려 잡고, 큰 강을 배 없이 걸어서 건넌다는 뜻으로, 용기는 있으나 무모하기 이를 데 없는 행위를 이르는 말 (暴 모질 포, 虎 범 호, 河 물 하)

馮氣빙기 馮怒빙노 馮隆빙륭
馮馮빙빙 左馮翊좌풍익

1359 | 피

헤칠 피
扌=手부 총8획

紛披분피 꽃이 만발함, 흩어져 어지러움 (紛 가루 분)
披瀝피력 평소 숨겨둔 생각을 모조리 말함 (瀝 스밀 력)

拜披배피 披見피견 披露피로
披髮피발 披針피침 披露宴피로연

1360 | 필
輔弼보필 임금을 도움 (輔 도울 보)
光弼광필 크게 도움 (光 빛 광)

도울 필
弓부 총12획

良弼양필 俊弼준필 輔弼之臣보필지신
弼寧필녕 弼導필도 弼成필성

· · 이 한 자 기 억 해 요 ? · · 정답 313

1 貶( ) 2 坪( ) 3 哺( ) 4 圃( ) 5 怖( ) 6 抛( ) 7 泡( ) 8 疱( ) 9 砲( ) 10 脯( )

2급 한자 1501 | 1361~1380

1361 | 핍

缺乏결핍 모자람 (缺 이지러질 결)
窮乏궁핍 몹시 가난하고 궁함 (窮 다할 궁)

모자랄 핍
丿부 총5획

困乏곤핍 耐乏내핍 貧乏빈핍
乏少핍소 乏錢핍전 乏絶핍절

1362 | 핍

逼迫핍박 억누르고 괴롭히는 것 (迫 닥칠 박)
逼奪핍탈 위협하여 빼앗김 (奪 빼앗을 탈)

핍박할 핍
辶=辵부 총13획

凌逼능핍 威逼위핍 嫌逼혐핍
逼近핍근 逼塞핍색 逼切핍절

1363 | 하

高廈고하 높고 큰 집 (高 높을 고)
廣廈광하 크고 너른 집 (廣 넓을 광)

문간방 하
广부 총13획

大廈대하 大廈高樓대하고루

1364 | 하

微瑕미하 작은 상처 또는 약간의 결점 (微 작을 미)
無瑕무하 조금도 흠이 없음 (無 없을 무)

허물 하
王=玉부 총13획

細瑕세하 一瑕일하 瑕瑾하근
瑕玉하옥 瑕瑜하유 白玉無瑕백옥무하

1365 | 하

小蝦소하 대하의 새끼 (小 작을 소)
大蝦대하 우리나라 새우 중 가장 큰 새우 (大 큰 대)

두꺼비 하 / 새우 하
虫부 총15획

魚蝦어하 中蝦중하 土蝦토하
白蝦백하 海蝦해하 乾蝦場건하장

1366 | 하

霞彩하채 놀의 아름다운 색채 (彩 무늬 채)
雲霞운하 구름과 안개 (雲 구름 운)

노을 하
雨부 총17획

落霞낙하 丹霞단하 晩霞만하
夕霞석하 煙霞연하 紫霞門자하문

1367 | 학

虐待학대 몹시 괴롭히거나 사납게 대우함 (待 기다릴 대)
虐殺학살 참혹하게 마구 무찔러 죽임 (殺 죽일 살)

모질 학
虍부 총9획

苛虐가학 自虐자학 殘虐잔학
凶虐흉학 虐政학정 暴虐無道포학무도

1368 | 학

諧謔해학 익살스럽고도 멋이 있는 농담 (諧 화할 해)
謔笑학소 회롱하여 웃음 (笑 웃을 소)

희롱할 학
言부 총16획

嘲謔조학 戱謔희학 諧謔劇해학극
謔劇학극 謔浪학랑 笑謔之戲소학지희

1369 | 한

書翰서한 편지 (書 글 서)
札翰찰한 편지 (札 편지 찰)

편지 한 / 줄기 간
羽부 총16획

內翰내한 文翰문한 尊翰존한
翰閣한각 翰墨한묵 翰林院한림원

1370 | 한

閒暇한가 할 일이 없어 몸과 틈이 있음 (暇 겨를 가)
等閒등한 마음에 두지 않고 소홀히 여김 (等 무리 등)

틈 한 / 사이 간
門부 총12획

閒隙한극 閒談한담 農閒期농한기
閒人한인 閒適한적 空閒地공한지

• • • 이 한 자 기 억 해 요 ? • • • 정답 314

1 苞(　) 2 葡(　) 3 蒲(　) 4 袍(　) 5 襃(　) 6 逋(　) 7 鋪(　) 8 鮑(　) 9 曝(　) 10 瀑(　)

여기는! 乏핍 / 轄할

1371 | 할

다스릴 할
車부 총17획

管轄관할 권한에 의하여 지배함 (管 피리 관)
直轄직할 직접 지배함 (直 곧을 직)

分轄분할　　所轄소할　　總轄총할
樞轄추할　　統轄통할　　直轄市직할시

1372 | 함

함 함
凵부 총8획

私物函사물함　개인의 물건을 넣어 두는 상자 (私 사사 사, 物 물건 물)
投票函투표함　투표용지를 넣는 상자 (投 던질 투, 票 쪽지 표)

書函서함　　尊函존함　　書類函서류함
函蓋함개　　函籠함롱　　救急函구급함

1373 | 함

젖을 함
氵=水부 총11획

涵養함양 서서히 길러 냄 (養 기를 양)
包涵포함 널리 싸 넣음 (包 쌀 포)

涵泳함영　　涵育함육　　洪涵地홍함지

1374 | 함

큰배 함
舟부 총20획

軍艦군함 전투에 사용하는 무장된 배의 총칭 (軍 군사 군)
戰艦전함 전투를 위한 군함의 하나 (戰 싸움 전)

艦隊함대　　艦船함선　　巡洋艦순양함
驅逐艦구축함　潛水艦잠수함　航空母艦항공모함

1375 | 함

재갈 함
金부 총14획

姓銜성함 성명의 경칭 (姓 성씨 성)
職銜직함 벼슬의 이름 (職 벼슬 직)

銜勒함륵　　銜枚함매　　銜字함자
官銜관함　　名銜명함　　尊銜존함

1376 | 함

짤 함
鹵부 총20획

鹹味함미 짠 맛 (味 맛 미)
鹹水함수 짠물 바닷물 (水 물 수)

鹹淡함담　　鹹度함도　　鹹魚함어
鹹菜함채　　鹹泉함천　　鹹糊함호

1377 | 합

물고기많은모양 합
口부 총9획

哈爾濱합이빈
　　하얼빈 (爾 너 이, 濱 물가 빈)
奴爾哈赤노이합적
　　누르하치 (奴 종 노, 爾 너 이, 赤 붉을 적)

1378 | 합

합 합
皿부 총11획

木盒목합 나무로 만든 합 (木 나무 목)
飯盒반합 밥을 지을 수도 있도록 만든 밥 그릇 (飯 밥 반)

粉盒분합　　砂盒사합　　舌盒설합
酒盒주합　　饌盒찬합　　印朱盒인주합

1379 | 합

조개 합
虫부 총12획

大蛤대합 백합과에 딸린 조개 (大 큰 대)
紅蛤홍합 홍합과의 조개 (紅 붉을 홍)

魁蛤괴합　　馬蛤마합　　白蛤백합
生蛤생합　　蛤殼합각　　紅蛤粥홍합죽

1380 | 합
쪽문 합
門부 총14획

右閤우합 우의정을 달리 이르는 말 (右 오른 우)
閤門합문 편전의 앞문 (門 문 문)

宮閤궁합　　領閤영합　　左閤좌합
閤內합내　　閤外합외　　閤節합절

・　・　・　・　이　한　자　기　억　해　요　？　・　・　・　・　정답 315

1 枸(　) 2 瓢(　) 3 豹(　) 4 稟(　) 5 楓(　) 6 諷(　) 7 豊(　) 8 馮(　) 9 披(　) 10 弼(　)

 **2급 한자 1501 | 1381~1400**

1381 | 합

땅이름 합 / 좁을 협
阝=阜부 총10획

陜川합천 경상남도 합천군의 군청 소재지 (川 내 천)

1382 | 항
亢

높을 항
亠부 총4획

- 亢鼻항비 높은 코 (鼻 코 비)
- 亢龍항룡 하늘에 오른 용. 즉 높은 지위 (龍 용 룡)
- 驕亢교항
- 極亢극항
- 亢羅항라
- 亢星항성
- 亢進항진
- 亢龍有悔항룡유회

1383 | 항
杭

건널 항
木부 총8획

- 橋杭교항 다리의 기초 공사에 쓰는 말뚝 (橋 다리 교)
- 杭州항주 절강성의 성도 (州 고을 주)

1384 | 항
沆

넓을 항
氵=水부 총7획

- 沆漑항개 물이 느리게 흐르는 모양 (漑 물 댈 개)
- 沆茫항망 수면이 광대한 모양 (茫 아득할 망)

1385 | 항
肛

항문 항
月=肉부 총7획

- 肛門항문 포유동물의 똥구멍 (門 문 문)
- 脫肛탈항 치질의 한 가지 (脫 벗을 탈)
- 肛門期항문기
- 內肛動物내항동물
- 外肛動物외항동물

1386 | 해

어린아이웃을 해
口부 총9획

- 百日咳백일해 백일해균에 의한 어린 아이의 기침 병 (百 일백 백, 日 날 일)
- 鎭咳진해 기침을 멎게 함 (鎭 진압할 진)
- 聲咳경해
- 痰咳담해
- 咳氣해기
- 咳病해병
- 咳喘해천
- 咳血해혈

1387 | 해
楷

본보기 해
木부 총13획

- 模楷모해 모범 또는 본보기 (模 법 모)
- 楷書해서 한자 서체의 하나 (書 글 서)
- 楷白해백
- 楷法해법
- 楷字해자
- 楷篆해전
- 楷正해정
- 楷體해체

1388 | 해
蟹

게 해
虫부 총19획

- 蟹卵해란 게의 알 (卵 알 란)
- 蟹甲해갑 게의 껍데기 (甲 갑옷 갑)
- 蟹糞해분
- 蟹舍해사
- 蟹胥해서
- 蟹行해행
- 蟹黃해황
- 蟹網具失해망구실

1389 | 해

화할 해
言부 총16획

- 允諧윤해 잘 어울림 (允 맏 윤)
- 諧謔해학 익살스럽고도 멋이 있는 농담 (謔 희롱거릴 학)
- 俳諧배해
- 諧調해조
- 諧語해어
- 諧和해화
- 諧聲해성
- 諧謔的해학적

1390 | 해

뼈 해
骨부 총16획

- 骸骨해골 송장의 살이 전부 썩고 남은 뼈 (骨 뼈 골)
- 殘骸잔해 버려진 사해나 물건의 뼈대 (殘 해칠 잔)
- 乞骸걸해
- 頭骸두해
- 百骸백해
- 遺骸유해
- 骸泥해니
- 骸歎해탄

• • • 이 한 자 기 억 해 요 ? • • • 정답 316

1 乏( ) 2 逼( ) 3 廈( ) 4 瑕( ) 5 蝦( ) 6 霞( ) 7 虐( ) 8 謔( ) 9 翰( ) 10 閒( )

여기는! 陜합 / 劾핵

1391 | 핵
劾
꾸짖을 핵
힘쓸 해
力부 총8획

彈劾탄핵 죄상을 조사하여 꾸짖음 (彈 탄알 탄)
劾狀핵장 탄핵하는 글 (狀 문서 장)

舉劾거핵　深劾심핵　劾論핵론
劾情핵정　劾奏핵주　彈劾訴追權탄핵소추권

1392 | 행
杏
살구 행
木부 총7획

肉杏육행 살구 (肉 고기 육)
銀杏은행 은행나무의 열매 (銀 은 은)

杏林행림　杏木행목　杏餅행병
杏仁행인　杏子木행자목　杏花행화

1393 | 향
珦
옥이름 향
王=玉부 총10획

1394 | 향
餉
건량 향
食부 총15획

餉穀향곡 군량에 쓰는 곡식 (穀 곡식 곡)
軍餉군향 군향미 (軍 군사 군)

餉官향관　餉堂향당　餉道향도
餉保향보　餉食향식　一餉일향

1395 | 향
饗
잔치할 향
食부 총22획

饗宴향연 특별히 융숭하게 베푸는 잔치 (宴 잔치 연)
饗饌향찬 향연에 나오는 요리 (饌 반찬 찬)

大饗대향　宴饗연향　饗禮향례
饗膳향선　饗設향설　饗應향응

1396 | 허
墟
터 허
土부 총15획

廢墟폐허 도시 또는 성 등이 파괴되어 황폐된 터 (廢 폐할 폐)
古墟고허 오랜 세월을 지낸 폐허 (古 옛 고)

舊墟구허　遺墟유허　殷墟은허
丘墟구허　荒墟황허　墟墓허묘

1397 | 헐
歇
쉴 헐
개이름 갈
欠부 총13획

歇價헐가 싼 값 (價 값 가)
間歇간헐 주기적으로 그쳤다 일어났다 함 (間 사이 간)

歇看헐간　歇泊헐박　歇宿헐숙
歇所廳헐소청　間歇川간헐천　間歇泉간헐천

1398 | 혁
爀
불빛 혁
火부 총18획

1399 | 혁
赫
빛날 혁
赤부 총14획

赫業혁업 빛나는 업적 (業 업 업)
顯赫현혁 높이 드러나 빛남 (顯 나타날 현)

赫怒혁노　赫連혁련　赫世혁세
赫然혁연　赫赫혁혁　赫赫之功혁혁지공

1400 | 혁
烐
빛날 혁
꾸짖을 하
火부 총11획

赫(빛날 혁)의 속자(俗字)

・　・　・　이　한　자　기　억　해　요　?　・　・　・　정답 317

1 轄(　)　2 函(　)　3 涵(　)　4 艦(　)　5 銜(　)　6 鹹(　)　7 哈(　)　8 盒(　)　9 蛤(　)　10 閣(　)

연습문제 14 | 지금까지 배운 내용을 문제로 풀어보세요

[01–10] **다음 한자(漢字)의 음(音)은 무엇입니까?**

01 套 : ①투 ②토 ③통 ④퇴 ⑤탱
02 瓣 : ①파 ②패 ③판 ④팽 ⑤평
03 悖 : ①폄 ②편 ③팽 ④패 ⑤파
04 圃 : ①포 ②폭 ③표 ④풍 ⑤피
05 襃 : ①판 ②패 ③편 ④폄 ⑤포
06 杓 : ①폭 ②표 ③포 ④피 ⑤핍
07 廈 : ①학 ②한 ③하 ④할 ⑤합
08 衙 : ①향 ②행 ③해 ④합 ⑤함
09 陝 : ①허 ②행 ③항 ④합 ⑤해
10 歇 : ①향 ②허 ③헐 ④혁 ⑤핵

[11–15] **다음의 음(音)을 가진 한자는 어느 것입니까?**

11 폄 : ①貶 ②苔 ③頗 ④琶 ⑤鞭
12 포 : ①扁 ②苞 ③浿 ④佩 ⑤巴
13 핍 : ①袍 ②豹 ③披 ④弼 ⑤逼
14 함 : ①蝦 ②涵 ③閤 ④杭 ⑤咳
15 항 : ①蛤 ②楷 ③杏 ④杭 ⑤赫

[16–25] **다음 한자(漢字)의 뜻은 무엇입니까?**

16 妬 : ①쌓다 ②버티다 ③씌우다 ④샘내다 ⑤무너지다
17 扁 : ①차다 ②붉다 ③작다 ④낮추다 ⑤기리다
18 葡 : ①이끼 ②살구 ③파초 ④부들 ⑤포도
19 泡 : ①쌀 ②물집 ③도포 ④대포 ⑤거품
20 瓢 : ①비파 ②풍년 ③건량 ④바가지 ⑤북두자루
21 蝦 : ①뱀 ②게 ③소라 ④조개 ⑤두꺼비
22 涵 : ①젖다 ②펴다 ③건너다 ④도망가다 ⑤두려워하다
23 亢 : ①넓다 ②짜다 ③높다 ④꾸짖다 ⑤빛나다
24 骸 : ①뼈 ②포 ③허물 ④항문 ⑤꼬리
25 墟 : ①터 ②틈 ③고개 ④폭포 ⑤언덕

[26–30] **다음의 뜻을 가진 한자(漢字)는 어느 것입니까?**

26 할미 : ①坡 ②妬 ③婆 ④諧 ⑤披
27 차다 : ①堆 ②辦 ③悖 ④佩 ⑤坪
28 으뜸 : ①唄 ②彭 ③覇 ④弼 ⑤哈
29 표범 : ①兎 ②巴 ③鮑 ④馮 ⑤豹
30 짜다 : ①鹹 ②爀 ③劾 ④汎 ⑤轄

[31–40] **다음 단어들의 '□' 안에 공통으로 들어갈 알맞은 한자(漢字)는 어느 것입니까?**

31 舊□, 白□, 舌□
①葡 ②苔 ③芭 ④苞 ⑤蒲

32 鐵□, 墨□, 休紙□
①筒 ②桶 ③豊 ④圃 ⑤楓

33 衰□, □落, □廢
   ①堆 ②阪 ③貶 ④頹 ⑤逋

34 歐羅□, 淋□, □戟
   ①芭 ②坡 ③巴 ④坂 ⑤琶

35 防□, 馬□, 位□
   ①牌 ②稗 ③佩 ④浿 ⑤唄

36 □大, □脹, □滿
   ①肛 ②脯 ③腿 ④膨 ⑤彭

37 店□, □陳, 典當□
   ①哺 ②圃 ③蒲 ④逋 ⑤鋪

38 □性, 氣□, 天□
   ①楓 ②稟 ③杓 ④杭 ⑤杏

39 管□, 直□, 分□
   ①轄 ②翰 ③歇 ④餉 ⑤煉

40 大□, 紅□, 生□
   ①鮑 ②蟹 ③蛤 ④盒 ⑤蝦

[41-50] 다음 단어를 한자(漢字)로 바르게 쓴 것은 어느 것입니까?

41 퇴비 : ①撑中 ②腿骨 ③頹壞 ④妬婦 ⑤堆肥

42 상투 : ①衰頹 ②常套 ③筆筒 ④碧苔 ⑤野兎

43 파초 : ①巴戟 ②坡州 ③芭蕉 ④婆心 ⑤坂路

44 팽배 : ①彭排 ②浿西 ③覇氣 ④稗說 ⑤膨潤

45 교편 : ①扁桃 ②竄貶 ③地坪 ④教鞭 ⑤悖倫

46 포탈 : ①哺育 ②怖悸 ③泡沫 ④苞葉 ⑤逋脫

47 폭포 : ①管鮑 ②道袍 ③瀑布 ④曝書 ⑤店鋪

48 풍자 : ①楓嶽 ②諷刺 ③豊年 ④馮夷 ⑤枸子

49 미하 : ①海蝦 ②微瑕 ③丹霞 ④自虐 ⑤閒暇

50 찰한 : ①札翰 ②直轄 ③等閒 ④包涵 ⑤姓銜

[51-60] 다음 한자어(漢字語)의 음(音)은 무엇입니까?

51 恐怖 : ①강포 ②강매 ③공매 ④공포 ⑤공건

52 抛棄 : ①투기 ②역기 ③포기 ④폭리 ⑤폭기

53 供辦 : ①홍반 ②홍변 ③홍판 ④공변 ⑤공판

54 輔弼 : ①보필 ②보픱 ③배필 ④배포 ⑤비필

55 諧謔 : ①해박 ②해학 ③학소 ④개학 ⑤개호

56 戰艦 : ①전함 ②전람 ③단란 ④단함 ⑤단람

57 缺乏 : ①절필 ②결필 ③결핍 ④설핍 ⑤설필

58 虐殺 : ①호살 ②호해 ③척살 ④학살 ⑤학대

59 彈劾 : ①단공 ②단혁 ③단행 ④탄핵 ⑤탄력

60 廢墟 : ①포효 ②발허 ③발효 ④폐호 ⑤폐허

2급 한자 1501 | 1401~1420

1401 | 현

염탐할 현
亻=人부 총9획

倪倪현현 두려워하는 모양

1402 | 현

狐峴호현 여우 고개 (狐 여우 호)
兩峴양현 양 고개 (兩 두 량)

고개 현
山부 총10획

路峴노현 白峴백현 竹峴죽현
申石峴신석현 夫餘峴부여현 梨峴宮이현궁

1403 | 현

시위 현
弓부 총8획

弓弦궁현 활시위 (弓 활 궁)
弦樂器현악기
　　　바이올린, 거문고 등과 같이 줄을
　　　타거나 켜서 소리를 내는 악기 (樂
　　　노래 악, 器 그릇 기)

悲弦비현 絶弦절현 弦歌현가
弦琴현금 弦樂현악 開放弦개방현

1404 | 현

炫煌현황 어지럽고 황홀함 (煌 빛날 황)

밝을 현
火부 총9획

1405 | 현

옥돌 현
王=玉부 총9획

黃玹황현 구한 말의 시인이며 애국 지사. 호
　　　는 운경(雲卿) (黃 누를 황)

1406 | 현

眩氣현기 눈이 아찔하고 머리가 어지러운
　　　기운 (氣 기운 기)
眩亂현란 헷갈려 어수선하고 얼떨함 (亂 어
　　　지러울 란)

어지러울 현
요술 환
日부 총10획

眩目현목 眩然현연 眩暈症현훈증
眩暈현운 眩惑현혹 眩氣症현기증

1407 | 현

뱃전 현
舟부 총11획

舷頭현두 뱃머리 (頭 머리 두)
船舷선현 뱃전. 배의 양쪽 가장자리 부분
　　　(船 배 선)

乾舷건현 右舷우현 左舷좌현
舷門현문 舷窓현창 舷側현측

1408 | 현

鉉席현석 삼공의 지위 (席 자리 석)
破呑暗鉉파탄암현
　　　경상북도 봉화의 동쪽 태백산 남쪽
　　　에 있는 험한 재 (破 깨뜨릴 파, 呑
　　　삼킬 탄, 暗 어두울 암)

솥귀 현
金부 총13획

鉉台현태 三鉉삼현

1409 | 혈

頁巖혈암 이판암(泥板岩) (巖 바위 암)
角頁巖각혈암
　　　회색 빛의 변성암의 일종 (角 뿔
　　　각, 巖 바위 암)

머리 혈 / 책면 엽
頁부 총9획

油頁巖유혈암

1410 | 협

俠客협객 의협심이 있는 남자 (客 손 객)
義俠의협 약자를 도우려는 마음 (義 옳을 의)

의기로울 협
亻=人부 총9획

劍俠검협 氣俠기협 勇俠용협
俠骨협골 俠士협사 義俠心의협심

• • • 이 한 자 기 억 해 요 ? • • •　　　　정답 318

1 陜( )　2 穴( )　3 杭( )　4 沆( )　5 肛( )　6 咳( )　7 楷( )　8 蟹( )　9 諧( )　10 骸( )

여기는! 倪현 / 夾협

1411 | 협 夾

夾路협로 큰 길거리에서 갈려 나간 좁은 길 (路 길 로)
夾錄협록 협지에 적은 글 (錄 기록할 록)

낄 협
大부 총7획

夾角협각　夾間협간　夾囊협낭
夾袋협대　夾刀협도　夾門협문

1412 | 협 峽

峽間협간 골짜기 (間 사이 간)
峽谷협곡 험하고 좁은 골짜기 (谷 골 곡)

골짜기 협
山부 총10획

峽路협로　峽灣협만　山峽산협
地峽지협　海峽해협　大韓海峽대한해협

1413 | 협 挾

挾軌협궤 표준 궤도보다 좁은 궤도 (軌 바퀴자국 궤)
挾攻협공 양쪽으로 끼고 공격하는 것 (攻 칠 공)

낄 협
扌=手부 총10획

右挾우협　左挾좌협　挾姦협간
挾舞협무　挾雜협잡　挾雜輩협잡배

1414 | 협 狹

狹小협소 어떤 일을 하기에 공간이 좁고 작음 (小 작을 소)
偏狹편협 생각이나 도량이 좁아 너그럽지 못함 (偏 치우칠 편)

좁을 협
犭=犬부 총10획

狹義협의　狹路협로　狹心협심
狹心症협심증　狹窄협착　淺狹천협

1415 | 협 脇

脇書협서 본문 옆에 따로 글을 적음 또는 그 글 (書 글 서)
脇侍협시 좌우에서 가까이 모심 (侍 모실 시)

겨드랑이 협
月=肉부 총10획

脇杖협장　脇痛협통　乾脇痛건협통
左脇恃좌협시　右脇恃우협시

1416 | 협 莢

莢膜협막 균체 둘레에 있는 막 모양의 구조 (膜 막 막)
彩莢채협 대나무를 가늘게 포개어 채색 무늬를 놓아 만든 상자 (彩 채색 채)

꼬투리 협
艹=艸부 총11획

莢果협과　榆莢錢유협전　長皁莢장조협
藥莢약협　生殖莢생식협　有莢植物유협식물

1417 | 형 型

新型신형 새로운 모형 (新 새 신)
模型모형 똑같은 모양의 물건을 만들기 위한 틀 (模 법 모)

모형 형
土부 총9획

奇型기형　大型대형　小型소형
類型유형　基本型기본형　自由型자유형

1418 | 형 瀅

물이름 형
氵=水부 총21획

1419 | 형 炯

炯心형심 밝은 마음 (心 마음 심)
炯炯형형 반짝반짝 빛나는 모양

빛날 형
火부 총9획

炯眼형안

1420 | 형 荊

荊棘형극 나무의 가시 또는 고난의 길을 비유함 (棘 멧대추나무 극)
負荊부형 땔나무를 짐 또는 사죄의 뜻을 나타냄 (負 짐질 부)

가시 형
艹=艸부 총10획

小荊소형　紫荊자형　荊棘銅駝형극동타
荊冠형관　荊蠻형만　荊婦형부

• • • 이 한 자 기 억 해 요 ? • • • 정답 319.

1 劼( )　2 杏( )　3 珦( )　4 餉( )　5 饗( )　6 墟( )　7 歔( )　8 爀( )　9 赫( )　10 烾( )

 2급 한자 1501 | 1421~1440

1421 | 형

馨氣형기 향기 (氣 기운 기)
馨香형향 꽃다운 향기 (香 향기 향)

馨

꽃다울 형
香부 총20획

潔馨결형 素馨소형 爾馨이형
似蘭斯馨사란사형 南天素馨남천소형

1422 | 혜

彗星혜성 태양을 초점으로 긴 꼬리를 끌고 타원형 등으로 운동하는 천체 (星 별 성)
彗芒혜망 혜성 뒤에 꼬리같이 길게 끌리는 광망 (芒 까끄라기 망)

彗

살별 혜
⺕부 총11획

彗掃혜소 彗星歌혜성가

1423 | 혜

鞋匠혜장 갖바치 (匠 장인 장)
木鞋목혜 나막신 (木 나무 목)

鞋

신 혜 / 가죽신 혜
革부 총15획

鞋塵혜진 宮鞋궁혜 唐鞋당혜
麻鞋마혜 芒鞋망혜 竹杖芒鞋죽장망혜

1424 | 호

對壕대호 적의 사격을 피하면서 적의 진지를 공격하기 위하여 만든 산병호 (對 대할 대)
防空壕방공호 공습에 대피하기 위하여 땅속에 파놓은 굴 (防 막을 방, 空 빌 공)

壕

해자 호
土부 총17획

城壕성호 掩壕엄호 掩蔽壕엄폐호
散兵壕산병호 交通壕교통호 待避壕대피호

1425 | 호

瓢壺표호 표주박 (瓢 바가지 표)
投壺투호 화살을 던져 병 속에 넣어서 승부를 가리는 놀이 (投 던질 투)

壺

병 호
士부 총12획

金壺금호 玉壺옥호 酒壺주호
壺蘆호로 壺狀호상 簞食壺漿단사호장

1426 | 호

圓弧원호 원둘레의 한 부분 (圓 둥글 원)
弧矢호시 나무로 만든 활과 화살 (矢 화살 시)

弧

활 호
弓부 총8획

括弧괄호 山弧산호 中括弧중괄호
弧度호도 弧線호선 弧度法호도법

1427 | 호

扈衛호위 궁궐을 경호함 (衛 지킬 위)
跋扈발호 제 마음대로 날뛰며 행동하는 것 (跋 밟을 발)

扈

따를 호
戶부 총11획

扈駕호가 扈從호종 扈衛隊호위대
扈衛廳호위청 跋扈將軍발호장군

1428 | 호

昊天호천 넓고 큰 하늘 또는 서쪽 하늘 (天 하늘 천)
蒼昊창호 넓은 하늘 (蒼 푸를 창)

昊

하늘 호
日부 총8획

穹昊궁호 晴昊청호 昊天罔極호천망극

1429 | 호

濠洲호주 남태평양 오스트레일리아 대륙에 있는 연방 내의 자치국 (洲 섬 주)
空濠공호 물이 없는 못 (空 빌 공)

濠

호주 호
氵=水부 총17획

外濠외호 白濠主義백호주의
濠太利亞洲호태리아주

1430 | 호

九尾狐구미호 꼬리가 아홉 달린 여우 (九 아홉 구, 尾 꼬리 미)
狐窟호굴 여우가 사는 굴 (窟 굴 굴)

狐

여우 호
犭=犬부 총8획

白狐백호 城狐성호 野狐야호
銀狐은호 兎死狐悲토사호비 狐死首丘호사수구

• • • • 이 한 자 기 억 해 요 ? • • • • 정답 322

1 倪( ) 2 峴( ) 3 弦( ) 4 炫( ) 5 玹( ) 6 眩( ) 7 舷( ) 8 鉉( ) 9 頁( ) 10 俠( )

馨형 / 琥호

1431 | 호 琥
- 琥珀호박 나무의 송진 따위가 땅속에 파묻혀서 돌처럼 굳어진 광물로 장식용으로 쓰임 (珀 호박 박)
- 琥珀玉호박옥 호박으로 만든 구슬 (珀 호박 박, 玉 구슬 옥)

호박 호 / 王=玉부 총12획
- 琥珀光호박광　琥珀色호박색　黑琥珀흑호박

1432 | 호 瑚
- 珊瑚산호 산호충강의 산호류를 일컫는 말로서 장식용으로 쓰임 (珊 산호 산)
- 珊瑚島산호도 산호초가 수면 위에 드러나서 이루어진 섬 (珊 산호 산, 島 섬 도)

산호 호 / 王=玉부 총13획
- 珊瑚色산호색　珊瑚礁산호초　珊瑚蟲산호충
- 假珊瑚가산호　赤珊瑚적산호　黑珊瑚흑산호

1433 | 호 糊
- 糊口호구 입에 풀칠함 또는 겨우 끼니를 이어감 (口 입 구)
- 模糊모호 흐리어 똑똑하지 못함 (模 법 모)

풀칠할 호 / 米부 총15획
- 含糊함호　糊塗호도　糊口之策호구지책
- 糊膜호막　糊名호명　窓糊紙창호지

1434 | 호 鎬
- 鎬京호경 중국 섬서성 장안현 남서부에 있는 유적 (京 서울 경)

호경 호 / 金부 총18획

1435 | 혹 酷
- 酷毒혹독 몹시 까다롭고 악독스러움 (毒 독 독)
- 酷使혹사 심하게 부림 (使 부릴 사)

심할 혹 / 酉부 총14획
- 苛酷가혹　冷酷냉혹　殘酷잔혹
- 慘酷참혹　酷暑혹서　酷評혹평

1436 | 혼 渾
- 渾沌혼돈 사물의 구별이 확실하지 않은 상태 (沌 어두울 돈)
- 渾濁혼탁 맑지 않고 흐림 (濁 흐릴 탁)

흐릴 혼 / 氵=水부 총12획
- 雄渾웅혼　渾家혼가　渾率혼솔
- 渾身혼신　渾然혼연　渾然一體혼연일체

1437 | 혼 琿
- 琿春혼춘 중국 길림성 남동쪽의 도시 (春 봄 춘)

아름다운옥 혼 / 王=玉부 총13획

1438 | 홀 笏
- 笏記홀기 혼례나 제례 때 의식의 순서를 적은 글 (記 기록할 기)
- 木笏목홀 나무로 만든 홀 (木 나무 목)

홀 홀 / 竹부 총10획
- 牙笏아홀　玉笏옥홀　簪笏잠홀
- 執笏집홀　投笏투홀　象牙笏상아홀

1439 | 홍 虹
- 白虹백홍 빛깔이 흰 무지개 (白 흰 백)
- 虹棧홍잔 무지개처럼 굽은 다리 (棧 잔도 잔)

무지개 홍 / 虫부 총9획
- 虹泉홍천　月虹월홍　彩虹채홍
- 虹石홍석　虹彩홍채

1440 | 화 樺
- 樺木화목 벚나무 (木 나무 목)
- 白樺백화 자작나무 (白 흰 백)

벚나무 화 / 자작나무 화 / 木부 총16획
- 樺榴화류　樺色화색　樺甸화전
- 樺燭화촉　樺皮화피　樺木科화목과

2급 한자 1501 | 1441~1460

1441 | 화 畫
- 繪畫회화 그림 (繪 그림 회)
- 計畫계획 미리 일의 맞춤과 추이를 세움 (計 셀 계)

그림 화 / 그을 획
田부 총13획
- 刻畫각화
- 古畫고화
- 漫畫만화
- 民畫민화
- 詩畫시화
- 板畫판화

1442 | 화 靴
- 軍靴군화 군인용의 구두 (軍 군사 군)
- 長靴장화 무릎 밑까지 올라오게 만든 신의 한 가지 (長 길 장)

신 화
革부 총13획
- 短靴단화
- 製靴제화
- 靴工화공
- 運動靴운동화
- 室內靴실내화
- 洋靴店양화점

1443 | 환 喚
- 喚起환기 생각이나 의식 등을 되살려 불러일으킴 (起 일어날 기)
- 喚聲환성 고함 소리 (聲 소리 성)

부를 환
口부 총12획
- 叫喚규환
- 使喚사환
- 召喚소환
- 喚呼환호
- 喚問환문
- 喚想환상

1444 | 환 宦
- 宦官환관 거세한 후 궁정에서 사역하는 남자 내관 (官 벼슬 관)
- 宦數환수 벼슬길의 운수 (數 셈 수)

벼슬 환
宀부 총9획
- 科宦과환
- 名宦명환
- 淸宦청환
- 宦女환녀
- 宦門환문
- 宦成환성

1445 | 환 幻
- 幻相환상 실체가 없는 허망한 형상 (相 서로 상)
- 幻覺환각 사물이 없는 데도 그 사물이 있는 것처럼 일어나는 감각 (覺 깨달을 각)

헛보일 환
幺부 총4획
- 夢幻몽환
- 變幻변환
- 幻滅환멸
- 幻影환영
- 夢幻劇몽환극
- 變幻術변환술

1446 | 환 桓
- 桓因환인 천상을 지배하는 하늘의 임금 (因 인할 인)
- 桓雄환웅 천상을 지배하는 하늘의 임금의 환인의 아들 (雄 수컷 웅)

굳셀 환
木부 총10획
- 檀桓단환
- 三桓삼환
- 烏桓오환
- 桓公환공
- 桓祖환조
- 桓儉敎환검교

1447 | 환 煥
- 煥麗환려 빛나고 화려한 모양 (麗 고울 려)
- 燦煥찬환 불꽃이 매우 빛나는 모양 (燦 빛날 찬)

빛날 환
火부 총13획
- 煥爛환란
- 煥別환별
- 才氣煥發재기환발

1448 | 활 滑
- 滑降활강 비탈진 곳을 미끄러져 내림 (降 내릴 강)
- 圓滑원활 일이 잘 되어 나감 (圓 둥글 원)

미끄러울 활 / 익살스러울 골
氵=水부 총13획
- 潤滑윤활
- 平滑평활
- 滑空활공
- 滑液활액
- 滑車활차
- 滑走路활주로

1449 | 활 闊
- 闊步활보 활개를 치고 걷는 걸음 (步 걸음 보)
- 闊葉활엽 넓고 큰 잎사귀 (葉 잎 엽)

넓을 활
門부 총17획
- 廣闊광활
- 快闊쾌활
- 闊達활달
- 闊地활지
- 闊葉樹활엽수
- 天空海闊천공해활

1450 | 황 凰
- 鳳凰봉황 예로부터 중국의 전설에 나오는 상상의 새 (鳳 봉새 봉)
- 朝陽鳳凰조양봉황 아침 해에 봉황을 그린 것 (朝 아침 조, 陽 볕 양, 鳳 봉새 봉)

봉황 황
几부 총11획

• • • 이 한 자 기 억 해 요 ? • • • 정답 324

1 馨 ( ) 2 彗 ( ) 3 鞋 ( ) 4 壕 ( ) 5 壺 ( ) 6 弧 ( ) 7 扈 ( ) 8 昊 ( ) 9 澔 ( ) 10 狐 ( )

여기는! 畵화 / 慌황

1451 | 황 慌

慌忙황망 마음이 몹시 급하여 당황하고 허둥지둥함 (忙 바쁠 망)
恐慌공황 갑자기 일어나는 심리적 불안 상태 (恐 두려울 공)

어리둥절할 황
忄=心부 총13획

唐慌당황 危慌위황 眩慌현황
經濟恐慌경제공황 世界恐慌세계공황

1452 | 황 晃

晃然황연 환하게 밝은 모양 (然 그럴 연)
晃晃황황 번쩍번쩍 밝게 빛나는 모양

밝을 황
日부 총10획

1453 | 황

李滉이황 학자, 문신 (李 성 이)

깊을 황
氵=水부 총13획

1454 | 황 煌

煌煌황황 번쩍번쩍 밝게 빛나는 모양. 휘황하게 빛나는 모양
炫煌현황 정신이 어지럽고 황홀함 (炫 빛날 현)

빛날 황
火부 총13획

煌班巖황반암 輝煌휘황

1455 | 황 隍

城隍성황 성과 물 없는 해자 (城 성 성)
城隍堂성황당 마을을 지키는 혼령을 모신 집 (城 재 성, 堂 집 당)

해자 황
阝=阜부 총12획

隍池황지 城隍壇성황단 城隍祭성황제

1456 | 회 廻

廻轉회전 어떤 축을 중심으로 그 둘레를 돎 (轉 구를 전)
巡廻순회 여러 곳을 돌아다님 (巡 돌 순)

돌 회
廴부 총9획

上廻상회 迂廻우회 輪廻윤회
迂廻路우회로 左廻轉좌회전 輪廻說윤회설

1457 | 회 晦

晦日회일 그믐날 (日 날 일)
晦朔회삭 그믐과 초하루 (朔 초하루 삭)

그믐 회
日부 총11획

煙晦연회 陰晦음회 潛晦잠회
晦盲회맹 晦冥회명 晦藏회장

1458 | 회 檜

檜木회목 노송나무 (木 나무 목)
檜皮회피 전나무의 껍질 (皮 가죽 피)

전나무 회
木부 총17획

1459 | 회

淮陰회음 청강포 (陰 그늘 음)
淮河회하 중국 대별산맥에서 시작되어 홍택호를 지나 양자강에 들어가는 강 (河 강이름 하)

물이름 회
氵=水부 총11획

淮水회수 淮勇회용 淮夷회이
兩淮양회 淮陽郡회양군 淮南子회남자

1460 | 회 澮

溝澮구회 길가나 논밭 사이의 작은 도랑 (溝 봇도랑 구)

봇도랑 회
氵=水부 총16획

· · · 이 한 자 기 억 해 요 ? · · · 정답 325

1 琥( ) 2 瑚( ) 3 糊( ) 4 鎬( ) 5 酷( ) 6 渾( ) 7 琿( ) 8 笏( ) 9 虹( ) 10 樺( )

2급 한자 1501 | 1461~1480

1461 | 회

石灰석회 석회석 (石 돌 석)
灰色회색 잿빛 (色 빛 색)

재 회
火부 총6획

劫灰겁회 洋灰양회 灰陶회도
灰分회분 石灰石석회석 灰白色회백색

1462 | 회
水繪수회 수채화 (水 물 수)
繪畫회화 그림 (畫 그림 화)

그림 회
糸부 총19획

油繪유회 繪具회구 繪圖회도
繪像회상 繪塑회소 繪筆회필

1463 | 회
膾炙회자 회와 구운 고기 또는 널리 칭찬을
받으며 사람의 입에서 입으로 전해
지는 것 (炙 고기 구울 자)
生鮮膾생선회
생선의 살을 얇게 썰어 간장이나
초고추장에 찍어 먹는 음식 (生 날
생, 鮮 고울 선)

회 회
月=肉부 총17획

魚膾어회 肉膾육회 雜膾잡회
膾刀회도 文魚膾문어회 山猪膾산저회

1464 | 회
誨諭회유 타일러 일깨워 줌 (諭 깨우칠 유)
訓誨훈회 가르쳐서 뉘우치게 함 (訓 가르칠 훈)

가르칠 회
言부 총14획

諫誨간회 敎誨교회 慈誨자회
誨言회언 誨淫회음 誨化회화

1465 | 효

土梟토효 올빼미 (土 흙 토)
梟猛효맹 건장하고 날램 (猛 사나울 맹)

올빼미 효
木부 총11획

梟騎효기 梟首효수 梟示효시
梟雄효웅 梟將효장 梟敵효적

1466 | 효

數爻수효 사물의 수 (數 셈 수)
四爻사효 육효의 넷째 효 (四 넉 사)

사귈 효 / 가로그을 효
爻부 총4획

卦爻괘효 動爻동효 陽爻양효
六爻육효 陰爻음효 初爻초효

1467 | 효
酵素효소 생체 내 화학 반응의 매체가 되는
고분자 화합물의 총칭 (素 흴 소)
醱酵발효 미생물이 유기 화합물을 분해하는
작용 (醱 술괼 발)

삭힐 효
酉부 총14획

酵母효모 酵母菌효모균 醱酵食品발효식품

1468 | 후
后妃후비 제왕의 배필 (妃 왕비 비)
王后왕후 임금의 아내 (王 임금 왕)

임금 후 / 왕후 후
口부 총6획

武后무후 太后태후 皇后황후
西太后서태후 明成皇后명성황후

1469 | 후

喉頭후두 목구멍 기관의 앞 끝 부분 (頭 머리 두)
咽喉인후 목구멍 (咽 목구멍 인)

목구멍 후
口부 총12획

結喉결후 斥喉척후 喉舌후설
喉骨후골 喉頭炎후두염 喉頭音후두음

1470 | 후

嗅覺후각 냄새를 맡는 감각 (覺 깨달을 각)
嗅感후감 후각 기관의 감각 (感 느낄 감)

맡을 후
口부 총13획

幻嗅환후 嗅官후관 嗅腦후뇌
嗅葉후엽 嗅神經후신경 嗅中樞후중추

이 한 자 기 억 해 요 ? 정답 326

1 畵( ) 2 靴( ) 3 喚( ) 4 宦( ) 5 幻( ) 6 桓( ) 7 煥( ) 8 滑( ) 9 闊( ) 10 凰( )

여기는! 灰회 / 朽후

1471 | 후

老朽노후 오래되고 낡아 사용하기 어려움 (老 늙을 로)
不朽불후 가치나 의의가 썩어 없어지지 않음 (不 아닐 불)

썩을 후
썩은냄새 추
木부 총6획

枯朽고후   衰朽쇠후   朽滅후멸
朽損후손   朽壞후괴   朽壤후양

1472 | 훈

眩暈현훈 정신이 어지러움 (眩 아찔할 현)
氣暈기훈 현기증이 일어나고 힘이 없는 증세 (氣 기운 기)

무리 훈
日부 총13획

痰暈담훈   船暈선훈   月暈월훈
暈光훈광   暈輪훈륜   暈影훈영

1473 | 훈

勛(공 훈)의 고자(古字)

공 훈
力부 총12획

1474 | 훈

功勳공훈 나라 또는 단체를 위해서 두드러지게 세운 공 (功 공 공)
報勳보훈 공훈에 보답함 (報 갚을 보)

공 훈
力부 총16획

武勳무훈   戰勳전훈   忠勳충훈
勳章훈장   功勳章공훈장   國家報勳국가보훈

1475 | 훈

熏煮훈자 지지고 삶는다는 뜻으로 날씨가 몹시 더움을 비유 (煮 삶을 자)
熏香훈향 태워서 향기를 내는 향료 (香 향기 향)

불길 훈
灬·火부 총14획

熏胥훈서   熏夕훈석   熏灼훈작

1476 | 훈

燻製훈제 소금에 절인 짐승 고기 등을 연기로 건조시키고 그 성분을 흡수시킨 식품 (製 지을 제)
燻肉훈육 훈제한 고기 (肉 고기 육)

연기낄 훈
火부 총18획

燻煙훈연   燻室훈실   燻造훈조
燻蒸훈증   燻腿훈퇴   燻製品훈제품

1477 | 훈

薰氣훈기 훈훈한 기운 (氣 기운 기)
薰煙훈연 냄새가 좋은 연기 (煙 연기 연)

향풀 훈
艹·艸부 총18획

薰薰훈훈   沈薰심훈   趙芝薰조지훈
薰熱훈열   薰製훈제   薰蒸훈증

1478 | 훤

萱堂훤당 남의 어머님의 경칭 (堂 집 당)
萱菜훤채 원추리나물 (菜 나물 채)

원추리 훤
艹·艸부 총13획

甄萱견훤   公萱공훤   張萱장훤
椿萱춘훤   萱草훤초

1479 | 훼

卉服훼복 풀로 만든 옷 (服 옷 복)
花卉화훼 꽃이 피는 풀 (花 꽃 화)

풀 훼
十부 총5획

嘉卉가훼   枯卉고훼   異卉이훼
芳卉방훼   卉衣훼의   千花萬卉천화만훼

1480 | 휘

語彙어휘 낱말의 수효 또는 낱말의 전체 (語 말씀 어)
庶彙서휘 여러 가지 종류 (庶 여러 서)

무리 휘
彐부 총13획

彙類휘류   彙報휘보   彙集휘집
彙纂휘찬   剝彙박휘   辭彙사휘

· · · 이 한 자 기 억 해 요 ? · · · 정답 327

1 慌( ) 2 晃( ) 3 滉( ) 4 煌( ) 5 隍( ) 6 廻( ) 7 晦( ) 8 檜( ) 9 淮( ) 10 澮( )

2급 한자 1501 | 1481~1500

1481 | 휘 徽
- 徽音휘음: 아름다운 언행에 대한 소문 (音 소리 음)
- 徽號휘호: 왕비가 죽은 뒤에 시호와 함께 내리던 존호 (號 부를 호)

아름다울 휘 彳부 총17획
- 徽琴휘금
- 徽陵휘릉
- 徽章휘장
- 徽裁휘재
- 徽宗휘종
- 徽旨휘지

1482 | 휘 暉
- 晩暉만휘: 해 질 무렵의 햇빛, 저녁 햇빛 (晩 늦을 만)
- 落暉낙휘: 저무는 저녁 햇발 (落 떨어질 락)

빛 휘 日부 총13획
- 斜暉사휘
- 夕暉석휘
- 晨暉신휘
- 餘暉여휘
- 旭暉욱휘
- 寸草春暉촌초춘휘

1483 | 휘 諱
- 忌諱기휘: 꺼리어 싫어함 (忌 꺼릴 기)
- 不諱불휘: 숨기거나 꺼리지 않음 (不 아닐 불)

숨길 휘 / 꺼릴 휘 言부 총16획
- 家諱가휘
- 內諱내휘
- 犯諱범휘
- 諱祕휘비
- 諱疾휘질
- 諱言휘언

1484 | 휼 恤
- 恤民휼민: 이재민을 구휼함 (民 백성 민)
- 矜恤긍휼: 가엾게 여겨서 돕는 것 (矜 불쌍히 여길 긍)

불쌍할 휼 忄(心)부 총9획
- 救恤구휼
- 憫恤민휼
- 賑恤진휼
- 恤典휼전
- 救恤金구휼금
- 賑恤使진휼사

1485 | 흉 匈
- 匈奴흉노: 몽고 지방 유목 민족의 한 종족 (奴 종 노)
- 匈牙利흉아리: 헝가리(Hungary) (牙 어금니 아, 利 이할 리)

오랑캐 흉 勹부 총6획

1486 | 흔 欣
- 欣舞흔무: 기뻐서 춤을 춤 (舞 춤출 무)
- 欣然흔연: 기쁘거나 반가워 기분이 좋은 모양 (然 그럴 연)

기쁠 흔 欠부 총8획
- 欣感흔감
- 欣求흔구
- 欣慕흔모
- 欣賞흔상
- 欣悅흔열
- 欣淨흔정

1487 | 흔 痕
- 痕跡흔적: 뒤에 남은 자국이나 자취 (跡 자취 적)
- 傷痕상흔: 상처가 난 흔적 (傷 다칠 상)

흔적 흔 疒부 총11획
- 痕迹흔적
- 彈痕탄흔
- 血痕혈흔
- 淚痕누흔
- 無痕무흔
- 筆痕필흔

1488 | 흘 屹
- 屹立흘립: 산이 깎아 세운 듯이 높이 솟아 있음 (立 설 립)
- 屹然흘연: 위엄스레 우뚝 솟은 모양 (然 그럴 연)

산우뚝솟을 흘 山부 총6획
- 屹起흘기
- 屹栗흘률
- 屹出흘출
- 屹乎흘호
- 屹靈山흘령산
- 主屹山주흘산

1489 | 흠 欠
- 欠事흠사: 흠이 되는 일 (事 일 사)
- 欠伸흠신: 하품과 기지개 (伸 펼 신)

하품 흠 欠부 총4획
- 無欠무흠
- 逋欠포흠
- 欠缺흠결
- 欠談흠담
- 欠典흠전
- 欠縮흠축

1490 | 흠 欽
- 欽敬흠경: 기뻐하며 존경함 (敬 공경할 경)
- 欽慕흠모: 기쁜 마음으로 사모함 (慕 그리워할 모)

공경할 흠 欠부 총12획
- 欽求흠구
- 欽念흠념
- 欽命흠명
- 欽服흠복
- 欽奉흠봉
- 欽慕者흠모자

· · · 이 한 자 기 억 해 요 ? · · · 정답 328

1 灰( ) 2 繪( ) 3 膾( ) 4 誨( ) 5 嗅( ) 6 爻( ) 7 酵( ) 8 后( ) 9 喉( ) 10 嗅( )

여기는! 徽휘 / 洽흡

1491 | 흡

洽足흡족 아주 넉넉함 (足 발 족)
未洽미흡 흡족하지 못함 (未 아닐 미)

흡족할 흡
氵=水부 총9획

博洽박흡　洽覽흡람　洽滿흡만
洽聞흡문　洽然흡연　洽意흡의

1492 | 희

僖康王희강왕
　신라 43대 임금 (康 편안할 강, 王 임금 왕)

기쁠 희
亻=人부 총14획

1493 | 희

歌姬가희 여자 가수를 우아하게 이르는 말 (歌 노래 가)
舞姬무희 춤을 잘 추거나 춤추는 일을 업으로 삼는 여자 (舞 춤출 무)

계집 희
女부 총9획

姬妾희첩　名姬명희　美姬미희
愛姬애희

1494 | 희

嬉笑희소 예쁘게 웃는 웃음 (笑 웃을 소)
娛嬉오희 즐거워하고 기뻐함 (娛 즐길 오)

아름다울 희
女부 총15획

嬉遊희유　嬉怡희이　嬉戲희희
嬉遊曲희유곡　嬉戲章희희장

1495 | 희

朱熹주희 남송시대의 유학자 (朱 붉을 주)

기뻐할 희
心부 총16획

1496 | 희

熙笑희소 기뻐서 웃음. 또는, 기쁜 웃음 (笑 웃을 소)
熙隆희륭 넓고 성함 (隆 높을 륭)

빛날 희
灬=火부 총13획

熙文희문　熙朝희조　康熙帝강희제
熙宗희종　熙熙희희　光熙門광희문

1497 | 희

熹微희미 햇빛이 흐릿함 (微 작을 미)
熹娛희오 기뻐하고 즐거워함 (娛 즐거워할 오)

빛날 희
灬=火부 총16획

1498 | 희

犧牲희생 사람이나 단체 등을 위해 자기 몸을 돌보지 않고 자신의 것을 바치거나 버림 (牲 희생 생)
犧羊희양 희생으로 쓰는 양 (羊 양 양)

**희생 희
술그릇 사**
牛부 총20획

供犧공희　全犧전희　犧盛희성
犧牲心희생심　犧牲打희생타

1499 | 희

新禧신희 새해의 복 (新 새 신)
鴻禧홍희 큰 행운 (鴻 큰기러기 홍)

복 희
示부 총17획

禧年희년　禧陵희릉　張禧嬪장희빈

1500 | 희

伏羲복희 복희씨. 중국 고대의 제왕 (伏 엎드릴 복)
王羲之왕희지
　중국 진나라의 서예가 (王 임금 왕, 之 갈 지)

복희 희
羊부 총16획

羲經희경　羲農희농　伏羲氏복희씨
羲文희문　羲娥희아　羲皇희황

• • • 이 한 자 기 억 해 요 ? • • •　　정답 329

1 朽(　) 2 量(　) 3 勛(　) 4 勳(　) 5 熏(　) 6 燻(　) 7 薰(　) 8 萱(　) 9 卉(　) 10 彙(　)

 2급 한자 1501 | 1501

1501 | 힐

詰問힐문 잘못된 점을 따져 물음 (問 물을 문)
詰責힐책 잘못을 따져서 꾸짖음 (責 꾸짖을 책)

꾸짖을 힐
言부 총13획

詰拒힐거　詰難힐난　詰旦힐단
詰論힐론　詰朝힐조　詰誅힐주

・　・　・　이　한　자　기　억　해　요　?　・　・　・　정답 330
1 徽(　) 2 暉(　) 3 諱(　) 4 恤(　) 5 匈(　) 6 欣(　) 7 痕(　) 8 屹(　) 9 欠(　) 10 欽(　)

연습문제 15 | 지금까지 배운 내용을 문제로 풀어보세요

[01-10] 다음 한자(漢字)의 음(音)은 무엇입니까?

01 俔 : ①협 ②혈 ③현 ④형 ⑤혜
02 俠 : ①형 ②협 ③호 ④혹 ⑤혼
03 彗 : ①황 ②환 ③화 ④호 ⑤혜
04 扈 : ①현 ②형 ③호 ④화 ⑤회
05 宦 : ①환 ②혼 ③회 ④활 ⑤황
06 晃 : ①화 ②황 ③효 ④후 ⑤훤
07 淮 : ①흔 ②후 ③휘 ④효 ⑤회
08 徽 : ①효 ②회 ③훼 ④휘 ⑤훤
09 暈 : ①훈 ②후 ③훙 ④흔 ⑤희
10 憙 : ①휘 ②흘 ③희 ④흠 ⑤힐

[11-15] 다음의 음(音)을 가진 한자는 어느 것입니까?

11 형 : ①炫 ②挾 ③鞋 ④炯 ⑤濠
12 환 : ①壺 ②幻 ③琿 ④靴 ⑤虹
13 회 : ①馨 ②糊 ③凰 ④勳 ⑤晦
14 후 : ①后 ②薰 ③彙 ④欣 ⑤匈
15 흠 : ①恤 ②諱 ③欽 ④羲 ⑤姬

[16-25] 다음 한자(漢字)의 뜻은 무엇입니까?

16 峴 : ①고개 ②산호 ③하늘 ④골짜기 ⑤무지개
17 荊 : ①모형 ②향풀 ③가시 ④원추리 ⑤꼬투리
18 酷 : ①삭히다 ②심하다 ③따르다 ④어지럽다 ⑤염탐하다
19 煥 : ①밝다 ②흐리다 ③부르다 ④빛나다 ⑤연기끼다
20 滉 : ①깊다 ②넓다 ③좁다 ④돌다 ⑤미끄럽다
21 陛 : ①병 ②신 ③해자 ④벼슬 ⑤살별
22 凰 : ①꿩 ②임금 ③신하 ④봉황 ⑤올빼미
23 欣 : ①기쁘다 ②꾸짖다 ③흡족하다 ④공경하다 ⑤불쌍하다
24 嬉 : ①숨기다 ②사귀다 ③아름답다 ④가르치다 ⑤어리둥절하다
25 犧 : ①복 ②빛 ③희생 ④흔적 ⑤무리

[26-30] 다음의 뜻을 가진 한자(漢字)는 어느 것입니까?

26 끼다 : ①夾 ②眩 ③滎 ④壕 ⑤渾
27 홀 : ①頁 ②莢 ③彗 ④笏 ⑤卉
28 재 : ①熏 ②炫 ③灰 ④炯 ⑤煌
29 맡다 : ①喚 ②后 ③喉 ④扈 ⑤嗅
30 하품 : ①欠 ②朽 ③炙 ④匈 ⑤欣

[31-40] 다음 단어들의 '□' 안에 공통으로 들어갈 알맞은 한자(漢字)는 어느 것입니까?

31 □亂, □惑, □氣症
①弦 ②眩 ③炫 ④玹 ⑤舷

32 □小, 偏□, □心症
①莢 ②挾 ③峽 ④俠 ⑤狹

33 新□, 模□, 類□

① 壺 ② 狐 ③ 型 ④ 鎬 ⑤ 樺

34 軍□, 長□, 短□

① 勛 ② 鞋 ③ 勳 ④ 靴 ⑤ 諱

35 □起, □聲, □呼

① 幻 ② 桓 ③ 喚 ④ 煥 ⑤ 宦

36 □降, 圓□, 潤□

① 滑 ② 渾 ③ 濠 ④ 淮 ⑤ 洽

37 □轉, 巡□, 輪□

① 禧 ② 廻 ③ 屹 ④ 徽 ⑤ 慌

38 □製, □肉, □蒸

① 萱 ② 薰 ③ 熏 ④ 燻 ⑤ 勳

39 □跡, □迹, 血□

① 恤 ② 欽 ③ 痕 ④ 薏 ⑤ 梟

40 □問, □責, □難

① 諱 ② 酷 ③ 誨 ④ 酵 ⑤ 詰

[41-50] 다음 단어를 한자(漢字)로 바르게 쓴 것은 어느 것입니까?

41 절현 : ① 兩峴 ② 絕弦 ③ 黃玹 ④ 船舷 ⑤ 義俠

42 협서 : ① 脇書 ② 夾錄 ③ 莢膜 ④ 炯心 ⑤ 彗掃

43 형극 : ① 鞋匠 ② 濠洲 ③ 扈衛 ④ 荊棘 ⑤ 馨氣

44 호굴 : ① 弧矢 ② 琥珀 ③ 狐窟 ④ 糊口 ⑤ 鎬京

45 산호 : ① 空濠 ② 模糊 ③ 冷酷 ④ 木笏 ⑤ 珊瑚

46 휘황 : ① 夢幻 ② 輝煌 ③ 燦煥 ④ 廣闊 ⑤ 恐慌

47 회화 : ① 白樺 ② 製靴 ③ 繪畵 ④ 膾炙 ⑤ 灰色

48 효소 : ① 酵素 ② 梟猛 ③ 數炙 ④ 淮水 ⑤ 嬉笑

49 기휘 : ① 晚暉 ② 庶彙 ③ 嘉卉 ④ 氣暈 ⑤ 忌諱

50 미흡 : ① 無欠 ② 美姬 ③ 熹微 ④ 未洽 ⑤ 伏羲

[51-60] 다음 한자어(漢字語)의 음(音)은 무엇입니까?

51 括弧 : ① 설호 ② 활호 ③ 활박 ④ 괄박 ⑤ 괄호

52 虹棧 : ① 홍찬 ② 황대 ③ 홍잔 ④ 황찬 ⑤ 홍대

53 幻覺 : ① 환상 ② 환각 ③ 환견 ④ 화상 ⑤ 화격

54 廣闊 : ① 황활 ② 황간 ③ 광간 ④ 광활 ⑤ 강할

55 誨諭 : ① 매의 ② 매유 ③ 매우 ④ 회의 ⑤ 회유

56 梟猛 : ① 효망 ② 효맹 ③ 후몽 ④ 후맹 ⑤ 초망

57 卦爻 : ① 괘효 ② 괘염 ③ 게시 ④ 게효 ⑤ 괴효

58 洽足 : ① 흠족 ② 함족 ③ 합족 ④ 흡족 ⑤ 힐족

59 犧牲 : ① 희생 ② 희성 ③ 의생 ④ 의성 ⑤ 의산

60 歌姬 : ① 가미 ② 가혜 ③ 가희 ④ 가휘 ⑤ 가여

CHAPTER 05

기타 출제 유형별 정리

앞에서 익힌 한자들을 이용하여

출제 유형에 맞게

반의어, 동음이의어, 사자성어로

나누어 정리하였다.

앞에서와는 다른 각도로 한자들을 들여다보며

반복 학습을 해보자.

출제 유형별 정리

01 유의자 뜻이 비슷한 漢字

꾸짖다	喝	꾸짖을 갈
	罵	꾸짖을 매
	叱	꾸짖을 질
	責	꾸짖을 책
	劾	꾸짖을 핵
	詰	꾸짖을 힐
가지	柯	가지 가
	條	가지 조
가혹하다	苛	가혹할 가
	虐	모질 학
	酷	심할 혹
삼가다	恪	삼갈 각
	謹	삼갈 근
	愼	삼갈 신
껍질	殼	껍질 각
	皮	가죽 피
굳세다	彊	굳셀 강
	毅	굳셀 의
	桓	굳셀 환
밭갈다	墾	개간할 간
	耕	밭갈 경
간사하다	奸	간사할 간
	姦	간사할 간
어렵다	艱	어려울 간
	難	어려울 난
간하다	諫	간할 간
	諍	간할 쟁
몽둥이	杆	몽둥이 간
	棍	몽둥이 곤
더하다	加	더할 가
	益	더할 익
	增	더할 증
	添	더할 첨

헤아리다	勘	헤아릴 감
	揆	헤아릴 규
	度	헤아릴 탁
견디다	堪	견딜 감
	耐	견딜 내
덜다	減	덜 감
	省	덜 생
	損	덜 손
	除	덜 제
슬프다	慨	슬퍼할 개
	悼	슬퍼할 도
	悲	슬플 비
	哀	슬플 애
	嗚	슬플 오
지경	疆	지경 강
	界	지경 계
언덕	崗	언덕 강
	皐	언덕 고
	邱	언덕 구
	厓	언덕 애
	崖	언덕 애
	峙	언덕 치
	坡	언덕 파
	阪	언덕 판
귤	柑	귤 감
	橘	귤 귤
공경하다	虔	공경할 건
	欽	공경할 흠
위협하다	劫	위협할 겁
	脅	위협할 협
두렵다	怯	겁낼 겁
	怖	두려워할 포
	惶	두려울 황
쉬다	休	쉴 휴
	歇	쉴 헐

성내다	怒	성낼 노
	忿	성낼 분
물대다	灌	물댈 관
	漑	물댈 개
크다	巨	클 거
	宏	클 굉
	汾	클 분
	丕	클 비
	奭	클 석
	碩	클 석
	偉	클 위
	泰	클 태
	太	클 태
	奕	클 혁
	弘	클 홍
	廓	클 확
작다	微	작을 미
	小	작을 소
질그릇	甄	질그릇 견
	陶	질그릇 도
	瓷	사기그릇 자
모자라다	缺	이지러질 결
	乏	모자랄 핍
겸하다	兼	겸할 겸
	倂	아우를 병
빛나다	爛	빛날 란
	燁	빛날 엽
	曜	빛날 요
	耀	빛날 요
	燦	빛날 찬
	炯	빛날 형
	煥	빛날 환
	煌	빛날 황
	熙	빛날 희
	熹	빛날 희

창	戈	창 과
	戟	창 극
	矛	창 모
	槍	창 창
두드리다	叩	두드릴 고
	拷	칠 고
	撞	칠 당
	搏	두드릴 박
	撲	칠 박
겸손	謙	겸손할 겸
	遜	겸손할 손
줄기	莖	줄기 경
	幹	줄기 간
마르다	乾	마를 건
	枯	마를 고
	燥	마를 조
기름	脂	기름 지
	肪	기름 방
	膏	기름 고
울다	哭	울 곡
	鳴	울 명
	泣	울 읍
장인	工	장인 공
	匠	장인 장
낟알	顆	낟알 과
	粒	낟알 립(입)
항목	款	항목 관
	項	항목 항
가다	去	갈 거
	赴	다다를 부
	往	갈 왕
높다	高	높을 고
	喬	높을 교
	隆	높을 륭
	崇	높을 숭
	峨	높을 아
	尊	높을 존
	峻	높을 준
	埈	높을 준

	卓	높을 탁
	亢	높을 항
곱다	佳	아름다울 가
	嬌	아리따울 교
	美	아름다울 미
	艶	고울 염
	婉	아름다울 완
땅	坤	땅 곤
	地	땅 지
흔들다	攪	흔들 교
	搖	흔들 요
옛	古	옛 고
	舊	옛 구
	昔	옛 석
보내다	遣	보낼 견
	送	보낼 송
모이다	社	모일 사
	集	모을 집
	會	모일 회
가마	轎	가마 교
	輦	가마 련(연)
풀다	釋	풀 석
	解	풀 해
낮다	卑	낮을 비
	低	낮을 저
	賤	천할 천
끌다	拉	끌 랍
	嘍	끌 루
	挽	당길 만
	曳	끌 예
굳다	堅	굳을 견
	硬	굳을 경
	固	굳을 고
	確	굳을 확
원수	仇	원수 구
	讐	원수 수
지다	負	질 부
	敗	패할 패
뚫다	掘	뚫을 궐, 팔 굴

	鑿	뚫을 착
	穿	뚫을 천
틈	隙	틈 극
	暇	틈·겨를 가
	閑	한가할 한
따뜻하다	暖	따뜻할 난
	溫	따뜻할 온
품팔다	雇	품팔 고
	傭	품팔 용
천천히하다	徐	천천히 서
	遲	더딜 지
비단	綺	비단 기
	紗	비단 사
	緞	비단 단
	綾	비단 릉
	帛	비단 백
	緋	비단 비
	綵	비단 채
	紬	명주 주
어둡다	暗	어두울 암
	昏	어두울 혼
꺼리다	忌	꺼릴 기
	諱	꺼릴 휘
기	旗	기 기
	旌	기 정
버리다	棄	버릴 기
	捐	버릴 연
속이다	欺	속일 기
	誣	속일 무
경기	畿	경기 기
	甸	경기 전
얽다	羈	굴레 기
	縛	얽을 박
	纏	얽을 전
	綢	얽을 주
빌다	祈	빌 기
	禱	빌 도
늙다	耆	늙을 기
	老	늙을 로

민첩하다	敏	민첩할 민	얻다	絶	끊을 절	그리다	陟	오를 척
	銳	날카로울 예		得	얻을 득		謄	베낄 등
비웃다	玩	희롱할 완		獲	얻을 획		描	그릴 묘
	嘲	비웃을 조	죽이다	屠	죽일 도	게으르다	倦	게으를 권
	謔	희롱할 학		戮	죽일 륙(육)		懶	게으를 라(나)
주리다	飢	주릴 기		弑	윗사람죽일 시		惰	게으를 타
	餓	주릴 아		誅	벨 주		懈	게으를 해
기린	麒	기린 기		斬	벨 참	낙타	駱	낙타 락(낙)
	麟	기린 린(인)	섬	島	섬 도		駝	낙타 타
잡다	拘	잡을 구		嶼	섬 서	팔다	賣	팔 매
	拿	잡을 나	법도	矩	법도 구		販	팔 판
	拏	잡을 나(라)		度	법도 도	밝다	明	밝을 명
	虜	사로잡을 로(노)	있다	在	있을 재		昭	밝을 소
	握	쥘 악		存	있을 존		闡	밝힐 천
	操	잡을 조	물결	濤	물결 도		哲	밝을 철
	執	잡을 집		瀾	물결 란(난)		洞	밝을 통
	捉	잡을 착		漣	잔물결 련(연)	벼리	綱	벼리 강
	把	잡을 파	밟다	蹈	밟을 도		綸	벼리 륜
	捕	잡을 포		藉	짓밟을 적	마을	閭	마을 려(여)
나이	年	해 년		踐	밟을 천		坊	동네 방
	齡	나이 령(영)	더럽다	瀆	더럽힐 독		衙	마을 아
종	奴	종 노		陋	더러울 루(누)		閻	마을 염
	僕	종 복		鄙	더러울 비	불쌍하다	憐	불쌍히여길 련
짙다	濃	짙을 농		穢	더러울 예		恤	불쌍할 휼
	厚	두터울 후		汚	더러울 오	거두다	斂	거둘 렴(염)
빠지다	溺	빠질 닉(익)	마치다	了	마칠 료		撤	거둘 철
	沒	빠질 몰		末	끝 말	빈소	殮	염할 렴(염)
맺다	紐	맺을 뉴(유)		卒	마칠 졸		殯	빈소 빈
	締	맺을 체		終	마칠 종	희다	白	흰 백
못	潭	못 담		罷	마칠 파		素	힐 소
	沼	못 소	동경하다	憧	동경할 동	검다	玄	검을 현
	淵	못 연		憬	동경할 경		黑	검을 흑
숨다	匿	숨길 닉(익)	아프다	疼	아플 동	방울	鈴	방울 령(영)
	遁	숨을 둔		痛	아플 통		鐸	방울 탁
	諱	숨길 휘	바르다	匡	바를 광	건지다	撈	건질 로(노)
끊다	斷	끊을 단		董	바를 동		漁	고기잡을 어
	截	끊을 절	오르다	登	오를 등	손님	客	손 객
	切	끊을 절		昇	오를 승		賓	손 빈
						기울다	傾	기울 경

	斜	비낄 사		勝	이길 승		隅	모퉁이 우
멀다	遼	멀 료(요)	보리	牟	보리 모	길쌈	紡	길쌈 방
	遠	멀 원		麥	보리 맥		績	길쌈 적
	悠	멀 유	목욕하다	沐	머리감을 목	지키다	保	지킬 보
장수	帥	장수 수		浴	목욕할 욕		守	지킬 수
	將	장수 장	사당	廟	사당 묘		衛	지킬 위
업신여기다	凌	업신여길 릉(능)		祠	사당 사	배우	俳	배우 배
	蔑	업신여길 멸	어지럽다	亂	어지러울 란		倡	광대 창
뿔	角	뿔 각		紛	어지러울 분		別	다를 별
	稜	모날 릉(능)	춤추다	舞	춤출 무	다르다	殊	다를 수
울타리	籬	울타리 리(이)		佾	줄춤 일		異	다를 이
	藩	울타리 번	거칠다	蕪	거칠 무		差	다를 차
	釐	다스릴 리		荒	거칠 황		胚	아기밸 배
다스리다	撥	다스릴 발		司	맡을 사	아기배다	娠	아이밸 신
	轄	다스릴 할	맡기다	委	맡길 위		妊	아이밸 임
덥다	暑	더울 서		任	맡길 임		胎	아이밸 태
	熱	더울 열		托	맡길 탁		著	나타날 저
문지르다	摩	문지를 마	하늘	乾	하늘 건	나타나다	現	나타날 현
	擦	문지를 찰		天	하늘 천		顯	나타날 현
저리다	痲	저릴 마	벗기다	剝	벗길 박	구슬	璧	구슬 벽
	痺	저릴 비		刪	깎을 산		玉	구슬 옥
귀신	魔	마귀 마		艦	큰배 함		汎	넓을 범
	鬼	귀신 귀	배	舶	배 박		溥	넓을 부
	曲	굽을 곡		艇	배 정	넓다	衍	넓을 연
굽다	屈	굽힐 굴	짝	伴	짝 반		汪	넓을 왕
	彎	굽을 만		侶	짝 려(여)		沆	넓을 항
차다	滿	찰 만		運	옮길 운		闊	넓을 활
	盈	찰 영	옮기다	搬	옮길 반	갚다	報	갚을 보
어둡다	昧	어두울 매		移	옮길 이		酬	갚을 수
	冥	어두울 명		徙	옮길 사	막대	棒	막대 봉
곧다	貞	곧을 정		畔	밭두둑 반		杖	지팡이 장
	直	곧을 직	이랑	畝	이랑 무	부치다	付	부칠 부
싹	萌	움 맹		疇	이랑 주		貼	붙일 첩
	芽	싹 아	삭히다	醱	술괼 발	도끼	斤	도끼 근
비다	空	빌 공		酵	삭힐 효		斧	도끼 부
	虛	빌 허		幇	도울 방	썩다	腐	썩을 부
바다	溟	바다 명	돕다	輔	도울 보		朽	썩을 후
	海	바다 해		裨	도울 비	오장	腑	육부 부
이기다	克	이길 극	모퉁이	方	모 방		臟	오장 장

뜻	한자	훈음
연꽃	芙	연꽃 부
	蓉	연꽃 용
무덤	墳	무덤 분
	塚	무덤 총
불사르다	焚	불사를 분
	灼	불사를 작
사다리	棚	사다리 붕
	棧	사다리 잔
곤하다	困	곤할 곤
	窮	궁할 궁
	貧	가난할 빈
향기	馥	향기 복
	芬	향기 분
	香	향기 향
무너지다	崩	무너질 붕
	潰	무너질 궤
비파	琵	비파 비
	琶	비파 파
날다	飛	날 비
	翔	날 상
의지하다	憑	기댈 빙
	依	의지할 의
잇다	繼	이을 계
	絡	이을 락
	聯	이을 련
	連	이을 련
	嗣	이을 사
	紹	이을 소
	續	이을 속
	承	이을 승
	接	이을 접
	纘	이을 찬
적다	寡	적을 과
	少	적을 소
사치하다	奢	사치할 사
	侈	사치할 치
절	寺	절 사
	刹	절 찰
스승	傅	스승 부
	師	스승 사
기르다	飼	기를 사
	養	기를 양
산호	珊	산호 산
	瑚	산호 호
수풀	森	수풀 삼
	林	수풀 림
미워하다	惡	미워할 오
	憎	미워할 증
장사	賈	장사 고
	商	장사 상
학교	校	학교 교
	庠	학교 상
섶	柴	섶 시
	薪	섶 신
	樵	나무할 초
나	我	나 아
	予	나 여
	余	나 여
	吾	나 오
상서	瑞	상서 서
	禎	상서로울 정
아이	童	아이 동
	兒	아이 아
가늘다	纖	가늘 섬
	細	가늘 세
성하다	茂	무성할 무
	繁	번성할 번
	盛	성할 성
	旺	왕성할 왕
누르다	壓	누를 압
	抑	누를 억
씻다	洗	씻을 세
	滌	씻을 척
	濯	씻을 탁
부르다	召	부를 소
	喚	부를 환
빗	梳	얼레빗 소
	櫛	빗 즐
사라지다	消	사라질 소
	耗	소모할 모
잠기다	潛	잠길 잠
	沈	잠길 침
	浸	잠길 침
시끄럽다	騷	떠들 소
	擾	시끄러울 요
깨뜨리다	碎	부술 쇄
	破	깨뜨릴 파
낮	午	낮 오
	晝	낮 주
빼어나다	優	뛰어날 우
	秀	빼어날 수
	挺	빼어날 정
세우다	立	설 립
	竪	세울 수
부끄럽다	愧	부끄러울 괴
	羞	부끄러울 수
모으다	蒐	모을 수
	蘊	쌓을 온
	綜	모을 종
	輯	모을 집
	纂	모을 찬
	叢	모일 총
	蓄	모을 축
	聚	모을 취
	合	합할 합
돌다	巡	돌 순
	迂	에돌 우
	廻	돌 회
순수하다	純	순수할 순
	粹	순수할 수
익히다	癖	버릇 벽
	習	익힐 습
빠르다	速	빠를 속
	迅	빠를 신
	捷	빠를 첩
묻다	問	물을 문
	訊	물을 신

그르치다	諮	물을 자	막다	協	화합할 협	장미	饒	넉넉할 요
	誤	그르칠 오		諧	화할 해		薔	장미 장
	謬	그르칠 류(유)		防	막을 방		薇	장미 미
	訛	그릇될 와		阻	막힐 조	깨끗하다	潔	깨끗할 결
몸	軀	몸 구		窒	막힐 질		齋	재계할 재
	身	몸 신	같다	若	같을 약	집	閣	집 각
	體	몸 체		如	같을 여		邸	집 저
다	皆	다 개		肖	같을 초	가게	廛	가게 전
	悉	다 실	뛰다	躍	뛸 약		鋪	가게 포
편안	康	편안 강		踊	뛸 용	넘어지다	倒	넘어질 도
	寧	편안 녕	복	祐	복 우		顚	엎드러질 전
	安	편안 안		祚	복 조	붙다	粘	붙을 점
	靖	편안할 정		祉	복 지		着	붙을 착
모	苗	모 묘	재앙	殃	재앙 앙	맑다	淡	맑을 담
	秧	모 앙		災	재앙 재		淑	맑을 숙
좁다	窄	좁을 착		禍	재앙 화		湜	물 맑을 식
	陜	좁을 합·협	너그럽다	宥	너그러울 유		雅	맑을 아
	狹	좁을 협		綽	너그러울 작		澄	맑을 징
즙	液	진 액	어리다	幼	어릴 유		澈	맑을 철
	汁	즙 즙		稚	어릴 치		淸	맑을 청
쇠녹이다	冶	풀무 야	기쁘다	悅	기쁠 열	머무르다	駐	머무를 주
	鎔	쇠녹일 용		愉	즐거울 유		停	머무를 정
약	藥	약 약		耽	즐길 탐	빽빽하다	稠	빽빽할 조
	劑	약제 제		歡	기쁠 환		緻	빽빽할 치
둑	堰	둑 언		欣	기쁠 흔	뜻	誼	정 의
	堤	둑 제		喜	기쁠 희		意	뜻 의
엄하다	峻	준엄할 준	넘다	踰	넘을 유		情	뜻 정
	嚴	엄할 엄		僭	주제넘을 참		旨	뜻 지
가리다	掩	가릴 엄	급하다	急	급할 급	새기다	彫	새길 조
	遮	가릴 차		躁	조급할 조		刻	새길 각
	蔽	덮을 폐	본보기	擬	비길 의	무리	群	무리 군
후손	裔	후손 예		楷	본보기 해		黨	무리 당
	胤	자손 윤	늦추다	弛	늦출 이		隊	무리 대
오동나무	梧	오동나무 오		緩	느릴 완		徒	무리 도
	桐	오동나무 동	너	汝	너 여		等	무리 등
기름지다	沃	기름질 옥		爾	너 이		類	무리 류
	堉	기름진 땅 육	목구멍	咽	목구멍 인		輩	무리 배
화하다	雍	화할 옹		喉	목구멍 후		曹	무리 조
	和	화할 화	남다	剩	남을 잉		衆	무리 중

뜻	한자	음훈
비롯하다	始	비로소 시
	肇	비롯할 조
조서	詔	조서 조
	勅	칙서 칙
만나다	遭	만날 조
	遇	만날 우
자취	跡	발자취 적
	迹	자취 적
	蹟	자취 적
	痕	흔적 흔
꺾다	挫	꺾을 좌
	折	꺾을 절
짓다	作	지을 작
	做	지을 주
주다	給	줄 급
	賜	줄 사
	授	줄 수
	與	줄 여
	贈	줄 증
	呈	드릴 정
지탱하다	支	지탱할 지
	撐	버틸 탱
어리석다	癡	어리석을 치
	痴	어리석을 치
밥	飯	밥 반
	餐	밥 찬
반찬	膳	반찬 선
	饌	반찬 찬
편지	札	편지 찰
	牒	편지 첩
	翰	편지 한
뉘우치다	懺	뉘우칠 참
	悔	뉘우칠 회
종기	腫	종기 종
	瘡	부스럼 창
물리치다	斥	물리칠 척
	黜	내칠 출
던지다	擲	던질 척
	抛	던질 포

뜻	한자	음훈
푸르다	靑	푸를 청
	翠	푸를 취
부탁하다	囑	부탁할 촉
	託	부탁할 탁
사랑	愛	사랑 애
	慈	사랑 자
	寵	사랑할 총
	好	좋을 호
채우다	充	채울 충
	塡	메울 전
나누다	班	나눌 반
	分	나눌 분
	析	쪼갤 석
몰다	驅	몰 구
	馳	달릴 치
저울	秤	저울 칭
	衡	저울대 형
뽑다	拔	뽑을 발
	擢	뽑을 탁
평탄하다	平	평평할 평
	坦	평탄할 탄
바꾸다	兌	바꿀 태
	換	바꿀 환
파초	芭	파초 파
	蕉	파초 초
거스르다	逆	거스릴 역
	悖	거스를 패
불다	膨	불을 팽
	脹	부을 창
낮추다	貶	낮출 폄
	下	아래 하
거품	泡	거품 포
	沫	물거품 말
포도	葡	포도 포
	萄	포도 도
기리다	讚	기릴 찬
	褒	기릴 포
차다	冷	찰 랭

뜻	한자	음훈
	寒	찰 한
재갈	勒	굴레·재갈 륵(늑)
	銜	재갈 함
뼈	骸	뼈 해
	骨	뼈 골
가시	荊	가시 형
	棘	가시 극
활	弧	활 호
	弓	활 궁
호박	琥	호박 호
	珀	호박 박
넋	魂	넋 혼
	魄	넋 백
흐리다	渾	흐릴 혼
	濁	흐릴 탁
그림	繪	그림 회
	畵	그림 화
공	勛	공 훈
	勳	공 훈
희생	犧	희생 희
	牲	희생 생
치다	擊	칠 격
	攻	칠 공
	拍	칠 박
	伐	칠 벌
	征	칠 정
	打	칠 타
	討	칠 토

02 동음이의어 音이 같은 漢字語

가계	家系	대대로 이어온 한 집안의 전통
	家計	집안 살림을 꾸려나가는 방도나 형편
가격	加擊	때려 침
	價格	돈으로 나타낸 상품의 값
가공	可恐	두려워할 만함
	加功	천연물이나 덜된 물건에 인공을 더함
	架空	공중에 건너질러 설치함
가구	家具	집안 살림에 쓰이는 물건
	家口	집안 식구
가산	加算	보탬. 더하기
	家産	한 집안의 재산
가설	架設	줄 따위를 공중에 건너질러 설치함
	假說	어떤 사실을 설명하거나 이론체계를 세우기 위하여 설정한 가정
가세	加勢	힘을 보탬
	家勢	집안 살림살이의 형세
가옥	假屋	임시로 지은 허술한 집
	家屋	사람이 사는 집
가장	家長	집안의 어른
	假裝	거짓으로 꾸밈
가정	家庭	한 가족이 살림하고 있는 집 안
	假定	임시로 정함
각색	各色	갖가지 빛깔, 여러 가지
	脚色	소설·시 등을 각본으로 만듦
간지	干支	천간과 지지
	間紙	장정이 접어서 된 책의 종이가 얇아 힘이 없을 때, 접은 각 장 속에 넣어 받치는 종이
감사	感謝	고마움
	監査	감독하고 검사함
	監事	단체의 서무에 관한 일을 맡아보는 사람
감상	感想	마음속에 느끼어 일어나는 생각
	感傷	하찮은 사물에도 쉽게 슬픔을 느끼는 마음
	感賞	예술 작품을 음미하여 이해하고 즐김
감수	監修	책의 저술 편찬을 지도·감독하는 일, 또는 그 사람
	甘受	질책, 고통, 모욕 따위를 달게 받음
강도	剛度	금속성 물질이 끊어지지 않으려고 저항하는 힘의 정도
	強度	강렬한 정도
	強盜	폭행, 협박 등의 수단으로 남의 재물을 빼앗는 도둑
강하	降下	위에서 아래로 내림, 내려감. 높은 데서 낮은 데로 내려감, 내려옴
	江河	강과 큰 내
강화	講和	전쟁 상태에 있던 나라가 전투를 중지하고, 평화로운 상태로 돌아가는 일
	強化	모자라는 점을 보완하여 보다 더 튼튼하게 함, 또는 튼튼하여짐
개량	改良	고치어 좋게 함
	改量	토지를 다시 측량함
개명	改名	이름을 고침, 또는 그 고친 이름
	開明	사람의 지혜가 열리고 문화가 발달함
개정	改正	바르게 고침
	改定	다시 고치어 정함
	改訂	책의 잘못된 내용을 바로 잡음
거부	巨富	거대한 부
	拒否	승낙하지 않고 물리침
건조	乾燥	습기나 물기가 없는 마른 상태
	建造	건물이나 배 따위를 세우거나 만듦
걸인	乞人	거지
	傑人	거출한 사람
결사	結社	공통의 목적을 이루기 위하여 계속적인 결합체를 조직하는 일
	決死	죽기를 각오하여 결심하는 것
결의	決意	뜻을 정하여 굳게 가짐, 또는 그 뜻
	結義	남남끼리 의리로써 형제·자매와 같은 관계를 맺음
경계	警戒	잘못된 일이 일어나지 않도록 미리 조심하게 함
	境界	지역이 갈라지는 한계
경기	京畿	서울을 중심으로 한 가까운 주위의 땅
	景氣	매매나 거래 따위에 나타난 경제 활동의 상황
	競技	기술의 낫고 못함을 서로 겨루는 일

경로	敬老	노인을 공경함		공론	公論	여럿이 의논함
	經路	지나가는 길			空論	헛된 논의를 함
경비	警備	만일에 대비하여 경계하고 지킴		공명	公明	사사로움이나 편벽됨이 없이 공정하고 명백함
	經費	어떤 일을 하는데 드는 비용			功名	공을 세워 알려진 이름
경시	輕視	대상을 얕잡아 봄			共鳴	남의 사상이나 의견 따위에 동감함
	競試	경쟁 시험의 줄임말		공모	公募	일반에게 널리 공개하여 모집함
경주	慶州	신라의 수도			共謀	두 사람 이상이 공동으로 어떤 일을 모의함
	競走	일정한 거리를 정하고 달려 빠름을 다툼		공사	公使	외교관의 하나
경향	傾向	마음이나 형세 따위가 어떤 방향으로 기울어 쏠림. 또는 그런 방향			公私	공적인 일과 사사로운 일
					工事	토목이나 건축 등에 관한 일
	京鄉	서울과 시골			公社	정부가 설립한 공공 기업체로서 경제상 독립되어 있는 공법상의 법인
고가	高架	높이 건너질러 가설하는 것		공수	空輸	항공 수송의 준말
	古家	지은 지 퍽 오래된 집			攻守	공격과 수비
	高價	값이 비쌈. 비싼 값		공약	公約	어떤 일에 대해 국민에게 하는 약속
고대	古代	먼 옛날			空約	헛된 약속
	苦待	몹시 기다림		공용	公用	공공의 목적으로 사용함
고려	考慮	생각하고 헤아려 봄			共用	공동으로 씀
	顧慮	다시 돌이켜 생각함		공인	公人	국가, 사회에 영향을 끼치는 사람
고문	古文	옛 글			公認	국가나 사회 또는 공공 단체가 어떤 행위나 물건에 대해 인정함
	顧問	지식과 경험을 토대로 자문에 의견을 제시하고 조언을 하는 직책			公印	관공서나 어떤 단체에서 공적인 일에 쓰는 도장
고사	苦辭	애써서 사양함		공중	公衆	사회의 여러 사람
	故事	옛날부터 전해오는 유서 깊은 일			空中	하늘과 땅 사이의 빈 곳
고소	告訴	피해자가 범죄 사실을 수사기관에 신고하여 법적 처리를 구하는 행위		공포	公布	널리 알림
					空砲	실탄을 재지 않고 소리만 나게 하는 총질
	高所	높은 곳			恐怖	무서워하거나 두려워하는 느낌
	苦笑	쓴 웃음			功布	관(棺)을 닦는 데 쓰는 삼베 헝겊
고수	鼓手	북이나 장구를 치는 사람			空胞	생물의 세포질 속에 있는 물거품 모양으로 생긴 것
	固守	굳게 지킴		공해	空海	하늘처럼 끝없는 바다
	高手	수가 높음. 또는 그 사람			公海	어느 나라의 주권에도 속하지 않아 모든 나라가 공통으로 사용할 수 있는 바다
고용	雇用	삯을 주고 사람을 부림				
	雇傭	삯을 받고 남의 일을 해 줌			公害	산업이나 교통의 발달에 따라 사람이나 생물이 입게 되는 여러 가지 피해
고지	高地	평지보다 높은 땅				
	告知	알림		과거	科擧	벼슬아치를 뽑기 위하여 보던 시험
공과	公課	국가나 지방자치단체에서 국민에게 부과하는 세금				
	工科	공학에 관한 학과				
공동	共同	두 사람 이상이 일을 같이 함				
	空洞	텅빈 굴. 동굴				

과거	過去	지나간 때
과실	果實	열매. 과일
	過失	잘못이나 허물
과장	誇張	사실보다 지나치게 부풀림
	課長	관청, 회사 등의 한 과의 장
	科場	옛날 과거 시험을 치르던 곳
과정	過政	과도정부의 줄임말
	過程	일이 되어 나가는 경로
	課程	과업의 정도 또는 일정 기간 동안 교육, 학습하여야 할 과목의 내용과 분량
관대	款待	친절히 대하거나 정성껏 대접함
	寬大	마음이 너그럽고 큼
	寬待	너그럽게 대접함
	管帶	몸과 마음에 지니어 잊지 않음
관례	冠禮	아이가 성인이 되는 예식
	慣例	관습이 된 전례
관리	官吏	관직에 있는 사람
	管理	어떤 일을 맡아서 처리함
관용	官用	관청에서 사용하기 위한 것
	慣用	습관이 되어서 늘 사용함
	寬容	너그럽게 용서하고 받아들임
관장	管掌	일을 맡아서 주관함
	館長	도서관, 박물관, 전시관 등의 장
교감	交感	서로 접촉하여 감응함
	校監	학교장을 보좌하여 교무를 감독하는 직책
교단	敎團	같은 종교를 믿는 사람들끼리 모여서 만든 종교 단체
	敎壇	교실에서 선생님이 강의 때 올라서는 단상
교정	校庭	학교의 마당, 또는 운동장
	校正	글자의 잘못된 것을 대조하여 바로 잡음
	校訂	책의 잘못된 글자나 글귀를 바르게 고치는 일
	矯正	틀어지거나 굽은 것을 바로 잡음
교착	交着	서로 붙음
	交錯	이리저리 엇갈려 뒤섞임
	膠着	조금도 변동이나 진전이 없음
교훈	敎訓	사람으로서 나아갈 길을 그르치지 않도록 가르치고 깨우침, 또는 그 가르침
교훈	校訓	그 학교의 교육 이념을 간명하게 표현한 말
구도	求道	종교적 깨달음이나 진리를 추구함
	構圖	그림 등에서 모양, 색, 위치 등을 조화되게 배치하는 것
	舊都	옛 도읍
구명	求命	사람의 목숨을 구함
	究明	사리나 원인 따위를 깊이 연구하여 밝힘
구상	具象	사물이 뚜렷한 형체를 갖추고 있는 일
	構想	일의 내용이나 실현 방법 등을 어떻게 정할 것인지 생각함, 또는 그 생각
구전	口傳	말로 전함, 혹은 말로 전해져 옴
	口錢	흥정을 붙여주고 보수로 받는 돈
구조	救助	재난으로 인한 위기의 사태나 사람을 구해줌
	構造	사물의 부분들이 서로 결합하여 전체를 이루고 있는 짜임새
구축	構築	어떤 구조물이나 진지 등을 쌓아 올림
	驅逐	몰아서 쫓아 냄
구호	口號	주장이나 의지를 나타내는 간결한 말
	救護	재난으로 인한 어려운 상태나 어려운 사람을 보호함
국사	國事	나라의 중대한 일. 나라 전체에 관련되는 일
	國史	나라의 역사
군민	郡民	행정 구역의 하나인 군 안에 사는 사람
	軍民	군인과 민간인
군수	軍需	군사상의 수요, 곧 군사상으로 필요한 물자
	郡守	군의 행정 사무를 맡아보는 책임자
군신	君臣	임금과 신하
	軍神	군인의 무운을 지켜준다는 신
귀중	貴中	편지나 물품을 받을 단체의 이름 다음에 쓰는 경어
	貴重	매우 소중함
극단	極端	중용을 벗어나 한쪽으로 치우침
	劇團	연극 상연을 목적으로 조직된 단체
근간	近刊	최근에 출판된 간행물
	根幹	뿌리와 줄기. 사물의 바탕이나 중심
금수	禁輸	수입이나 수출을 금함

금수	禽獸	날짐승과 땅짐승. 즉, 모든 짐승을 일컬음
급수	級數	우열에 따라 매기는 등급
	給水	물을 공급함, 또는 그 물
기관	氣管	숨쉴 때 공기가 통하는 관
	器官	일정한 모양과 생리 기능을 갖는 생물체의 일부분
	機關	어떠한 역할과 목적을 위하여 설치한 조직
기구	氣球	공기가 통하지 않는 큰 주머니에 수소나 헬륨을 넣어 공중 높이 올리는 물건
	器具	세간, 그릇, 연장 등의 총칭
	機構	어떤 목적을 이루기 위해 구성한 조직이나 기관
	機具	기계와 기구
기사	技士	국가기술자격법에 따른 검정시험을 통하여 공인되는 기술세 기술자격 등급의 한 가지
	技師	관청이나 회사 등에서 전문적인 기술을 필요로 하는 일을 맡아보는 사람
	奇事	신기하고 희한한 일
	騎士	말을 탄 무사. 중세 유럽의 무인
	棋士	바둑이나 장기를 잘 두는 사람
	記事	신문이나 잡지 등에 어떤 사실을 실어 알리는 글, 또는 기록된 사실
기상	起床	잠자리에서 일어남
	氣象	날씨와 관련 비, 눈 등 대기 중에서 일어나는 물리적인 현상
	氣像	사람의 타고난 기개나 마음씨
기수	旗手	단체의 행렬 맨 앞에서 기를 드는 사람
	機首	비행기의 앞머리
	騎手	말을 타는 사람
기술	既述	이미 서술함
	技術	어떤 일을 정확하고 능률적으로 해내는 솜씨
	記述	문장으로 적음
기원	紀元	연대를 계산할 때 기초가 되는 해
	起源	사물이 생긴 근원
	祈願	바라는 것이 이루어지기를 빎
	棋院	바둑을 즐기는 사람에게 시설과 장소를 제공하는 업소

기인	奇人	기이한 사람
	起因	무슨 일을 일으키는 원인이 됨, 또는 그 원인
기지	機智	상황에 맞추어서 재치있게 대응하는 슬기
	基地	어떠한 활동의 근거지
기행	奇行	기이하고 이상한 행동
	紀行	여행하면서 보고 듣고 느낀 것을 적음
노비	奴婢	사내 종과 계집 종
	路費	여행에 드는 돈
노숙	老熟	오랫동안 경험이 쌓여 익숙함
	露宿	밖에서 잠을 잠
노후	老後	늙은 뒤
	老朽	오래되거나 낡아서 쓸모가 없음
녹음	綠陰	푸른 나무 잎이 우거진 그늘
	錄音	테이프 등과 같은 저장장치에 소리를 저장함
녹화	綠化	나무를 심어 강산을 푸르게 함
	錄畵	저장장치에 화면을 기록하여 저장함
농담	弄談	실없이 하는 우스갯소리
	濃淡	빛깔이나 맛 따위의 짙고 엷은 정도
누적	累積	포개져서 쌓임
	漏籍	호적이나 병적, 학적 등의 기록에서 빠짐
단가	短歌	짧은 노래. 짧은 형식의 시가
	單價	각 단위마다의 값
	團歌	어떤 단체가 제정하여 부르는 노래
단기	短期	단기간
	檀紀	단군 기원의 줄임말
단서	但書	본문에 덧붙여 본문의 내용에 대한 조건이나 예외 등을 밝히는 글
	端緒	어떤 일의 실마리
단신	單身	혼자의 몸
	短信	짤막한 보도
단장	丹粧	화장
	團長	단체의 우두머리
	斷腸	너무 슬퍼 창자가 끊어지는 듯함
단정	端正	얌전하고 바름
	端整	깔끔하고 가지런함
	斷定	분명한 태도로 결정함

답사	答辭	식장에서 축사나 환송사 등에 답하는 말		독주	獨走	혼자 뛰는 것
	踏査	실제로 현장에 가서 보고 조사함			獨奏	한 사람이 주체가 되어 악기를 연주하는 것
대가	大家	학문이나 기예 등 전문 분야에 조예가 깊은 사람		동기	同氣	형제, 자매의 총칭
					同期	같은 시기
	代價	물건을 산 값으로 치르는 돈			冬期	겨울철
대기	大氣	지구를 둘러싸고 있는 기체층			動機	의사결정이나 어떤 행위의 직접적인 원인
	大器	큰 그릇. 됨됨이나 도량이 큰 사람		동문	同門	동창
	大機	때나 기회를 기다림			東門	동쪽에 있는 문
대비	對比	서로 맞대어 비교함		동산	動産	모양이나 성질을 변하지 않게 하여 옮길 수 있는 재물
	對備	무엇에 대응하기 위하여 미리 준비하는 것			東山	동쪽에 있는 산
	大悲	부처님의 큰 자비		동요	動搖	흔들려 움직임
대사	大事	큰일			童謠	아이들이 부르는 노래, 혹은 부를 수 있게 만든 노래
	大使	특명전권대사		동정	童貞	이성과 성적 관계를 가진 일 없는 사람
	臺詞	배우가 무대에서 연극 중에 하는 말			動靜	행동, 상황 등이 변화되어 가는 상태
	大師	덕이 큰 선사에게 내려주던 이름			同情	남의 불행, 슬픔 따위를 가슴 아파하고 위로함
	大蛇	큰 뱀		동지	冬至	24절기의 하나
	大赦	일반사면을 흔히 이르는 말			同志	뜻이 서로 같음
	大祀	종묘·영녕전·원구단·사직단의 제사			同旨	취지가 같음
대상	大商	큰 상인			動地	대지가 움직임. 커다란 세력이나 힘 등이 세상을 크게 놀라게 함
	大賞	가장 큰 상		동향	同鄕	같은 고향
	對象	어떤 일의 상대 또는 목표나 목적이 되는 것			東向	동쪽을 향함
대서	大書	드러나게 크게 쓰는 것			動向	정세, 행동 등이 움직이는 방향
	大暑	몹시 심한 더위		동화	同化	서로 다른 것이 닮아서 같게 됨
대신	代身	대리자			同和	같이 화합함
	大臣	군주 국가에서 장관을 이르는 말			童話	어린이를 상대로 하고 동심을 바탕으로 지은 이야기
대장	大將	한 무리의 우두머리		매장	埋葬	죽은 사람을 땅에 묻음
	大腸	소장의 끝에서 항문에 이르는 소화기관			埋藏	묻어서 감춤. 광물 따위가 묻혀 있음
	隊長	한 부대의 우두머리			賣場	물건을 판매하는 곳
	臺帳	어떤 근거가 되도록 일정한 양식으로 기록한 장부		매표	買票	표를 삼
					賣票	표를 팜
대풍	大豊	곡식이 썩 잘된 풍작, 또는 그러한 일		맹아	盲兒	눈이 먼 아이
	大風	큰 바람			盲啞	소경과 벙어리
독자	獨子	외아들			萌芽	식물에 새로 튼 싹. 새로운 일의 시초
	獨自	저 혼자		면직	免職	일정한 직무에서 물러나게 함
	讀者	책, 신문 등 출판물을 읽는 사람				
독주	毒酒	독한 술 혹은 나쁜 술				

면직	綿織	면직물		방위	方位	동, 서, 남, 북 네 방향을 기본으로 하여 나타내는 위치
명명	明明	매우 밝음. 분명하여 의심할 여지가 없음		방문	房門	방으로 드나드는 문
	命名	이름을 지어 붙임			榜文	여러 사람에게 널리 알리기 위하여 길거리나 사람이 많이 모이는 곳에 써 붙이는 곳
모사	毛紗	털실			訪問	어떤 사람이나 장소를 찾아가서 만나거나 봄
	謀士	계책을 세우는 사람			方文	약방문의 준말
	模寫	무엇을 흉내내어 그대로 나타냄		방직	方直	바르고 굳음
무기	無期	정한 기한이 없는 것			紡織	기계를 이용해 실로 천을 짜는 일
	武器	전쟁에 쓰이는 온갖 기구		방한	防寒	추위를 막음
무사	武士	지난날 무도를 닦아서 전쟁이나 군대 등에 종사하던 사람			訪韓	한국을 방문함
	無事	아무 일이 없음		백미	白眉	여러 사람 중에서 가장 뛰어난 사람 많은 것 중에서 가장 뛰어난 것
	無死	야구에서 아직 아웃된 사람이 한 사람도 없는 상황			白米	흰 쌀
무성	無性	암수 구별이 없음		벽지	僻地	도시에서 떨어진 한적한 곳
	無聲	소리가 없음			壁紙	벽에 바르는 종이
	茂盛	초목이 많이 나서 우거짐			擘指	엄지손가락
무용	武勇	무예와 용맹		변경	邊境	나라와 나라의 경계가 되는 변두리 지역
	無用	소용이 없음. 쓸모없음			變更	바꾸어 고침
문호	文豪	크게 뛰어난 문학가		병가	病暇	병으로 말미암은 휴가
	門戶	문. 출입구가 되는 요긴한 곳			兵家	병법에 밝은 사람
미명	微明	희미하게 밝음		병과	兵戈	전쟁에 쓰이는 무기
	美名	그럴듯하게 내세운 이름			倂科	동시에 둘 이상의 형에 처하는 일
	未明	날이 채 밝기 전		병력	兵力	병사·병기 등의 총체로서의 군대의 힘
미수	未遂	계획한 일이 목적을 이루지 못함			病歷	이제까지 걸렸던 병의 경력
	米壽	여든 여덟 살을 이르는 말		병사	病死	병에 걸려 죽음
미식	美食	맛있는 음식을 먹음			兵士	군사
	美式	미국의 형식		보강	補強	보태고 채워서 더 튼튼하게 함
	米食	쌀밥을 주식으로 함			補講	보충하여 하는 강의
반감	反感	반발하는 마음		보고	寶庫	보물처럼 귀중한 것이 갈무리되어 있는 곳
	半減	절반으로 덜거나 줄어드는 것			報告	주어진 임무에 대하여 그 결과나 내용을 말이나 글로 알림
반도	叛徒	반란을 꾀하거나, 반란을 일으킨 무리		보급	普及	세상에 널리 퍼지게 함
	半島	대륙에서 바다 쪽으로 길게 뻗어 나와 3면이 바다인 육지			補給	물품을 계속해서 대어 줌
발전	發電	전기를 일으킴		보도	寶刀	보배로운 칼
	發展	세력 따위가 성하게 뻗어나감			步道	사람들이 다니는 길
방면	放免	육체적·정신적으로 얽매인 상태에 있던 것을 풀어 줌			報道	새로운 소식을 널리 알림
	方面	어떤 장소나 지역이 있는 방향			輔導	도와서 바르게 이끎
방위	防衛	적으로부터의 공격을 막고 지키는 것			保導	보호하여 지도함

보수	保守	오랜 습관·제도 등을 소중히 여겨 그대로 지킴
	補修	상하거나 부서진 부분을 손질하여 고침
	報酬	고마움에 보답함. 노력의 대가나 사례의 뜻으로 주는 돈
	保手	보증수표의 준말
보안	保安	안전을 유지함
	保眼	눈을 보호함
본성	本姓	본디의 성
	本性	본디의 성질. 타고난 성질
부도	附圖	어떤 책에 딸리는 지도나 도표
	不渡	어음이나 수표를 돈으로 지불받지 못함
부상	負傷	몸에 상처를 입음
	負商	등짐 장수
	浮上	물 위로 떠오름
	副賞	정식의 상 외에 덧붙여서 주는 상
부설	附設	어떤 데에 달려서 붙음
	浮說	근거 없이 떠돌아다니는 말
	敷設	철도, 다리 등을 설치함
부양	扶養	생활 능력이 없는 사람의 생활을 돌봄
	浮揚	가라앉은 것이 떠오름
부역	附逆	국가를 배반하는데 가담하는 것
	賦役	국가가 의무적으로 지우는 일
부인	否認	옳다고 인정하지 않음
	夫人	남의 아내를 높임말
	婦人	결혼한 여자
부자	富者	살림이 넉넉한 사람
	父子	아버지와 아들
부정	不正	바르지 않음
	不定	일정하지 않음
	不貞	정조를 지키지 않음
	不淨	깨끗하지 못함
	父情	자식에 대한 아버지로서의 정
	否定	그렇지 않다고 함
비명	非命	재해나 사고 따위로 죽는 일
	悲鳴	몹시 놀라거나 다급할 때 지르는 소리
	碑銘	비석의 표면에 새긴 글
비보	飛報	급한 통지. 급보
비보	悲報	슬픈 소식
비조	飛鳥	하늘을 나는 새
	鼻祖	한 겨레의 맨 처음 되는 조상
비행	非行	도리나 도덕 또는 법규에 어긋나는 행위
	飛行	항공기 따위가 하늘을 날아다님
사감	私憾	사사로운 일로 품은 유감
	私感	사사로운 감정
	舍監	기숙사에서 기숙생들의 생활을 감독하는 사람
	司勘	조선 시대의 벼슬
사경	四經	시경·서경·역경·춘추의 네 경서
	四境	사방의 경계 또는 지경
	死境	죽음에 이른 경지
	斜頸	비탈길
	砂耕	모래에 양분을 주어 작물을 재배하는 일
사고	史庫	조선시대에 실록 등 국가적으로 중요한 문헌을 보관하던 장소
	事故	뜻밖에 일어난 사건이나 탈
	思考	생각하고 궁리함
사기	士氣	의욕이나 자신감 등으로 가득차서 굽힐 줄 모르는 의기
	史記	역사적 사실을 적은 책
	沙器	사기 그릇
	詐欺	못된 꾀로 남을 속임
사료	史料	역사 기술의 소재가 되는 문헌이나 유물 따위 재료
	思料	생각하여 헤아림
	飼料	가축에게 주는 먹이
사면	辭免	맡아보던 직임을 내놓고 물러남
	赦免	죄를 사하여 형벌을 면제해 줌
	斜面	비스듬한 면
사명	使命	맡겨진 임무
	社名	회사의 이름
사변	事變	천재나 그 밖의 큰 변고
	思辨	생각하여 변별함
사상	史上	역사상
	死傷	죽거나 다침
	沙上	모래 위

사설	思想	사고 작용의 결과로 얻은 체계적 의식 내용		사제	司祭	주교와 신부의 총칭
	私設	개인이나 민간에서 설립함			私製	개인이 만듦
	社說	신문이나 잡지 등에서 그 회사의 주장으로 게재하는 논설			師弟	스승과 제자
	辭說	잔소리로 늘어놓는 말		사죄	死罪	사형에 처할 범죄
사수	死守	목숨을 걸고 지킴			私罪	사삿일로 저지른 범죄
	射手	총포·활 등을 쏘는 사람			赦罪	죄를 용서하여 죄인을 석방함
	査受	돈이나 물품·서류 따위를 잘 조사하여 받음			謝罪	지은 죄에 대해 용서를 빎
	詐數	속임수		사지	四肢	사람의 팔다리
	私讐	개인적인 원한이나 원수			死地	죽을 지경의 매우 위험한 곳
사신	四神	천지의 사방을 다스리는 신			私地	개인 소유의 땅
	使臣	임금이나 국가의 명령으로 외국에 심부름을 가는 신하			私智	자기 혼자만의 작은 지혜
					邪智	간사한 지혜
사원	寺院	절			沙地	모래땅
	社員	회사에 근무하는 사람			寺址	절터
사유	私有	개인의 소유		사후	事後	일이 끝난 후
	事由	일의 까닭			死後	죽은 뒤
	思惟	논리적으로 생각함		산발	散發	때때로 일어남
사은	師恩	스승의 은혜			散髮	머리를 풀어헤침
	謝恩	은혜를 감사히 여겨 사례함		산성	山城	산에 쌓은 성
사인	死人	죽은 사람			酸性	산의 성질
	死因	사망의 원인		산수	山水	경치
	私人	사적 자격으로서의 개인			算數	수를 계산함. 기초적인 셈법
사전	辭典	낱말을 모아 일정한 순서로 배열하여 발음, 뜻, 용법, 어원 등을 해설한 책		산적	山賊	산 속에 근거지를 두고 활동하는 도둑
					山積	물건이나 일이 산더미같이 쌓임
	事典	여러 가지 사항을 모아 일정한 순서로 배열하여 설명 해설한 책		산출	算出	계산해 냄
					産出	물건이 생산되어 나오거나 물건을 생산해 냄
사절	使節	나라의 대표로 사명을 띄고 남의 나라에 가는 사람		상가	喪家	초상난 집
					商街	상점이 많이 늘어서 있는 거리
	謝絶	요구나 제의를 받아들이지 않고 사양하여 물리침		상도	常度	정상적인 법도
					常道	항상 지켜야 할 도리
	辭絶	사양하여 받아들이지 않음			商道	상도덕
사정	司正	그릇된 일을 다시 바로 잡음		상술	上述	위 또는 앞부분에 말함
	邪正	그릇됨과 올바름			商術	장사하는 솜씨나 꾀
	私情	개인의 사사로운 정			詳述	자세히 진술함
	事情	일의 형편이나 까닭		상호	相互	피차가 서로
	査正	조사하여 바로 잡음			商號	상인이 영업상 자기를 나타내는데 쓰는 칭호
	査定	조사하거나 심사하여 결정함				

선도	先導	앞에 서서 인도함
	善導	올바른 길로 인도함
	鮮度	야채, 어육 등의 신선한 정도
선두	先頭	첫머리
	船頭	배의 앞머리
선임	船賃	배를 탈 때 내는 돈
	選任	사람을 뽑아서 직무를 맡김
선전	宣戰	한 나라가 다른 나라에 대해 싸움의 시작을 알림
	宣傳	말하여 전함. 널리 전함
	善戰	실력 이상으로 잘 싸움
성대	盛大	아주 성하고 큼
	聲帶	소리를 내는 기관. 목청
성명	姓名	성과 이름
	聲明	일정한 사항에 관한 견해나 태도를 여러 사람에게 공개하여 발표하는 일
성원	成員	단체를 구성하는 사람
	聲援	소리쳐서 사기를 복돋우어 줌
성인	成人	자라서 어른이 됨
	聖人	지혜와 덕이 뛰어나 우러러 본받을 만한 사람
성전	聖典	성대한 의식
	聖殿	신성한 전당
	聖戰	신성한 전쟁
세계	世系	한 집안이나 왕실의 대대의 계통
	世界	지구 위의 모든 지역
세수	稅收	조세로 얻는 수입
	洗手	얼굴을 씻음
세입	歲入	한 회계연도 안의 총수입
	稅入	조세의 수입
소개	疎開	공습 등에 대비해 주민·시설을 분산시킴
	紹介	모르는 두 사람을 잘 알도록 관계를 맺어줌
소동	小童	열 살 안짝의 작은 아이
	騷動	여럿이 법석을 떪
소식	小食	음식을 적게 먹음
	消息	안부나 어떤 형세 따위를 알리거나 통지함
	素食	고기나 생선 따위의 반찬이 없는 밥

소원	所願	바라고 원함
	訴願	호소하여 청원함
	疏遠	지내는 사이가 두텁지 않고 거리가 있어 서먹함
소음	騷音	시끄러운 소리
	消音	소리를 없앰
소재	素材	어떤 것을 만드는데 바탕이 되는 자료
	所在	어떤 곳에 있음
소화	消火	붙은 불을 끔
	消化	먹은 음식을 소화시킴
속성	屬性	사물의 본질을 이루는 고유한 특징이나 성질
	速成	빨리 이루어짐, 또는 빨리 이룸
속행	速行	빨리 감
	續行	계속하여 행함
송사	訟事	백성끼리의 분쟁을 관부에 호소하여 그 판결을 구하던 일
	頌辭	공덕을 기리는 말
수도	修道	도를 닦음
	水道	상수도의 준말. 상수도와 하수도를 두루 일컫는 말
	首都	한 나라의 중앙 정부가 있는 도시
수리	數理	수학의 이론이나 이치
	修理	고장나거나 허름한 데를 손보아 고침
	受理	서류를 받아서 처리함
수면	水面	물의 표면
	睡眠	잠을 자는 일
	獸面	짐승의 얼굴
수상	隨想	그때그때 떠오르는 생각이나 느낌
	授賞	상을 줌
	首相	내각의 우두머리
	水上	물 위
	受賞	상을 받음
수색	搜索	구석구석 더듬어 찾음
	愁色	근심스러운 기색
수석	首席	맨 윗자리
	壽石	실내 등에 두고 감상하는 아름다운 자연석
	水石	물과 돌. 물과 돌로 이루어진 경치

수선	受禪	임금의 자리를 물려 받음
	修繕	낡은 것을 고침
	繡扇	수를 놓은 부채
	垂線	직선이나 평면에 수직으로 만나는 직선
수세	守勢	적을 맞아 지키는 태세, 또는 힘이 부쳐서 밀리는 형세
	水洗	물로 씻음
수습	收拾	흩어진 물건을 주워 거둠
	修習	학업이나 실무 따위를 배워 익힘
수식	數式	수나 양을 나타내는 숫자나 문자를 계산 신호로 연결하여 수학적으로 뜻을 가지게 한 것
	修飾	겉모양을 꾸밈
수신	水神	물을 다스리는 신
	受信	우편, 전보 등의 통신을 받음
	修身	마음과 행실을 닦아 수양함
	守身	자기의 본분을 지켜 불의에 빠지지 않도록 함
수양	收養	남의 자식을 맡아 기름
	垂楊	수양버들
	修養	몸과 마음을 단련하여 품성, 지혜, 도덕을 닦음
수업	修業	학업이나 기예를 닦음
	授業	학교 같은 데서 학업이나 기술을 가르쳐 줌
	受業	학업이나 기술의 가르침을 받음
수입	收入	금품 등을 거두어들임
	輸入	외국의 물품을 사들임
수학	數學	수량 및 도형의 성질이나 관계를 연구하는 학문
	修學	학업을 닦음
수행	修行	행실을 바르게 닦음
	遂行	계획한 대로 해냄
	隨行	일정한 임무를 띠고 가는 사람을 따라감
수호	守護	지키어 보호함
	修好	나라와 나라가 사이좋게 지냄
숙원	宿怨	오래 묵은 원한
	宿願	오랫동안 품어온 바람이나 소원
순종	順從	순순히 복종함

	純種	딴 계통과 섞이지 않는 순수한 종
습득	拾得	주워서 얻음
	習得	배워서 자기 것으로 함
시가	市街	도시의 큰 거리, 또는 번화한 거리
	市價	상품이 시장에서 팔리는 값
	時價	가격이 바뀌는 상품을 거래할 때의 가격
	詩歌	시
	媤家	시집
	詩家	시인
시각	時刻	시간의 어떤 순간에서의 시점
	視角	사물을 관찰하고 파악하는 기본적인 자세
	視覺	물체의 모양이나 빛깔 등을 보는 눈의 감각
시계	時計	시간을 재거나 시각을 나타내는 장치나 기계
	視界	시야
시공	施工	공사를 시행함
	時空	시간과 공간
시급	時急	시간적으로 매우 급함
	時給	시간급의 준말. 일의 양에 따르지 않고 임금을 시간당 얼마씩으로 정하여 일한 시간에 따라 계산해 주는 일
시사	時事	그 당시에 생긴 여러 가지 일
	試寫	영화를 개봉하기 전에 시험적으로 특정인에게 상영해 보여줌
	示唆	미리 암시하여 알려줌
	詩史	시의 발생 과정·변천 등을 밝힌 저술
시상	施賞	상장이나 상품, 상금 따위를 줌
	詩想	시의 구상
시인	是認	옳다고, 또는 그러하다고 인정함
	詩人	시를 짓는 사람
시장	市場	여러 가지 상품을 사고파는 장소
	市長	시를 대표하고 시의 행정을 관장하는 직, 또는 그 직에 있는 사람
시청	市廳	시의 행정 사무를 맡아보는 곳
	視聽	눈으로 보고 귀로 들음
식수	植樹	나무를 심음
	食水	식용으로 쓰는 물

신고	新古	새것과 헌것
	申告	국민이 행정 관청에 일정한 사실을 진술, 보고하는 일
	辛苦	어려운 일을 당하여 몹시 애씀
신선	神仙	선도를 닦아 신통력을 얻은 사람
	新鮮	새롭고 산뜻함. 채소나 생선 따위가 싱싱함
신임	信任	믿고 일을 맡김
	新任	새로 임명함, 또는 그 사람
신장	身長	사람의 키
	伸張	넓게 펴거나 뻗침
	伸長	길게 늘임
	神將	갑옷을 입고 투구를 쓴 귀신을 이르는 말
	新粧	새로 꾸밈
신축	新築	새로 건축함
	伸縮	늘이고 줄임
실례	失禮	언행이 예의에 어긋남
	實例	실제의 예
실명	失明	눈이 어두워짐. 시력을 잃음
	實名	실제의 이름
실수	失手	부주의로 잘못을 저지름
	實需	실수요의 준말
	實數	실제의 수효. 유리수와 무리수의 총칭
실정	失政	정치를 잘못함
	實情	실제의 사정
심려	心慮	마음 속의 근심
	深慮	깊이 생각함
심산	心算	속셈
	深山	깊은 산
약관	弱冠	남자의 나이 스무 살
	約款	계약이나 조약 등에서 정해진 하나 하나의 조항
약소	弱小	약하고 작음
	略少	적고 변변하지 못함
약자	弱者	세력이 약한 사람
	略字	글자의 획수를 줄여 간단하게 쓴 글
양식	良識	건전한 식견
	樣式	일정한 형식
	糧食	살아가는 데 필요한 먹을거리
	洋式	서양식
	洋食	서양 요리
	養殖	물고기·굴 따위의 해산물을 기르고 번식시키는 일
양자	養子	입양으로 아들이 된 사람
	兩者	두 사람, 또는 두 사물
양호	良好	매우 좋음
	養護	기르고 보호함. 학교에서 학생들의 보건을 돌보아 줌
역사	役事	토목, 건축 등의 공사
	驛舍	역으로 쓰는 건물
	力士	뛰어나게 힘이 센 사람
	歷史	인간 사회가 거쳐온 변천의 모습, 또는 그 기록
역설	力說	힘써 말함
	逆說	일반적으로 진리라고 인정되는 것에 반하는 설
역전	力戰	힘을 다하여 싸움
	逆戰	역습하여 나아가 싸움
	逆轉	형세가 뒤집혀짐. 거꾸로 회전함
	驛前	정거장 앞
연기	延期	정해진 기한을 뒤로 물림
	煙氣	물건이 탈 때 생기는 흐릿한 기체
	演技	연극, 영화 등에서 배우가 맡은 배역의 행동이나 성격을 창조하는 일
	緣起	불교에서 모든 현상이 일어나거나 소멸하는 법칙
연대	年代	지나온 시대
	連帶	2인 이상이 공동으로 책임을 지는 일
	聯隊	군대의 부대 편성 단위의 하나
연소	年少	나이가 어림
	燃燒	불이 붙어 탐
연장	年長	자기보다 나이가 많음
	延長	길이 또는 기간을 늘임
연패	連敗	싸움·경기에서 잇따라 패함
	連覇	잇따라 우승함
영주	領主	영지나 장원의 주인
	永住	한 곳에 오래 삶
오기	傲氣	남에게 지기 싫어하는 마음
	誤記	잘못 적음

용기	勇氣	씩씩하고 굳센 기운		유형	流刑	죄인을 멀리 외딴 변경이나 섬에 보내는 형벌
	用器	기구를 사용하는 것. 사용하는 기구			有形	형체가 있는 것
	容器	물건을 담는 그릇		육성	肉聲	사람의 입에서 직접 나오는 소리
용의	用意	마음을 먹음			育成	길러 냄
	容疑	범죄의 혐의		의구	疑懼	의심하고 두려워함
우수	憂愁	근심과 걱정			依舊	옛날 그대로 변함이 없음
	優秀	뛰어나고 빼어남		의사	醫師	의술과 약으로 병을 고치는 직업에 종사하는 사람
	雨水	빗물. 24절기의 하나			義士	의리와 지조를 굳게 지키는 사람. 나라와 민족을 위해 의로운 행동으로 목숨을 바친 사람
원로	元老	관직이나 나이 덕망 따위가 높고 나라에 공로가 많은 사람			意思	무엇을 하려고 하는 생각이나 마음
	遠路	먼 길		의식	衣食	의복과 음식
원망	怨望	남이 한 일을 억울하게 여겨 탓함			意識	각성하여 정신이 든 상태에서 사물을 깨닫는 일체의 작용
	願望	원하고 바람			儀式	일정한 격식을 갖추어 치르는 행사나 예식
원수	元首	국가 원수		이성	異性	남성과 여성
	元帥	군인의 가장 높은 계급			異姓	다른 성(김, 이, 박....)
	員數	사람의 수효			理性	사물의 이치를 생각하는 능력
	怨讐	자기 또는 자기 집이나 나라에 해를 끼쳐 원한을 맺힌 사람		이전	以前	이제보다 전
원조	援助	도와주는 것			移轉	장소, 주소 등을 다른 데로 옮김
	元祖	어떠한 일을 처음 시작한 사람		이해	利害	이익과 손해
위기	圍棋	바둑 두는 일			理解	사리를 분별하여 앎. 말이나 글의 뜻을 깨쳐 앎
	危機	위험한 고비		인도	引渡	물건이나 권리 따위를 남에게 넘겨줌
위장	胃腸	위와 장			印度	인디아의 한자 표기
	胃臟	위			人道	인간으로서 마땅히 지켜야 할 도리
	僞裝	태도나 모양을 거짓으로 꾸밈			引導	가르쳐 일깨움. 길을 안내함
유명	遺命	임금이나 부모 등이 임종할 때 내리는 분부		인상	人相	사람의 얼굴 생김새
	有名	이름이 있음. 이름이 알려져 있음			引上	끌어 올림. 값을 올림
유언	流言	근거 없이 떠도는 말			印象	깊이 느껴 잊혀지지 않는 일
	遺言	죽음에 이르러 남기는 말		인정	仁政	어진 정치
유전	油田	석유가 나는 곳			人情	사람이 본디 지니고 있는 온갖 감정
	遺傳	물려받아 내려옴. 또는 그렇게 정함			認定	옳다고 믿고 정함
유지	有志	마을이나 지역에서 명망 있고 영향력을 가진 사람		인지	印紙	세입금 징수의 한 수단으로서 정부가 발행하는 증표
	乳脂	유지방			認知	어떤 사실을 분명히 인정함
	油脂	동식물에서 얻는 기름			人智	사람의 슬기나 지식
	油紙	기름 종이				
	維持	지탱해 나감				
	遺志	죽은 사람의 생전의 뜻				

일일	一日	하루
	日日	매일
일정	一定	어떤 모양이나 범위가 하나로 정해져 있음
	日程	그 날에 해야 할 일
입신	入神	신의 경지에 이른다는 뜻으로 지혜나 기술이 신묘한 지경에 이름
	立身	사회적으로 인정을 받고 높이 됨. 사회적으로 기반을 닦고 출세함
자비	慈悲	사랑하고 불쌍히 여기는 것
	自費	자신이 부담하는 비용
자신	自信	자기의 값어치나 능력을 믿음, 또는 그런 마음
	自身	제 몸
자원	自願	어떤 일을 자기 스스로 원함
	資源	기술의 발전에 따라 생산에 이용되는 여러 가지 물자
자제	自制	욕망, 감정 따위를 스스로 억제함
	子弟	남의 아들의 존칭
장관	壯觀	훌륭한 광경
	長官	국무를 맡아보는 행정 각부의 장
장부	丈夫	다 자란 건장한 남자
	帳簿	금품의 수입과 지출을 기록하는 일, 또는 그 책
재고	再考	한번 정한 일을 다시 한 번 생각함
	在庫	창고에 있음
재배	再拜	두 번 절함
	栽培	식물을 심어서 가꿈
재임	再任	같은 관직에 다시 임명되는 것
	在任	임무를 수행하고 있거나 임지에 있는 것
재화	財貨	재물
	災禍	재앙과 화난
저속	低俗	성질, 취미 등이 낮고 속됨
	低速	느린 속도
적수	赤手	맨손
	敵手	서로 엇비슷한 상태
전경	全景	전체의 경치
	前景	눈 앞에 보이는 경치
	戰警	전투 경찰
전공	前功	전에 세운 공로와 공적
	專攻	한 가지 부문을 전문적으로 연구함
	電工	전기 공업. 전기공
	戰功	전투에서 세운 공로
전기	前期	한 기간을 몇 개로 나눈 첫 시기
	傳奇	기이한 일을 내용으로 한 이야기
	傳記	어떤 인물의 생애와 활동을 적은 기록
	電氣	전자의 이동으로 생기는 에너지의 한 형태
	轉機	전환점을 이루는 기회나 고비
전력	全力	가지고 있는 모든 힘
	專力	오로지 한 가지 일에만 힘을 쏟음
	電力	전기의 힘
	前歷	과거의 경력
	戰力	전투나 경기 따위를 할 수 있는 능력
전례	典例	전거가 되는 선례
	前例	이전부터 있었던 사례
전문	電文	전보문의 줄임말
	前文	앞 부분에 해당하는 글
	專門	어떤 한 가지 일을 오로지 연구하거나, 한 가지 일에 마음을 쏟아 함
	全文	글의 전체
전반	前半	앞의 절반
	全般	통틀어 모두
전사	戰死	전쟁터에서 싸우다 죽음
	戰士	싸우는 사람
	戰史	전쟁의 사적을 기록한 역사
전승	全勝	한 번도 지지 않고 모조리 이김
	傳承	계통을 전하여 계승함
	戰勝	싸움에 이김
전시	展示	물품을 늘어놓아 보임
	戰時	전쟁이 벌어진 때
전업	前業	이전에 하던 사업이나 직업
	專業	전문으로 하는 직업이나 사업
전원	田園	논밭과 동산, 시골이나 교외
	電源	전력을 공급하는 원천
	全員	전체의 인원
전직	前職	이전에 가졌던 직업이나 지위

	轉職	직업을 바꾸어 옮김
전파	電波	전자기파 중 적외선 이상의 파장을 갖는 것
	傳播	전하여 널리 퍼짐
전화	戰火	전쟁으로 말미암아 일어나는 화재나 재해
	電話	전화기로 말을 주고 받음
	轉化	바뀌어 달리됨
절감	切感	절실하게 느낌
	節減	절약하고 줄임
절개	切開	치료를 위해 칼이나 가위 따위로 몸의 일부를 째어서 엶
	節槪	신념, 신의 따위를 굽히지 않는 성실한 태도
절도	竊盜	남의 재물을 몰래 훔침, 또는 그런 사람
	節度	행동을 똑똑 끊어 매듭있게 함
절세	絶世	세상에 비길 데가 없을 만큼 뛰어남
	節稅	적법하게 세금을 되도록 덜 내는 일
점등	漸騰	시세가 점점 오르는 것
	點燈	등불을 켬
접수	接收	돈이나 물건 따위를 받음
	接受	관청, 회사 등에서 서류를 받아들이는 일
정교	正敎	사교가 아닌 바른 종교
	政敎	정치와 종교
	精巧	정밀하고 교묘함
정당	政黨	정치 권력의 참여를 목적으로 하는 단체
	正當	바르고 마땅함
정도	程度	알맞은 한도
	精度	정밀도의 줄임말
	正道	올바른 길. 바른 도리
	定都	도읍을 새로 정함
정부	情夫	내연 관계에 있는 남자
	政府	국가의 통치권을 행사하는 기관
	情婦	내연 관계에 있는 여자
정사	正史	정확한 사실을 바탕으로 한 역사
	正邪	바른 일과 사악한 일
	政事	정치에 관한 일
	情史	남녀의 애정에 관한 기록. 연애를 다룬 소설
	情事	남녀 간의 사랑에 관한 일
정세	政勢	정치상의 형세
	情勢	일이 되어가는 사정과 형세
정식	定式	일정한 방식
	正式	규정대로의 바른 방식
	定食	식당이나 음식점 따위에서 일정한 식단에 따라 차리는 음식
정원	定員	일정한 인원
	庭園	집안의 뜰
정적	政敵	정치적으로 맞서는 상대
	靜寂	고요하여 괴괴함
정전	停電	송전이 한 때 중단됨
	停戰	전쟁 중인 두 편이 한 때 전투 행위를 중지함
	正殿	왕이 나와서 조회를 하던 궁전
제기	祭器	제사 때 쓰는 그릇
	提起	의견을 붙여 의논할 것을 내놓음
제약	制約	사물의 성립에 필요한 조건이나 규정
	製藥	약을 제조함
제재	制裁	법이나 규율을 위반하는 행위에 대하여 가하는 처벌
	製材	벌채한 나무로 재목을 만듦
	題材	예술 작품이나 학술 연구의 주제가 되는 재료
조리	條理	일의 앞뒤가 들어맞음
	調理	음식을 만듦
조상	弔喪	남의 상사에 대하여 조의를 표함
	祖上	한 집안이나 한 민족의 옛 어른들
	彫像	조각상
	早霜	철보다 일찍 내리는 서리
	俎上	도마 위. 어떤 일이 눈앞에 당하여 성토·비난·논의 등이 행해질 장면
조선	造船	선박을 건조함
	朝鮮	우리나라의 옛 이름
조수	助手	일의 보조를 하는 사람

	鳥獸	새와 짐승
	潮水	아침에 밀려들었다가 나가는 바닷물
조어	助語	문장에 어구를 보태어 넣는 것
	造語	새로 말을 만드는 것
	朝廷	임금이 나라의 정치를 집행하던 곳
	漕艇	보트를 저음
조정	調停	분쟁을 중간에서 조정함
	調整	골라서 알맞게 정돈함
	調定	조사하여 확정함
	彫花	도자기에 꽃무늬를 새김
	弔花	조상의 뜻으로 바치는 꽃
조화	造化	천지자연의 이치
	造花	인공으로 만든 꽃
	調和	서로 고르게 잘 어울림
존속	存續	계속 존재함
	尊屬	부모나 그 항렬 이상의 친족
	晝間	낮 동안
주간	週刊	한 주일에 한 번씩 발행함. 또는, 그 간행물
	週間	한 주일 동안
	主管	책임지고 맡아봄. 주장하여 관리함
주관	主觀	여러 현상을 의식하며 사물을 생각하는 마음의 움직임
주식	主食	식생활에서 주로 먹는 음식
	株式	주식회사의 자본을 구성하는 단위
주유	周遊	여러 곳을 두루 다니며 구경함
	注油	자동차 등에 휘발유를 넣음
주의	主義	사상, 학설 또는 사물의 처리 방법 따위에서 변하지 않는 일정한 이론이나 태도, 또는 방침이나 주장
	注意	마음에 새겨 조심함
주장	主張	자기 의견을 굳이 내세움
	主將	한 군대의 으뜸 장수
준수	遵守	규칙, 명령 등을 그대로 좇아서 지킴
	俊秀	재주와 슬기, 풍채가 아주 빼어남
중세	重稅	부담이 큰 조세
	中世	고대와 근대의 중간 시대
중지	中止	중도에서 그만 둠
	中指	가운데 손가락
	衆智	뭇 사람의 지혜
	衆志	많은 사람의 생각이나 의지
	地殼	지구의 표층을 이루고 있는 단단한 부분
지각	知覺	느끼어 앎. 깨달음
	遲刻	정해진 시각보다 늦음
	地角	땅의 한 모퉁이. 땅의 맨 끝
	地球	우리 인류가 살고 있는 전체
지구	地區	땅의 한 구획
	持久	오래도록 버티어 감
	至大	더없이 큼
지대	地帶	한정된 일정한 구역
	地代	남의 토지를 이용하는 사람이 지주에게 무는 세
	地圖	지구를 평면상에 나타낸 그림
지도	指導	일정한 목적이나 방향으로 가르쳐 이끔
	志士	크고 높은 뜻을 가진 사람
지사	支社	회사, 단체 등에서 지방이나 외국에 설치한 사업소
	指事	사물을 가리켜 보임
	知事	도지사의 줄임말
지성	知性	사물을 알고 생각하고 판단하는 능력
	至誠	정성이 지극함
지연	地緣	지역을 근거로 하는 연고
	遲延	더디게 끌거나 끌리어 나감
지원	志願	뜻하여 바람
	支援	뒷받침하거나 편들어서 도움
	指定	가리켜 정함
지정	地釘	집터 따위를 다질 때 주추 대신 땅속에 박는 통나무나 콘크리트 기둥
	至情	썩 가까운 정분
지주	支柱	버티어 물건이 쓰러지지 않도록 하는 기둥
	地主	토지의 소유자
직선	直線	곧은 줄
	直選	직접 선거
직장	直腸	곧은 창자

	職場	맡은 일을 하는 일터
진정	眞正	참되고 바름
	眞情	참되고 진실한 정이나 마음
	鎭靜	가라앉아 조용해짐
	陳情	사정을 진술함
차도	差度	병이 조금씩 나아가는 일
	車道	차가 주로 다니게 마련한 길
천재	天才	선천적으로 타고난 뛰어난 재주
	天災	자연 현상으로 일어난 재난
청사	靑史	역사, 기록
	廳舍	관청의 건물
청산	靑山	풀, 나무가 무성한 푸른 산
	淸算	상호간에 채권, 채무 관계를 셈하여 깨끗이 정리함
초대	招待	손님을 불러서 대접함
	初代	어떤 계통의 첫 번째 사람
초상	初喪	사람이 죽어서 장사 지낼 때까지의 동안
	初霜	첫 서리
	肖像	그림이나 사진에 나타난 어떤 사람의 얼굴이나 모습
초연	初演	연극이나 음악 등의 최초 상연
	超然	현실 속에서 벗어나 얽매이지 않는 모양
총기	聰氣	총명한 기운
	銃器	소총, 권총 따위의 무기
최고	最古	가장 오래됨
	最高	가장 높음
	催告	상대방에게 일정한 행위를 청구하는 일
추상	抽象	사물의 현상에서 일반적으로 공통된 속성을 뽑아내어 파악함
	秋霜	가을의 찬 서리
	推想	앞으로 올 일을 미루어 생각함
축전	祝電	축하의 전보
	祝典	축하하는 의식이나 행사
치부	致富	재물을 모아 부자가 됨
	恥部	남에게 숨기고 싶은 부끄러운 부분
	置簿	금전이나 물품의 출납을 기록함

타도	他道	행정 구역상의 다른 도
	打倒	때리거나 쳐서 부수어 버림
타력	打力	때리는 힘
	他力	다른 힘. 남의 힘
타자	打字	타자기로 종위 위에 글자를 찍음
	他者	야구에서 상대편 투수의 공을 치는 공격진의 선수
탄성	歎聲	탄식하는 소리
	彈性	물체에 힘을 가하면 변형되고, 힘을 없애면 원래대로 되돌아가는 성질
탈취	脫臭	냄새를 빼어 없앰
	奪取	남의 것을 빼앗아 가짐
통화	通貨	한 나라에서 통용되는 화폐의 총칭
	通話	말을 서로 주고받음
투사	透寫	그림, 글씨 따위를 얇은 종이 밑에 받쳐놓고 그대로 베끼는 것
	鬪士	싸움터나 경기장에서 싸우려고 나선 사람
투석	投石	돌을 던짐. 또는 그 돌
	透析	반투막을 사용하여 콜로이드 고분자 용액을 정제하는 일, 또는 그 방법
특수	特殊	특별히 다름
	特需	특별한 수요
탈모	脫毛	털이 빠짐
	脫帽	모자를 벗음
파다	頗多	아주 많음
	播多	소문 등이 널리 퍼짐
파문	波紋	수면에 이는 물결의 무늬
	破門	사제의 의리를 끊고 문하에서 내어 쫓음
패자	悖子	인륜을 어긴 자식
	敗者	싸움이나 경기에서 진 사람
	覇者	제후의 우두머리. 패권을 잡아 패도로 천하를 다스리는 사람
포장	包藏	물건을 싸서 간직함
	鋪裝	길바닥에 콘크리트 등을 깔아 다져 꾸밈
	捕將	포도대장
	布帳	베·무명 등으로 만든 포장

폭주	暴走	함부로 난폭하게 달림
	暴酒	한꺼번에 많이 마시는 술
표결	表決	의안에 대하여 가부의 의사를 표시하여 결정함
	票決	투표로서 결정함
표지	表紙	책의 겉장
	標識	다른 것과 구별하기 위한 표시나 특징
풍속	風俗	예로부터 그 사회에 전해오는 생활에 관한 습관
	風速	바람이 부는 속도
필적	匹敵	재주나 힘 따위가 엇비슷하여 서로 견줄 만함
	筆跡	손수 쓴 글씨나 그림의 흔적
항구	恒久	변함없이 오래가는 것
	港口	바닷가에 배를 대게 설비한 곳
해금	奚琴	향악기의 하나
	解禁	금지하던 것을 풂
해독	解讀	풀어서 읽음
	解毒	독기를 풀어 없앰
해산	解産	아이를 낳음
	解散	모인 사람이 흩어짐
향수	香水	향이 나는 액체 화장품
	鄕愁	고향을 그리워하는 마음이나 시름
향유	香油	향기로운 냄새가 나는 화장용 물기름
	享有	누려서 가짐
현상	現象	눈으로 관찰할 수 있는 사물의 현상
	現狀	현재의 상태
	懸賞	어떤 목적으로 상품이나 돈을 거는 일
호기	好機	좋은 기회
	好奇	신기한 것을 좋아함
	浩氣	호연한 기운. 호연지기
혼수	昏睡	의식이 없어짐
	婚需	혼인에 드는 비용이나 물품
화단	花壇	화초를 심기 위하여 만든 꽃밭
	畵壇	화가들의 사회
환부	患部	병이나 상처가 난 곳
	還付	돈이나 물건 따위를 도로 돌려줌
환불	換拂	환산하여 지불함
	還拂	요금 따위를 되돌려 줌
환영	幻影	있지 않은 것이 있는 것처럼 보임
	歡迎	오는 사람을 즐거이 맞음
회기	回期	돌아올 시기
	會期	집회나 회의가 열리는 시기
회유	回遊	두루 돌아다니면서 유람함
	懷柔	어루만져서 잘 달램
회의	懷疑	의심을 품음
	會議	여럿이 모여 의논함, 또는 그 모임
	會意	한자 육서의 하나. 둘 이상의 한자를 뜻으로 결합시켜 새 글자를 만드는 방법
효성	孝誠	마음을 다해 부모를 섬기는 정성
	曉星	샛별
후대	後代	이 뒤의 세대
	厚待	후하게 대접함
훈장	訓長	글방 선생님
	勳章	훈공이 있는 사람에게 국가에서 표찰하기 위하여 내리는 훈장
흡수	吸水	물을 빨아들임
	吸收	빨아들임
희극	喜劇	사람을 웃길 만한 일이나 사건
	戱劇	진실하지 않은 행동

03 일자다음자 여러 개의 音을 가진 漢字

漢字	훈음	예
賈	성 가 장사 고	賈氏(가씨), 賈島(가도) 賈人(고인), 賈市(고시)
邯	땅이름 감 조나라서울 한	姜邯贊(강감찬) 邯鄲之夢(한단지몽)
降	내릴 강 항복할 항	降雨量(강우량), 降雪(강설) 降伏(항복), 投降(투항)
更	다시 갱 고칠 경	更新(갱신), 更生(갱생) 變更(변경), 更新(경신)
車	수레 거 수레 차	自轉車(자전거), 人力車(인력거) 乘用車(승용차), 電車(전차)
見	볼 견 뵈올 현	見聞(견문), 見學(견학) 謁見(알현)
串	땅이름 곶 꿸 관	長山串(장산곶) 石串洞(석관동)
廓	둘레 곽 클 확	輪廓(윤곽), 外廓(외곽) 廓大(확대)
龜	거북 귀 터질 균	龜鑑(귀감), 龜甲(귀갑) 龜手(균수), 龜裂(균열)
金	쇠 금 성(姓) 김	金銀(금은), 金屬(금속) 金氏(김씨)
奈	어찌 내 어찌 나	奈何(내하) 奈落(나락)
茶	차 다 차 차	茶道(다도), 茶園(다원) 綠茶(녹차), 紅茶(홍차)
糖	엿 당 사탕 탕	製糖(제당) 雪糖(설탕)
宅	집 댁 집 택	宅內(댁내), 貴宅(귀댁) 家宅(가택), 自宅(자택)
度	법도 도 헤아릴 탁	角度(각도), 溫度(온도) 度支部(탁지부), 度地(탁지)
讀	읽을 독 구절 두	讀書(독서), 讀者(독자) 句讀點(구두점), 吏讀(이두)
洞	골 동 밝을 통	洞口(동구), 洞里(동리) 洞察(통찰), 洞燭(통촉)
兜	투구 두 도솔천 도	兜龍(두룡) 兜率(도솔)
樂	즐길 락 노래 악 좋아할 요	快樂(쾌락), 歡樂(환락) 音樂(음악), 樂譜(악보) 樂山樂水(요산요수)
驪	검은말 려(여) 검은말 리(이)	驪州(여주) 驪龍(이룡), 驪珠(이주)
綸	벼리 륜(윤) 허리끈 관	綸子(윤자), 綸詔(윤조) 綸巾(관건)
率	비율 률 거느릴 솔	比率(비율) 統率(통솔), 率直(솔직)
畝	이랑 무 이랑 묘	一畝(일무), 頃畝法(경무법) 農畝(농묘), 田畝(전묘)
磻	물이름 반 물이름 번	磻溪(반계) 磻磻洞(녹번동)
洑	보 보 스며흐를 복	洑主(보주), 洑稅(보세) 洑流(복류), 倒洑(도복)
輻	바퀴살 복 바퀴살 폭	輻射(복사), 輪輻(윤복) 輻輳(폭주), 車輻(거폭)
復	회복할 복 다시 부	光復(광복), 回復(회복) 復興(부흥), 復活(부활)
不	아닐 부 아닐 불	不定(부정), 不正(부정) 不潔(불결), 不吉(불길)
北	북녘 북 달아날 배	北韓(북한), 南北(남북) 敗北(패배)
沸	끓을 비 용솟음할 불	沸騰(비등), 沸點(비점) 沸水(불수), 沸渭(불위)
殺	죽일 살 감할 쇄	殺人(살인), 殺生(살생) 相殺(상쇄), 殺到(쇄도)
狀	형상 상 문서 장	形狀(형상), 狀態(상태) 賞狀(상장), 答狀(답장)
塞	변방 새 막을 색	要塞(요새), 塞翁之馬(새옹지마) 拔本塞源(발본색원)
索	찾을 색 새끼줄 삭	索引(색인), 索出(색출) 索莫(삭막)
羨	부러워할 선 무덤길 연	羨望(선망), 羨慕(선모) 羨道(연도), 羨門(연문)

說	말씀 설 달랠 세	說明(설명), 解說(해설) 遊說(유세)	辰	별 진 때 신	辰宿(진수) 生辰(생신)
省	살필 성 덜 생	反省(반성), 自省(자성) 省略(생략)	徵	부를 징 가락 치	徵戒(징계), 徵收(징수) 宮商角徵羽(궁상각치우)
宿	잘 숙 별자리 수	宿題(숙제), 宿食(숙식) 星宿(성수)	參	참가할 참 석 삼	參席(참석), 參加(참가) 參拾(삼십)
拾	주울 습 열 십	拾得(습득), 收拾(수습) 參拾(삼십)	醋	초 초 잔돌릴 작	食醋(식초), 醋蒜(초산) 酬醋(수작)
識	알 식 기록할 지	認識(인식), 智識(지식) 標識(표지)	則	법칙 칙 곧 즉	法則(법칙), 規則(규칙) 然則(연즉)
什	열사람 십 세간 집	什長(십장), 詩什(시습) 什器(집기), 什物(집물)	沈	잠길 침 성(姓) 심	沈默(침묵), 沈水(침수) 沈淸傳(심청전)
惡	악할 악 미워할 오	善惡(선악), 惡毒(악독) 憎惡(증오)	便	편할 편 똥오줌 변	便安(편안), 便利(편리) 便所(변소)
於	어조사 어 감탄사 오	於中間(어중간), 於此彼(어차피) 於乎(오호)	布	펼 포 보시 보	布告(포고), 布敎(포교) 布施(보시)
若	같을 약 반야 야	若干(약간), 萬若(만약) 般若(반야)	暴	사나울 폭 모질 포	暴擧(폭거), 暴動(폭동) 暴惡(포악)
易	바꿀 역 쉬울 이	貿易(무역), 交易(교역) 平易(평이), 難易度(난이도)	馮	성 풍 업신여길 빙	馮夷(풍이) 馮據(빙거), 馮虛(빙허)
涅	개흙 열(녈) 개흙 날	涅槃(열반) 刻涅(각날)	陝	좁을 합 좁을 협	陝川(합천) 隘陝(애협)
莞	빙그레할 완 땅이름 관	莞蒲(완포), 莞島(완도) 莞枕(관침)	行	다닐 행 항렬 항	行動(행동), 言行(언행) 行列(항렬)
阮	성 완 나라이름 원	阮丈(완장), 阮咸(완함) 阮國(원국)	滑	미끄러울 활 익살스러울 골	滑降(활강), 滑空(활공) 滑稽(골계)
歪	기울 왜 기울 외	歪曲(왜곡), 歪形(왜형) 歪調(외조)			
咽	목구멍 인 목멜 열	耳鼻咽喉科(이비인후과) 咽塞(열색), 哀咽(애열)			
炙	구울 자 구울 적	膾炙(회자) 炙膾(적회), 魚炙(어적)			
刺	찌를 자 찌를 척 수라 라	刺客(자객) 刺殺(척살) 水刺(수라)			
切	끊을 절 온통 체	一切(일절), 切實(절실) 一切(일체)			

04 반의어·상대어

可決(가결)	◀▶	否決(부결)
架空(가공)	◀▶	實在(실재)
假名(가명)	◀▶	實名(실명)
假象(가상)	◀▶	現實(현실)
加熱(가열)	◀▶	冷却(냉각)
加入(가입)	◀▶	脫退(탈퇴)
加重(가중)	◀▶	輕減(경감)
却下(각하)	◀▶	受理(수리)
簡單(간단) / 簡便(간편)	◀▶	複雜(복잡)
干涉(간섭)	◀▶	放任(방임)
干潮(간조)	◀▶	滿潮(만조)
間歇(간헐)	◀▶	綿延(면연) / 持續(지속)
減産(감산)	◀▶	增産(증산)
減少(감소)	◀▶	增加(증가)
減額(감액)	◀▶	增額(증액)
感情(감정)	◀▶	理性(이성)
剛健(강건)	◀▶	柔弱(유약)
强硬(강경) / 硬直(경직)	◀▶	柔軟(유연)
强大(강대)	◀▶	弱小(약소)
强勢(강세)	◀▶	弱勢(약세)
强制(강제)	◀▶	任意(임의)
開放(개방)	◀▶	閉鎖(폐쇄)
强點(강점)	◀▶	弱點(약점)
個別(개별)	◀▶	全體(전체)
開會(개회)	◀▶	閉會(폐회)
客觀(객관)	◀▶	主觀(주관)
客體(객체)	◀▶	主體(주체)
巨大(거대)	◀▶	微少(미소) / 群小(군소)
倨慢(거만)	◀▶	謙遜(겸손)
巨富(거부)	◀▶	極貧(극빈)
拒否(거부)	◀▶	承認(승인)
拒絶(거절)	◀▶	承諾(승낙)
建設(건설)	◀▶	破壞(파괴)
乾燥(건조)	◀▶	濕潤(습윤)
傑作(걸작)	◀▶	拙作(졸작)
儉約(검약)	◀▶	浪費(낭비)
缺勤(결근)	◀▶	出勤(출근)
結論(결론)	◀▶	序論(서론)
缺乏(결핍)	◀▶	豊富(풍부)
結婚(결혼)	◀▶	離婚(이혼)
經度(경도)	◀▶	緯度(위도)
輕蔑(경멸)	◀▶	尊敬(존경)
輕薄(경박)	◀▶	重厚(중후)
輕率(경솔)	◀▶	愼重(신중)
輕視(경시)	◀▶	重視(중시)
繼續(계속)	◀▶	中斷(중단)
繼承(계승)	◀▶	斷絶(단절)
高價(고가)	◀▶	低價(저가)
高空(고공)	◀▶	低空(저공)
高利(고리)	◀▶	低利(저리)
高速(고속)	◀▶	低速(저속)
高壓(고압)	◀▶	低壓(저압)
故意(고의)	◀▶	過失(과실)
固定(고정)	◀▶	流動(유동)
高調(고조)	◀▶	低調(저조)
苦痛(고통)	◀▶	平安(평안)
故鄕(고향)	◀▶	他鄕(타향)
困難(곤란) / 難解(난해)	◀▶	容易(용이)
供給(공급)	◀▶	需要(수요)
空想(공상)	◀▶	現實(현실)
共用(공용)	◀▶	專用(전용)
共有(공유)	◀▶	專有(전유)
過去(과거)	◀▶	未來(미래)
過激(과격)	◀▶	穩健(온건)
灌木(관목)	◀▶	喬木(교목)
光明(광명)	◀▶	暗黑(암흑)
廣義(광의)	◀▶	狹義(협의)
拘禁(구금)	◀▶	釋放(석방)
拘束(구속)	◀▶	解放(해방)
求心(구심)	◀▶	遠心(원심)
口傳(구전)	◀▶	記錄(기록)
具體(구체)	◀▶	抽象(추상)
君子(군자)	◀▶	小人(소인)
君主(군주)	◀▶	臣下(신하)
屈服(굴복)	◀▶	抵抗(저항)
屈折(굴절)	◀▶	直進(직진)
卷頭(권두)	◀▶	卷末(권말)
權利(권리)	◀▶	義務(의무)
歸納(귀납)	◀▶	演繹(연역)
均等(균등)	◀▶	差等(차등)
勤勉(근면)	◀▶	懶怠(나태) / 怠惰(태타)
僅少(근소)	◀▶	過多(과다)
近視(근시)	◀▶	遠視(원시)
禁止(금지)	◀▶	解禁(해금) / 許可(허가)
急性(급성)	◀▶	慢性(만성)
急增(급증)	◀▶	急減(급감)
急行(급행)	◀▶	緩行(완행)
肯定(긍정)	◀▶	不定(부정)
旣決(기결)	◀▶	未決(미결)
奇拔(기발)	◀▶	平凡(평범)
飢餓(기아)	◀▶	飽食(포식)
緊密(긴밀)	◀▶	疏遠(소원)
緊張(긴장)	◀▶	弛緩(이완) / 解弛(해이)
緊縮(긴축)	◀▶	緩和(완화)
吉兆(길조)	◀▶	凶兆(흉조)
加害者(가해자)	◀▶	被害者(피해자)
具體的(구체적)	◀▶	皮相的(피상적)
樂觀(낙관)	◀▶	悲觀(비관)
樂園(낙원)	◀▶	地獄(지옥)
落第(낙제)	◀▶	及第(급제)
樂天(낙천)	◀▶	厭世(염세)
暖流(난류)	◀▶	寒流(한류)
亂世(난세)	◀▶	治世(치세)
朗讀(낭독)	◀▶	默讀(묵독)

浪費(낭비) 濫用(남용)	◀▶	節約(절약)
內容(내용)	◀▶	形式(형식)
內包(내포)	◀▶	外延(외연)
老鍊(노련)	◀▶	未熟(미숙)
濃厚(농후)	◀▶	稀薄(희박)
訥辯(눌변)	◀▶	能辯(능변)
能動(능동)	◀▶	被動(피동)
凌蔑(능멸)	◀▶	崇仰(숭앙) 推仰(추앙)
多元(다원)	◀▶	一元(일원)
單純(단순)	◀▶	複雜(복잡)
單式(단식)	◀▶	複式(복식)
短縮(단축)	◀▶	延長(연장)
短篇(단편)	◀▶	長篇(장편)
曇天(담천)	◀▶	晴天(청천)
唐慌(당황)	◀▶	沈着(침착)
對話(대화)	◀▶	獨白(독백)
都心(도심)	◀▶	郊外(교외)
獨創(독창)	◀▶	模倣(모방)
動機(동기)	◀▶	結果(결과)
動搖(동요)	◀▶	安定(안정)
鈍感(둔감)	◀▶	敏感(민감)
鈍濁(둔탁)	◀▶	銳利(예리)
得勢(득세)	◀▶	失勢(실세)
得意(득의)	◀▶	失意(실의)
得點(득점)	◀▶	失點(실점)
登場(등장)	◀▶	退場(퇴장)
大丈夫(대장부)	◀▶	拙丈夫(졸장부)
漠然(막연)	◀▶	確然(확연)
忘却(망각)	◀▶	記憶(기억)
埋沒(매몰)	◀▶	發掘(발굴)
滅亡(멸망)	◀▶	繁盛(번성) 隆盛(융성)
名目(명목)	◀▶	實質(실질)
名譽(명예)	◀▶	恥辱(치욕)
矛盾(모순)	◀▶	合理(합리)
模型(모형)	◀▶	原型(원형)

模糊(모호)	◀▶	分明(분명)
無能(무능)	◀▶	有能(유능)
文明(문명)	◀▶	原始(원시)
文語(문어)	◀▶	口語(구어)
物質(물질)	◀▶	精神(정신)
敏感(민감)	◀▶	鈍感(둔감)
敏捷(민첩)	◀▶	遲鈍(지둔)
密集(밀집)	◀▶	散在(산재)
門外漢(문외한)	◀▶	專門家(전문가)
反目(반목)	◀▶	和睦(화목)
反駁(반박)	◀▶	共鳴(공명)
反抗(반항)	◀▶	服從(복종)
跋文(발문)	◀▶	序文(서문)
放心(방심)	◀▶	操心(조심)
背恩(배은)	◀▶	報恩(보은)
白痴(백치)	◀▶	天才(천재)
凡人(범인)	◀▶	超人(초인)
別居(별거)	◀▶	同居(동거)
保守(보수)	◀▶	革新(혁신) 進步(진보)
普遍(보편)	◀▶	特殊(특수)
本業(본업)	◀▶	副業(부업)
敷衍(부연)	◀▶	省略(생략)
富裕(부유)	◀▶	貧困(빈곤)
否認(부인)	◀▶	是認(시인)
分離(분리)	◀▶	結合(결합)
分散(분산)	◀▶	集中(집중)
分析(분석)	◀▶	綜合(종합)
紛爭(분쟁)	◀▶	和解(화해)
不運(불운)	◀▶	幸運(행운)
卑怯(비겁)	◀▶	勇敢(용감)
非番(비번)	◀▶	當番(당번)
非凡(비범)	◀▶	平凡(평범)
悲哀(비애)	◀▶	歡喜(환희)
不文律(불문율)	◀▶	成文律(성문율)
不法化(불법화)	◀▶	合法化(합법화)
私的(사적)	◀▶	公的(공적)

奢侈(사치)	◀▶	儉素(검소) 儉約(검약)
死後(사후)	◀▶	生前(생전)
削減(삭감)	◀▶	添加(첨가)
相剋(상극)	◀▶	相生(상생)
上昇(상승)	◀▶	下落(하락)
喪失(상실)	◀▶	獲得(획득)
詳述(상술)	◀▶	略述(약술)
先天(선천)	◀▶	後天(후천)
省略(생략)	◀▶	追加(추가)
生食(생식)	◀▶	火食(화식)
善用(선용)	◀▶	惡用(악용)
成功(성공)	◀▶	失敗(실패)
成熟(성숙)	◀▶	未熟(미숙)
消極(소극)	◀▶	積極(적극)
消費(소비)	◀▶	生産(생산) 貯蓄(저축)
疎遠(소원)	◀▶	親近(친근) 密接(밀접) 緊密(긴밀)
束縛(속박)	◀▶	自由(자유)
收入(수입)	◀▶	支出(지출)
羞恥(수치)	◀▶	榮光(영광)
淑女(숙녀)	◀▶	紳士(신사)
純粹(순수)	◀▶	不純(불순)
順坦(순탄)	◀▶	險難(험난)
順行(순행)		逆行(역행)
勝利(승리)		敗北(패배)
媤家(시가)	◀▶	親家(친가)
相對的(상대적)		絶對的(절대적)
暗示(암시)	◀▶	明示(명시)
昂騰(앙등)		下落(하락)
野蠻(야만)	◀▶	文明(문명)
連敗(연패)	◀▶	連勝(연승)
永劫(영겁)	◀▶	刹那(찰나) 瞬間(순간) 瞬時(순시) 瞬息(순식)

365

		轉瞬(전순) 片刻(편각)	異例(이례)	◀▶	通例(통례)	挫折(좌절)	◀▶	貫徹(관철)
靈魂(영혼)	◀▶	肉體(육체)	理論(이론)	◀▶	實際(실제)	主演(주연)	◀▶	助演(조연)
豫習(예습)	◀▶	復習(복습)	離別(이별)	◀▶	相逢(상봉)	中止(중지)	◀▶	續行(속행)
沃土(옥토)	◀▶	薄土(박토)	異性(이성)	◀▶	同性(동성)	增進(증진)	◀▶	減退(감퇴)
溫暖(온난)	◀▶	寒冷(한랭)	異議(이의)	◀▶	同議(동의)	直系(직계)	◀▶	傍系(방계)
完納(완납)	◀▶	未納(미납)	利益(이익)	◀▶	損害(손해)	進步(진보)	◀▶	退步(퇴보)
緩慢(완만)	◀▶	急激(급격)	引上(인상)	◀▶	引下(인하)	眞實(진실)	◀▶	虛僞(허위)
完備(완비)	◀▶	未備(미비) 不備(불비)	引受(인수)	◀▶	引繼(인계)	進化(진화)	◀▶	退化(퇴화)
			人爲(인위)	◀▶	自然(자연)	質疑(질의)	◀▶	答辯(답변)
往復(왕복)	◀▶	片道(편도)	人造(인조)	◀▶	天然(천연)	質問(질문)	◀▶	對答(대답)
夭折(요절)	◀▶	長壽(장수)	一般(일반)	◀▶	特殊(특수)	集合(집합)	◀▶	解散(해산)
優良(우량)	◀▶	劣惡(열악)	立體(입체)	◀▶	平面(평면)	差別(차별)	◀▶	平等(평등)
愚昧(우매)	◀▶	賢明(현명)	唯物論(유물론)	◀▶	唯心論(유심론)			
偶然(우연)	◀▶	蓋然(개연) 必然(필연)	自動(자동)	◀▶	手動(수동) 他動(타동)	着陸(착륙)	◀▶	離陸(이륙)
						斬新(참신)	◀▶	陳腐(진부)
憂鬱(우울)	◀▶	明朗(명랑)	自律(자율)	◀▶	他律(타율)	創造(창조)	◀▶	模倣(모방)
迂回(우회)	◀▶	捷徑(첩경)	自意(자의)	◀▶	他意(타의)	淺學(천학)	◀▶	碩學(석학)
遠隔(원격)	◀▶	近接(근접)	子正(자정)	◀▶	正午(정오)	促進(촉진)	◀▶	抑制(억제)
遠洋(원양)	◀▶	近海(근해)	長點(장점)	◀▶	短點(단점)	總角(총각)	◀▶	處女(처녀)
原因(원인)	◀▶	結果(결과)	低俗(저속)	◀▶	高尙(고상)	最低(최저)	◀▶	最高(최고)
危險(위험)	◀▶	安全(안전)	敵軍(적군)	◀▶	我軍(아군)	縮小(축소)	◀▶	擴大(확대)
留保(유보)	◀▶	決定(결정)	敵對(적대)	◀▶	友好(우호)	出勤(출근)	◀▶	退勤(퇴근) 缺勤(결근)
類似(유사)	◀▶	相異(상이)	嫡子(적자)	◀▶	庶子(서자)			
遺失(유실)	◀▶	拾得(습득)	轉入(전입)	◀▶	轉出(전출)	出席(출석)	◀▶	缺席(결석)
輪廓(윤곽)	◀▶	核心(핵심)	絶對(절대)	◀▶	相對(상대)	就任(취임)	◀▶	離任(이임) 辭任(사임)
隆起(융기)	◀▶	陷沒(함몰) 沈降(침강)	絶望(절망)	◀▶	希望(희망)			
			點燈(점등)	◀▶	消燈(소등)	就寢(취침)	◀▶	起床(기상)
隱蔽(은폐)	◀▶	公開(공개)	漸進(점진)	◀▶	急進(급진)	稚拙(치졸)	◀▶	洗練(세련)
恩惠(은혜)	◀▶	怨恨(원한)	點火(점화)	◀▶	消火(소화)	稱讚(칭찬)	◀▶	酷評(혹평) 詰難(힐난) 非難(비난)
陰地(음지)	◀▶	陽地(양지)	精密(정밀)	◀▶	粗雜(조잡)			
凝固(응고)	◀▶	溶解(용해) 融解(융해)	定說(정설)	◀▶	異說(이설)			
			靜肅(정숙)	◀▶	騷亂(소란)	快樂(쾌락)	◀▶	苦痛(고통)
理性(이성)	◀▶	感性(감성) 感情(감정)	定着(정착)	◀▶	流浪(유랑) 漂流(표류)	妥當(타당)	◀▶	不當(부당)
						統一(통일)	◀▶	分裂(분열)
依支(의지)	◀▶	自立(자립)	弔客(조객)	◀▶	賀客(하객)	投降(투항)	◀▶	抵抗(저항)
異端(이단)	◀▶	正統(정통)	粗惡(조악)	◀▶	精巧(정교)	膨脹(팽창)	◀▶	收縮(수축)
利得(이득)	◀▶	損失(손실)	造花(조화)	◀▶	生花(생화)	偏頗(편파)	◀▶	公平(공평)
			存續(존속)	◀▶	廢止(폐지)	平和(평화)	◀▶	戰爭(전쟁)

豊年(풍년)	◀▶	凶年(흉년)
豊作(풍작)	◀▶	凶作(흉작)
豊足(풍족)	◀▶	不足(부족)
虐待(학대)	◀▶	優待(우대)
合法(합법)	◀▶	不法(불법) / 違法(위법)
合成(합성)	◀▶	分解(분해)
合體(합체)	◀▶	分離(분리)
向上(향상)	◀▶	低下(저하)
虛勢(허세)	◀▶	實勢(실세)
現象(현상)	◀▶	本質(본질)
現職(현직)	◀▶	前職(전직)
好感(호감)	◀▶	反感(반감)
好材(호재)	◀▶	惡材(악재)
好轉(호전)	◀▶	逆轉(역전)
好評(호평)	◀▶	惡評(악평)
好況(호황)	◀▶	不況(불황)
酷暑(혹서)	◀▶	酷寒(혹한)
混沌(혼돈)	◀▶	秩序(질서)
紅塵(홍진)	◀▶	仙界(선계)
歡待(환대)	◀▶	冷待(냉대)
歡迎(환영)	◀▶	歡送(환송)
活用(활용)	◀▶	死藏(사장)
獲得(획득)	◀▶	喪失(상실)
橫斷(횡단)	◀▶	縱斷(종단)
後裔(후예)	◀▶	先祖(선조)
吸煙(흡연)	◀▶	禁煙(금연)
興奮(흥분)	◀▶	鎭靜(진정)
喜劇(희극)	◀▶	悲劇(비극)
犧牲(희생)	◀▶	利己(이기)
彌縫策(미봉책)	◀▶	根本的(근본적)
渴而穿井(갈이천정)	◀▶	居安思危(거안사위)
剛毅木訥(강의목눌)	◀▶	巧言令色(교언영색)
管鮑之交(관포지교)	◀▶	市道之交(시도지교)
弄瓦之慶(농와지경)	◀▶	弄璋之慶(농장지경)
凌雲之志(능운지지)	◀▶	靑雲之志(청운지지)
麻中之蓬(마중지봉)	◀▶	近朱者赤(근주자적)
亡羊補牢(망양보뢰)	◀▶	曲突徙薪(곡돌사신) / 有備無患(유비무환)
門前成市(문전성시)	◀▶	門前雀羅(문전작라)
松柏之質(송백지질)	◀▶	蒲柳之質(포류지질)
前虎後狼(전호후랑)	◀▶	錦上添花(금상첨화)

05 성어(成語)

街談巷說 가담항설
거리나 항간에 떠도는 소문

苛斂誅求 가렴주구
관리가 세금을 가혹하게 거두거나 백성의 재물을 억지로 빼앗음

佳人薄命 가인박명
아름다운 여자는 수명이 짧음

刻骨難忘 각골난망
은혜가 뼈에 새겨져 잊혀지지 않음

刻骨銘心 각골명심
어떤 일을 뼈에 새길 정도로 마음속 깊이 새겨 두고 잊지 아니함

刻骨痛恨 각골통한
뼈에 사무칠 만큼 원통하고 한스러움, 또는 그런 일

各人各色 각인각색
사람마다 각기 다름

角者無齒 각자무치
뿔이 있는 짐승은 이가 없다. 한 사람이 여러 가지 재주나 복을 다 가질 수 없다는 말

刻舟求劍 각주구검
배에 금을 긋고 칼을 찾음. 낡은 생각만 고집하며 이를 고치지 않는 어리석고 미련한 모습

肝膽相照 간담상조
간과 쓸개가 돕듯이 마음을 터놓고 친밀하게 지냄

肝膽楚越 간담초월
간과 쓸개의 거리가 초나라와 월나라의 관계처럼 멂. 서로 가까이 있는 듯하지만 관계가 매우 멂

肝膽胡越 간담호월
간과 쓸개의 거리가 초나라와 월나라의 관계처럼 멂. 서로 가까이 있는 듯하지만 관계가 매우 멂

竿頭之勢 간두지세
대막대기 끝에 선 형세. 매우 위태로운 형세

奸臣賊子 간신적자
나라를 어지럽히는 신하와 어버이를 해치는 자식

間於齊楚 간어제초
약자가 강자들 틈에 끼어서 괴로움을 겪음. 중국의 주나라 말엽 등나라가 제나라와 초나라 사이에 끼어서 괴로움을 겪음

渴而穿井 갈이천정
목이 마를 때에야 비로소 우물을 팜. 미리 대비하지 않으면 일이 임박해서 소용이 없음

看雲步月 간운보월
낮에는 구름을 바라보고 밤에는 달빛 아래 거닌다는 뜻. 고향을 그리워하는 마음

感慨無量 감개무량
마음속에서 감동이나 느낌이 끝이 없음, 또는 그 감동이나 느낌

甘言利說 감언이설
비위를 맞추는 달콤한 말

感之德之 감지덕지
분에 넘치는 듯싶어 매우 고맙게 여기는 모양

甘呑苦吐 감탄고토
달면 삼키고 쓰면 뱉음. 사리에 옳고 그름을 돌보지 않고 자기 비위에 맞으면 취하고 싫으면 버림

甲男乙女 갑남을녀
갑이란 남자를 뜻하고 을이란 여자를 뜻하므로, 평범한 사람을 이르는 말

甲論乙駁 갑론을박
갑이 논하면 을이 논박함. 여러 사람이 서로 논하고 반박함

康衢煙月 강구연월
평화로운 큰 길거리에서 밥 짓는 연기에 달빛이 비치는 모습. 태평한 세상의 평화로운 풍경

強弩之末 강노지말
강대한 힘일지라도 마지막에는 쇠약해짐. 센 놋쇠로 쏜 화살도 먼 데까지 다 가면 힘이 다해서 노(魯) 나라에서 나는 얇은 명주도 뚫을 수 없음

剛毅木訥 강의목눌
강직하고, 의연하고, 질박하고, 어눌함. 의지가 굳고 기력이 있어서 무슨 일에도 굴하지 않음

江湖煙波 강호연파
강이나 호수 위에 안개처럼 뽀얗게 이는 기운, 또는 그 수면의 잔물결

改過遷善 개과천선
지난날의 잘못이나 허물을 고쳐 올바르고 착하게 됨

蓋棺事定	개관사정 시체를 관에 넣고 뚜껑을 덮은 후에야 일을 결정함. 사람은 죽은 후에야 비로소 그 사람에 대한 평가를 제대로 함
改善匡正	개선광정 고쳐서 좋고 바르게 함
坑儒焚書	갱유분서 선비를 구덩이에 묻고 책을 불태움
擧棋不定	거기부정 바둑돌을 들고 놓을 곳을 정하지 못함. 확고한 주관이 없거나 계획이 수시로 바뀜
去頭截尾	거두절미 머리와 꼬리를 잘라버림. 군더더기 말을 빼고 요점만 말함
居安思危	거안사위 편안하게 있을 때 위태로움을 생각하라. 근심 걱정이 없을 때 미리 준비하고 대비하라는 뜻
擧案齊眉	거안제미 밥상을 눈썹과 가지런하도록 공손히 들어 남편 앞에 가지고 간다. 남편을 깍듯이 공경함
乾坤一擲	건곤일척 하늘과 땅을 한번 던져서 결정함. 운명을 걸고 단판걸이로 승부를 겨룸
格物致知	격물치지 사물의 이치를 확실히 앎. 사물의 본질이나 이치를 끝까지 연구하여 지식에 도달함
隔世之感	격세지감 오래지 않은 동안에 몰라보게 변하여 아주 다른 세상이 된 것 같은 느낌
擊壤老人	격양노인 태평한 생활을 즐거워하여 노인이 땅을 치며 노래함
牽强附會	견강부회 말을 억지로 끌어 붙임
見利忘義	견리망의 이익을 보면 의리를 잊음
見利思義	견리사의 이익을 보면 의를 먼저 생각함
犬馬之勞	견마지로 신하가 임금 앞에 자신의 노력을 낮춤
見物生心	견물생심 어떠한 실물을 보게 되면 그것을 가지고 싶은 욕심이 생김
犬猿之間	견원지간 개와 원숭이 사이. 사이가 아주 나쁜 관계
見危致命	견위치명 나라의 위태로움을 보고 목숨을 버림
堅忍不拔	견인불발 굳게 참고 견디어 마음이 흔들리지 않음
見兎放狗	견토방구 토끼를 발견한 후에 사냥개를 풀어도 늦지 않음. 일이 되어가는 것을 본 뒤에 대처함
犬兎之爭	견토지쟁 개와 토끼가 쫓고 쫓기다가 둘 다 죽어 농군이 주워 감. 제삼자가 이익을 봄
決死反對	결사반대 죽기를 각오하고 있는 힘을 다하여 반대함
結者解之	결자해지 맺은 사람이 풀어야 한다. 처음에 일을 벌여 놓은 사람이 끝을 맺어야 한다는 말
結草報恩	결초보은 죽어 혼령이 되어서도 은혜를 잊지 않고 갚음
兼人之勇	겸인지용 몇 사람을 당할 정도로 용맹함
輕擧妄動	경거망동 경솔하여 생각 없이 망령되게 행동함, 또는 그런 행동
傾國之色	경국지색 임금이 혹하여 국정을 게을리함으로써 나라를 위기에 빠뜨리게 할 미인
傾城之美	경성지미 한 성(城)을 기울어뜨릴만한 미색(美色)
敬而遠之	경이원지 겉으로 존경하는 체하면서 속으로는 멀리함
鯨戰蝦死	경전하사 고래 싸움에 새우가 죽는다. 강한 자끼리 서로 싸우는 통에 상관없는 약자가 해를 입음
瓊枝玉葉	경지옥엽 금으로 된 가지와 옥으로 된 잎. 임금의 가족을 높여 이름
驚天動地	경천동지 하늘을 놀라게 하고 땅을 뒤흔든다는 뜻으로, 세상을 몹시 놀라게 함

敬天愛人	경천애인	하늘을 숭배하고 인간을 사랑함
鷄卵有骨	계란유골	달걀에도 뼈가 있다. 운수가 나쁜 사람은 좋은 기회를 만나도 일이 잘 안됨을 이르는 말
鷄鳴狗盜	계명구도	비굴하게 남을 속이는 하찮은 재주, 또는 그런 재주를 가진 사람을 이르는 말
桂玉之歎	계옥지탄	식량 구하기가 계수나무 구하듯이 어렵고, 땔감을 구하기가 옥을 구하기만큼 어려움
季札掛劍	계찰괘검	계찰이 검을 걸음. 신의를 중히 여김
谿壑之慾	계학지욕	시냇물이 흐르는 산골짜기의 욕심. 끝이 없는 욕심
孤軍奮鬪	고군분투	외로이 떨어져 있는 군사가 많은 수의 적군과 용감하게 잘 싸움. 남의 도움을 받지 아니하고 힘에 벅찬 일을 잘해 나감
高臺廣室	고대광실	매우 크고 좋은 집
叩頭謝罪	고두사죄	머리를 조아리며 잘못을 빎
膏粱珍味	고량진미	기름진 고기와 곡식으로 만든 맛있는 음식
孤立無援	고립무원	주변에 아무도 없는 외톨이
枯木死灰	고목사회	겉모습은 마른나무와 같고 마음은 재와 같음. 생기와 의욕이 없는 사람
鼓腹擊壤	고복격양	배를 두드리며 흙덩이를 침. 곧 의식(衣食)이 풍족한 상황
姑息之計	고식지계	당장 편한 것만을 택하는 꾀나 방법. 한때의 안정을 얻기 위하여 임시로 둘러맞추어 처리하는 계책
孤臣冤淚	고신원루	(임금의 신임이나 사랑을 받지 못하는) 외로운 신하의 원통한 눈물
孤身隻影	고신척영	외로운 몸과 외짝의 그림자. 몸 붙일 곳 없이 외로이 떠도는 홀몸
苦肉之策	고육지책	적을 속이기 위하여 자신의 괴로움을 무릅쓰고 꾸미는 계책
孤掌難鳴	고장난명	외손뼉은 울릴 수 없다. 혼자서는 일하기 어려움
股掌之臣	고장지신	다리와 손바닥과 같은 신하. 임금이 가장 신임하는 중신
苦盡甘來	고진감래	쓴 것이 다하면 단 것이 온다는 뜻으로, 고생 끝에 즐거움이 옴을 이르는 말
曲突徙薪	곡돌사신	굴뚝을 구부리고 땔나무를 다른 곳으로 옮김. 화근을 미리 치움으로써 재앙을 미연에 방지함
骨肉相爭	골육상쟁	가까운 혈족끼리 서로 싸움
公明正大	공명정대	하는 일이나 태도가 사사로움이나 그릇됨이 없이 아주 정당하고 떳떳함
公子穿珠	공자천주	공자가 구슬을 꿰맴. 공자 같은 분도 남에게 배울 것이 있음
空前絶後	공전절후	전에도 없었고 앞으로도 없음
空卽是色	공즉시색	세상의 모든 사물은 실체가 아님
公平無私	공평무사	공평하여 사사로움이 없음
誇大妄想	과대망상	자신의 현재를 실제보다 크게 과장하여 사실인 것처럼 믿는 일, 또는 그런 생각
過大評價	과대평가	실제보다 지나치게 높이 평가함, 또는 그런 평가
過小評價	과소평가	사실보다 작거나 약하게 평가함
過失相規	과실상규	향약의 네 가지 덕목 가운데 하나. 나쁜 행실을 하지 못하도록 서로 규제함
過猶不及	과유불급	정도를 지나침은 미치지 못함과 같다는 뜻. 중용(中庸)이 중요함

瓜田李下	과전이하 의심받기 쉬운 행동은 피하는 것이 좋음. 오이밭에서는 신을 고쳐 신지 말고 오얏나무 밑에서는 갓을 고쳐 쓰지 말라. 원래는 과전불납리(瓜田不納履)와 이하부정관(李下不整冠)
管中窺豹	관중규표 대롱 구멍으로 표범을 보면 표범의 얼룩점 하나밖에 보이지 않음. 견문과 학식이 좁음
管鮑之交	관포지교 관중과 포숙아의 교분처럼 친구 사이가 다정함. 서로에 대한 믿음과 신의가 두터운 관계
曠日彌久	광일미구 헛되이 세월을 보내며 일을 오래 끎
曠日持久	광일지구 헛되이 세월을 보내며 일을 오래 끎
矯角殺牛	교각살우 빈대 잡으려다 초가삼간 태운다. 곧 조그마한 일을 하려다 큰 일을 그르친다는 뜻
巧言令色	교언영색 교묘한 말로 남을 속임. 남의 환심을 사려고 아첨하는 교묘한 말과 보기좋게 꾸미는 얼굴빛
矯枉過正	교왕과정 굽은 것을 바로 잡으면서 정도를 지나침. 잘못된 것을 바로잡으려다가 너무 지나쳐서 오히려 나쁘게 됨
敎外別傳	교외별전 석가의 설교 외에 석가가 마음으로써 따로 깊은 뜻을 전함
交友以信	교우이신 친구를 믿음으로 사귐
敎子採薪	교자채신 자식에게 땔나무 캐오는 법을 가르침. 무슨 일이든 장기적인 안목을 갖고 근본적인 처방에 힘씀
膠柱鼓瑟	교주고슬 기러기발을 아교로 붙여 놓고 (음조를 바꾸지 못하는) 거문고를 연주함. 고지식하여 융통성이 전혀 없음 또는 그런 사람
膠漆之交	교칠지교 아교와 옻칠처럼 끈끈한 사귐
敎學相長	교학상장 가르치는 사람과 배우는 사람이 서로의 학업을 증진시킴
九曲肝腸	구곡간장 굽이굽이 서린 창자라는 뜻으로, 깊은 마음속 또는 시름이 쌓인 마음속을 비유
狗猛酒酸	구맹주산 (술집의) 개가 사나우면 (손님이 없어) 술이 시어짐. 능력이 뛰어나도 주위 사람들과 어울릴 수 없을 만큼 사나우면 성공하기 어려움
口蜜腹劍	구밀복검 입으로는 꿀을 담고 뱃속으로는 칼을 지님. 입으로는 친절하나 속으로는 해칠 생각을 품음
九死一生	구사일생 아홉 번 죽을 뻔하다 한 번 살아난다. 죽을 고비를 여러 차례 넘기고 겨우 살아남
口尙乳臭	구상유취 하는 언동이 아직 어림
九牛一毛	구우일모 많은 양 중에서 극히 적은 양
九折羊腸	구절양장 꼬불꼬불하게 서린 양의 창자라는 뜻으로, 길이 몹시 험하게 꼬불꼬불함
救火投薪	구화투신 불을 끄려고 섶나무를 집어 던짐. 잘못된 일의 근본을 다스리지 않고 성급하게 행동하다가 도리어 그 해를 더 크게 함
國泰民安	국태민안 나라가 태평하고 백성이 편안함
群鷄一鶴	군계일학 닭의 무리 가운데서 한 마리의 학이란 뜻. 여럿 가운데서 가장 뛰어난 사람
群盲撫象	군맹무상 장님 여럿이 코끼리를 만짐. 사물을 좁은 소견과 주관으로 잘못 판단함
軍不厭詐	군불염사 군사상의 일은 속임수를 싫어하지 아니함. 전쟁에서는 수단을 안 가리고 속이더라도 이기는 것이 중요함
君臣有義	군신유의 임금과 신하 사이의 도리는 의리에 있음
群雄割據	군웅할거 여러 영웅이 각기 한 지방씩 차지하고 위세를 부림
君爲臣綱	군위신강 신하는 임금을 섬기는 것이 근본임

君子豹變	군자표변 군자는 허물을 고쳐 올바로 행함이 아주 빠르고 뚜렷함
窮寇勿迫	궁구물박 궁지에 몰린 도적을 쫓지 말 것
窮寇勿追	궁구물추 궁지에 몰린 도적을 쫓지 말 것
窮鼠莫追	궁서막추 궁지에 몰린 쥐를 쫓지 말 것
窮餘之策	궁여지책 궁한 나머지 짜낸 계책
權謀術數	권모술수 목적 달성을 위하여 수단과 방법을 가리지 아니하는 온갖 모략이나 술책
權不十年	권불십년 권세는 십 년을 가지 못한다는 뜻으로, 아무리 높은 권세라도 오래가지 못함
勸上搖木	권상요목 나무 위에 오르라고 권하고는 오르자마자 아래서 흔들어 댐
勸善懲惡	권선징악 착한 일을 권장하고 악한 일을 징계함
捲土重來	권토중래 흙먼지를 날리며 다시 옴. 한 번 실패에 굴하지 않고 몇 번이고 다시 일어남
閨中七友	규중칠우 부녀자가 바느질을 하는 데 필요한 침선의 7가지 물건. 바늘, 실, 골무, 가위, 자, 인두, 다리미
隙駒光陰	극구광음 틈새로 달리는 망아지를 보듯 햇빛이 지나가서 그늘이 됨. 세월이 몹시 빨리 지나감
克己復禮	극기복례 자기의 욕심을 누르고 예의 범절을 따름
極惡無道	극악무도 더할 나위없이 악하고 도리에 완전히 어긋나 있음
近墨者黑	근묵자흑 먹을 가까이 하면 검게 된다. 좋지 못한 사람을 가까이 하면 악에 물들게 된다
金科玉條	금과옥조 금이나 옥처럼 귀중히 여겨 꼭 지켜야 할 법칙이나 규정
金蘭之契	금란지계 금이나 난초와 같이 귀하고 향기로움을 풍기는 친구 사이의 사귐
金蘭之交	금란지교 쇠를 자를 수 있을 만큼 단단하고 난초처럼 향기나는 친구 사이
金蘭之誼	금란지의 쇠처럼 단단하고 난초 향기처럼 그윽한 사귐의 의리를 맺음
錦上添花	금상첨화 비단 위에 꽃을 놓는다는 뜻으로, 좋은 일이 겹침을 비유
金石牢約	금석뇌약 쇠나 돌처럼 굳고 변함없는 약속
今昔之感	금석지감 예와 지금의 차이가 심함
金石之交	금석지교 쇠와 돌처럼 굳은 사귐
金城湯池	금성탕지 쇠로 만든 성과 그 둘레에 파놓은 뜨거운 물로 가득찬 못이라는 뜻으로, 방어 시설이 잘 되어 있는 성
錦繡江山	금수강산 비단에 수를 놓은 듯이 아름다운 산천. 우리나라 강산
琴瑟相和	금슬상화 거문고와 비파 소리가 조화를 이룸. 부부 사이가 다정하고 화목함
琴瑟之樂	금슬지락 거문고와 비파의 어울림. 부부 사이의 다정하고 화목한 즐거움
今時初聞	금시초문 바로 지금 처음으로 들음
錦衣夜行	금의야행 비단옷을 입고 밤길을 다닌다는 뜻으로, 아무 보람이 없는 일을 함을 이르는 말
錦衣玉食	금의옥식 비단옷과 흰 쌀밥이라는 뜻으로, 호화스럽고 사치스러운 생활을 이르는 말
錦衣還鄕	금의환향 비단옷을 입고 고향에 돌아온다는 뜻으로, 출세를 하여 고향에 돌아옴을 비유

金枝玉葉	금지옥엽	불면 꺼질까 쥐면 터질까 아주 귀한 집안의 소중한 자식
汲水功德	급수공덕	목마른 사람에게 물을 길어다 주는 공덕. 누구나 할 수 있는 쉬운 일이지만 남을 위해 하는 것이 선행임
氣高萬丈	기고만장	펄펄 뛸 만큼 대단히 성이 남. 일이 뜻대로 잘될 때, 우쭐하여 뽐내는 기세가 대단함
驥服鹽車	기복염거	천리마가 소금 수레를 끎. 유능한 사람이 알아주는 이를 만나지 못해 천한 일에 종사함
起死回生	기사회생	거의 죽을 뻔하다가 도로 살아남
奇想天外	기상천외	착상이나 생각 따위가 쉽게 짐작할 수 없을 정도로 기발하고 엉뚱함
氣焰萬丈	기염만장	기세의 불꽃이 만 길에 이름. 기세가 대단하여 멀리까지 뻗침
旣往之事	기왕지사	이미 지나간 일
杞人之憂	기인지우	기나라 사람의 근심. 앞일에 대한 쓸데없는 걱정
騎虎之勢	기호지세	호랑이를 타고 달리는 형세. 이미 시작한 일을 중도에서 그만둘 수 없는 경우
吉凶禍福	길흉화복	길흉과 화복을 아울러 이르는 말
落膽喪魂	낙담상혼	간이 떨어지고 넋이 상함. 실의에 빠지고 마음이 상해서 넋을 잃음
落落長松	낙락장송	가지가 길게 축축 늘어진 키가 큰 소나무
落木寒天	낙목한천	나뭇잎이 다 떨어진 겨울의 춥고 쓸쓸한 풍경. 또는 그런 계절
落花流水	낙화유수	떨어지는 꽃과 흐르는 물이라는 뜻으로, 가는 봄의 경치를 이르는 말
難攻不落	난공불락	공격하기가 어려워 쉽사리 함락되지 아니함
亂臣賊子	난신적자	나라를 어지럽히는 불충한 무리
難兄難弟	난형난제	서로 엇비슷함. 막상막하
南柯一夢	남가일몽	덧없는 꿈이나 한때의 헛된 부귀영화
南柯之夢	남가지몽	남쪽으로 뻗은 가지에서의 꿈. 한갓 허망한 꿈. 꿈과 같이 헛된 한때의 부귀와 영화
南男北女	남남북녀	우리 나라에서 남자는 남쪽 지방이 잘나고 여자는 북쪽 지방이 고움을 이르는 말
男女老少	남녀노소	남자와 여자, 늙은이와 젊은이란 뜻. 모든 사람을 이르는 말
男女有別	남녀유별	유교에서 남자와 여자 사이에 분별이 있어야 함을 이르는 말
男負女戴	남부여대	남자는 짐을 등에 지고 여자는 머리에 임. 가난한 사람이나 거처없는 사람들이 살 곳을 찾아 이리저리 유랑함
狼子野心	낭자야심	이리는 새끼일지언정 본성은 길들여지지 않는 야성임. 포악하거나 나쁜 사람은 쉽게 교화할 수 없음
囊中之錐	낭중지추	주머니 속에 있는 송곳. 재능이 빼어난 사람은 숨어 있어도 저절로 남의 눈에 드러남
囊中取物	낭중취물	주머니 속의 물건을 얻음. 아주 쉬운 일
內憂外患	내우외환	나라 안팎의 여러 가지 어려움
內柔外剛	내유외강	겉으로 보기에는 강하게 보이나 속은 부드러움
怒氣衝天	노기충천	성이 하늘을 찌를 듯이 머리끝까지 치받쳐 있음
老萊之戱	노래지희	효도. 중국의 노래자(老萊子)란 사람이 칠십

	의 나이에도 어린아이의 옷을 입고 재롱을 부려서 부모에게 자식의 늙음을 잊게 해드린 일에서 유래됨	多岐亡羊	다기망양 갈림길이 많으면 양을 잃음. 방법이 너무 많으면 할 수 없음
怒發大發	노발대발 몹시 노하여 펄펄 뛰며 성을 냄	多多益善	다다익선 많을수록 더욱 좋음
怒髮衝冠	노발충관 노한 머리털이 관을 추켜올림. 몹시 성난 모양	多事多難	다사다난 여러 가지 일도 많고 어려움이나 탈도 많음
勞心焦思	노심초사 마음을 수고롭게 하고 생각을 너무 깊게 함	多才多能	다재다능 재주와 능력이 여러 가지로 많음
綠楊芳草	녹양방초 푸른 버드나무와 향기로운 풀	多錢善賈	다전선고 밑천이 넉넉하면 장사를 잘 할 수 있음
綠衣紅裳	녹의홍상 연두 저고리와 다홍 치마. 젊은 여인의 옷차림	多情多感	다정다감 정이 많고 감정이 품부함
論功行賞	논공행상 공적의 크고 작음 따위를 논의하여 그에 알맞은 상을 줌	斷金之交	단금지교 매우 정의가 두터운 사이의 교제
弄瓦之慶	농와지경 딸을 낳은 기쁨을 이르는 말	斷機之戒	단기지계 베를 끊는 훈계. 학문을 중도에 그만두는 것은 짜던 피륙을 끊는 것처럼 아무런 이익이 없음
弄障之慶	농장지경 아들을 낳은 기쁜, 또는 아들을 낳은 일을 이르는 말	斷機之教	단기지교 학업을 중도에 폐함은 짜던 베를 끊는 것과 같아 아무 이득이 없음
弄璋之慶	농장지경 장으로 만든 구기를 갖고 노는 경사. 아들을 낳은 기쁨	單刀直入	단도직입 혼자서 칼 한 자루를 들고 적진으로 곧장 쳐들어간다. 여러 말을 늘어놓지 않고 바로 요점이나 본문제를 말함
弄璋之喜	농장지희 장으로 만든 구기를 갖고 노는 경사. 아들을 낳은 기쁨	膽大心小	담대심소 문장을 지을 때 담력은 크게 가지되 주의는 세심해야 함
籠鳥戀雲	농조연운 새장에 갇힌 새가 구름을 그리워함. 속박당한 사람이 자유를 그리워함	黨同伐異	당동벌이 일의 옳고 그름은 따지지 않고 뜻이 같은 무리끼리는 서로 돕고 그렇지 않은 무리는 배척함
累卵之勢	누란지세 새알을 쌓아 놓은 듯한 위태로운 형세	大驚失色	대경실색 몹시 놀라 얼굴빛이 하얗게 질림
累卵之危	누란지위 새알을 쌓아 놓은 것같이 몹시 위태로움	大器晚成	대기만성 큰 그릇을 만드는 데는 시간이 오래 걸린다. 크게 될 사람은 늦게 이루어짐
訥言敏行	눌언민행 더듬는 말과 민첩한 행동. 군자는 말은 느려도 실제 행동은 민첩해야 함	代代孫孫	대대손손 오래도록 내려오는 여러 대
能小能大	능소능대 모든 일에 두루 능함	大同團結	대동단결 여러 집단이나 사람이 어떤 목적을 이루려고 크게 한 덩어리로 뭉침
凌雲之志	능운지지 하늘에 있는 구름을 뛰어넘는 의지. 속세를 떠나서 초탈하려는 마음		

大同小異	대동소이	큰 차이가 거의 없음
大明天地	대명천지	아주 환하게 밝은 세상
戴盆望天	대분망천	머리에 동이를 이고 하늘을 바라보려 함. 한 번에 두 가지 일을 함께 하기 어려움
大聲痛哭	대성통곡	큰 소리로 몹시 슬프게 곡을 함
大言壯語	대언장어	주제에 맞지 않게 큰소리 침
大義滅親	대의멸친	대의를 위해서 사사로움을 버림
屠龍之技	도룡지기	용을 죽이는 재주. 쓸데없는 재주
桃園結義	도원결의	의형제를 맺음을 이르는 말
道聽塗說	도청도설	길거리에 떠돌아다니는 소문
塗炭之苦	도탄지고	몹시 고생스러움. 진구렁에 빠지고 숯불에 타는 고생
獨不將軍	독불장군	무슨 일이든 자기 생각대로 혼자서 처리하는 사람
讀書三到	독서삼도	독서하는 데는 눈으로 보고, 입으로 읽고, 마음으로 깨우쳐야 함
獨也靑靑	독야청청	남들이 모두 절개를 꺾는 상황 속에서도 홀로 절개를 굳세게 지키고 있음
豚蹄一酒	돈제일주	돼지 발굽과 술 한 잔. 작은 물건으로 많은 물건을 구하려고 하는 것을 비꼼
同價紅裳	동가홍상	같은 값이면 다홍치마(좋은 것)를 택함
同苦同樂	동고동락	괴로움도 즐거움도 함께 함
棟梁之器	동량지기	마룻대와 들보 역할을 할 만한 그릇. 한 집안이나 한 나라를 떠받치는 중대한 일을 맡을 만한 인재
棟梁之才	동량지재	마룻대와 들보 역할을 할 만한 그릇. 한 집안이나 한 나라를 떠받치는 중대한 일을 맡을 만한 인재
東問西答	동문서답	물음과는 전혀 상관없는 엉뚱한 대답
同病相憐	동병상련	같은 병의 환자끼리 서로 가엾게 여김. 같은 처지의 사람끼리 서로 비슷한 아픔을 느낌
東奔西走	동분서주	동쪽으로 뛰고 서쪽으로 뛴다. 사방으로 이리저리 몹시 바쁘게 돌아다님
同床異夢	동상이몽	같은 자리에 자면서 다른 꿈을 꾼다. 겉으로는 같이 행동하면서도 속으로는 각각 딴생각을 하고 있음
東西古今	동서고금	동양과 서양, 옛날과 지금을 통틀어 이르는 말
東西南北	동서남북	동쪽, 서쪽, 남쪽, 북쪽이라는 뜻으로, 모든 방향을 이르는 말
冬扇夏爐	동선하로	겨울의 부채와 여름의 화로. 아무 소용없는 말이나 재주, 또는 철에 맞지 않거나 쓸모없는 사물
同姓同本	동성동본	성(姓)과 본관이 모두 같음
同時多發	동시다발	같은 때나 시기에 많이 발생함
冬溫夏淸	동온하청	부모에게 효도함. 겨울은 따뜻하게 여름은 시원하게 해드림
凍足放尿	동족방뇨	언 발에 오줌 누기. 잠시의 효력이 있을 뿐 효력은 없어지고 마침내는 더 나쁘게 됨
同族相殘	동족상잔	동족끼리 서로 헐뜯고 싸움
東馳西走	동치서주	동쪽으로 달리고 서쪽으로 달림. 사방으로 이리저리 몹시 바쁘게 돌아다님
董狐之筆	동호지필	동호의 붓. 사실을 숨기지 아니하고 그대로 씀. 춘추시대 진나라의 사관 동호가 위세를 두려워하지 않고 사실을 직필 함

杜門不出	두문불출 문을 막고 나가지 않음. 집에만 틀어박혀 사회의 일이나 관직에 나아가지 않음
杜漸防萌	두점방맹 점(漸)은 만물의 처음. 맹(萌)은 싹. 싹이 나오지 못하게 막음. 좋지 못한 일은 처음부터 막고 즉시 그 해로운 것을 제거해야 함
登高自卑	등고자비 천리길도 한 걸음부터. 높은 곳에 오르려면 낮은 곳에서부터 올라가듯이 무슨 일이든 순서가 있음
登樓去梯	등루거제 누각에 오르게 하고 사다리를 치움. 처음엔 잘해주는 척 사람을 꾀어서 어려운 처지에 빠지게 함
燈下不明	등하불명 등잔 밑이 어둡다는 뜻으로, 가까이에 있는 물건이나 사람을 잘 찾지 못함
燈火可親	등화가친 가을이 되어 독서하기에 좋음
磨斧爲針	마부위침 도끼를 갈아 바늘을 만듦. 아무리 힘든 일도 부단히 노력하면 성공할 수 있음
磨斧爲鍼	마부위침 도끼를 갈아 바늘을 만듦. 아무리 힘든 일도 부단히 노력하면 성공할 수 있음
磨斧作針	마부작침 도끼를 갈아 바늘을 만듦. 아무리 힘든 일도 부단히 노력하면 성공할 수 있음
磨斧作鍼	마부작침 도끼를 갈아 바늘을 만듦. 아무리 힘든 일도 부단히 노력하면 성공할 수 있음
馬耳東風	마이동풍 남의 말을 대충 들음
麻中之蓬	마중지봉 삼밭에 나는 쑥. 굽어진 쑥도 삼밭에서는 반듯하게 자라듯이 선한 사람과 사귀면 그 감화를 받아 자연히 선해짐
莫逆之友	막역지우 아주 허물 없는 벗. 서로 거역하지 아니하는 친구. 아주 허물없는 사이
萬古不變	만고불변 아주 오랜 세월 동안 변하지 아니함
萬古常靑	만고상청 오랜 세월을 두고 변함없이 늘 푸름
萬里長天	만리장천 아득히 높고 먼 하늘
萬里滄波	만리창파 한없이 넓고 넓은 바다
萬事休矣	만사휴의 모든 것이 헛수고로 돌아감을 이르는 말
萬世無疆	만세무강 아주 오랫동안 끝없이 삶
萬壽無疆	만수무강 아주 오랫동안 끝없이 삶
晩時之歎	만시지탄 시기에 늦어 기회를 놓쳤음을 안타까워하는 탄식
萬彙群象	만휘군상 우주에 있는 온갖 만물과 현상
罔極之恩	망극지은 끝없이 베풀어 주는 혜택이나 고마움
亡羊補牢	망양보뢰 양을 잃고서 우리를 고침. 때 늦은 대비
亡羊之嘆	망양지탄 양을 잃고서 탄식함. 학문의 길이 여러 갈래라 길을 잡기 어려움
望洋之嘆	망양지탄 큰 바다를 바라보며 하는 한탄. 자신의 미흡함과 부족한 소견을 부끄러워함
茫然自失	망연자실 멍하니 정신을 잃음
望雲之情	망운지정 객지에서 부모를 생각하는 마음
望蜀之嘆	망촉지탄 촉 땅을 얻고 싶어 하는 탄식
麥秀黍油	맥수서유 무성히 자라는 보리를 보고 탄식함. 고국의 멸망에 대한 탄식
麥秀之嘆	맥수지탄 무성히 자라는 보리를 보고 탄식함. 고국의 멸망에 대한 탄식
孟母斷機	맹모단기 맹자의 어머니가 아들의 학업을 중단하고 돌아왔을 때, 짜던 베를 칼로 자름. 어머니의 엄격한 자녀 교육을 이름

孟母三遷	맹모삼천 맹자의 어머니가 맹자를 가르치기 위하여 세 번 이사함	巫山之雨	무산지우 무산의 비. 남녀의 정교
面從腹背	면종복배 면전에서는 따르나 뱃속으로는 배반함	巫山之雲	무산지운 무산의 구름. 남녀의 정교
滅私奉公	멸사봉공 사를 버리고 공을 위해 희생함	無所不爲	무소불위 하지 못하는 일이 없음
明鏡止水	명경지수 맑은 거울과 고요한 물. 잡념과 가식과 헛된 욕심 없이 맑고 깨끗한 마음	無用之物	무용지물 쓸모없는 물건이나 사람
名山大川	명산대천 이름난 산과 큰 내	無爲徒食	무위도식 하는 일 없이 놀고 먹음
名實相符	명실상부 이름과 실상이 서로 꼭 맞음	無腸公子	무장공자 담력이나 기개가 없는 자
明若觀火	명약관화 불을 보듯 뻔함	聞一知十	문일지십 하나를 들고 열을 앎
明珠彈雀	명주탄작 새를 잡는 데 귀한 명주를 씀. 작은 것을 탐내다가 큰 것을 손해 보게 됨	門前成市	문전성시 찾아오는 사람이 많아 문 앞이 시장을 이루다시피 함
矛盾撞着	모순당착 사람의 말이나 행동이 앞뒤가 서로 맞지 아니하고 모순됨	門前沃畓	문전옥답 집 앞에 있는 기름진 논. 재산이 많음
目不識丁	목불식정 낫 놓고 'ㄱ'자도 모름. 아주 무식함	門前雀羅	문전작라 대문 앞에 새 그물을 침. 찾아오는 사람이 없어 쓸쓸함
目不忍見	목불인견 눈앞에 벌어진 상황 따위를 눈뜨고는 차마 볼 수 없음	文質彬彬	문질빈빈 겉모양의 아름다움과 본바탕이 서로 잘 어울림
猫頭縣鈴	묘두현령 고양이 목에 방울 달기. 실행하지 못할 일을 의논만 함	勿頸之交	물경지교 목이 베어져도 변치 않는 사귐. 생사를 같이 할 수 있는 소중한 벗
猫項懸鈴	묘항현령 고양이 목에 방울 달기. 실행하지 못할 일을 의논만 함	物外閒人	물외한인 일상의 번거로움 바깥에서 한가하게 지내는 사람
武陵桃源	무릉도원 신선이 살았다는 전설적인 곳	物外閑人	물외한인 세상에 욕심이 없고 한가하게 지내는 사람
無病自灸	무병자구 질병이 없는데 스스로 뜸질을 함. 불필요한 노력을 하여 정력을 낭비함	彌縫之策	미봉지책 꿰매어 깁는 계책. 임시로 이리 저리 주선하여 감추는 계책
無不通知	무불통지 무슨 일이든지 환히 통하여 모르는 것이 없음	美辭麗句	미사여구 아름다운 말로 듣기 좋게 꾸민 글귀
巫山之夢	무산지몽 무산의 꿈. 남녀의 정교	米珠薪桂	미주신계 식량이 주옥보다 비싸고 땔감은 계수나무보다 비쌈. 물가가 올라 살기 힘듦
		博覽強記	박람강기 여러 가지 책을 널리 많이 읽고 기억을 잘함

博而不精	박이부정 여러 방면으로 널리 아나 정통하지 못함
拍掌大笑	박장대소 손뼉을 치며 크게 웃음
博學多識	박학다식 학식이 넓고 아는 것이 많음
飯囊酒袋	반낭주대 밥을 담는 주머니와 술을 담는 부대
班門弄斧	반문농부 노반(노나라의 공수반)의 집 문 앞에서 도끼질을 뽐냄. 실력도 없으면서 전문가에게 뽐냄
斑衣之戲	반의지희 늙도록 하는 효도
反哺報恩	반포보은 까마귀 새끼가 자란 뒤에 늙은 어미에게 먹이를 물어다 주는 효성. 자식이 자라서 부모를 봉양함
反哺之孝	반포지효 까마귀 새끼가 자란 뒤에 늙은 어미에게 먹이를 물어다 주는 효성. 자식이 자라서 부모를 봉양함
拔本塞源	발본색원 나쁜 것의 뿌리를 뽑음
發憤忘食	발분망식 분발하여 끼니를 잊고 노력함
傍若無人	방약무인 곁에 사람이 없는 것 같다. 거리낌 없이 함부로 행동함
杯盤狼藉	배반낭자 잔과 접시들이 어지럽게 흩어져 있음. 잔치가 파할 무렵이나 파한 뒤의 어지러운 술자리
背水之陣	배수지진 적과 싸울 때 강이나 바다를 등지고 진을 침. 목숨을 걸고 어떤 일에 대처하는 경우
背恩忘德	배은망덕 은덕을 저버림
百家爭鳴	백가쟁명 많은 학자나 문인 등이 자기의 학설이나 주장을 자유롭게 발표하여, 논쟁하고 토론하는 일
白骨難忘	백골난망 죽어서 백골이 되어도 잊을 수 없다는 뜻. 남에게 큰 은덕을 입었을 때 고마움의 뜻으로 이르는 말
白駒過隙	백구과극 흰 말이 지나가는 문틈으로 봄. 세월이 빠르게 지나감
百年佳約	백년가약 남녀가 부부가 되어 평생을 함께 하겠다는 아름다운 언약
百年大計	백년대계 먼 앞날까지 미리 내다보고 세우는 크고 중요한 계획
百年河淸	백년하청 시간이 가도 해결의 기미가 없음
百萬長者	백만장자 재산이 매우 많은 사람, 또는 아주 큰 부자
白面書生	백면서생 오직 글만 읽고 세상사에 경험이 없는 사람
百發百中	백발백중 백번 쏘아 백번을 맞힌다. 총이나 활 따위를 쏠 때마다 겨눈 곳에 다 맞음
伯牙絶絃	백아절현 친한 친구의 죽음을 슬퍼함
白雲孤飛	백운고비 멀리 떠나는 자식이 어버이를 그리워함
白衣民族	백의민족 흰옷을 입은 민족이라는 뜻으로, '한민족'을 이르는 말
百戰老將	백전노장 많은 전투를 치른 노련한 병사. 세상 일을 많이 치러서 모든 일에 노련한 사람
百戰百勝	백전백승 싸울 때마다 다 이김
百折不屈	백절불굴 여러 번 꺾어져도 굽히지 않음
伯仲之間	백중지간 서로 우열을 가리기 힘든 사이
伯仲之勢	백중지세 서로 어금버금한 형세. 누가 못하고 누가 낫다고 할 수 없을 정도로 서로 비슷함
百尺竿頭	백척간두 백 척이나 되는 높은 장대 위. 극도로 위태로운 상태

百八煩惱	백팔번뇌 사람이 지닌 108가지의 번뇌
百害無益	백해무익 해롭기만 하고 하나도 이로운 바가 없음
變法自疆	변법자강 법령을 개정하여 국력을 강하게 함
別有天地	별유천지 우리가 살고 있는 이 세상 밖의 다른 세상. 특별히 경치가 좋거나 분위기가 좋은 곳
兵家常事	병가상사 전쟁에서 이기고 지는 일은 흔히 있는 일임. 실패하는 일은 흔히 있으므로 낙심할 것이 없다는 말
兵不厭詐	병불염사 용병에 있어서는 속임수를 꺼리지 않음. 전쟁에서는 모든 방법으로 적군을 속여야 함
病入骨髓	병입골수 골수에 병이 들어옴. 병이 고치기 어렵게 몸 속 깊이 듦
輔車相依	보거상의 수레에서 덧방나무와 바퀴가 서로 의지함. 긴밀한 관계를 맺으면서 서로 돕고 의지함
封庫罷黜	봉고파출 부정한 관리를 파면하여 내치고 창고를 봉하여 잠금
捧腹絶倒	봉복절도 배를 끌어안고 몸을 굽히고 자빠질 정도로 웃음
夫婦有別	부부유별 남편과 아내 사이의 도리는 서로 침범하지 않음을 이름
負薪救火	부신구화 섶을 지고 불을 끄려함. 해를 제거하려 더 커지게 함
負薪之憂	부신지우 섶을 지어야 하는 근심. 자신의 병을 낮춤
父爲子綱	부위자강 아버지와 자식 사이에 지킬 떳떳한 도리
父子有親	부자유친 아버지와 아들 사이에는 친애해야 함을 이르는 말
父傳子傳	부전자전 아버지가 아들에게 대대로 전함
釜中之魚	부중지어 가마 솥 속의 물고기. 생명이 위태로움
不知其數	부지기수 헤아릴 수가 없을 만큼 많음. 또는 그렇게 많은 수효
夫唱婦隨	부창부수 부부의 화합을 뜻하는 말로 예로부터 남편이 부르면 부인이 따른다는 말
負荊請罪	부형청죄 가시나무를 짊어지고 죄를 청함. 자신의 잘못을 인정하고 처벌을 간청함
附和雷同	부화뇌동 줏대가 없이 남의 말에 쉽게 따름
北門之嘆	북문지탄 북문(궁궐)에서 한탄함. 벼슬을 얻었으나 뜻대로 성공하지 못해 곤궁함을 한탄함
北窓三友	북창삼우 거문고, 술, 시(詩)를 아울러 이르는 말
粉骨碎身	분골쇄신 뼈가 가루가 되고 몸이 부서짐. 있는 힘을 다해 노력함
焚書坑儒	분서갱유 책을 불태우고 선비를 생매장하여 죽임. 진시황제의 가혹한 정치
不可思議	불가사의 사람의 생각으로는 미루어 헤아릴 수 없이 이상하고 야릇함
不共戴天	불공대천 하늘을 이고 같이 살 수 없는 원수. 원한이 깊이 사무친 원수
不俱戴天	불구대천 하늘을 이고 같이 살 수 없는 원수. 원한이 깊이 사무친 원수
佛頭著糞	불두저분 부처님 머리에 붙은 똥. 경멸이나 모욕을 당함
不勞所得	불로소득 직접 일을 하지 아니하고 얻는 수익
不老長生	불로장생 늙지 아니하고 오래 삶
不立文字	불립문자 문자나 말로써 도를 전하지 아니함. 불가의 뜻이 마음에서 마음으로 전해짐

不問可知	불문가지 묻지 아니하여도 알 수 있음
不問曲直	불문곡직 잘잘못을 묻지 않고 함부로 행함
不遠千里	불원천리 천리길도 멀다고 여기지 않음
不撤晝夜	불철주야 밤낮을 가리지 않음. 조금도 쉴 사이 없이 일에 힘씀
不恥下問	불치하문 자기보다 아래 사람에게 배우는 것을 부끄럽게 여기지 않음
不偏不黨	불편부당 아주 공평하여 어느 한쪽으로 치우치지 아니함
不寒而慄	불한이율 춥지 않은데 떪. 몹시 두려워함
朋友有信	붕우유신 벗 사이에는 믿음이 있어야 함을 이름
鵬程萬里	붕정만리 붕새가 날아갈 길이 만리. 머나먼 노정이나 요원함
非一非再	비일비재 같은 현상이나 일이 한두 번이나 한둘이 아니고 많음
貧者一燈	빈자일등 가난한 사람이 바치는 하나의 등(燈). 물질의 많고 적음보다 정성이 중요함을 비유
憑公營私	빙공영사 공무를 빙자하여 사적인 영달을 꾀함
徙家忘妻	사가망처 이사하면서 아내를 잊어버림. 건망증이 심하거나 아내를 잊을 정도로 분별력이나 의리가 없음
四顧無親	사고무친 의지할 만한 사람이 아무도 없음
士農工商	사농공상 예전에, 백성을 나누던 네 가지 계급으로 선비, 농부, 공장(工匠), 상인
四面楚歌	사면초가 사방에서 들리는 초(楚) 나라의 노래. 적에게 둘러싸여 고립상태에 빠짐
四面春風	사면춘풍 누구에게나 좋게 대하는 일, 또는 그런 사람을 비유적으로 이르는 말
徙木之信	사목지신 나무를 옮기면 주겠다던 상금을 주는 약속. 나라를 다스리는 사람은 백성을 속이지 않아야 하고, 백성의 신임을 받아야 함
四方八方	사방팔방 여기저기 모든 방향이나 방면
四分五裂	사분오열 여러 갈래로 갈기갈기 찢어짐. 질서 없이 어지럽게 흩어지거나 헤어짐
沙上樓閣	사상누각 모래 위에 세운 누각. 기초가 튼튼하지 못하여 오래 견디지 못할 일이나 물건
事親以孝	사친이효 어버이를 섬김에 효도로써 함
四通八達	사통팔달 도로나 교통망, 통신망 따위가 이리저리 사방으로 통함
事必歸正	사필귀정 모든 일은 반드시 바른 길로 돌아감
死灰復燃	사회부연 불 꺼진 재가 다시 타오름. 세력을 잃었던 사람이 다시 득세함
四海兄弟	사해형제 온 세상 사람이 모두 형제와 같다는 뜻으로, 친밀함을 이르는 말
山溜穿石	산류천석 산에서 떨어지는 물방울이 바위를 뚫음
山紫水明	산자수명 산은 자줏빛으로 선명하고 물은 맑다. 경치가 아름다움
山戰水戰	산전수전 산에서도 싸우고 물에서도 싸웠다. 세상의 온갖 고생과 어려움
山珍海饌	산진해찬 산에서 나는 진귀한 것과 바다에서 나는 맛있는 것
山川草木	산천초목 산과 내와 풀과 나무라는 뜻으로, 자연을 이르는 말

殺身成仁	살신성인	자기의 몸을 희생하여 인(仁)을 이룸
三可政丞	삼가정승	이러하든 저러하든 모두 옳다고 함
三顧草廬	삼고초려	유비가 제갈공명을 세 번이나 찾아가 군사로 초빙함. 인재를 얻기 위해서는 수고를 아끼지 않음
三三五五	삼삼오오	서너 사람 또는 대여섯 사람이 떼를 지어 다니거나 무슨 일을 함. 또는 그런 모양
三旬九食	삼순구식	서른 날에 아홉 끼니밖에 못 먹음. 가난하여 끼니를 많이 거름
三餘之功	삼여지공	독서하기에 가장 좋은 '겨울밤'을 일컬음
三人成虎	삼인성호	세 사람이 짜면 거리에 범이 나왔다는 거짓말도 꾸밀 수 있다. 근거 없는 말이라도 여러 사람이 말하면 곧이듣게 됨
三從之道	삼종지도	예전에, 여자가 따라야 할 세 가지 도리. 어려서는 아버지를, 결혼해서는 남편을, 남편이 죽은 후에는 자식을 따라야 함
三尺童子	삼척동자	키가 석 자 정도밖에 되지 않는 어린 아이. 철없는 어린 아이를 이름
三遷之敎	삼천지교	맹자의 교육을 위하여 어머니가 세 번이나 집을 옮긴 일. 교육에는 환경이 중요함을 이름
三寒四溫	삼한사온	아시아의 동부, 북부에서 나타나는 겨울 기온의 변화. 7일을 주기로 사흘 동안 춥고 나흘 동안 따뜻함
相思不忘	상사불망	서로 그리워하여 잊지 못함
桑田碧海	상전벽해	뽕나무밭이 변하여 푸른 바다가 됨. 세상 일이 덧없이 변함
喪魂落膽	상혼낙담	놀라서 넋을 잃고 실의에 빠짐
塞翁之馬	새옹지마	인생에 있어서의 길흉 화복은 항상 바뀌어 미리 헤아릴 수 없음
生口不網	생구불망	산 입에 거미줄을 치지는 않음. 아무리 곤궁하여도 그럭저럭 먹고 살 수 있음
生老病死	생로병사	사람이 나고 늙고 병들고 죽는 네 가지 고통
生面不知	생면부지	서로 한 번도 만난 적이 없어서 전혀 알지 못하는 사람, 또는 그런 관계
生巫殺人	생무살인	선무당이 사람 잡음. 기술과 경험이 부족한 사람이 나섰다가 일을 그르침
生死苦樂	생사고락	삶과 죽음, 괴로움과 즐거움을 통틀어 이르는 말
先見之明	선견지명	어떤 일이 일어나기 전에 미리 앞을 내다보고 아는 지혜
先公後私	선공후사	공적인 것을 앞세우고 사적인 것은 뒤로 함
善男善女	선남선녀	착하고 어진 사람들
雪泥鴻爪	설니홍조	눈이 쌓인 진흙 위에 난 기러기의 발자국. 인생의 자취가 사라져 무상함
舌芒於劍	설망어검	혀가 칼보다 날카로움
雪膚花容	설부화용	눈처럼 흰 피부와 꽃처럼 아름다운 얼굴
雪上加霜	설상가상	눈 위에 서리가 덮인 격으로, 불행한 일이 연거푸 일어남
說往說來	설왕설래	서로 변론을 주고받으며 옥신각신함, 또는 말이 오고 감
雪中松柏	설중송백	눈 속의 소나무와 잣나무. 변함없는 절조를 지닌 사람
纖纖玉手	섬섬옥수	가녀리고 또 가냘픈 옥처럼 고운 여자의 손
城狐社鼠	성호사서	성 안에 사는 여우와 사당에 사는 쥐. 임금의 곁에 있는 간신의 무리나 관청의 세력에 기대어 사는 무리

世上萬事	세상만사 세상에서 일어나는 온갖 일
世態炎凉	세태염량 더울 때와 서늘할 때의 세상 세태가 다름. 세력이 있을 때는 아첨하여 따르고 세력이 없어지면 푸대접하는 세상인심
歲寒松柏	세한송백 추운 날씨의 소나무와 측백나무. 지조와 절개는 역경에 처했을 때 더 드러남
蕭規曹隨	소규조수 앞사람이 만들어 놓은 제도를 답습함
騷人墨客	소인묵객 시문과 서화를 일삼는 풍류객
小貪大失	소탐대실 작은 것을 탐하다가 큰 것을 잃음
巢毀卵破	소훼난파 새집이 부서지면 알도 깨짐. 조직이나 집단이 무너지면 구성원들도 피해를 입음
束手無策	속수무책 손을 묶은 것처럼 어찌할 도리가 없어 꼼짝 못함
率先垂範	솔선수범 남보다 앞장서 행동하여 몸소 다른 사람의 본보기가 됨
送舊迎新	송구영신 묵은 해를 보내고 새해를 맞음
松茂栢悅	송무백열 소나무가 무성하면 잣나무가 기뻐함. 벗이 잘되는 것을 기뻐함
松柏之質	송백지질 소나무와 잣나무의 바탕. 건강한 체질
宋襄之仁	송양지인 송나라 양공의 어짊. 쓸데없이 베푸는 인정
壽考無疆	수고무강 목숨이 다함이 없음. 만수무강
水陸珍饌	수륙진찬 물과 뭍에서 나는 진귀하고 맛있는 것
壽福康寧	수복강녕 오래 살고 복을 누리며 건강하고 평안함
手不釋卷	수불석권 손에서 책을 놓을 사이 없이 열심히 공부함
首鼠兩端	수서양단 쥐구멍에서 목을 내민 쥐가 양쪽(나갈까 말까)을 망설임. 거취를 결정하지 못하고 망설임
漱石枕流	수석침류 돌로 양치질하고 물을 베게 삼음. 말을 잘못해 놓고 그럴듯하게 꾸며댐 또는 지기 싫어 억지 이유를 붙임
袖手傍觀	수수방관 팔짱을 끼고 보고만 있음. 직접 손을 내밀어 참여하지 않고 내버려둠
修身齊家	수신제가 몸과 마음을 닦아 수양하고 집안을 다스림
水魚之交	수어지교 고기와 물과의 관계처럼 떨어질 수 없는 특별한 친분
羞惡之心	수오지심 자기의 옳지 못함을 부끄러워하고 남의 옳지 못함을 미워하는 마음
水滴穿錫	수적천석 물방울이 주석을 뚫음
守株待兎	수주대토 그루터기를 지켜 토끼를 기다림. 고지식하고 융통성이 없음
羞花閉月	수화폐월 꽃도 부끄러워하고 달도 숨음. 여인의 얼굴과 맵시가 매우 아름다움
隋侯之珠	수후지주 천하의 귀중한 보배
脣亡齒寒	순망치한 옆사람이 망하면 이웃이 함께 위험함
脣齒輔車	순치보거 입술과 이 사이의 서로 도움. 서로 돕지 않으면 안 되는 상부상조의 관계
膝甲盜賊	슬갑도적 갑옷의 무릎을 훔침. 남의 글이나 저술을 베껴 마치 자기가 지은 것처럼 하는 사람
升斗之利	승두지리 한 되와 한 말의 이익. 대수롭지 않은 이익
乘勝長驅	승승장구 싸움에 이긴 형세를 타고 계속 몰아침
是是非非	시시비비 여러 가지 잘잘못을 옳고 그름을 따지며 다툼

始終如一	시종여일	처음부터 끝까지 변함없이 한결같음
始終一貫	시종일관	일 따위를 처음부터 끝까지 한결같이 함
識字憂患	식자우환	학식이 있는 것이 오히려 근심을 사게 함
信賞必罰	신상필벌	공이 있는 자에게는 상을 주고, 죄가 있는 사람에게는 벌을 준다. 상과 벌을 공정하고 엄중하게 하는 일
身言書判	신언서판	사람됨을 판단하는 네 가지 기준, 즉 몸, 말, 글, 판단력
神出鬼沒	신출귀몰	귀신같이 나타났다가 사라진다. 움직임을 알 수 없을 만큼 자유자재로 나타나고 사라짐
實事求是	실사구시	사실에 토대를 두어 진리를 탐구하는 일
實陳無諱	실진무휘	사실대로 진술하고 숨기는 바가 없음
深思熟考	심사숙고	깊이 잘 생각함
深山幽谷	심산유곡	깊은 산속의 으슥한 골짜기
心心相印	심심상인	마음과 마음에 서로를 새김
十伐之木	십벌지목	열 번 찍어 안 넘어가는 나무 없음
十匙一飯	십시일반	열 사람이 한 술씩 합하면 한 사람이 먹을 분량이 됨. 여러 사람이 힘을 합함
十顚九倒	십전구도	열 번 넘어지고 아홉 번 거꾸러짐. 괴로움이 많음
十中八九	십중팔구	열 가운데 여덟이나 아홉 정도로 거의 대부분이거나 틀림없음
十寒一幅	십한일폭	열흘 동안 춥다가 하루 볕이 쬠. 꾸준하게 진행되지 못하고 중간에 자주 끊김
我田引水	아전인수	제 논에 물대기. 자기에게만 이롭게 함
握髮吐哺	악발토포	머리카락을 거머쥐고 먹던 것을 토함. 인재를 구하기 위해 애씀
惡戰苦鬪	악전고투	매우 어려운 조건을 무릅쓰고 힘을 다하여 고생스럽게 싸움
安分知足	안분지족	편안한 마음으로 제 분수를 지키며 만족할 줄을 앎
安貧樂道	안빈낙도	가난한 생활을 하면서도 편안한 마음으로 도를 즐겨 지킴
眼下無人	안하무인	방자하고 교만하여 사람을 모두 얕잡아 봄
暗中摸索	암중모색	어둠 속에서 손을 더듬어 찾음. 어림짐작으로 사물을 알아내려 함
暗中帽着	암중모착	어둠 속에서 모자를 씀. 어림짐작으로 사물을 알아내려 함
愛國愛族	애국애족	자기 나라와 겨레를 사랑함
哀而不悲	애이불비	속으로는 슬프지만 겉으로는 슬픔을 나타내지 아니함
哀而不傷	애이불상	슬퍼하되 도를 넘지 아니함
愛之重之	애지중지	매우 사랑하고 소중히 여기는 모양
夜行被繡	야행피수	밤에 비단옷을 입고 다님
藥籠中物	약롱중물	약 상자 속의 약품. 언제든 쓸 수 있는 물건. 가까이 사귀어 자기편으로 만든 사람
藥籠之物	약롱지물	약 상자 속의 약품. 언제든 쓸 수 있는 물건. 가까이 사귀어 자기편으로 만든 사람
藥房甘草	약방감초	무슨 일이나 빠짐없이 낌. 반드시 끼어야 할 사물
弱肉强食	약육강식	약한 자가 강한 자에게 먹힌다. 강한 자가 약한 자를 희생시켜서 번영하거나, 약한 자가 강한 자에게 끝내는 멸망됨

羊頭狗肉	양두구육 양의 고기를 내놓고 사실은 개고기를 판다. 겉으로는 그럴 듯하게 내세우나 속엔 음흉한 딴 생각이 있음
梁上君子	양상군자 들보 위의 사람, 즉 도둑
良藥苦口	양약고구 좋은 약은 입에 쓰나 병에 이롭다. 충언(忠言)은 귀에 거슬리나 자신에게 이로움
兩者擇一	양자택일 둘 중에 하나를 고름
魚東肉西	어동육서 제사상을 차릴 때, 생선 반찬은 동쪽에 놓고 고기 반찬은 서쪽에 놓는 일
魚頭肉尾	어두육미 물고기는 머리 쪽이 맛이 있고, 짐승 고기는 꼬리 쪽이 맛이 있음
漁魯不辯	어로불변 어(漁) 자와 노(魯) 자를 구별하지 못함. 몹시 무식함
魚網鴻離	어망홍리 물고기를 잡으려고 쳐 놓은 그물에 기러기가 걸림. 구하는 것이 아닌 딴 것을 얻음
漁父之利	어부지리 조개와 도요새가 서로 버티는 통에 어부가 둘을 다잡아 이득을 봄
語不成說	어불성설 말이 조금도 사리에 맞지 아니함
魚遊釜中	어유부중 물고기가 가마 솥 안에서 놂. 살아있어도 생명이 얼마 남지 않음
億兆蒼生	억조창생 수많은 백성
焉敢生心	언감생심 감히 생각도 못함
言語道斷	언어도단 너무 어처구니가 없어 할 말이 없음
言中有骨	언중유골 말 속에 뼈가 있다는 뜻으로, 예사로운 말 속에 단단한 속뜻이 들어 있음
言行一致	언행일치 말과 행동이 서로 같음, 또는 말한 대로 실행함
掩目捕雀	엄목포작 눈을 가리고 참새를 잡으려 함. 일을 불성실하게 하게 함
掩耳盜鈴	엄이도령 자기 귀를 막고 방울을 훔침. 모든 사람이 그 잘못을 다 알고 있는데 꾀를 써서 남을 속이려 함
嚴妻侍下	엄처시하 아내에게 쥐여사는 남편의 처지를 놀림조로 이르는 말
如鼓琴瑟	여고금슬 거문고와 비파를 타는 것과 같음. 부부 사이가 다정하고 화목함
如履薄氷	여리박빙 얇은 얼음을 밟는 것 같다. 몹시 위험하여 조심함을 이르는 말
女必從夫	여필종부 아내는 반드시 남편을 따라야 한다는 말
與狐謀皮	여호모피 여우에게 가죽을 내어놓으라고 꼬드김. 근본적으로 이룰 수 없는 일
易地思之	역지사지 처지를 바꾸어서 생각하여 봄
戀慕之情	연모지정 사랑하여 그리워하는 정
緣木求魚	연목구어 나무에 올라 물고기를 구하듯 불가능한 일을 하려고 함
鳶飛魚躍	연비어약 솔개가 날고 물고기가 뛰어 놂. 자연의 법칙에 맞게 조화로움
連戰連勝	연전연승 싸울 때마다 계속하여 이김
煙霞之癖	연하지벽 고요한 산수의 풍경을 몹시 사랑하고 즐김
燕鴻之歎	연홍지탄 가을에 여름새인 제비는 남쪽으로 날아가고 겨울새인 기러기는 북쪽으로 날아가서 서로 만나지 못하여 탄식함. 길이 어긋나서 만나지 못함을 탄식함
炎凉世態	염량세태 더울 때와 서늘할 때의 세태. 권력에 아첨하는 세속의 세태

拈華微笑	염화미소	연꽃을 따서 미소 지음. 마음에서 마음으로 전함
曳尾塗中	예미도중	꼬리가 진흙 속에 있을 만큼 곤궁함. 곤궁하더라도 벼슬을 하지 않고 한가롭게 지냄
榮枯盛衰	영고성쇠	인생이나 사물의 번성함과 쇠락함이 서로 바뀜
五穀百果	오곡백과	온갖 곡식과 과실
五里霧中	오리무중	짙은 안개 속에 방향을 알 수 없음과 같이 무슨 일에 대해서 알 길이 없음
吾鼻三尺	오비삼척	내 코가 석자. 자기 사정이 급하여 남을 돌볼 겨를이 없음
烏飛梨落	오비이락	까마귀 날자 배 떨어진다. 아무 관계도 없는 일인데 때가 같아서 관계가 있는 것처럼 의심을 받게 됨
傲霜孤節	오상고절	서릿발이 심한 속에서도 굴하지 아니하고 외로이 지키는 절개. 국화(菊花)를 이르는 말
吳牛喘月	오우천월	오나라의 소가 더위를 두려워해 밤에 달이 뜨는 것을 보고도 해인 줄 알고 헐떡거림. 간이 작아 공연한 일에 미리 겁부터 내고 허둥거림
吳越同舟	오월동주	오나라 사람과 월나라 사람이 한 배에 타고 있음. 서로 적의를 품고 있는 사람이 같은 곳에 있거나 같은 처지에 당함
五臟六腑	오장육부	오장과 육부. 분노 따위의 심리 상태가 일어나는 몸 안의 곳
烏合之卒	오합지졸	까마귀가 모인 것처럼 질서가 없이 모인 병졸. 임시로 모여들어서 규율이 없고 무질서한 병졸 또는 군중
玉骨仙風	옥골선풍	살빛이 희고 고결하여 신선과 같은 풍채
屋上架屋	옥상가옥	지붕 위에 또 지붕을 만든다. 흔히 물건이나 일을 부질없이 거듭함
玉石俱焚	옥석구분	옥과 돌이 함께 불타버림. 착한 사람이나 악한 사람이 함께 망함
玉石同碎	옥석동쇄	옥과 돌이 함께 부수어짐. 착한 사람이나 악한 사람이 함께 망함
溫故知新	온고지신	옛 것을 익혀서 그것으로 미루어 새 것을 깨달음
瓦釜雷鳴	와부뇌명	기와와 가마솥의 소리를 천둥소리로 느낌. 별로 아는 것도 없는 사람이 과장해서 말함
臥薪嘗膽	와신상담	섶에 누워 쓸개를 씹음. 원수를 갚기 위해 온갖 괴로움을 참고 견딤
玩物喪志	완물상지	쓸데없는 물건을 가지고 노느라 소중한 자기의 본심을 잃음
完璧歸趙	완벽귀조	옥을 완전하게 조나라로 돌려보냄. 빌린 물건을 정중히 돌려보냄
玩火自焚	완화자분	불놀이를 즐기다 자기 자신이 불에 타버림. 무모한 일로 남을 해치려다 결국 자신이 해를 입게 됨
曰可曰否	왈가왈부	어떤 일에 대하여 옳거니 옳지 아니하거니 하고 말함
王侯將相	왕후장상	제왕, 제후, 장수, 재상을 아울러 이르는 말
矮人看場	왜인간장	키 작은 사람의 마당극 보기. 자신은 아무것도 모르면서 남이 그렇다고 하니까 덩달아 그렇다고 함
矮人看戲	왜인간희	키 작은 사람의 마당극 보기. 자신은 아무것도 모르면서 남이 그렇다고 하니까 덩달아 그렇다고 함
矮人觀場	왜인관장	키 작은 사람의 마당극 보기. 자신은 아무것도 모르면서 남이 그렇다고 하니까 덩달아 그렇다고 함
樂山樂水	요산요수	산수(山水)의 자연을 즐기고 좋아함

堯舜時代	요순시대 요임금과 순임금이 덕으로 천하를 다스리던 태평한 시대
堯舜時節	요순시절 요임금과 순임금이 덕으로 천하를 다스리던 태평한 시대
堯舜之節	요순지절 요임금과 순임금이 덕으로 천하를 다스리던 태평한 시대
搖之不動	요지부동 흔들어도 꼼짝하지 아니함
欲蓋彌彰	욕개미창 진상을 감추려 하면 더욱 밝게 드러나게 됨
欲燒筆硯	욕소필연 붓과 벼루를 태워버리고 싶어 함. 남의 문장이 뛰어난 것을 보고 자신의 재주가 없음을 탄식함
勇氣百倍	용기백배 격려나 응원 따위에 자극을 받아 힘이나 용기를 더 냄
龍頭蛇尾	용두사미 용의 머리 뱀의 꼬리. 출발은 좋으나 대충 끝남
龍尾鳳湯	용미봉탕 맛이 매우 좋은 음식을 비유적으로 이르는 말
龍蛇飛騰	용사비등 용과 뱀이 하늘로 날아오르는 것과 같이 살아 움직이는 매우 힘찬 글씨
愚公移山	우공이산 어리석은 사람이 산을 옮김. 마음만 단단히 먹으면 큰 일도 이룸
右往左往	우왕좌왕 이리저리 왔다갔다 하며 일이나 나아가는 방향을 종잡지 못함
優柔不斷	우유부단 어물어물 망설이기만 하고 결단성이 없음
牛耳讀經	우이독경 쇠귀에 경 읽기. 아무리 가르치고 일러 주어도 알아듣지 못함
雨後竹筍	우후죽순 비가 온 뒤에 부쩍 많이 솟은 죽순. 어떤 일이 동시에 많이 일어남
雲上氣稟	운상기품 세속의 속됨을 뛰어 넘는 고상한 기질과 성품
願賜骸骨	원사해골 늙은 재상이 벼슬을 내놓고 은퇴하기를 임금에게 청원함
怨入骨髓	원입골수 원한이 뼛속에 사무침. 몹시 원망함
遠禍召福	원화소복 화를 멀리하고 복을 부름
月盈則食	월영즉식 달이 차면 반드시 이지러짐. 무슨 일이든지 성하면 반드시 쇠하게 됨
月下老人	월하노인 부부의 인연을 맺어 준다는 전설상의 노인
危機一髮	위기일발 위급함이 매우 절박한 순간
渭樹江雲	위수강운 위수의 나무와 강수의 구름. 멀리 떨어져 있는 벗이 서로 그리워함
韋編三絶	위편삼절 책을 엮어놓은 가죽 끈이 세 번이나 끊어짐. 한 권의 책을 수십 번 되풀이해서 읽음
有口無言	유구무언 입이 있어도 할 말이 없음. 변명을 못함
有名無實	유명무실 이름만 그럴듯하고 실속은 없음
流芳百世	유방백세 꽃다운 이름이 후세에 널리 전해짐
有備無患	유비무환 미리 준비가 되어 있으면 걱정할 것이 없음
唯我獨尊	유아독존 세상에서 자기 혼자 잘났다고 뽐내는 태도
類類相從	유유상종 가재는 게 편. 같은 무리끼리 서로 사귐
悠悠自適	유유자적 속세를 떠나 아무 속박 없이 조용하고 편안하게 삶
有終之美	유종지미 한번 시작한 일을 끝까지 잘하여 끝맺음이 좋음
肉山脯林	육산포림 고기가 산을 이루고 포가 숲을 이룸. 몹시 사치스러운 잔치

殷鑑不遠	은감불원 은나라 왕이 거울로 삼아야 할 것은 멀리 있지 않음. 다른 사람의 실패를 자신의 거울로 삼음
隱忍自重	은인자중 마음속에 감추어 참고 견디면서 몸가짐을 신중하게 행동함
吟風弄月	음풍농월 맑은 바람과 밝은 달을 대상으로 시를 짓고 흥취를 자아내어 즐겁게 놂
衣架飯囊	의가반낭 옷걸이와 밥주머니. 쓸모없는 사람
意馬心猿	의마심원 생각은 말과 같고 마음은 원숭이와 같음. 마음이 세속의 욕심과 고민으로 항상 어지러움
疑心暗鬼	의심암귀 마음속에 의심이 생기면 갖가지 무서운 망상이 잇달아 일어나 불안해짐
異口同聲	이구동성 입은 다르나 목소리는 같다. 여러 사람의 말이 한결같음
以卵投石	이란투석 계란으로 바위 치기. 아주 약한 것으로 강한 것에 대항하려는 어리석음
耳目口鼻	이목구비 귀·눈·입·코를 아울러 이르는 말. 귀·눈·입·코를 중심으로 한 얼굴의 생김새
以心傳心	이심전심 말이나 글로 전하지 않고 마음에서 마음으로 전함
以熱治熱	이열치열 열은 열로써 다스림. 힘은 힘으로 물리침
利用厚生	이용후생 기구를 편리하게 쓰고 먹을 것과 입을 것을 넉넉하게 하여, 국민의 생활을 나아지게 함
二律背反	이율배반 꼭 같은 근거를 가지고 정당하다고 주장되는 서로 모순되는 두 명제 관계
泥田鬪狗	이전투구 진흙탕에서 싸우는 개. 자기의 이익을 위하여 비열하게 다툼
二八靑春	이팔청춘 16세 무렵의 꽃다운 청춘. 또는 혈기 왕성한 젊은 시절
離合集散	이합집산 헤어졌다가 모였다가 하는 일
因果應報	인과응보 과거 또는 전생의 선악의 인연에 따라 뒷날의 길흉화복을 받음
人口膾炙	인구회자 널리 세상 사람의 이야깃거리가 됨. 즉 사람의 입에 자주 오르내림
人面獸心	인면수심 사람의 얼굴을 하고 있으나 마음은 짐승과 같다. 마음이나 행동이 몹시 흉악함
人命在天	인명재천 사람의 목숨은 하늘에 달려 있다. 목숨의 길고 짧음은 사람의 힘으로 어쩔 수 없음
人事不省	인사불성 제 몸에 벌어지는 일을 모를 만큼 정신을 잃은 상태
人死留名	인사유명 사람은 죽어서 이름을 남긴다. 사람의 삶이 헛되지 아니하면 그 이름이 길이 남음
人山人海	인산인해 사람이 산을 이루고 바다를 이루었다. 사람이 수없이 많이 모인 상태
人溺己溺	인익기익 남이 물에 빠지면 자기가 물에 빠진 듯이 여김
人海戰術	인해전술 우수한 화기보다 다수의 병력을 투입하여 적을 압도하는 전술
一刻千金	일각천금 아무리 짧은 시간이라도 천금과 같이 귀중함
一擧兩得	일거양득 한 가지 일로 두 가지 이득을 취함
一口二言	일구이언 한 입으로 두 말을 한다. 한 가지 일에 대하여 말을 이랬다저랬다 함
一刀兩斷	일도양단 칼로 무엇을 대번에 쳐서 두 도막을 냄. 어떤 일을 머뭇거리지 아니하고 선뜻 결정함
一望無際	일망무제 한눈에 바라볼 수 없을 정도로 아득하게 멀고 넓어서 끝이 없음
一網打盡	일망타진 그물을 한 번 쳐서 물고기를 모조리 잡음. 한꺼번에 다 잡음

一脈相通	일맥상통	사고방식, 상태, 성질 따위가 서로 통하거나 비슷해짐
日暮途遠	일모도원	해는 졌고 길은 멂. 즉, 뜻하는 바는 큰 데 너무 늦어 달성이 어려움
一問一答	일문일답	한 번 물음에 대하여 한 번 대답함
一罰百戒	일벌백계	한 사람을 벌주어 백 사람을 경계한다. 경각심을 불러 일으키기 위하여 본보기로 한 사람에게 엄한 처벌을 함
一絲不亂	일사불란	한 오라기 실도 엉키지 아니함. 질서가 정연하여 조금도 흐트러지지 아니함
一瀉千里	일사천리	강물이 쏟아져 단번에 천리를 감. 어떤 일이 조금도 거침없이 시세 좋게 진행됨
一石二鳥	일석이조	돌 한 개를 던져 두 마리 새를 잡는다는 뜻으로, 동시에 두 가지 이득을 봄
一心同體	일심동체	한마음 한 몸이라는 뜻으로, 서로 굳게 결합함을 이르는 말
一魚濁水	일어탁수	한 마리의 물고기가 물을 흐린다. 한 사람의 잘못으로 여러 사람이 피해를 입게 됨
一言半句	일언반구	한 마디 말과 반 구절이라는 뜻으로, 아주 짧은 말을 이르는 말
一以貫之	일이관지	하나의 방법이나 태도로써 처음부터 끝까지 한결같음. 모든 것을 하나의 원리로 꿰뚫어 이야기함
一日三省	일일삼성	매일 세 번 자신을 반성함
一日三秋	일일삼추	하루가 삼 년 같다는 뜻으로, 몹시 애태우며 기다림을 이르는 말
一字無識	일자무식	글자를 한 자도 모를 정도로 무식함, 또는 그런 사람
一長一短	일장일단	일면의 장점과 다른 일면의 단점을 통틀어 이르는 말
一場春夢	일장춘몽	봄날의 한바탕 꿈처럼 헛된 영화
一朝一夕	일조일석	하루 아침과 하루 저녁이란 뜻으로, 짧은 시일을 이르는 말
一進一退	일진일퇴	한 번 앞으로 나아갔다 한 번 뒤로 물러섰다함
一觸卽發	일촉즉발	조금만 닿아도 곧 폭발할 것 같은 모양. 막 일이 일어날 듯하여 위험한 지경
日就月將	일취월장	날로 달로 나아감. 학문이 날로 달로 나아감
一波萬波	일파만파	금새 사방으로 번져 나감
一片丹心	일편단심	한 조각의 붉은 마음이란 뜻으로, 진심에서 우러나오는 변치 않는 마음
一幅十寒	일폭십한	열흘 동안 춥다가 하루 볕이 쬠. 꾸준하게 진행되지 못하고 중간에 자주 끊김
一筆揮之	일필휘지	단숨에 그리거나 씀
一喜一悲	일희일비	한편으로는 기뻐하고 한편으로는 슬퍼함. 또는 기쁨과 슬픔이 번갈아 일어남
臨渴掘井	임갈굴정	목마른 자가 우물을 팜. 준비 없이 일을 당하여 서두름
臨機應變	임기응변	그때그때 처한 사태에 맞추어 즉각 그 자리에서 결정하거나 처리함
臨時防牌	임시방패	무너진 성벽을 급한 대로 우선 방패로 막음
立身揚名	입신양명	출세하여 이름을 세상에 떨침
自家撞着	자가당착	언행이 모순되어 일치하지 않음
自强不息	자강불식	스스로 힘써 행하여 쉬지 않음
自激之心	자격지심	자기가 한일에 대하여 스스로 미흡하게 여기는 마음

刺股懸梁	자고현량 허벅다리를 찌르고 머리털을 끈에 묶어 들보에 매닮. 스승의 가르침 없이 스스로 부지런히 노력함
自給自足	자급자족 필요한 물자를 스스로 생산하여 충당함
自己矛盾	자기모순 말이나 행동의 앞뒤가 서로 맞지 않음
子膜執中	자막집중 전국시대의 자막이 항상 중용만을 고집함. 융통성이 없음
自問自答	자문자답 스스로 묻고 스스로 대답함
子孫萬代	자손만대 오래도록 내려오는 여러 대
自手成家	자수성가 물려받은 재산이 없이 자기 혼자의 힘으로 집안을 일으키고 재산을 모음
自繩自縛	자승자박 자기 줄로 자기를 묶음. 스스로 힘들게 하는 것을 자초함
自業自得	자업자득 자기가 저지른 일의 결과를 자기가 받음
自業自縛	자업자박 자기가 저지른 일의 결과를 자기가 받음
自由自在	자유자재 거침없이 자기 마음대로 할 수 있음
自中之亂	자중지란 같은 편끼리 하는 싸움
自初至終	자초지종 처음부터 끝까지의 과정
自暴自棄	자포자기 절망에 빠져 자신을 스스로 포기하고 돌아보지 아니함
自畵自讚	자화자찬 자기가 그린 그림을 스스로 칭찬한다는 뜻으로, 자기가 한 일을 스스로 자랑함
作心三日	작심삼일 단단히 먹은 마음이 사흘을 가지 못한다는 뜻으로, 결심이 굳지 못함을 이름
張三李四	장삼이사 장씨 세 사람과 이씨 네 사람. 이름이나 신분이 특별하지 아니한 평범한 사람들
長袖善舞	장수선무 소매가 길면 춤을 잘 춤. 재물이 많은 사람이 성공하기 쉬움
長幼有序	장유유서 어른과 어린이 사이에는 엄격한 차례가 있고 복종해야할 질서가 있음
爭先恐後	쟁선공후 앞을 다투고 뒤처지는 것을 두려워함. 격렬한 경쟁
賊反荷杖	적반하장 도둑이 도리어 몽둥이를 듦. 잘못한 사람이 도리어 잘한 사람을 나무람
赤手空拳	적수공권 맨손과 맨주먹이라는 뜻으로, 아무것도 가진 것이 없음을 이르는 말
積水成淵	적수성연 한 방울의 물이 모여 연못을 이룸
適材適所	적재적소 알맞은 인재를 알맞은 자리에 씀
積塵成山	적진성산 티끌이 모여 산이 됨
前車覆轍	전거복철 앞 수레가 엎어진 바퀴 자국. 이전 사람의 그릇된 일이나 행동의 자취
電光石火	전광석화 번갯불이나 부싯돌의 불이 번쩍거리는 것과 같이 짧은 시간이나 재빠른 움직임
前代未聞	전대미문 이제까지 들어본 적이 없는 일
前途有望	전도유망 앞으로 잘 될 희망이 있음. 장래가 유망함
前無後無	전무후무 전에도 없었고 앞으로도 없음
全心全力	전심전력 온 마음과 온 힘
前人未踏	전인미답 이제까지 아무도 발을 들여놓거나 도달한 사람이 없음
戰戰兢兢	전전긍긍 매우 두려워하여 벌벌 떨면서 조심함
輾轉反側	전전반측 이리 구르고 저리 뒤척임. 괴로워 잠을 이루지 못함

戰戰慄慄	전전율율 몹시 두려워하여 벌벌 떨면서 삼가함	粗衣惡食	조의악식 거친 옷을 입고 좋지 않은 음식을 먹음
前程萬里	전정만리 앞길이 구만 리 같음	粗衣粗食	조의조식 거친 옷을 입고 거친 음식을 먹음
前虎後狼	전호후랑 앞문에서 호랑이를 막으니 뒷문으로 이리가 들어옴. 재앙이 끊임없음	鳥足之血	조족지혈 새 발의 피라는 뜻으로, 매우 적은 분량을 비유적으로 이르는 말
轉禍爲福	전화위복 화가 바뀌어 복이 됨	足脫不及	족탈불급 맨발로 뛰어도 따라가지 못한다. 능력, 역량, 재질 따위가 두드러져 도저히 다른 사람이 따라가지 못할 정도
截長補短	절장보단 긴 것을 잘라서 짧은 것을 보충함. 넉넉한 것을 나누어 모자란 곳을 메움	存亡之秋	존망지추 존속과 멸망, 또는 생존과 사망이 결정되는 아주 절박한 경우나 시기
切磋琢磨	절차탁마 옥돌을 자르고, 쓸고 갈아서 빛을 냄. 학문이나 인격을 끊임없이 갈고 닦음	種瓜得瓜	종과득과 오이 심어 오이를 거둠
切齒腐心	절치부심 몹시 분하여 이를 갈면서 속을 썩임	終南捷徑	종남첩경 종남산을 통한 지름길. 편법적인 수단으로 목적을 달성함
漸入佳境	점입가경 갈수록 재미있음	縱橫無盡	종횡무진 자유자재로 행동하여 거침이 없는 상태
頂門一鍼	정문일침 정수리에 침 하나를 꽂음. 상대방의 급소를 찌르는 따끔한 충고나 교훈	坐不安席	좌불안석 앉아도 자리가 편안하지 않다. 마음이 불안하거나 걱정스러워서 한 군데에 가만히 앉아 있지 못하고 안절부절 못하는 모양
頂上一鍼	정상일침 정수리에 침 하나를 꽂음. 상대방의 급소를 찌르는 따끔한 충고나 교훈	坐井觀天	좌정관천 우물에 앉아서 하늘을 본다. 견문이 좁음을 뜻함
挺身出戰	정신출전 앞장서서 나가 싸움. 위급할 때 과감히 나서 모든 책임을 다함	左之右之	좌지우지 이리저리 제 마음대로 휘두르거나 다룸
鄭衛之音	정위지음 정나라와 위나라에서 유행한 음악. 음란한 망국의 음악	左瞻右顧	좌첨우고 왼쪽을 돌아보고 오른쪽도 돌아봄. 무슨 일을 쉽게 결정 못함
井底之蛙	정저지와 우물 안 개구리. 견문이 좁고 세상물정에 어두운 사람	左衝右突	좌충우돌 마구 찌르고 부딪침. 아무에게나 또는 아무 일에나 함부로 맞닥뜨림
井中之蛙	정중지와 우물 안 개구리. 견문이 좁고 세상물정에 어두운 사람	主客一體	주객일체 주체와 객체가 하나가 됨
朝令暮改	조령모개 아침에 명령을 내리고 저녁에 다시 고침	主客顚倒	주객전도 주인과 손님이 행동을 바꾸어 함. 서로 입장이 뒤바뀜
朝變夕改	조변석개 아침 저녁으로 뜯어 고침	晝耕夜讀	주경야독 낮에는 밭을 갈고 밤에는 책을 읽음
爪牙之士	조아지사 손톱과 어금니 같은 신하. 나라를 다스리는 데 꼭 필요한 인재		

酒囊飯袋	주낭반대 술 주머니와 밥자루. 놀고 먹기만 하는 사람
走馬加鞭	주마가편 달리는 말에 채찍질을 함. 잘되고 좋을 때에 더욱 힘을 더함
走馬看山	주마간산 수박 겉핥기. 말을 타고 달리면서 산수를 본다. 바쁘게 대충 보며 지나감을 일컫는 말
柱石之臣	주석지신 주춧돌(주석)이 될 만한 신하
晝夜長川	주야장천 밤낮으로 쉬지 아니하고 연달음
酒池肉林	주지육림 호화로운 술잔치
竹頭木屑	죽두목설 대나무 조각과 나무 부스러기. 쓸모가 적은 물건일지라도 후에 긴요하게 씀
竹馬故友	죽마고우 어릴 때, 대나무말을 타고 놀며 같이 자란 친구
衆寡不敵	중과부적 적은 수로 많은 사람을 당하기 어려움
衆口難防	중구난방 여러 사람의 말을 막기가 어려움
櫛風沐雨	즐풍목우 머리털을 바람으로 빗질하고 몸은 빗물로 목욕함. 객지에서 온갖 고생을 함
芝蘭之交	지란지교 지초와 난초의 사귐. 벗 사이의 맑고 고상한 교제
指鹿爲馬	지록위마 사슴을 가리켜 말이라고 함. 윗사람을 속여 마음대로 함
支離滅裂	지리멸렬 이리저리 흩어지고 찢기어 갈피를 잡을 수 없음
地上天國	지상천국 천국은 하늘에서 찾을 것이 아니라 이 현실 사회에서 세워야 한다는 완전한 이상세계
至誠感天	지성감천 정성이 지극하면 하늘도 감동함. 어떤 일을 정성껏 하면 좋은 결과를 맺음
指呼之間	지호지간 손짓하여 부를 만한 가까운 거리
秦鏡高懸	진경고현 사람의 마음까지도 비추었다는 진나라 거울이 높게 매달려 있음. 옳고 그름을 분명하게 함
珍羞盛饌	진수성찬 성대하게 잘 차려진 진귀하고 맛 좋은 음식
盡忠報國	진충보국 충성을 다하여 나라의 은혜를 갚음
進退兩難	진퇴양난 앞으로 나아가기도 어렵고 뒤로 물러나기도 어려움
進退維谷	진퇴유곡 앞으로 나아가도 뒤로 물러나도 골짜기만 있음. 어쩔 수 없는 궁지에 빠진 상태
塵合泰山	진합태산 먼지가 모여 태산이 됨
懲羹吹菜	징갱취채 뜨거운 국에 데어 냉채를 불어 먹음. 한 번의 실패 때문에 매사를 지나치게 조심함
車胤聚螢	차윤취형 차윤이 반딧불을 모음. 가난한 차윤이 기름을 살 수 없어 반딧불을 모아 그 빛으로 글을 읽음
借廳借閨	차청차규 대청을 빌려 쓰다가 점점 안방까지 빌려 씀. 처음엔 남에게 의지하다가 후에는 권리까지 차지함
此日彼日	차일피일 이날저날 미룸
滄桑之變	창상지변 푸른 바다가 뽕나무 밭으로 변함. 세상의 변화가 심함
彰善懲惡	창선징악 착한 것을 드러나게 하고 악한 것을 징계함
滄海桑田	창해상전 푸른 바다가 뽕나무 밭으로 됨. 세상의 변화가 심함
滄海遺珠	창해유주 넓고 큰 바다에 캐어지지 않고 남아 있는 진주. 세상에 알려지지 않은 귀한 보배
滄海一粟	창해일속 큰 바다에 던져진 좁쌀 한 톨. 지극히 작은 것 또는 삼라만상과 비교하여 인간 존재의 허무함

滄海一滴	창해일적 큰 바다 속의 물방울 하나. 많은 것 중 하나 또는 넓은 세상에서 보잘것없이 미미함
采薪之憂	채신지우 섶을 만들어야 하는 근심. 임금에게 신하가 자신의 병을 겸손하게 이름
隻手空拳	척수공권 한쪽 손과 빈주먹. 아무것도 가진 것이 없음
天高馬肥	천고마비 하늘이 높고 말이 살찐다는 뜻으로, 풍성한 가을을 이르는 말
千慮一得	천려일득 천 번을 생각하여 하나를 얻는다. 어리석은 사람이라도 많은 생각을 하면 그 과정에서 한 가지쯤은 좋은 것이 나올 수 있음
千慮一失	천려일실 천 번 생각에 한 번 실수. 슬기로운 사람이라도 여러 가지 생각 가운데에는 잘못되는 것이 있을 수 있음
千萬多幸	천만다행 아주 다행함
天方地軸	천방지축 바쁘거나 어리석어서 허둥대는 모습.
天生緣分	천생연분 하늘이 정하여 준 연분
泉石膏盲	천석고맹 샘과 돌의 아름다움에 눈이 멂. 자연의 경관에 몹시 심취됨
泉石膏肓	천석고황 샘과 돌의 아름다움에 고황이 듦. 자연의 경관에 몹시 심취됨
千辛萬苦	천신만고 천 가지 매운 것과 만 가지 쓴 것. 온갖 어려운 고비를 다 겪으며 심하게 고생함
天壤之差	천양지차 하늘과 땅 사이와 같이 엄청난 차이
天淵之差	천연지차 하늘과 연못과의 차이. 차이가 매우 큼
天佑神助	천우신조 하늘이 돕고 신이 도움. 도저히 불가능한 것을 하늘과 신의 도움으로 가능하게 된 경우
天衣無縫	천의무봉 선녀의 옷에는 바느질한 자리가 없음. 언행이나 문장이 매우 자연스러움
天人共怒	천인공노 하늘과 땅이 함께 분노한다는 뜻으로, 같은 무리의 불행을 슬퍼함
千載一遇	천재일우 절호의 기회
天眞爛漫	천진난만 천진함이 넘침. 조금도 꾸밈없이 아주 순진하고 참됨
千差萬別	천차만별 여러 가지 사물이 모두 차이가 있고 구별이 있음
千篇一律	천편일률 시문의 격조(格調)가 모두 비슷하여 특성이 없음. 여럿이 개별적 특성이 없이 모두 엇비슷함
天下第一	천하제일 세상에 견줄 만한 것이 없이 최고임
徹頭徹尾	철두철미 처음부터 끝까지 철저함
撤地之冤	철지지원 땅에 사무치는 크나큰 원한
徹天之冤	철천지원 하늘에 사무치는 크나큰 원한
轍環天下	철환천하 수레를 타고 하늘을 돌아다님. 여러 나라를 두루 여행함
靑山流水	청산유수 산에 맑은 물이라는 뜻으로, 막힘없이 썩 잘하는 말을 비유적으로 이르는 말
靑天白日	청천백일 하늘이 맑게 갠 대낮. 맑은 하늘에 뜬 해
靑出於藍	청출어람 쪽에서 뽑아 낸 푸른 물감이 쪽빛보다 더 푸름. 제자가 스승보다 뛰어남
淸風明月	청풍명월 맑은 바람과 밝은 달
草廬三顧	초려삼고 초가집을 세 번 돌아봄. 인재를 구하기 위해 애씀
草綠同色	초록동색 풀빛과 녹색은 같다. 이름은 달라도 성질이나 내용은 같음
焦眉之急	초미지급 눈썹이 불에 탈 만큼 위급한 상태. 매우 위급한 상태

焦心苦慮	초심고려 마음을 태우며 애써 생각함
初志一貫	초지일관 처음에 세운 뜻을 끝까지 밀고 나감
寸鐵殺人	촌철살인 간단한 말로 핵심을 찔러 감동시킴
錐處囊中	추처낭중 주머니 속의 송곳. 재주가 뛰어난 사람은 어느 곳에 있어도 눈에 띔
秋風落葉	추풍낙엽 가을 바람에 떨어지는 나뭇잎. 어떤 형세나 세력이 갑자기 기울어지거나 헤어져 흩어지는 모양
春雉自鳴	춘치자명 봄철의 꿩이 스스로 욺. 허물을 자기 스스로 밝히어 힘들게 됨
出告反面	출곡반면 밖에 나갈 때 가는 곳을 반드시 아뢰고, 되돌아와서는 반드시 얼굴을 보여 드림
出藍之譽	출람지예 쪽에서 뽑아 낸 영예로움. 제자가 스승보다 뛰어남
出爾反爾	출이반이 너에게서 나와서 너에게로 돌아감. 행불행이 모두 자기에 의해서 초래됨
取捨選擇	취사선택 여럿 가운데서 쓸 것을 쓰고 버릴 것은 버림
醉生夢死	취생몽사 술에 취하여 자는 동안에 꾸는 꿈 속에 살고 죽는다. 한평생을 아무 하는 일 없이 흐리멍텅하게 살아감
痴人說夢	치인설몽 어리석은 사람이 꿈 이야기. 허황된 말을 지껄임
七去之惡	칠거지악 예전에, 아내를 내쫓을 수 있는 이유가 되었던 일곱 가지 허물
七顚八起	칠전팔기 일곱 번 넘어지고 여덟 번 일어남. 여러 번의 실패에도 굽히지 않고 분투함
七顚八倒	칠전팔도 일곱 번 넘어지고 여덟 번 거꾸러짐. 수없이 실패를 거듭하거나 매우 고생함
針小棒大	침소봉대 바늘만한 것을 몽둥이 만하다고 함. 작은 일을 크게 과장하여 부풀림
唾面自乾	타면자건 타인이 얼굴에 침을 뱉으면 스스로 마를 때까지 기다림. 처세에는 큰 인내가 필요함
他山之石	타산지석 다른 산에서 나는 작은 돌로도 자신의 구슬을 갈 수 있다. 남의 하찮은 언행일지라도 자신의 품성을 높이는 데 교훈으로 삼을 수 있음
卓上空論	탁상공론 현실성이 없는 허황한 이론이나 논의
脫兎之勢	탈토지세 우리를 빠져나가는 토끼의 기세. 매우 빠르고 날랜 기세
貪官汚吏	탐관오리 백성의 재물을 탐내어 빼앗는, 행실이 깨끗하지 못한 관리
探囊取物	탐낭취물 주머니 속의 물건을 취함. 아주 쉬운 일
泰山北斗	태산북두 존경받는 인물
太平聖代	태평성대 태평스러운 시절
兎死狐悲	토사호비 토끼가 죽으니 여우가 슬퍼함. 같은 무리의 불행을 슬퍼함
兎營三窟	토영삼굴 토끼가 위기에서 벗어나기 위해 세 개의 굴을 파 놓음. 안정을 위하여 미리 대비책을 짜 놓음
吐盡肝膽	토진간담 간과 쓸개를 다 토함. 숨김없이 다 털어놓고 말함
吐哺握髮	토포악발 입속에 있는 밥을 뱉고 머리카락을 움켜쥠. 현인을 얻기 위해 식사 때나 머리 감을 때라도 황급히 나아가 예의를 갖춤
吐哺捉髮	토포착발 입속에 있는 밥을 뱉고 머리카락을 움켜쥠. 현인을 얻기 위해 식사 때나 머리 감을 때라도 황급히 나아가 예의를 갖춤
投鞭斷流	투편단류 채찍을 던져 흐르는 강물을 막음. 병력이 많고 강대함

投筆從戎	투필종융	붓을 던지고 창을 쫓음. 학문을 포기하고 종군함
破瓜之年	파과지년	여자 나이 16세와 남자 나이 64세. 瓜를 파자하면 八이 두 개가 되며 그 둘을 더하면 16이 되고 곱하면 64가 됨
波瀾萬丈	파란만장	파도의 물결치는 것이 만장의 길이나 됨. 일의 진행의 변화가 심함
波瀾重疊	파란중첩	파도의 물결이 여러 번 겹침. 생활이나 일의 진행에 변화와 난관이 많음
破廉恥漢	파렴치한	염치를 모르는 뻔뻔한 사람
破顔大笑	파안대소	매우 즐거운 표정으로 활짝 웃음
破竹之勢	파죽지세	대를 쪼개는 기세라는 뜻으로, 적을 거침없이 물리치고 쳐들어가는 기세
八道江山	팔도강산	팔도의 강산이라는 뜻으로, 우리 나라 전체의 강산을 이르는 말
八方美人	팔방미인	어느 모로 보나 아름다운 사람. 여러 방면에 능통한 사람을 비유적으로 이르는 말
敗家亡身	패가망신	집안의 재산을 다 써 없애고 몸을 망침
悖入悖出	패입패출	어긋나게 들어오면 어긋나게 나감. 비정상적으로 얻은 재물은 비정상적으로 나감
偏母膝下	편모슬하	아버지 없이 홀어머니 품에서 자란 자식
鞭長莫及	편장막급	채찍이 길어도 말의 배까지는 닿지 않음. 돕고 싶지만 능력이 미치지 못함
平地突出	평지돌출	변변치 못한 집에서 인물이 나옴
閉月羞花	폐월수화	달이 숨고 꽃이 부끄러워함. 여인의 얼굴과 맵시가 매우 아름다움
弊袍破笠	폐포파립	해진 옷과 부러진 갓. 너절하고 구차한 차림새
蒲柳之姿	포류지자	갯버들과 같은 모습. 병약하고 허약한 모습
蒲柳之質	포류지질	갯버들과 같은 자질. 몸이 허약하여 병에 걸리기 쉬운 체질
抱腹絕倒	포복절도	배를 끌어안고 넘어질 정도로 몹시 웃음
抱薪求禍	포신구화	불을 끄려고 섶나무를 집어 던짐. 잘못된 일의 근본을 다스리지 않고 성급하게 행동하다가 도리어 그 해를 더 크게 함
表裏不同	표리부동	겉과 속이 다름
豹死留皮	표사유피	표범은 죽어서 가죽을 남김. 사람은 죽어서 명예를 남겨야 함
風樹之嘆	풍수지탄	효도를 다하지 못하고 어버이를 여읜 자식의 슬픔을 비유하는 말
風前燈火	풍전등화	바람 앞에 놓인 등불. 사물이 매우 위태로운 처지에 놓여 있음을 비유하는 말
風餐露宿	풍찬노숙	바람을 맞으며 먹고 이슬을 맞으며 잠. 객지에서 겪는 숱한 고생
皮骨相接	피골상접	살가죽과 뼈가 맞붙을 정도로 몹시 마름
彼此一般	피차일반	두 편이 서로 같음
匹夫之勇	필부지용	깊은 생각 없이 혈기만 믿고 함부로 부리는 소인의 용기
匹夫匹婦	필부필부	한 쌍의 지아비와 지어미
夏爐冬扇	하로동선	여름의 화로와 겨울의 부채. 아무 소용없는 말이나 재주 또는 철에 맞지 않거나 쓸모없는 것
下石上臺	하석상대	아랫돌 빼서 윗돌 괴기. 임시 변통으로 이리저리 둘러맞춤을 이르는 말
夏扇冬曆	하선동력	여름의 부채와 겨울의 새해 책력. 선물하는 물건이 제철에 맞음

下穽投石	하정투석 함정에 빠진 사람에게 돌을 던짐. 어려움에 처한 사람을 더욱 괴롭힘
鶴首苦待	학수고대 학의 목처럼 길게 늘여 고대함
汗牛充棟	한우충동 수레로 운반하면 소가 땀을 흘리게 되고 쌓으면 들보에 닿을 정도로 많은 책
閑雲野鶴	한운야학 한가로운 구름 아래 노니는 들판의 학. 세상의 벼슬과 부귀, 세속을 등지고 강호에 묻혀 사는 사람
含憤蓄怨	함분축원 분하고 원통한 마음을 품음
含哺鼓腹	함포고복 잔뜩 먹고 배를 두드림. 먹을 것이 풍족하여 즐겁게 지냄
咸興差使	함흥차사 일을 보러 밖에 나간 사람이 오래도록 돌아오지 않을 때 하는 말
恒茶飯事	항다반사 항상 있어서 이상하거나 신통할 것이 없는 일
亢龍有悔	항룡유회 하늘 끝까지 다다른 용이 내려갈 길 밖에 없음을 후회함. 부귀영화가 극에 다다르면 쇠락할 우려가 있음
駭怪罔測	해괴망측 그 정도를 헤아릴 수 없을 만큼 몹시 괴이하고 놀라운 일
海翁好鷗	해옹호구 바닷가의 늙은이가 갈매기를 좋아함. 사람에게 야심이 있으면 새도 그것을 알고 가까이 하지 않음
向隅之歎	향우지탄 구석을 향하여 한탄함. 모두가 즐거워하나 자신은 좋은 때를 만나지 못한 것을 한탄함
行方不明	행방불명 곳이나 방향을 모름
虛禮虛飾	허례허식 예절, 법식 등을 겉으로만 번드레하게 하는 일
虛送歲月	허송세월 하는 일 없이 세월만 헛되이 보냄
虛心坦懷	허심탄회 마음을 비우고 생각을 터놓음. 품은 생각을 터놓고 말할 만큼 아무 거리낌이 없이 솔직함
虛張聲勢	허장성세 실속이 없으면서 허세만 떠벌림
軒軒丈夫	헌헌장부 외모가 준수하고 풍채가 당당한 남자
懸頭刺股	현두자고 상투를 천장에 달아매고 송곳으로 허벅다리를 찔러서 잠을 깨움. 학업에 매우 힘씀
懸梁刺股	현량자고 머리털을 끈에 묶어 대들보에 매달고 허벅다리를 찌름. 학업에 매우 힘씀
賢母良妻	현모양처 어진 어머니이면서 착한 아내
螢雪之功	형설지공 갖은 고생을 하며 부지런히 학문을 닦아서 성공함
螢窓雪案	형창설안 반딧불이 비치는 창과 눈(雪)이 비치는 책상. 어려운 가운데서도 학문에 힘씀
形形色色	형형색색 형상과 빛깔 따위가 서로 다른 여러 가지
狐假虎威	호가호위 여우가 호랑이의 위세를 빌려 호기를 부림. 남의 세력을 빌어 위세를 부림
狐丘之戒	호구지계 초나라 호구 땅의 노인의 훈계. 남에게 원한을 사는 일이 없도록 조심함
糊口之計	호구지계 입에만 겨우 풀칠할 수 있는 계획. 겨우 먹고 살아가는 방책
糊口之方	호구지방 입에만 겨우 풀칠할 수 있는 방법. 겨우 먹고 살아가는 방책
糊口之策	호구지책 입에 풀칠할 수 있는 계책. 겨우 먹고 살아가는 방책
虎狼之國	호랑지국 호랑이 같은 나라. 신의가 없고 포악한 침략국
好事多魔	호사다마 좋은 일에는 마귀가 많음. 좋은 일에는 방해가 되는 일이 많음

虎視耽耽	호시탐탐 범이 날카로운 눈초리로 먹이를 노림. 틈만 있으면 덮치려고 기회를 노리며 형세를 살핌
浩然之氣	호연지기 하늘과 땅 사이에 가득찬 넓고 큰 원기. 거침 없이 넓고 큰 기개
好衣好食	호의호식 좋은 옷을 입고 좋은 음식을 먹음
胡蝶之夢	호접지몽 나비가 된 꿈. 물아(物我)의 구별을 잊음을 비유하는 말
惑世誣民	혹세무민 세상을 속이고 백성을 속임. 이단의 말로 세상을 어지럽히고 백성을 속이는 일
魂飛魄散	혼비백산 혼이 날아가고 넋이 흩어짐. 몹시 놀라 어찌할 바를 모름
渾然一體	혼연일체 사람들의 마음과 행동이 조금의 차이도 없이 한 덩어리가 됨
昏定晨省	혼정신성 저녁에 부모님의 잠자리를 정하고 아침에는 부모님께서 안녕히 주무셨는지를 살핌
紅爐點雪	홍로점설 뜨거운 불길 위에 한 점의 눈. 조금도 도움이 안 되는 일 또는 일시에 밝아지는 마음
弘益人間	홍익인간 널리 인간을 이롭게 함. 단군의 건국 이념
花蛇添足	화사첨족 불필요함. 사족
華胥之夢	화서지몽 화서의 꿈. 낮잠. 좋은 꿈
華氏紙璧	화씨지벽 화씨의 구슬. 천하의 귀중한 보배
花容月態	화용월태 꽃같은 용모에 달같은 몸매
花朝月夕	화조월석 경치 좋은 시절, 즉 봄과 가을
畵中之餠	화중지병 그림의 떡. 보기만 하고 탐이 나도 어찌 해볼 수 없는 상황
換骨奪胎	환골탈태 뼈를 바꾸고 태(胎)를 빼앗음. 모습이 이전보다 몰라보게 좋아짐 또는 다른 사람이 지은 시문을 자기가 만든 것처럼 꾸밈
歡呼雀躍	환호작약 기뻐서 크게 소리를 치며 날뜀
荒唐無稽	황당무계 말이나 행동이 터무니없고 근거가 없어 생각할 가치가 없음
懷璧有罪	회벽유죄 보배스런 구슬을 가지고 있는 것도 죄가 됨. 분수에 맞지 않는 귀한 물건을 지니고 있으면 훗날 화를 초래할 수 있음
回賓作主	회빈작주 주장하는 사람의 의견을 무시하고 자기 마음대로 함
繪事後素	회사후소 그림 그리는 일은 흰 바탕이 있은 이후에 함. 기본을 충실히 한 후 일을 시작해야 함
會者定離	회자정리 만난 자는 반드시 헤어짐. 모든 것이 무상함을 나타내는 말
橫說竪說	횡설수설 말을 이렇게 했다 저렇게 함. 두서없이 생각나는 대로 이야기 함
橫竪說去	횡수설거 조리가 없이 말을 이러쿵저러쿵 지껄임
橫竪說話	횡수설화 조리가 없이 말을 이러쿵저러쿵 지껄임
孝悌忠信	효제충신 어버이에 대한 효도, 형제끼리의 우애, 임금에 대한 충성, 벗 사이의 믿음
後生可畏	후생가외 후배들이 선배들보다 훌륭하게 될 수 있는 가능성이 있어 두려운 존재가 될 수 있음
厚顔無恥	후안무치 뻔뻔스러워 부끄러워할 줄 모름
後悔莫及	후회막급 후회해도 도리 없음
凶惡無道	흉악무도 성질이 거칠고 사나우며 도의심이 없음
諱疾忌醫	휘질기의 병을 숨기고 의사를 만나는 것도 꺼려 함. 자신의 결점을 감추고 고치려 하지 않음

興亡盛衰 흥망성쇠
흥하고 망함과 성하고 쇠함

興盡悲來 흥진비래
즐거운 일이 다하면 슬픈 일이 닥쳐온다. 세상 일은 순환되는 것임을 이르는 말

喜怒哀樂 희로애락
기쁨과 노여움과 슬픔과 즐거움

CHAPTER 06

2급 기출문제

기출문제 1
기출문제 2

지금까지 배운 한자를 총복습하고,
시험의 패턴을 익히는 목적으로 차분히 풀어보자.

기출문제 1 | 지금까지 배운 내용을 문제로 풀어보세요

제1영역 　　漢　字

[1~11] 다음 한자(漢字)의 음(音)은 무엇입니까?

01 乖 : ① 괘　② 괴　③ 기　④ 추　⑤ 가
02 遯 : ① 둔　② 순　③ 돈　④ 선　⑤ 우
03 矜 : ① 근　② 금　③ 긍　④ 궁　⑤ 영
04 撚 : ① 녕　② 능　③ 롱　④ 빈　⑤ 년
05 墩 : ① 대　② 태　③ 돈　④ 형　⑤ 선
06 洛 : ① 각　② 갹　③ 락　④ 섬　⑤ 삼
07 呂 : ① 궁　② 려　③ 신　④ 헌　⑤ 전
08 眕 : ① 아　② 애　③ 미　④ 문　⑤ 민
09 剝 : ① 록　② 금　③ 롱　④ 박　⑤ 장
10 彬 : ① 질　② 모　③ 빈　④ 희　⑤ 태
11 泗 : ① 시　② 사　③ 정　④ 소　⑤ 천

[12~18] 다음 음(音)을 가진 한자는 어느 것입니까?

12 균 : ① 鈞　② 倦　③ 靑　④ 汀　⑤ 臼
13 량 : ① 翎　② 崙　③ 佑　④ 逍　⑤ 亮
14 규 : ① 衷　② 沂　③ 疼　④ 圭　⑤ 呑
15 도 : ① 湛　② 悼　③ 彌　④ 帛　⑤ 垣
16 액 : ① 訛　② 仍　③ 穆　④ 涅　⑤ 腋
17 박 : ① 頒　② 措　③ 描　④ 舶　⑤ 洒
18 려 : ① 芥　② 驢　③ 珥　④ 膝　⑤ 璿

[19~25] 다음 한자(漢字)와 음(音)이 같은 한자는 어느 것입니까?

19 뫁 : ① 剋　② 杏　③ 旌　④ 玲　⑤ 搬
20 焦 : ① 炒　② 隻　③ 浦　④ 倂　⑤ 琳
21 彭 : ① 膨　② 堆　③ 囑　④ 烟　⑤ 殼
22 曝 : ① 瀑　② 稟　③ 截　④ 厭　⑤ 孚
23 渦 : ① 螺　② 卦　③ 琉　④ 呂　⑤ 訛
24 葡 : ① 疱　② 禱　③ 荊　④ 隕　⑤ 餠
25 藩 : ① 樊　② 款　③ 醴　④ 晳　⑤ 晏

[26~36] 다음 한자(漢字)의 뜻은 무엇입니까?

26 款 : ① 항목　② 채찍　③ 콩잎
　　　 ④ 마시다　⑤ 벼슬
27 硝 : ① 화약　② 타다　③ 볶다
　　　 ④ 쇠몽치　⑤ 불꽃
28 忿 : ① 꾸짖다　② 근심하다　③ 즐거워하다
　　　 ④ 탄식하다　⑤ 성내다
29 稼 : ① 빌다　② 거두다　③ 심다
　　　 ④ 깊다　⑤ 캐내다
30 湍 : ① 파도　② 넘치다　③ 끓어오르다
　　　 ④ 여울　⑤ 헤엄치다
31 殼 : ① 뼈　② 넓적다리　③ 껍질
　　　 ④ 가죽　⑤ 삼가다
32 膪 : ① 큰창자　② 팔뚝　③ 쓸개
　　　 ④ 가슴　⑤ 지라
33 秘 : ① 숨기다　② 시집가다　③ 뛰어나다
　　　 ④ 사로잡다　⑤ 방탕하다
34 漣 : ① 맑다　② 장마　③ 물굽이
　　　 ④ 바다　⑤ 잔물결

Exercise

35 懺 : ① 숨다 ② 참소하다 ③ 드러나다
       ④ 어리다 ⑤ 뉘우치다
36 鳩 : ① 꾀꼬리 ② 꿩 ③ 난새
       ④ 비둘기 ⑤ 갈매기

[37~43] 다음의 뜻을 가진 한자(漢字)는 어느 것입니까?
37 자손 :   ① 舅 ② 姊 ③ 胤 ④ 祖 ⑤ 堉
38 잘게 부수다 : ① 儳 ② 抹 ③ 楞 ④ 剋 ⑤ 壑
39 속죄하다 :   ① 顚 ② 粘 ③ 贖 ④ 鼇 ⑤ 胥
40 어지럽다 :   ① 撮 ② 紹 ③ 攪 ④ 詑 ⑤ 忿
41 풀칠하다 :   ① 粘 ② 糊 ③ 紂 ④ 庄 ⑤ 棉
42 누르다 :   ① 按 ② 拈 ③ 錮 ④ 噴 ⑤ 寃
43 개간하다 :   ① 駁 ② 棲 ③ 堡 ④ 遡 ⑤ 墾

[44~50] 다음 한자(漢字)와 뜻이 비슷한 한자는 어느 것입니까?
44 佳 : ① 駰 ② 麗 ③ 霞 ④ 盞 ⑤ 湜
45 馨 : ① 芬 ② 嶽 ③ 泗 ④ 夭 ⑤ 琫
46 吟 : ① 櫛 ② 諍 ③ 訊 ④ 儲 ⑤ 綵
47 橘 : ① 柴 ② 萄 ③ 柑 ④ 蓬 ⑤ 柿
48 耐 : ① 阻 ② 諭 ③ 嘲 ④ 斬 ⑤ 堪
49 恪 : ① 謹 ② 憯 ③ 巍 ④ 佃 ⑤ 兪
50 沒 : ① 溺 ② 瀛 ③ 歪 ④ 遭 ⑤ 蕩

제2영역　　　語　彙

[51~52] 다음 한자어(漢字語)와 그 새김의 방식이 같은 한자어는 어느 것입니까?

<보기> 年少 : ① 高山   ② 下車
              ③ 往來   ④ 日出
<보기>에 제시된 '年少'처럼 그 새김의 방식이 '주어와 서술어의 관계'로 짜여진 한자어는 '日出 (해가 뜨다)'이다. 따라서 정답 ④를 골라 답란에 표기하면 된다.

51 旺盛 : ① 遵法 ② 長孫 ③ 妖邪 ④ 回軍 ⑤ 握手
52 釣魚 : ① 誣訴 ② 駐車 ③ 捷徑 ④ 棲息 ⑤ 屠戮

[53~54] 다음 한자어(漢字語)의 음(音)은 무엇입니까?
53 陶瓷 : ① 도자 ② 도요 ③ 두서 ④ 양잠 ⑤ 두요
54 靖綏 : ① 청주 ② 전당 ③ 정수 ④ 정성 ⑤ 점수

[55~56] 다음의 음(音)을 가진 한자어(漢字語)는 어느 것입니까?
55 패권 : ① 波濤 ② 覇權 ③ 稗飯 ④ 笞刑 ⑤ 蹴蛾
56 갱도 : ① 坑道 ② 鯨濤 ③ 經峽 ④ 瓊團 ⑤ 競走

[57~59] 다음 한자어(漢字語)와 발음(發音)이 같은 한자어는 어느 것입니까?
57 改善 : ① 陶瓷 ② 開齋 ③ 凱旋 ④ 疳瀉 ⑤ 偶然
58 姪壻 : ① 戍役 ② 秩序 ③ 疾病 ④ 敷衍 ⑤ 勸奬
59 稻芒 : ① 活躍 ② 南樓 ③ 悼亡 ④ 鑑査 ⑤ 恐動

기출문제 1 | 지금까지 배운 내용을 문제로 풀어보세요

[60] 다음 한자어(漢字語)들 중 괄호 안의 한자(漢字)의 발음(發音)이 다른 한자어는 어느 것입니까?

60 ① (賈)船　② (賈)傅　③ 大(賈)
　　④ 善(賈)　⑤ 商(賈)

[61~62] 다음 한자어(漢字語)의 뜻은 무엇입니까?

61 蘆葦:
　① 갈대
　② 희귀한 보물
　③ 시들어 떨어짐
　④ 깨우치고 권함
　⑤ 향기가 좋은 느낌

62 堡壘:
　① 포대기
　② 권력을 잡음
　③ 보태어 도와줌
　④ 배를 땅에 대고 김
　⑤ 적의 접근을 막기 위하여 돌, 흙 등으로 만든 견고한 구축

[63~64] 다음의 뜻을 가진 한자어(漢字語)는 어느 것입니까?

63 트집을 잡아 거북할 만큼 따지고 듦:
　① 詰難　② 消耗　③ 摩擦　④ 掘鑿　⑤ 玉蟾

64 대추와 밤:
　① 餘蘊　② 棗栗　③ 燻蒸　④ 饗應　⑤ 撒布

[65~70] 다음 단어들의 '□'에 공통으로 들어갈 알맞은 한자(漢字)는 어느 것입니까?

65 苛□, □毒, □甚:
　① 猛　② 酷　③ 算　④ 僻　⑤ 岬

66 隱□, □世, □甲:
　① 乙　② 遁　③ 現　④ 豫　⑤ 啞

67 □脫, □皮, □製:
　① 羊　② 樂　③ 剝　④ 巢　⑤ 煞

68 汚□, 捺□, □色:
　① 染　② 穢　③ 艾　④ 斷　⑤ 厭

69 □護, 抱□, □立:
　① 對　② 擁　③ 保　④ 譴　⑤ 嫂

70 果□, □液, 搾□:
　① 樹　② 管　③ 罐　④ 汁　⑤ 寓

[71~75] 다음 한자어(漢字語)와 뜻이 반대(反對)이거나 상대(相對)되는 한자어는 어느 것입니까?

71 供給:① 需要 ② 受諾 ③ 負傷 ④ 疆土 ⑤ 偏狹

72 攻擊:① 侵奪 ② 防禦 ③ 被害 ④ 攪亂 ⑤ 荒廢

73 拘禁:① 條件 ② 巨刹 ③ 彈劾 ④ 釋放 ⑤ 塵境

74 間歇:① 椅子 ② 持續 ③ 顯彰 ④ 稀微 ⑤ 碩學

75 愚昧:① 庠校 ② 酷評 ③ 瞬間 ④ 癡漢 ⑤ 賢明

[76~80] 다음 성어(成語)에서 '□'에 들어갈 알맞은 한자(漢字)는 어느 것입니까?

76 反□之孝:① 浦 ② 報 ③ 苧 ④ 哺 ⑤ 膨

77 四面□歌:① 楚 ② 浣 ③ 蕉 ④ 蘚 ⑤ 祇

78 □然一體 : ① 潟 ② 渾 ③ 曇 ④ 穡 ⑤ 叉
79 雨後竹□ : ① 筍 ② 補 ③ 鍵 ④ 鍵 ⑤ 焦
80 臥□嘗膽 : ① 瀝 ② 楸 ③ 蠻 ④ 薇 ⑤ 薪

[81~85] 다음 성어(成語)의 뜻풀이로 적절한 것은 어느 것입니까?

81 多多益善
① 너무 싼 물건은 좋지 않다.
② 많으면 많을수록 더욱 좋다.
③ 착한 일을 많이 하면 복을 받는다.
④ 재산이 많으면 착한 일 하기 어렵다.
⑤ 돈이 많으면 점점 더 돈이 많아진다.

82 白面書生
① 나태한 사람
② 학식이 높은 사람
③ 추운 지역에 사는 사람
④ 세상일에 조금도 경험이 없는 사람
⑤ 얼굴이 하얗게 잘 생긴 남자

83 燈火可親
① 등잔 밑이 어둡다.
② 지나침은 모자람과 같다.
③ 어버이에게 효도하는 사람
④ 가을 밤은 서늘하므로 책 읽기에 좋다.
⑤ 등잔 밑에서 어버이를 친하게 모신다.

84 博而不精
① 뇌물을 함부로 받다.
② 공적인 일에 사적인 감정을 드러내다.
③ 모든 일에 대해 정성을 다하여 임하다.
④ 검박하여 부정함이 없이 정결하다.
⑤ 여러 방면으로 널리 알기는 하나 정통하지 못하다.

85 三顧草廬
① 소 잃고 외양간 고치다.
② 전원에서 편안하게 즐기다.
③ 인재를 맞이하기 위해 참을성 있게 노력하다.
④ 화를 세 번 참으면 어떠한 재앙도 막을 수 있다.
⑤ 풀숲에서 삼년을 구르면 복이 찾아온다.

[86~90] 다음의 뜻을 가장 잘 나타낸 성어(成語)는 어느 것입니까?

86 날마다 여러 가지 면에서 자신에 대해 반성하다.
① 多才多能 ② 一日三省 ③ 三日天下
④ 殺身成仁 ⑤ 風餐露宿

87 어릴 때부터 가까이 지내며 자란 친구
① 益者三友 ② 言中有骨 ③ 東問西答
④ 竹馬故友 ⑤ 門前沃畓

88 고생 끝에 즐거움이 온다.
① 明若觀火 ② 難兄難弟 ③ 苦盡甘來
④ 過猶不及 ⑤ 杜漸防萌

89 세상이 몰라 볼 정도로 많이 변하다.
① 桑田碧海 ② 鷄卵有骨 ③ 喪家之狗
④ 漁父之利 ⑤ 滄海桑田

90 자신의 이해관계에 따라 받아들이거나 배신하다.
① 格物致知 ② 苛斂誅求 ③ 韋編三絶
④ 甘吞苦吐 ⑤ 粉骨碎身

 **기출문제 1** | 지금까지 배운 내용을 문제로 풀어보세요

제3영역 　　　讀　解

[91~97] 다음 문장에서 밑줄 친 한자어(漢字語)의 음(音)은 무엇입니까?

91 학교까지 往復 한 시간이 걸립니다.

　① 왕복 ② 보통 ③ 평균 ④ 대개 ⑤ 편도

92 김회장은 사업을 확장하여 자동차 製造 분야에도 손을 대기 시작했다.

　① 제조 ② 제작 ③ 창제 ④ 창조 ⑤ 개발

93 나의 참을성이 限界에 다다랐다.

　① 세계 ② 경계 ③ 한계 ④ 위계 ⑤ 한도

94 박씨는 그의 婚事을(를) 성사시키기 위해 물심양면으로 노력했다.

　① 혼인 ② 사업 ③ 혼사 ④ 경사 ⑤ 혼례

95 저 두 사람은 姉妹 사이라고 한다.

　① 동료 ② 지인 ③ 자매 ④ 형제 ⑤ 남매

96 과거의 방식을 踏襲하기만 해서는 안된다.

　① 도습 ② 답습 ③ 담론 ④ 모방 ⑤ 반복

97 그는 오랜 煩悶 끝에 어려운 결정을 내렸다.

　① 고심 ② 번민 ③ 고민 ④ 번뇌 ⑤ 고문

[98~102] 다음 문장에서 밑줄 친 한자어(漢字語)의 뜻풀이로 적절한 것은 어느 것입니까?

98 여러분 개인의 權益을 보호하기 위해 최선을 다하겠습니다.

　① 재산을 증대시킴
　② 놓치지 않고 꽉 잡음
　③ 권리와 그에 따르는 이익
　④ 사회적으로 주어지는 의무
　⑤ 개인이 소유한 사적인 재산과 이익

99 우리 국민의 평균 勞動시간이 점차 줄어들고 있다고 합니다.

　① 노력을 지나치게 기울임
　② 양이나 수치가 급격하게 줄어듦
　③ 소리를 듣고 움직임을 살펴서 주위를 탐색함
　④ 유용한 곳에 쓰기 위해 자신의 몸 속에 에너지를 충분히 모아 둠
　⑤ 생활에 필요한 물자를 얻기 위해 육체적·정신적 노력을 들이는 행위

100 정해진 계좌에 送金하신 뒤에 다시 연락해 주세요.

　① 금을 판매함
　② 돈을 모아 둠
　③ 돈을 부쳐 보냄
　④ 돈이 갑자기 생김
　⑤ 돈을 모두 탕진하여 빈털터리가 됨

101 그의 행동은 倫理적으로 큰 문제가 된다.

　① 법을 지키지 않는 행위
　② 남을 지배하고 억누르려는 마음
　③ 어떤 이익을 주장할 수 있는 법률상의 조건
　④ 헌법상에서 보장하는 인간의 기본적인 권리
　⑤ 사람으로서 마땅히 행하거나 지켜야 할 도리

102 이 제도를 도입하기까지 직원들의 激烈한 반대가 있었다고 합니다.

　① 비밀이 새어 나감
　② 정보를 서로 주고받음

③ 말이나 행동이 세차고 사나움
④ 여러 사람이 협력하여 일을 함
⑤ 단단히 들러 붙어 움직일 수 없음

[103~107] 다음 문장에서 빈칸에 들어갈 가장 적절한 한자어(漢字語)는 어느 것입니까?

103 시위대가 □□(으)로 진출하는 것을 막아 주십시오.
① 角度 ② 病室 ③ 家口 ④ 街頭 ⑤ 仇怨

104 소화제를 □□ 섭취하는 것은 좋지 않습니다.
① 多量 ② 定量 ③ 多數 ④ 定數 ⑤ 絞殺

105 철수는 오늘부터 우리 부서에서 □□하게 되었다.
① 訪問 ② 勤務 ③ 休學 ④ 課業 ⑤ 攪亂

106 사람들이 동생을 형으로 □□하는 경우가 많다.
① 吟味 ② 家族 ③ 誤認 ④ 唯一 ⑤ 杜絶

107 백제의 미술은 □□하고 세련되었다.
① 鈍重 ② 有數 ③ 優雅 ④ 深慮 ⑤ 遁甲

[108~112] 다음 문장에서 한자어(漢字語)의 한자표기(漢字表記)가 바르지 않은 것은 어느 것입니까?

108 이 마을에는 ①傳統 ②竹器를 만드는 ③技述을 가진 ④青年들이 많이 ⑤居住하고 있다.

109 이 사람은 수많은 ①構聲員들을 ②苦痛의 질곡에서 ③幸福의 길로 ④引導한 ⑤英雄입니다.

110 ①患亂을 ②克服하기 위해 ③創造主에게 ④祈禱하고 있는 우리들을 ⑤凌蔑하지 마시오.

111 지난 ①聖誕節에 ②峽谷에서 ③遭難된 사람이 어제 ④隣近에서 ⑤發見되었다.

112 세상사에 ①厭增을 느낀 그는 ②故鄉에서 ③隱遁 ④生活을 하기로 ⑤決心했다.

[113~120] 다음 문장에서 밑줄 친 단어(單語)를 한자(漢字)로 바르게 쓴 것은 어느 것입니까?

113 여러분들이 자율적으로 주변을 정리해 주십시오.
① 耆性 ② 自律 ③ 耆律 ④ 自性 ⑤ 他律

114 저 사람은 뛰어난 실력을 가졌다.
① 失歷 ② 實力 ③ 失力 ④ 實歷 ⑤ 室歷

115 일의 형세를 잘 보고 판단하시기 바랍니다.
① 現勢 ② 現世 ③ 形勢 ④ 形世 ⑤ 兄世

116 이번 대통령 선거에서는 과연 어떤 사람이 당선될런지 궁금합니다.
① 善去 ② 選去 ③ 善擧 ④ 選擧 ⑤ 乳腺

117 그는 오늘 호피 무늬 외투를 입었다.
① 好皮 ② 號豊 ③ 虎皮 ④ 湖豊 ⑤ 掩壕

118 각 과목마다 교과서가 정해져 있습니다.
① 科木 ② 果目 ③ 果木 ④ 科目 ⑤ 解剖

119 난방 장치가 고장 나서 지금 실내가 매우 춥다고 합니다.
① 暖放 ② 卵房 ③ 暖房 ④ 卵放 ⑤ 瘟疫

120 이 책은 제가 번역하였습니다.
① 繁亦 ② 煩易 ③ 飜譯 ④ 負役 ⑤ 穩全

  | 지금까지 배운 내용을 문제로 풀어보세요

[121~125] 다음 문장에서 밑줄 친 단어(單語)나 어구(語句)의 뜻을 가장 잘 나타낸 한자(漢字) 또는 한자어(漢字語)는 어느 것입니까?

121 어제의 회의에서는 세 가지 안건을 모두 그 자리에서 처리하지 않고 나중으로 <u>미루어 두었다</u>.
① 在席 ② 後日 ③ 處理 ④ 保留 ⑤ 籠絡

122 그 연극은 무대장치와 등장인물들이 <u>서로 잘 어울린다</u>.
① 調和 ② 相好 ③ 朝會 ④ 神用 ⑤ 鄙陋

123 이 분야에는 <u>새로이 등장한</u> 세력들이 적극적으로 참여합니다.
① 市長 ② 節電 ③ 新進 ④ 皇帝 ⑤ 證憑

124 그의 어머니가 <u>남에게 알려지지 않은</u> 덕행을 하여서인가? 그에게는 언제나 운이 따른다.
① 武力 ② 他德 ③ 陰德 ④ 運動 ⑤ 膳物

125 평론가는 그의 작품에 대하여 <u>아름다움과 추함</u>을 분석하여 가치를 논하였다.
① 美醜 ② 批評 ③ 分析 ④ 輸入 ⑤ 令孃

[126~130] 다음 글을 읽고 물음에 답하시오.

며칠 전 시내에 나갔다가 늦게 들어간 날이었다. 마당에 들어서자마자 나는 곧장 상사초에게 이끌렸다. 저만치서 보기에, 산에서 기묘한 새가 한 쌍 날아와 내 집 마당에서 잠시 사랑을 나누는 것처럼 보였다.
조심조심 다가가니 상사초였다. 마침 온종일 내리던 비가 개고 중천에 ㉠<u>상현달</u>이 걸려 있었다. 그 청순하고도 ㉡<u>妖艶</u>한 달빛은 저절로 달의 ㉢<u>絶頂</u>은 만월이 아니라 상현달이구나 하는 생각이 들게 했다. 분홍도 아닌, 보라도 아닌 상사초 꽃이, 얼굴 씻고 나온 반달 빛을 만나자 믿을 수 없을 정도로 요요하게 빛났다.
그 때 처음으로 나는 상사초의 꽤 진한 그러나 야하지 않은 향기까지 맡을 수가 있었다. 순간적으로 상사초가 피어난 건 저 달빛을 만나고자 함이었구나, 떨리는 마음으로 그렇게 생각했다. 그렇지 않고서야 달과 꽃이 각각 자신의 최고의 순간을 던져 저리도 황홀하게 교감할 수는 없는 일이었다.
나 또한 그것들의 그런 순간과 만날 수 있어서 행복했다. 사람이 살다보면 이까짓 세상에 왜 태어났을까싶게 삶이 비루하고 속악하여 치사하게 느껴질 때가 ㉣(　　　)(으)로 많다. 이 나이까지 견디어온 그런 고비고비를 생각하면 먹은 나이가 한없이 누추하게 여겨진다. 그러나 삶은 누추하기도 하지만 ㉤<u>오묘</u>한 것이기도 하여, 살다보면 아주 하찮은 것에서 큰 기쁨, 이 세상에 태어나길 참 잘했다 싶은 순간과 만날 때도 있는 것이다.

126 ㉠'상현달'의 '현'의 한자 표기가 바른 것은?
① 弦　② 峴　③ 炫　④ 俔　⑤ 玹

127 ㉡'妖艶'의 독음이 바른 것은?
① 농후 ② 농염 ③ 요염 ④ 요요 ⑤ 농무

128 ㉢'絶頂'의 '頂'과 독음이 같은 것은?
① 往　② 挺　③ 鏶　④ 埪　⑤ 璋

Exercise

129 '헤아릴 수 없을 만큼 많음'을 뜻하는 성어로 ㉣에 들어가기에 적절한 것은?

① 不可思議   ② 不恥下問
③ 不可抗力   ④ 不知其數
⑤ 不撤晝夜

130 ㉤'오묘'의 '오'와 같은 한자를 사용한 것은?

① 傲慢   ② 嗚咽   ③ 落伍
④ 吳越   ⑤ 奧密稠密

기출문제 2 | 지금까지 배운 내용을 문제로 풀어보세요

| 제1영역 | 漢 字 |

[1~11] 다음 한자(漢字)의 음(音)은 무엇입니까?

01 師 : ① 수 ② 간 ③ 사 ④ 오 ⑤ 산
02 恒 : ① 항 ② 안 ③ 황 ④ 원 ⑤ 앙
03 脫 : ① 열 ② 세 ③ 엄 ④ 탈 ⑤ 설
04 捉 : ① 촉 ② 족 ③ 작 ④ 축 ⑤ 착
05 墮 : ① 추 ② 타 ③ 수 ④ 역 ⑤ 투
06 陷 : ① 함 ② 합 ③ 험 ④ 소 ⑤ 염
07 杰 : ① 목 ② 걸 ③ 달 ④ 휴 ⑤ 즐
08 紐 : ① 뉴 ② 설 ③ 추 ④ 찰 ⑤ 나
09 裸 : ① 과 ② 갈 ③ 애 ④ 라 ⑤ 매
10 縛 : ① 승 ② 부 ③ 박 ④ 전 ⑤ 순
11 傘 : ① 일 ② 양 ③ 척 ④ 산 ⑤ 열

[12~18] 다음 음(音)을 가진 한자는 어느 것입니까?

12 사 : ① 讓 ② 當 ③ 郞 ④ 舍 ⑤ 鍍
13 열 : ① 鷄 ② 悅 ③ 丙 ④ 顔 ⑤ 勵
14 창 : ① 煩 ② 薄 ③ 暢 ④ 專 ⑤ 犀
15 준 : ① 遵 ② 秘 ③ 亂 ④ 含 ⑤ 酬
16 응 : ① 劣 ② 沒 ③ 濕 ④ 凝 ⑤ 鵝
17 잉 : ① 昻 ② 剩 ③ 翼 ④ 蔑 ⑤ 芮
18 주 : ① 滌 ② 錘 ③ 做 ④ 燧 ⑤ 盞

[19~25] 다음 한자(漢字)와 음(音)이 같은 한자는 어느 것입니까?

19 讓 : ① 揚 ② 暴 ③ 餘 ④ 錢 ⑤ 輯
20 慈 : ① 證 ② 姉 ③ 靜 ④ 燈 ⑤ 闌
21 敏 : ① 稿 ② 床 ③ 營 ④ 憫 ⑤ 駝
22 似 : ① 斯 ② 域 ③ 病 ④ 惑 ⑤ 鮑
23 役 : ① 播 ② 蟹 ③ 鑛 ④ 拓 ⑤ 驛
24 那 : ① 握 ② 匈 ③ 拿 ④ 廠 ⑤ 彗
25 蘿 : ① 纖 ② 撮 ③ 股 ④ 懶 ⑤ 熏

[26~36] 다음 한자(漢字)의 뜻은 무엇입니까?

26 釣 : ① 맑다 ② 낚시 ③ 흐리다
       ④ 환하다 ⑤ 쪼개다
27 綜 : ① 가르다 ② 꾸짖다 ③ 모으다
       ④ 기울다 ⑤ 속이다
28 酖 : ① 취하다 ② 술 빚다 ③ 추렴하다
       ④ 술 깨다 ⑤ 밝다
29 劉 : ① 밀다 ② 뽑다 ③ 날다
       ④ 죽이다 ⑤ 반죽하다
30 庵 : ① 암자 ② 얕다 ③ 벗다
       ④ 이르다 ⑤ 매질하다
31 麓 : ① 산기슭 ② 사슴뿔 ③ 화려하다
       ④ 훌륭하다 ⑤ 넘어가다
32 叡 : ① 지붕 ② 마당 ③ 슬기
       ④ 밭두렁 ⑤ 산마루
33 丕 : ① 크다 ② 아니다 ③ 버리다
       ④ 자르다 ⑤ 내려가다
34 醒 : ① 취하다 ② 토하다 ③ 냄새나다
       ④ 잠 깨다 ⑤ 혼절하다

35 旭 : ① 외치다 ② 놀라다 ③ 슬프다
       ④ 괴롭다   ⑤ 아침해
36 臍 : ① 다리   ② 무릎   ③ 배꼽
       ④ 결점   ⑤ 팔꿈치

[37~43] 다음의 뜻을 가진 한자(漢字)는 어느 것입니까?

37 아내 : ① 夫 ② 妻 ③ 弟 ④ 姉 ⑤ 融
38 가죽 : ① 頭 ② 脚 ③ 革 ④ 顔 ⑤ 鼎
39 모양 : ① 體 ② 樣 ③ 營 ④ 習 ⑤ 獐
40 벼슬 : ① 獎 ② 昨 ③ 奏 ④ 爵 ⑤ 昶
41 팔뚝 : ① 胸 ② 肩 ③ 臂 ④ 胎 ⑤ 浿
42 학교 : ① 庠 ② 杵 ③ 鎰 ④ 翔 ⑤ 卉
43 노을 : ① 脇 ② 霖 ③ 霧 ④ 霞 ⑤ 哥

[44~50] 다음 한자(漢字)와 뜻이 비슷한 한자는 어느 것입니까?

44 猛 : ① 閣 ② 覺 ③ 勇 ④ 覽 ⑤ 魅
45 排 : ① 斥 ② 壤 ③ 朋 ④ 腸 ⑤ 魅
46 釋 : ① 鈍 ② 偶 ③ 優 ④ 解 ⑤ 銓
47 餓 : ① 許 ② 娼 ③ 欺 ④ 旗 ⑤ 飢
48 憧 : ① 態 ② 吻 ③ 怠 ④ 憬 ⑤ 軸
49 侶 : ① 伴 ② 磬 ③ 僧 ④ 營 ⑤ 唾
50 縛 : ① 贖 ② 束 ③ 薄 ④ 幇 ⑤ 芭

제2영역　　　語　彙

[51~52] 다음 한자어(漢字語)와 그 새김의 방식이 같은 한자어는 어느 것입니까?

예) 한자어 '年少'는 그 새김의 방식이 주어와 서술어의 관계이다. 이와 비슷한 한자어로는 '日出'이 있다.

51 牽引 : ① 垂簾 ② 조業 ③ 昆弟 ④ 苛酷 ⑤ 碧眼
52 稽首 : ① 疏籬 ② 陋巷 ③ 怯夫 ④ 潤文 ⑤ 賭命

[53~54] 다음 한자어(漢字語)의 음(音)은 무엇입니까?

53 韶華 : ① 소수 ② 호화 ③ 소화 ④ 음소 ⑤ 음화
54 斷趾 : ① 축지 ② 단전 ③ 단수 ④ 절지 ⑤ 단지

[55~56] 다음의 음(音)을 가진 한자어(漢字語)는 어느 것입니까?

55 사료 : ① 耕耘 ② 憂鬱 ③ 竄謫 ④ 飼料 ⑤ 塼塗
56 여염 : ① 芝蘭 ② 閭閻 ③ 鍛鍊 ④ 鍍金 ⑤ 烙印

[57~59] 다음 한자어(漢字語)와 발음(發音)이 같은 한자어는 어느 것입니까?

57 漿水 : ① 密輸 ② 屠獸 ③ 讓受 ④ 將帥 ⑤ 丹砂
58 啞然 : ① 挺爭 ② 亞鉛 ③ 泰然 ④ 艶冶 ⑤ 老婆
59 移徙 : ① 理事 ② 奢侈 ③ 豪奢 ④ 師徒 ⑤ 苛酷

기출문제 2 | 지금까지 배운 내용을 문제로 풀어보세요

[60] 다음 한자어(漢字語)들 중 괄호 안의 한자(漢字)의 발음(發音)이 다른 한자어는 어느 것입니까?

60 ① (滑)稽 ② (滑)石 ③ (滑)走
④ 潤(滑) ⑤ (滑)空

[61~62] 다음 한자어(漢字語)의 뜻은 무엇입니까?

61 訛傳:
① 입으로 전함
② 후손에게 전함
③ 전하여 이어짐
④ 빠르고 정확하게 이어짐
⑤ 원래의 뜻이나 내용을 잘못되게 바꾸어 전함

62 蔭德
① 조상의 덕
② 크게 어두운 그늘
③ 크게 우거진 수풀
④ 후손의 앞날을 어둡게 하는 악덕
⑤ 사람으로서 마땅히 지켜야할 도리

[63~64] 다음의 뜻을 가진 한자어(漢字語)는 어느 것입니까?

63 서서히 길러 냄:
① 飯盒 ② 艦船 ③ 涵養 ④ 逋脫 ⑤ 稀罕

64 오래 묵은 이끼:
① 堆肥 ② 常套 ③ 黜責 ④ 舊苔 ⑤ 鐵桶

[65~70] 다음 단어들의 '□'에 공통으로 들어갈 알맞은 한자(漢字)는 어느 것입니까?

65 傳□, □種, □遷:
① 波 ② 置 ③ 播 ④ 職 ⑤ 叱

66 □腸, □□, 鼻□:
① 腔 ② 匿 ③ 萄 ④ 臭 ⑤ 冀

67 □淡, □縮, □厚:
① 濃 ② 膿 ③ 湛 ④ 澹 ⑤ 奎

68 隔□, 角□, 鼓□:
① 緖 ② 膜 ③ 吹 ④ 橡 ⑤ 胥

69 公□, 婢□, 奴□:
① 覆 ② 隷 ③ 僕 ④ 蟾 ⑤ 舒

70 敷□, □文, 蔓□:
① 簒 ② 焦 ③ 匙 ④ 衍 ⑤ 樞

[71~75] 다음 한자어(漢字語)와 뜻이 반대(反對)이거나 상대(相對)되는 한자어는 어느 것입니까?

71 捷徑: ① 經路 ② 捷路 ③ 旅路 ④ 迂路 ⑤ 鈍角

72 毀損: ① 特異 ② 保存 ③ 銳利 ④ 廢墟 ⑤ 極盡

73 薄待: ① 忽待 ② 迫切 ③ 厚待 ④ 疏忽 ⑤ 醇醴

74 抛棄: ① 執着 ② 廢棄 ③ 諦念 ④ 遺棄 ⑤ 矛盾

75 剩餘: ① 餘分 ② 贈與 ③ 不足 ④ 過多 ⑤ 堯舜

[76~80] 다음 성어(成語)에서 '□'에 들어갈 알맞은 한자(漢字)는 어느 것입니까?

76 赤手空□: ① 博 ② 鴨 ③ 卷 ④ 拳 ⑤ 鼠

77 □假虎威: ① 拍 ② 獅 ③ 唆 ④ 狐 ⑤ 暖

78 春□自鳴: ① 策 ② 膺 ③ 麝 ④ 獐 ⑤ 雉

79 天眞□漫: ① 蘭 ② 猫 ③ 爛 ④ 鸞 ⑤ 蠟

80 走馬加□: ① 翟 ② 篇 ③ 片 ④ 鞭 ⑤ 濬

Exercise

[81~85] 다음 성어(成語)의 뜻풀이로 적절한 것은 어느 것입니까?

81 天衣無縫
① 언행이나 문장이 매우 자연스럽다.
② 사실대로 진술하고 숨기는 바가 없다.
③ 바람결에 떠도는 소문
④ 마음에 매우 차지 아니하다.
⑤ 임시방편으로 일을 처리하다.

82 悖入悖出
① 마음에서 마음으로 전하다.
② 도리에 어긋나는 일을 하면 또 그와 같은 일을 받는다.
③ 벗이 잘되는 것을 기뻐하다.
④ 놀라서 넋을 잃고 실의에 빠지다.
⑤ 겉모양과 본바탕이 서로 잘 어울리다

83 磨斧爲針
① 아무리 힘든 일도 부단히 노력하면 성공할 수 있다.
② 매우 빠르고 날랜 기세
③ 좋은 때를 만나지 못한 것을 한탄하다.
④ 왜곡된 학문으로 세상에 아첨하다.
⑤ 조리 없는 말을 멋대로 지껄이다.

84 杜門不出
① 경멸이나 모욕을 당하다.
② 사회의 일이나 관직에 나아가지 않다.
③ 찾아오는 사람이 없어 쓸쓸하다.
④ 속박당한 사람이 자유를 그리워하다.
⑤ 적에게 둘러싸여 고립상태에 빠지다.

85 天佑神助
① 길을 가다가 우연히 만나다.
② 하늘이 돕고 신이 돕다.
③ 하늘의 신이 그 허물을 안다.
④ 하늘은 스스로 돕는 자를 돕는다.
⑤ 하늘을 우러러 한 점 부끄러움이 없다.

[86~90] 다음의 뜻을 가장 잘 나타낸 성어(成語)는 어느 것입니까?

86 이상은 높으나 행동은 그것을 따르지 못하다.
① 高談峻論 ② 眼高手卑 ③ 高屋建瓴
④ 孤立無援 ⑤ 欲蓋彌彰

87 해가 떠오르는 것 같은 등등한 기세
① 破竹之勢 ② 戰戰兢兢 ③ 魂飛魄散
④ 旭日昇天 ⑤ 閉月羞花

88 덧없는 꿈이나 한때의 부귀영화
① 南柯一夢 ② 殺氣騰騰 ③ 軍不厭詐
④ 繪事後素 ⑤ 兎死狐悲

89 가까이 사귀어 자기편으로 만든 사람
① 變法自疆 ② 掩耳盜鈴 ③ 長袖善舞
④ 痴人說夢 ⑤ 藥籠中物

90 몹시 두려워함
① 靑出於藍 ② 山溜穿石 ③ 不寒而慄
④ 鵬程萬里 ⑤ 權不十年

기출문제 2 | 지금까지 배운 내용을 문제로 풀어보세요

제3영역 讀解

[91~97] 다음 문장에서 밑줄 친 한자어(漢字語)의 음(音)은 무엇입니까?

91 그녀도 핸드백 바깥 주머니 속에 들어 있는 封套를 의식 안 한 건 아니었다.
  ① 전화 ② 열쇠 ③ 도구 ④ 봉투 ⑤ 무기

92 예는 절도를 넘어서지 아니하고 남을 蔑視하지 아니하며, 사람에게 버릇없이 굴지 않는 것이다.
  ① 모멸 ② 멸시 ③ 무시 ④ 천시 ⑤ 홀시

93 인생을 살다보면 누구나 한번쯤 欽慕하는 위인이나 영웅을 갖게 됩니다.
  ① 연모 ② 존경 ③ 존중 ④ 총애 ⑤ 흠모

94 곰은 강물을 거슬러 올라오는 연어를 能爛하게 잡습니다.
  ① 능숙 ② 원숙 ③ 현란 ④ 능란 ⑤ 익숙

95 인기배우의 艷聞은 연예 기사의 주요 대상입니다.
  ① 소문 ② 추문 ③ 염문 ④ 풍문 ⑤ 후문

96 연못에 芙蓉이 아름답게 한가득 피었습니다.
  ① 부용 ② 수용 ③ 수국 ④ 연꽃 ⑤ 미용

97 液晶은 여러 가지의 디지털 기기에 사용됩니다.
  ① 규산 ② 수정 ③ 야정 ④ 규연 ⑤ 액정

[98~102] 다음 문장에서 밑줄 친 한자어(漢字語)의 뜻풀이로 적절한 것은 어느 것입니까?

98 일본 제국주의는 한국어 抹殺 정책으로 일본식 성명을 강요하였다.
  ① 모두 불태워 죽임
  ② 있는 것을 아주 없애 버림
  ③ 무리하게 죽임
  ④ 참혹하게 살해함
  ⑤ 강한 힘으로 상대를 죽임

99 사이버 공간은 단지 疏通뿐만 아니라 디지털 정보 수단을 매개로 하는 사회적·인지적 활동의 총체를 포함하고 있다.
  ① 휩쓸어 모조리 없애 비림
  ② 아무것도 없는 빈 곳
  ③ 수수하고 털털함
  ④ 여러 사람이 함께 사용하는 장소
  ⑤ 의견이나 의사가 상대방에게 잘 통함

100 결혼을 앞둔 신혼부부들은 傳貰를 많이 구합니다.
  ① 돈을 주고 집을 빌려서 씀
  ② 다달이 내는 집세 또는 방세
  ③ 대대로 물려서 전함
  ④ 약정한 기간 동안 그 사람에게만 빌려 주는 일
  ⑤ 일정 금액을 맡기고 그 이자로 부동산을 빌려 쓰는 일

101 사건 현장에서는 타살의 痕迹이 발견되어, 사람들에게 놀라움을 던져주었다.
  ① 뒤에 남은 자국이나 자취
  ② 소멸하여 사라짐
  ③ 기체나 액체 따위의 있었던 자국
  ④ 색채 따위가 짙고 섬세함
  ⑤ 사건의 중요한 열쇠가 되는 일이나 물건

102 요즘 어린이의 주의력결핍·過剩행동 장애가 사회적인 문제가 되고 있다.
① 필요한 수량보다 적음
② 필요한 수량보다 많음
③ 몸가짐이 무겁고 신중함
④ 몸가짐이 가볍고 경솔함
⑤ 타인의 시선을 의식하여 행동함

[103~107] 다음 문장에서 빈칸에 들어갈 가장 적절한 한자어(漢字語)는 어느 것입니까?

103 훌륭한 교사란 학생의 숨은 □□을/를 알아채고 그것을 격려하는 사람이다.
① 過程 ② 才能 ③ 生活 ④ 態度 ⑤ 菖蒲

104 어떤 생각을 □□적으로 갖는가가 우리의 삶을 결정한다.
① 一時 ② 偶然 ③ 偏向 ④ 習慣 ⑤ 食醋

105 화와 복은 문이 따로 없다. 오직 사람이 스스로 불러들일 뿐이다. 선악의 응보는 그림자가 □□을/를 따르는 것과 같다.
① 形體 ② 行動 ③ 命令 ④ 視覺 ⑤ 要諦

106 모든 부정적인 사건들은 그 안에 그것과 똑같은, 아니면 그것보다 더 많은 □□적인 씨앗을 담고 있다.
① 外面 ② 肯定 ③ 美學 ④ 絶對 ⑤ 壁欌

107 삶은 우리가 무엇을 하며 살아왔는가의 합계가 아니라 우리가 무엇을 □□하게 희망해 왔는가의 합계이다.
① 怠慢 ② 大凡 ③ 切實 ④ 簡略 ⑤ 諺文

[108~112] 다음 문장에서 밑줄 친 한자어(漢字語)의 한자표기(漢字表記)가 바르지 않은 것은 어느 것입니까?

108 ①變化란 ②未來가 우리 ③生活에 ④浸透하는 ⑤顆程이다.

109 사회생물학적 ①款點으로 보면 ②人間은 다른 사회 ③體制的 ④動物과 생물학적으로 ⑤同等하다.

110 인종 ①差別주의나 외국인 ②鎌惡症은 불확실성의 ③回避 정도가 높은 사회에서 나타나는 ④必然的인 ⑤歸結이다.

111 ①近代의 모든 제국주의적 ②膨脹은 새로운 에너지원을 ③確保하려는 ④榮力의 ⑤產物이었다.

112 ①便宜와 ②效率을 위해 ③人權을 ④犧牲하는 교각살우(矯角殺牛)의 ⑤偶를 범해선 안 된다.

[113~120] 다음 문장에서 밑줄 친 단어(單語)를 한자(漢字)로 바르게 쓴 것은 어느 것입니까?

113 주민들의 소원을 무조건 다 들어줄 수는 없는 것입니다.
① 所願 ② 素元 ③ 小園 ④ 素原 ⑤ 斷崖

114 지구 온난화는 대기 중에 날로 쌓여만 가는 가스에서 비롯된다.
① 對機 ② 帶幾 ③ 大氣 ④ 大旗 ⑤ 抗癌

115 같은 말이라도 그것을 타는 기수가 어떠하냐에 따라 승부의 차이가 생겨나는 것이 경마이다.
① 耕馬 ② 競馬 ③ 驚馬 ④ 慶馬 ⑤ 陶冶

 **기출문제 2** | 지금까지 배운 내용을 문제로 풀어보세요

116 그는 외국인으로서 우리 말투가 어눌했지만 특별히 채용되었다.
① 流暢 ② 攘夷 ③ 語訥 ④ 模糊 ⑤ 乾棗

117 자신을 돌아보아 양심에 가책이 없다면, 무엇을 걱정하고 무엇을 두려워하겠는가?
① 兩心 ② 讓心 ③ 養心 ④ 良心 ⑤ 演繹

118 이러한 일은 시대에 역행하는 처사라 하지 않을 수 없습니다.
① 處士 ② 甲寺 ③ 處事 ④ 害事 ⑤ 滌事

119 어리석은 사람이라도 남을 책망하는 데는 밝고, 총명한 사람이라도 자기를 용서하는 데는 어둡다.
① 策忘 ② 聰明 ③ 責網 ④ 策妄 ⑤ 總名

120 이 세상에 공기나 물이 없다면 어떠한 생물도 생존할 수 없듯이 언어 없이는 어느 누구도 사회생활을 영위할 수 없다.
① 領位 ② 營委 ③ 營爲 ④ 永爲 ⑤ 盈溢

[121~125] 다음 문장에서 밑줄 친 단어(單語)나 어구(語句)의 뜻을 가장 잘 나타낸 한자(漢字) 또는 한자어(漢字語)는 어느 것입니까?

121 어진 사람을 보면 그와 같이 될 것을 생각하고, 어질지 못한 사람을 보면 마음속으로 자신을 살펴볼 것이다.
① 聞 ② 師 ③ 事 ④ 思 ⑤ 衷

122 마음이 딴 데 가 있으면, 보아도 보이지 않고, 들어도 들리지 않으며, 먹어도 맛을 알지 못한다.
① 目 ② 視 ③ 識 ④ 知 ⑤ 絳

123 사람은 반드시 스스로를 업신여긴 뒤에야 다른 사람이 그를 업신여기는 법이다.
① 侮 ② 尊 ③ 望 ④ 惡 ⑤ 蓉

124 천천히 가면서 어른을 뒤따름을 '공손하다'라고 하고, 빨리 가서 어른을 앞지름을 '공손하지 않다'라고 말한다.
① 敢行 ② 尾行 ③ 徐行 ④ 疾行 ⑤ 曙行

125 여러 사람들이 미워하더라도 반드시 그 사람됨을 살펴보아야 하며, 여러 사람들이 좋아하더라도 반드시 그 사람됨을 살펴보아야 한다.
① 偉人 ② 爲人 ③ 個性 ④ 威儀 ⑤ 親串

[126~130] 다음 글을 읽고 물음에 답하시오.

> 드높은 자연의 길이여! 그대는 진리로 하여금 힘과 행동이 되게 한다. 자연의 길은 교육의 원천이며, 인간의 본성을 ㉠洽足하게 채워 주는 밑바탕이다.
> 자연은 ㉡너그럽게 기다리지 결코 서두르지 않는다. 자연스러운 성장을 기다리지 않고 억지로 단어 순서를 외우게 하는 따위의 학교 교육은 어린이를 ㉢겉으로만 반짝이게 할 따름이다. 이 같은 일들은 어린이 속에 깃들어야 할 자연의 힘의 ㉣결핍을 안 보이게 덮어 버림으로써, 오늘날과 같은 ㉤경박한 시대의 사람들이 가진 허영심이나 채워 주는 것에 ㉥지나지 않는다.

126 ㉠의 '足'과 같은 의미로 쓰인 것은?
① 足鎖 ② 豊足 ③ 足跡 ④ 洗足 ⑤ 濯足

127 ㉡의 뜻을 가진 것은?
① 薄 ② 燥 ③ 吝 ④ 寬 ⑤ 汐

Exercise

128 ⓒ에 해당하는 성어는?

① 外華內貧   ② 錦上添花
③ 群鷄一鶴   ④ 外柔內剛
⑤ 天衣無縫

129 ㉣과 ㉤의 한자 표기를 바르게 짝지은 것은?

① 缺乏 - 經薄   ② 潔乏 - 經薄
③ 缺乏 - 輕薄   ④ 潔乏 - 輕薄
⑤ 缺逼 - 輕箔

130 ㉥에 해당하는 것은?

① 不過 ② 不及 ③ 不如 ④ 不常 ⑤ 不佑

CHAPTER 07

한자사전 및 정답

한자사전은 3급, 2급으로 나누어 정리했다.

찾고자 하는 한자의 해당 급수를 확인하고

급수별로 바로 찾아가자.

한자사전

3급 한자(4·5급 포함)

ㄱ

가	暇	겨를 가
가	架	시렁 가
가	價	값 가
가	街	거리 가
가	假	거짓 가
가	歌	노래 가
가	加	더할 가
가	佳	아름다울 가
가	可	옳을 가
가	家	집 가
각	覺	깨달을 각
각	却	물리칠 각
각	刻	새길 각
각	閣	누각 각
각	各	각각 각
각	脚	다리 각
각	角	뿔 각
간	肝	간 간
간	簡	간략할, 대쪽 간
간	姦	간사할 간
간	懇	간절할 간
간	刊	새길 간
간	幹	줄기 간
간	干	방패 간
간	看	볼 간
간	間	사이 간
갈	渴	목마를 갈
감	鑑	거울 감
감	監	볼 감
감	敢	감히 감
감	感	느낄 감
감	甘	달 감
감	減	덜 감
갑	甲	갑옷 갑
강	鋼	강철 강
강	剛	굳셀 강
강	綱	벼리 강
강	康	편안할 강
강	江	강 강
강	強	강할 강
강	降	내릴 강, 항복할 항
강	講	욀 강
개	介	낄 개
개	概	대개 개
개	蓋	덮을 개
개	慨	슬퍼할 개
개	改	고칠 개
개	個	낱 개
개	皆	다 개
개	開	열 개
객	客	손 객
갱	更	다시 갱, 고칠 경
거	據	의거할 거
거	拒	막을 거
거	距	떨어질 거
거	去	갈 거
거	擧	들 거
거	居	거할 거
거	車	수레 거·차
거	巨	클 거
건	健	굳셀 건
건	件	물건 건
건	建	세울 건
건	乾	하늘, 마를 건
걸	傑	뛰어날 걸
걸	乞	빌 걸
검	檢	검사할 검
검	儉	검소할 검
검	劍	칼 검
격	隔	막힐 격
격	格	격식 격
격	激	격할 격
격	擊	칠 격
견	遣	보낼 견
견	絹	비단 견
견	肩	어깨 견
견	犬	개 견
견	堅	굳을 견
견	見	볼 견, 뵈올 현
견	牽	끌 견
결	缺	이지러질 결
결	決	결단할 결
결	潔	깨끗할 결
결	結	맺을 결
겸	謙	겸손할 겸
겸	兼	겸할 겸
경	鏡	거울 경
경	硬	굳을 경
경	傾	기울 경
경	警	깨우칠 경
경	竟	마침내 경
경	卿	벼슬 경
경	頃	이랑, 잠깐 경
경	境	지경 경
경	徑	지름길 경
경	輕	가벼울 경
경	慶	경사 경
경	敬	공경 경
경	驚	놀랄 경
경	競	다툴 경
경	耕	밭갈 경
경	庚	별, 천간 경
경	景	볕 경
경	京	서울 경
경	經	지날, 글 경
계	戒	경계할 계
계	桂	계수나무 계
계	械	기계 계
계	係	맬 계
계	契	맺을 계
계	階	섬돌 계
계	啓	열 계
계	系	맬 계

계	繼	이을 계		과	寡	적을 과		구	構	얽을 구
계	繫	맬 계		과	課	공부할, 과정 과		구	拘	잡을 구
계	季	계절 계		과	科	과목 과		구	俱	함께 구
계	鷄	닭 계		과	果	실과 과		구	救	구원할 구
계	癸	북방, 천간 계		과	過	지날 과		구	求	구할 구
계	計	셀 계		곽	郭	성곽 곽		구	句	글귀 구
계	溪	시내 계		관	冠	갓 관		구	九	아홉 구
계	界	지경 계		관	貫	꿸 관		구	究	연구할, 궁구할 구
고	庫	곳집 고		관	寬	너그러울 관		구	舊	예 구
고	顧	돌아볼 고		관	管	대롱, 주관할 관		구	久	오랠 구
고	枯	마를 고		관	慣	익숙할 관		구	口	입 구
고	鼓	북, 두드릴 고		관	館	집 관		국	菊	국화 국
고	姑	시어미 고		관	關	관계할 관		국	局	판 국
고	孤	외로울 고		관	官	벼슬 관		국	國	나라 국
고	稿	원고 고		관	觀	볼 관		군	群	무리 군
고	告	고할 고		광	鑛	쇳돌 광		군	郡	고을 군
고	固	굳을 고		광	狂	미칠 광		군	軍	군사 군
고	高	높을 고		광	廣	넓을 광		군	君	임금 군
고	考	생각할 고		광	光	빛 광		굴	屈	굽힐 굴
고	苦	쓸 고		괘	掛	걸 괘		궁	窮	다할, 궁할 궁
고	故	연고 고		괴	怪	괴이할 괴		궁	宮	집 궁
고	古	예 고		괴	壞	무너질 괴		궁	弓	활 궁
곡	哭	울 곡		괴	愧	부끄러울 괴		권	券	문서 권
곡	穀	곡식 곡		괴	塊	흙덩이 괴		권	拳	주먹 권
곡	谷	골 곡		교	巧	공교할 교		권	權	권세 권
곡	曲	굽을 곡		교	郊	들 교		권	勸	권할 권
곤	困	곤할 곤		교	矯	바로잡을 교		권	卷	책 권
곤	坤	땅 곤		교	較	비교할, 견줄 교		궐	厥	그 궐
골	骨	뼈 골		교	敎	가르칠 교		궤	軌	굴대 궤
공	恭	공손할 공		교	橋	다리 교		귀	鬼	귀신 귀
공	孔	구멍 공		교	交	사귈 교		귀	貴	귀할 귀
공	恐	두려울 공		교	校	학교 교		귀	歸	돌아갈 귀
공	貢	바칠 공		구	具	갖출 구		규	規	법 규
공	供	이바지할 공		구	狗	개 구		규	叫	부르짖을 규
공	攻	칠 공		구	龜	거북 구·균		규	糾	꼴 규
공	功	공 공		구	球	공, 옥경 구		균	菌	버섯 균
공	公	공변될, 공평할 공		구	區	구분할, 지경 구		균	均	고를 균
공	空	빌 공		구	苟	구차할 구		극	劇	심할 극
공	工	장인 공		구	懼	두려워할 구		극	克	이길 극
공	共	함께 공		구	驅	몰 구		극	極	극진할, 다할 극
과	誇	자랑할 과		구	丘	언덕 구		근	僅	겨우 근

근	斤	근 근
근	謹	삼갈 근
근	近	가까울 근
근	勤	부지런할 근
근	根	뿌리 근
금	琴	거문고 금
금	錦	비단 금
금	禽	새 금
금	禁	금할 금
금	今	이제 금
금	金	쇠 금, 성 김
급	級	등급 급
급	急	급할 급
급	及	미칠 급
급	給	줄 급
긍	肯	즐길 긍
기	畿	경기 기
기	器	그릇 기
기	旗	기 기
기	奇	기이할 기
기	忌	꺼릴 기
기	企	꾀할 기
기	騎	말탈 기
기	棄	버릴 기
기	紀	벼리 기
기	寄	부칠 기
기	祈	빌 기
기	欺	속일 기
기	豈	어찌 기
기	飢	주릴 기
기	機	틀 기
기	其	그 기
기	記	기록할 기
기	期	기약할 기
기	氣	기운 기
기	幾	몇 기
기	己	몸 기
기	旣	이미 기
기	起	일어날 기
기	技	재주 기
기	基	터 기

긴	緊	긴할 긴
길	吉	길할 길

ㄴ

나	那	어찌 나
낙	諾	허락할 낙
난	暖	따뜻할 난
난	難	어려울 난
남	南	남녘 남
남	男	사내 남
납	納	들일 납
낭	娘	여자 낭
내	耐	견딜 내
내	奈	어찌 내
내	內	안 내
내	乃	이에 내
녀	女	계집 녀
년	年	해 년
념	念	생각 념
녕	寧	편안할 녕
노	奴	종 노
노	努	힘쓸 노
노	怒	성낼 노
농	農	농사 농
뇌	腦	뇌 뇌
뇌	惱	번뇌할 뇌
능	能	능할 능
니	泥	진흙 니

ㄷ

다	茶	차 다·차
다	多	많을 다
단	斷	끊을 단
단	壇	단 단
단	團	둥글 단
단	檀	박달나무 단
단	旦	아침 단
단	段	층계 단
단	端	끝 단
단	但	다만 단
단	丹	붉을 단

단	短	짧을 단
단	單	홑 단
달	達	통달할 달
담	淡	맑을 담
담	擔	멜 담
담	談	말씀 담
답	畓	논 답
답	踏	밟을 답
답	答	대답 답
당	唐	당나라, 당황할 당
당	黨	무리 당
당	糖	엿 당
당	當	마땅할 당
당	堂	집, 당당할 당
대	臺	대 대
대	帶	띠 대
대	隊	무리 대
대	貸	빌릴 대
대	待	기다릴 대
대	代	대신 대
대	對	대할 대
대	大	큰 대
덕	德	큰 덕
도	渡	건널 도
도	途	길 도
도	倒	넘어질 도
도	盜	도둑 도
도	逃	달아날 도
도	挑	돋울 도
도	跳	뛸 도
도	稻	벼 도
도	桃	복숭아 도
도	導	인도할 도
도	陶	질그릇 도
도	塗	바를, 길 도
도	圖	그림 도
도	道	길 도
도	都	도읍 도
도	徒	무리 도
도	度	법도 도, 헤아릴 탁
도	島	섬 도

도	到	이를 도	랑	浪	물결 랑	로	爐	화로 로
도	刀	칼 도	랑	郞	사내 랑	로	路	길 로
독	督	감독할 독	래	來	올 래	로	老	늙을 로
독	篤	도타울 독	랭	冷	찰 랭	로	露	이슬 로
독	毒	독 독	략	略	간략할 략	로	勞	일할 로
독	讀	읽을 독, 구절 두	략	掠	노략질할 략	록	錄	기록할 록
독	獨	홀로 독	량	梁	들보 량	록	祿	복록 록
돈	敦	도타울 돈	량	諒	살필 량	록	鹿	사슴 록
돈	豚	돼지 돈	량	糧	양식 량	록	綠	푸를 록
돌	突	갑자기 돌	량	兩	두 량	론	論	논할 론
동	銅	구리 동	량	涼	서늘할 량	롱	弄	희롱할 롱
동	凍	얼 동	량	良	어질 량	뢰	雷	우레 뢰
동	冬	겨울 동	량	量	헤아릴 량	뢰	賴	의뢰할 뢰
동	洞	골 동, 밝을 통	려	麗	고울 려	료	了	마칠 료
동	東	동녘 동	려	慮	생각할 려	료	僚	동료 료
동	童	아이 동	려	勵	힘쓸 려	료	料	헤아릴 료
동	動	움직일 동	려	旅	나그네 려	룡	龍	용 룡
동	同	한가지 동	력	曆	책력 력	루	淚	눈물 루
두	斗	말 두	력	歷	지날 력	루	樓	다락 루
두	頭	머리 두	력	力	힘 력	루	漏	샐 루
두	豆	콩 두	련	戀	그리워할 련	루	屢	여러 루
둔	鈍	둔할 둔	련	憐	불쌍히여길 련	루	累	포갤 루
둔	屯	진칠 둔	련	鍊	단련할 련	류	類	무리 류
득	得	얻을 득	련	蓮	연꽃 련	류	留	머무를 류
등	騰	오를 등	련	聯	연이을 련	류	柳	버들 류
등	燈	등 등	련	連	이을 련	류	流	흐를 류
등	等	무리, 같을 등	련	練	익힐 련	륙	陸	뭍 륙
등	登	오를 등	렬	劣	못할 렬	륙	六	여섯 륙
			렬	裂	찢을 렬	륜	輪	바퀴 륜

ㄹ

			렬	烈	매울 렬	륜	倫	인륜 륜
라	羅	벌릴, 벌 라	렬	列	벌일 렬	률	栗	밤 률
락	絡	이을 락	렴	廉	청렴할 렴	률	率	비율 률, 거느릴 솔
락	落	떨어질 락	렵	獵	사냥할 렵	률	律	법칙 률
락	樂	즐길 락, 노래 악	령	嶺	고개 령	륭	隆	높을 륭
란	欄	난간 란	령	零	떨어질 령	릉	陵	언덕 릉
란	蘭	난초 란	령	靈	신령 령	리	吏	관리 리
란	亂	어지러울 란	령	領	거느릴 령	리	離	떠날 리
란	卵	알 란	령	令	하여금 령	리	履	밟을 리
람	濫	넘칠 람	례	隷	종 례	리	梨	배 리
람	覽	볼 람	례	例	법식 례	리	裏	속 리
랑	廊	행랑 랑	례	禮	예도 례	리	李	오얏, 성 리

리	理	다스릴 리		면	綿	솜 면		무	武	군인 무
리	里	마을 리		면	面	낯 면		무	務	힘쓸 무
리	利	이로울 리		면	免	면할 면		묵	默	잠잠할 묵
린	隣	이웃 린		면	眠	잘 면		묵	墨	먹 묵
림	臨	임할 림		면	勉	힘쓸 면		문	文	글월 문
림	林	수풀 림		멸	滅	멸할 멸		문	聞	들을 문
립	立	설 립		명	銘	새길 명		문	門	문 문
				명	冥	어두울 명		문	問	물을 문
				명	命	목숨 명		물	勿	말 물
ㅁ				명	明	밝을 명		물	物	물건 물
마	磨	갈 마		명	鳴	울 명		미	眉	눈썹 미
마	麻	삼 마		명	名	이름 명		미	迷	미혹할 미
마	馬	말 마		모	慕	사모할 모		미	微	작을 미
막	漠	사막 막		모	謀	꾀할 모		미	尾	꼬리 미
막	幕	장막 막		모	貌	모양 모		미	味	맛 미
막	莫	없을 막		모	募	뽑을 모		미	米	쌀 미
만	慢	거만할 만		모	模	본뜰 모		미	未	아닐 미
만	漫	질펀할 만		모	某	아무 모		미	美	아름다울 미
만	晚	늦을 만		모	冒	무릅쓸 모		민	憫	불쌍히여길 민
만	萬	일만 만		모	侮	업신여길 모		민	敏	민첩할 민
만	滿	찰 만		모	母	어미 모		민	民	백성 민
말	末	끝 말		모	暮	저물 모		밀	蜜	꿀 밀
망	妄	망령될 망		모	毛	터럭 모		밀	密	빽빽할 밀
망	茫	아득할 망		목	牧	칠 목				
망	罔	없을 망		목	睦	화목할 목		**ㅂ**		
망	亡	망할 망		목	木	나무 목				
망	望	바랄 망		목	目	눈 목		박	博	넓을 박
망	忙	바쁠 망		몰	沒	빠질 몰		박	泊	머무를 박
망	忘	잊을 망		몽	夢	꿈 몽		박	朴	소박할, 성 박
매	梅	매화 매		몽	蒙	어두울 몽		박	薄	엷을 박
매	埋	묻을 매		묘	苗	싹 묘		박	拍	칠 박
매	媒	중매 매		묘	墓	무덤 묘		박	迫	핍박할 박
매	妹	누이 매		묘	廟	사당 묘		반	般	일반 반
매	每	매양 매		묘	妙	묘할 묘		반	班	나눌 반
매	買	살 매		묘	卯	토끼 묘		반	返	돌이킬 반
매	賣	팔 매		무	貿	무역할 무		반	叛	배반할 반
맥	脈	줄기 맥		무	霧	안개 무		반	盤	쟁반 반
맥	麥	보리 맥		무	茂	무성할 무		반	伴	짝 반
맹	孟	맏 맹		무	無	없을 무		반	反	돌이킬 반
맹	盟	맹세 맹		무	戊	천간 무		반	半	반 반
맹	猛	사나울 맹		무	舞	춤출 무		반	飯	밥 반
맹	盲	눈멀, 소경 맹						발	拔	뺄 발

발	髮	터럭 발	병	屛	병풍 병	부	否	아닐 부
발	發	필, 쏠 발	병	丙	남녘, 천간 병	부	不	아닐 불(부)
방	傍	곁 방	병	病	병 병	부	父	아비 부
방	芳	꽃다울 방	병	兵	병사 병	부	夫	지아비 부
방	邦	나라 방	보	補	기울 보	북	北	북녘 북, 달아날 배
방	妨	방해할 방	보	普	넓을 보	분	粉	가루 분
방	倣	본뜰 방	보	寶	보배 보	분	奔	달릴 분
방	放	놓을 방	보	譜	족보 보	분	奮	떨칠 분
방	防	막을 방	보	報	갚을, 알릴 보	분	墳	무덤 분
방	方	모 방	보	步	걸음 보	분	憤	분할 분
방	房	방 방	보	保	보전할 보	분	紛	어지러울 분
방	訪	찾을 방	복	複	겹칠 복	분	分	나눌 분
배	倍	곱 배	복	腹	배 복	불	拂	떨칠 불
배	配	나눌, 짝 배	복	卜	점 복	불	佛	부처 불
배	背	등 배	복	覆	뒤집을 복	붕	崩	무너질 붕
배	輩	무리 배	복	福	복 복	붕	朋	벗 붕
배	排	물리칠 배	복	伏	엎드릴 복	비	婢	계집종 비
배	培	북돋울 배	복	服	옷, 복종할 복	비	卑	낮을 비
배	杯	잔 배	복	復	회복할 복, 다시 부	비	碑	비석 비
배	拜	절 배	본	本	근본 본	비	批	비평할 비
백	伯	맏 백	봉	蜂	벌 봉	비	肥	살찔 비
백	百	일백 백	봉	峯	봉우리 봉	비	祕	숨길 비
백	白	흰 백	봉	封	봉할 봉	비	費	쓸 비
번	煩	번거로울 번	봉	鳳	새 봉	비	妃	왕비 비
번	繁	번성할 번	봉	逢	만날 봉	비	備	갖출 비
번	飜	번역할 번	봉	奉	받들 봉	비	比	견줄 비
번	番	차례 번	부	赴	다다를 부	비	飛	날 비
벌	罰	벌할 벌	부	府	마을, 관청 부	비	悲	슬플 비
벌	伐	칠 벌	부	簿	문서 부	비	非	아닐 비
범	犯	범할 범	부	副	버금 부	비	鼻	코 비
범	範	법 범	부	賦	구실, 세금 부	빈	賓	손 빈
범	凡	무릇 범	부	付	부칠 부	빈	頻	자주 빈
법	法	법 법	부	符	부적 부	빈	貧	가난할 빈
벽	壁	벽 벽	부	附	붙을 부	빙	聘	부를 빙
벽	碧	푸를 벽	부	腐	썩을 부	빙	氷	얼음 빙
변	邊	가 변	부	負	질 부			
변	辯	말씀 변	부	扶	도울 부			
변	辨	분별할 변	부	部	떼 부		**ㅅ**	
변	變	변할 변	부	浮	뜰 부	사	邪	간사할 사
별	別	다를, 나눌 별	부	婦	며느리, 지어미 부	사	蛇	뱀 사
병	竝	나란할 병	부	富	부자 부	사	似	같을 사
						사	詞	말씀 사

423

사	辭	말씀 사	상	祥	상서로울 상	선	選	가릴 선
사	司	맡을 사	상	詳	자세할 상	선	鮮	고울 선
사	沙	모래 사	상	裳	치마 상	선	先	먼저 선
사	社	모일 사	상	象	코끼리 상	선	船	배 선
사	捨	버릴 사	상	狀	형상 상, 문서 장	선	仙	신선 선
사	寫	베낄 사	상	傷	다칠 상	선	線	줄 선
사	斜	비낄 사	상	常	항상 상	선	善	착할 선
사	詐	속일 사	상	賞	상줄 상	설	舌	혀 설
사	斯	이 사	상	想	생각 상	설	雪	눈 설
사	祀	제사 사	상	相	서로 상	설	說	말씀 설, 달랠 세
사	査	조사할 사	상	霜	서리 상	설	設	베풀 설
사	賜	줄 사	상	尙	높일, 오히려 상	섭	涉	건널 섭
사	四	넉 사	상	上	윗 상	섭	攝	당길 섭
사	巳	뱀 사	상	喪	잃을 상	성	星	별 성
사	史	역사 사	상	商	장사 상	성	省	살필 성, 덜 생
사	謝	사례할 사	색	塞	막힐 색, 변방 새	성	姓	성 성
사	私	사사 사	색	索	찾을 색, 새끼줄 삭	성	聖	성인 성
사	思	생각 사	색	色	빛 색	성	性	성품 성
사	士	선비 사	생	生	날 생	성	盛	성할 성
사	仕	벼슬 사	서	署	관청 서	성	聲	소리 성
사	師	스승 사	서	緖	실마리 서	성	成	이룰 성
사	絲	실 사	서	庶	여러 서	성	城	성 성
사	射	쏠 사	서	恕	용서할 서	성	誠	정성 성
사	事	일 사	서	徐	천천히 서	세	細	가늘 세
사	寺	절 사	서	敍	펼 서	세	稅	세금 세
사	死	죽을 사	서	誓	맹세할 서	세	洗	씻을 세
사	舍	집 사	서	逝	갈 서	세	世	인간 세
사	使	하여금 사	서	書	글 서	세	歲	해 세
삭	削	깎을 삭	서	暑	더울 서	세	勢	형세 세
삭	朔	초하루 삭	서	西	서녘 서	소	蔬	나물 소
산	産	낳을 산	서	序	차례 서	소	蘇	깨어날 소
산	山	메 산	석	析	쪼갤 석	소	疎	성길 소
산	算	셈할 산	석	釋	풀 석	소	騷	시끄러울 소
산	散	흩을 산	석	石	돌 석	소	昭	밝을 소
살	殺	죽일 살, 감할 쇄	석	惜	아낄 석	소	召	부를 소
삼	三	석 삼	석	昔	옛 석	소	燒	불사를 소
상	償	갚을 상	석	席	자리 석	소	掃	쓸 소
상	嘗	맛볼 상	석	夕	저녁 석	소	訴	호소할 소
상	像	형상 상	선	旋	돌 선	소	所	바 소
상	桑	뽕나무 상	선	宣	베풀 선	소	素	본디, 흴 소
상	床	상 상	선	禪	고요할 선	소	消	사라질 소

소	笑	웃음 소	수	秀	빼어날 수	시	是	옳을 시
소	小	작을 소	수	數	셈 수	시	市	시장 시
소	少	적을 소	수	手	손 수	식	飾	꾸밀 식
속	束	묶을 속	수	授	줄 수	식	息	쉴 식
속	屬	붙일 속	수	守	지킬 수	식	食	밥, 먹을 식
속	粟	조 속	숙	孰	누구 숙	식	式	법 식
속	速	빠를 속	숙	肅	엄숙할 숙	식	植	심을 식
속	續	이을 속	숙	熟	익힐 숙	식	識	알 식, 기록할 지
속	俗	풍속 속	숙	淑	맑을 숙	신	晨	새벽 신
손	損	덜 손	숙	叔	아재비 숙	신	伸	펼 신
손	孫	손자 손	숙	宿	잘 숙, 별자리 수	신	神	귀신 신
송	訟	송사할 송	순	瞬	눈깜짝일 순	신	申	펼 신
송	誦	욀 송	순	循	돌 순	신	愼	삼갈 신
송	頌	칭송할 송	순	巡	돌, 순행할 순	신	辛	매울 신
송	送	보낼 송	순	殉	따라죽을 순	신	身	몸 신
송	松	소나무 송	순	旬	열흘 순	신	信	믿을, 소식 신
쇄	鎖	쇠사슬 쇄	순	脣	입술 순	신	新	새 신
쇄	刷	인쇄할 쇄	순	純	순수할 순	신	臣	신하 신
쇠	衰	쇠할 쇠	순	順	순할 순	실	實	열매 실
수	囚	가둘 수	술	術	재주 술	실	失	잃을 실
수	殊	다를 수	술	述	베풀 술	실	室	집 실
수	遂	드디어 수	술	戌	개 술	심	審	살필 심
수	隨	따를 수	숭	崇	높을 숭	심	尋	찾을 심
수	輸	보낼 수	습	襲	엄습할 습	심	深	깊을 심
수	需	쓰일, 쓸 수	습	濕	젖을 습	심	心	마음 심
수	帥	장수 수	습	習	익힐 습	심	甚	심할 심
수	睡	졸음 수	습	拾	주울 습, 열 십	십	十	열 십
수	獸	짐승 수	승	昇	오를 승	쌍	雙	쌍 쌍
수	垂	드리울 수	승	僧	중 승	씨	氏	성씨 씨
수	搜	찾을 수	승	勝	이길 승			
수	收	거둘 수	승	承	이을 승		ㅇ	
수	愁	근심 수	승	乘	탈 승	아	雅	맑을 아
수	樹	나무 수	시	侍	모실 시	아	亞	버금 아
수	誰	누구 수	시	矢	화살 시	아	芽	싹 아
수	修	닦을 수	시	時	때 시	아	牙	어금니 아
수	首	머리 수	시	施	베풀 시	아	餓	주릴 아
수	須	모름지기 수	시	示	보일 시	아	我	나 아
수	壽	목숨 수	시	視	볼 시	아	兒	아이 아
수	水	물 수	시	始	비로소 시	악	岳	큰산 악
수	受	받을 수	시	詩	시 시	악	惡	악할 악, 미워할 오
수	雖	비록 수	시	試	시험 시	안	雁	기러기 안

안	岸	언덕 안	억	抑	누를 억	영	營	경영할 영
안	顔	얼굴 안	억	億	억 억	영	影	그림자 영
안	眼	눈 안	억	憶	생각할 억	영	映	비칠 영
안	案	책상 안	언	焉	어조사 언	영	詠	읊을 영
안	安	편안 안	언	言	말씀 언	영	泳	헤엄칠 영
알	謁	뵐 알	엄	嚴	엄할 엄	영	永	길 영
암	巖	바위 암	업	業	일 업	영	英	꽃부리 영
암	暗	어두울 암	여	予	나 여	영	迎	맞을 영
압	壓	누를 압	여	輿	수레 여	영	榮	영화 영
압	押	도장 찍을 압	여	如	같을 여	예	譽	기릴 예
앙	央	가운데 앙	여	余	나 여	예	銳	날카로울 예
앙	殃	재앙 앙	여	餘	남을 여	예	豫	미리 예
앙	仰	우러를 앙	여	汝	너 여	예	藝	재주 예
애	涯	물가 애	여	與	더불, 줄 여	오	傲	거만할 오
애	愛	사랑 애	역	譯	번역할 역	오	汚	더러울 오
애	哀	슬플 애	역	役	부릴 역	오	嗚	슬플 오
액	厄	재앙 액	역	驛	역 역	오	娛	즐길 오
액	額	이마 액	역	疫	전염병 역	오	誤	그르칠 오
야	耶	어조사 야	역	域	지경 역	오	烏	까마귀 오
야	野	들 야	역	逆	거스릴 역	오	悟	깨달을 오
야	夜	밤 야	역	亦	또 역	오	吾	나 오
야	也	어조사 야	역	易	바꿀 역, 쉬울 이	오	午	낮 오
약	躍	뛸 약	연	鉛	납 연	오	五	다섯 오
약	若	같을 약	연	延	끌 연	옥	獄	감옥 옥
약	約	약속할 약	연	沿	물 따라갈 연	옥	玉	구슬 옥
약	藥	약 약	연	軟	연할 연	옥	屋	집 옥
약	弱	약할 약	연	緣	인연 연	온	溫	따뜻할 온
양	樣	모양 양	연	宴	잔치 연	옹	翁	늙은이 옹
양	楊	버들 양	연	燕	제비 연	옹	擁	안을 옹
양	壤	흙덩이 양	연	燃	불탈 연	와	瓦	기와 와
양	養	기를 양	연	演	펼 연	와	臥	누울 와
양	揚	날릴 양	연	硏	갈 연	완	緩	느릴 완
양	陽	볕 양	연	然	그럴 연	완	完	완전할 완
양	讓	사양할 양	연	煙	연기 연	왈	曰	가로되 왈
양	羊	양 양	열	閱	볼 열	왕	往	갈 왕
양	洋	큰바다 양	열	悅	기쁠 열	왕	王	임금 왕
어	御	거느릴 어	열	熱	더울 열	외	畏	두려워할 외
어	魚	고기 어	염	染	물들 염	외	外	바깥 외
어	漁	고기 잡을 어	염	鹽	소금 염	요	謠	노래 요
어	語	말씀 어	염	炎	불꽃 염	요	遙	멀 요
어	於	어조사 어	엽	葉	잎 엽	요	腰	허리 요

요	搖	흔들 요	월	越	넘을 월	은	恩	은혜 은
요	要	요긴할 요	월	月	달 월	을	乙	새 을
욕	辱	욕될 욕	위	僞	거짓 위	음	淫	음란할 음
욕	慾	욕심 욕	위	委	맡길 위	음	陰	그늘 음
욕	浴	목욕할 욕	위	胃	위장 위	음	飮	마실 음
욕	欲	하고자할 욕	위	緯	씨줄 위	음	音	소리 음
용	庸	떳떳할 용	위	違	어길 위	음	吟	읊을 음
용	勇	날랠 용	위	圍	에워쌀 위	읍	邑	고을 읍
용	用	쓸 용	위	慰	위로할 위	읍	泣	울 읍
용	容	얼굴 용	위	謂	이를 위	응	凝	엉길 응
우	羽	깃 우	위	衛	지킬 위	응	應	응할 응
우	優	뛰어날 우	위	威	위엄 위	의	儀	거동 의
우	愚	어리석을 우	위	危	위태할 위	의	宜	마땅 의
우	郵	우편 우	위	位	자리 위	의	疑	의심할 의
우	偶	짝 우	위	偉	위대할 위	의	意	뜻 의
우	憂	근심 우	위	爲	할 위	의	矣	어조사 의
우	尤	더욱 우	유	幽	그윽할 유	의	義	옳을 의
우	又	또 우	유	誘	꾈 유	의	衣	옷 의
우	遇	만날 우	유	愈	나을 유	의	議	의논할 의
우	友	벗 우	유	裕	넉넉할 유	의	醫	의원 의
우	雨	비 우	유	悠	멀 유	의	依	의지할 의
우	牛	소 우	유	維	맬 유	이	夷	오랑캐 이
우	于	어조사 우	유	惟	생각할 유	이	耳	귀 이
우	右	오른쪽 우	유	儒	선비 유	이	異	다를 이
우	宇	집 우	유	乳	젖 유	이	二	두 이
운	韻	운 운	유	油	기름 유	이	而	말이을 이
운	雲	구름 운	유	遺	남길 유	이	以	써 이
운	運	움직일 운	유	遊	놀 유	이	移	옮길 이
운	云	이를 운	유	酉	닭 유	이	已	이미 이
웅	雄	수컷 웅	유	由	말미암을 유	익	翼	날개 익
원	源	근원 원	유	柔	부드러울 유	익	益	더할 익
원	援	도울 원	유	幼	어릴 유	인	姻	혼인 인
원	員	인원 원	유	唯	오직 유	인	引	끌 인
원	院	집 원	유	猶	오히려 유	인	印	도장 인
원	園	동산 원	유	有	있을 유	인	寅	범, 지지 인
원	圓	둥글 원	육	肉	고기 육	인	人	사람 인
원	遠	멀 원	육	育	기를 육	인	認	알 인
원	原	언덕, 근원 원	윤	潤	윤택할 윤	인	仁	어질 인
원	怨	원망할 원	윤	閏	윤달 윤	인	因	인할 인
원	願	원할 원	은	隱	숨을 은	인	忍	참을 인
원	元	으뜸 원	은	銀	은 은	일	逸	편안할 일

일	日	날 일		장	帳	휘장 장		전	典	법 전
일	一	한 일		장	章	글 장		전	戰	싸움 전
임	任	맡길 임		장	長	길 장		전	前	앞 전
임	賃	품삯 임		장	場	마당 장		전	全	온전할 전
임	壬	북방, 천간 임		장	將	장수, 장차 장		전	傳	전할 전
입	入	들 입		장	壯	장할 장		전	展	펼 전
				재	載	실을 재		절	折	꺾을 절
ㅈ				재	裁	마를 재		절	切	끊을 절, 온통 체
자	姿	모양 자		재	災	재앙 재		절	竊	훔칠 절
자	恣	방자할 자		재	宰	재상 재		절	絕	끊을 절
자	玆	이 자		재	再	두 재		절	節	마디 절
자	紫	자줏빛 자		재	栽	심을 재		점	點	점 점
자	資	재물 자		재	哉	어조사 재		점	占	점칠, 점령할 점
자	刺	찌를 자·척		재	在	있을 재		점	漸	점점 점
자	字	글자 자		재	材	재목 재		점	店	가게 점
자	者	놈 자		재	財	재물 재		접	蝶	나비 접
자	慈	사랑 자		재	才	재주 재		접	接	접할 접
자	姊	손윗누이 자		쟁	爭	다툴 쟁		정	整	가지런할 정
자	自	스스로 자		저	抵	막을 저		정	程	길 정
자	子	아들 자		저	底	밑 저		정	訂	바로잡을 정
작	爵	벼슬 작		저	著	나타날 저		정	亭	정자 정
작	酌	술 부을, 짐작할 작		저	低	낮을 저		정	廷	조정 정
작	昨	어제 작		저	貯	쌓을 저		정	征	칠 정
작	作	지을 작		적	寂	고요할 적		정	靜	고요할 정
잔	殘	남을 잔		적	績	길쌈 적		정	貞	곧을 정
잠	潛	잠길 잠		적	賊	도둑 적		정	淨	깨끗할 정
잠	暫	잠깐 잠		적	摘	딸 적		정	庭	뜰 정
잡	雜	섞일 잡		적	籍	문서 적		정	情	뜻 정
장	獎	장려할 장		적	滴	물방울 적		정	停	머무를 정
장	藏	감출 장		적	跡	발자취 적		정	正	바를 정
장	裝	꾸밀 장		적	積	쌓을 적		정	井	우물 정
장	粧	단장할 장		적	的	과녁 적		정	丁	장정 정
장	墻	담 장		적	敵	대적할 적		정	政	정사 정
장	障	막을 장		적	適	맞을 적		정	頂	정수리 정
장	張	베풀 장		적	赤	붉을 적		정	定	정할 정
장	掌	손바닥 장		전	轉	구를 전		정	精	정할 정
장	莊	씩씩할 장		전	專	오로지 전		제	齊	가지런할 제
장	丈	어른 장		전	殿	큰집 전		제	濟	건널 제
장	臟	오장 장		전	錢	돈 전		제	提	끌 제
장	葬	장사 지낼 장		전	田	밭 전		제	堤	둑 제
장	腸	창자 장		전	電	번개 전		제	制	지을 제

제	際	사이 제
제	除	덜 제
제	諸	모두 제
제	弟	아우 제
제	帝	임금 제
제	題	제목 제
제	祭	제사 제
제	製	지을 제
제	第	차례 제
조	條	가지 조
조	燥	마를 조
조	照	비칠 조
조	操	잡을 조
조	弔	조상할 조
조	租	조세 조
조	潮	조수 조
조	組	짤 조
조	調	고를 조
조	助	도울 조
조	鳥	새 조
조	朝	아침 조
조	兆	억조 조
조	早	이를 조
조	造	지을 조
조	祖	할아비 조
족	族	겨레 족
족	足	발, 넉넉할 족
존	尊	높을 존
존	存	있을 존
졸	拙	옹졸할 졸
졸	卒	마칠, 군사 졸
종	縱	세로 종
종	宗	으뜸 종
종	終	마칠 종
종	鐘	쇠북 종
종	種	씨 종
종	從	좇을 종
좌	佐	도울 좌
좌	座	자리 좌
좌	坐	앉을 좌
좌	左	왼 좌

죄	罪	허물 죄
주	州	고을 주
주	株	그루 주
주	柱	기둥 주
주	周	두루 주
주	洲	섬 주
주	舟	배 주
주	奏	아뢸 주
주	珠	구슬 주
주	鑄	부어만들 주
주	晝	낮 주
주	走	달릴 주
주	注	물댈 주
주	朱	붉을 주
주	住	살 주
주	酒	술 주
주	主	주인 주
주	宙	집 주
죽	竹	대 죽
준	遵	좇을 준
준	俊	준걸 준
준	準	법도 준
중	仲	버금 중
중	中	가운데 중
중	重	무거울 중
중	衆	무리 중
즉	卽	곧 즉
증	憎	미울 증
증	贈	줄 증
증	症	증세 증
증	蒸	찔 증
증	增	더할 증
증	曾	일찍 증
증	證	증거 증
지	誌	기록할 지
지	遲	더딜, 늦을 지
지	池	못 지
지	智	지혜 지
지	指	가리킬 지
지	枝	가지 지
지	持	가질 지

지	之	갈 지
지	止	그칠 지
지	只	다만 지
지	地	땅 지
지	志	뜻 지
지	知	알 지
지	至	이를 지
지	紙	종이 지
지	支	지탱할 지
직	職	직분 직
직	織	짤 직
직	直	곧을 직
진	振	떨칠 진
진	陳	베풀 진
진	珍	보배 진
진	鎭	진압할 진
진	陣	진칠 진
진	震	진동할 진
진	進	나아갈 진
진	盡	다할 진
진	辰	별 진, 때 신
진	眞	참 진
질	疾	병 질
질	姪	조카 질
질	秩	차례 질
질	質	바탕 질
집	集	모을 집
집	執	잡을 집
징	徵	부를 징
징	懲	징계할 징

ㅊ

차	差	어긋날 차
차	且	또 차
차	次	버금 차
차	借	빌 차
차	此	이 차
착	錯	섞일 착
착	捉	잡을 착
착	着	붙을 착
찬	讚	기릴 찬

찬	贊	도울 찬	청	晴	갤 청	출	出	날 출
찰	察	살필 찰	청	聽	들을 청	충	衝	찌를 충
참	慙	부끄러울 참	청	淸	맑을 청	충	蟲	벌레 충
참	慘	참혹할 참	청	請	청할 청	충	充	채울 충
참	參	참여할 참, 석 삼	청	靑	푸를 청	충	忠	충성 충
창	倉	곳집 창	체	替	바꿀 체	취	臭	냄새 취
창	創	비롯할 창	체	滯	막힐 체	취	趣	뜻 취
창	蒼	푸를 창	체	遞	갈마들 체	취	醉	취할 취
창	暢	화창할 창	체	逮	쫓을 체	취	取	가질 취
창	唱	부를 창	체	體	몸 체	취	就	나아갈 취
창	窓	창 창	초	肖	닮을, 같을 초	취	吹	불 취
창	昌	창성할 창	초	超	뛰어넘을 초	측	側	곁 측
채	債	빚 채	초	抄	뽑을 초	측	測	헤아릴 측
채	彩	채색 채	초	礎	주춧돌 초	층	層	층 층
채	菜	나물 채	초	秒	초 초	치	値	값 치
채	採	캘 채	초	招	부를 초	치	置	둘 치
책	策	꾀 책	초	初	처음 초	치	恥	부끄러울 치
책	責	꾸짖을 책	초	草	풀 초	치	治	다스릴 치
책	冊	책 책	촉	觸	닿을 촉	치	齒	이 치
처	處	곳 처	촉	促	재촉할 촉	치	致	이를 치
처	妻	아내 처	촉	燭	촛불 촉	칙	則	법칙 칙, 곧 즉
척	拓	넓힐 척	촌	寸	마디 촌	친	親	친할 친
척	斥	물리칠 척	촌	村	마을 촌	칠	漆	옻 칠
척	戚	친척 척	총	聰	귀밝을 총	칠	七	일곱 칠
척	尺	자 척	총	總	다 총	침	枕	베개 침
천	踐	밟을 천	총	銃	총 총	침	寢	잘 침
천	遷	옮길 천	최	催	재촉할 최	침	浸	잠길 침
천	薦	천거할 천	최	最	가장 최	침	沈	잠길 침, 성 심
천	賤	천할 천	추	抽	뽑을 추	침	侵	침노할 침
천	川	내 천	추	醜	더러울 추	침	針	바늘 침
천	泉	샘 천	추	秋	가을 추	칭	稱	일컬을 칭
천	淺	얕을 천	추	推	밀 추			
천	千	일천 천	추	追	쫓을, 따를 추	**ㅋ**		
천	天	하늘 천	축	蓄	쌓을 축	쾌	快	쾌할 쾌
철	哲	밝을 철	축	築	쌓을 축			
철	徹	통할 철	축	縮	줄일 축	**ㅌ**		
철	鐵	쇠 철	축	畜	짐승 축	타	墮	떨어질 타
첨	添	더할 첨	축	逐	쫓을 축	타	妥	온당할 타
첨	尖	뾰족할 첨	축	祝	빌 축	타	他	다를 타
첩	妾	첩 첩	축	丑	소 축	타	打	칠 타
청	廳	관청 청	춘	春	봄 춘	탁	卓	높을 탁

탁	托	맡길 탁
탁	濯	씻을 탁
탁	濁	흐릴 탁
탄	炭	숯 탄
탄	歎	탄식할 탄
탄	彈	탄알 탄
탄	誕	태어날 탄
탈	奪	빼앗을 탈
탈	脫	벗을 탈
탐	貪	탐낼 탐
탐	探	찾을 탐
탑	塔	탑 탑
탕	湯	끓을 탕
태	殆	위태로울 태
태	怠	게으를 태
태	態	태도 태
태	太	클 태
태	泰	클 태
택	擇	가릴 택
택	澤	못 택
택	宅	집 택·댁
토	討	칠 토
토	吐	토할 토
토	土	흙 토
통	痛	아플 통
통	統	거느릴 통
통	通	통할 통
퇴	退	물러날 퇴
투	透	통할 투
투	鬪	싸움 투
투	投	던질 투
특	特	특별할 특

ㅍ

파	派	갈래 파
파	罷	마칠 파
파	播	뿌릴 파
파	頗	자못 파
파	把	잡을 파
파	破	깨트릴 파
파	波	물결 파
판	板	널 판
판	版	조각 판
판	販	팔 판
판	判	판단할 판
팔	八	여덟 팔
패	貝	조개 패
패	敗	패할 패
편	遍	두루 편
편	編	엮을 편
편	偏	치우칠 편
편	片	조각 편
편	篇	책 편
편	便	편할 편, 똥오줌 변
평	評	평론할 평
평	平	평평할 평
폐	蔽	가릴 폐
폐	弊	해질 폐
폐	廢	폐할 폐
폐	肺	허파 폐
폐	幣	화폐 폐
폐	閉	닫을 폐
포	浦	물가 포
포	飽	배부를 포
포	胞	태 포
포	包	쌀 포
포	捕	잡을 포
포	布	베, 베풀 포
포	抱	안을 포
폭	暴	사나울 폭, 모질 포
폭	爆	불터질 폭
폭	幅	폭 폭
표	漂	뜰 표
표	票	표 표
표	標	표할 표
표	表	겉 표
품	品	물건 품
풍	風	바람 풍
풍	豊	풍성할 풍
피	被	입을 피
피	疲	지칠 피
피	避	피할 피
피	皮	가죽 피
피	彼	저 피
필	畢	마칠 필
필	必	반드시 필
필	筆	붓 필
필	匹	짝 필

ㅎ

하	荷	멜 하
하	河	물 하
하	下	아래 하
하	何	어찌 하
하	夏	여름 하
하	賀	하례할 하
학	鶴	학 학
학	學	배울 학
한	旱	가물 한
한	汗	땀 한
한	寒	찰 한
한	恨	한할 한
한	閑	한가할 한
한	韓	한국 한
한	漢	한수 한
한	限	한계 한
할	割	벨 할
함	咸	다 함
함	含	머금을 함
함	陷	빠질 함
합	合	합할 합
항	巷	거리 항
항	抗	대항할 항
항	航	배 항
항	港	항구 항
항	項	목 항
항	恒	항상 항
해	該	해당할 해
해	奚	어찌 해
해	亥	돼지 해
해	海	바다 해
해	解	풀 해
해	害	해할 해

핵	核	씨 핵	호	毫	터럭 호	황	況	하물며 황
행	行	다닐 행	호	豪	호걸 호	황	黃	누를 황
행	幸	다행 행	호	虎	범 호	황	皇	임금 황
향	享	누릴 향	호	呼	부를 호	회	悔	뉘우칠 회
향	響	울릴 향	호	乎	어조사 호	회	懷	품을 회
향	鄕	시골 향	호	號	이름 호	회	回	돌아올 회
향	香	향기 향	호	好	좋을 호	회	會	모일 회
향	向	향할 향	호	戶	집 호	획	劃	그을 획
허	虛	빌 허	호	湖	호수 호	획	獲	얻을 획
허	許	허락 허	혹	惑	미혹할 혹	횡	橫	가로 횡
헌	獻	드릴 헌	혹	或	흑 혹	효	曉	새벽 효
헌	憲	법 헌	혼	魂	넋 혼	효	效	본받을 효
헌	軒	집 헌	혼	昏	어두울 혼	효	孝	효도 효
험	驗	시험할 험	혼	混	섞일 혼	후	候	기후 후
험	險	험할 험	혼	婚	혼인할 혼	후	侯	제후 후
혁	革	가죽, 고칠 혁	홀	忽	문득 홀	후	厚	두터울 후
현	玄	검을 현	홍	鴻	기러기 홍	후	後	뒤 후
현	縣	고을 현	홍	洪	넓을 홍	훈	訓	가르칠 훈
현	顯	나타날 현	홍	弘	클 홍	훼	毁	헐 훼
현	懸	매달 현	홍	紅	붉을 홍	휘	輝	빛날 휘
현	絃	줄 현	화	禾	벼 화	휘	揮	휘두를 휘
현	現	나타날 현	화	禍	재앙 화	휴	携	이끌 휴
현	賢	어질 현	화	畫	그림 화, 그을 획	휴	休	쉴 휴
혈	穴	구멍 혈	화	花	꽃 화	흉	胸	가슴 흉
혈	血	피 혈	화	化	될 화	흉	凶	흉할 흉
혐	嫌	싫어할 혐	화	話	말씀 화	흑	黑	검을 흑
협	脅	으를 협	화	火	불 화	흡	吸	마실 흡
협	協	합할 협	화	華	빛날 화	흥	興	일 흥
형	螢	반딧불 형	화	貨	재물 화	희	戱	놀이 희
형	亨	형통할 형	화	和	화할 화	희	稀	드물 희
형	衡	저울대 형	확	穫	거둘 확	희	喜	기쁠 희
형	兄	형 형	확	確	굳을 확	희	希	바랄 희
형	刑	형벌 형	확	擴	넓힐 확			
형	形	형상 형	환	環	고리 환			
혜	慧	지혜 혜	환	還	돌아올 환			
혜	兮	어조사 혜	환	丸	둥글 환			
혜	惠	은혜 혜	환	換	바꿀 환			
호	浩	넓을 호	환	患	근심 환			
호	護	도울 호	환	歡	기쁠 환			
호	胡	오랑캐 호	활	活	살 활			
호	互	서로 호	황	荒	거칠 황			

2급 한자

ㄱ

가	伽	절 가
가	哥	성 가
가	嘉	아름다울 가
가	嫁	시집갈 가
가	柯	가지 가
가	稼	심을 가
가	苛	가혹할 가
가	袈	가사 가
가	訶	꾸짖을 가
가	賈	성 가, 장사 고
가	跏	책상다리할 가
가	迦	부처 이름 가
가	駕	멍에 가
각	恪	삼갈 각
각	殼	껍질 각
간	墾	개간할 간·은
간	奸	간사할 간
간	杆	몽둥이 간
간	桿	난간 간
간	澗	산골 물 간
간	癎	간질 간
간	竿	낚싯대 간
간	艮	괘 이름 간
간	艱	어려울 간
간	諫	간할 간
갈	喝	꾸짖을 갈
갈	碣	비 갈
갈	葛	칡 갈
갈	褐	갈색·굵은 베 갈
갈	鞨	말갈 갈
감	勘	헤아릴 감
감	堪	견딜 감
감	嵌	산골짜기 감
감	憾	섭섭할 감
감	柑	귤 감
감	疳	감질 감
감	紺	감색 감
감	邯	땅 이름 감, 조나라 서울 한
감	龕	감실 감
갑	匣	갑 갑
갑	岬	곶 갑
강	姜	성·생강 강
강	岡	산등성이 강
강	崗	언덕 강
강	疆	지경 강
강	羌	오랑캐 강
강	腔	속빌 강
강	薑	성·생강 강
개	凱	개선할 개
개	漑	물 댈 개
개	箇	낱 개
개	芥	겨자 개
갱	坑	구덩이 갱
갱	羹	국 갱
거	渠	개천 거
건	巾	수건 건
건	腱	힘줄 건
건	虔	공경할 건
건	鍵	열쇠·자물쇠 건
걸	杰	뛰어날 걸
검	黔	검을 검, 귀신 이름 금
겁	劫	위협할 겁
겁	怯	겁낼 겁
게	偈	불시 게
게	揭	높이 들 걸, 세울 걸
격	檄	격문 격
격	覡	박수 격
견	甄	질그릇 견
견	繭	고치 견
견	鵑	두견새 견
결	訣	이별할 결
겸	鎌	낫 겸
경	憬	깨달을·동경할 경
경	暻	밝을 경
경	梗	줄기·막힐 경
경	璟	옥빛 경
경	瓊	구슬 경
경	痙	경련 경
경	磬	경쇠 경
경	脛	정강이 경
경	莖	줄기 경
경	頸	목 경
경	鯨	고래 경
계	悸	두근거릴 계
계	稽	상고할 계
계	誡	경계할 계
계	谿	시냇물 계
고	叩	두드릴 고
고	拷	칠 고
고	攷	생각할·살필 고
고	皐	언덕·못 고
고	股	넓적다리 고
고	膏	기름 고
고	藁	짚 고
고	袴	바지 고
고	誥	고할 고
고	錮	막을 고
고	雇	품 팔 고
곤	崑	산 이름 곤
곤	昆	맏·벌레 곤
곤	棍	몽둥이 곤
곤	袞	곤룡포 곤
공	控	당길 공, 칠 강
공	拱	팔짱낄 공
곶	串	땅이름 곶, 꿸 관
과	戈	창 과
과	瓜	오이 과
과	菓	과자·실과 과
과	顆	낟알 과
곽	槨	외관 곽
곽	藿	콩잎·미역 곽
곽	廓	둘레 곽, 클 확
관	棺	널 관
관	款	항목 관
관	灌	물 댈 관
관	罐	두레박 관, 장군 부
괄	括	묶을 괄
괄	适	빠를 괄
광	匡	바를 광

광	壙	뫼 구덩이 광
광	曠	빌 광
광	珖	옥피리 광
괘	卦	점괘 괘
괴	乖	어그러질 괴
괴	傀	허수아비 괴
괴	槐	회화나무 괴
괴	魁	괴수 괴
굉	宏	클 굉
교	僑	더부살이 교
교	咬	물·새 소리 교
교	喬	높을 교
교	嬌	아리따울 교
교	攪	흔들 교
교	絞	목맬 교, 염습 효
교	膠	아교 교
교	轎	가마 교
교	驕	교만할 교
구	仇	원수 구
구	勾	굽을 구
구	垢	때 구
구	寇	도적 구
구	歐	구라파·칠 구
구	毬	공 구
구	溝	도랑 구
구	灸	뜸 구
구	矩	모날·법도 구
구	臼	절구 구
구	舅	시아비·외삼촌 구
구	購	살 구
구	軀	몸 구
구	逑	짝 구
구	邱	언덕 구
구	鉤	갈고리 구
구	駒	망아지 구
구	鳩	비둘기 구
구	鷗	갈매기 구
구	耉	늙을 구
국	鞠	성·국문할 국
국	鞫	국문할 국
국	麴	누룩 국, 누룩 부

군	裙	치마 군
굴	堀	굴 굴
굴	掘	팔 굴, 뚫을 궐
굴	窟	굴 굴
궁	穹	하늘 궁
궁	躬	몸 궁
권	倦	게으를 권
권	圈	우리 권
권	捲	거둘·말 권
권	眷	돌볼 권
궐	闕	대궐 궐
궤	櫃	궤짝 궤, 느티나무 거
궤	潰	무너질 궤
귀	晷	그림자 귀, 그림자 구
규	圭	서옥·홀 규
규	奎	별 규
규	揆	헤아릴 규
규	珪	서옥·홀 규
규	硅	규소 규, 깨뜨릴 획
규	窺	엿볼 규
규	葵	해바라기·아욱 규
규	閨	안방 규
균	筠	대 균
균	鈞	서른 근 균
귤	橘	귤 귤
극	剋	이길 극, 새길 각
극	戟	창 극
극	棘	가시 극
극	隙	틈 극
근	劤	힘 근
근	槿	무궁화 근
근	瑾	아름다운 옥 근
근	筋	힘줄 근
근	覲	뵐 근
금	芩	풀 이름 금
금	衾	이불 금
금	衿	옷깃 금
금	襟	옷깃 금
급	扱	거둘 급
급	汲	물길을 급
긍	兢	떨릴 긍

긍	矜	자랑할 긍
기	伎	재간 기
기	冀	바랄 기
기	嗜	즐길 기
기	妓	기생 기
기	岐	갈림길 기
기	崎	험할 기
기	朞	돌 기
기	杞	구기자 기
기	棋	바둑 기
기	汽	물 끓는 김 기
기	沂	물 이름 기, 지경 은
기	琦	옥 이름 기
기	琪	아름다운 옥 기
기	璣	별 이름 기
기	畸	뙈기밭·불구 기
기	碁	바둑 기
기	祇	땅 귀신 기, 다만 지
기	祺	길할 기
기	箕	키 기
기	綺	비단 기
기	羈	굴레 기
기	耆	늙을 기
기	饑	주릴 기
기	驥	천리마 기
기	麒	기린 기
끽	喫	먹을 끽

나	儺	푸닥거리 나
나	拿	잡을 나
나	拏	잡을 나(라)
날	捺	누를 날
낭	囊	주머니 낭
년	撚	비빌 년(연)
념	拈	집을 념(염), 집을 점
노	弩	쇠뇌 노
농	濃	짙을 농
농	膿	고름 농
뇨	尿	오줌 뇨(요)
눌	訥	말 더듬거릴 눌

뉴	紐	맺을 뉴(유)
니	尼	여승 니(이), 말릴 닐(일)
닉	溺	빠질 닉(익), 오줌 뇨(요)
닉	匿	숨길 닉(익)

ㄷ

단	湍	여울 단
단	緞	비단 단
단	蛋	새알 단
단	袒	웃통 벗을 단, 터질 탄
단	鍛	쇠 불릴 단
담	曇	흐릴 담
담	湛	괼 담, 잠길 침
담	潭	못 담, 물가 심
담	澹	맑을 담, 넉넉할 섬
담	痰	가래 담
담	膽	쓸개 담
담	譚	클·말씀 담
당	塘	못 당
당	幢	기 당
당	撞	칠 당
당	棠	아가위 당
대	垈	집터 대
대	戴	일 대
대	玳	대모 대
대	袋	자루 대
덕	悳	큰 덕
도	屠	죽일 도
도	悼	슬퍼할 도
도	濤	물결 도
도	燾	비칠 도
도	禱	빌 도
도	萄	포도 도
도	賭	내기 도
도	蹈	밟을 도
도	鍍	도금할 도
독	瀆	도랑·더럽힐 독
독	牘	서찰 독
독	禿	대머리 독
돈	墩	돈대 돈
돈	旽	밝을 돈
돈	沌	엉길 돈
돈	頓	조아릴 돈, 둔할 둔
동	憧	동경할 동
동	桐	오동나무 동
동	棟	마룻대 동
동	潼	물이름 동
동	疼	아플 동·등
동	瞳	눈동자 동
동	胴	큰창자·몸통 동
동	董	감독할 동
두	兜	투구 두, 도솔천 도
두	杜	막을 두
두	痘	역질 두
둔	遁	숨을 둔
둔	遯	달아날 둔
등	藤	등나무 등
등	謄	베낄 등
등	鄧	나라 이름 등

ㄹ

라	螺	소라 라(나)
라	裸	벗을 라(나)
라	蘿	쑥 라(나)
라	懶	게으를 라(나)
라	癩	문둥이 라(나)
락	洛	물 이름 락(낙)
락	珞	구슬 목걸이 락(낙)
락	酪	쇠젖 락(낙)
락	烙	지질 락(낙)
락	駱	낙타 락(낙)
란	爛	빛날 란(난)
란	瀾	물결 란(난)
란	鸞	난새 란(난)
람	藍	쪽 람(남), 볼 감
랍	拉	끌 랍(납)
랍	蠟	밀 랍(납)
랍	臘	섣달·납향 랍(납)
랑	朗	밝을 랑(낭)
랑	狼	이리 랑(낭)
래	萊	명아주 래(내)
량	亮	밝을 량(양)
량	樑	들보 량(양)
려	侶	짝 려(여)
려	儷	짝 려(여)
려	藜	명아주 려(여)
려	驢	당나귀 려(여)
려	呂	성·법칙 려(여)
려	閭	마을 려(여)
려	驪	검은 말 려(여)·리(이)
려	黎	검을 려(여)
려	廬	농막집 려(여), 창자루 로(노)
려	礪	숫돌 려(여)
려	濾	거를 려(여)
력	瀝	스밀 력(역)
력	礫	조약돌 력(역)
련	煉	달굴 련(연)
련	漣	잔물결 련(연)
련	輦	가마 련(연)
련	攣	걸릴 련(연)
렴	斂	거둘 렴(염)
렴	濂	물 이름 렴(염)
렴	簾	발 렴(염)
렴	殮	염할 렴(염)
령	翎	깃 령(영)
령	齡	나이 령(영)
령	玲	옥 소리 령(영)
령	鈴	방울 령(영)
례	醴	단술 례(예)
로	魯	노나라 로(노)
로	盧	성·목로 로(노)
로	鷺	해오라기 로(노)
로	櫓	방패 로(노)
로	蘆	갈대 로(노)
로	虜	사로잡을 로(노)
로	撈	건질 로(노)
로	鹵	소금 로(노)
록	麓	산기슭 록(녹)
롱	籠	대바구니 롱(농)
롱	聾	귀먹을 롱(농)
뢰	儡	꼭두각시 뢰(뇌)
뢰	瀨	여울 뢰(뇌)
뢰	牢	우리 뢰(뇌)

료	療	병 고칠 료(요), 병 삭
료	遼	멀 료(요)
료	寮	동관 료(요)
루	陋	더러울 루(누)
루	壘	보루 루(누)
루	婁	끌 루(누)
류	琉	유리 류(유)
류	劉	죽일·묘금도 류(유)
류	硫	유황 류(유)
류	溜	처마물 류(유)
류	榴	석류나무 류(유)
류	瘤	혹 류(유)
류	謬	그르칠 류(유)
륙	戮	죽일 륙(육)
륜	綸	벼리 륜(윤)
륜	崙	산 이름 륜(윤)
률	慄	떨릴 률(율)
륵	勒	굴레 륵(늑)
륵	肋	갈빗대 륵(늑)
름	廩	곳집 름(늠)
릉	凌	업신여길 릉(능)
릉	綾	비단 릉(능)
릉	菱	마름 릉(능)
릉	稜	모 날 릉(능)
릉	楞	네모질 릉(능)
리	璃	유리 리(이)
리	籬	울타리 리(이)
리	釐	다스릴 리(이)
리	鯉	잉어 리(이)
리	痢	이질 리(이)
리	罹	걸릴 리(이)
리	裡	속 리(이)
린	麟	기린 린(인)
린	鱗	비늘 린(인)
린	璘	옥빛 린(인)
린	燐	도깨비불 린(인)
림	琳	옥 림(임)
림	霖	장마 림(임)
림	淋	임질 림(임)
립	粒	낟알 립(입)
립	笠	삿갓 립(입)

ㅁ

마	摩	문지를 마
마	瑪	차돌 마
마	痲	저릴 마
마	魔	마귀 마
막	寞	고요할 막
막	膜	꺼풀·막 막
만	卍	만 만
만	娩	낳을 만, 번식할 반
만	彎	굽을 만
만	挽	당길 만
만	曼	길게 끌 만
만	灣	물굽이 만
만	蔓	덩굴 만
만	蠻	오랑캐 만
만	輓	끌·애도할 만
말	抹	지울 말
말	沫	물거품 말
말	靺	말갈 말
망	網	그물 망
망	芒	까끄라기 망, 황홀할 황
매	昧	어두울 매
매	枚	낱 매
매	罵	꾸짖을 매
매	邁	갈 매
매	魅	매혹할 매
맥	貊	맥국 맥
맹	萌	움 맹
면	冕	면류관 면
면	棉	목화 면
면	沔	물 이름·빠질 면
면	麵	밀가루 면
멸	蔑	업신여길 멸
명	溟	바다 명
명	皿	그릇 명
모	帽	모자 모
모	牟	성·보리 모
모	牡	수컷 모
모	瑁	옥홀 모, 대모 매
모	矛	창 모
모	耗	소모할 모
모	茅	띠 모
모	謨	꾀 모
목	沐	머리 감을 목
목	穆	화목할 목
묘	描	그릴 묘
묘	猫	고양이 묘
무	巫	무당 무
무	懋	힘쓸 무
무	撫	어루만질 무
무	畝	이랑 무·묘
무	蕪	거칠 무
무	誣	속일 무
문	吻	입술 문
문	汶	물 이름 문
문	紋	무늬 문
미	彌	미륵·두루 미
미	薇	장미 미
민	悶	답답할 민
민	愍	근심할 민
민	旼	화할 민
민	閔	성 민

ㅂ

박	剝	벗길 박
박	搏	두드릴 박
박	珀	호박 박·백
박	箔	발 박
박	縛	얽을 박
박	舶	배 박
박	駁	논박할·얼룩말 박
반	搬	옮길 반
반	攀	더위잡을 반
반	斑	아롱질 반
반	槃	쟁반 반
반	泮	물가 반
반	潘	성·뜨물 반, 뜨물 번
반	畔	밭두둑, 배반할 반
반	礬	명반 반·번
반	頒	나눌 반, 머리 클 분
반	磻	물이름 반·번, 돌살촉 파

발	勃	노할 발	병	倂	아우를 병	분	噴	뿜을 분
발	撥	다스릴 발	병	幷	아우를 병	분	忿	성낼 분
발	渤	바다 이름 발	병	柄	자루 병	분	汾	클 분
발	潑	물 뿌릴 발	병	炳	불꽃 병	분	焚	불사를 분
발	跋	밟을 발	병	瓶	병 병	분	盆	동이 분
발	醱	술 괼 발	병	秉	잡을 병	분	糞	똥 분
발	鉢	바리때 발	병	餠	떡 병	분	芬	향기 분
방	坊	동네 방	병	騈	나란히 할 병·변	불	弗	아닐·말 불
방	幇	도울 방	보	堡	작은 성 보	붕	棚	사다리 붕
방	彷	헤맬 방	보	洑	보 보	붕	鵬	새 붕
방	枋	다목 방, 자루 병	보	甫	클 보, 채마밭 포	비	丕	클 비
방	榜	방 붙일 방	보	菩	보살 보	비	匪	비적 비
방	紡	길쌈 방	보	褓	포대기 보	비	庇	덮을 비
방	肪	기름 방	보	輔	도울 보	비	扉	사립문 비
배	俳	배우 배	복	輻	바퀴살 복·폭	비	泌	분비할 비, 스며 흐를 필
배	盃	잔 배	복	僕	종 복	비	沸	끓을 비
배	胚	아기 밸 배	복	茯	복령 복	비	琵	비파 비
배	裵	성 배	복	馥	향기 복	비	痺	저릴 비
배	賠	물어줄 배	봉	峰	봉우리 봉	비	砒	비상 비
배	陪	모실 배	봉	俸	녹 봉	비	秘	숨길 비
백	帛	비단 백	봉	捧	받들 봉	비	緋	비단 비
백	柏	측백 백	봉	棒	막대 봉	비	翡	물총새 비
백	栢	나무 이름 백	봉	烽	봉화 봉	비	脾	지라 비
백	魄	넋 백	봉	琫	칼집 장식 봉	비	臂	팔 비
번	幡	기 번	봉	縫	꿰맬 봉	비	裨	도울 비
번	樊	울 번	봉	蓬	쑥 봉	비	鄙	더러울 비
번	燔	사를 번	봉	鋒	칼날 봉	비	毘	도울 비
번	蕃	불을 번	부	俯	구부릴 부	빈	嬪	궁녀 벼슬 이름 빈
번	藩	울타리 번	부	傅	스승 부	빈	彬	빛날 빈
벌	閥	문벌 벌	부	剖	쪼갤 부	빈	斌	밝을 빈
범	帆	돛 범	부	孚	미쁠 부	빈	殯	빈소 빈
범	梵	불경 범	부	敷	펼 부	빈	濱	물가 빈
범	汎	넓을 범	부	斧	도끼 부	빙	憑	기댈 빙
범	泛	뜰 범	부	溥	넓을 부			
범	范	성 범	부	腑	육부 부			
벽	僻	궁벽할 벽, 피할 피	부	膚	살갗 부			
벽	璧	구슬 벽	부	芙	연꽃 부	사	傞	잘게 부술 사·새
벽	癖	버릇 벽	부	訃	부고 부	사	唆	부추길 사
벽	闢	열 벽	부	趺	책상다리 할 부	사	嗣	이을 사
변	卞	성 변	부	釜	가마 부	사	奢	사치할 사
변	弁	고깔 변, 즐거워할 반	부	阜	언덕 부	사	娑	춤출·사바 세상 사
						사	徙	옮길 사

사	泗	물 이름 사	서	筮	점 서	소	巢	새집 소
사	瀉	쏟을 사	서	胥	서로 서	소	梳	얼레빗 소
사	獅	사자 사	서	舒	펼 서	소	沼	못 소
사	砂	모래 사	서	薯	감자 서	소	瀟	강이름 소
사	祠	사당 사	서	鋤	호미 서	소	疎	소통할·성길 소
사	紗	비단 사	서	黍	기장 서	소	簫	퉁소 소
사	肆	방자할 사	서	鼠	쥐 서	소	紹	이을 소
사	莎	사초 사	석	奭	클·쌍백 석	소	蕭	쓸쓸할 소
사	裟	가사 사	석	晳	밝을 석	소	逍	노닐 소
사	赦	용서할 사	석	汐	조수 석	소	遡	거스를 소
사	飼	기를 사	석	潟	개펄 석	소	邵	땅 이름·성 소
사	麝	사향노루 사	석	碩	클 석	소	韶	풍류 이름 소
산	傘	우산 산	석	錫	주석 석	속	贖	속죄할 속
산	刪	깎을 산	선	扇	부채 선	손	巽	부드러울 손
산	珊	산호 산	선	璿	구슬 선	손	遜	겸손할 손
산	酸	실 산	선	癬	옴 선	손	飡	저녁밥 손
살	撒	뿌릴 살	선	繕	기울 선	송	宋	성 송
살	煞	죽일 살	선	羨	부러워할 선	쇄	碎	부술 쇄
살	薩	보살 살	선	腺	샘 선	수	嫂	형수 수
삼	杉	나무 삼	선	膳	선물·반찬 선	수	戍	수자리 수
삼	森	수풀 삼	선	蟬	매미 선	수	洙	물가 수
삼	蔘	삼 삼	선	詵	많을 선	수	漱	양치질할 수
삼	衫	적삼 삼	선	銑	무쇠 선	수	燧	부싯돌 수
삼	滲	스밀 삼	설	卨	사람 이름 설	수	狩	사냥할 수
삽	挿	꽂을 삽	설	屑	가루·달갑게 여길 설	수	瘦	여윌 수
삽	澁	떫을 삽	설	楔	문설주 설	수	穗	이삭 수
상	庠	학교 상	설	泄	샐 설	수	竪	세울 수
상	湘	강 이름 상	설	薛	성 설	수	粹	순수할 수, 부술 쇄
상	箱	상자 상	섬	暹	햇살 치밀 섬	수	綏	편안할 수
상	翔	날 상	섬	纖	가늘 섬	수	綬	끈 수
새	璽	옥새 새	섬	蟾	두꺼비 섬	수	繡	수놓을 수
색	穡	거둘 색	섬	贍	넉넉할 섬	수	羞	부끄러울 수
생	牲	희생 생	섬	閃	번쩍일 섬	수	蒐	모을 수
생	笙	생황 생	섬	陝	땅 이름 섬	수	藪	늪 수
서	壻	사위 서	섭	燮	불꽃 섭	수	袖	소매 수
서	嶼	섬 서	성	惺	깨달을 성	수	讐	원수 수
서	抒	풀 서	성	晟	밝을 성	수	酬	갚을 수
서	曙	새벽 서	성	醒	깰 성	수	銖	저울눈 수
서	棲	깃들일 서	세	貰	세놓을 세	수	隋	수나라 수, 떨어질 타
서	犀	무소 서	소	宵	밤 소	수	髓	뼛골 수
서	瑞	상서 서	소	塑	흙 빚을 소	수	鬚	수염, 모름지기 수

숙	塾	글방 숙
순	楯	난간 순
순	洵	참으로 순, 멀 현
순	淳	순박할 순
순	盾	방패 순
순	筍	죽순 순
순	舜	순임금 순
순	荀	풀 이름 순
순	詢	물을 순
순	醇	전국술 순
순	馴	길들일 순
숭	嵩	높은 산 숭
슬	瑟	큰 거문고 슬
슬	膝	무릎 슬
습	褶	주름 습·접, 덧옷 첩
승	丞	정승 승, 나아갈 증
승	升	되 승
승	繩	노끈 승
승	陞	오를 승
시	匙	숟가락 시
시	媤	시집 시, 여자 이름 사
시	尸	주검 시
시	屍	주검 시
시	弑	윗사람 죽일 시
시	柴	섶 시, 울짱 채
시	翅	날개 시
시	諡	시호 시
시	枾	감나무 시
식	殖	불릴 식
식	湜	물 맑을 식
식	蝕	좀먹을 식
식	軾	수레 앞턱 가로나무 식
신	娠	아이 밸 신
신	紳	띠 신
신	腎	콩팥 신
신	薪	섶 신
신	訊	물을 신
신	迅	빠를 신
실	悉	다 실
심	瀋	즙 낼, 성 심
십	什	열 사람 십, 세간 집

ㅇ

아	俄	아까 아
아	啞	벙어리 아
아	娥	예쁠 아
아	峨	높을 아
아	蛾	나방 아
아	衙	마을 아
아	鵝	거위 아
악	嶽	큰 산 악
악	堊	흰흙 악
악	握	쥘 악
악	顎	턱 악
안	按	누를 안, 막을 알
안	晏	늦을 안
안	鞍	안장 안
알	閼	막을 알
암	庵	암자 암
암	癌	암 암
암	菴	암자 암
압	鴨	오리 압
앙	昂	밝을, 오를 앙
앙	秧	모 앙
애	厓	언덕 애
애	埃	티끌 애
애	崖	언덕 애
애	碍	거리낄 애, 푸른 돌 의
애	艾	쑥 애, 다스릴 예
액	掖	겨드랑이, 낄 액
액	液	진 액, 담글 석
액	腋	겨드랑이 액
앵	櫻	앵두 앵
앵	鶯	꾀꼬리 앵
야	倻	가야 야
야	冶	풀무 야
양	孃	아가씨 양
양	攘	물리칠 양
양	瘍	헐 양
양	襄	도울 양
양	釀	술 빚을 양
어	禦	막을 어
언	堰	둑 언
언	彦	선비 언
언	諺	언문·속담 언
얼	孼	서자 얼
엄	儼	엄연할 엄
엄	掩	가릴 엄
역	繹	풀 역
연	捐	버릴 연
연	椽	서까래 연
연	淵	못 연
연	烟	연기 연, 김 인
연	硯	벼루 연
연	筵	대자리 연
연	衍	넓을 연
연	鳶	솔개 연
열	涅	개흙 열(녈)·날
염	厭	싫어할·누를 엽
염	焰	불꽃 염
염	艶	고울 염
염	閻	마을 염
염	髥	구레나룻 염
엽	燁	빛날 엽
영	暎	비칠 영
영	瑩	옥돌 영, 의혹할 형
영	瀛	바다 영
영	瓔	옥돌 영
영	盈	찰 영
영	穎	이삭 영
영	纓	갓끈 영
예	叡	밝을 예
예	曳	끌 예
예	濊	종족 이름 예
예	睿	슬기 예
예	穢	더러울 예
예	芮	성 예
예	裔	후손 예
예	預	맡길·미리 예
오	伍	다섯 사람 오
오	吳	성 오

오	奧	깊을 오	욕	縟	요 욕	유	兪	대답할 유, 나라이름 수
오	旿	밝을 오	용	傭	품 팔 용	유	喩	깨우칠 유
오	梧	오동나무 오	용	湧	물 솟을 용	유	宥	너그러울 유
오	鰲	자라 오	용	溶	녹을 용	유	庾	곳집·노적가리 유
옥	沃	기름질 옥	용	熔	쇠녹일 용	유	愉	즐거울 유
옥	鈺	보배 옥	용	茸	풀 날 용	유	楡	느릅나무 유
온	瘟	염병 온	용	蓉	연꽃 용	유	游	헤엄칠 유
온	穩	편안할 온	용	踊	뛸 용	유	濡	적실 유
온	蘊	쌓을 온	용	鎔	쇠녹일 용	유	瑜	아름다운 옥 유
올	兀	우뚝할 올	용	鏞	쇠북 용	유	癒	병 나을 유
옹	甕	독 옹	우	佑	도울 우	유	諭	타이를 유
옹	雍	화할 옹	우	寓	부칠 우	유	踰	넘을 유
옹	饔	아침밥 옹	우	瑀	패옥 우	유	釉	광택 유
와	渦	소용돌이 와	우	盂	사발 우	유	鍮	놋쇠 유
와	窩	움집 와	우	祐	복, 도울 우	육	堉	기름진 땅 육
와	蛙	개구리 와·왜	우	禑	복 우	육	毓	기를 육
와	訛	그릇될 와	우	禹	성 우	윤	允	맏 윤
완	婉	순할·아름다울 완	우	虞	염려할·나라 이름 우	윤	尹	성 윤
완	浣	빨 완	우	迂	에돌 우, 굽을 오	윤	胤	자손 윤
완	玩	희롱할 완	우	隅	모퉁이 우	융	戎	병장기·오랑캐 융
완	阮	성·나라 이름 원	욱	旭	아침 해 욱	융	絨	가는 베 융
완	腕	팔뚝 완	욱	昱	햇빛 밝을 욱	융	融	녹을 융
완	莞	빙그레할 완	욱	郁	성할 욱	은	殷	은나라 은
완	頑	완고할 완	운	耘	김맬 운	음	蔭	그늘 음
왕	旺	왕성할 왕	운	芸	평지 운, 재주 예	읍	揖	읍할 읍, 모일 집
왕	汪	넓을 왕	운	隕	떨어질 운, 둘레 원	응	膺	가슴 응
왜	倭	왜나라 왜	울	蔚	고을 이름 울, 제비쑥 위	응	鷹	매 응
왜	歪	기울 왜, 기울 외	울	鬱	답답할, 울창할 울	의	倚	의지할 의, 기이할 기
왜	矮	난쟁이 왜	웅	熊	곰 웅	의	懿	아름다울 의
외	巍	높고 클 외	원	垣	담 원	의	擬	비길 의
요	凹	오목할 요	원	媛	계집 원	의	椅	의자 의
요	堯	요임금 요	원	寃	원통할 원	의	毅	굳셀 의
요	夭	일찍 죽을 요	원	猿	원숭이 원	의	蟻	개미 의
요	妖	요사할 요	원	苑	나라 동산 원	의	誼	정·옳을 의
요	姚	예쁠 요	원	袁	성 원	이	伊	저 이
요	擾	시끄러울 요	위	尉	벼슬·위로할 위	이	弛	늦출 이
요	曜	빛날 요	위	渭	물 이름 위	이	彛	떳떳할 이
요	瑤	아름다운 옥 요	위	萎	시들 위	이	怡	기쁠 이
요	窯	기와 가마 요	위	葦	갈대 위	이	爾	너 이
요	耀	빛날 요	위	韋	가죽 위	이	珥	귀고리 이
요	饒	넉넉할 요	위	魏	성 위, 빼어날 외	이	貳	두·갖은두 이

이	餌	미끼 이	장	庄	씩씩할·전장 장	전	氈	담 전
이	頤	턱 이	장	杖	지팡이 장	전	澱	앙금 전
익	瀷	강이름 익	장	欌	장롱 장	전	煎	달일 전
익	翊	도울 익	장	漿	즙 장	전	甸	경기 전
인	咽	목구멍 인, 목멜 열	장	獐	노루 장	전	箋	기록할 전
인	刃	칼날 인	장	璋	홀 장	전	箭	살 전
인	靭	질길 인	장	蔣	성 장	전	篆	전자 전
일	佾	줄 춤 일	장	薔	장미 장	전	纏	얽을 전
일	壹	한·갖은한 일	장	臟	장물 장	전	詮	설명할 전
일	溢	넘칠 일	장	醬	장 장	전	鈿	비녀 전
일	鎰	무게 이름 일	재	梓	가래나무 재	전	銓	사람 가릴 전
일	駔	역말 일	재	滓	찌끼 재	전	顚	엎드러질·이마 전
임	姙	아이 뱰 임	재	齋	재계할·집 재, 상복 자	절	截	끊을 절
임	荏	들깨 임	쟁	錚	간할 쟁	절	浙	강이름 절
잉	仍	인할 잉	저	儲	쌓을 저	점	岾	땅이름 점
잉	剩	남을 잉	저	咀	씹을 저	점	点	점 점
			저	杵	공이 저	점	粘	붙을 점
	ㅈ		저	楮	닥나무 저	정	偵	염탐할 정
자	炙	구울 자·적	저	沮	막을 저	정	呈	드릴·한도 정
자	咨	물을 자	저	渚	물가 저	정	幀	그림 족자 정·탱
자	姉	손윗누이 자	저	猪	돼지 저	정	挺	빼어날 정
자	滋	불을 자	저	疽	등창 저	정	旌	기 정
자	煮	삶을 자	저	箸	젓가락 저	정	晶	맑을 정
자	瓷	사기그릇 자	저	苧	모시풀 저	정	楨	광나무 정
자	磁	자석 자	저	藷	마 저	정	汀	물가 정
자	藉	깔 자, 짓밟을 적	저	邸	집 저	정	町	밭두둑 정
자	諮	물을 자	적	嫡	정실 적	정	禎	상서로울 정
자	雌	암컷 자	적	狄	오랑캐 적	정	艇	배 정
작	灼	불사를 작	적	笛	피리 적	정	鄭	나라 정
작	綽	너그러울 작	적	翟	꿩 적	정	釘	못 정
작	芍	함박꽃 작	적	謫	귀양 갈 적	정	錠	덩이 정
작	雀	참새 작	적	蹟	자취 적	정	靖	편안할 정
작	鵲	까치 작	적	迪	나아갈 적	정	鼎	솥 정
잔	棧	사다리 잔	적	迹	자취 적	제	劑	약제 제
잔	盞	잔 잔	전	佃	밭 갈 전	제	悌	공손할 제
잠	岑	봉우리 잠	전	剪	가위 전	제	梯	사다리 제
잠	箴	경계 잠	전	塡	메울 전, 진정할 진	제	臍	배꼽 제
잠	簪	비녀 잠	전	塼	벽돌 전, 뭉칠 단	제	蹄	굽 제
잠	蠶	누에 잠	전	奠	정할·제사 전	제	霽	비 갤 제
장	仗	의장 장	전	廛	가게 전	조	俎	도마 조
장	匠	장인 장	전	栓	마개 전	조	嘲	비웃을 조

441

조	彫	새길 조	준	准	준할 준, 콧마루 절	착	鑿	뚫을 착, 구멍 조
조	措	둘 조, 섞을 착	준	埈	높을 준	찬	撰	지을 찬, 가릴 선
조	曺	성·무리 조	준	峻	높을·준엄할 준	찬	燦	빛날 찬
조	曹	무리·성 조	준	浚	깊게 할 준	찬	瓚	옥잔 찬
조	棗	대추 조	준	濬	깊을 준	찬	竄	숨을 찬
조	槽	구유 조	준	駿	준마 준	찬	簒	모을 찬
조	漕	배로 실어 나를 조	즐	櫛	빗 즐	찬	纘	이을 찬
조	爪	손톱 조	즙	汁	즙 즙, 맞을 협	찬	餐	밥 찬
조	祚	복 조	증	拯	건질 증	찬	饌	반찬·지을 찬
조	稠	빽빽할 조, 많을 주	증	甑	시루 증	찰	刹	절 찰
조	粗	거칠 조	지	址	터 지	찰	擦	문지를 찰
조	肇	비롯할 조	지	旨	뜻 지	찰	札	편지 찰
조	藻	마름 조	지	砥	숫돌 지	참	僭	주제넘을 참
조	詔	조서 조	지	祉	복 지	참	懺	뉘우칠 참
조	趙	나라 조	지	祇	단만·공경할 지	참	斬	벨 참
조	躁	조급할 조	지	肢	팔다리 지	참	站	역마을 참
조	遭	만날 조	지	脂	기름 지	참	讒	참소할 참
조	釣	낚을 조	지	芝	지초 지	참	讖	예언 참
조	阻	막힐 조	지	趾	발 지	창	倡	광대 창
조	雕	독수리·새길 조	직	稙	올벼 직	창	娼	창녀 창
족	簇	가는 대 족	직	稷	피 직	창	廠	공장 창
족	鏃	살촉 족·촉	진	晉	나아갈 진	창	彰	드러날 창
종	倧	상고 신인 종	진	塵	티끌 진	창	敞	시원할 창
종	綜	모을 종	진	津	나루 진	창	昶	해 길 창
종	腫	종기 종	진	疹	마마 진	창	槍	창 창, 칠 추
종	鍾	쇠북 종	진	秦	성 진	창	滄	큰 바다 창
좌	挫	꺾을 좌	진	診	진찰할 진	창	瘡	부스럼 창
주	做	지을 주	진	賑	구휼할 진	창	脹	부을 창
주	呪	빌 주	질	叱	꾸짖을 질	창	菖	창포 창
주	廚	부엌 주	질	帙	책권 차례 질	채	綵	비단 채
주	疇	이랑 주	질	窒	막힐 질	채	蔡	성 채, 내칠 살
주	籌	살 주	질	膣	음도 질	채	采	풍채, 캘 채
주	紂	주임금 주	집	輯	모을 집	책	柵	울타리 책
주	紬	명주 주	징	澄	맑을 징	척	擲	던질 척
주	蛛	거미 주				척	滌	씻을 척
주	註	글 뜻 풀 주		**ㅊ**		척	脊	등마루 척
주	誅	벨 주				척	陟	오를 척
주	週	주일 주	차	叉	갈래 차	척	隻	외짝 척
주	駐	머무를 주	차	箚	찌를 차	천	喘	숨찰 천
주	胄	투구 주	차	遮	가릴 차	천	穿	뚫을 천
죽	粥	죽 죽, 팔 육	착	搾	짤 착	천	闡	밝힐 천
			착	窄	좁을 착			

철	凸	볼록할 철
철	喆	밝을·쌍길 철
철	撤	거둘 철
철	澈	맑을 철
철	綴	엮을 철
철	轍	바퀴 자국 철
첨	僉	다·여러 첨
첨	瞻	볼 첨
첨	簽	농 첨
첨	籤	제비 첨
첨	詹	이를 첨
첩	帖	문서 첩, 체지 체
첩	捷	빠를 첩
첩	牒	편지 첩
첩	疊	거듭 첩
첩	諜	염탐할 첩
첩	貼	붙일 첩
청	菁	우거질 청, 순무 정
체	締	맺을 체
체	諦	살필 체, 울 제
초	哨	망볼 초
초	椒	산초나무 초
초	楚	초나라·회초리 초
초	樵	나무할 초
초	炒	볶을 초
초	焦	탈 초
초	硝	화약 초
초	礁	암초 초
초	蕉	파초 초
초	醋	초 초, 잔 돌릴 작
초	醮	제사 지낼 초
초	鈔	좋은 쇠 초
촉	囑	부탁할 촉
촉	蜀	나라 이름 촉
총	叢	떨기·모일 총
총	塚	무덤 총
총	寵	사랑할 총, 현 이름 룡
총	摠	모두 총
촬	撮	모을·사진 찍을 촬
최	崔	성·높을 최
추	椎	쇠몽치·등골 추

추	楸	가래 추
추	樞	지도리 추
추	芻	꼴 추
추	趨	달아날 추
추	鄒	추나라 추
추	酋	우두머리 추
추	錐	송곳 추
추	錘	저울추 추
축	竺	나라 이름 축, 두터울 독
축	蹴	찰 축
축	軸	굴대 축
춘	椿	참죽나무 춘
출	朮	차조 출
출	黜	내칠 출
충	沖	화할 충
충	衷	속마음 충
취	娶	장가들 취
취	翠	푸를·물총새 취
취	聚	모을 취
취	鷲	수리 취
측	仄	기울 측
치	侈	사치할 치
치	峙	언덕 치
치	痴	어리석을 치
치	癡	어리석을 치
치	稚	어릴 치
치	穉	어릴 치
치	緻	빽빽할·이를 치
치	雉	꿩 치
치	馳	달릴 치
칙	勅	칙서·신칙할 칙
침	鍼	침 침
칭	秤	저울 칭

ㅌ

타	唾	침 타
타	惰	게으를 타
타	舵	키 타
타	陀	비탈질·부처 타
타	駝	낙타 타
탁	擢	뽑을 탁

탁	琢	다듬을 탁
탁	託	부탁할 탁
탁	鐸	방울 탁
탄	吞	삼킬 탄
탄	嘆	탄식할 탄
탄	坦	평탄할 탄
탄	灘	여울 탄
탐	耽	즐길 탐
탕	蕩	방탕할 탕
태	兌	바꿀·기쁠 태
태	台	별 태, 나 이
태	汰	일 태
태	笞	볼기칠 태
태	胎	아이 밸 태
태	苔	이끼 태
탱	撑	버틸 탱
토	兎	토끼 토
통	桶	통 통, 되 용
통	筒	통 통
퇴	堆	쌓을 퇴
퇴	腿	넓적다리 퇴
퇴	頹	무너질 퇴
투	套	씌울 투
투	妬	샘낼 투

ㅍ

파	坡	언덕 파
파	婆	할미 파·바
파	巴	꼬리 파
파	琶	비파 파
파	芭	파초 파
판	坂	고개 판
판	瓣	외씨 판
판	辦	힘들일 판
판	阪	언덕 판
패	佩	찰 패
패	唄	염불 소리 패
패	悖	거스를 패
패	浿	강 이름 패
패	牌	패 패
패	稗	피 패

패	霸	으뜸·두목 패
팽	彭	성 팽, 곁 방
팽	膨	불을 팽
편	扁	작을 편
편	鞭	채찍 편
폄	貶	낮출 폄
평	坪	들 평
포	哺	먹일 포
포	圃	채마밭 포
포	怖	두려워할 포
포	抛	던질 포
포	泡	거품 포
포	疱	물집 포
포	砲	대포 포
포	脯	포 포
포	苞	쌀 포
포	葡	포도 포
포	蒲	부들 포
포	袍	도포 포
포	褒	기릴 포
포	逋	도망갈 포
포	鋪	펼·가게 포
포	鮑	절인 물고기 포
폭	曝	쬘 폭
폭	瀑	폭포 폭, 소나기 포
표	杓	북두자루 표, 구기 작
표	瓢	바가지 표
표	豹	표범 표
품	稟	여쭐 품, 곳집 름
풍	楓	단풍 풍
풍	諷	풍자할 풍
풍	豊	풍년 풍
풍	馮	성 풍, 업신여길 빙
피	披	헤칠 피
필	弼	도울 필
핍	乏	모자랄 핍
핍	逼	핍박할 핍

ㅎ

하	廈	문간방 하
하	瑕	허물 하
하	蝦	두꺼비·새우 하
하	霞	노을 하
학	虐	모질 학
학	謔	희롱할 학
한	翰	편지 한, 줄기 간
한	閒	한가할 한
할	轄	다스릴 할
함	函	함 함
함	涵	젖을 함
함	艦	큰 배 함
함	銜	재갈 함
함	鹹	짤·다 함
합	哈	물고기 많은 모양 합
합	盒	합 합
합	蛤	조개 합
합	閤	쪽문 합
합	陜	좁을 합·협
항	亢	높을 항
항	杭	건널 항
항	沆	넓을 항
항	肛	항문 항
해	咳	어린아이 웃을 해
해	楷	본보기 해
해	蟹	게 해
해	諧	화할 해
해	骸	뼈 해
핵	劾	꾸짖을 핵
행	杏	살구 행
향	珦	옥 이름 향, 옥 이름 상
향	餉	건량 향
향	饗	잔치할 향
허	墟	터 허
헐	歇	쉴 헐
혁	爀	불빛 혁
혁	赫	빛날·꾸짖을 혁, 쏠 석
혁	爀	빛날 혁, 꾸짖을 하
현	俔	염탐할 현
현	峴	고개 현
현	弦	시위 현
현	炫	밝을 현
현	玹	옥돌 현
현	眩	어지러울 현, 요술 환
현	舷	뱃전 현
현	鉉	솥귀 현
혈	頁	머리 혈, 책 면 엽
협	俠	의기로울 협
협	夾	낄 협
협	峽	골짜기 협
협	挾	낄 협
협	狹	좁을 협
협	脇	위협할·겨드랑이 협
협	莢	꼬투리 협
형	型	모형 형
형	瀅	물 이름 형
형	炯	빛날 형
형	荊	가시 형
형	馨	꽃다울 형
혜	彗	살별 혜
혜	鞋	신 혜
호	壕	해자 호
호	壺	병 호
호	弧	활 호
호	扈	따를 호
호	昊	하늘 호
호	濠	호주 호
호	狐	여우 호
호	琥	호박 호
호	瑚	산호 호
호	糊	풀칠할 호
호	鎬	호경 호
혹	酷	심할 혹
혼	渾	흐릴 혼
혼	琿	아름다운 옥 혼
홀	笏	홀 홀
홍	虹	무지개 홍
화	樺	벗나무·자작나무 화
화	畵	그림 화, 그을 획
화	靴	신 화
환	喚	부를 환
환	宦	벼슬 환
환	幻	헛보일 환
환	桓	군셀 환

환	煥	빛날 환
활	滑	미끄러울 활, 익살스러울 골
활	闊	넓을 활
황	凰	봉황 황
황	慌	어리둥절할 황
황	晃	밝을 황
황	滉	깊을 황
황	煌	빛날 황
황	隍	해자 황
회	廻	돌 회
회	晦	그믐 회
회	檜	전나무 회
회	淮	물 이름 회
회	澮	봇도랑 회
회	灰	재 회
회	繪	그림 회
회	膾	회 회
회	誨	가르칠 회
효	梟	올빼미 효
효	爻	사귈·가로그을 효
효	酵	삭힐 효
후	后	임금·왕후 후
후	喉	목구멍 후
후	嗅	맡을 후
후	朽	썩을 후
훈	暈	무리 훈
훈	勛	공 훈
훈	勳	공 훈
훈	熏	불길 훈
훈	燻	연기낄 훈
훈	薰	향풀 훈
훤	萱	원추리 훤
훼	卉	풀 훼
휘	彙	무리 휘
휘	徽	아름다울 휘
휘	暉	빛 휘
휘	諱	숨길·꺼릴 휘
휼	恤	불쌍할 휼
흉	匈	오랑캐 흉
흔	欣	기쁠 흔
흔	痕	흔적 흔
흘	屹	산 우뚝 솟을 흘
흠	欠	하품 흠
흠	欽	공경할 흠
흡	洽	흡족할 흡
희	僖	기쁠 희
희	姬	계집 희
희	嬉	아름다울 희
희	憙	기뻐할 희
희	熙	빛날 희
희	熹	빛날 희
희	犧	희생 희
희	禧	복 희
희	羲	복희 희
힐	詰	꾸짖을 힐

정 답

p164 연습문제 1

01. ①	02. ②	03. ③	04. ⑤	05. ④	06. ③	07. ①	08. ⑤	09. ②	10. ②
11. ①	12. ④	13. ⑤	14. ③	15. ②	16. ④	17. ⑤	18. ⑤	19. ④	20. ⑤
21. ⑤	22. ⑤	23. ④	24. ②	25. ①	26. ①	27. ②	28. ③	29. ①	30. ⑤
31. ②	32. ③	33. ①	34. ⑤	35. ①	36. ④	37. ①	38. ⑤	39. ④	40. ④
41. ③	42. ③	43. ④	44. ③	45. ⑤	46. ④	47. ③	48. ②	49. ①	50. ④
51. ①	52. ③	53. ③	54. ②	55. ①	56. ⑤	57. ③	58. ④	59. ②	60. ⑤

p176 연습문제 2

01. ④	02. ①	03. ⑤	04. ③	05. ①	06. ③	07. ②	08. ②	09. ⑤	10. ①
11. ①	12. ③	13. ④	14. ①	15. ⑤	16. ⑤	17. ③	18. ①	19. ④	20. ①
21. ①	22. ③	23. ③	24. ③	25. ②	26. ①	27. ⑤	28. ③	29. ②	30. ④
31. ②	32. ④	33. ③	34. ①	35. ⑤	36. ④	37. ③	38. ④	39. ①	40. ③
41. ②	42. ③	43. ①	44. ①	45. ④	46. ①	47. ②	48. ③	49. ⑤	50. ③
51. ①	52. ②	53. ④	54. ③	55. ⑤	56. ⑤	57. ②	58. ③	59. ①	60. ④

p188 연습문제 3

01. ③	02. ④	03. ①	04. ②	05. ④	06. ⑤	07. ①	08. ①	09. ③	10. ④
11. ④	12. ②	13. ③	14. ⑤	15. ⑤	16. ④	17. ①	18. ②	19. ④	20. ①
21. ①	22. ①	23. ⑤	24. ④	25. ④	26. ⑤	27. ③	28. ②	29. ②	30. ④
31. ①	32. ⑤	33. ②	34. ①	35. ③	36. ④	37. ④	38. ②	39. ③	40. ③
41. ④	42. ⑤	43. ②	44. ①	45. ①	46. ④	47. ③	48. ④	49. ⑤	50. ③
51. ②	52. ③	53. ②	54. ①	55. ④	56. ⑤	57. ③	58. ①	59. ②	60. ④

p200 연습문제 4

01. ②	02. ③	03. ⑤	04. ①	05. ①	06. ⑤	07. ④	08. ④	09. ③	10. ②
11. ③	12. ①	13. ④	14. ③	15. ⑤	16. ⑤	17. ②	18. ③	19. ③	20. ⑤
21. ③	22. ③	23. ③	24. ②	25. ③	26. ③	27. ④	28. ①	29. ⑤	30. ④
31. ②	32. ③	33. ①	34. ①	35. ④	36. ⑤	37. ③	38. ①	39. ④	40. ③
41. ②	42. ②	43. ④	44. ⑤	45. ①	46. ③	47. ④	48. ⑤	49. ①	50. ②
51. ⑤	52. ④	53. ①	54. ③	55. ④	56. ⑤	57. ②	58. ③	59. ①	60. ⑤

p212 연습문제 5

01. ③	02. ①	03. ③	04. ④	05. ②	06. ①	07. ⑤	08. ⑤	09. ③	10. ④
11. ②	12. ⑤	13. ③	14. ③	15. ①	16. ②	17. ③	18. ⑤	19. ④	20. ⑤
21. ④	22. ④	23. ③	24. ④	25. ②	26. ⑤	27. ①	28. ④	29. ③	30. ②
31. ⑤	32. ④	33. ②	34. ②	35. ③	36. ①	37. ④	38. ②	39. ⑤	40. ①
41. ④	42. ③	43. ⑤	44. ②	45. ③	46. ①	47. ④	48. ⑤	49. ③	50. ①
51. ③	52. ②	53. ⑤	54. ③	55. ①	56. ⑤	57. ④	58. ①	59. ②	60. ②

p224 연습문제 6

01. ①	02. ④	03. ⑤	04. ④	05. ①	06. ③	07. ②	08. ④	09. ①	10. ⑤
11. ③	12. ②	13. ④	14. ⑤	15. ①	16. ③	17. ①	18. ①	19. ②	20. ④
21. ④	22. ②	23. ①	24. ③	25. ②	26. ⑤	27. ②	28. ②	29. ④	30. ①
31. ③	32. ⑤	33. ②	34. ④	35. ①	36. ①	37. ②	38. ④	39. ②	40. ⑤
41. ①	42. ④	43. ③	44. ⑤	45. ①	46. ③	47. ②	48. ④	49. ①	50. ⑤
51. ①	52. ④	53. ③	54. ⑤	55. ①	56. ③	57. ③	58. ④	59. ②	60. ⑤

p236 연습문제 7

01. ②	02. ②	03. ①	04. ③	05. ⑤	06. ①	07. ④	08. ②	09. ③	10. ④
11. ①	12. ⑤	13. ②	14. ③	15. ⑤	16. ⑤	17. ④	18. ④	19. ⑤	20. ①
21. ③	22. ④	23. ②	24. ②	25. ③	26. ③	27. ④	28. ①	29. ②	30. ⑤
31. ①	32. ④	33. ③	34. ⑤	35. ④	36. ②	37. ③	38. ①	39. ④	40. ③
41. ⑤	42. ①	43. ②	44. ④	45. ②	46. ①	47. ③	48. ⑤	49. ④	50. ①
51. ③	52. ⑤	53. ②	54. ①	55. ③	56. ④	57. ②	58. ③	59. ①	60. ④

p248 연습문제 8

01. ④	02. ⑤	03. ②	04. ①	05. ②	06. ④	07. ①	08. ③	09. ②	10. ⑤
11. ③	12. ④	13. ①	14. ②	15. ⑤	16. ③	17. ⑤	18. ⑤	19. ①	20. ②
21. ③	22. ②	23. ③	24. ⑤	25. ④	26. ⑤	27. ②	28. ③	29. ①	30. ⑤
31. ④	32. ③	33. ⑤	34. ①	35. ①	36. ②	37. ⑤	38. ③	39. ③	40. ④
41. ①	42. ②	43. ⑤	44. ③	45. ①	46. ③	47. ④	48. ②	49. ②	50. ⑤
51. ④	52. ④	53. ②	54. ③	55. ①	56. ③	57. ⑤	58. ④	59. ③	60. ⑤

p260 연습문제 9

01. ②	02. ③	03. ①	04. ②	05. ④	06. ②	07. ⑤	08. ③	09. ④	10. ①
11. ②	12. ⑤	13. ③	14. ④	15. ①	16. ③	17. ⑤	18. ②	19. ④	20. ③
21. ②	22. ②	23. ①	24. ③	25. ①	26. ④	27. ③	28. ①	29. ⑤	30. ②
31. ③	32. ①	33. ④	34. ⑤	35. ②	36. ③	37. ①	38. ②	39. ④	40. ⑤
41. ③	42. ①	43. ④	44. ⑤	45. ③	46. ②	47. ⑤	48. ①	49. ⑤	50. ④
51. ①	52. ③	53. ④	54. ③	55. ⑤	56. ②	57. ①	58. ⑤	59. ④	60. ③

p272 연습문제 10

01. ④	02. ③	03. ②	04. ⑤	05. ②	06. ①	07. ③	08. ⑤	09. ①	10. ④
11. ①	12. ③	13. ②	14. ①	15. ④	16. ⑤	17. ②	18. ③	19. ③	20. ①
21. ①	22. ⑤	23. ①	24. ④	25. ①	26. ③	27. ⑤	28. ②	29. ①	30. ④
31. ④	32. ①	33. ⑤	34. ①	35. ③	36. ②	37. ⑤	38. ①	39. ①	40. ③
41. ②	42. ④	43. ④	44. ①	45. ②	46. ⑤	47. ③	48. ①	49. ④	50. ⑤
51. ③	52. ②	53. ④	54. ①	55. ②	56. ③	57. ③	58. ①	59. ②	60. ④

p284 연습문제 11

01. ③	02. ①	03. ④	04. ④	05. ②	06. ③	07. ①	08. ⑤	09. ④	10. ⑤
11. ①	12. ①	13. ③	14. ②	15. ⑤	16. ③	17. ①	18. ④	19. ④	20. ⑤
21. ④	22. ⑤	23. ②	24. ②	25. ②	26. ④	27. ②	28. ①	29. ③	30. ⑤
31. ①	32. ②	33. ④	34. ②	35. ⑤	36. ③	37. ④	38. ②	39. ⑤	40. ①
41. ③	42. ②	43. ①	44. ③	45. ①	46. ⑤	47. ④	48. ②	49. ③	50. ①
51. ①	52. ④	53. ②	54. ③	55. ⑤	56. ①	57. ③	58. ②	59. ③	60. ⑤

p296 연습문제 12

01. ②	02. ⑤	03. ③	04. ②	05. ④	06. ①	07. ③	08. ②	09. ⑤	10. ④
11. ①	12. ⑤	13. ③	14. ④	15. ②	16. ⑤	17. ②	18. ③	19. ⑤	20. ⑤
21. ①	22. ④	23. ③	24. ⑤	25. ③	26. ①	27. ④	28. ②	29. ④	30. ③
31. ⑤	32. ③	33. ①	34. ①	35. ②	36. ④	37. ②	38. ⑤	39. ②	40. ①
41. ④	42. ①	43. ③	44. ⑤	45. ②	46. ③	47. ①	48. ④	49. ③	50. ②
51. ④	52. ①	53. ⑤	54. ①	55. ②	56. ③	57. ①	58. ④	59. ③	60. ⑤

p308 연습문제 13

01. ⑤	02. ②	03. ①	04. ③	05. ④	06. ⑤	07. ②	08. ③	09. ①	10. ④
11. ③	12. ②	13. ⑤	14. ①	15. ①	16. ③	17. ③	18. ①	19. ④	20. ⑤
21. ⑤	22. ①	23. ③	24. ①	25. ④	26. ②	27. ①	28. ②	29. ④	30. ③
31. ⑤	32. ③	33. ②	34. ③	35. ④	36. ①	37. ⑤	38. ④	39. ③	40. ②
41. ④	42. ①	43. ③	44. ⑤	45. ④	46. ③	47. ①	48. ⑤	49. ②	50. ①
51. ③	52. ④	53. ⑤	54. ②	55. ③	56. ①	57. ①	58. ④	59. ⑤	60. ②

p320 연습문제 14

01. ①	02. ③	03. ④	04. ①	05. ⑤	06. ②	07. ③	08. ⑤	09. ④	10. ③
11. ①	12. ②	13. ⑤	14. ③	15. ④	16. ④	17. ③	18. ⑤	19. ⑤	20. ④
21. ⑤	22. ①	23. ③	24. ①	25. ①	26. ③	27. ④	28. ③	29. ⑤	30. ①
31. ②	32. ②	33. ④	34. ③	35. ①	36. ④	37. ⑤	38. ②	39. ①	40. ③
41. ⑤	42. ②	43. ③	44. ①	45. ④	46. ⑤	47. ③	48. ②	49. ②	50. ①
51. ④	52. ③	53. ⑤	54. ①	55. ②	56. ①	57. ③	58. ④	59. ④	60. ⑤

p334 연습문제 15

01. ③	02. ②	03. ⑤	04. ③	05. ①	06. ②	07. ⑤	08. ④	09. ①	10. ③
11. ④	12. ②	13. ⑤	14. ①	15. ③	16. ①	17. ③	18. ②	19. ④	20. ①
21. ③	22. ④	23. ①	24. ③	25. ③	26. ①	27. ④	28. ③	29. ⑤	30. ①
31. ②	32. ⑤	33. ③	34. ④	35. ①	36. ①	37. ②	38. ④	39. ③	40. ⑤
41. ②	42. ①	43. ④	44. ③	45. ⑤	46. ②	47. ③	48. ①	49. ⑤	50. ④
51. ⑤	52. ③	53. ②	54. ④	55. ⑤	56. ②	57. ①	58. ④	59. ①	60. ③

기출문제 1 (p400)

01. ②	02. ①	03. ②	04. ⑤	05. ③	06. ③	07. ②	08. ⑤	09. ④	10. ③
11. ②	12. ①	13. ⑤	14. ④	15. ②	16. ⑤	17. ④	18. ②	19. ③	20. ①
21. ①	22. ①	23. ⑤	24. ②	25. ①	26. ①	27. ①	28. ⑤	29. ③	30. ④
31. ③	32. ④	33. ①	34. ⑤	35. ⑤	36. ④	37. ③	38. ①	39. ③	40. ③
41. ②	42. ①	43. ⑤	44. ②	45. ①	46. ③	47. ③	48. ⑤	49. ①	50. ①
51. ③	52. ②	53. ①	54. ③	55. ②	56. ①	57. ③	58. ②	59. ③	60. ②
61. ①	62. ⑤	63. ①	64. ②	65. ②	66. ②	67. ③	68. ①	69. ②	70. ④
71. ①	72. ②	73. ④	74. ②	75. ⑤	76. ④	77. ①	78. ②	79. ①	80. ⑤
81. ②	82. ④	83. ④	84. ⑤	85. ③	86. ②	87. ④	88. ③	89. ①	90. ④
91. ①	92. ①	93. ③	94. ③	95. ③	96. ②	97. ②	98. ③	99. ⑤	100. ③
101. ⑤	102. ③	103. ④	104. ①	105. ②	106. ③	107. ③	108. ③	109. ①	110. ④
111. ①	112. ①	113. ②	114. ②	115. ③	116. ④	117. ③	118. ④	119. ③	120. ③
121. ④	122. ①	123. ③	124. ③	125. ①	126. ①	127. ③	128. ②	129. ④	130. ⑤

기출문제 2 (p408)

01. ③	02. ①	03. ④	04. ⑤	05. ②	06. ①	07. ②	08. ①	09. ④	10. ③
11. ④	12. ④	13. ②	14. ③	15. ①	16. ④	17. ②	18. ③	19. ①	20. ②
21. ④	22. ①	23. ⑤	24. ③	25. ④	26. ②	27. ③	28. ⑤	29. ④	30. ①
31. ①	32. ③	33. ①	34. ④	35. ⑤	36. ③	37. ②	38. ③	39. ②	40. ④
41. ③	42. ①	43. ④	44. ③	45. ①	46. ④	47. ⑤	48. ④	49. ①	50. ②
51. ④	52. ⑤	53. ③	54. ⑤	55. ④	56. ②	57. ④	58. ②	59. ①	60. ①
61. ⑤	62. ①	63. ③	64. ④	65. ③	66. ①	67. ①	68. ②	69. ③	70. ④
71. ④	72. ②	73. ③	74. ①	75. ③	76. ④	77. ④	78. ⑤	79. ③	80. ④
81. ①	82. ②	83. ①	84. ②	85. ②	86. ②	87. ④	88. ①	89. ⑤	90. ③
91. ④	92. ②	93. ⑤	94. ④	95. ④	96. ①	97. ⑤	98. ②	99. ⑤	100. ⑤
101. ①	102. ②	103. ②	104. ④	105. ①	106. ②	107. ③	108. ⑤	109. ①	110. ②
111. ④	112. ⑤	113. ①	114. ③	115. ②	116. ③	117. ④	118. ③	119. ②	120. ③
121. ④	122. ②	123. ①	124. ③	125. ②	126. ②	127. ④	128. ①	129. ③	130. ①